कही ईसुरी फाग

(उपन्यास)

कही ईसुरी फाग

मैत्रेयी पुष्पा

राजकमल प्रकाशन

ISBN : 978-81-267-0883-3

मूल्य : ₹695

पहला संस्करण : 2004
तीसरा संस्करण : 2018

प्रकाशक : राजकमल प्रकाशन प्रा. लि.
1-बी, नेताजी सुभाष मार्ग, दरियागंज
नई दिल्ली-110 002

शाखाएँ : अशोक राजपथ, साइंस कॉलेज के सामने, पटना-800 006
पहली मंजिल, दरबारी बिल्डिंग, महात्मा गांधी मार्ग, इलाहाबाद-211 001
36 ए, शेक्सपियर सरणी, कोलकाता-700 017

वेबसाइट : www.rajkamalprakashan.com
ई-मेल : info@rajkamalprakashan.com

मुद्रक : बी.के. ऑफसेट
नवीन शाहदरा, दिल्ली-110 032

KAHI ISURI FAAG
Novel by Maitrayee Pushpa

रामायण तुलसी कही
सूरदास ज्यों राग
ऐसे ही कलिकाल में
कही ईसुरी फाग

इस कथाकृति को पाठकों को सौंपने से पहले मैं डॉ. कमला प्रसाद, डॉ. के.बी.एल. पांडे और डॉ. कान्ति कुमार जैन के प्रति अपना आभार व्यक्त करती हूँ।

अस्वीकृति-पत्र

प्रमाणित किया जाता है कि कुमारी ऋतु ने हिन्दी विषयान्तर्गत 'ईसुरी के काव्य में नारी संचेतना' शीर्षक से शोधकार्य पी-एच.डी. की उपाधि हेतु मेरे मार्ग-निर्देशन एवं निरीक्षण में निष्पादित एवं पूर्ण किया है। शोधार्थी ने दो सौ दिवस से अधिक की उपस्थितियाँ दर्ज कराई हैं।

मेरी जानकारी एवं विश्वास में प्रस्तुत शोध-प्रबन्ध शोधार्थी का स्वयं का कार्य है।

विषय चयन की दृष्टि से भी यह कार्य गम्भीर अध्ययन-विश्लेषण की माँग करता है, क्योंकि शोधकर्ता का लक्ष्य होता है अज्ञात को ज्ञात करना तथा ज्ञात को नई दृष्टि के आलोक में विश्लेषित करना।

परन्तु इस शोध को लेकर मेरी कुछ आपत्तियाँ हैं क्योंकि यह प्रबन्ध विश्वविद्यालय की शोध-उपाधि के लिए अध्यादेश की आवश्यकताओं को पूर्ण नहीं करता।

1. शोधग्रन्थ के निष्कर्षों के लिए कुछ लिखित प्रमाण आवश्यक होते हैं, जैसे–विद्वानों द्वारा लिखे गए ग्रन्थों से उद्धरण, इतिहास ग्रन्थों से लिये गए प्रमाण, पत्र-पत्रिकाओं में दिए गए मंतव्य। ऐसे ही साक्ष्यों से निष्कर्षों को पुष्ट किया जाता है।

अन्य पांडित्यपूर्ण गवेषणाएँ, जो शोध का आधार हो सकती हैं, इस शोध-प्रबन्ध में नहीं हैं। तब फिर संदर्भ नोट और संदर्भ-सूची बनाने की भी जरूरत महसूस नहीं हुई।

अनावश्यक काल्पनिक बातों, सुनी-सुनाई किंवदन्तियों को शोध का आधार बनाया गया है। साहित्य में अभी तक 'ईसुरी और रजऊ' ये दो ही नाम मिलते हैं। लोक साहित्य, वह भी मौखिक माध्यम, इस दिशा में कोई मानक प्रमाण नहीं हो सकता। यह शोध तो एक तरह से ईसुरी जैसे महान कवि का चरित्र हनन है। यदि हमारे कीर्ति-पुरुषों पर इस तरह के शोध-प्रबन्ध लिखे जाएँगे तो हम उनकी प्रतिष्ठा की रक्षा किस प्रकार कर पाएँगे ?

2. जहाँ तक इस शोध-प्रबन्ध की भाषा का प्रश्न है, वह भी

तत्सम, प्रांजल और परिनिष्ठित रूप में नहीं है। चालू मुहावरे की बोलचाल वाली भाषा का प्रयोग किया गया है। माना कि यह रोचक और लोकप्रिय हो सकती है, मगर साहित्यिक नहीं। भाषा के इस व्यवहार से शोध की शास्त्रीय गरिमा को ठेस पहुँचती है। यह मान्य प्रविधि के प्रतिकूल है।

कुल मिलाकर मैं विश्वविद्यालयीन अकादमिक स्तरीयता को देखते हुए इस शोध-प्रबन्ध पर शोधकर्ता को पी-एच. डी. की उपाधि देने की अनुशंसा न करने के लिए विवश हूँ।

–डॉ. प्रमोद कुमार पाण्डेय
निर्देशक
प्रो. हिन्दी
शासकीय महाविद्यालय

नाटक

दिन के साढ़े दस बजे थे। गली में धूप फैल गई थी। तभी मैरून रंग की एक चमचमाती हुई कार सर्राटे से गली में घुस आई। उस चबूतरे के पास खड़ी हो गई, जिसके ऊपर नीम का पेड़ था और नीम के आगे बैठका बना था। बैठका के किवाड़ बन्द थे, क्योंकि फगवारे रात के लिए फाग-नाट्य का अभ्यास कर रहे थे। इसलिए उन्हें इस 'आइ कोन फोर्ड' ब्रांड कार के आने का पता नहीं चला। हॉर्न की आवाज भी सुनाई नहीं दी। अन्दर झींका नगड़िया, मंजीरा, ढोल और रमतूला जैसे वाद्य बज रहे थे। हाँ, गली में बहुत सारे बच्चे इकट्ठे हो गए। उनकी आँखों में भी कोई कौतूहल न था, अभ्यस्तता-सी थी, जैसे कार का आना-जाना अक्सर देखते हों अपने गाँव में। बहरहाल छोटे से छोटा बच्चा कार में से उतरने वालों को उम्मीद भरी नजरों से देख रहा था। किसी-किसी बच्चे ने कार के शीशे पर आँखें सटा रखी थीं।

क्या इस कार में से कोई परी उतरने वाली है ? या कोई सांता क्लॉज, जो इन बच्चों के लिए तोहफे लाए ? मगर बहुत देर तक कोई नहीं उतरा।

कार ड्राइवर बराबर हॉर्न दिए जा रहा था। गली कर्कश शोर से भर गई। बच्चे भी सहमकर पीछे हट गए। गली में खुलने वाले घरों से इक्का-दुक्का लोग निकले, जो कार को देखकर घरों में ही लौट गए।

तभी बैठका का दरवाजा खुला। किवाड़ों के बीच नगड़िया बजानेवाला कलाकार दिखा। और फिर कार के पिछले दरवाजे खुले। भीतर से जो निकले, वे दो लड़केनुमा आदमी थे। पोशाक के नाम पर जींस के साथ डेनम की जैकेट। छाती पर बटन खुले हुए। उनकी इकहरी छाती के बाल मर्दानगी की निशानी हैं, दिख रहा था। गले में फैशन के तहत रूद्राक्ष की मालाएँ और बाहों पर काले धागे के जरिए बँधे ताबीज। उनका पहनावा यूनीफार्म की तरह था, जो किसी संस्था की एकता के चिहन की तरह होता है। संस्था के क्या तेवर होंगे, यह लड़कों की सुर्ख आँखों से जाना जा सकता था। उनकी नजरें भी नेजों की तरह तेज थीं। जल्दबाजी अंगों में फड़क रही थी। चाल में खास किस्म की धमक, जो दहशत-सी पैदा करती थी। चेहरे के भावों में लोलुपता का रंग लार की तरह टपकता था।—मुझे ऐसा ही लगा। हो सकता है अपने लड़कीपन के कारण लगा

हो, जो संस्कारों में घुला है।

वे बैठका के भीतर समा गए। अभिनय के लिए 'ग्रीन रूम' रूपी कोठे में बहती वाद्यों की स्वर-तरंगें यकायक ऐसे रुक गईं जैसे सामने कोई अलंघ्य पहाड़ आ गया हो। कहाँ मौके के हिसाब के वाद्यों के साथ फागें ऐसे क्रम में बिठाई जा रही थीं, जैसे माला को मोहक और मजबूत बनाने के लिए मनकों और धागे को जोड़ा जाता है।

कथा के अनुसार लोककवि ईसुरी की उन फागों को विशेष महत्त्व दिया जा रहा था, जो उनकी प्रेमिका रजऊ की ओर से थीं।

लड़के अब फगवारों के आमने-सामने थे। मैं उन्हें बाहर से देख रही थी। मैं, अर्थात् ऋतु नाम की युवती। मैंने माइकेल जैक्सन को टेलीविजन के पर्दे पर देखा है। कार से उतरकर यहाँ तक आने वाला एक लड़का माइकेल जैक्सन छाप लम्बे बाल रखे हुए था, लम्बे और सीधे। दूसरे के सिर पर खूँटानुमा छोटे बाल थे। मेरा साथी माधव ऐसे बालों को अमेरिकन स्टाइल में 'क्रूकट' कहता है। दोनों लड़कों का कद लम्बा माना जा सकता था, ऐसा जैसा कि पुलिस और सेना के लिए काम करने वाले युवकों की भर्ती करते समय लम्बाई और सीने की चौड़ाई का खास माप रखा जाता है।

बेशक वे पतली कमर के मालिक थे और जरूरत से ज्यादा चौड़ी पेटियाँ कमर में बाँधे थे। मैंने यह भी गौर किया कि वे सीढ़ियों के जरिए चबूतरे पर नहीं चढ़े थे, खास तरीके से टाँगें उछालते हुए ऊपर आ गए थे। इस अदा ने उनके रूप को नई तरह का रुतवा दिया था, इसमें संदेह नहीं। साथ ही खुली किवाड़ों को बेमतलब धकियाते हुए बैठका में प्रविष्ट हुए, उनकी अपनी नई शैली थी। और फिर–

"हल्लो" धीरे पंडा का अभिनय करने वाला फगवारा फुर्ती से आगे बढ़ता हुआ आया और हाथ बढ़ाकर माइकेल जैक्सन से हाथ मिलाया।

मगर इसके बरक्स मेरी निगाह वहाँ ठहर गई, जहाँ कार ड्राइवर अपनी जेब से टॉफी निकाल-निकालकर बच्चों को बाँट रहा था और बच्चे उत्फुल्ल होकर होंठों पर जीभ फेरते हुए छोटे-छोटे हाथों में सौगात ग्रहण कर रहे थे।

इधर क्रूकट पूछ रहा था–"कैसे हाल-चाल हैं ?"

"नाटक कर रहे हैं। फागें बढ़िया रंग लै रही हैं।" धीरे पंडा ने कहा।

इतने में दो मूढ़े बराबर-बराबर रख दिए गए। वे दोनों इत्मिनान से मूढ़ों पर विराजे और दो क्षण बाद ही माइकेल जैक्सन ने अपनी जैकेट की जेब से छोटी-सी थैली निकाली। थैली खैनी की थी। वह हथेली पर खैनी अँगूठे से मलने लगा, पट्ट-पट्ट की आवाज हुई। खैनी मुँह में डालने के पहले सवाल किया–"कितेक दिनन कौ पिरोगराम है ?"

मैं चौंकी। अत्याधुनिक वेशभूषा और अति गँवार भाषा-बोली !

धीरे पंडा जवाब दे रहा था–"सरस्वती देवी जानें कि हमें कितेक दिनन रोकेंगी।"

"फिरऊँ।" क्रूकट ने मुँह मटकाया।

"हफ्ता-दस दिना तो मामूली हैं। गाँव में भी जोश है।"

"कैसो गाँव है ! गाँवन में आजकाल फागें को सुनत ? बैंचो सब पिच्चर के दिवाने हैं। सबै स्वाँग चइए।"

"चइए, तब ही तो हमने फागें नाटक में ढाली हैं। सरस्वती देवी नई-नई जुगत खोजनेवाली जनी है। सो देख लो रात को लोग आसपास के गाँवों से चले आ रहे।" धीरे पंडा अपने काम पर मुग्ध था।

मैं कोठे के बाहर खड़ी थी। माइकेल जैक्सन बीच-बीच में बाहर देख लेता था। थोड़ी ही देर बाद पूछ बैठा—"मंडली में लड़कियाँ भर्ती करलई का ?"

नगड़िया वाला तुरन्त बोला—"अरे आँहा !" कहकर उसने कानों को हाथ लगाया।

माइकेल जैक्सन सिर हिला-हिलाकर मुस्काया और बोली में व्यंग्य मिलाकर बोला—"हओ, ऐसौ पाप करम तुम्हारी सरसुती नहीं करेंगी, काए से कि बैंचो फगवारे मतवारे हो जाएँगे। फागुन में क्वार महीना।" कहकर वह ठहाका लगाकर हँसा। क्रूकट ने हँसी में साथ निभाया। आगे क्रूकट बोला—"खुर्राट डुकरिया है, सिरकारी लोगन खों भरमा रही है।"

धीरे पंडा बननेवाला कलाकर माइकेल जैक्सन और क्रूकट के गूढ़ दर्शन को नासमझ की तरह मुँह बाए सुन रहा था। बाकी फगवारे भोले बच्चों की तरह स्वीकृति में सिर हिला रहे थे।

हाँ, मैं तनिक पीछे हट गई कि वे मुझे देख न सकें। मगर वे भी तो मुझे नहीं दिख पा रहे थे। बस उनमें से एक की आवाज सुनाई दी—"तुम लोग खुदई देखोगे एक दिना कि तुम्हारी बूढ़ी सरसुती चिरइया जहाज में बैठकें उड़ गई। हम ऐसी तमाम औरतन खों जानते हैं, जौन अनुदान खा-खाकें मुटिया रही हैं। सो बस सरसुती जी होंगी मालामाल और तुम ससुर जू ठोकते रहो नगड़िया, नचते रहो जिन्दगी-भर।"

मैं आवेश में उस खिड़की पर आ गई, जिसके पाटों के बीच महीन-सी फाँक थी। गेरे भीतर गालियों की झड़ी लग गई—बदतमीज, बदमाश, गुंडे सरस्वती देवी का इस तरह अपमान कर रहे हैं ? आखिर वे इनका क्या खाती हैं ? मालामाल हो गई होतीं तो छोटे से गाँव सटई में रह रही होतीं ? कच्चे घर और कच्ची गलियों में पैदल चल रही होतीं ?

अब क्रूकट की बारी थी—"हम कितेक समझाएँ तुम्हें कि हाथी के दाँत खावे के और, दिखावे के और। इन सरसुती जू के भरोसे न रहो, लछमी जू का भी मान-आदर करो। कहो, हमारे संगै जब जब गए हो, जेबें भरके रुपइया मिले हैं कि नहीं ?"

धीरे पंडा ने हामी भरी, सिर ऊपर-नीचे हिलाया। नगड़िया वाले ने मुस्कराहट के साथ कहा—"सो ऐसान मानते हैं हम तुमारा।"

माइकेल जैक्सन ने उँगली के बाद कलाई पकड़ने जैसा भाव दिखाया—"ऐसान काए का ? बैंचो आँधी के से आम हते। कौन-सी परमामेन्ट आमदनी हती ? ऐसान तो अब मानोगे, जब पाँच सितारे वाले होटिल में तुम्हें ठाड़े कर देंगे हम। पोंदन (चूतरों) के नीचे मखमल और पाँवन तले ईरानी कालीन।"

धीरे पंडा अकबकाया-सा देखने लगा।

क्रूकट बोला—"उजबक की तरियाँ क्या देख रहे ? हमारी तरफन अच्छी तरह हेरो। देख लो, मोबाइल गरे में डारें हैं और तमंचा जेब में धरें हैं। बैंचो आईकोन ठाड़ी है अरदली में, और क्या चइए आज के जमाने में ? सेठन के मोंड़ा क्या सोने की लेंड़ी हग रहे सो हम नहीं हग रहे ?" वाक्य समाप्त करने तक क्रूकट के हाथ में पिस्तौल दिखाई दी। उसने अपने हथियार को धूर्तता से मुस्कराते हुए उस खिड़की की ओर तान दिया, जिधर मैं खड़ी थी।

"यार धीरे पंडा, अपने हुनर खों पहचानो। तुम्हारे जैसी अदाकारी इलाका भर में नहीं है किसी के भीतर। बास्टर सारूफ खाँ की माँ..."

तब तक माधव लौट आया, जो नहाने गया था। बाँह पर भींगे अण्डरवियर और बनियान लटकाए हुए साँवले और इकहरे बदन वाला माधव धुली साफ बनियान और पाजामा पहने हुए पूछ रहा था—"ऋतु, पड़ौस वाले घर में से कोई खाने के लिए लिवाने नहीं आया ? सरस्वती देवी तो कह रही थी कि उनकी साथिन सरोज हमारे लिए खाना बना रही है।"

मैं माधव की बात सुनकर झुँझला गई, क्योंकि पहले से खीझी हुई थी।

"तुम्हें तो खाने की पड़ी रहती है बस। यहाँ क्या खाने ही आए थे ? और अब इतनी देर में आए हो, क्या नदी नहाने गए थे ?" कहना चाहती थी कि देखो हमारी तुम्हारी उम्र के लड़के क्या तूफान उठाने वाले हैं !

मगर तब तक क्रूकट मंडली के बीच लाठी की तरह खड़ा हो गया था। कहने के लिए मैंने उधर से मुँह फेर लिया, क्योंकि माइकेल जैक्सन ने खिड़की खोल दी थी और वह धीरे पंड़ा से कह रहा था—"यार सरसुती बाई की चेली से इंटोडैक्सन तो करा दो। इनें तौ एक दिन रजऊ कौ पाट खेलनें ही है और हमारे संगै जानें ही है। सरसुती खों इन मेनका जू के दम पर अनुदान नहीं खाने देंगे हम। जो कि वे खाएँगी कि इस्तिरी ससक्तीकरन कर रही हैं। और ससुर जू तुम्हें लोहे के लंगोटों में कस देंगी कि बधिया हो जाओ।"

माइकेल जैक्सन हँस पड़ा—"तब भागोगे मंडली छोड़कर। मौकापरस्त औरत के दाँव अभी से समझ लो कि ससुरी खों उल्टी मात दै दो।"

धीरे पंडा बननेवाला अभिनेता मंडली का मुख्य आदमी है। वह कभी इन लड़कों को ललचाई निगाह से देखता तो कभी आँखें आजिज-सी हो जातीं।

"अच्छा ठीक है। जो जब होगा, सो तब देखा जाएगा। तुम तो अपनी सुनाओ।"

माइकेल जैक्सन के चेहरे पर आत्मविश्वास बोल रहा था—"क्या बता दें, बैंचो देख नहीं रहे कि 'आईकोन' झुपड़िया के आगे काए ठाड़ी ? हम तौ भइया जौहरी हैं, हीरा तलासते फिर रहे हैं। तुम्हें चमकनें है तो चलो संगै, नातर ससुर जू इतै परे परे घूरा चाटो।"

धीरे पंडा ने हाथ जोड़कर उन लड़कों की औकात बढ़ा दी। क्रूकट गर्व से

बोला—"तुम कह रहे थे यह वारी-फुलवारी सरसुती देवी के कारण फूली-फली है तो हम कह रहे हैं कि नास भी उन्हीं के कारन होगी। नास-विनास में तुम न घिरो। फिरांस की पार्टी आई है, राग-रंग की सौखीन है। ओरछा में रजऊ और ईसुरी की प्रेम कहानी सुनी होगी। सालिगराम कटारे गुनी गाइड है, सो समझा दई कि बुन्देलखण्ड में पग पग पर मनमोहिनी लुगाई हैं।"

माइकेल जैक्सन ने जेब में से छोटा-सा पर्स निकाला। धीरे पंडा बननेवाले कलाकार के आगे हजार-हजार के दो नोट लहरा दिए।

"देख रहे हो ? ऐसे तो कितने ही पैदा हो जाएँगे। फ्रेंक पोंड और डॉलर की माया देखोगे तो गस आ जाएगा। इतै तुम ससुर जू पूरी पपरिया खाकर समझ रहे हो, राजा हो गए। चना-चबैना रोज की खुराक मान रहे हो। क्या कहते हैं कि लाई के लड़ुआ सुईट डिस। अब तक गाँवों के कलाकार ऐसे लुटते रहे हैं। ईसुरी की लीला कर रहे हो, ईसुरी की असलियत जानते हो ? कैसी दिसा भई। तुम्हारे लानें तो कोई आवादी बेगम भी पैदा नहीं होने वाली। आज की औरतें सरसुती बनकर तुम्हें तबाह कर देंगी।"

मैं बुरा मानूँ, मुझे होश नहीं था। मेरी वह दुनिया उजड़ी जा रही थी, जिसे बसाने की शुरुआत मैंने कर दी थी। और बड़ी कोशिशों, बड़ी ठोकरों के बाद पाया था, यह ठिकाना।

मन में आया क्रूकट से हाथ जोड़कर प्रार्थना करूँ। अपने काम की दुहाई दूँ। सारा का सारा ब्यौरा बताऊँ कि यहाँ फागों का होना हमारी पहुँच के भीतर है। पाँच सितारा होटल में इस फाग-लोक को कैद मत करो। बसंतोत्सव में मेरा साहित्य-शोध छिपा है, इस पर पहरे मत लगाओ। लोक-संस्कृति पर हमारा भी हक है, हिस्सा हमसे न छीनो।

मगर क्रूकट अपनी रौ में था।

"विदेसी लोग मौंमागा पइसा देते हैं। समझे धीरे पंडा रूपी रतीराम जी ? देर करोगे तो गढ़ी म्हलेरावाली मंडली मोर्चा मार लेगी। तुम पछताते रह जाओगे। हम तो महुसानिया के मंडली-डीलर खों भी अडवांस दे आए हैं। सीजन की बात है। फिर तो हम भी वैष्णो देवी के जागरन की डीलिंग में लग जाएँगे, ससुर बखत ही कहाँ है ?"

लगातार क्रूकट का मोबाइल फोन भी चल रहा था—हल्लो, बातचीत चल रही है। सौदा पट रहा है। कम-बढ़ की गुंजाइस राखियो।

माइकेल जैक्सन ने यह कहकर धीरे पंडा को पटा लिया कि वह फगवारों का शीश मुकुट है। रघु नगड़िया वाला माना हुआ उस्ताद है और सोनुआ झींका बजाने में प्रदेश प्रसिद्ध वादक। तीनों राई नाच में घूँघट ओढ़कर नर्तकियों के 'अपरूप मौडिल' बन जाते हैं। किरनबाई बेड़िनी से भी सौदा चल रहा है।

चटपटे प्रोग्राम के लिए गर्मागर्म नोट थमाए माइकेल जैक्सन ने और मंडली को खरीद लिया। लाभ-लोभ की बातें—वीडियो फिल्म बनेगी, सी डी बिकेंगी, हिस्सा बराबर रहेगा। आमदनी लगातार होगी। जी टी. वी., सोनी टी. वी. पर देख लेना अपनी फोटू। हल्के होकर चलो। झींका-मींका, नगड़िया-फगड़िया मत लादो, गिटार बजेगी जमकर।

क्या कहते हैं कि सिंथैसाइसर तैयार रखा है। अँगरेजी धुन में सजकें फागें अँगरेजिन हो जाएँगी। एक दिना तीजनबाई की तरह तुम बिदेस के लानें उड़ जाओगे। हित की बातें सुन लो, नातर इन गाँवन में पड़े-पड़े सड़ जाओ। सरसुती देवी भी तुम्हें सड़े अचार की तरह नुकसानदायक मानकें फेंक देंगी।

सौदा होते ही क्रूकट कार से यूनीफार्म निकाल लाया।

"बसंती कमीज !" धीरे पंडा ने कहा तो माइकेल बोला—"कमीज नहीं, यल्लो टी साट। बिलेक पेंट। टीसाट पर क्या लिखा है ? पढ़े हो तो पढ़ो—

'मेरा भारत महान !'

पेंट के घुटनों पर 'जैहिन्द' की चिप्पी !

देखते ही देखते फगवारों की टोली 'आइकोन फोर्ड' कार में भर गई। जो बाकी बचे थे, उनके लिए डिक्की खोल दी गई। वे सामान की तरह ठँस गए।

कच्ची गली थी। कार चली गई, पीछे धूल का गुबार था बड़ा-सा।

मैं और माधव खड़े थे, लुटी-लुटी गली में, उजड़े से गाँव में और खून-खच्चर सपनों की छाँव में...स्तब्ध और हतप्रभ !

हताशा ने चेतना सोख ली।

माधव ने मेरी ओर देखा, जैसे पूछ रहा हो—अब ? अब अगला पड़ाव कहाँ होगा ? हम दोनों ऐसे ही चुपचाप कितनी देर खड़े रहे ? मैं पीछे कब लौटी ? सत्रह गाँवों की खाक छानकर आई मैं, ऋतु। जहाँ रजऊ की खोज में पहुँची, वहाँ ईसुरी के निशान तो मिलते, प्रेमिका का पता कोई नहीं देता था, जैसे उसके बारे में बताना किसी वेश्या का पता देना हो। ईसुरी के साथ जोड़कर लोग उसके नाम पर मजा लेते, मगर उसको अपने आसपास की स्त्री मानने से मुकर जाते। बुरा मानते कि एक लड़की उस बदचलन औरत के बारे में बात कर रही है और गाँव की लड़कियों को उस बदनाम स्त्री से परिचित कराने की कोशिश में है।

एक आदमी ने विद्रूप-सा चेहरा बनाकर कहा था—आजकाल पढ़ाई में लुच्चियायी फागें सोई पढ़ाई जाती ?

एक गाँव में एक मनचले ने मुझे घेरकर कहा था—सुनोगी, तुम्हारे लानें हम ईसुरी की फागें लाए हैं—

जुवना कौन यार खों दइए
अपने मन की कइए
हैं बड़बोल गोल गुरदा से, कॉ लौ देखें रइए
जब सर्रात सेज के ऊपर, पकर मुठी में रइए
हात धरत दुख होत ईसुरी, पीरा कैसें सइए

(तुम किस यार को जुबना दोगी ? इनकी बड़ी कीमत है। ये गुरदे की तरह गोल हैं। सेज पर सर्राते हैं तो मुट्ठी में कस लेने को मन करता है। हाथ रखने से दुखते

हैं, तुम दर्द कैसे सहोगी ?)

वह गाँव मेरी बुआ का गाँव था, मेरी बदनामी बुआ के परिवार की बदनामी थी। मैंने रजऊ को अपने शोध का विषय क्यों बनाया है? मैं अपने ऊपर झुँझलाकर रह गई, क्योंकि कोई शिकायत करती तो रजऊ के स्त्रीत्व पर कोई विचार न करता, उसके रूप में मेरी देह के अक्स लोगों के सामने फैल जाते।

तब क्या मैं अपने लक्ष्य को वापिस ले लूँ ? शायद यही अच्छा हो। ऊहापोह में उस गाँव से सवेरे ही सवेरे अपना बैग उठाकर भागी थी, बुआ अचम्भा करती रह गई। अरे लड़की महीने भर के लिए आई थी, मगर...

'क्या मैं विषय बदल दूँ ?' सोचा यह भी था।

मगर अपना मन कैसे बदलूँगी ? मन जो माधव को ईसुरी के रूप में देखकर जुड़ा गया था। माधव का ध्यान करते ही चिन्ता तिरोहित-सी होने लगी। वह कॉलिज के झंझावातों में मुझ से ऐसे ही आ जुड़ा था। जुड़ाव ऐसा हुआ कि उसने भी 'ईसुरी का बुन्देली को योगदान' को अपने शोध का विषय बना लिया।

माधव मुग्ध भाव से बोला था—"तुम्हें ताज्जुब क्यों हो रहा है ऋतु ? ईसुरी अपने रजऊ के पास आया है।"

"धत् ! वैसे ही लोग अजीब निगाहों से देखने लगे हैं। प्रतियोगिता में ईसुरी और रजऊ का रोल निभाने वाले कहीं वास्तविक प्रेम की पींगें तो नहीं बढ़ाने लगे।"

"ठीक ही सोचते हैं लोग। मैंने भी तो यही सुनकर अपने शोध का विषय बदल दिया था कि प्रतियोगिता वाली ऋतु खुद को रजऊ समझने लगी है। मुझे भी ईसुरी होना है।"

"आज देख लो माधव, मैं खाक छान रही हूँ।"

माधव ने हँसकर कहा—"दोनों मिलकर खाक छानेंगे, जल्दी छन जाएगी।"

माधव की बातें ! मुझे अनचाहे ही हँसी आ जाया करती है। वह दुख को खुशी में बदलने की कोशिश करता रहता है। अन्तरविश्वविद्यालय प्रतियोगिता में जब वह ईसुरी की ओर से फागें कहता था और मैं रजऊ की ओर से गाया करती थी, वह झूमने लगता था। कौन हारा कौन जीता कभी नहीं देखता था। हारकर भी जीत की बातें, यही अदा तो मुझे नहीं लुभा गई ? मैं चिढ़ाती हूँ—माधव तुम निहत्थे होकर शेरों के सपने देखते हो। एक दिन शेर ही तुम्हें खा जाएगा।

"तुम शेर को भी वश में कर लोगी, मैं जानता हूँ। अब मेरे शोध ग्रन्थ को ही ले लो, तुम साथ रहती हो तो उसमें स्त्री-भाषा का चमत्कार घटित होने लगता है। सच में तुम स्त्री के लिए पुरुषों द्वारा गढ़ी गई भाषा को अपदस्थ कर रही हो।"

"हाय मंडली चली गई !" कहकर मैं बार-बार ठंडे श्वांस भर रही थी। माधव मौन उदासी के हवाले था। एक वाक्य कहकर रह गया—"कैसी खरीद-फरोख्त हुई !"

माधव आज अपने घर जाने के लिए बैग पैक कर चुका था, क्योंकि मैं अब सरस्वती देवी के साथ यहाँ थी। मंडली की फागें सुन ही नहीं रही थी, देख रही थी।

कल क्या नजारा था !

❑❑

यों तो गाँव था, नाट्यमंच की सभी सुविधाएँ भी नहीं थीं। पर्दा उठने-गिरने का हीला भी नहीं, मगर कुशल संयोजन की करामात कि हर दृश्य सजीव हो उठा।

बिजली गुल थी, पैट्रोमैक्स जगमगा रहा था। बाहर आकाश में तैरते चाँद ने चाँदनी धरती पर उतार कर सहयोग किया था। जलती हुई मशाल भी तो फगवारों ने एक कोने में गाड़ रखी थी।

सूत्रधार के रूप में धीरे पंडा उदित हुए। वे दर्शकों का अभिवादन करने के बाद अपने साथियों को सर्वश्रेष्ठ अभिनय करने का इशारा दे रहे थे। तभी किसी दर्शक ने कहा–"सटई गाँव की सरस्वती देवी से हमें ऐसी ही मंडली की उम्मीद थी। फगवारों में अच्छा जोश है।"

सरस्वती देवी आगे की लाइन में मेरे और माधव के पास जाजिम पर बैठी थीं। लम्बी कद-काठी की पचाससाला औरत। तीखे नैन नक्श वाला लम्बोतरा गेंहुँआ चेहरा। उनका मुख जुड़ी हुई भवों के कारण विशेष लगता। वैसे वे मुझे और माधव को शोधार्थी के रूप में पाकर गौरव और उत्साह से भरी हुई थीं।

मंच के बीचोंबीच नगड़िया, झींका, बाँसुरी, ढोल और रमतूला जैसे वाद्य रखे थे, जिन्हें घेरकर फगवारे गोल बाँधकर बैठे थे। फगवारे लाल, नीले, पीले, हरे कुर्ते और छींटदार पगड़ियों में सजे थे। सबने सफेद धोतियाँ पहन रखी थीं। गिनती में वे दस थे।

वाद्य बजे। स्वरों ने लय पकड़ ली। हवा में संगीत लहराया। दर्शक धुन के साथ सिर हिलाकर झूमने लगे।

सरस्वती देवी मेरी और माधव की ओर देखकर मुस्कराईं। उनके मिस्सी लगे दाँत एक पंक्ति में दमक रहे थे। मैं खुशी का खजाना लूटने लगी।

और फिर।

मंच दिप उठा। ईसुरी आ गए।

उनकी अगवानी में फगवारों की टोली द्वारा बजाई हुई बसंती-धुन ताल पर थिरकने लगी। मनभावन समाँ बँधने लगा। मैंने माधव की ओर देखा और माधव ने मेरी ओर तो सरस्वती देवी ने हँसकर कहा–"ऋतु और माधव का अजब संयोग है।"

मेरी मुस्कराहट ने न जाने क्या सन्देश दिया, माधव बोला–"यह जगह ही अद्‌भुत है।"

"और तुम यहाँ आने में सौ नखरे कर रहे थे बच्चू।" मैंने ताना दिया। और आगे कहा–"होते हैं कोई कोई लोग, ऐसी जगह रहने के लिए अभिशप्त होते हैं बेचारे, जहाँ खराब से खराब मौसम होता जा रहा हो। क्या करें कानों को तिपहिया स्कूटर, उधारी पर चलती कारों, ठेके की बसों और कर्कश हॉर्न बजाते ट्रकों का शोर सुनकर ही उन्हें नींद आती है। जैसे शहरी धरती माता की ये ही लोरियाँ हों। जागते हैं तो टेलीविज़न के भीतर संस्कार चैनल में भक्ति, धारावाहिकों में ढिशुम-ढिसुम और मारकाट की शक्ति दिमाग को रुई की तरह धुन देती है, तब जाकर ताजगी आती है।"

"मगर यहाँ तो धरती से आसमान तक संगीत है।" माधव ने जोड़ा और हाथ जोड़कर क्षमा माँगने का नाटक किया।

अरे! देख नहीं रहा कि संगीत की लय वातावरण में विलीन हो गई है, मगर उसकी धुन अन्तर्मन में निरन्तर बज रही है। फगवारों की कला का कमाल है यह। समूहधर्मी मनुष्य ऐसा ही चमत्कार कर सकते हैं। सबके माथे पर रोली का एक-सा तिलक है, उनकी एकता का प्रतीक हो जैसे। मैंने हाथ के इशारे से माधव को समझाया।

'धीरे पंडा।" सरस्वती देवी ने यकायक बोला।

हाँ, वे रंगभूमि में उदित हुए, मैं उनका दर्शन फिल्मी सितारों की तरह नहीं, आसमान के नक्षत्रों की तरह कर रही थी। तनिक भारी बदन और खरे गोरे रंग के धीरे पंडा का मुँह किसी लड़की जैसा है। मूँछें गायब हैं। कितनी विनम्रता है ! मंच पर ऐसे शीश झुकाया जैसे जन-समाज ही उनका आराध्य हो। देखादेखी पूरी मंडली ने दर्शकों का अभिवादन किया–प्रणाम। दर्शकों की उत्सुकता नए सिरे से पैदा हुई।

यकायक नगड़िया पर चोट पड़ी, वातावरण गमक गया। वाद्यों ने तान ली और अचानक रुक गए, मानो उनकी नाट्य-कला की यह भी अदाकारी हो। धीरे पंडा अपने दर्शकों को ऐसी अदाओं से ही बाँधे रहते हैं, तभी तो...सरस्वती देवी का चेहरा मेरी ओर घूमा, नजरों में फगवारों के प्रति मोह-सा उमड़ गया।

धीरे पंडा ने उनकी ओर देखने के बाद दर्शकों के सामने अपने गहरे स्वर और कोमल आवाज के जरिए एक चित्र खींचा–"भइया, हम फगवारे तब आते हैं, जब रुत पर बसंत आता है। बागों-बगीचों के संग वन-जंगल फूलकर गमक उठते हैं। किसानों के खेतों की तो शोभा न पूछो। अलसी, मटर तक बैंगनी और गुलाबी फूलों के मिस आँखें मारती हैं। भँवरे जुड़ जाते हैं तो बेजा क्या है कि हम फागें गाएँ सुनाएँ ?

"तो बहनो और भौजाइयो, आज तुम्हारी मुंडेर पर भोर का कागा बोला होगा। ईसुरी फगवारे की अवाई जो थी। कागा न बोला होता तो पनिहारिनें अपने-अपने घरों में रंग घोलकर हौदी नाँद क्यों भर लेती ? अर र र ! हम तो सराबोर कर डाले !" धीरे पंडा अपनी पीठ लोगों की ओर करते हैं तो दिखाई देता है कि पीछे कुर्ता सात रंगों से रँगा है।

'जे सब जा गाँव की रजऊओं की करामात है।'' धीरे पंडा बुन्देली में गौरव से कहते हैं।

''हाय देखो तो, महा लुच्चा है धीरे पंडा। मर्दों के बीच भरम खोल दिया।'' कोई खनकता स्वर मेरे और सरस्वती देवी के कान के पास झुनझुनाता है। और कहने वाली अपना घूँघट तनिक और नीचे को ओर खींच लेती है।

धीरे पंडा की आँखें घूँघटवालियों की अदृश्य नजरों से खासतौर पर भिड़ी रहती हैं, ऐसा सरस्वती देवी का भाव है। वे मेरा हाथ दबाकर जताती हैं।

''प्यार-प्रीत की सचाई हवा की परतों में सरसराती हैं, नींद के सपनों में लहराती है और मन जिसको चाहे उसे छू ले। ईसुरी फगवारे की फागें सुनकर आदमी आनन्द-लोक में विचरने लगता है। तो हो जाओ तैयार !''

धीरे पंडा ने जैसे इतना कहकर ईसुरी को सावधान किया हो, उकसाया हो और ऊपर से उत्साह, उल्लास का रंग छोड़ दिया हो।

प्रेम के रंग में सर्वांग नहाया लम्बे कद और गोरे रंग का पुरुष, जिसके काले-घुँघराले बाल थोड़े लम्बे थे, माथे पर रोली का टीका भी कमल के फूल के आकार में सजा था। आँखों में काजल, जैसे मेकअप करके नाट्यमंच पर उतरा हो, हाथ जोड़कर खड़ा हुआ तो तालियाँ बजने लगीं। सरस्वती देवी की हथेलियों के बीच से तालियों की धुन लयबद्ध-सी निकल रही थी और आँखों में उस पुरुष के सौन्दर्य को पीने का भाव था, तृप्ति के लिए एक-एक चषक ! आकर्षण के लिए आसक्ति। ममता के साथ मोह इतना कि मैं इस प्रौढ़ा में रजऊ के नवयुवा रूप की कल्पना करने लगी।

कभी इनको देखूँ तो कभी ईसुरी फगवारे को। तब सरस्वती देवी ने अपनी बड़ी-बड़ी आँखों से मुझे समझाया कि मैं सिर्फ ईसुरी को देखूँ। और मैं आज्ञाकारी बच्चे की तरह मंच की ओर देखने लगी। मन में आया कि सरस्वती देवी जैसी कुलभ्रष्टा स्त्री में यह कैसी ताकत आ गई है कि मंच से लेकर दर्शकों तक उनका असर है। यहाँ सब कुछ उनकी इच्छा से हो रहा है।

उसी समय ईसुरी की लयपूर्ण आवाज ने मुझे चौंका दिया। इस तरह का प्रदर्शन मैं पहली बार देख रही थी। अभी तक कॉलिज में फागों के मुकाबले देखे थे और स्त्री की ओर से जो फागें हैं, उनको इण्टर यूनीवर्सिटी कम्पटीशन में गाया भी था। माधव के दल को हमारे दल ने हरा दिया था। हालाँकि माधव ने उस दिन अपनी उत्तम से उत्तम कला का प्रदर्शन किया, लेकिन रजऊ की ओर से हम लड़कियों की गाई फागें सर्वोत्तम रहीं।

तालियाँ। धीरे पंडा तालियों को रोकने की गुजारिश हाथ उठाकर करते हैं, मगर दर्शक हैं कि ईसुरी को तालियों के फूल हार पहनाते नहीं थकते। धीरे पंडा ने नाटकीय अन्दाज में ईसुरी को खींचा और मंच के बाहर ले चले। तालियाँ अचानक बन्द हो गईं।

"ससुर जू तालियाँ सुनने आए हो कि फाग सुनाने ? नेता लोग मात कर दए तुमने तौ।" धीरे पंडा जब गुस्से में होते हैं तो भी बुन्देली भाषा का इस्तेमाल करते हैं।

बहरहाल ! ईसुरी–

मोरी खबर सारदा लइए
कंठ बिराजी रइए
मैं अपड़ा अच्छर नहि जानूँ भूली कड़ी मिलइये
तोरे डेरा हिंगलाज में, ह्याँ लों फेरा दइए
ईसुर कात सत्रु के बाने, छीन कें हम खों दइए

(हे सरस्वती, मेरी खबर लेती रहना। मेरे कंठ में वास करना। मैं अनपढ़ हूँ, अक्षर–ज्ञान तक नहीं है। अगर कहीं भूल जाऊँ तो कड़ी मिला देना। तू हिंगलाज की वासिनी है, यहाँ तक फेरा देना और शत्रु के हथियार हमें थमा देना कि हम अपनी रक्षा कर सकें)

स्वर धीरे-धीरे थमा।

वाद्य बजते रहे ऐसे ही जैसे रस वर्षा का झर धीरे-धीरे मन्द पड़ता है।

मगर पेड़ पर कोयल बोल उठी। पत्तों में छिपा तोता टें-टें करने लगा। फाग आम, जामुन के पेड़ों तक चली गई और धीरे पंडा की खुली आँखें उत्साह में ईसुरी के मद भरे नयनों से मिली, जिनमें काजल के साथ लालिमा घुली थी। ईसुरी के चेहरे पर लालसा लहरा रही है, वे वाद्यों को ऐसे देख रहे हैं जैसे कोयल आमों को देखती है। धीरे पंडा के आनन्द गद्गद चेहरे को देखकर लगता था कि 'आरम्भ' ऐसे हुआ है कि सरस्वती देवी कोई पुरस्कार दे दें।

"क्या सौभाग्य है रघु लला, इतै मानुष–मनिख ही नहीं, पाँखी-परेबा तक फागों के शौकीन हैं। टिटकारी सुनी तुमने ? तो दो नगड़िया पर ताल।"

धीरे पंडा का आह्वान, नगड़िया पर चोट पड़ी और वाद्य बजने लगे। लय पर झूमने का अभिनय करते हुए उन्होंने चुस्त चुटकी बजाई, जिसका अर्थ था–एक चटकीली, रंगीली फाग। ईसुरी अपने सूत्रधार का संकेत समझकर फाग कहने लगे–

"चलतीं !
चलतीं कर खाले खों मुइयाँ
रजऊ बैस लरकइयाँ
हेरत जात उँगरियन में हो, तकती हो परछइयाँ
लचकें तीन परें करिहा में, फरके डेरी बइयाँ
हर तन मुख झरें पतर फूल से, जे बागन में नइयाँ
धन्न भाग वे सइयाँ ईसुर, जिनकी आँय मुनइयाँ

धीरे पंडा ने मुनइयाँ शब्द को संगीत में बहाकर चुटकियाँ बजाकार दर्शकों तक पहुँचा दिया—हाय जिनकी आँय मुनइयाँ, मुनइयाँ, मुनइयाँ...जिनकी आँय मुनइयाँ !

(प्यारी, तुम नीचे को मुँह करके चलती हो। अभी लड़कपन है तुम्हारी। घूँघट की कोर पर उँगली लगाकर किसे देखती हो कि अपनी परछाईं ही ताकती हो ? तुम्हारी कोमल कमर में तीन लचकें पड़ती हैं और हमारी डेरी बाँह फड़कती है। हँसती हो तो ऐसे जैसे फूल खिलते हैं, जो हमने कभी बागों में देखे नहीं। अरे ईसुरी, उन सइयाँ के धन्न भाग हैं, जिन की तुम कुलवधू हो।)

जमकर तालियाँ बजीं।

सीटियाँ उभरीं और मनुहार आई कि फिर से, फिर से, फिर से...

"ईसुरी म्हराज वो चूमा वाली फाग।" किसी पुरुष का स्वर ऐसी अनुनय के साथ आया जैसे वह आधे नशे में तड़प रहा हो और पूरी खुराक केवल ईसुरी के पास हो।

"हाँ, चूमा" यह दूसरा स्वर था आल्हाद से भरा हुआ।

चूमा माँग लेत गैलारौ
मौं हम खों न टारौ
आदर भाव जेइ सब जानत, मन रैजात हमारौ
चार जने के बीच बैठकें, का जस गाएँ तुमारौ
ईसुर माँगन आए दौरे, दरस दच्छिना डारौ

ओय होय !

हम पै चुमवा लो जा मुइयाँ, चुमवा लो जा मुइयाँ
फिर पछतैहौ गुइंयाँ
प्यारे लगें कपोल गोल दो, परें हँसत में कुँइयाँ, अरे परें हँसत में कुइयाँ
चार दिना की जा फुलवारी...

मगर,

तभी ताल कटकर रह गई। झींका, नगड़िया और ढोल भड़भड़ाकर रह गए, जो फागों को मनोहारी बना रहे थे। रमतूला उठा का उठा रह गया। विस्मय विमुग्ध चेहरे फक् से पड़ गए।

एक बूढ़ी स्त्री, जिसने मटमैली-सी सफेद धोती पहन रखी थी और पाँवों में चाँदी के पतले-पतले पेंजना थे, वह माथे तक घूँघट ओढ़े हुए, भीड़ को चीरती हुई मंच पर आ गई। चाल एकदम गुलेल की गोली की माफिक। मशाल की रोशनी में उसकी कौड़ी-सी दो आँखें, जिनमें विक्षोभ का तूफान-सा उठ रहा था। वह अपने आपको संयत करने में असमर्थ पा रही थी सो उद्धत स्वर में चिल्लाई—"ओ नासपरे ईसुरी !

"अरे लुच्चा ! छिनट्टा ! तोय महामाई लै जावै। तो खों अगली होरी न आबै। ओ मोरी महामाई..."

बूढ़ी लगातार ईसुरी की ओर भूखी शेरनी-सी देख रही थी, जबकि बाकी सारे लोग इस औरत को। पगलैट का सा व्यवहार ही जिसका ढंग था।

ईसुरी के होंठों पर असमय की सी मुस्कान थी, उनकी मुस्कान देखकर ही शायद बूढ़ी ने उनका कुर्ता गले से पकड़ लिया।

"अरे, अरे काकी !" फगवारे ईसुरी ने कहा तो काकी ने कुर्ता फाड़ने तक खींचा।

और मंच पर आसीन लोग खुले मुँह सारा नाटक देख रहे थे, जबकि दर्शकों में से च् च् च् की ध्वनि उठ रही थी।

ईसुरी खुद को छुड़ा नही पाए तो धीरे पंडा भागे आए। और जैसे कि नाटक या दर्शकों के बिगड़ जाने पर धैर्यवान सूत्रधार किया करते हैं, ऐसे ही गम्भीर अन्दाज में बोले—"काकी, तुम फागों की इतेक सौखीन कि रात ही रात इतै चली आईं !"

ठेठ बुन्देली में बोलनेवाले धीरे के भाव को मंडली समझ गई कि उन्हें गुस्सा है और प्रयत्नपूर्वक दबा रहे हैं।

मगर धीरे के गम्भीर कथन ने काकी के लिए आग में घी का काम किया। उसने जवाब नहीं दिया, झपटकर ईसुरी की गर्दन पकड़ ली। बूढ़े हाथों और चेहरे पर काँपती कोपमय उत्तेजना नाटक का सजीव अंग थी। और देखा जा सकता था कि ईसुरी की गर्दन पर उँगलियाँ संसी की तरह कस गईं।

धीरे पंडा ने आव देखा न ताव, ताबड़तोड़ सलूट मारने लगे। सलूट, यानी कि काकी के सम्मान में अभिनय। मगर काकी और भी चिढ़ गई। दाँत (जिनमें बुढ़ापे की फाँकें बनी थीं) निकालकर वह धीरे पंडा की ओर लपकी और पूरी ताकत से धीरे की धोती की लाँग पकड़ ली। काकी अब चिल्लाकर बोल रही थी—"ठठरी बँधे जू, हम रातई-रात काए आए हैं, सो भी समझ रए होगे। हमारी बहू की जिन्दगानी बरबाद करकें इतै तुम फगनौटा गा रए ! अब हम तुमारी जीभ पै लूघरा धरे बिना नहीं जाएँगे, जरत लूघरा।"

काकी के मुँह से शब्द नहीं, आग के गोले निकल रहे थे और टूटे दाँतों की फाँकों से हवा नहीं, तपती आँधी छूट रही थी। धीरे पंडा डरते-डरते अपनी काँछ वापिस खींचने लगे।

दर्शक उठकर खड़े हो गए तो रघु नगड़ियावाला मंच पर हाथ जोड़कर खड़ा हो गया और सविनय बोला—"भाइयो, अब तक आपने फागें सुनीं और अब फागें नाटक में प्रवेस कर गईं। लीला देखें—रजऊ लीला।"

काकी ने किटकिटाकर रघु की ओर देखा और बोली—"अपनी मतारी की लीला दिखा। टिकस लगा दैं, भड़ुआ।"

गाली सुनकर भी रघुआ ने काकी के गले में अपनी बाँह डाल दी—"मोरी अच्छी काकी, मोरी मीठी काकी !"

काकी ने रघु की बाँह ऐसे झटक दी, जैसे जहरीली नागिन हो। अब बूढ़ी की नाक से साँस नहीं आ रही, वह नागिन की तरह फोंस छोड़ने लगी और बहुत बेजार होकर दोनों हाथ अपनी छाती पर धरकर धरती पर धम्म से बैठ गई। कराहकर फगवारों को शाप दिया–"ओ महामाई ! दिखा अपनों सत्त, ईसुरी कौ चौंतरा बाँध। धीरे की नाठ कर और रघुआ खों खसिया कर दै।"

अपनी इतनी बरबादी देखकर मंडली के सदस्यों के मुँह रोये हुए से बन गए। मशाल की रोशनी में सारी रंगत उड़ गई।

दर्शक ठठाकर हँस पड़े।

"वाह री डुकरो, क्या गजब किया !"

फागों का सिलसिला बने, सो धीरे पंडा ने ईसुरी को गाने का संकेत दिया। और जैसे ही धीरे पंडा फागों की घोषणा के लिए आगे बढ़े डुकरिया ने लपककर फिर काँछ पकड़ ली। जैसे हनुमान की पूँछ उसके हाथ आ गई हो और काकी को उसमें आग लगाकर ही रहना है। धीरे पंडा का भारी-भरकम शरीर दो कदम ऐसे पीछे खिंचा ज्यों हवा के झकोरे से डोल गया हो। काँछ खुलती गई, एक गज की लम्बाई में। अब वे खड़े के खड़े रह गए जैसे औरत ने उनकी मर्दानी नस दबा ली हो और नंगा करने पर तुल गई हो।

"अरे काकी, मान गए हम तुम्हेंन। तुम सुरसा की तरह सिर्रिन नहीं हो, जो आगे से वार करो। पीठ पीछे तो किसी बलधामा का भी जोर नहीं चलता।"

काकी के सशरीर हमलों से धीरे पंडा अपनी लम्बी काँछ की वजह से बचे हुए थे, मगर बूढ़ी स्त्री के आगे काँछ कुर्ते की क्या विसात ? पीछे की ओर लपकी तो धीरे पंडा ने हाथ जोड़कर माथा नबाया–"ओ मोरी हिंगलाज वारी मइया, अब तुमारे मन में क्या है ? छत्तुर लोगी कि जात करें ?"

उसी समय मंच के पीछे से जल की गगरी लिये झींका बजाने वाला छोटे कद का साँवला सोनुआ आया और मीठे स्वर में बोला–"मोरी प्यारी काकी, जल पी लो। गुस्सा सान्त करो।"

काकी ने बड़े प्यार से जल की गगरी को देखा और अपने हाथों में थाम ली। अब धीरे पंडा ने अपना चेहरा सबके सामने किया, जिस पर काकी के शान्त ठंडे होने का चैन-भरा भाव था।

यकायक काकी ने जल की गगरी मंच पर औंधी मारी और सबका ध्यान अपनी ओर खींच लिया। इधर पीतल की गगरी खाली होकर ठुनठुना रही थी, उधर काकी भरी बदली-सी कड़कने लगी–"पानी ! तुम हमेंन पानी पिवाओगे ? अरे आँहाँ ! हम तौ ईसुरी राच्छत की छाती कौ रकत पीकें रहेंगे। और भड़ुआ धीरे कौ करेजा चबा जाएँगे तब अफरेंगे।"

मंच काँप गया। रघुआ थरथराता हुआ एक ओर हो गया, पर वहीं से बोला–"काकी, अपने धीरे म्हराज का करेजा कच्चौ ही खाओगी ? कौन स्वाद

लगैगा ? हमेंन टेम दो तो हम भूँज लाएँगे। खजुराहो के होटिल में बिजली का भट्टा (ओवन) दिल्ली से आया है, मिनट भर में भूँज देता है सेंगा आदमी तक। राख माख का कोई काम नहीं।" कहकर तनिक आगे बढ़ आया रघुआ। फिर बोला–"पैदल–मैदल नहीं जाएँगे, मारूति ठाड़ी है, सैन्ट्रो लगी है, छिन में गए छिन में आए। अपन मामूली फगवारे नहीं हैं। अन्तर्राष्ट्रीय कारोवारी मंडली में शुमार हैं।"

काकी ने नजरें तरेरीं–"एऽऽ हमसे अंट–चमंट बातें न करो। नटुआ हो, आकास–पाताल के कुलावे मिलाते हो। असल आदमी की जौन तो तुमसे कब की छूट गई।"

'मामला गड़बड़ है', धीरे ने ईसुरी की ओर चिन्तित निगाहों से देखा। मानो एक दूसरे से कह रहे हों कि फागों की फुलबगिया को काकी रूपी बंदरिया सदा से उजाड़ती रही हैं।

काकी को किसी पर रहम नहीं, जैसे मर्दजात रहम के काबिल ही न हो।

"ओ लुच्चा फगवारे, अपनी करनी खुद्द ही सुना दै" कहकर काकी ने धीरे पंडा की लटकती काँछ ऐसी उस्तादी से खींची कि वे बूढ़ी के चरणों में आ गिरे।

सिर झुकाए बैठ गए, हाथ जोड़कर बोले–"जै हो फूलन देवी के बूढ़े अवतार ! जो हुकुम है सो बजाएँगे नातर तुम तौ हमेंन ग्वालियर की जेल से गुजाकर दिल्ली की संसद के नीचे गोलियों से भुनवा दोगी। अपना बदला हमसे कि हम जैसों से जरूर काढ़ोगी। पर काकी, हम बेहमई के मृत्युप्रिय ठाकुर नइयाँ बघौरा के फागवारे हैं, जो जिन्दगी से लबरेज फागें गाते हैं।

काकी के कोप की आधार कथा

बात उन दिनों की है, जब काकी का बेटा प्रताप छतरपुर रहता था और उसकी नवयुवा बहू रज्जो की उम्र बीस वर्ष से कम थी। उसका मुँह खिलौने जैसा सुन्दर था, गालों में गड्ढे पड़ते थे। भरा हुआ चौड़ा–चकला चेहरा पूर्ण रूप से विकसित खिले हुए फूल–सा दिखता। वह अपने काले बालों की पटिया पारती थी और माँग में सिन्दूर भरकर रहती थी। कलाइयों में सूर्ख चूड़ियाँ जेवर–सी दिपतीं। माथे पर लगी बिन्दी दो काली कमान भवों के बीच बीरबहूटी–सी लगती। और नुकीली ठोड़ी पर गुदने का बूँदा रज्जो लड़की–मुख को नजर लग जाने से बचाता। रज्जो जहाँ खड़ी हो जाती, वह जगह खिल उठती, वह चलती तो मतवाले हाथी की याद आती। उसकी मजबूत बाँहें, पुष्ट और मांसल जाँघें...पाँवों में वह पेंजना (बहुत मोटे कड़े) पहनती, चाल में अरटि भरे थे। आल में पके रंग की धोती और हरे रंग की अंगिया, रज्जो ऐसे उड़ सकती थी, जैसे सपाटे से पक्षी निकल जाए।

वह अपूर्व सुन्दरी थी या नहीं थी, मगर ईसुरी की अनुराग में उसकी ऐसी न जाने कितनी छवियाँ छिपी थीं।

काकी के घर को उन दिनों पंडितों के हिसाब से शनिश्चर ग्रह की साढ़े साती लगी थी, नहीं तो कहाँ से कहाँ मेडकी के ईसुरी और धीरे पंडा माधोंपुरा की ओर न चले आते। उन दिनों प्रेमानन्द सूरे की अन्धी आँखों में भी शैतान जागा था, सो अपनी कोठरी फागों और फगवारों के नाम कर दी। जब देखो तब फगवारे भद्दी से भद्दी फागें गाते थे कि जनी सुनें तो कान में उँगली दे लें। माधोंपुरा के नरसी नाई के बेटे पिरभू का भेजा भी फिर गया था, सो बाप की विरासत हजामत की पेटी को एक तरफ फेंककर ईसुरी की फागों पर नगड़िया बजाने लगा। सुना था कि धीरे पंडा की जिजमानी भी छिन गई थी, इसलिए ही वे माधोंपुरा में पुरोहित बनने की कोशिश में ईसुरी के संग चले आए।—काकी कुछ दिन ऐसे ही भ्रमों के हवाले रही। उसी बीच रज्जो अनमोल निधि के रूप में फगवारे को मिल गई। ईसुरी ने रज्जो को अपनी ओर से नाम दिया—रजऊ।

घूँघट वाली रज्जो से अब तक जितना भी परिचय हुआ, वह माना जा सकता कि लुकते-छिपते चन्द्रमा से हुआ है या राह चलते-निकलते आँखों की बिजलियों से।

पिरभू कहता है कि जब आदमी का ध्यान आसमान में ही टँगा रहे तो उसको धरती का अन्दाजा कैसे हो ? ऐसे ही बेध्यानी में ईसुरी एक दिन ठोकर खा गए और गिरे भी कहाँ, ठीक रजऊ की गली में।

काकी के घर का द्वार खुला था। रज्जो पानी भरने के लिए गगरी उठा रही थी। उसकी निगाह ठोकर खाकर गिरते आदमी पर पड़ी। यकायक हँस पड़ी थी रज्जो। और हँसती रही। गली में गिरा आदमी उठकर तो बैठ गया, मगर उसके मुँह से घायल कबूतर जैसी कराह निकलने लगी। कराह में करुण स्वर हिलोर रहा था।

रज्जो हँसी भूल गई। लपककर दरवाजे तक आई। आकर जल्दी से भीतर लौटी और काँसे के बेला में हल्दी भिगो ली। भिगोकर पीस डाली। बेला में हल्दी लेकर बाहर निकली तो ईसुरी अपने घुटने से निकलते खून को गौर से देख रहे थे। चबूतरे से टिके बैठे थे।

"च्-च्-च् !" रज्जो के मुँह से निकला। आकर पास बैठ गई।

वह हल्दी फगवारे के घुटने पर पोतने लगी। ताज्जुब कि गली से कोई नहीं गुजरा। नहीं, एकांत गली थी वह। या गिरने का समय ही अकेला था निर्द्वन्द्व।

कैसा महूरत, कैसा संजोग ! देखते के देखते रह गए ईसुरी। उनके माथे का तिलक और छोटी-छोटी जवान आँखें, पतली मूँछों वाले होठ रजऊ की निकटता से अपनी मुद्रा में खिल उठे। दर्द में भी मुस्करा पड़े थे फगवारे जू। और उनका फिर से ठोकर खाने का दिल करने लगा था। धीरे पंडा ने जब यह बात सुनी तो अफसोस

के साथ कहा–कविताई करने वाले इतने ही नादान होते हैं। इससे ज्यादा हम क्या कहें ? बस इतना और कि ससुर जू अब तुम उस गली में रोज गिरोगे, हमें पता है। पर पता यह भी है कि अब हल्दी का बेला लेकर कोई आनेवाली नहीं। घूँघटवाली औरत असली–नकली का भेद तुमसे ज्यादा जानती है।

उत्साह, उल्लास और उमंग ठंडा कर देने का महारत धीरे पंडा से ज्यादा किसको आता है ! ईसुरी अपने मित्र के स्वभाव को समझते थे। भारी बदन के आदमी से औरतें वैसे ही डरती हैं। ज्यादा नजदीकी हो गई तो इतना बोझ...धीरे पंडा से बदला लेने के लिए ईसुरी ने ऐसी फाग रची कि वे तीन–चार दिन तक उपवास करने की सोचते रहे। मगर उपवास पेट का ? नहीं वे नहीं कर सकते, भले देह का करना पड़े। अलबत्ता ईसुरी जरूर कई दिन तक उदास–उदास, सोच में डूबे, खोए–खोए से...

धीरे पंडा फागें गाने का रियाज करें, पिरभू नगड़िया बजाए मगर ईसुरी फाग कहने उठे ही नहीं।

धीरे पंडा को गुस्सा आया और बाँह पकड़कर फगवारे को झकझोर डाला, बोले–ससुर जू, तुम क्या समझ रहे हो, हमारी जिजमानी खतम हो गई है, सो क्या हमारे कारण ? हमारा नाश हुआ है तुम्हारे मारे। बगौरा के रज्जब अली का मिजाज तुम जानते तो हो, पर तुमने समझी कि वहाँ चतुर्भुज की जमींदारी है। सो मन आई फागें बरनि लगे और हम चले तुम्हारे पाछू–पाछू। सो ऐन उनकी बहन के निकरते ही फाग गा दी–

अँखिया पिस्तौलें सी भरकें
मारत जात समर कें
दारू दरद लाज की गोली, गज कर देत नजर कें
देत लगाय सैन की सूजन, पलक की टोपी धर कें

बस !

लो इतनी ही कह पाई थी कि रज्जब अली अपनी कुर्सी से उठे और ऐन हमारे पास गली में आन खड़े हुए। बोले–फिर के कहना।

हमने फाग तो कही नहीं, अर्थ कर दिया–वे पिस्तौलें भरी आँखें मारती हैं, जिनमें दर्द की बारूद और लाज की गोली ठाँसकर भरी है–हमने सोचा था वे हमें इनाम देंगे पर हमें क्या पता था कि 'सूजन' उनकी बहन का नाम है। बस उनने सजा सुना दी।

ईसुरी ने कहा–"अब ऐसा नहीं होगा। अबकी फाग का रंग–ढंग ही और है।

यह समझ लो कि उदासी और याद की तड़प में डूबकर निकली है।"

घूँघट काए खोलती नइयाँ
दिखनौसू है मुइयाँ
गोरे बदन, गुलाबी नैना, बंग एकऊ नइयाँ
चूमन गलुअन मन ललचावे, झपट उठा लें कइयाँ
ईसुर जिनकी आय दुलैया, बड़े भाग वे सइयाँ

फाग का राग ! राग का भाव ! धीरे पंडा प्रफुल्लित हो उठे। आहा ! घूँघट काए नईं खोलतीं। मुँह तो गजब का सुन्दर है। गालों का चूमा लेने को मन करता है। तुम्हें झपटकर गोदी में उठा लें ? तुम जिसकी दुल्हन हो, वह सचमुच बड़भागी है।

बड़भागी ! धीरे पंडा खोखली-सी हँसी हँसे।

पिरभू अचरज भरी नजर से देखता हुआ नगड़िया पर ताल देने लगा।

आगे का परिचय प्रेमानन्द सूरे ने दिया—जिसकी बात कर रहे हो, वह प्रताप की बहू है। वह बड़भागी इसी रूप में है कि रज्जो को बहुत चाहता है। मिडिल में पढ़ रहा है।

"अच्छा !" धीरे पंडा ने कहा और आगे बोले—"अपने आदमी की चाहत हो तो गोरी का रूप झिलमिलाता ही है। रज्जब अली की बहन को भी उसका आदमी बहुत चाहता था।"—सुनकर ईसुरी चिढ़ से गए।

पिरभू यकायक बोला—"रज्जो भौजी। हमें तो ऐसा नहीं लगता।"

"तें अभी भोला बालक है रे। उमर तेरी सत्रह साल, बस।" धीरे पंडा ने कहकर कनखियों से ईसुरी की ओर देखा, जो खोए-खोए से देख रहे थे।

जब वे बोले तो पहला वाक्य कहा—"सूरे अपनी कोठरी उतै ही आसपास नहीं बन सकती ?"

"कितै ?" सवाल धीरे पंडा ने किया।

"जितै रज्जो का कच्चा-पक्का घर है। खपरैल वाली पौर है। घर के आगे खूँटे गड़े हैं। गायें-भैंसें बँधी हैं। नीम के पेड़ से पिंजड़ा लटका है, जिसमें तोता पला है।"

धीरे पंडा ने व्यंग्यपूर्वक सिर हिलाया और तनिक कड़ुआ मुँह बनाकर कहा—"तो भइया जू पूरा नक्शा उतार लाए हैं। तुम समझो कि उसी गली में पड़े हो, जहाँ जगह-जगह बन्दिशें हैं। हो सकता है रज्जो झरोखे खोल ले। वैसे इस गाँव के आदमी भी कम जल्लाद नहीं।"

पिरभू को ईसुरी की फागों पर नगड़िया बजाने का मोह है। यही मोह उसका संकल्प भी है। वह अपने लक्ष्य की खातिर ईसुरी की कोई भी खातिर करना चाहता है, झट से बोला—"म्हराज, भौजी बड़े कुआँ के घाट पै रोज पानी भरवे आती हैं।"

ईसुरी के कानों में झाँझन-सी बजीं। वे घूँघट के झरोखे की अदा पर मुग्ध हो गए।

प्रेमानन्द सूरे के भाव विचार यहाँ के आदमियों से मेल नहीं खाते। वह बड़ी-बड़ी खिचड़ी मूँछों वाला आदमी देशी फौज में सिपाही रहा है। एक छोटी-सी बात पर अपनी दोनों आँखें गँवा बैठा। छतरपुर के धुबैला महल में एक किसान की लड़की उठाकर लाई गई तो ड्यूटी पर रहते हुए प्रेमानन्द ने जमकर विरोध किया। यहाँ तक कि वह किसानों से मिल गया और उन्हें उकसाया कि वे धुबैला महल को घेर लें। कत्लेआम का हुक्म बिना अंग्रेज बहादुर से पूछे रियासतदार दे नहीं सकता। और क्रोधित लोग महल को आग लगा सकते हैं। उधर क्रान्तिकारी बिगुल फूँक रहे हैं।

किसान चढ़ आए। रियासत का मालिक घबरा गया, क्योंकि बिगड़े हुए हालात देख रहा था। अतः रियासतदार ने किसानों से सुलह कर ली और वादा किया कि उठाई गई लड़की को वह विधि-विधान से पत्नी बनाएगा। मगर इस वादे से किसान सन्तुष्ट नहीं हुए। तमाम राजा लोग पत्नियों को रानी के पद से नीचे धकेलकर काग उड़ानेवाली बांदी कर चुके हैं। उन्होंने अपना प्रस्ताव दिया कि इस लड़की से जो पुत्र होगा वह धुबैला के महल का मालिक होगा और रियासत का अगला वारिस बनेगा। शासक ने शर्त मंजूर कर ली। महल में मंगल महूरत हुए। खुशियाँ मनाई गईं। किसानों का उस साल का लगान माफ कराया गया। प्रेमानन्द सिपाही के लिए भी इनाम की घोषणा हुई क्योंकि उसने मुकाबला करने के खतरों का सामना किया है। इनाम ! घात से धुबैला के महल के तैखाने में प्रेमानन्द को ले जाया गया और साँकलों से बाँधकर आँखों में आग में दहकाये सूजे उतार दिए गए।

ईसुरी को रज्जो के घूँघट में से देखने की जो अदा अब दिलकश लगने लगी थी, वही प्रेमानन्द को रज्जो की सजा लगती। अपनी आँखों पर पड़ा पर्दा किस मनुष्य को अच्छा लगेगा ? प्रेमानन्द अन्धेपन की व्यथा समझनेवाला अचरज करता कि जिन्दा और रौशन आँखों के लिए भी आदमी अँधेरा पैदा कर सकता है ! मगर उसके अचम्भे को तर्क से काटनेवालों की भी कमी नहीं थी, ईसुरी ने कहा–"सब कुछ मुसलमानों के आने से हुआ। वे अपनी औरतों को बुर्का पहनाने वाले हमारे देश पर हजारों साल काबिज रहे हैं। कब्जेदारी के चलते अपने रिवाज़ चला दिए। प्रेमानन्द ने अपना दुख व्यक्त किया तो धीरे पंडा बोले–"यह बात नहीं है। हिन्दुओं ने सोचा कि मुसलमान औरतें तम्बू की तरह ढकी मुँदी रहती हैं, तो हमारी औरतें उघड़ी काए रहें ? उन्हें मुसलमान काए को देखें और बुरी नजर डालें।"

प्रेमानन्द सूरे खोखली आँखों कड़वी हँसी हँसता है। उसकी मूँछें हिलती हैं–"भइया, हमारे मुल्क में होड़ा-होड़ी भी रहे तो भी अच्छा है। मुसलमानों का पर्दा अपना लिया, पर अंग्रेजों का खुलापन काटने दौड़ता है। मेम लोग घुटनों तक की स्कर्ट पहनती हैं, हमने देखी हैं। हिन्दू लोग पहनने देंगे ऐसी पोशाक ? यह कहो कि तमाम शर्म-लिहाज़ और सब तरह के पर्दा औरत के सिर हैं। अब वह किस रास्ते दुनिया देखे ? हम कहते हैं कि हम अन्धे से ज्यादा रज्जो परवश है, अपाहिज है। बहू की

तकदीर तो उसी दिन खराब हो जाती है, जिस दिन उसका ब्याह होता है। बेचारी के कान-नाक आँखों वाला चेहरा, कोल्हू के बैल के चेहरे की तरह बेकार कर दिया जाता है।"

पिरभू बोला–"सूरे, तुमारे भीतर रोसनी फैली है हमारे जानें, नातर तुम बहुअन की विथा कैसे समझ गए ?"

"भइया, हमसे सब बहुएँ बतिया लेती हैं और उनके आदमी गुरेज नहीं करते। वे हमें अन्धा मानते हैं, सो मर्द भी नहीं मानते। बतियानेवाली बहुओं में रज्जो भी एक है। जब-तब कहती है कि प्रताप तो छतरपुर रहता है, उसकी पढ़ाई ठहरी। महीनों नहीं मिलता। मिली है उसकी आबरू जो बहू के कन्धों पर लदी रहती है। सदा झूल डाले रहो घर में भी। काम घूँघट में करो और कुछ बिगरे-बिखरे नहीं। जिस ब्याह से लड़की को अन्धा होना हो, उस ब्याह की लालसा कौन करेगी ?" प्रेमानन्द की गर्दन तेजी से इधर-उधर घूमती है, जैसे चारों ओर देखता हो।

प्रेमानन्द की बातें रज्जो से सम्बन्धित रहती हैं तो ईसुरी के मन में मिश्री घुलती रहती है। वे पूरे मन-ध्यान से सुनते हैं। सुनने के बाद आईने में अपनी सूरत देखते हैं। बालों की लटों को सुलझाते हैं। तीन बार तेल डालते हैं।

दूसरे दिन प्रेमानन्द सूरे बोला–"आज पता है, रज्जो की सास रज्जो से क्या कह रही थी ? कहती थी, बहू घूँघट के किनारे पर दो उँगलियों का झरोखा न बनाया करो। झरोखा से मर्दों को देखने वाली जनी 'छिनार' मानी जाती हैं।–इतना बताकर रज्जो रो पड़ी थी। रोते-रोते बोली–सूरे देख लो, पहली गाली सास ने ही दी। वे क्या जानती नहीं कि घूँघट भीतर बहू का जी कितना घबड़ाता है।

रज्जो की घबराहट ईसुरी को अपनी छटपटाहट जान पड़ी। वह भी तो ईसुरी की चोट अपने दिल पर ले बैठी, नहीं तो बेला में हल्दी घोलकर क्यों लाती ? अपने हाथों क्यों लेपती ? लेप की शीतलता रोंगटे खड़े कर गई।

ईसुरी अब नित रोज कुआँ के रास्ते में पड़ने वाले चबूतरे पर बैठने लगे। कौन जानता था कि प्रताप की दुल्हन की बाट देखते हैं। रज्जो जानती थी। अपने घूँघट पर उँगलियों के झरोखे से संसार देखने में कुशल होती बहू ने और भी तमाम इन्द्रियाँ तेज कर डाली थीं। कहते हैं कि जिनकी आँखें नहीं होतीं, कान तेज हो जाते हैं। कान नहीं काम करते तो सूँघने की शक्ति बढ़ जाती है। सूरे कहता था, मतलब यह है कि जैसे हालात पैदा हो गए, उनके पार जाने की बात आदमी पैदा कर लेता है।

धीरे पंडा समर्थन में सिर हिलाते और कहते–"वह सब कुछ जानती है। न जानती होती तो ऐसे छकाती ? कुएँ पर आने की बेला में तब्दीली करती रहती ? भइया, वह अपने आने, न आने को अपने होने, न होने में मिलाकर देखती है। और ईसुरी फगवारे जू पपीहा की तरह रजऊ को टेरते हैं–

भर लऔ कित्ती बेराँ पानी
रजऊ न आज दिखानी
कै हम बैठे पीठ करें ते, कै बिरियाँ नहि जानी
कै हम गए ते बाग बगैचा, कै वे कढ़ी चिमानी
ईसुर मन तक गए कुआँ लौ, लएँ लवन की खानी

फाग कही। धीरे पंडा हँस पड़े। उनका निमौंछिया मुँह और फिरंगियों का सा रंग एकदम लाल हो गया। पिरभू हँसते हुए धीरे पंडा को देखकर हँसा। उसके जामुनी मसूड़े उससे भी ज्यादा हँसे। खिलखिलाती हँसी सुनकर सूरे हँसा, उसकी बड़ी-बड़ी मूँछें हँसीं। आँखों के खाली गोलक हँसे।

धीरे बोले–"ससूर जू, तुम पीठ करें नहीं बैठे थे, रास्ता की ओर ऐन मुँह करे बैठे थे। और वह भी चिमानी (चुपचाप) नहीं निकली थी। बजनेवाली पायजेबें पहने थी। तुम कुआँ तक चकफेरी देते रहे और वो पिरभू की भौजाई के संग पानी भरकर निकल गई। आज उसने महीन धोती नहीं, काँकरेजू (गहरी जामुनी) धुतिया पहन रखी थी, जैसी नाइन धींवर काछिन पहनती हैं। लो कर लो घूँघट वाली से मुकाबला।

प्रेमानन्द सूरे ने नई सम्भावना जताई। पनघट पर आई तो होगी, पर कब आई होगी, सो पता नहीं। प्रताप की मतारी कह रही थी कि आज छतरपुर से प्रताप आनेवाला है। फाग की छुट्टियाँ हैं।

"साँची बात।" पिरभू ने अपनी नुकीली ठोड़ी पर हाथ धरकर कहा। "काकी भौजी खों सबेरे से बासन माँजने पर लगाए थीं। कह रही थी ऐसे माँजो कि पीतल का गिलास सोने का लगे और काँसे की कटोरी चाँदी की हो जाए। प्रताप भइया पहले छतरपुर से एक छोटी-सी चमची लाए थे, जिसका मुँह जुगनू की तरह चमकता था। काकी कहती हैं प्रताप भइया खों शहर में रहकें चमकदार बासनों में खाने की आदित हो गई है।"

मंच पर धीरे पंडा काकी की व्यथा आगे बढ़ाते हैं–

ईसुरी महराज जब भी प्रेमानन्द की कोठरी से निकलते, रज्जो के घर की ओर चल देते। उनके पाँव खुद-बखुद गली का मोड़ आते ही रुक जाते। आगे बढ़ाए न बढ़ते।

ऐसी ही असमंजस की हालत में खड़े थे कि उनको पिरभू ने देख लिया। आगे आकर बोला–"म्हराज ! भौजी के घर तरफ चले आए, अब लौट काए रहे हो ?"

क्या जबाव देते ईसुरी ? यही कि उनके संस्कार में पर-स्त्री से मिलना व्यभिचार है, जब तक कि उससे माँ-बहन का नाता न हो। रज्जो से ऐसा कोई सम्बन्ध नहीं। फिर क्या सम्बन्ध है, वे खुद नहीं जानते। कोई नाम नहीं दे सकते। यही दुविधा और बेचैनी का कारण है। उनने मन ही मन सोचा कि काश, स्त्री और पुरुष के इस लगाव का कोई पवित्र-सा नाम होता तो दुनिया में दुख दूर हो जाते।

वह तो एक दिन पिरभू जैसे लड़के की कोशिश से वे रज्जो के नजदीक पहुँच गए। नजदीकी क्या थी, देह में लहरों के रूप फैल रही थी और होंठों पर मुस्कान-सी रची थी। आँखों में सितारों-सी चमकी थी। नजदीकी नजदीकी ही चाहती थी, वे आगे बढ़े। मगर बीच में खूँटा था। खूँटे से गाय बँधी थी। पवित्र गाय को उसके खूँटे से इधर-उधर करना पाप था। यह दीगर बात है कि रज्जो ने ही अपना घूँघट माथे तक ऊपर सरका लिया। दृश्य ने फगवारे को मोह लिया, क्योंकि रज्जो के पीछे घर का लिपा-पुता आँगन था। द्वार के आजू-बाजू दीवार पर हाथी, घोड़ा और पालकी में बैठे राजा की चित्रकारी बनी थी, साथ में सिपाहियों की टोली।

मगर द्वार के बीचोंबीच काकी !

रज्जो ने परिन्दे की तरह शिकारी की आहट पा ली हो जैसे, तुरन्त घूँघट खींच लिया और कपड़ों में बन्द गुड़िया का रूप हो गई।

ईसुरी ने हड़बड़ाकर कहा–"सीताराम काकी।"

वृद्धा ने माथे पर हाथ का छप्पर बनाकर गौर से देखा और देखकर रह गई।

ईसुरी के चेहरे पर भय मिश्रित झिझक पुत गई। क्या रज्जो की सास उनके आने को लेकर सोच में पड़ गई है कि फगवारे का उनके दरवाजे क्या काम ?

नहीं, काकी ने आगे आकर अपनेपन से लबरेज स्वर में पूछा–"फगवारे जू, तुम तौ गाँव-गाँव सहर-सहर जाते हो, पता है कि पढ़इया लरकन की छुट्टी हो गईं ?"

ईसुरी ने काकी की बात का ऐसे उत्तर दिया जैसे यही बताने आए हों–हाँ, छुट्टियाँ हो गईं। प्रताप आते ही होंगे।

माँ की ममता ! काकी की बूढ़ी आँखें नई कली की तरह खुल आईं। वृद्धा के मुख से आवाज नहीं, सरासर खुशी निकली–"ओ फगवारे जू दूध पिए जाते।"

ईसुरी हाथ जोड़कर देखते रह गए, क्योंकि दस गज की दूरी पर सास के पीछे मुँह माथा खोले रज्जो !

यकायक सास ने पीछे की ओर देखा कि बहू से दूध गरम करके लाने के लिए कहे और पौर में पीढ़ी बिछाने की आज्ञा दे। अकबक भूल गई सास, क्योंकि बहू तो बिन्नू (लड़की) बनी खड़ी थी। काकी अवाक् हुई थी, मगर तुरन्त ही खुद को सँभाल लिया और बिगड़ी बात-सी मर्यादा को बचाने की कोशिश में बोली–"देखो तो हमारी पगली बहू खों ! पिरताप की अवाई सुनकें तन-बदन का होस भूल गई।"

सास ने रज्जो को सावधान किया–"फगवारे जू क्या कै रए हैं, सुनी तुमने ? फाग की छुट्टी हो गई हैं। हमें भी मड़ोरा के सिमरन सिंह का लरका दिखाना था।"

हाय बहू ! पत्थर की मूरत।

और फगवारे तें गजब, बेसुध।

काकी आगे देखे, पीछे देखे। गाय काकी को देखे। वह तो तोता ही था, जिसने दोनों का मरम समझ लिया और बोला–"रज्जो पीढ़ी डारो। पाहुने आए।"

'अब लौटना ही हितकर है' ईसुरी को तोते की आवाज से होश आया। वह

स्थिति को समझ रहे थे। मगर न लौटने की नासमझी किए जा रहे थे बराबर। यहाँ तक कि तोते के बाद गाय रम्भाई। गली में होकर लोग गुजरे और कुत्ते भूँके। आज मिलन में विघ्न ही विघ्न है।

बहरहाल रज्जो अपनी सास का हाथ पकड़कर भीतर चली गई, मगर ईसुरी के सम्मोहन की अवस्था ऐसी कि राजा की पालकी वाली चित्रकारी में पालकी रज्जो की हो गई और कहारों की जगह ईसुरी के कन्धे लगे। आँखों में लालसा की ऐसी लहक कि पुकार कर पूछ लिया–"रज्जो, अब हम कबै आएँ ?"

उत्तर देने सास आई–"जब हमारा पिरताप आ जाए।"

"पिरताप !" वह बुदबुदाए कि चौकन्ने हो गए जैसे पुरुष को पुरुष का डर लगा हो।

"हओ तब ही आइयो" काकी ने कहा कि ईसुरी गली में लौट पड़े। विकल बेचैन ईसुरी बसंत ऋतु की ठंडक में पसीने से तर थे।

लगा जैसे भाग रहे हैं। प्रेमानन्द की कोठरी ही मंजिल है।

कोठरी में चटाई पर लहलोट हो गए। खुद से पूछने लगे–मैं किसके मोह की रस्सियों में बँधा छटपटा रहा हूँ ? कि अपनी ही अकिंचनता पर पछता रहा हूँ ? वह सामने थी, कुछ कह नहीं पाया। घूँघट के बाहर स्त्री चेहरे का सामना तक नहीं कर पाया। यह रज्जो के प्रति अति आकर्षण था या संस्कार का संकोच ? समय की गति थम गई थी या मेरी ही साँस फूल रही थी ? कि उसका शरीर काँच की तरह पारदर्शी था, जिसके आर-पार झाँकता हुआ मैं लकवे का शिकार हुआ। शहजादे की तरह गली में प्रकट हुआ था, शून्य में ताक रहा हूँ। उसकी बेरुखी होती तो सह जाता, आँखों के लगाव ने तड़पा डाला।

मगर अच्छा ही हुआ कुछ कहा नहीं, कुछ सुना नहीं। वचनबद्धता और गद्‌गद प्रीति भाव उजागर करना खतरों को न्योंता देना था। गाँव भी पराया है, बहू भी अच्छी जाति वालों की है। अन्दरूनी प्रेम का यहाँ दखल ही कहाँ है ?

धीरे पंडा ने हालत देखी तो पूछ लिया–"क्या बात है ? काया-माया सब पल्टा खा रही है। अच्छे-खासे गए थे, गुलाँटें खाते आए हो। बीमार घोड़ा से आन गिरे। हमने तो सोचा था खुशियों के खील मखाने जेब में भरकर लौटोगे।"

ईसुरी को सचमुच रोना आ गया। खीझ आँसुओं में बरसी। मन की बातें कैसे कहे ?

"अरे कछू कहो भी।" धीरे पंडा ने उनका कन्धा छूकर आग्रह किया।

अजीब सी अकुलाहट के साथ फगवारे ईसुरी उठकर बैठ गए। टूटे-फूटे शब्द वाक्य थे, जो विह्वल आँखें, थरथराते होंठ और काँपती ठोड़ी की अवस्था में निकले–"हमारे मन की फागें अब तक नहीं बनीं। लोग ही सुनकर खुश होते रहे, हमें अन्दरूनी सुख नहीं मिला। काए से कि हमारी लालसा लोगों से जुड़ती नहीं।

हम भांड़ नहीं होना चाहते, जो खाने कपड़ा पर लोगों के हाथ बिकता हो। हमारी अपनी भी कुछ रुचियाँ हैं।

–तो क्या करोगे ?–धीरे पंडा ने पूछा, अपने मन की बताने के लिए।

–फागें रचेंगे।

–रच तो रहे हो, रो काए को रहे हो ? मत बताओ, तुम उस बालक की बहू के लिए नैन मुता रहे हो। पर फागें खून से होकर गुजरती हैं, इतनी समझ लो।

"खून से गुजरे कि आँसुओं से, रजऊ के बिना फाग नहीं।

धीरे पंडा सकते में आ गए तो ईसुरी ने अब तक जो कुछ सोचा था, सब बता दिया। मित्र का कर्त्तव्य है, मित्र को समझाना। धीरे पंडा ने मित्र धर्म निभाया।

"अरे रज्जो तो तुम्हें अब दिखी है, फागें तो जमाने से कह रहे हो। औरत जात क्या चीज है ईसुरी, तुमने तो सीता, द्रौपदी, राधा और पार्वती जैसी देवियों की प्रतिष्ठा में फागें कही हैं।"

वह 'नहीं नहीं' में सिर हिलाने लगे।

"अच्छा !" धीरे पंडा ने आश्चर्यपूर्वक कहा। क्षण भर रुककर बोले–"तो वे अब सीता मइया और राधिका जू से बड़ी दिख रही हैं ! हमने भी देखी हैं, भुनसारे भैंस की सानी कर रही थीं। संझा के टैम मूँड़ के ऊपर दो कसैड़ियाँ धरकर निकलेंगी नंगे पाँव। सास से दिन में सैकड़न गारी खाती हैं और फिलहाल पढ़इया खसम जू से पिटने के लिए खुद को तैयार कर रही होंगी। मोरे भोले भंडारी, समझ लो।"

ईसुरी ने धीरे पंड़ा को विचित्र नजरों से देखा। और यकायक हँस पड़े।

"चलो तुम हँसे तो।"

ईसुरी मित्र को समझाने के लहजे में बोले–"ऐसी बात नहीं है कि सारे भेद तुम्हीं जानते हो, क्योंकि तुम उसकी प्रीति में पागल नहीं। हम यह बात समझ पाए हैं कि जो औरत सास की गाली खाकर, आदमी से पिटकर हमारी प्रीति को बरकरार रख सकती है, वह मामूली नहीं, राधिका जू से दो पेंड़ आगे की है।"

"ओ तुमारी सिर्री की ! राधिका जू के लिए ऐसी हेठी बात ! आगे मुँह न खोलना।" धीरे पंडा तैश में आ गए। आगे बोले–"भली चाहो तो ढंग से रहो, नातर तुम पिटोगे, हमें पिटवाओगे। प्यार का नशा झड़ जाएगा।"

"यार हमने मान ली कि तुम संसार में किसी के बैरी हो तो वह प्यार के हो। तुम ससुर प्यार का मरम क्या जानो ? जिजमानों का खाया है और तानकर सोए हो।" ईसुरी ने कहा तो धीरे पंडा ने अपना सिर झटक दिया।

ईसुरी प्रेमी थे, प्रेमी को अपनी व्यथा कहे बिना चैन नहीं पड़ता सो विकल थे। सोचा यह भी कि उनका सन्देश पिरभू आसानी से पहुँचा सकता है, तो भविष्य में धीरे जैसा कंटक अपने आप साफ हो जाएगा। उन्होंने तुरन्त एक फाग रची और पिरभू को मौका देखकर सुनाई, फिर पूछा–कैसी लगी ? आशय था रजऊ का वर्णन कैसा लगा।

पिरभू ने कहा–बढ़िया फाग थी। क्या तुक बनी, नगड़िया पर सरपट जाएगी।

ईसुरी समझ गए, लड़का उम्र का कच्चा है, तभी तो कह रहा है—म्हराज तुम रज्जो भौजी की बावत पूछ रहे थे, हम तो फाग की बात कर रहे थे।

प्रेमानन्द सूरे।

बस अब यही आसरा है, ईसुरी ने समझ लिया था। उसकी रुचि का सूत्र है, जिसे खो चुका है, हर हालत में पकड़ना चाहेगा विजयसिंह सिपाही। हाँ, विजयसिंह सिपाही ने अपना नाम 'प्रेमानन्द' यों ही तो नहीं किया, यह उसके अन्धे प्यार का निचोड़ है। किसान की बेटी कोकिला, चौदह वर्ष की लड़की विजयसिंह सिपाही को जब-जब देखती, गाँव में गाया जाने वाला गीत गाती—

लीली सी घोड़ी सरग से बँधी, मोरे बाँके सिपहिया रे
गोरा की बहना गई थी बजार, मोरे बाँके सिपहिया रे
गई थी बजार, उनके संग रियासतदार, मोरे बाँके सिपहिया रे
संग रियासतदार, उनने जाए नन्दलाल, मोरे बाँके सिपहिया रे
जाए नन्दलाल, उनकौ नाम पन्नालाल, मोरे बाँके सिपहिया रे

विजयसिंह गाना सुनकर हँस पड़ता।

"मतलब भी समझती है कि गाती ही रहती है ?" वह कहता और घोड़े को ऐंड़ लगाता हुआ बढ़ जाता आगे और आगे। वह देखती रहती जब तक कि विजयसिंह ओझल न हो जाता।

प्रेमानन्द सूरे कहता है—लड़की सचमुच ही उस गीत का रहस्य नहीं समझती थी। वह गीत तो बागी सिपाही जंगल में जब हँसी-दिल्लगी करते तो गाते हैं और खुश होते हैं। जैसे यह गीत ही उनका हथियार हो, जिससे अपनी बेइज्जत की गई माँ-बहनों का बदला लेना है। लड़की ने सिपाहियों का गीत सीख लिया था।

सिपाही का आना-जाना लगा रहता। कोकिला की देखा-देखी चलती रही। पिता ने देखा, लड़की का लगाव-सा हो चला है, भले अवस्था कम है। फिर लगाव-जुड़ाव की कोई उम्र-अवस्था होती है क्या ? क्यों न विजयसिंह के हाथ में लड़की का हाथ सौंप दिया जाए ? मगर तभी लड़की उठा ली गई। राजघराने में पहुँच गई। विजयसिंह का विरोध काम न आया।

विरह का मारा प्रेमानन्द अन्धा ! ईसुरी उसके सामने जमकर तड़पे। जो कुछ कहा, उसे सुनकर सूरे की आँखों के खोखलों में अदृश्य गोलक फड़फड़ाए। होंठों पर मुस्कान थिरकी कि तमाम वे दृश्य याद आए, जिनकी खूबसूरती पर कोकिला का कब्जा था और जिन पर अब रज्जो काबिज है।

खुलकर कहने लगे ईसुरी—"तुम्हारी आँखें कोकिला के संग ही चली गईं प्रेमानन्द, अच्छा हुआ। हम इन आँखों का क्या करें, जिनसे अपना मन चाहा देख नहीं

सकते। दुनिया की चाहना के हिसाब से रज्जो को अनदेखा करते रहना है। हमें कोई यहाँ मिलेगी, ऐसा सोचकर हम नहीं आए थे। प्रीति-प्यार में ऐसा होता भी नहीं है। यह तो हालात के चलते रास्ता बनता जाता है। अब तुम्हीं बताओ कि उस रास्ते का हम क्या करेंगे, जिससे गुजरकर रज्जो न मिले ? मिले तो रास्ता ही गुनाह की गली हो जाए।

प्रेमानन्द के खाली गोलकों में दो खंजन हँसे। और ईसुरी के आसपास मुस्कराहट की धाराएँ बह चलीं। इसके बाद उनका सबसे मधुर सम्बन्ध प्रेमानन्द के साथ जुड़ गया। और उसकी कोठरी में प्यार-प्रीति की जगर-मगर होने लगी। वे दोनों आपस में बातें करते तो आशय यही होता–लेन-देन की तरह विवाह के सम्बन्ध कहीं भी जोड़ दिए जाते हैं, आपस में वचन बदलकर, कौल देकर, रुपए-पैसे का व्यवहार करके। पर जो सम्बन्ध बिना नाम के जुड़ता है, उसमें तो कोई कुछ बोलता नहीं, बस देखता रह जाता है, अवश-सा, विवश-सा, जैसे उसने दिल की दौलत लुटने के लिए ही पाई थी।

रजऊ का सपना कोठरी में मुक्त भाव से फैला हुआ था। फागें नए से नया रूप लेने लगीं और स्थितियाँ साफ होती गईं।

रजऊ हँसतीं नजर परे से
नेहा बिना करे सें
हम तौ मन खों मारें बैठे, बरके रात अरे सें
साँसऊँ जिदिना जिद आजै है, बचौ न एक धरे सें
'ईसुर' मिलौ प्रान मिल जैहें, कै बन आय मरे सें।

ईसुरी ने जो जो फागें रची थीं, चुपके-चुपके प्रेमानन्द को सुनाईं। मगर प्रेमानन्द, जिसने कोकिला के प्रेम पर आँखें निछावर कर दीं, प्रेम छिपाना पाप समझता था। ईसुरी से बोला–"म्हराज, ऐसा प्यार अपराध है, जिसे चोर की तरह छिपाए फिरो। धड़ल्ले से कहो और छीछालेदर करने वालों से निडर की तरह पेश आओ कि वे शर्मिन्दा हो जाएँ।

ईसुरी ने क्या रच डाला ? यही कि रजऊ नजर मिलते ही हँसती है। भले ही हमसे प्रेम न करती हो। हम तो अब तक अपना मन मारे बैठे हैं, पर जिस दिन जिद आ जाएगी तो वह कैसे बचेगी ? वह मिले तो प्राण मिल जाएँ, या फिर अब मरकर ही बात बनेगी।

धीरे पंडा ने यह क्या सुना ? सुनकर ऐसे रह गए ज्यों काटो तो खून नहीं। और जब बोलने पर आए तो मगज का खून आँखों में उतर आया–

"क्या यही तुम्हारे हुनर का बाँकपन है ? फागों की कला में ये टहनी फूटी हैं ? दो बच्चन के बाप हो गए पर इश्क नहीं झाड़ पाए सो इश्कीली फागें कहने पर उतर आए ? आज तो मजनू को मात देने वाले लग रहे हो। हिम्मत करी तो पराई लुगाई

पर उतर आए। तुम सदा के डरपोक साले, हमें निडर बनकर दिखा रहे हो ? या उस औरत को शेर बनकर डरा रहे हो ? यह भी है कि हमसे पेश नहीं जा रही सो सूरे को अपना रहे हो। काए से कि बिना नजर वाला ही तुम्हें इज्जत दे सकता है। उसे नहीं पता कि तुम अपनी औरत के पेट में बच्चा डालकर यहाँ नई-नवेली को फँसा रहे हो।"

ईसुरी उस बच्चे की तरह देखने लगे, जिसे पता हो कि मार पड़ने वाली है। और वह सामना करने के लिए तैयार है।

"काय जू, तुमने फागें क्या कहीं, कतई आजाद हो गए ? घर की खबर लेना नहीं चाहते। चिन्ता थी, चिन्ता से छूट गए। बलिहारी तुम्हारी कलाकारी की !"

धीरे की डाँट फटकार असर करती तो अच्छा ही होता, मगर यहाँ तो रोज का संग साथ प्रेमानन्द सूरे के रहवास का था। मानसिकता का अंग ही बनता जा रहा था, बेसुध होकर प्रेमिका की खासियतों से प्रभावित होना। जितना रजऊ की खासियत के असर में आते-जाते, उतना ही खुद को खंड-खंड करते जाते। खंडित जीवन की अदा मस्ती में घुलमिल जाती। वही एक खास तरह की जिन्दगी बन गई। अपने लिए कुछ चाहिए ही नहीं, प्रेम के ऊपर तन-मन निछावर।

फाग के त्यौहार में अभी चार दिन की देर थी। कहने को सास-बहू प्रताप की बाट देख रही थीं। पत्ता भी खड़कता तो सास नजरों से कहती-लला के पाँवों की आहट हैं।

बहू को इन दिनों दूसरी ही आहटें घेरे रहतीं, मगर सास की आस रखने के लिए कह देती-"हओ, धमक-सी लगी तो है बाई।"

रज्जो का दिल कहीं लगता नहीं। चूल्हे के पास बैठी हो तो आँगन में आ जाती है। आँगन में खड़ी हो तो दरवाजे की ओर देखती है और जो दरवाजे तक आ जाए तो बाहर निकल जाना चाहती है-उसको यह क्या हो गया है, उसने सोचा।

अभी आई तो देखा बूढ़ी सास कथरी ओढ़े पौर में जमी है। यहीं सोने का ऐलान कर दिया है। क्या किया जाए सास की आँखों में बेटे की तस्वीर के सिवा कुछ नहीं। थकी और उम्रदार आँखें जैसे प्रताप के इन्तजार में बूढ़ी हो रही हों। बार-बार कौंध उठती है और फिर नजर बुझ जाती है।

शाम के समय रज्जो हाथ में कंडा (उपला) लेकर खड़ी हो गई। सास के पास आकर बोली-बाई, चूल्हा ठंडा पड़ा है। एक चिनगारी आग तक नहीं। हम नाइन बहू के घर से आग ले आएँ।"

रज्जो की ओर सास ने देखा और गहरा साँस लिया। आँखों में दो आँसू उलझे थे। रज्जो ने सास की हालत देखकर आसमान की ओर देखा, जो तारों से भरने लगा था। ओह ! बाई की आँख के तारे का कहीं पता नहीं...उनका भरोसा तारे की तरह

ही टूट गया है क्या ?

सास अपनी 'व्यथा' कह रही थी—"रज्जो, हमने देव-पितर मना लए, संकर महादेव के पुजापे में कमी नहीं छोड़ी। कुचबन्दिया के देवता तक धोके, कन्या जिंवाईं, पर लला नहीं आए।" कोई देवता सुने न सुने, रज्जो एक माँ की आर्त्त पुकार सुनकर खड़ी की खड़ी रह गई। आँसू सहन करना कलेजे के पुख्तापन की परीक्षा है, वह खुद भी तो सास से अलग नहीं, पति के बिछोह में यहाँ से वहाँ भटक रही है। रज्जो ने सोचा।

उसने हाथ में थमे कंडे को देखा, आग लानी लाजिमी है।

घर के बाहर निकल गई। और चलते हुए घूँघट में घुमड़ आए सवालों से जूझने लगी, जो सास और ससुराल की ड्योढ़ी को लेकर उठ रहे थे। 'क्या हुआ है मुझे कि मैं सास के संग-संग रोती नहीं ? कायदा तो कहता है कि अगर दिल उमड़ता नहीं, आँखें रोती नहीं तो दुख दिखाने का अभिनय करो बहू, तभी तुम बहू हो।

'मैंने सब कुछ करके देख लिया, मगर मन सधा है या किसी एक बिन्दु पर ऐसा अटका है कि विचलित नहीं होता जैसे अकेले बियावान में भटकने के बाद हिरनी हरियल वन में आ जाए और वहीं ठहर जाए।'

रज्जो चलते-चलते पिरभू की भौजी, अपनी गुइयाँ गुलाबो नाइन की गली में आ गई थी। क्या मुझे बिना प्रताप के रहने की आदत पड़ गई है ? वही आदत ऊब बनने लगी तो दूसरे रास्ते निकाल लिए मैंने ?

मगर यह रास्ता...

सास को रास नहीं आएगा मेरा प्रताप के बिछोह से कट जाना। उसके बेटे की प्रतिष्ठा इसी में है कि बहू आँखों में आँसू भरे भूखी-प्यासी रहे और गाँव भर देखे।

पिछली बार बहू रोई थी तो सास अपना दुख भूलकर उसे दुलारने लगी थी, जैसे कि बेटे के वियोग को सहला रही हो। कहीं ऐसा तो नहीं कि अब बहू ने लापरवाही की है, उसी पर सास दुखित होकर रो रही हो। रज्जो खुद को प्रताप के पाँवों से बँधी नहीं समझ रही, सास की दुविधा हो सकती है।

चलते हुए सास ने समझाकर कहा था—"आग लैन जा रही हो, कंडा ध्यान से पकरियो, कहूँ हाथ-माथ जरा बैठो।"

रज्जो उदास रहना चाहती थी, मगर मुस्करा पड़ी। अनचाहे ही आँखों में फगवारे की छवि उमड़ आई, कहीं भीतरी आशा थी कि गैल-गली मिलेगा वह जुल्मी।

बूढ़ी की आशंका आँखों में घुमड़ आई थी, यही कि कहीं रज्जो प्रेमानन्द की कोठरी को पार करने के बाद गुलाबो के घर तक आग लेने न चली जाए। बुदबुदाती रह गई सास—जवानी, जवानी। आग, आग।

'रजऊ है कौन ?' फाग आते न आते गाँव में आशंका उठी थी। इसी आशंका ने गाँव का माहौल मथनी की तरह मथ डाला।

–ईसुरी आजकल 'रजऊ' लगाकर फाग कह रहे हैं, क्या उनकी घरवाली का नाम रजऊ है ?"

–ना जी ना। अपनी औरत का नाम फाग के संग कौन जोड़ेगा ? फाग में तो सदा दूसरे की जनी का नाम जोड़कर मजा लिया जाता है।"

–प्रताप की दुल्हन से आँखें लड़ी हैं, ऐसी सुनी है हमने।

–प्रताप की दुल्हन ? उस बिचारी की आँखें देखी ही किसने हैं ? बस घूँघट है चेहरे की जगह।

–हाँ, प्रताप भी बहू का बहुत ख्याल रखता है।

–तो आया काए नहीं ? वह तो अपना ही ध्यान रख रहा है।

–कुछ कहे कोई, पर लगता है कि रज्जो, रज्जू, रजऊ एक ही नाम है। खबर प्रताप को भी लग गई होगी–यह एकमत होकर कहा गया।

'फगवारे ने जुलम ढाया है' रज्जो ने मन ही मन कहा। यह खाता-पीता परिवार, लोग इज्जत करते हैं। स्वर्गवासी ससुर का भी रुतबा है कि अच्छी खेती है। लगान की ज्यादा किचकिच नहीं होती, रामदास दाऊ जू का अपना जलवा है।

फाग के एक दिन पहले रामदास दाऊ जू सास के पास आए थे। रिश्ते के जेठ जरूर फगवारे की जुलम बातों पर अपनी काकी को भला-बुरा कहेंगे, रज्जो थरथरा गई थी।

कानाफूँसी हुई, सास के मुँह पर विषाद की छाया गहराने लगी। रज्जो की समझ में आ गया, माजरा क्या है ?

रामदास दाऊ जू जल्दी ही चले गए, जैसे वे चेतावनी देने वाले घर के मुखिया हों। उनकी ही चेतावनी पर सास ने रज्जो को तलब किया, जिसका आशय था–हमारी देहरी पर धब्बे तुम्हारी वजह से पड़ रहे हैं–

"सुन लई ?" खरखरी आवाज में सास ने कहा।

"हम कैसे सुन लेते कानाफूँसी, कनबतियाँ ?" रज्जो मोर्चे पर दृढ़ हो आई।

"हमारा बेटा नहीं आया, सो तुम मनमानी कर रही हो ?"

"कैसी मनमानी ?"

"लेउ, सुनो मोरी भोरी बछिया की बातें, जिनके मुख में दाँत नहीं। और गाँव भरे में रजऊ रजऊ की धूम मची है।"

"बाई, दुख के मारे तुम्हारे कान बजने लगे हैं।"

"हओ ! अरे, हमारे कान नहीं बज रहे, ईसुरी की फागों पर ढोल बज रहे हैं।"

रज्जो चुप रही, जैसे चुप रहना ही उसका जवाब हो। और जन्म-जात संस्कारों की यही भूमिका हो। सास आखिर बेटा के बिछोह में दुखी हैं, वह अपने बारे में शंकित क्यों करे। वैसे भी सब धुँधलके में घटित हो रहा है, वह समझ नहीं पा रही कि जिन्दगी का असली रूप क्या है ? वह किसी घटाटोप की ओर जा रही है,

या कोहरे से निकल रही है ? नहीं जानती कि जो कुछ उसे खींच रहा है, उसका असलियत में नाम क्या है ? प्यार-मोहब्बत, बदचलनी, लालसा या बदनामी ? उसके मन में ऐसा बहुत कुछ चलता है, जिसे लोग अपनी-अपनी तरह से अलग-अलग नाम देते हैं।

हाँ, फगवारा जब 'रजऊ' नाम लेकर फाग गाता है, उसे लगता है, उसका नया जन्म हो रहा है। काश कोई इस भाव को समझे।

कोई समझेगा ? कैसे समझेगा कि बहू की कहानी पीछे छूट गई है। और रज्जो को इसी बात की खुशी है। संग की सखियाँ पूछती हैं कि–री कैसे मिले कन्हाई ?–रज्जो नहीं बता पाती कि फगवारे ने उसके द्वार पर क्यों ठोकर खाई थी ? जिन्दगी का यह दौर उसके काबू में नहीं है। सोच लेती है दोस्तियाँ इसी दौर में पनपती होंगी। पर यह दोस्ती...अजब कहानी है, कैसे कही जाए ?

सास की चेतावनी सुनकर इतना डर लगा कि निडर-सी हो गई। अपने फैसले लेने लगी। पानी भरने वाले अब पहले रास्ते नहीं, पिरभू के घर का फेरा देकर जाने लगी। सास ने समझा रज्जो हर बहू की तरह दहल गई है और रास्ता बदल लिया है। पर वह तो फगवारे से मिलने के लिए तरस रही थी। यही प्यार की सबसे बाँकी अदा है, उसका प्यारा अहसास था।

और जब ईसुरी इस राह में भी मिल पड़े तो उसने सिर पर रखा भरा घड़ा पटक दिया था, आश्चर्य के मारे। जिसमें खुशी का ढेर सारा हिस्सा मिला था। सास ने घड़ा फूटने पर कितना हल्ला किया था। क्या कलह घड़े के लिए थी ? नहीं। उसने समझ लिया बिना मर्द के घर की बड़ी-बूढ़ी मर्द की तरह ही शक्की हो जाती हैं। आचरण की बात पीछे थी। चलो रोक लो खुद को। सास का कोई अरमान पूरा तो हो। बेटा है, जो अलग तड़पाता है। रज्जो को सास पर तरस आया और अपनापन भी लगा। चार दिन के लिए घर का माहौल बदल गया, क्योंकि ईसुरी भी वक्त की नजाकत समझकर देवताओं की स्तुति में फागें गाते रहे। अपनी ओर से रज्जो इतना कर पाई, उसे बड़ी बात लगी।

पर कोई अपने मन पर पड़े प्यार के जबरदस्त असर को कब तक भूलने का नाटक करता रहे ? बदलाव ज्यादा दिन नहीं चल पाया। फगवारे का असली चेहरा निकल पड़ा। रज्जो को अपने दिल की वास्तविक शक्ल दिखने लगी–

कइयक हो गए छैल दिमानें
रजऊ तुमारे लानें
भोर भोर नों डरे खोर में, घर के जान सियानें
दोऊ जोर कुआँ पै ठाड़े, जब तुम जातीं पानें
गुन कर करकें गुनियाँ हारे, का बैरिन से कानें
ईसुर कात खोल दो प्यारी, मंत्र तुमारे लानें

'अरे वाह ! जिओ ईसुरी म्हराज।'

'लो, तुम्हारे लानें पइसन की बौछार। फूलन की बरसात। रस बरसा दो, हओ रस बरसा दो।' श्रोताओं की जय-जयकार सुनकर वह हँस उठती।

रज्जो चलते-फिरते, काम उसार करते कितना कुछ सुनती थी। पाँच-छह घर छोड़कर चबूतरे पर होती फागें आँगन में आकर गूँजने लगती तो उसका दिल धड़क धड़क करने लगता। और कभी एकदम वह शान्त हो जाती। फिर डर अपना फन उठाने लगता।

जिस दिन सास झिंझरी पर बैठ गई, उस दिन तो उसकी साँस अटककर रह गई थी। बस हाथ जोड़कर आसमान की तरफ उठा देती कि ओ मोरे शंकर महादेव रामदास दाऊ जू न आ जावें। सास से फागों के बारे में पूछें और अन्दाजे लगावें। गली में से किसी भी गुजरने वाले को वह रामदास समझने लगती। पाँव की आहट किसी की हो, वह थर्रा उठती। फिर खुद से पूछती कि उसने क्या कसूर किया है, जो इतनी दहल रही है ? जो गा रहा है, उसकी आवाज में तो चींटी भर भी दहशत नहीं।

फिर भी रज्जो के दिल से अरज उठी और उसने लाचार की तरह पिरभू से अपना सन्देश कहलवाया-कि लला, वे मोरा नाम लगाकर फागें न गाया करें।

पर धीरे पंडा को कैसे समझाए, जो लोगों को फाग का मतलब बता रहा है ?

-भाइयो, रजऊ अपरूप सुन्दरी, कितने ही छैल दिवाने होकर गली में पड़े रहते रात-भर। कितने ही कुएँ के आसपास खड़े रहते। कितने ही गुनियों से मिलन के उपाय करा रहे थे उस बैरिन से क्या कहें ? जंतर-मंतर जिसके लिए किए हैं, वह अब तो अपने प्रेम की बात खोल दे।

दूसरी फाग सुनी तो रज्जो को गश आने लगा-

जुवना दए राम ने तोरें
सब कोऊ आवत दौरें
आएँ नहीं खाँड़ के घुल्ला, पिएँ लेत ना घोरें
का भऔ जात हाथ के फेरें, लए लेत ना टोरें
पंछी पिए घटी नहीं जातीं, ईसुर समुद हिलौरें

(भगवान ने तुझे यौवन दिया है, सब कोई तेरे द्वार के चक्कर काटते हैं। पर ये जुबना शक्कर के खिलौने तो नहीं जो हम घोलकर पी जाएँगे। इन पर हाथ फेर लेने दो, तुम्हारा क्या बिगड़ जाएगा ? हम इन्हें तोड़ तो नहीं लेंगे। ईसुरी कहते हैं कि पंछियों के पानी पीने से समुद्र की लहरें घट नहीं जातीं)

रज्जो सुन रही थी और सास भी सुन रही थी। वह झिंझरी के पास से उठकर रज्जो के पास दालान में आई। रज्जो डर तो रही थी, सास को देखकर डर के मारे

रो पड़ी। बाँहें फैलाकर सास की अँकवार भर ली। खूब रोई। रो चुकी तो बोली–

"बाई ऽऽ...फगवारा लुच्चा है। महा लुच्चा ! गली में आए तो सही, हम उसके ऊपर कुत्ता हुलकार देंगे।"

सास रोती हुई बहू को देखकर तरल हो आई। आँसुओं में आँखें डुबोए रज्जो बच्चे की तरह बिटर-बिटर देख रही थी।

"बाई हम फगवारे को गारी देंगे, हाँ"

सास ने रज्जो की बाँहों के बन्धन जैसे अब भी महसूस किए हों, बेटी समझकर बरजने लगी–"ना, रज्जो ना। तें कछू न कइयो। हम खुद्द देख लेंगे।"

मगर।

रज्जो दूसरे दिन जब उजाला कम होने लगा, रात उतर आई तो बाहिर जाने के बहाने एक हाथ में लोटा लेकर दूसरे हाथ में अपनी पनइयाँ थामे (बहुएँ गाँव बाहर जाकर ही जूते पनइयाँ पहन सकती थीं) उसी रास्ते गई, जिस रास्ते प्रेमानन्द सूरे की कोठरी पड़ती है। पक्का सोच लिया कि आज कहकर आएगी कि वह बदनाम हो रही है। नाइन बहू तक पूछ रही थी–कौन-सा मन्तर मारा है म्हराज के ऊपर ? लल्लू की बहू उसके कान पर होंठ लगाकर बोली थी–हमें भी जादू बता दो गुइयाँ। मालिन ने बाँह पर नोंचा और कहा–खसम जू आएँगे, कोठा की कड़ी से उल्टी लटका देंगे, इन हालों पर।

सूरे की कोठरी के किवाड़ भिड़े थे। बाजों पर फाग नाच रही थी। रज्जो जो कुछ सोचकर आई, सब भूल गई। कृष्ण की मुरलिया बजी और राधा विमोहित हो गई।

राती बातन में बरकाएँ
दबती नइयाँ छाएँ
आउन कातीं, आई नइयाँ, काती थीं हम आएँ
किरिया करीं सामने परकें, कौल हजारन खाए
इतनी नन्नी रजऊ ईसुरी बूढ़न कों भरमाएँ

फाग खत्म हुई तो उसने सोचा–कह रहा है कि हम आएँगे ? हाँ तब, जब फगवारे के चोट लगी थी। गली में गिरे थे। हओ, नहीं जा पाए। कौल कहाँ भरा था कि फगवारे को भरम हो गया ?

रज्जो प्रेमानन्द की कोठरी की साँकल खड़काना चाहती थी कि किवाड़ें खुले और वह ईसुरी से अपनी असलियत कहे। चेता दे कि गाँव में अब उसके चलते बड़ा बवंडर उठने वाला है। ऊपर से प्रताप, आज नहीं तो कल आ जाएँगे।

मगर साँकल खड़काने से पहले ही मन किसी दूसरी राह मुड़ गया। मान लो साँकल खटकाई, द्वार खुला और ईसुरी ही निकले तो वह कैसे सामना करेगी ? उनकी नजर देखी है। घूँघट के झरोखे में से परखी है। आँखें प्रीति के जाल बिछा देती हैं,

वे ही जाले हमारी आँखों को उलटा फँसा लेते हैं।

उसने साँकल खड़काई।

सामना ईसुरी से ही हुआ। और दिल ऐसे धड़का कि हाथ में थमा जल भरा लोटा छूट पड़ा। वे देखते रह गए। रज्जो ने घबराकर घूँघट खींच लिया।

कैसी घबराहट मची कि हौलदिली की आँधी आ गई। ऐसा उस दिन तो नहीं हुआ था, जब फगवारे गली में ठोकर खाकर गिरे थे और वह हल्दी का लेप करने चली आई थी। उसके बाद भी नहीं, जब गली घाट गुनगुनाते हुए निकल गए।

फगवारे भी आज उस तरह घायल की अवस्था में कहाँ है ? आज उनकी आँखों में हल्दी की चाह नहीं, हल्दी वाली से कोई याचना है ऐसी याचना, जिससे रज्जो का आज तक सामना नहीं हुआ। आँखें ऐसे ही लड़ती हैं ? नजरों का मिलना इसको ही कहते हैं, उसने इन दिनों पहले-पहल जाना है।

"फाग सुनोगी ?" फगवारे ने कहा तो वह एकदम से अपने घर की ओर लौट पड़ी और इतनी तेज चली कि घर तक आते-आते साँस फूल गई।

नहीं, वह तो वहीं पत्थर हो गई थी। सास अहिल्या की कहानी कहती हैं कि ऋषि के शाप से अहिल्या पत्थर हो गई थी। आहाँ, झूठी कथा है वह। रज्जो अपने अनुभव से जानती है, वह सती किसी के प्रेम निवेदन पर जड़ हो गई होगी, क्योंकि अपने प्रेम के साथ उसे मिलाकर दोगुना प्रेम न साध पाई होगी।

रज्जो धीरे-धीरे कदम साधती घर आई थी। रात-भर सोई कि नहीं सोई, हाँ सपनों में कमी नहीं आई। न जाने कितने सपने ! कलियों से, फूलों से और नई-नई कोंपलों जैसे सपने। क्या इन सपनों के बहाने अपने प्रेम को बड़ा और लम्बा करती रही थी ?

आने जाने का सिलसिला इस तरह नहीं, गैल घाट निकलने भर का रहा। मगर लगे कि आसपास दाएँ-बाएँ फगवारा खड़ा है। साथ-साथ चल रहा है।

रास्ते में प्रेमानन्द की कोठरी नहीं, ईसुरी के मिलने का मधुवन है। चाहत ने ऐसे मनभावन खेल खेले कि रज्जो कभी हारे कभी जीते, मगर खेल से दिल न भरे। गाँव की हर गली का रास्ता इस आकांक्षा में पार करती कि फगवारा कहीं न कहीं मिल जाएगा। इसी धुन में, ऐसी लगन में डूबी सास की गालियाँ खाती रहती कि रस्सा कुएँ पर ही छोड़ आई ? गगरी खाली ही लिये चली आई ? भैंस के नीचे से दूध नहीं दुहा। आटे की जगह बेसन माँड़ लिया। गेहूँ चना की जगह उड़द पीस लिये। पोलका उल्टा पहना है। धुतिया की किनारी उल्टी...

वह सँभलती। घर देखकर घर के काम याद आते, मगर जब फागें सुनाई देतीं तो सब कुछ भूल-बिसर जाता।

आज सास की हालत खराब थी। वह कथरी ओढ़े झिंझरी के पास पड़ी थी और

रज्जो इस गली से उस गली होती हुई गाँव छान आई थी।

सास को देखकर लगा खुद कुछ गलती कर आई है। जैसी कि अक्सर करने लगी है।

"बाई !" उसने पुकारा।

सास बोली नहीं।

"ठंड लग रही है बाई ?" छूकर हिलाया बूढ़ी को।

रूठी पड़ी है शायद। रात के समय बहू का गलियों में फिरना कौन-सी सास सह सकती है ? पर बाई तो समझती है कि उनके बेटा के बिछोह में रज्जो पागल हुई है। उसकी व्यथा कम दुखदाई नहीं। पति नहीं आए, पति के लिए दुख। सास दुखी है, उसका दुख। फगवारे से प्राण जुड़ गए, अपने लिए असहनीय दुख। कितने दुखों की पोटली है रज्जो का जीवन ?

बाई को कैसे बताए कि अपनी छोटी-सी इच्छा पूरी हो जाए, वही सबसे बड़ा सुख है, पर होती है रज्जो की कोई भी इच्छा पूरी ? विधवा का-सा जीवन और ऊपर से लाँछन। क्या रज्जो का नाम ही बदचलनी के हवाले होने वाला है ? अपने आपको किस अँधेरे में छिपा दे ?

रज्जो के भीतर आवेग-सा उमड़ आया। मुँह पर ढँकी कथरी से मुँह निकालकर सास ने रज्जो की ओर देखा, उदास झुर्रियों ने बूढ़ी के दिल की कहानी कह दी। शोक में डूबा-सा चेहरा...

रज्जो भूल गई कि अब तक किस लोक में थी। ईसुरी का प्रेम निवेदन किन कानों ने सुना था। यह भी याद नहीं कि 'रजऊ' नाम कितनी बेर लिया था। इस समय तो उसका लक्ष्य सास है, जिसकी उदासी रज्जो के सोच-विचार का विषय होना चाहिए। प्रताप की बूढ़ी माता ! प्रताप की जिम्मेदारी, प्रताप के पीछे बहू नहीं उठाएगी तो कौन उठाएगा ?

सास भी अनुभवी औरत है। प्रताप यहाँ नहीं रहता, बहू के लिए कमी का अहसास है। बेटे का वियोग एक बात है और जवानी में साथी का बिछोह बड़ी बात है। कहना चाहती थी सास-आसा अकारथ हो गई-पर नहीं कहा हो जैसे, रज्जो समझ गई।

रज्जो ने ही बूढ़ी का घुटना छूकर कहा-"बाई, कोई चिट्ठी आई है क्या ?"

"आँहाँ" सास की आवाज में कम्पन था। कम्पन बेटा के न आने पर था या बिना बेटा के बहू का सामना करने पर, यह तो सास ही जाने।

"तो बाई ?"

"बेटी, पिरताप नईं आए। उनकी मिडिल की पढ़ाई है सो छुट्टी नईं मिली। मड़ोरा वाले सिपाई का भइया कहता आया है।"

"सिपाई के भइया खों छुट्टी मिल गई ?"

"हओ मिल गई। वे तो सबरी साल बँध कें पड़े हैं और अपने पिरताप का तो

चार महीना तक आना-जाना चलता ही रहा। फिर छुट्टी करेंगे तो फैल हो जाएँगे। दो बेर से फैल हो रए हैं।"

रज्जो समझती है कि सास बेटे को पढ़ाना चाहती है और नौकरीपेशा भी बनाना चाहती है। मड़ोरा वाला सिपाही इलाके में सबके लिए उदाहरण है। प्रताप के पिता की भी यही इच्छा थी। पर आज बाई की आशा मुरझा गई है, बेटे के नहीं आने की खबर दिल को रोग-सी लग गई। सास कमजोर और बीमार की तरह बैठी है।

कमजोर बीमार-सी दिखने वाली सास बहू के सामने लज्जित-सी थी, क्योंकि लड़के को आए पूरे आठ महीने बीत गए।

रज्जो भी सुस्त हो गई तो सास समझदार की तरह उठी। समझाने की मुद्रा में बहू के पास आ बैठी। जैसे उसे बहू का सुस्त होना अच्छा भी लगा हो और बुरा भी। सीखें देने का सही वक्त लगा। बेटा नहीं आया, इस पर न माँ का बस न पत्नी का। लटका लतीफा नहीं चलेंगे। इस समय समझाने और स्थिति को पलटने का नुस्खा दूसरा है।

"हम सोच रए थे रज्जो, फगवारे खों जैवे बुला लेते। लला तो आए नईं और फ़ाग के पकवानों की तैयारी पूरी है। कछू पुन्न धरम ही कर लें।"

रज्जो के बुझे चेहरे पर चमक आना स्वाभाविक था। मन ही मन बूढ़ी ने जैसे भाँप लिया हो रज्जो का हुलास। और मन जल-भुन गया। मगर रज्जो के लिए सास की उदारमूर्ति अभूतपूर्व थी। वह अवाक् थी। उसे यह भी पता नहीं था कि जो फागें उसने खुद सुनी हैं, उससे एक ज्यादा सास ने सुनी है—भर लऔ कित्ती बेराँ पानी। रजऊ न आज दिखानी...।—सुनकर बाई ने यकायक गाली भरा श्राप दिया था—"ओ तुमारी नास हो जाए ईसुरी। ठठरी बँधे जू, हमारी बहू कुइयाँ से पानी लेवे नहीं गई, तुमारा मौं झोंसवे के लाने रामदास के घर से आग लेवे गई थी।"

रज्जो ने आव देखा न ताव, तुरन्त चूल्हा सुलगाने चल दी।

औरत चौके में बैठे तो रसोई कितनी देर की ? रज्जो की रसोई तो फिर आज ईसुरी के लिए थी, मन की मुराद। गुझिया, पपरिया, लुचई बरा, क्या-क्या न बना ले रज्जो ? हर चीज का स्वाद फगवारे से जोड़कर देखती है।

यकायक सास चौके में आ गई, और कराह कर बोली—"तुम इत्ती चीजें काए बना रई हो ? चूल्हे में पानी डार दो।"

"हओ, डाल देंगे" रज्जो ने सास की बात का समर्थन किया। समर्थन करना अपनी लगन को तोड़ना नहीं होता। वह सास के दुख का मरम समझ रही है। उनकी आँखों में बेटे का बिछोह आँसू बनकर उमड़ रहा है इस त्यौहार की बेला में।

सास चूल्हे के सामने आ बैठी। रज्जो तब घुइयाँ की तरकारी बना रही थी।

बूढ़ी ने गोपनीय तरीके से धीरे-धीरे कहा—"पुरा मोहल्ला के लोग अबकें होरी में आग नहीं लगा रए, हमारे घर में लगा रए हैं। जो हैं, सोई कैते आते हैं—ईसुरी भजन गावें चाहे फागें, रजऊ रजऊ टेरते हैं।" गहरा साँस लेकर बूढ़ी कहती है,

"रामदास आग-बबूला हो रए हैं। गाँव के लुक्का मस्खरी जो करते हैं।"

रज्जो ने सास की ओर बिना देखे ही घुइयाँ छौंक दीं। कढ़ाई में से छोंक और धुएँ का भभका उठा।

"रामदास कै रए थे, कि पिरताप की मतारी अब तक नहीं मरी तौ अब मर जाएगी। ईसुरी जमराज आतौ गए हैं प्रान हरन के लानें।"

रज्जो घबराई हुई-सी देखने लगी। और थोड़ी देर बाद काम में ऐसे लग गई, जैसे कोई बात अपनी ओर से कहना फिजूल हो। सास का खीझना स्वाभाविक हो। जीभ का झाल गले से उगल रही है। मलाल यह भी होगा कि प्रताप की औरत पति के इन्तजार में भूखी-प्यासी रहकर रो-बिसूर क्यों नहीं रही ? घर से लेकर खेतों तक गेहूँ, मटर, चना की फसलों में हँसती-मुस्कराती क्यों है ? रज्जो ने सास का क्षोभ कम करने के लिए समझाया, "बाई, हमारा नाम रजऊ नइयाँ, रज्जो है।"

सास को सहारा-सा मिला कुछ देर के लिए। होश आया। होश आया तो पूरी बात याद आई। नरम गले से बताने लगी–"तुमारे भइया सोई आ रहे हैं रज्जो। पपरिया और बरा ज्यादा सेक लियो।"

रज्जो ने भवें सिकोड़कर अचम्भा व्यक्त किया–"हमारे भइया ! सो काए ?"

"तुम्हेंन लिवावें के लानें।"

"ऐं !"

"फाग भोर, बहुएँ मायकें नहीं जाती क्या ?"

रज्जो सास की बात सुनकर मुस्कराई–"बाई, हम ब्याह चलाए (गौने) आए हैं क्या, सो फाग भोर मायके जाना लाजिमी है। भइया खों खबर की ने करी ?"

"पिरताप ने ही करी होगी। मड़ोरावारे सिपाही का भइया कै रहा था कि पिरताप की दुल्हन खों मायके पौंहचा देना काकी। पिरताप कै रए थे, उतै मन लग जाएगा, नातर इतै हींड़ती रहेगी।"

रज्जो हँस पड़ी। फिर पूछने लगी, "तुम्हारे बेटा हमें बच्चा समझ रहे हैं क्या ? तीन वर्ष ब्याह को हो गईं, अब तक दो बच्चा हो लेते। पर वे फैल हो-होकें दम नहीं ले रए।

सास को अनचाहे ही आघात-सा लगा। रज्जो अपनी कोख का ताना प्रताप को दे रही है।

"कब आए थे मड़ोरा वाले सिपाही के भइया, हम भी तौ पूछते उनकी खबर।"

सास को जवाब देने का मौका मिल गया हो जैसे–"तब, जब तुम नीर भरन खों गई थीं और ईसुरी कन्हैया जू फगनौटा गा रए थे।"

रज्जो ने ताव के मारे जवाब दिया कि फैसला सुना डाला–"हमारे भइया आवें कि दद्दा, हम मायके नहीं जाएँगे। वे छतरपुर में बैठे हमेंन हुकुम दे रहे हैं, बिना जाने समझे। ऐं।"

सास ने आँखें फाड़कर देखा, यह प्रताप की बहू है ! तड़ाक फड़ाक जवाब देना

कहाँ से सीखी ? बछिया के सिर सींग उग आएँ तो सबको दिखाई देते हैं, पर जनी के सिर सींग समझ लो कि किसी मर्द के बलबूते जमते हैं, दिखें या न दिखें।

रज्जो आज एकदम सास के पक्ष में थी और नहीं चाहती थी कि बूढ़ी माता किसी बात पर बिगड़ जाए। बिगड़ गई तो आज का कार्यक्रम बिगाड़े बिना नहीं मानेगी। वह उसकी उस इच्छा को बेदर्दी से कुचल सकती है, जो अचानक ही हरिया उठी है, और जिसकी जड़ पहले ही जम गई थी।

सास की खाना-पीना बनाने में अब ज्यादा दिलचस्पी दिखाई नहीं दे रही। क्या पता मन ही मन न्योंता रद्द करने की सोच रही हो। अपने बेटे की माँ घर की मालकिन है। रज्जो ने अपने प्रेम को सास के इरादों में ढालना शुरू किया—

"बाई अपने पूत का इन्साफ तो देख लो। अपुन खुद तो आए नहीं, हमेंन भी तुमसे दूर भेज रहे हैं। त्यौहार करे तुम अकेली रहोगी ? वे भी खूब हैं, समझ रहे हैं कि माँ निछावर रहती है सो मातहत हो गई। जोरू राह देखती है सो है ही मुँह देखा। न मतारी के बुढ़ापे का ख्याल, न जोरू की चढ़ती उमर का।"

हर बूढ़े को अकेलेपन का डर लगता है, रज्जो की सास बहू को लाड़ की नजर से देखने लगी। जिस बहू को शक के घेरे में लेने लगी थी, उसकी बातों ने कोमल दूब उगा दी सूखते मन पर। बूढ़ी के चेहरे के भाव बदल गए। वह बच्चे की तरह मुस्कराई। दाँतों की दरारें खिल उठीं। और बोलीं—"हम अपना दुख कीसें काएँ बेटा..."

"बाई, हमसे।" रज्जो ने रहा-सहा अपनापन भी उड़ेल दिया।

"सो तौ है रज्जो। तुमारे सिवा इतै हमारा है ई कौन ?"

"हओ। तुम सास बहुओं वाली बात न सोचा करो।"

रज्जो की बातें सुनकर सास को लगा, बेटा तो अभी पढ़ता है सो समझ लो कि दाढ़ी मूँछ निकलने पर भी बच्चा है, पर बहू घर का भार अकेले उठाते-उठाते जरूर समझदार हो गई है। सास अभिभूत-सी बहू को देखती रही, जैसे कुछ कहते ही न बन रहा हो।

कुछ देर बाद इतना ही बोली—"गाँव के लुच्चन की बात छोड़ दें तो बहू में राई भर दोख नईं। पिरताप की जाँगा ठाड़ी है। और हमारा भाग बली है।"

रज्जो को तमाम काम धन्धे याद थे। शरीर में फुर्ती भी दौड़ रही थी। सास ने बहू के मन माफिक बात कही—"तिरकाई साक ज्यादा बना लिओ। चलो तुम छीलो काटो, हम छौंक देंगे। मटर की फली तोर ले आए थे, पिरताप खों अच्छी लगती हैं। हरे चना छीलकें निगोना बना देंगे।" कहने के बाद सास ने अपने कपाल पर हथेली मारी और कराह मिलाकर पछताई—"देखो तो मोरी बुद्धि खों...पिरताप की अवाई ऐसे ध्यान में चढ़ी है कि उतारें नहीं उतरई।"

रज्जो मुस्कराई। चेहरे पर हुलास था, और सास के सर्वांग से कृतज्ञता व्यक्त हो रही थी। इसलिए ही तो आज रज्जो को अपनी सास सब सासों से अलग लगने

लगी। उसकी मुस्कराहट माँ की हँसी में उतर गई। उम्र का वजन इसी तरह बढ़ता होगा, रज्जो ने सोचा।

अपनत्व का पारावार नहीं था। ईसुरी को भी माफी मिलने लगी बूढ़ी काकी से–"गाँव के लोग पतंग की तरह उड़ा रए हैं बदनामी। अरे ईसुरी भी क्या करें, कैसे फागें गावें, फागें तो लुच्चियायी ही होती हैं। गाँव-भर के लोग और क्या गाते हैं ? जे कओ कि संग में रज्जो का नाम टाँक देते हैं, सो बस कहबे का मौखा मिल जाता है लोगन खों।"

सास रज्जो से मुखातिब हुई, अपने मन की बात कह डाली–"बेटा रज्जो, तुम पिरभुआ से पूछिओ कि उसका बाप अपने रामदास सें क्या कै गया है ?"

रज्जो चुप्पी साधे है।

"हम तो सोसते हैं रज्जो कि काऊ ठठरी बँधे की न सुनें। पर सुनावे वारे तो हमेंन ही सुनाते हैं। कान में ठेंठा भी आदमी कब तक दए रए ?"

"तब तक बाई, जब तक तुमारे बेटा न आवें।"

सास ने रज्जो को इस तरह देखा जैसे कोई गृह देवी बोली हो। बस उसके हाथ स्वतः ही जुड़ गए–"बेटा, हम जई खों तौ डरात हैं कि लला आ जाएँगे और ऐसी-वैसी सुनेंगे तौ गजब हो जाएगा। काए से कि वे ईसुरी जैसे फगवारों से कलाकार कैते हैं। धोकते-पूजते हैं और इतै आकें देखें-सुने तो..."

"तो..." रज्जो के शब्द मुँह के मुँह में रह गए।

"रानी बिटिया, चुगला आदमी बुरा होता है। रामचन्दर जू जैसे देउता भरमा लए थे। मोरा पिरताप तौ मानस मनिख। सीता जू जैसी सती खों वनोवास दिवा दिया था, मोरा घर न उजड़ जाए।" कहकर सास के निर्बल से होंठ ढीले होकर लटक गए और खुले मुँह दाँतों के झरोखे से फोंस छोड़ने लगी।

रज्जो आज बुरी हिम्मत के हवाले है, धीरज नहीं छोड़ रही।

और फिर सामने जो दृश्य उपस्थित हुआ रज्जो के लिए शगुन था।

सास ने क्या कहा ? उसने क्या सुना ? यह बात पीछे रह गई, क्योंकि उसी समय पिरभू आया, जिसने ईसुरी महराज की तरह रंगीन कुर्ता और सफेद धोती पहने थे, माथे पर तिलक लगाया था। उसके हाथ में दही भरी डबुलिया थी, जो उसकी भौजी ने फगवारे के लिए भिजवाई थी, अपनी ओर से भेंट।

सास पास आ गई, रज्जो ने ध्यान नहीं दिया। पर सास आज रज्जो से एक मन थी।

पिरभू दही रखकर चला गया तब सास ने कहा–तुम बुरा तौ नहीं मान गईं रज्जो ? बेटा, आदमी के कान बड़े कच्चे होते हैं। आँखें एकदम झूठी। हम तो अपनी भुगतना के मारे तुम्हेंन चेता रए हैं। जे आज काल की बात नइयाँ, तबकी है, जब

तुम पैदा तक न भई होगी। अपने मायके में हते हम। लरकौरे नहीं भए थे। लड़क उमर सो फागें सुनवे का बड़ा चाव। फगवारे भी एक से एक रंगीले आवें। हमारे पिता हमेंन रोकें-टोकें। मतारी कहे कि बिटिया फागें नहीं सुना करतीं। हम छिप-दुककें झिंझरी से फगवारे देखें और फागें सुनें। एक दिन सुन रए थे, लो तकदीर की मार कि पिरताप के दादा बई दिना लिवावे आ गए। समझो कि रँगे हाथ पकर गए हम।

"कौन-सी फाग सुनी थी बाई ?" रज्जो ने हुलसकर पूछा।

सास किशोरी की तरह लजा गई, बोली, "अब हमें कछू याद नइयाँ।"

रज्जो आँखें नचाकर बोली, "फागें क्या कोई भूलता है ?"

न जाने सास अपनी उम्र से निकलकर अठारह वर्ष की अवस्था में कब चली गई ? गाकर सुनाने लगी–

'दिन भर दैबू करे दिखाई
जामें मन भरजाई
लागी रहो पौर की चौखट, समझें रहो अवाई
इन नैनन भर तुम्हें न देखें, हमें न आवे राई'

(तुम हमें दिन-भर दिखती रहा करो, जिससे हमारा मन भरा रहे। पौर की चौखट से लगकर खड़ी रहा करो, हमारा आना तुम्हें मालूम हो जाए, क्योंकि जब तक इन नयनों से तुम्हें नहीं देख लेते हमें चैन नहीं पड़ता)

फाग सुनकर रज्जो खिलखिलाकर हँस पड़ी। सास के बूढ़े गालों पर अल्हड़ लालिमा दौड़ गई।

सास की कथा अधूरी थी, पूरी की, "फगवारे ने हमारे कूट इसारे पै जो फाग गाई सो पिरताप के दादा ने सुन लई। रज्जो, मर्द की चाल और मर्द की नजर का मरम मर्द से ज्यादा कौन समझे ? बस, पिरताप के दादा ने अपना झोल्ला चुपचाप उठाया और लौटावाद चले गए।

"हमारे मतारी बाप तो हक्का-बक्का रह गए। लो, न टीका न विदा ! ऐसा क्या कसूर बन गया ? खातिर-खुसामत का मौखा ही न दिया। फिर खबर आई कि अपनी छिनार बिटिया खों अपने घर ही राखो, हमारे लानें सत्रह जोरू।" कहकर सास का चेहरा अवसाद में डूब गया। एक ठंडी साँस भरी सास ने और फिर बताने लगीं–

'छिनार !' मतारी ने बिटिया के चाल-चलन पर नजर दौड़ाई। और उनका अन्दाज फिर फाग और फगवारे पर टिक गया। बस फिर तो अम्मा एक डंडा धरें दूसरा उठावें,अखत्तर गारी सुनावें। जब मारते-मारते हार गईं तब खुद भी रोने लगीं। माथे पर हाथ धरकर देहरी पर बैठ गईं। अँसुआ गिरें और बोल कढ़ें–बिटिया, जनियन के लानें नहीं बताई हैं फागें। जे तौ आदमियन के राग-रंग हैं। फागन के मिस कैसी-कैसी कहते हैं, सो भी तुमने सुनी होगी। चाहे किसी जनी से खुद कों जोड़

देते हैं और फिर बखानते हैं मौज-मजा। देखती नहीं हो तुम, गली में आदमी 'कबीर' बोलें तो जनी अपने-अपने घरन में छिप जाती हैं।–आगे अम्मा बोलीं–

'मोरी पुतरिया, हमने तुम्हें कितेक मारा पीटा, पर गलती हमारी भी है। समझा देते कि बिन्नू जनी के लानें ब्याह में गीत गाना और गमी के बखत रोना बताया है। जो आदमियन के आसपास बैठना है तो भजन कीर्तन, कथा वार्ता ही बताई गई हैं। तुमने फगवारे से नैना तो नहीं जोरे रामरती ? और सगे (दामाद) ने भाँप लई हो तुम्हारी नजर !'

सास की साँस तेज हो गई। लगा कि वे दहशत में आ गई हैं। यादों में थर्रा रही हैं, जैसे पति सामने खड़े होकर उनकी बदचलनी का ऐलान कर रहे हों। हाँफता-सा स्वर था बाई का, जिसके जरिए औरत की कहानी बता रही थीं कि कैसे उसको ही झुकना पड़ता है ?

'मतारी बाप ने हम जबरन नाऊ के संग सासरे पहुँचा दए थे। और नाऊ से कह दई थी–डबुआ, वे रतिया खों नईं राखें तो इन्हें नदिया ताल में ढकेल आइयो। अकेले इन्हें हमारी देहरी न चढ़ाइयो। उनसे कइयो कि वे खुद कुआँ–बाबरी में धक्का दै दें, हम तौ कन्यादान कर ही चुके।' बता बाई ने आसमान की ओर हाथ जोड़े और स्वर्गीय पति के गुण गाने लगीं–ओ पिरताप के दादा, तुम्हेंन जनम-जनम सुरग मिलै। अपुन छह महीना अनबोला तो बाँधे रहे, अकेलें हमारी जिन्दगानी बखसें रहे। बस इतेक-सा तसिया कि सोच-सोच कें गुस्सा कोप बढ़ै तौ हमारी हथेरी पर खटिया का पाया धर दें और अपन पाए के ऊपर बैठ जावें। हम डर और दर्द के मारे सफेद तौ पर जावें, पर रोबें नहीं। जई सोच-सोचकें जिन्दा रहे कि अपना ही आदमी तौ है, जिसका बोझ हम हथेरी पर सहें या करिहाई (कमर) पर। जनी बच्चा का बोझ भी तो गरभ में सहती है। जिन्दगानी बोझ-वजन के ही हवाले रहनी है, सो आदित डारें।

सास की आँखें भर आईं और काँपती हुई हथेलियाँ रज्जो के आगे कर दीं।

घावों के भयानक निशान ! बाई क्या इसलिए ही अपने हाथ सीधे नहीं करतीं कि निशान दिखेंगे तो रज्जो डर जाएगी ! और आज इसलिए ही हथेलियाँ आगे कर दीं कि बहू सजा के निशान देख ले और डरी रहे।

रज्जो साँस खींचकर रह गई। बाई की हथेलियाँ अपने हाथों में ले लीं। वह डरी नहीं, पिघलने लगी। सास की टीसें अपनी भरी-भरी आँखों से धोती रही।

सास ने प्रसंग बदलना चाहा, क्योंकि रज्जो की हालत बिगड़ रही थी। वह हथेलियों को माथे से लगाकर फफकने लगी तो सास बोली–"फिरऊ वे पिरताप के बाप थे बिटिया। हमारे पति। फाग के दिनन में उनकी बेजाँ याद आती है। अरे फाग खेलवे का बड़ा सोंख। हमेंन खेंचकर कोठा में लैजावें और अंगिया में गुलाल भर दें। फिर कहें, अंगिया खोल के दिखाओ कि हमारा रंग कैसे-कैसे गुल खिला रहा है।

"बस ऐसी ही एक घड़ी में हम दोऊ जने सास ने देख लए थे। अरे बेजाँ लड़ी सास। बेटा के कपड़ा-मपड़ा फार डारे। बोली, लिहाज-सरम बेंच खाए तुमने। वे मतारी के आगे ऐसे हो गए, जैसे नादान मेमना। ताज्जुब में रह गए हम कि आदमी का ऐसा रूप भी होता है ! खैर ! सास की बातें सास के संग, हम तो पिरताप की सोच रहे हैं कि वे आवें और तुम्हेंन रंग में डुबो दें।"

"रंग में डूबो दें" कह रही थी सास कि दरवाजे के बीच पिरभू के पीछे ईसुरी दिखाई पड़े। और ईसुरी महराज के पीछे धीरे पंडा। पिरताप की माँ उठी।

वह द्वार की ओर लपकी।

"आ गए !" रज्जो की सास ने स्वागत किया।

रज्जो देखती रह गई। एक कदम भी आगे नहीं बढ़ सकी। जबकि सोचती रही थी कि घर आएँगे वे तो गले लग जाएगी। कितनी चंचल भावनाएँ तितलियों की तरह रंगीन उड़ान भरती थीं, मगर उस क्षण सब कुछ स्थिर हो गया। क्या सब कुछ पा लिया है, इसलिए ? हाँ, तन-मन ऐसा पुलकित ज्यों खुशी का वृक्ष रुपा हो आँगन में। उसने केवल पिरभू की ओर देखा। ऐसे, जैसे पगली हुई जा रही है। खुद को फागों में ढालकर समझ रही है और पहली स्थिति को भूल गई है। अजब हालत है। घर आए पाहुने की अगवानी क्या कहकर की जाती है ? कैसे बताए कि जब से सास ने फगवारे के न्योंतने की बात चलाई, तभी से घर में मनचाही फुलबगिया लगा रही थी। इतना ही नहीं, फुलबगिया से फूल चुन-चुनकर फगवारे के लिए खुशबूदार हार बना रही थी।

धीरे पंडा ऐन सामने आ गए। रज्जो को होश आया कि यहाँ कोई फुलबगिया नहीं है, सामने दालान है। फूल और फूलमालाएँ भी कहीं नहीं। उसने बस देखने के लिए पाहुनों की ओर देखना चाहा। धीरे पंडा नारंगी कुर्ता पहने हैं, छींटदार पगड़ी सिर पर सजी है। ईसुरी की ओर तो नजर ही नहीं उठा पा रही। मूर्ति बनकर खड़ी रही तो धीरे पंडा ही हँस उठेंगे। मजाक बनाएँगे पर क्या करे, बहू का चलता आ रहा रूप तो यही है। इस लाज-शर्म को स्वागत मानें, न मानें फगवारे।

ईसुरी धीरे पंडा के पीछे खड़े हैं, उसने किसी तरह कनखियों से देख लिया। गुलाबी कुर्ता और पीली पगड़ी...यकायक आँगन में गुलाल बरसने लगा, गुलाबी और पीले का मिलौना। आवाज रंग की तरह भिगोने लगी—तुम हमारे आने का रास्ता देख रही थी न ?

'हाँ, आँगन में तुम्हारे होने का रास्ता देख रही थी।' अपनी ही आवाज सुनी उसने।

धीरे पंडा को फागें गुनगुनाने की आदत पड़ गई है। वे अपना होना फगवारे का होना मानते हैं और फाग का होना ऋतु का होना बताते हैं। इस छोटे से आँगन में

फगवारे क्या आए, रज्जो ने फागुन के अनेक रूप देख लिए। जैसे गाने का रूप–

'कसकन लगे ककनवा करके।
हाथ नई उम्मर के।
इतनी देह ससा गई आसों, बनवाए पिय पर कें।'

गाने का यह रूप तन-मन में उतर जाने के दूसरे रूप में महसूस हुआ। सुनने के बाद लहराते झोंकों का रूप भीतर ही भीतर तरंगित था। रज्जो सास के पास तक ऐसे चल कर गई जैसे बल खाती लहर हो। फगवारे के आने से द्वार खुल गया। बाहर से आने वाली धूप और हवा सुनहरी सरसराहट के साथ आई। आँगन सात रंगों से सजाया।

सास का चेहरा बेमौसम के बादल-सा, बदलने लगा।

धीरे पंडा ने भाँप लिया, तभी तो काकी से 'सीताराम या जै रामजी की' नहीं कही, सीधे हाथ जोड़कर प्रणाम किया और पाँवों में झुक गए।

बाई एकदम से उछलकर दूर खड़ी हो गई और बोली–"पाप जिन चढ़ाओ म्हराज। बामन होकर पाँव छूते हो।"

धीरे पंडा ने हाथ जोड़कर गम्भीर भाव से कहा–"हमको अपना प्रताप बेटा मान लो काकी। वे नहीं आए, हम आए हैं।"

पिरभू सदा का मूर्ख, अपने जामुनी मसूड़ों को निकालकर हँसता है, हँसकर बोला–"धीरे महराज, आप पिरताप भइया भए तौ भौजी तुमारी को भईं ?"

धीरे हाजिर जबाव आदमी, तुरन्त बोले–"माता। अपनी जोरू को छोड़कर दुनिया भर की औरतें हमारी माता हैं।"

"और दुनिया भर के आदमी आपके को हैं म्हराज, बाप ?" पिरभू बेवकूफ की तरह फिर बोला।

"वे हमारे बाप नहीं, तुम्हारे बाप हैं। और सुन लो कि हम बस माता को मानते हैं, जिसकी शिनाख्त अपने आपमें होती है। बाप तो नकली-असली का घालमेल है।"

ईसुरी को इस प्रसंग में कोई रुचि नहीं, उनकी लगन रज्जो में है, आँखें रज्जो के संग फिरकी-सी घूमती रहीं–आसन ला, पानी के लोटा भर, थालियाँ सजा।

काकी ने पिरभू की ओर चेहरा घुमाया और कहा–"इन दोऊ जनों के हाथ धुबा दो। हरदम नगड़िया के चमड़े को ठोकते रहते हैं।"

साथ ही काकी को अपने प्रताप की याद आई–"लला आ जाते तो साबन की बट्टी ले आते। नौगाँव की मलेटरी से छतरपुर में बट्टी आने लगी हैं।"

धीरे पंडा ने पिरभू की दी हुई साफिया से हाथ पोंछते हुए काकी के मन की बात कही, जो कि वह कहना ही चाहते थे–"प्रताप पढ़े-लिखों के चलन सीख रहा है, और देख लो कि कैसे वह चलन उसके घर तक आ गया ! यही तो तालीम का कमाल है।"

जिंवाना था, मेहमान की तरह दोनों जनों को जिंवाया। मक्खियाँ बहुत थीं, पिरभू ने पंखा झला। खीर, पूरी, साक, हलुआ, दही, शक्कर के भोग और बरा पपरिया गुलगुला जैसे व्यंजन, रुच रुच भोग लगाया फगवारों ने।

पिढ़ी पर पास ही रज्जो की सास बैठी रही कि कोई चीज कम न पड़ जाए। बस जो नहीं रुचा, वह यह था कि ईसुरी रज्जो के दर्शन को तरसते रहे। कुटाँट सास ने बहू को चौके में लगा रखा था और ईसुरी जो कुछ माँगते उसे बूढ़ी काकी लड़की की-सी फुर्ती से उठकर चौके से ले आती। इसी चक्कर में ईसुरी की थाली में पूरियों का चट्टा चिन गया। खीर का बेला भर गया। पापड़ बरा पपरिया के मारे थाली में जगह न बची।

खा रहे थे दोनों।

काकी बेचैन-सी इधर-उधर देखने लगी। जुबान पर कोई बात नाच रही थी, उसका वजन अब सहा नहीं जा रहा, काकी की मुखमुद्रा बताने लगी। धीरे पंडा ने एक-दो बार देखा। इसके बाद पूछ ही लिया–"क्या बात है काकी ?"

काकी ने लम्बा साँस खींचा–"कछू नहीं बेटा।"

मगर इसके बाद भी कुछ था, बहुत कुछ था, जिसे काकी ने आखिर उगल ही दिया, क्योंकि पचाने की हद से बात बाहर हो गई थी।

"एक बात कहें ?" काकी ने दोनों को सुनाकर बोला।

दोनों ने काकी को एक साथ देखा, हाथ के कौर जहाँ के तहाँ रुक गए।

"कहो काकी। एक बात क्या, चार बातें कहो।" धीरे पंडा ने सहमति जताई।

"बेटा, बात करूई लगै तो एक बेला मीठी खीर और पी लिओ।"

संयोग नहीं था यह, रज्जो सास की आवाज सुनकर बाहर निकल आई थी, अपनी ही किसी आशंका के चलते, सास के स्वभाव को समझती हुई इस दावत के रहस्य के चलते...वह सास के साथ दाँव-पेंच खेल रही हो जैरो।

काकी के टूटे दाँत की दरार से आवाज निकली थी–"बेटा ईसुरी, आज हमसे कौल भरे जाओ कि अब जा गाँव में, कि असपेर के गाँवन में अपनी फाग के संगै 'रजऊ' नाम नहीं लगाओगे। धीरे...मोरे पूत, बस हमारे नौन पानी की इतेक निभा दो।"

ईसुरी काकी की ओर देखते के देखते रह गए। जबकि धीरे पंडा हल्के-हल्के स्वीकृति में सिर हिलाने लगे।

और रज्जो ? सास ने बीच राह लूट ली हो, ऐसे देख रही थी घूँघट में से। बूढ़ी का घोर अनाटकीय संवाद बहू की प्रेमकथा को बीच से चीर गया। थोड़ी देर वह अपनी खबर भूले ठगी-सी देखती रही, जैसे हाल लगी चोट का अहसास ही न हो। मगर कुछ देर बाद ही ऐसी तड़पी कि घूँघट अलग बिखर गया। उसने अपना दायाँ हाथ उठाया, जैसे जुबान जड़ है तो हाथ की जुम्बिश बोलेगी। मगर अपनी बात को किसी तरह भी रख नहीं सकी। ऐसी आशा नहीं थी सास से। हाँ आशंका-सी थी, जिसको वह भ्रम समझकर टालती रही। अब पता चला कि आशा से आशंका कितनी

वजनी होती है।

पिरभू ने पंखा जोर-जोर से झलना शुरू किया, क्योंकि उसे अपनी बात कहने का मौका जुटाना था, सेवा-साधन पंखा झलने के सिवा उसके पास और कोई नहीं।

"म्हराज, काकी परेशान हैं। पिरताप भइया का न आना आपकी फागों से जोड़ रही हैं, काए से कि रामदास भइया काकी से कह गए हैं कि भौजी की बदनामी के मारे पिरताप गाँव नहीं आएगा। आए कैसे, गाँव में घुसते ही उसे लोग घेरने लगते हैं। दो सालों से यही चल रहा है। बिचारा हर बेर फैल कड़ जाता है। चिन्ता बहू की है, पढ़ाई-लिखाई में मन कैसे लगे ? काकी पछता रही हैं कि मोंड़ा पढ़ाना था तो ब्याह नहीं करना था। ब्याह कर दिया तो पढ़ाना नहीं था।"

नादान पिरभू, फगवारे को क्या-क्या सुना रहा है ! बदनामी की तोहमत उन पर ही लगा रहा है। फगवारे की तौहीन हो रही है, सो नहीं समझ रहा ? क्या ईसुरी की फागें उनकी करतूत हो गईं ? वे रजऊ के माथे का कलंक हो गए ? प्रताप नहीं आ रहा, इसका कारण रज्जो की बदनामी है, या उसका बार-बार फेल हो जाना ? रामदास दाऊ जू को तो बहाना मिलना चाहिए। अपनी साजिश को तरह-तरह के रंग दे सकते हैं। एक जनी की एक आदमी से प्रीति हो जाए तो इसमें बदचलनी कहाँ से हो गई ?

रज्जो के घूँघट में ऐसे तमाम ताने-बाने उलझ रहे थे, तभी फगवारे और धीरे पंडा आधे भोजन के बाद लोटा लेकर पनारे पर चले गए। हाथ धो लिए।

'अरे !' बहू के घूँघट में से आश्चर्य-भरा दुख निकल पड़ा। मनभावन महूरतों से वंचित किए दे रहे हैं फगवारे ! उसने तो दिन में ही कितने सपने देख डाले थे। सपने में खाने के बाद ईसुरी कोठे में पलिका पर पोढ़े थे और वह कभी पंखा झलती तो कभी उनके बालों को सहलाती। छूकर महसूस करते ही देह लश-लश कर उठती। सपने में प्यार मन से देह में उतरता जाता था कि छाती के भीतर भँवरें गुँजारने लगते।

सास भी अकबकाई-सी देखने लगी, न्योंते हुए ब्राह्मण अधखाए उठ गए। काकी ने उनका अपमान किया है, जिनके पाँव धोके पूजे जाते हैं। पुण्य कमाना चाहा था, पाप की नौबत आ गई।

सास तितली-सी उड़कर आगे आई और फगवारे का रास्ता रोक लिया। आगे और बढ़ी, ईसुरी की बाँह पकड़ ली। रज्जो की जान में जान आई।

सास आँखों में आँसू भरकर भरे गले से कह रही थी—हम तो अभागे हैं, बेटा। अभागा आदमी तकदीर से लड़ते-लड़ते चिड़चिड़ा जाता है। अकेली रांड़ विधवा जनी का दुख तुम कैसे जानोगे ?

सास का तीर निशाने पर लगा होगा, रज्जो नए सिरे से आश्वस्त हुई। विधवा औरत का तो हर कोई तरस करता है, फगवारे तो फिर वैसे भी हमदर्द आदमी हैं।

सास रज्जो के पास आ गई और फगवारे को सुनाकर बोली—"रज्जो, तें जिंवा खबा। पिरभू बिजना झलता रहेगा। माँछी भी तो बहौत हैं।"

काकी के गले में बाँह डालकर धीरे पंडा ने दरसाया कि वे वृद्धा का मान रखने के लिए दोबारा खाने बैठ रहे हैं। रज्जो समझ रही थी कि अब ईसुरी को खाना खाने की इच्छा नहीं रह गई, इसलिए भी वह घबरा रही थी।

खाकर उठ लिए वे दोनों।

आँगन में खड़े होकर ईसुरी ने काकी को समझाया था–"अपने प्रताप से कहना काकी, हम जिस रजऊ का नाम अपनी फाग के संग लगाते हैं, वह न तो तुम्हारी बहू है और न प्रताप की दुल्हन।"

वह सब कहते समय अनजाने ही उनकी आँखें बन्द हो गई थीं और होंठ काँप गए थे। ठोड़ी भी थरथराई थी। आवाज भी ऐसी, जैसे कुएँ में से आ रही हो। रज्जो अपने ऊपर निछावर हो जाने वाले शख्स का ऐसा दयनीय रूप देखकर रूआँसी हो आई। चेहरे का पर्दा एकदम ही उतार दिया, लाज-लिहाज का समय खत्म हो गया था।

तन बदन को धारण किए हुए खड़ी थी रज्जो और ईसुरी फगवारे ने उसके वजूद को खारिज करते हुए उसके सामने ही फाग कही, जो काकी से मुखातिब थी।

देखी रजऊ काऊ ने नइयाँ।
कौन वरन तन मुइयाँ।
काँ तौ उनकी रहस रास है, काँ दए जनम गुसइयाँ ?

'रजऊ किसी ने नहीं देखी। उसका वर्ण कैसा है, तन कैसा है और चेहरा कैसा है ? जन्म कहाँ हुआ है ?'

धीरे पंडा ने काकी को अर्थ समझाया था, जिसने रजऊ के जीवन को अनर्थ से जोड़ दिया। सास कितना समझी, कितना नहीं समझी, मगर उस दिन से रजऊ नाम की स्त्री दृश्य-पटल से ओझल होने लगी।

रज्जो से पिरभू ने उसकी गहन उदासी का कारण पूछा तो वह कुछ न बोलकर रो पड़ी थी। यों फिर बात-बात में भले बता दिया कि तीन लोगों की साजिश ने उसको तबाह किया है। प्रताप, रामदास और ईसुरी। अहंकार, मर्यादा और डर उन मर्दों को नाइन्साफी की हद तक उतार लाया। अपघात छद्म और अपमान के चलते उसकी उम्मीदों का यही हश्र होना था ? जिन्दगी का इस शून्य से मेल कैसे हो, रज्जो नहीं समझ पा रही।

काकी को प्रणाम करने के बाद चले गए दोनों।

सास पीछे बाय के मरीज-सी बर्राती रही और उन दोनों को लुच्चा बामन कहकर कोसती रही। तमाम फागें गिना दीं, जो ईसुरी के लुच्चा होने को प्रमाणित करती थीं। रज्जो चुपचाप सुनती रही–

बीते जात मायके मइयाँ
ज्वानी के दिन गुइयाँ
गादर गाल काटवे लायक, चूमा लाइक मुइयाँ
छाती जुबन मसकवे लायक, गहबे लाइक बइयाँ
जौन जौन गुन होत तियन में, एकऊ बाकी नइयाँ।

सास कह रही थी–अब जा लुच्चियायी फाग को क्या अरथावें, सबकी समझ में आ रई है। गाँव-भर देख रहा है कि पिरताप की दुल्हन बाहिर कढ़ती है तो जे धुँआकरे गटा काढ़कें हेरते हैं। भड़ुआ सूरे समेत टिटकारी मारता है। कह रहा था–बिचारी मायके जैसे में रह रही है। आदमी तौ पढ़इया लरका...

रज्जो के पाँव यों तो धरती पर टिके थे, पर लग रहा था कि झटका खा रहे हैं। घर के लोगों ने उसे कितने पीछे धकेल दिया !

हालत ऐसी हो गई कि हाथों से बासन बिलिया छूट-छूट जाते। जलघरा में पानी लेने गई, कसैड़िया अपने ऊपर गिरा ली। जिन थालियों में ईसुरी और धीरे पंडा ने खाया था, वे औंधी पनारे पर पड़ी रहीं।

ठोड़ी का गुदना छूकर सोचने की आदत है रज्जो को। उसने 'मुझे क्या हो गया है' की नजर से खुद को देखा तो पाया कि कुछ भी नहीं हुआ। फगवारे की छवियों से भरा आँगन खाली हो गया है। या जो छवि उसे ईसुरी ने दी थी, उसे छीन ले गए।

वह उठकर कोठे में चली गई और फूट-फूटकर रोने लगी। बँधने का सुख छूटने के दुख में टूट रहा है। यादों में फागों की किरचें...

मन तक गए तुमारे घर नों
ढूढ़ फिरे सक भर नों
इतै पतौ ना चलौ तुमारो, हेरी बार दुपर नों
हेरत रए कुआँ के ऊपर, परी न कऊँ नजर नों
ईसुर रजुआ कहाँ छिपी रईं, बैठी कौन सुगर नों

(मैं तुम्हारे घर तक चक्कर काट आया। अपनी ताकत भर तुम्हें ढूँढ़ता रहा। तुम्हारा कहीं पता नहीं चल सका। दोपहर तक बाट देखता रहा। तुम्हें फिर कुएँ पर देखने गया, मगर नजर नहीं आईं। कहाँ छिपी हो ? किस रसिक के पास बैठी हो ?)

फाग का तकाजा था कि रज्जो अनायास ही उठी और तेज कदमों से द्वार के बाहर आ गई। दरवाजे के आगे खड़े होकर इधर-उधर देखा। गली सूनी थी।

उसने खुद को समझाया–मैं अधर्म करती जा रही हूँ। जबकि फगवारे ने पर-स्त्री को त्यागकर धर्म का रास्ता पकड़ लिया।

"कोई प्रेम करनेवाला क्या अपने आपको समझा पाया है ?" सूत्रधार ने एक

वाक्य को कहकर आज के नाटक के पटाक्षेप की घोषणा कर दी।

❏❏

कौन जानता था कि यह पटाक्षेप आज के लिए ही नहीं, कल और आने वाले कलों के लिए हो जाएगा ? आई कोन फोर्ड ब्रांड कार आँधी की तरह आई और मंच पर सजने वाले फगवारों को अपने साथ उड़ा ले गई !

अब हम कहाँ जाएँ ? क्या करें ? क्या सोचें ?

हम आगे के लिए अब क्या सोचें ?

पूछा जाए सरस्वती देवी से ? जो यकायक घट गया है, आगे नहीं घटेगा ? क्योंकि यह उठाईगीरी तर्क के परे है। मैं ऐसा सोचकर माधव की ओर देखने लगी और माधव किंकर्त्तव्यविमूढ़-सा मेरा मुँह जोह रहा था, कि यह सब हमारे साथ ही होना था ! हाँ, यह हमारे शोध-विषय का अवमूल्यन ही तो है। हम शोधकर्ताओं को आईकोन कार में आए जींसधारी दलाल लड़के हमारी औकात बता गए।

सरस्वती देवी प्रौढ़ और अनुभवी स्त्री ने बताया था, इस इलाके में फागों, सहर और ख्यालों की महफिलों के मेले होते थे। दंगल जुड़ते थे। जगह-जगह से लोकगायक आते थे और होता था फिर जमकर मुकाबला। गाँव-गाँब से लोग लालटेन ले-लेकर रात के समय वहाँ जुटते, आनन्द में पूरी रात गुजार देते। फागुन का महीना उत्सवों का महीना हो जाता।

हमने पूछा था, कार्यक्रम को कैसे सुचारू रूप दिया जाता था ? वे बोलीं—गायकों को पहले से ही विषय दे दिया जाता था। फाग कहने वाले करुण, वीर और हास्यरस को आधार बनाकर फागें रचते थे कि मंडलियाँ नवरसों को श्रोताओं के सामने जीवन्त रूप में पेश कर सकें।

कुछ देर सोचने के बाद वे चमकती आँखों बोलीं—अब क्या बताएँ तुम्हें, फागें फिर स्वतंत्रता संग्राम से जुड़ गई थीं। तुम विश्वास न करोगे कि ईसुरी के समय के आस-पास ऐसा हुआ था। भई, गंगाधर व्यास तो ईसुरी के दोस्त और समकालीन थे। नाथूराम माहौर से उनका मुकाबला रहता था। घनश्यामदास पाण्डेय से भिड़ना मुश्किल था, वे अजेय कवि माने जाते। हर साल मऊरानीपुर का झंडा लहराना उनका ध्येय रहता।

सरस्वती देवी ! उन्होंने भी तो वह जमाना नहीं देखा। सुना ही होगा सब कुछ, हमारी ही तरह और उत्साह में आकर फागों से जुड़ गई होंगी। हमने भी तो अपने कॉलिजों में, विश्वविद्यालयों में ऐसे ही मुकाबले किए हैं। उन मुकाबलों के उल्लास, उत्साह और प्रतियोगी भावनाओं ने हमें फागों की धरती पर मीठे मधुमासों में बार-बार

उतरने को उकसाया है। नहीं तो यहाँ तक क्यों आते ?

मगर यहाँ तो दूसरा ही नजारा देखने को मिला। रँगारंग धरती को रोंदती हुई आइकोन फोर्ड, होंडा सिटी, सूमो और स्कार्पियो चमचमाती हुई इधर से उधर दौड़ रही हैं, और उनके पहियों तले से उठते हुए धूल के गुबार लोगों की आँखों में किरकिरी भर रहे हैं। कलाकार सामने से चले जा रहे हैं, हम आँखों के दर्द के मारे बेहाल हैं। वह जमाना भूले से भी दिखाई नहीं देता।

आज सरस्वती देवी !

निर्भाव-सा चेहरा, कि हम क्या, कोई भी उनकी ओर देखकर सहम जाए। बैठका में फैले वीरान सुनसान का सामना करने की हिम्मत नहीं जुटा पा रहीं। ग्रामोद्योगी थैला कन्धे पर टँगा है और बदहवासी बता रही है कि कोई उन्हें लूट ले गया है। सच में वे ध्वंसावशेषों के रूप में, औंधी पड़ी नगड़िया, इधर-उधर पड़ी झाँझें और उदास रमतूला से नजरें नहीं मिला पा रहीं। वादक चले गए, वाद्यों की ध्वनि खींच ले गए। क्या सरस्वती देवी के सामने यह खंडित, तोड़फोड़ वाला क्षण सौ-डेढ़ सौ साल की उस एकता से निकला है, जो सांस्कृतिक सामूहिकता में अपनी मिसाल थी ?

तब सरस्वती देवी किसके सहारे फागों की दुनिया तक पहुँची थीं ? मेरे भीतर ऐसे ही सवालों का घमासान मचा हुआ था कि माधव ने आगे बढ़कर सरस्वती देवी के कन्धे से उनका झोला उतार लिया और उनका हाथ थामकर बैठका के भीतर घुसा। मैं पीछे-पीछे चल दी। कहाँ मैंने सोचा था—यहाँ आकर मेरी उपलब्धियाँ उजागर हो गईं। एक सरस्वती देवी, दूसरी मेरी थिसिस की रचनात्मक प्रक्रिया। और फिर मैंने और माधव ने एक-दूसरे का चुम्बन लिया था।

मैंने इन यादों को परे झटकने के लिए जैसे अपना सिर झटका हो। अब बीती बातों को क्या कुरेदना ? माधव नकारात्मक माहौल में सक्रिय हो उठता है, यह उसकी खूबी है। देखो न, फुर्ती से सरस्वती देवी के लिए मूढ़ा बिछा दिया, जो एक कोने में उल्टा पड़ा था। और मेरे और खुद के बैठने के लिए जाजिम की सलवटें झाड़ दीं।

मैं सरस्वती देवी के सूखते होंठों को देखकर पिघली जा रही थी। उनके लिए लोटा में पानी भर लाई। जिसे उन्होंने मेरे हाथों से किसी उपहार की तरह लिया और अँजुरी बनाकर पीने लगीं। अपनी धोती के पल्ले से मुँह पोंछा, लगा कि वे तरोताजा-सी हुईं हैं। उनकी दोनों भवें तो एक दूसरे के ऊपर चढ़ी जा रही थीं, मगर वे बोलने का प्रयत्न करने लगीं। जान रही थीं कि हम स्तब्ध चुप्पी से निकल नहीं पा रहे। न जाने हमारे चेहरों पर कितना अवसाद पुत गया था कि मितभाषिणी सरस्वती देवी को अतिरिक्त रूप से मुखर होना पड़ा। छले जाने की पीड़ा तो माधव की आँखों में मैं ही देख रही थी, मेरी आँखों में जरूर उससे ज्यादा दुख रहा होगा, क्योंकि मेरी कनपटी सनसना रही थीं, अभी तक। जाहिर है कि गुस्सा भी था।

चिरगाँव, मतलब कि मेरे यहाँ, जब माँ अशोक श्रीवास्तव अंकल से ऐसी स्त्री का पता लेने गई थीं, जो मेरे काम में मदद कर सके तो श्रीवास्तव अंकल ने इन्हीं सरस्वती

देवी का पता दिया था, कहा था—हिम्मती औरत है। समाज सेवा का काम करती है। खास तौर पर स्त्रियों के लिए 'सहायिका संस्था' चलाती है। लोकनाट्य में बड़ी रुचि है, इतनी कि हर साल मंडली जोड़ती हैं।

लोक नाट्य से एक स्त्री का जुड़ाव कि फागों में अपनी ही पहचान ? सरस्वती देवी ने ही तो मुझे और माधव को वह किस्सा बताया था, जो उनके जीवन की छोटी-सी कहानी है। हाँ, इस बैठका में एक बार फिर उन्होंने हमारे सामने उस कहानी को थोड़े विस्तार से दोहराया—

विधवा हुई थी, मेरे संसार में अँधेरा छा गया था। अँधेरा इसलिए कि करने के लिए कुछ दिखता नहीं था। अब तक जिसके लिए करती रही, जिसके बारे में सोचती रही, वही नहीं रहा, फिर अब क्या करूँ ? मगर जिन्दगी ने बता दिया कि पति न रहने के बाद औरत को अपने बारे में सोचना पड़ता है। अपने लिए फैसले लेने होते हैं।

"और फैसला ले लिया।" कहकर उन्होंने हमारी ओर देखा।

फागें, स्वाँग, नौटंकी देखने की ही नहीं करने की तमन्ना रही मेरी, बचपन से ही। मगर बचपन माँ-बाप के हवाले था। जवानी पति के हवाले हुई। हमारे मायके और ससुराल में नाटक, नौटंकी और फाग, सहर को औरतों के लिए नहीं बताया गया। अपराध भी है, पाप भी। जब अपने आप ही सोचना था तब यह सब उस लालसा का जरूरी हिस्सा लगा जिसे अब तक दबाती आई थी। घर से निकलकर फागें सुनने जाने लगी। फगवारों से मिलने लगी। साल दर साल गुजरे तो लगा लोकनाट्य के लिए मुझे भी कुछ करना चाहिए। खेती बाड़ी से जो मिलता, मेरे गुजारे के लिए काफी था। तभी तो मन में मंडली बनाने का ख्याल आया। फाग मंडली एक कुलीन विधवा बनाए, परिवार के लोग कैसे सहन करते ? बार-बार रोड़े अटकाए। कभी जलते हुए पैट्रोमैक्स तोड़े, कभी फगवारों को भाँग पिला दी तो कभी डाकू बनकर ऐसा स्वाँग रचा कि सुननेवाले भाग खड़े हुए।

आगे वे ऐसे ही तमाम बवाल बताती रहीं और हमें जता दिया कि कोई काम आराम से नहीं चलता जाता। पर मैं हार नहीं माननेवाली थी, अपना झोला उठाती और आगे चल देती। दूसरे फगवारों को खोजती फिरती, क्योंकि मेरे भीतर का हिस्सा रजऊ ने खोजकर कब्जे कर लिया था। मैं फागों में उसका वर्णन सुनकर सोचती थी कि औरत में इतना साहस होता है कि उसके पसीने की बूँद गिरे तो रेगिस्तान में हरियाली छा जाए, आँख से आँसू गिरे तो बेलों पर फूल खिल जाएँ। रजऊ जैसा नगीना फागों में न टँका होता तो ईसुरी को कौन पूछता ? सच पूछो तो आज भी वही उन फागों को सहेजे बैठी है, जो श्रोताओं के मन में सितारों की तरह झिलमिलाती हैं, खुशबू की तरह बसी हैं, तरंगों की तरह हिलोरें लेती हैं।

सरस्वती देवी मुस्कराने लगीं। उनको मुस्कराते देख, हम भी मुस्कराए। और उसके बाद उन्होंने लालची फगवारों को माफ कर दिया—

'कार मेरे सामने से ही तो गुजरी थी। मुझे समझते देर नहीं लगी कि क्या माजरा

है ? मैंने हाथ उठाया, कार रुक गई। मगर मैं कहती क्या, फगवारे मेरी ओर देख नहीं पा रहे थे। वे ऐसे छिप रहे थे, जैसे चोरी करने जा रहे हों। फगवारों में शर्म, लिहाज और जमीर जैसी भावना बची है अभी। वे जान रहे थे कि दूसरों के अधीन होकर वे अपनी कला का ऐसा सौदा कर बैठे हैं, जो कलाकार को कैदी बना दे। ऋतु, वे कलाकार उन इंजीनियरों, डॉक्टरों और वैज्ञानिकों से तो ज्यादा गैरतमन्द हैं, जो नौजवान छाती फुलाकर विदेश जाते हैं और धड़ल्ले से अपनी शिक्षा-विद्या को निचले स्तर पर बेचते हैं। इस देश का पैसा अपने ऊपर फूँकने के बाद साल दर साल रईसी झाड़ते हुए आते हैं, जैसे माँ-बाप और रिश्तेदार उन्हीं का दिया खा रहे हों। शिक्षित, सभ्य, मगर सम्बन्धहीन लोगों ने ही खरीद-फरोख्त का यह व्यापार चलाया है। क्या करें वे भी, दौलत का ऐसा कठोर कवच पहन लिया है कि कोई भावना कोंचती नहीं।'

सरस्वती देवी अब अपनी सिकुड़ी भवों से मुक्ति पा चुकी थीं और लगातार मुस्करा रही थीं, जैसे अपने ऊपर मुस्कराना ही रह गया हो।

हम समझ गए कि ऐसी घटनाएँ उनके आगे साल दर साल घटी होंगी और आगे भी घटेंगी, क्योंकि हादसे होते-होते रिवाज बन जाते हैं। और यह औरत हर साल मंडली जोड़ेगी। इसे भी हमारी तरह फागों का जूनून चढ़ा है और पुराना होकर दृढ़ हो गया है। नहीं तो हमें दृढ़ करने के लिए टिटहरी की कहानी अक्सर क्यों सुना देती हैं ?—एक थी टिटहरी। उसके अंडे हर बार समुद्र में बह जाते, क्योंकि उसका स्थान समुद्र के किनारे था। उसने सोचा, क्यों न मैं समुद्र को पाट दूँ ? वह रोज थोड़ी-सी बालू जुटाती और समुद्र में डाल देती। ऐसा सालों किया। समुद्र ने लगातार देखा। वह हँसता रहा। मखौल उड़ाता रहा और अंडे बहाता रहा। एक दिन समुद्र ने देखा टिटहरी बालू डाल डालकर थक गई है और हाँफ रही है। समुद्र ने आगे बढ़कर उसे समझाया कि पानी की ताकत का मिट्टी सामना नहीं कर सकती। मगर टिटहरी ने गौर नहीं किया और कह दिया—यहाँ ताकत का मुकाबला नहीं हो रहा, लगन की बात है। मैं तुम्हारी लहरों से डरती नहीं—एक साल कुछ ऐसा हुआ कि वर्षा ही नहीं हुई और लहरें टिटहरी के अंडों तक आ नहीं पाईं। अंडों में से अनेक टिटहरियाँ निकलीं। जीव-जन्तुओं ने और लोगों ने ताज्जुब किया। कहा जाता है कि—समुद्र टिटहरी से डर गया और अपना पानी वापिस खींच लिया।

सरस्वती देवी न जाने किन यादों से अभिभूत हो उठीं कि आँखें तितलियों की तरह फड़फड़ाईं। चेहरा भी उत्फुल्ल-सा हुआ जैसे रँगारंग फागें उनके भीतर आकार ले रही हों।

सच वे रात वाली फागें थीं, जो फगवारों ने सुनाई थीं। वे उन्हीं को याद करके कहने लगीं—"माधव, फागें अब तक कानों में गूँज रही हैं न ? मेरे वे ही कलाकार कार की डिक्की में ठँसे बत्तखों की तरह चख-चख करते चले गए। उनकी आवाजों में सहज उत्साह और आशा हरगिज नहीं थी। जबकि कम्पनी के लड़के उन्हें समझा रहे थे कि वे अपनी कला पर भरोसा रखें। गाने-बजाने वालों को तो बख्शीस ही इतनी

मिल जाती है, जितनी किसी नौकरी वाले अफसर की तनख्वाह न हो। फगवारे लड़कों का मुँह देखकर मुस्करा भी नहीं पा रहे थे। शायद इसलिए कि मैंने अपने कानों सुना, लड़के गाली-गलौच के साथ बात कर रहे थे—'तुम तो गाइयो, विदेसी ससुर क्या जानें कि फाग गा रहे हो या दादरा ? बस साँस न टूटे, लय न बिगड़ै। नातर बैंचों खेल बिगाड़नेवाले तमाम हैं।'' कहकर वे उदास-सी हुई मगर तभी उन्होंने अपना झोला माँगा और उसमें से हमारे लिए खाना निकाला। खाना अलग-अलग पौलिथिन के पैकिटों में बँधा था।

हम तीनों खा रहे थे और फगवारों की बातें छोड़कर अन्य विषयों पर बतियाने लगे थे। दुखदाई स्थिति को दरकिनार करने का रास्ता और दूसरा क्या है ?

रास्ता !

सरस्वती देवी सोच में डूबी रही हों, ऐसी बात नहीं थी। हाँ, उदास थीं पर उपाय खोज लिया।

वे बोली—"अब तो यहाँ से चलना होगा। ठहरकर अपना वक्त बरबाद करना है। फाग मंडली अब जल्दी लौटने वाली नहीं, क्योंकि खजुराहो में बसंतोत्सव शुरू हो गया है। मैं तुम्हें खजुराहो भी लेकर चलती, मगर वहाँ ईसुरी के नाम पर तमाम नकली फागें चलाई जाएँगी, जिनसे रजऊ का जुड़ाव बनेगा नहीं। वहाँ तो समझो कि फागों का बाजार है, बोली लगाकर फगवारे तय किए जा रहे होंगे। तुम्हें सबकी दरकार नहीं, शुद्ध फाग चाहिए। हम भी यही चाहते हैं कि रजऊ का वह चेहरा सामने आए, जो एक औरत का चेहरा होता है।

"तो ?" मैंने पूछा।

"तो क्या ? एक रास्ता बन्द होता है, आदमी दूसरा खोज लेता है। तीसरे चौथे रास्ते के लिए कोशिश करते हैं। जिन्हें चलना है, वे रुक तो नहीं जाते ?"

सरस्वती देवी...दीपशिखा-सी आँखें, चन्द्रमा-सा माथा ! सच मुझे उस अँधेरे में ऐसी उज्ज्वल लगीं, जिस पर अँधकार की भी कालिमा न लगे।

उन्होंने आगे कहा—"ऋतु, माधव जा रहा था, इसे बेशक लौट जाने दो। इसके पिता का सन्देश आया था। मामा के यहाँ से एक आदमी भी सटई आया था, खबर लगाने।"

मैंने माधव की ओर देखकर जताया—जाओगे ? इरादे तो बड़े नेक थे।

वह दूसरी ओर देखने लगा, मेरा सामना नहीं कर पा रहा, दिखा दिया।

अब क्या कहती उससे ? वह भी सरस्वती देवी के सामने। वैसे कुछ कहना, न तो लाज-शर्म की बात थी और न माधव को रोके रखना रोमांस का तकाजा था। लिहाज केवल यही रहा कि जो औरत फागों का अभियान लिए यहाँ से वहाँ अकेली भागी फिरती है, वह उतरती अवस्था में है और मैं अभी-अभी जवान हुई नवयुवा। मुझे सरस्वती देवी के साथ ही किसी जंगल के किनारे वृक्षों की छाया में बैठकर अपने शोध का अध्याय लिखना होगा। उनकी आकांक्षाओं को आशा के जल से सींचकर हरियाली

में शामिल करना है। तभी सचमुच मेरे जुनून के रूप में इस सांस्कृतिक मुहिम में नई कोंपलें फूटेंगी।

मैंने सरस्वती देवी का मुँह देखकर ताकत जुटाना चाही थी और सोचना छोड़ दिया कि माधव कब जा रहा है, क्यों जा रहा है, कहाँ जा रहा है ? क्या मैं माधव के एकाधिकार को लेकर अपने भीतर चलती मारकाट से लहूलुहान हो गई थी ? या सरस्वती देवी का साथ पाकर अकेलापन सहारा पा गया था ? या अपने आपको नजरन्दाज होने की ठेस को नजरंदाज कर दिया था ? हालाँकि उसी समय सरस्वती देवी ने कहा—"हर बार ऐसा ही क्यों होता है मेरे साथ ? क्या इसलिए कि आधुनिक फैशनपरस्त नाचों, दरबारी ग़ज़ल, और शेरों को देख सुनकर अभिजात लोग ऊब गए हैं ? नए-नए धनिक हुए लोग गँवई चीजों को शहरी चीजों में ढालकर देखने का शौक पाल बैठे हैं। उन्हें पाँच सितारा होटल और फैशन शो के दलाल ज्यादा भाव दे रहे हैं कि ये लोग पीछे जो कुछ छोड़ आए हैं, उसको नए रूप में देखकर खुशी से चिल्लाने लगें।

"ऋतु, वे इन गँवई फगवारों का पालन-पोषण नहीं कर सकते, भले इनको देश परदेश घुमाते रहें। घर के रहेंगे न घाट के, ये भटकन के रास्ते पड़ जाएँगे। क्योंकि गाँव कस्बे इन्हें भूल जाएँगे और शहरी सभ्य कहलाने वाला तबका नए-नए खेलों का तलबगार होता है। खजुराहो के होटलों में फिर धीरे पंडा को दरबान ही न घुसने देगा।" कहकर अफसोस के साथ उन्होंने मेरी और माधव की ओर देखा।

जितना गुस्सा सरस्वती देवी को इस देश की छद्म संस्कृति पर था, महँगी दरों पर मनोरंजन बेचकर कलाकारों को भूल जाने पर था, उससे भी ज्यादा मलाल मुझे माधव के उन कदमों पर था, जो अब उठने वाले थे।

मामा की खबर मिलते ही महाशय की आँखें बदल गईं ! मामा के घर को 'आधुनिक नरक' कहने वाला माधव उधर को ही भाग रहा है, जिधर गीदड़ मौत आने पर भागा करते हैं। क्या अब मामा के लड़के ने क्रिकेट मैच पर सट्टा लगाना छोड़ दिया है ? क्या वह इस सट्टे की दलाली से नफरत करने लगा है ? अखबार में जब कभी खबर छपती कि क्रिकेट के सटोरिए धरे गए तो माधव कहता—एक दिन मामा जी का बड़ा बेटा संजय जरूर पकड़ा जाएगा। उसे पकड़े जाना चाहिए। वे रात को जगने वाले और दिन को सोने वाले सभ्य कहलाते हैं। ऐसी सभ्यता को सजा मिलनी चाहिए।

मैं समझती थी, माधव अपनी पाँच बजे सबेरे उठने वाली आदत की तौहीन मामा के घर नहीं सह पाया होगा, जिसके कारण उसे चिरगँवार घोषित किया था। मगर माँ उसे बार-बार मामा के घर भेजती रही कि छतरपुर के महाराजा कॉलेज में लेक्चरार की जगह मिल जाए आगे चलकर। मामा मैनेजमेंट कमेटी के सदस्य हैं। वहीं रहते हुए मामा के छोटे लड़के ने माधव को अपने 'जिम' में लगा लिया था, जहाँ लड़के-लड़कियाँ

व्यायाम करने आया करते। व्यायाम के बाद 'रस रंजन' का कार्यक्रम चलता। माधव को जाम बनाने होते और झुककर पेश करने होते। लड़के-लड़कियाँ आपस में एक-दूसरे को कसकर चूमते और देह का सम्बन्ध बनाने लगते। काम-कला के खुले पाठ। माधव को उनके कपड़े उतारकर सँभालने पड़ते।

माधव अपने मामा को बिना बताए ही भाग आया था। जबकि उस भाई ने अच्छे पैसे देने का वादा किया था। मामा ने किसी राजनैतिक पार्टी में फिट कराने का आश्वासन दिया था। मगर वह नहीं रुका। घर आकर माँ की गालियाँ खाईं और पिता की मार सही। फिर भी यही कहता रहा कि वहाँ सब कुछ वही हो रहा है, जिसे तुम लोग 'गलत काम' कहकर मुझे दूर रहने के लिए कहते रहे हो। मुझे मार डालो तो भी मैं नहीं जाऊँगा छतरपुर।

आज क्या हुआ माधव को ?

उसकी जाने की तैयारी में जो चुस्ती-फुर्ती दिखी है, उससे मेरा मन उसके प्रति अविश्वास से भर गया है। अवसाद-सा वजूद पर छा गया है। क्या सचमुच ही माधव का मकसद शोध करके कुछ नया कर दिखाना नहीं था ? नहीं था तो जाओ माधव, भोग-विलास और सुविधा-सहूलियतों भरे ऐशगाहों में जाओ। अपने इलाके में तुम भले आदमी कहलाओगे। अपने मामा और मामा के बेटों की तरह। फिर मैं और तुम कहाँ मिलेंगे ? रास्ते ही अलग पकड़ लिए।

"मैं जल्दी आऊँगा ऋतु" माधव ने ऐसे कहा, जैसे परसों ही आ रहा हो।

सरस्वती देवी ने कहा—"अब तुम्हें इस नाटक मंडली का इन्तजार हरगिज नहीं करना चाहिए। मैं समझ रही हूँ कि तुम्हारी इच्छा सचमुच ही कुछ अद्भुत करने की है, जबकि बुन्देली की फागों को कोरस गीतों की तरह अपने पुराने रूप में जिन्दा रखना असम्भव-सी बात होती जा रही है। मगर इसे व्यवहारिक बनाकर कॉलिज तक ले जाओ तो इससे अच्छा क्या है ? तुम्हें देखकर मैं अपनी जवानी के दिनों के नशे को याद करती हूँ।

सरस्वती देवी का पुख्ता चेहरा न तड़का, न ढीला हुआ।

"मैं मीरा को फोन कर दूँगी। तुम ज्यौराहा चली जाओ।"

"ज्यौराहा ?" मैंने सवालिया नजरों से उनकी ओर देखा तो वे बोलीं—हाँ, ज्यौराहा। मीरा का गाँव। वह तुम्हारी मदद करेगी। और धीरज रखो जल्दी ही मैं एक निजी फाग मंडली बनाऊँगी, जिसमें फागों का नाटक ही नहीं होगा, सच्ची ट्रेनिंग हुआ करेगी। सच, अपने आपको बीसियों कम उम्र रजऊओं में बदल डालने की आकांक्षा है।"

मैं कल्पना कर रही थी कि ज्यौराहा जाने के लिए बस में बैठी हूँ। खिड़की से फसल की लहरें मारती हरियाली देख रही हूँ। ऊपर नीले आकाश का अनन्त तम्बू तना है।

तम्बू के विस्तार में पंछी उड़ान भर रहे हैं। सोचती हूँ—अगर इनके पंख थक जाएँ तो ? अगर इन पर कोई दूसरा ताकतवर पंछी हमला कर दे तो ? अगर ये ऊँचाई से गिरें तो ?—सवालों के जवाब में अपना ही वजूद घिसट रहा था, जो घायल होकर दम तोड़ने की हद से गुजरने लगता। मैं क्या खो बैठी हूँ ऐसा, जो मिलना अब मुमकिन नहीं लग रहा ? यह बात सोचते ही मुझे रोना आ गया। मासूम लड़कपन इसी तरह उमड़ आता है, मैं जानती हूँ और समझ भी गई कि मेरे दुख का कारण माधव का प्रेम है, जो बिछोह के दर्द में घटित हो रहा है। डाह दिल को छील रहा है कि माधव प्रेम का रास्ता त्यागकर धन-दौलत की दुनिया की ओर मुड़ चला। ऐश आराम की जिन्दगी में मेरा बसर कहाँ, चले जाओ माधव ! !

वह क्षण भी आ गया, जब सोचा कि क्या करूँगी इस शोध का, सच में इस खोजबीन के नतीजे से तो एक मामूली नौकरी मिलने की भी उम्मीद नहीं। दूसरा कोई विषय लेकर पढ़ती, आगे का रास्ता निष्कंटक पाती।

मगर थीसिस के प्रति मेरी वचनबद्धता ऐसी मजबूत थी कि तोड़े न टूटती। इसी कारण सरस्वती देवी मुझसे प्रभावित हुईं, क्योंकि भीतर बने निराशा के गर्त का उन्हें पता नहीं चला।

इसके बाद मुझे उन्होंने मीरासिंह की वह कहानी बताई, जिसके दौरान कम-उम्र मीरा बहू से मीरासिंह बनी। पन्द्रह-सोलह साल की उम्र में गाँव की लड़की की तरह उसकी शादी सत्रह वर्ष के लड़के से हुई। लड़का नवीं कक्षा में पढ़ता था और मीरा आठवीं पास थी। जेठ को शराब की लत लगी हुई थी, जो उस घर का एक मात्र मुखिया पुरुष था। सास-जिठानी और मीरा तीनों रात-दिन घर-बाहर के काम में जुटी रहती थीं।

मीरा ने देखा, पति का मन पढ़ने में बिल्कुल नहीं लगता है और उसका अपना मन पढ़ाई के लिए ललचाता रहता है। पति के बदले ससुराल के लोग उसे स्कूल भेज दें काश ! मगर कहीं ऐसा होता है, जो उसके लिए होता ? आकांक्षा दम न लेती थी, सो मन में तरकीबें सूझती रहीं। क्यों न किसी बहाने मायके चली जाए और वहाँ प्राइवेट फार्म भर आए।

जहाँ चाह तहाँ राह। कभी बीमारी तो कभी मायके में पारिवारिक समारोह सहायक के तौर पर उपयोग में लाई और हायर सैकेन्डरी कर ली। इधर हाथ में सनद आई उधर गोद में बच्चा आया। पारिवारिक जिम्मेदारी बढ़ गई। चूल्हा-चौका, खेत-खालिहान करते हुए भी आर्थिक हालत खस्ता होती जा रही थी। जेठ ने अपना समय जुआ के हवाले कर दिया और पति ने दूसरा गर्भ दिया—दूसरा बेटा। अब वह क्या करे ? पढ़ाई की सोचे तो बियावान में दूब की दो पत्तियाँ तक न दिखें। मगर फिर वही फार्म भरने का सिलसिला। बच्चों को गोद में लेकर मायके पहुँच जाने की लाचारी। रात-रात भर पढ़ना, दिन में काम करना। कोई क्या कह रहा है, कितने ताने, कितनी गालियाँ ! जेठ बँटवारे की बात कर रहे हैं, सुनना नहीं चाहती थी, मगर कमजोर मनुष्य की तरह मन भरने लगता। सब कुछ छोड़-छाड़कर जान दे देना, आसान मालूम होता। मरने जाती, मगर

उसी दम वह माँ के रोल में आ जाती और बच्चों का मुँह देखकर फिर जीने के लिए कमर कसने लगती।

बी. ए. कर लिया है तो इसका उपयोग भी होना चाहिए। अपने घर में ही छोटा-सा स्कूल चलाने की ठानी कि जेठ और पति का बँटवारा हो गया। कच्चा घर और थोड़ी-सी जमीन लेकर वह पति के साथ अलग हो गई। न स्कूल की कल्पना थी अब, न कोई भविष्य का सपना। मगर सपना आँखों से उतर कर जुबान पर चढ़ गया था, वह लोगों के हिसाब से आएँ-बाएँ बकती थी। बर्तन नहीं माँजती, पानी नहीं भरती के अलावा काजल, बिन्दी, महावर देखते ही कागज-कलम की बातें करने लगती। एक-एक औरत की बाँह पकड़कर सलेट पर लिखी इबारत दिखाती। सचमुच पागल हो गई मीरा बहू ! लोगों ने कहा।

जेठ और पति रीवां के पागलखाने में दाखिल कर आए।

वहाँ डॉक्टरों को वह कितनी पागल लगी, पता नहीं, मगर उसकी ड्यूटी अस्पताल के काम में ऐसे ही लगा दी, जैसे कैदियों से जेल का काम कराया जाता है। वहाँ भी पढ़ने की धुन। धुन में बातें करना। सामान्य कहकर घर भी कैसे भेजा जाए ?

पति और जेठ ने सोचा, काम कर लेती है, काम कर लेगी। इससे अधिक औरत से उम्मीद ही क्या होती है ? वे उसे अपनी जिम्मेदारी पर लिवा लाए।

मगर वह तो काम के साथ कुछ ऐसा करना चाहती थी, जिसकी लगन में वह पागल लगती थी। एक दिन आँगनबाड़ी के लिए प्रार्थना पत्र दे दिया और चयन हो गया। प्रशिक्षण पर जाना था। घर के लोग विरोध न कर पाए कि कहीं फिर पागल न हो जाए। वैसे भी आँगनवाड़ी का काम करते हुए उन्हें कुछ आमदनी की आशा थी।

मगर इस स्त्री के लिए आँगनबाड़ी से सारा देश जुड़ गया, क्योंकि वह अब अपने बूते पर बाहर आ गई थी और उसकी हिम्मत देखकर महिला सशक्तीकरण की कार्यशालाओं से उसको बुलावा आता रहा था। इसी तरह वह गैर सरकारी संस्था से जुड़ी। जुड़ने के लिए जाहिर है कि घर से, गाँव से और सम्बन्धों से छूटना था। यह सबसे कठिन मौका था, क्योंकि पति प्रताड़ना देने के सारे रास्तों से गुजरकर आत्महत्या तक आ गए थे। और वह छतरपुर आकर साइकिल चलाना सीख रही थी, अर्थात् गति और तेज करने का अभियान...

'तब तुम घर में रहने लायक नहीं' पति इससे ज्यादा क्या कुछ कह सकते थे ? हाँ, सच वह घूँघट छोड़कर सलवार, कमीज पहनती, उन्हें निर्लज्ज लगती थी। अमर्यादित जीवन जीना सीखने वाली औरत व्रत-उपवास, साड़ी-जेवर के दायरे से निकल गई। गाँव की स्त्रियों ने भी थूका। और वह संस्था को परिश्रम से चमकाती रही। औरतों का दर्द ही सहायक था। अब वह समय के साथ-साथ बढ़ती हुई एम. 80, हीरो होंडा, 4 गेयर तक आ गई। सीखने के असीमित क्षेत्र में कदम दर कदम चलती रही। आज भी चल रही है, हजारों स्त्रियों के साथ।

वही मुझे बताया करती है कि एक बूढ़ी, जिसका मायका बसारी में है, रजऊ के

बारे में बहुत कुछ जानती है। नब्बे साल की वृद्धा के पास तारीखवार तो कुछ भी नहीं होगा, शायद इसलिए ही लोग उसकी बातों को इतिहास नहीं, गप समझते हैं। चलो, बिखरी-बिखरी बातें ही सही। तुम अपने लिए उपयोगी चुन ही लेती हो। वैसे भी औरतें बटोरने-समेटने में माहिर होती हैं। चलो चलें यहाँ से।—कहकर उठ खड़ी हुई सरस्वती देवी।

माधव दूसरे ही दिन लौट आया था।

आशा और उत्साह के साथ मैं और माधव सहयात्री थे। महोबा-छतरपुर मार्ग पर गढ़ी म्हलैरा के बस स्टॉप पर हम उतरे। और डेढ़ मील दूरी का कच्चा रास्ता पार करने लगे।

पान की खेती के बीच डगर पर चलते नहीं बनता था। पत्तों से बनी हरियाली की धरती थी, जैसे हरे पत्तों की कई-कई परतों से बनी हो और नीचे तक यह सतह गई हो। यह भूमि का समतल, गर्मी में भी पीला नहीं होता या धूप से मुरझाता नहीं ? सारे खेतों की मिट्टी का यही रंग था। सघन और मुलायम। मुझे लगा मैं और माधव यहीं रहें तो कैसा अच्छा रहे ! माधव ने मेरे कन्धे को छुआ। देखने से लगा उसकी मनभावन जगह है। हरी धरती और नीले आकाश का क्षितिज जहाँ मिलता है, वह सारा का सारा हम दोनों की नजरों के दायरे में है। मैं आगे-आगे चली, तेजी से। चलकर खेत के बीच खड़ी हो गई।

माधव ने बैग नीचे रखकर काल्पनिक कैमरे का पोज बनाया। मेरी हँसी छूट पड़ी।

वह अपने आपको रोक नहीं सका, जल्दी से पास आया। बाँहों को फैलाकर मुझे समेटने लगा। कुछ कहना चाहता था, कह नहीं पा रहा था। मगर मैं सुन रही थी, जो पान के खेत में खड़े बिजूका के आसपास पंछी गा रहे थे, मगर डर के मारे उसके पास नहीं जाते थे। मैंने धीमे से माधव के कान पर होंठ रखकर पूछा—"बिजूका तुम हो या मैं ?" कलरव पंछी कर रहे थे, मैं और माधव तो चुप थे।

"मैंने तो खेत के बीच पान की फसल में रजऊ को जाते देखा है। उसका पीला पल्लू लहराता था" कहनेवाले माधव की दृष्टि खेत में पड़ती धूप पर फिसल रही थी।

हम दोनों एक-दूसरे का हाथ पकड़कर खेत के बीच चलने लगे। पान के पत्तों में हलचल हुई। लगा कि धरती अपने रंग में भीतर से झाँकने लगी है। धरती के रंग वाली बसारी वाली बूढ़ी बुलाती है। हम दोनों अब खेत के बाहर आ चुके थे, पगडंडी पर। जैसे बूढ़ी बऊ ने ही कहा हो—पान को पाँवों से नहीं कुचलते। दोष लगता है।

आश्चर्य से मैंने इधर-उधर देखा। पान के आसपास मेंड़ों का चौक पूरा था। सब लोग इस चौक को बचा-बचाकर निकले होंगे।

"रखवाला न हो तो क्या कोई बचाकर निकलेगा ?"

"कहाँ है रखवाला ?"

"जो यहाँ से निकलता है, वही रखवाला हो जाता है।" माधव की आँखें

तितलियों-सी और पलकें रंगीन पंखों की तरह, नजरों का कोमल दायरा मेरे चेहरे पर चिकने पर्दे की तरह फड़फड़ाया, जिसके झीने तारों में से स्वर निकले—"हरियाली बचाने को किसका मन नहीं करता ?"

सचमुच हरियाली का आँगन पान के पत्तों में लहराया, हवा की सरसराहट मचल रही थी कि मेरे बेताब रेशमी अरमान, जिनमें माधव का अक्स समाया था।

अगले दिन माधव चला गया।

अब मीरा मेरे साथ थी। मीरा छोटे कद की मजबूत लड़की, औरत कहीं से न लगती थी। बताती थी उम्र पैंतीस-सैंतीस साल, मगर चेहरा अंडाकार, ठोड़ी नुकीली-सी। नक्श तीखे, रंग शरबती गेंहुँआँ। शलवार, कमीज की पोशाक पर कसा हुआ जैकेट। बाल पॉनी टेल की शक्ल में बँधे हुए और टेढ़ी माँग से सजे से।

दूसरे ही दिन हम अपने सफर पर निकल पड़े थे। मैं बस के बारे में सोच रही थी, मगर वह अपनी 'स्ट्रीट स्मार्ट हीरो होंडा' निकाल लाई।

"अरे ! इस पर चलेंगे !"

"क्यों, इस पर बैठने का अभ्यास नहीं है तुम्हें ? मैं साधकर चलाऊँगी।" मीरा ने कहा तो मुझे अपने ऊपर शर्म आई। झेंप दूर करने के लिए उसके पीछे वाली सीट पर मैं ऐसे बैठी, जैसे कितनी ज्यादा अभ्यस्त हूँ।

उसने गाड़ी स्टार्ट की और मैं उसके साथ हवा में उड़ने लगी। बैग कन्धे पर लटका था। खेतों के बीच से रास्ता था। यह ऐतिहासिक क्षण, कहने के लिए हम पिछले युग की यात्रा पर जा रहे थे। अगला पिछला समय जुड़ने वाला है, यह मेरी यात्रा का महत्त्वपूर्ण मोड़ है, जिसे नए युगबोध से गुजरना मानेंगे। बसारी वाली बऊ की चेतना एक नया आलोक बिन्दु है, जबकि हम चेतना का अर्थ आनेवाले कल के अर्थ में लेते रहे हैं। पिछला समय अन्धकारमय नहीं होता। सूरज की किरणें भी तो सूरज के नीचे सलेटी आसमान से फूटती हैं। उन्हीं किरणों का विस्तार करनेवाली एक बूढ़ी-जड़ जैसी औरत का गुरुत्वाकर्षण मुझे खींच रहा है।

मैंने मीरा की कमर अपनी बाँहों में थाम रखी है कि कच्ची मेड़ों पर झटका लगे तो मैं गिरूँ नहीं। और वह तन्मय व्यक्ति की तरह बेहद चौकन्नी है। मुझे माधव की याद आई। बस में साथ बैठा था, ऊँघता आया। सो भी गया, जैसे कितना निश्चिंत हो। मैंने लड़कों को अक्सर ऐसा ही पाया है। क्या वे इतने ही बेफिक्र होते हैं ? या दिखाते हैं कि वे अपने जीवन में कितने निर्भय हैं ?

मेरे मन में तो उम्मीदें भी चिन्ताओं की तरह लगी रहती हैं। अब मीरा के साथ चलने पर बसारी वाली बऊ से कैसी कहानी सुनने को मिलती है या नहीं मिलती ? जब कि मीरा के पास उत्साह और आकांक्षा की चित्रमय कहानी है, जिसका टूटकर इन्तजार किया है मैंने। माधव मेरे इन संकल्प क्षणों को 'करिश्मा की खोज' कहा करता है। और तब मुझे लगता है कि क्या लड़कों की अक्ल जालसाजियों के लिए ही खर्च होती है ?

उसको सुना दिया था—जाओ अपने मामा के यहाँ। तुम्हारी बुद्धि उनके ही काम लायक है। जब तक बेईमानी से कुछ न मिले या अपने जुगाड़ से दूसरे को न पटक दो, तुमको मजा नहीं आता। ईमानदारी से काम करना उबाऊ लगता है। सचाई के लिए समर्पण करना मूर्खता मानते हो।

वह भौंचक-सा देखने लगा था, जैसे मैं उसे उसके स्थान से खींचकर निचले से निचले पायदान पर खड़ा कर रही हूँ।

"डर तो नहीं लग रहा ?" मीरा ने पूछा और गति बढ़ा दी।

"नहीं, बिलकुल नहीं।"

"पर स्पीड बढ़ाते ही तुमने मेरा कन्धा तो जकड़ लिया है !" कहकर वह हँसी। वह सचमुच कच्ची मेड़ पर, ऊँची-नीची ठेलों पर और काँटेदार झाड़ियों से होकर तेजी से भाग रही थी। मैं मीरा को देखकर आतंकित रूप से भाव विह्वल-सी और उसके साथ खुद को जोड़कर बदहवास हो गई। 'स्पीड स्मार्ट' चलाती ऋतु नाम की लड़की ! कल्पना में एक उल्टी बात आई कि ड्राइवर सीट पर मैं और मेरी कमर कसे हुए पीछे बैठा माधव ! उफ् ! माधव यहाँ कहाँ से आया ? उससे इतनी खफा हूँ कि बार-बार जुड़ाव हो आता है या इतनी जुड़ी हुई हूँ कि सब कुछ तोड़कर देखना चाहती हूँ।

मीरा अपहरण की गई फाग मंडली के बारे में पूछ रही थी और बीच-बीच में अपनी टिप्पणियाँ देती जाती थी—अरे पूछो नहीं। हम तो खूब जानते हैं कि बड़े होटल वाले खुद को राजा-महाराजा समझते हैं। उनका मानना है कि वे यहाँ जम कर आसपास के इलाके पर राज करेंगे। किसान, दूधिया से लेकर रंगइया, पुतइया और गाने बजानेवाले सब उनके गुलाम हैं, चाहे जब बुलाएँगे, चाहे जब पकड़ेंगे और चाहे जब दुत्कार देंगे। अभी हाल में खेलकूद की मन्त्राणी आई थीं। आस-पास के गाँव वालों ने सोचा, जिनको बोट देकर मन्त्री बनाया है, उनके दर्शन तो कर लें। अरे पूछो मत ऐसी फौजें लगा दीं कि सिपाही लोगों को शूट करने की धमकी दें। ये धन्धेबाज शहंशाह कारीगरों, कलाकारों से बस अपने लिए ही काम कराना चाहते हैं। इनका बस चले तो कारीगर लोगों के हाथ काट दें और उनकी बनाई चीज पर बिल्ला टाँक दें—डिजाइनर। डिजाइनर का बड़ा चलन है इन दिनों कि जैसी चीज धनवान के पास है, वैसी किसी के पास न हो।

धुर गाँव की लड़की मीरा ! जिसे रूरल कहा जाता है, वहाँ की स्त्री मीरा ! उसे देखकर मेरी हिम्मत दोगुनी हो गई। जबकि वह बोली—"तुम तो हमें बड़ी बहादुर लगीं।"

"बहादुर जैसा मैंने अभी तो कुछ नहीं किया।"

"यहाँ तक आ गईं, यह कम है क्या ? मर्द तक डरते हैं कि इस इलाके में डाकू भरे पड़े हैं। हम कहते हैं कि हाँ, डरनेवालों के लिए हर जगह डाकू हैं।"

"डाकू अब बीहड़ में कहाँ रहते हैं ? उनको क्या सुख-सुविधा नहीं चाहिए।"

"ठीक कह रही हो। खजुराहो के होटलों में रहते हैं इन दिनों।" मीरा ने कहा और

बात बदल दी—"तुम्हें क्या कोई प्रोजैक्ट मिला है ?"

"नहीं, मुझे पी-एच. डी. करनी है।"

"अपना किराया भाड़ा खर्च करके ?"

"काम भी तो अपना है।" मैंने जवाब दिया।

"हमने अब तक जितने लोग आते देखे हैं, सरकारी खर्चे पर ही आते हैं। और इतनी जहमत भी नहीं उठाते। मनगढ़ंत लिखकर छुट्टी पा जाते हैं।" कहकर मीरा हँसने लगी। मैं पीछे बैठी उसकी हँसी सुन रही थी और आगे की बातें—"चलो, तुम आईं तो वह दिन भी आ गया, जिसका बऊ को इन्तजार था। गाँव के सयाने से सयाने लोग बऊ की बातों को गप्प समझते हैं। बस बच्चे हैं जो उस बूढ़ी के आसपास घिरे रहते हैं। बऊ उनको न जाने कितनी कहानियाँ सुनाती हैं और कहती हैं मनिख की असल सूरत देखनी हो तो बच्चा के दर्शन कर लो। उससे ज्यादा निष्कपट, निष्पाप और बहादुर कोई नहीं होता।

"ऋतु, बऊ नब्बे वर्ष की हो गईं। कहीं तुम्हारे इन्तजार में ही तो जिन्दा नहीं बैठीं। होता है ऐसा भी कि बड़ा-बूढ़ा अपने मकसद और सच्चाई से लगन लगाए रहे तो मौत भी लौट जाती है। ऐसे लोग होते ही कितने हैं ? चलो, तो आज हम तुम्हें सौगात के रूप में बऊ को पेश करेंगे। अगर बऊ के झुर्रियों भरे चेहरे पर थोड़ी-सी आशा, थोड़ी-सी खुशी और थोड़ा-सा उत्साह भी दिखा तो हम समझ लेंगे बऊ ने अपनी अवज्ञा के लिए हमारी पीढ़ी को माफ किया। तुम्हें देखकर हम सच्ची में भीतर ही भीतर खुद पर लज्जित हो रहे हैं। अब तक गह सोचकर खुद को सही सिद्ध करते रहते थे कि सबको तो कहानियों में रुचि नहीं होती, भले वह रजऊ की जीवन-कथा ही क्यों न हो। सत्यनारायण की कथा भी आदमी पुण्य के लोभ में सुनता है। लोक-परलोक सुधारने के लालच से कथा कराता रहता है। ऋषि मुनि चतुर थे, कहानियों को धर्म से बाँध दिया।"

मैं मुस्कराती रही, कहना चाहती थी कि कहानियों में सबकी रुचि नहीं होती तो क्या कहानी सबकी नहीं होतीं ? कहानी के दायरे में पशु-पक्षी, जीव-जन्तु से लेकर मनुष्य तक और पेड़, रूख, नदिया, तालाब से लेकर हवा, अग्नि और धरती आकाश तक आ जाते हैं। एक पूरी सृष्टि। सृष्टि से जो बेरुख हैं, वे मनुष्य कैसे हुए ?

"मैं बऊ से खूब कहानियाँ सुनूँगी। बिना किसी पुण्य-लोभ के।" मैंने कहा।

"वे तुम जैसा ही उत्तराधिकारी खोजने के लिए जिन्दा हैं, जैसे रजऊ की कथा उन पर विरासत की अमानत हो। ऐसा लगता है कि पुरानी पीढ़ी नई पीढ़ी का ऋण लिए जीवित रहती है।

मीरा ने हीरो होंडा रोकी। मैं बसारी की धरती पर उतरी।

□□

वृद्धा के स्मृति चित्रों में उभरे दृश्य

फागुन का महीना था। ऐन फुलौरा दिओज (फुलौरी द्वितीया) के दिन प्रताप की दुल्हन चलाए (गौने) से आई थी। बाल धोने और महावर-उपटन के लिए हमारी दादी जाती थी। दो-चार बार में ही रज्जो से नाइन का ऐसा हेल-मेल हो गया, जैसा कि नई बहुओं का अक्सर हो जाता है। वे अपनी तन-मन की बातें ससुराल में सबसे पहले नाइन को ही बताती हैं। मामूली बातें ही सही, पर बताती तो हैं कि आज उपटन नहीं कराना। आज गर्म पानी से नहाना है। महावर रचा है, आज छोड़ो। कि आज करिहा दुख रहा है और आज महावारी...जैसी तमाम बातों का नाइन ही निदान खोजती है या सास-ननद को बताती है। ऐसा ही साधारण सामान्य जीव्रन रज्जो का था।

प्रताप अपनी दुलैया को देखकर भरे फागुन के बीच ऐसे चलता जैसे उड़ता जाता हो। कभी इस द्वार तो कभी उस चौपाल। कभी इस गली, तो उस छिड़िया (सँकरी गली)। सारे दिन गाँव का चक्कर लगाता कि कोई उसकी रज्जो के बारे में उससे पूछे और वह शरमाकर चुप रह जाए, ऐसी हालत में मन में मिठास और ही घुलती है। या यार दोस्तों में उसका रूप बखाने तो रात के मिलन के समय रज्जो की अपूर्व शोभा उसे नए सिरे से चकित कर दे। हर गौनियाए लड़के की आँखों की तरह उसकी आँखों में रज्जो के खंजन नैना जड़े देख लो। प्रताप का रूप-रंग रज्जो की देह-सा महकने लगा था। कद-काठी तो अच्छी थी। रंग भी ज्यादा साँवला नहीं था।

मैं ऋतु, अपनी कलम से लिखने बैठी तो बसारी वाली बऊ की बोली में कवि कालिदास की-सी उपमाएँ मिलीं—कंचन कमल थी री उसकी देह। नाइन मस्खरी में प्रताप से रात की बातें पूछतीं, लड़का खील-मखाने हो जाता। हँसते समय उसकी गोल ठोड़ी गायब होने लगती।

बऊ कहती हैं—हमारी आजी गुलाबो नाइन रज्जो से पूछती—महावर काए नहीं छूटता तुमारा ? रोज-रोज रंग रचता है, बिना रचाए ही। रज्जो घूँघट में चेहरा उठाती और कहती—जनियों को ही महावार लगाना नहीं आता, नाइन जिज्जी। और वह कचनार के फूल-सी दीये के उजियारे में जगमगा उठती। ऐसी खुशी, ऐसा गरब कि बातचीत ही सज उठे। और नाइन के संग नई बहू मगन मन चपेटा (गिट्टे) खेले।

सास ने नई पायलें बनवाईं अपने जिठौत रामदास के जरिए। प्रताप चुप्पा-चुप्पी सुनार से कह आया—बजनेवाले घुँघुरू न डालिए। रात में शोर करेंगे। रज्जो मायके से दुर (नथ) पहनकर आई, कंत ने तुरन्त उतरवा दी। नाक में इतना वजन...होंठों पर बंदिश अलग। और कहा—छूँटा (गले में माला) न पहना करो, गर्दन दब जाती है।

गाँव में हल्ला हो गया, प्रताप अपनी जनी को गद्दी (हथेली) पर खिलाता है। जोरू का गुलाम। बहू आँगन झाड़े तो काकी की आँख बचाकर झाड़ू छीन लेता है। चखिया पीसे तो पाट पर पाँव धरकर चखिया रोक देता है। ब्याह करके ऐसा बौराया

है कोई ? कलजुगी बेटा बिचारी काकी के ही होना था...नहीं जी, बाप मरे पीछे मनमानी करता है। उसकी कुनीति विपरीत फल देगी। जोरू को कन्धा पर बिठाएगा, खुद नीचा देखेगा। देखो ना, अबकी बार ही पढ़ाई में फेल हो गया।

प्रताप को किसी की परवाह नहीं। रज्जो के रूप के नशे में मदहोश। होश था तो बस उसे प्यार करने का। उसे फूल की तरह सँजोकर भिंगोकर रखने का, कि प्यारी का मुँह कुम्हला न जाए। रज्जो क़ा दर्शन ही उसका धर्म हो गया।

उन्हीं दिनों ईसुरी को फाग कहने बुलाया था माधोंपुरा में। मेडकी गाँव के ईसुरी फगवारे को सब कोई जानता था। राधा जू और कनैया जू के प्रेम की तमाम फागें कहते थे। किसान और बरेदियों की जिन्दगानी की फागें तो ऐसी कि आदमी सुनते-सुनते भोर कर दे और उठे नहीं। प्रताप ईसुरी को अपने घर ले आवे और मतारी से खाना-पीना बनवावे। रज्जो बाहर नहीं निकलती थी। और न प्रताप निकलने देता था। फगवारे, स्वाँगियों, नौटंकियों की सोहबत बुरी होती है।

जिस चीज को छिपाकर रखो, उसके पीछे आदमी का ध्यान ज्यादा रहता है। रस्ता चलती घूँघटवाली का चेहरा देखने के लिए ताँक-झाँक ज्यादा होती है। ईसुरी भी समझ गए कि प्रताप की बहू रूप का नगीना है। कुछ गाँव के लुक्कों गुंडों ने चढ़ा दिया फगवारे को। तुम्हारी फागों का रंग-रूप बदल जाएगा। प्रेमानन्द सूरे ने तो रज्जो का नाम इस ढंग से लिया कि ईसुरी का मुँह लाज से लाल हो गया। पिरभूलाल हमारे छोटे दादा छोटी आजी को सारी बातें बताया करते थे, काए से कि वे ईसुरी की फागों पर नगड़िया बजाते थे उन दिनों।

बस अब ईसुरी की एक ही धुन, रज्जो से मिलन कैसे हो, जिसका नाम नुकीली कील की तरह मन में धँसा है। रूप की तारीफ पेड़ों पर बैठे तोता-मैना भी करते हैं। वह तो लुच्चा सूरे ही था, जिसे अन्धा मानकर गाँव की औरतें परदा नहीं करती थीं और मानती थीं कि आदमी की आँख में ही सुअर का बाल होता है। मर्द की आँखें न हों तो उन्हें कौन छू सकता है ? यह बात किसी जनी को याद नहीं रही कि प्रेमानन्द ने अपनी आँखें क्यों गँवाईं ? और प्रेमानन्द नाम क्यों रखा ? अपने प्रेम में पछड़ गए सिपाही ने संकल्प उठा लिया था और अन्धे होने के बाद कौल भर लिया था कि आइन्दा उसकी जिन्दगी प्रेम को जिन्दा रखने की खातिर खर्च होगी।

बस, प्रताप छुट्टी बिताकर उसी दिन छतरपुर गया था और रज्जो कुआँ पर पानी भरने आई थी। अन्धा पनघट तक खाली गगरी लेकर गया। रज्जो ने देखा तो तरस के मारे मर गई। सबसे पहले सूरे की गगरी भरी और सूरे को उठाने न दी। खुद गगरी लेकर प्रेमानन्द की कोठरी तक आई।

सिर पर पानी भरी गगरी धरे एक अपरूप सुन्दरी ! सूरे की कोठरी में पर्दे घूँघट का क्या काम ?

लेकिन वहाँ ईसुरी थे, जिनके चातक नयन रज्जो की बाट न जाने कब से देख रहे थे।

वह जिस ठौर खड़ी थी, वहाँ हलचल हुई। रज्जो खड़ी की खड़ी रह गई। गगरी उतारकर कोठरी के कोने में धरने का होश न रहा। और ईसुरी का रोम-रोम जाग गया। वे उठे, रज्जो के सिर से गगरी उतार ली। रज्जो जड़ हो गई। गैर मर्द और इतने पास, इस रूप में ?

होश आया तो जाने लगी। ईसुरी ने बड़े प्यार से सिर पर हाथ फेरा–"इत्ती जल्दी कहाँ चलीं ?" और रज्जो के गाल को हल्के से सहला दिया। रज्जो ने हमारी दादी को बताया था–नाइन जिज्जी पति के और ईसुरी के छूने में बड़ा भेद था।

"कैसा भेद ?" गुलाबो नाइन ने पूछा और देखा कि रज्जो काँप रही थी, मगर मुस्करा भी रहीं थी।

–वे छूते ही धर पकड़ पर आ जाते हैं और फगवारे की दरस परस–लीला का अन्त न था। मैं डरी थी, यह देखकर वे माँ की तरह पुचकारने लगे। पति से डरी थी तो मुझे भींचे बैठे रहे और इसका ध्यान भी नहीं रहा कि मेरा कचूमर निकल जाएगा। नाइन जिज्जी, मर्द जनी से कैसे मिलता है, यह कोई ईसुरी फगवारे से सीखे।

–हाय रज्जो, ऐसे न कहो।

–सच्ची बात न कहें जिज्जी ? हमारे 'ये' तो कहते हैं कि कलाकार देवता होते हैं।

–हर सच्ची बात नहीं कही जाती, नादान। तुम फगवारे को देवता कहोगी तो खैर नहीं।

बस उस दिन के बाद जो हुआ सो आज लों सबके सामने है। ईसुरी हो गए दीवाने और रज्जो हो गईं पगलू। वे भूल गए शिवजी की वन्दना, सरसुती की आराधना और रज्जो को बिसर गया कुलकन्या का शील। फगवारे की फागें कि रजऊ के गीत, गाँव भर बौरा गया। आसपास गाँवों से आए लोग रात में लालटेन लेकर फागें सुनने आने लगे। और उनकी कविताई पर बधाइयाँ देकर जाते, पइसा उलछारते।

फाग में फिर-फिर रजऊ का नाम लगाया। ईसुरी सुबह-शाम पनघट के पास चबूतरे पर बैठने लगे और रज्जो गगरी लेजु लिये पनघट से पहले ही ठिठककर रह जाने लगी।

वही नहीं, मोदी की बगिया के एकान्त कुंज में दोनों मिलने लगे। फिर प्रताप क्या, कोई अनाड़ी भी समझ सकता था कि उसकी सुन्दरी बहू बदकारी कर रही है। बसारी वाली बऊ इसके लिए एक दोहा कहती हैं–खैर खून खाँसी खुसी, बैर प्रीत मद पान। रहिमन दाबे ना दबें, दाबे सकल जहान।

प्रताप की ओर लोग देखते और 'बेचारा' कहकर रह जाते। बेचारा माने नपुंसक। जिनसे दुश्मनी रंजिश थी, वे खुल्लमखुल्ला प्रताप से प्रताप नहीं कहते, सीधे 'खसिया' का सम्बोधन देते।

प्यार परवान चढ़ रहा था। फागें हवा में गूँज रही थीं। ईसुरी के जस की पताका राज-रजवाड़ों तक पहुँची।

पराई औरत की आशिकी और फागों की मशहूरी ! बात तो गजब की थी। पताका भी सरग से जा लगी। लेकिन धीरे पंडा के गले यह बात उतर नहीं रही थी। उन्होंने ईसुरी को समझाया–तुमने रजऊ की छवि भुवनमोहिनी बना दी है, पर माधोंपुरा के लोग उसे इस गाँव की रज्जो ही मान रहे हैं। रज्जो का पति प्रताप है, तुम नहीं। अगर उसकी औरत को तुम इस तरह उघाड़ोगे तो उसकी आबरू उतारने के गुनहगार माने जाओगे। इस गाँव से चल भी दें, तो क्या प्रताप तुम्हें पकड़ नहीं पाएगा ?

पर ईसुरी पर यश की मदहोशी सवार थी, जिसे वे अपना अटूट प्रेम कह रहे थे। उन्होंने धीरे पंडा की सुनी सब बातें, पर करी अपने मन की। धीरे पंडा उदास हुए तो ईसुरी अपनी फागें खुद ही गाने लगे। चुनौती भरी फाग, जैसी धीरे पंडा को ही अपना संकल्प सुना रहे हों–

तुम खों छोड़न नहि विचारें
भरवौ लों अख्त्यारें
जब ना हती, कछू कर घर की, रए गरे में डारें
अब को छोड़ें देत, प्रान में प्यारी भई हमारें
लगियो ना भरमाए काऊ के, रइयो सुरत सम्भारें
ईसुर चाएँ तुमारे पीछें, घलें सीस तलवारें

–अच्छा ! धीरे पंडा ने कहा और अपना क्रोध पीकर एक बार फिर समझाया–तुम रजऊ पर निछावर हुए हो, माना, पर तुम कृष्ण-कन्हैया नहीं हो और न यह द्वापर युग है। विवाह बन्धन सामाजिक बन्धन है। हम तुम समाज में रहते हैं, उसके पार नहीं जा सकते। और तुम अपनी फाग में खुल्लम खुल्ला कह रहे हो कि रजऊ को छोड़ने को तुम्हारा कोई विचार नहीं, चाहे मरना पड़े। तुम उसे तब से गले में डाले हो, जब वह जवान नहीं थी और पुरुष के आनन्द की चीज नहीं थी। अब तो वह जोवन की मालकिन है, अब कैसे छोड़ोगे ? हिदायत दे रहे हो कि वह किसी के भरमाए में नहीं आए। 'किसी' का मतलब प्रताप ? भले प्रताप तलवार से तुम्हारा शीश उड़ा दे रज्जो के पीछे, तुम्हें परवाह नहीं। ऐं ?

धीरे पंडा की सलाह क्या करती, जब ईसुरी रज्जो के सपनों में खोए थे। कोई जबाव नहीं दिया, जवाब में फाग ही कही–

दिल की राम हमारी जानें
मित्र झूठ ना मानें
हम तुम लाल बतात जात ते, आज रात बरनिं
सा परतीत आज भई बातें, सपनेन काए दिखानें ?
ना हो, हो, देख लेत हैं, फूले नईं समानें
भौत दिनन से मोरो ईसुर तुमें लगौ दिल चानें

(हमारे मन की राम ही जानते हैं। मित्र हमारी बात झूठ न समझें। आज रात ही हमने सपना देखा है कि हम उनसे बतिया रहे हैं। तब हमें विश्वास हुआ कि सपना क्यों देखा ? हम उन्हें यहाँ से वहाँ से किसी तरह देख लेते हैं न। अरे ईसुरी मेरा दिल उन्हें बहुत दिनों से चाहता है)

प्रताप न गुस्सा हुआ, न किसी तरह से अपना कोप दिखाया। अपनी पत्नी से आशिक के रूप में जुड़ने वाले ईसुरी-ब्राह्मण के पाँवों में गिर गया था और दया की भीख माँगी थी कि—म्हराज, हमें हमारी जोरू की बदनामी की सजा न दो।

प्रताप यह सब क्या कर रहा है ? वे पानी-पानी हो गए थे, क्योंकि वे प्रताप से मुकाबला करने का मन बनाए हुए थे और समझाना चाहते थे कि किसी से ब्याह हो जाना उसके तन-मन को बाँध लेना नहीं है। उसकी इच्छा का आदर करना है।

पर प्रताप तो अपनी पत्नी की इच्छा के आदर में ही गाँव समाज की मार सह रहा है। पिटते-पिटते लहूलुहान हो गया है, मर्द होकर ईसुरी मर्द का मन जानते होंगे।

मर्द का मन, इच्छा और व्यवहार ईसुरी से ज्यादा कौन जाने, जिन्होंने अपनी फागें रजऊ के नाम से राधा की ओर मोड़ दी थीं।

उनकी होय न हमसों यारी
उनसों होय हमारी
मन आनन्द गईं मन्दिर में, शिव की मूरत ढारी
परसत चरन मनक मुन्दरी में, मुख की दिसा निहारी
गिरजापति वरदान दीजिए, जौ मैं मनें बिचारी
ईसुर सोचें श्री कृष्ण खों, श्री बृखमान दुलारी

(जो कहना था सो कह दिया। जो करना था, वही किया। वे हमसे प्रेम करें या न करें, हम उनसे प्रेम करते हैं। वह मन्दिर में गई, शिवजी पर जल चढ़ाया, पर अपनी मुन्दरी के नग में जो मुखदशा देखी थी, वह उदास-निराश ईसुरी की थी। मन्दिर में एक ब्राह्मण को जाने से कौन रोक सकता है ? वृषमान नन्दिनी की तरह रज्जो ने वरदान माँगा कि हे गिरिजापति मेरी मनोकामना पूरी करो।)

कवि ईसुरी अपनी व्यथा रवि तक पहुँचकर सुना सकते थे, पर यह नहीं जानते थे कि शंकालु आदमी रवि तक ही नहीं, पाताल से उठकर आकाश तक में छेद कर देता है।

प्रताप अपनी बहू का पीछा करने लगा। पनघट, खेत, बाग, ताल और मन्दिर के आसपास या दूर का ऐरिया उसके पाँवों तले रहता। ऊपर से फागें भले राधा और कृष्ण के नाम हों, रजऊ और ईसुरी का भेद खोल देतीं।

पति प्रताप के सामने एक दृश्य उपस्थित होता, जिसे व्यभिचार कहा गया है। ईसुरी रज्जो को बुलाते हैं रात के समय। और रज्जो ईसुरी को अपने पास आने का

रास्ता बताती है। बातें कदम के पेड़ तले नहीं हुईं, कैथा के वृक्ष के नीचे हुई थीं। क्योंकि इस धरती पर कदम नहीं, कैथा, आम, जामुन, शीशम और सागौन जमते हैं। वे कहते हैं—ऐसे आना कि नगर के नर-नारी देख नहीं पावें। वह कहती है कि पच्छिम की दिशा में पीछे की खिड़की से गोशाला के रास्ते आना। गायें तुम्हें पहचानती हैं। मेरे कोठा में घूँघटार खिड़कियाँ हैं, वहीं मैं सोती हूँ। प्रताप ने अपनी आँखों देखा कि रज्जो और ईसुरी ने एक दूसरे की हथेली ठोककर ताली दी और कौल किया।

ताली पति की छाती फोड़ने लगी। कौल प्रताप के मगज में जंग लगी कील-सा ठुक गया। वह मन ही मन कहने लगा—बहुत दिन बचे रहे तुम ईसुरी म्हराज। राधा भज-भजकर संकट टालते रहे और मानते रहे कि राधा नाम बड़ा प्रभावकारी है। पर हम क्या करें, राधा नाम ने ही हमारी और रज्जो की गृहस्थी में लुत्ती लगा दी। परिवार धू-धू जल रहा है। क्योंकि मेरी तरह गाँव के कितने ही लोगों ने कितनी जगह तुमको पराई औरत के साथ ऐब करते देखा है।

—देखा है, पर कुछ कहा नहीं। क्योंकि वे रज्जो के मालिक नहीं। औरत का मालिक रहते किसी का हक नहीं बनता कि औरत के मामले को लेकर आगे आए। बस, इसलिए ही अब तक बच रहे हो म्हराज। ऊपर से हमारे धर्म में ब्राह्मण पर हाथ उठाना पाप माना गया है, सो तुम निश्चिंत भाव से मनमानी कर रहे हो।

बसारी वाली बऊ ने स्पष्ट किया कि अपने जलते-धधकते उद्गार प्रताप ने उनके दादा, (जो प्रताप की हमउम्र-सा था) से कहे थे। और नाई को अपने साथ खड़ा होने के लिए तैयार किया था, क्योंकि चचेरा भाई रामदास साथ आएगा तो अनर्थ खुद करेगा और सिर प्रताप के चेंप देगा। अनर्थ कुछ भी हो सकता है—ईसुरी की हत्या से लेकर प्रताप के मारे जाने तक। खानदानियों को ऐसी रंजिशों में अपना लाभ साधने का मौका मिल जाता है।

समझाना-बुझाना बेकार गया। गुहार-पुकार ठुकरा दी गई। दया की भीख मिली नहीं। एक गँवई किसान के सामने अब रास्ता क्या था ?

साँझ के समय जब सूरज देवता अन्तर्धान हुए। घरौंदों पर लाल किरणें और पेड़ों पर खग पखेरू सजे हुए थे। गाँव बाहर मोदी की बगिया के किनारे खड़ी रज्जो रानी व्याकुल भाव से फगवारे का इन्तजार कर रही थीं। और ईसुरी लम्बे डग भरते हुए पास आ गए थे।

सही समय था, यही योग और आक्रमण के ग्रह नक्षत्र प्रबल थे।

ईसुरी को पकड़कर प्रताप ने धमाधम घूँसे बरसाए। संग लठिया लाया था, तड़ातड़ कमर पर बरसाई। पाँव पूजे, फल नहीं मिला। पीठ पूजने का नुस्खा अजमाया।

रज्जो बचाने दौड़ी, वह भी पिटी, क्योंकि प्रताप पर इस घड़ी मनुष्य नहीं दैत्य का पहरा था। ताकत के हमले के रूप में अपना हुनर दिखाया। फागें कराह के रूप

में बदल गईं। खुद प्रताप अपने हाथों खींचकर उन्हें प्रेमानन्द सूरे की कोठरी में डाल आया था। रात-भर धीरे पंडा उनकी कमर सेंकते रहे।

उसी रात फाग के शौकीनों ने एक बात हींग की खुशबू की तरह उड़ा दी—"ईसुरी मामूली आदमी नहीं हैं। छतरपुर के राजा उनका मान करते हैं। प्रताप को बँधवाकर मँगा लेंगे। जेल हो जाएगी। जिन्दगी-भर चक्की पीसेगा।"

अफवाह उड़ती हैं, फिर खत्म हो जाती हैं। मगर सचमुच ही किसी ने ऐसी शरारत की थी कि गाँव में पेटी पहने, पुलिस की टोपी लगाए बन्दूक वाले सिपाही आ गए थे, जो सबसे पहले, प्रताप के घर जानेवाली गली में घुसे।

प्रताप को किसी ने तुरन्त खबर दे दी, वह खेतों में छिप गया। उसकी माँ ने रो-रोकर विलाप किया कि उसका बेटा दुश्मनों ने गायब कर दिया है।

सिपाही प्रेमानन्द सूरे की गली से होकर निकल गए और गाँव में बात फैल गई कि वे प्रेमानन्द की कोठरी में ईसुरी की हालचाल पूछने गए थे। संग में बीस चाँदी के कलदार दिए हैं कि अपना इलाज कराएँ और अच्छी खुराक खाएँ।

ईसुरी तो धीरे-धीरे ठीक हो गए, पर प्रताप लौटकर घर नहीं आया।

दो एक महीने बाद सुनाई दिया कि वह अंग्रेजों की पल्टन में भर्ती हो गया है। अब कोई उसका कुछ नहीं बिगाड़ सकता। रज्जो जैसी बदकार औरत का मुँह नहीं देखना चाहता। हाँ, माँ की याद उसे बहुत आती है। यह बात अलग थी कि लोग कह रहे थे कि सिपाहियों वाला खेल प्रताप के चचेरे भाई रामदास ने खेला है कि प्रताप डर के मारे भाग जाए। और अँगरेजी पल्टन में भर्ती करवाने में भी रामदास ने सहायता की। क्योंकि चरखारी के राजा के यहाँ उसकी पहुँच थी।

मैंने बसारी वाली बऊ को टोका था—बऊ लोग तो कहते हैं प्रताप अपनी मर्जी से फौज में गए थे। मड़ोरा का सिपाही उनको लुभाता था।

बऊ जो कुछ बोलीं, वह उन्हीं के शब्दों में—"हैऽऽ ! नासपरे झूठ बोलते हैं। जो कछू मनै आई, सोई कह देते हैं। अपनी राजी से पिरताप पल्टन में जाते ? अरे आँहाँ। जाँगन जाँगन जंग मचरई ती। अपनी जान खों को नहीं डरात ? पल्टन में भर्ती होवे के नाम पै आदमी रस्सा के सहारे कुँअन में लटक जाते ते। बावरी की सीढ़ियों पै बने रैते थे। जंगल वनन में निकल जात हते। ढूँढ़ मचती ती तौ मिलत नहीं हते। पिरताप खों तौ पल्टन में जावे की लाचारी हो गई। सो रांड़ मतारी खों तलफत छोड़ गए और रज्जो खों मस्तानी कहकें वा के मौं पै थूक गए।"

बसारी वाली बऊ की दादी बताती थीं—रज्जो प्रताप के जाने से ऐसी टूटी कि महीनों घर से न निकली। फगवारे को भी भूल गई हो जैसे। सारे रागरंग प्रताप रहते के समारोह थे, उमंगें पति के सहारे थीं। फागें होतीं, वह कान न धरती। सुनती तो प्रताप को याद करके रोती। उसकी प्रीति का खलनायक पर्दे से गायब होकर जिन्दगी का नायक बनने लगा। उसने श्रृंगार त्याग दिया। सास के पास बैठे रहना रास आ गया।

प्रताप की माँ बहू को जब न तब गालियाँ देती, वह सिर झुकाकर सुनती। वियोग ने ऐसा विनम्र बना दिया कि धीरे-धीरे कमजोर होने लगी। और जब ईसुरी ने पिरभू के हाथ उसे बुलवाया तो मना भी नहीं कर सकी।

फगवारे ने निडर होकर फाग कही थी, क्योंकि आसपास प्रताप के होने का अन्देसा नहीं था–

मोरी रजऊ से नौंनों को है
डगर चलत मन मोहै
अंग अंग में कोल कोल कें ईसुर रंग भरौ है
मन कौ हरन गाल कौ गुदना, तिल सौ तनक धरौ है।
ईसुर कात उठत जोबन की, विरहा जोर करौ है।

रजऊ से सुन्दर कौन है ? रास्ते चलते मन मोहती है। ईश्वर ने उसके अंग-अंग को तराश कर रंग भरा है। उसके गाल का गुदना छोटे तिल-सा लगता है। उभरते यौवन को विरह कैसे सता रहा है ?

रज्जो ने क्या सुना, क्या समझा ? उसके अंग-अंग का रंग आँसुओं में बह निकला और गाल का गुदना रोते समय ऐसे फैल गया कि गाल ही काला दिखने लगा। अपने पति का ऐसा प्रिय ध्यान ! उस महूरत में रज्जो की जो छवि ईसुरी ने देखी, वे कातर हो आए। कुछ देर में उनका चेहरा लाल हो गया जैसे नसें झनझना उठी हों। और आँखें अपने आप मिंच गईं।

कोई कपट नटी सामने प्रकट हुई है।

शाख पर बैठा उल्लू बोलने लगा। फगवारे के भीतर तीखी खलबली मच गई और गाँठ में व्याकुलता के सिवा कुछ न बचा। अपने इस अपमान पर लगा कान के पास से खून रिसने लगा है, जो किसी दम उन्हें मूर्छित कर देगा। गिरने से पहले पाँवों में अनजाने ही आँधी-सी बँध गई और रज्जो को जैसी की तैसी छोड़कर ईसुरी प्रेमानन्द की कोठरी में समा गए।

एक दिन। दो दिन। तीन दिन। चार दिन।

रज्जो ने ईसुरी को दिल से चाहा है। यह बात दीगर है कि वह इन दिनों बिना पुरुष के घर को देख रही है, जो सूना और तबाह-सा दिखता है। अपने बचपन से बाप-भाइयों के साए में रहना सीखा है। माँ काकियों को घर के पुरुषों के लिए पानी भरते, रसोई करते, उनके कपड़े धोते, समझो कि रात-दिन उनकी सेवा में लीन देखा है, जैसे उनकी जिन्दगी का मकसद घर के मर्दों की सुख-सुविधा का ध्यान और सेवा का अरमान हो। अब इस घर में कोई काम ही नहीं रहा। वह सास के पास निठल्ली-सी बैठी रहती है। मन मारकर चूल्हा जलाती है कि चार रोटी डाल ले। पानी भरने किसके लिए जाए, अपना नहाना, धोना, साफ सुन्दर कपड़े पहनना भी तो प्रताप के लिए ही होता था। मर्द चले जाते हैं, घर की रौनक बाँध ले जाते हैं। ऐसा

न होता तो विधवाओं पर च् च् च् करके तरस क्यों खाते लोग ? कोई कहे प्रताप के बिना पइसा-टका का संकट सबसे बड़ा संकट है, पर वह खेती तो संग नहीं बाँध ले गया। मजदूर भी इस गाँव में हैं। किसान और किसान औरत के पास धरती ही धन होती है। मगर प्रताप का विमुख होना घर की तबाही बन गया।

माँ कहती है—मोरी रीढ़ तोड़ गए बेटा जू...कि रज्जो तैने ही अपनी बदकारी की ऐसी चोट मारी कि हम माँ-बेटा दोऊ जने पट्ट हो गए।

रज्जो को बुरा नहीं लगता। फगवारे ने भी अति कर दी थी। प्रताप खुद से लड़ लिए पर गाँव से कहाँ तक लड़ते, वह सोचती है। फगवारे ने उनके प्यार पर डाका डाला, वे सहते रहे। जब डाके की बात फैली, वे लज्जित हुए। रज्जो डरती थी कि पति कोई अनर्थ न कर बैठे। कितनी दुविधा में रहती थी वह, इधर पति उधर फगवारा। एक खुश तो दूसरा रूठे। प्रताप बागी हो गए और फगवारा निडर। पर रज्जो दुख के रस्सों से बँध गई, कि अपनी चाहत ने ही गजब कर डाला।

नाइन बहू आती है, रज्जो मिलती नहीं। पिरभू आता है, उसे ईसुरी का दूत यमदूत से बढ़कर लगता है। यह मन:स्थिति उसको शान्ति देती है। सुकून मिलता है, इस तरह घर में बन्द रहकर जैसे वह प्रताप की मंशा पूरी कर रही हो। और अन्तिम बात यह कहना चाहती हो कि फागुन गया चैत लग गया, फगवारे का यहाँ क्या काम ?

नाइन बहू जब बाहर निकलने की जिद करती है तो वह बहाना बनाकर पिंड छुड़ाती है—मैंने उपास किया है। उपास में गैर मर्द का दर्शन पाप है। राह में तमाम फगुआ मिलते हैं, पतिव्रता का उस गली होकर निकलना ठीक नहीं।—कहकर वह कितनी मजबूत हो जाती है।

'नाइन नहीं, वह कोई अद्‌भुत ताकत है, जो मुझे बाहर खींचती है और मन्दिर की जगह प्रेमानन्द सूरे की कोठरी की ओर ठेलती है।' रज्जो ने डर के मारे अपने कोठे के किवाड़ बन्द कर लिए थे। और ठान लिया था—नहीं, मेरी इच्छा के खिलाफ मुझे कोई कहीं नहीं ले जा सकता।

लोग रज्जो का ऐसा रूप देखकर मानते जा रहे थे कि वह सती है। फिर भी कुछ अफवाहें थीं, कुछ झूठ था, कुछ भ्रम थे। सन्देह भरे दृश्य सन्देहों के सजीव रूप हो गए।

'बहू का रूप दिन-दिन बदल रहा है। देखो तो घर में ही पूजा की मढ़िया धर ली है और रात-दिन भजन करती है। गले में तुलसी की माला के साथ राधा और कन्हैया जू का ताबीज पहन लिया है। पुरा-पड़ौस की औरतें रज्जो को घर आकर देख जातीं और अपने घर जाकर जिक्र करतीं।'

रज्जो की गुइयाँ नाइन बहू ईसुरी की ऐसे गुइयाँ थी, जैसे कृष्ण जी की सखी थीं ललिता विशाखा, जो राधा जी की सहेलियाँ थी। नाइन घड़ी-घड़ी रज्जो के घर आती और एक-एक खबर देती। उसका देवर पिरभू ईसुरी की उदासी को रूआँसे मुँह देख रहा

था। फगवारे महराज ने फागें कहना छोड़ दिया। अब तक दूसरे गाँव जाते थे, अब मना कर देते हैं। पिरभू अब नगड़िया किसके लिए बजाए ? धीरे पंडा अपने गाँव लौट गए। पुरानी फागें गाए तो कौन गाए ? लोग नई कविता की फरमाइश करते हैं।

गुलाबो बहू को बैरंग लौटाना सीख लिया था रज्जो ने। कुलघाती फगवारे ने उसे कहीं का नहीं छोड़ा।

—हाय रज्जो बहू, वह कुलघाती नहीं, तुम्हारी कदर काढ़ने वाला है। सोचो तो अपना आदमी बिना हमारी देह का दान लिये मुँह सीधा नहीं करता, फगवारा बेचारा क्या लेता है ? दरस की आस, परस तक तुम्हारी इच्छा के बिना नहीं। उनने इतनी बिटम्ना (विडम्बना) कराई, खाली बतकाव की खातिर। बैन ऐसे कौन से मोती झरते हैं तुमारे बोलों में कि अगले ने तुम्हारे आदमी की हाड़तोड़ मार झेली।"

रज्जो नीचे मुँह किए सुनती रही और मन कड़ा करे रही।

इन दिनों तमोलिन ने प्रेमानन्द सूरे की कोठरी में आना-जाना कर रखा है, रज्जो से लल्लू की बहू कह गई थी। गोपिका रोज पान का बीरा लेकर पहुँचती है। कहती है कि फागें गानेवाला पान न खाएगा तो कंठ कैसे खुलेगा ? महराज ने एकदम से फागें बन्द कर दीं। तमोलिन को आज भी वह फाग याद है, जो ईसुरी ने केवल उसके लिए कही थी और रजऊ की बराबरी पर बिठा दिया था–

बैठी बीच बजार तमोलिन।
पान धरें अनमोलन।
रसम रीत से गाहक टेरै, बोलै मीठे बोलन
प्यारी गूद लगै टिपकारी, गोरे बदन कपोलन
खैर सुपारी चूना धरकें, बीरा देय हथेलन
ईसुर हौंस रऔ ना हँसतन, कैऊ जनन के चोलन

(अपने द्वार बैठी तुम तमोलन अनमोल पान धरे हो। रम्य रीति से ग्राहकों को बुलाती हो और मुस्कराती हो तो तुम्हारे गाल पर जो फोड़े का निशान रह गया है, वह कितना प्यारा लगता है। जब चूना, कत्था, सुपारी मिलाकर पान किसी की हथेली पर रखती हो, तो किसको होश रह जाता होगा ?)

'ईसुरी नहीं सुधरेंगे' लल्लू की बहू कहती है। जो किस्सा सुनाती है, उसका तात्पर्य है कि गाँव के गण्यमान लोग अपने इलाके के कलाकार से क्या कहें ? मान ही करेंगे। महराज हैं, सो उन्हें पूजेंगे ही। रंगरेजिन भी उनके चंगुल में है और रंगरेजों की जाति-पंचायत कुसुमी से सवाल जवाब कर रही है।

परमवीर रंगरेजा की अल्हड़ बहू का कसूर यह है कि उसने फगवारे को पचरंग पगड़ी रँगकर दी है, मुफ्त में। सुनते हैं कि देते समय कहा था—अपन रंगों के सिवा और क्या दे सकते हैं अपनी निशानी।

अब परमवीर रंगरेजा ठहरा क्षत्री स्वभाव का, सो कुसुमी धर ली। बेजाँ मार दी है अपनी जोरू में। देखनेवाले सहम गए, पर पीछे से यही कहा कि परम नाक मूँछ वाला आदमी है। न्याय के लिए पीट रहा है। प्रताप से कम नहीं, ज्यादा ही है।

हाय तमोलन रंगरेजिन और नाइन सरीखी औरतों पर जाल फेंककर फगवारे ने गाँव-समाज को तबाह करने की ठानी है और खुद भी चैन में नहीं...

रज्जो का रोम-रोम कलप उठा था। वही कौन-सी चैन में है।

पिरभू जरूर वही फाग गुनगुनाता आया होगा, जो फगवारे ने रंगरेजिन के लिए गाई थी–

नैना भए वारी के
रंगरेजिन प्यारी के
एक से दोऊ भेस धरे हैं, रुचिर रेख कारी के।
सालिगराम बीच कमलन में, चितवन अनियारी के

क्या रंगरेजिन ईसुरी के बोलों का अर्थ समझ गई होगी ? रज्जो ने सोचा और समझा कि–मैं ही कहाँ समझ पाती हूँ, बस भावना जान लेती हूँ। प्यार-प्रीत में बोलने की किसी को जरूरत पड़ती है ? सारी जिम्मेदारी नजरों की रहती है। सन्देसा आँखें दें, आँखें लें।

'लल्लू की बहू मुझे उकसाने के लिए फगवारे की आसनाई से तमोलिन और रंगरेजिन को जोड़कर बता रही है। नाइन बता रही थी कि लल्लू की बहू के लिए भी फाग रची है फगवारे ने। घर में बड़ी कलह हुई। लल्लू की मतारी ने सरग उठा लिया और लल्लू के बाप ने बहू से जवाब माँगा–बोल फगवारे ने तेरा मरम कैसे जाना ? जल्दी ऊतर दे, नातर कौआ हँकनी बनाकर छत पर खड़ी कर देंगे हम। लल्लू जब बड़ा होगा, उसका दूसरा ब्याह हो जाएगा।

कौआ हँकनी ! इस शब्द का मतलब तेरह वर्ष का लल्लू क्या जाने ? लल्लू की बहू भी नहीं जानती। नाइन जैसी स्त्रियाँ समझती हैं कि कौआ हँकनी बनाकर बहू के पास ससुर की आवाजाई छत पर आसान हो जाएगी। छत पर अकेली वह कितना विरोध कर पाएगी ? गिरने की ठानेगी तो नीचे गिरकर मर जाएगी, पाप कटेगा। लल्लू की दूसरी बहू आ जाएगी।

अपनी मजबूरी पर अधमरी-सी हो गई लल्लू की बहू। नाइन को भैमाता ने औरतों की ओर से वकील बनाकर भेजा है। वह न हो तो बहुओं की गुहार अदालत तक कौन पहुँचाए ? फगवारे की अदालत में लल्लू की बहू का मुकदमा पहुँचा।

लल्लू के बाप को बुलाकर पाँच पंचों में फाग कही थी फगवारे ने। कोई डर-भय नहीं, झिझक-संकोच तक नहीं, मानो प्रताप की मार से पक्के हो गए हों। रज्जो को फाग नाइन ने सुनाई तो वह सनाका खा गई।

हम धन कबै मायके जाएँ
जे बालम मर जाएँ
खेलत रत दिन भर लरकन में, रात परे मौं बाएँ
काँच खोल कें हमने देखी, पौनी-सी चिपकाएँ

(सखि, हम कब मायके जाएँगे ? राम करे यह बालम मर जाए। दिन भर लड़कों में खेलता रहता है। रात को मुँह फाड़कर सो जाता है। रात को किस जवान औरत को मर्द की चाह नहीं होती ? हमने जब इसकी काँछ खोलकर देखी तो साफ दिखाई पड़ा कि जाँघों के बीच एक पौनी-सी चिपकी है। बोलो हम क्या करें ?)

लल्लू की बहू के हाथ में यह फाग पकड़ाकर फगवारे ने दमनकारी ससुर के खिलाफ हथियार पकड़ा दिया और उसने सास के घर सरेआम फाग कह दी।

सास ने अपने कपाल पर हथेली मारी और ईसुरी को जी भरकर गालियाँ दीं।–ओ नठुआ ईसुरी, तेरी मोंछें होरी में बरें। तें हमारे लरका की मर्दानगी की खिल्ली उड़ाता है तौ तें कहाँ का मर्द है ? दिन-रात जनियों में बैठकर रोना रोता है।

'नाइन तमोलिन, रंगरेजिन और लल्लू की बहू सरीखी औरतें फगवारे से जुड़ी हैं और मैं अभागिन...' रज्जो ने सोचा तो आँखें भर आईं।

दुख के मारे उस रोज उसने सास से कहा था–"बाई, हमारे मायके खबर कर दो, भइया लिबा जाए हमेंन।"

सास एकदम से चौंकी।

गालियों भरा कड़वा मुँह चिन्ता में डूबने लगा। कुछ कहते नहीं बना। बस इतना ही कहा–"बेटा चला गया, बहू के हम कौन ?"

"सब कोई हो बाई। तुम हमारी माता-पिता दोनों हो, पर हमारा जी घबराता है। तुम्हेंन और कितेक दुख दें ?"

"दुख !"

"हाँ दुख ! हमने तुम्हेंन दुख के सिवा कुछ नहीं दिया बाई।"

सास का ऐसा चेहरा हो गया, जैसे रज्जो आज ही घर छोड़े जा रही हो और अकेली डुकरिया की जिन्दगी सुनसान हुई जाती हो–"बेटा, तुम चली जाओगी तो हम जिन्दा कैसे रहेंगे ?"

रज्जो ताज्जुब से देखने लगी। 'बेहा, लुच्ची, भट्टी, छोत' की गालियाँ देने वाली सास उससे बेटा कह रही है। सच ही क्या विछोह में इतनी ताकत होती है ? होती ही होगी, नहीं तो प्रताप की छवि देवदूत जैसी क्यों लगने लगती जबकि उन्होंने मारपीट भी कम नहीं की थी। सजा की सारी किस्में अजमा ली थीं। लोग सोचते हैं वे सिपाहियों के डर के मारे चले गए, पर हम जानते हैं कि वे हम से तंग आकर भाग गए।

अपने दिल का हाल रज्जो नाइन बहू से फिर से कहने लगी थी।

बसारी वाली बऊ अपना बूढ़ा हाथ आकाश की ओर उठाकर कहती है–

कहाँ का जाना, कहाँ का आना ! सरग में उगा चन्दा अपने सफर में चलते–चलते जब झिंझरी से झाँकने लगे तब रज्जो समझ ले कि फगवारे की आँख खुल गई होगी। और वह अपने भुवन की सती की तरह पति का परन बाँधे, सास की देखरेख में छाती कसे सूनी सेज पर पड़ी रहे। पर आँखों और कानों पर किसका बस चला है ? पुकार सुनाई पड़े तो ईसुरी की छवि आँखों में अवतरित हो आए।

तैने लै लए, प्रान अहिरिया
तिरछी मार नजरिया
एक ही पुरा, एक ही बखरी, एक ही चलत डगरिया
एक ही उठन एकई बैठन, एक ही परत सिजरिया
अब तौ छुरी तुमारे हातन, घीच करें गिरधरिया

फाग कहने में बूढ़ी बऊ के ढीले होंठ और जीभ का तालमेल बिगड़ जाता था तो मैं अन्दाजा लगाकर शब्द लिखती थी। बऊ कहती हैं–अहिरिया ने तिरछी नजर मारकर प्रान ले लिये। एक ही मोहल्ला एक ही घर है और एक ही राह के हम राहगीर हैं। साथ ही उठते–बैठते हैं, सेज भी एक ही है। अब छुरी तुम्हारे हाथ है, हमने गर्दन आगे कर दी है।

"बऊ, रजऊ अहीर जात थीं ?" मैंने पूछा।

"बेटा जनी की जात किसने बताई है ? रज्जो तो कहती थी कि–मैं प्रताप की जोरू हूँ, जो ठाकुर है। कृष्ण–कन्हैया के सपने देखती हूँ, जो अहीर हैं। ईसुरी से लगन लगी है, जो बामन हैं, फिर मैं क्या हुई प्रान प्यारे ? चलो अहिरिया ही सही, जो राधा थीं, जिनका गोत ही प्यार–प्रीत से बना था। वैसे मोरी कोई जाति नहीं है फगवारे।"

बऊ बोलती थीं तो होंठों के साथ ठोड़ी भी हिलती थी, ठोड़ी पर उम्र के असर से जमे दो चार बाल बकरा की दाढ़ी से काँपते थे। पर उनकी आँखों की पुतलियाँ दृढ़ रहती थीं, अपना बयान देते समय–'बिन्नू जनी की तो न जब कोई जात हती न अब है। जब गाँव की तमाम जनी सिपाहियों के लिए जाती थीं उनकी जात गाँव में ही धरी रह जाती है। जहाँ औरतों की खरीद–फरोख्त हो रही है, वहाँ आदमी पूजा धरम निभाकर अपने जात–गोत की चादर जनी को उढ़ा लेता है। सो अब रजऊ की जात के पीछे क्या जाना, जात झूठा छलावा है। हमने तो सुना है कि रज्जो अनेक वरन...

बऊ ने इस तरह कहकर मुझे असमंजस में डाल दिया था। तब मैं इसके सिवा क्या मानती कि ईसुरी, स्त्रियों के मन की फाग रचनेवाले जानते तो सारी बातें थे, पर समाज के चलन को ठुकराकर रज्जो से 'अहिरिया' कहते थे। क्या वे अहिरिया

कहकर 'रजऊ' को राधा के विराट व्यक्तित्व से जोड़ना चाहते थे ? कि राधा जैसी मान्यता दिलवाकर कुछ छूटों का हीला बना रहे थे, जो साधारण औरतों को नहीं मिलतीं। नहीं तो उन्होंने अपनी रजऊ को मीरा से क्यों नहीं जोड़ा ? जबकि बहुत लोग रज्जो को ठकुरानी मानते हैं, यानी कि ठाकुर की स्त्री।

मैंने यही सवाल बऊ से पूछा था, बऊ खोई-खोई-सी देखती रहीं पहले तो, फिर बोली–मीरा की तरा विस पीकें कौन-सी जनी जिन्दी रह जाएगी ? और फिर ईसुरी क्या किसन भगवान थोड़ेई हते कि विस खों इमरत कर देते। वे हाड़-मांस के पूतरा, अपनी रजऊ से पूजा नहीं, पिरीत की चाहना करते थे। प्यार में छू टटोल के देखने की लौ लगी रहती थी। वे अपनी रज्जो से भगवान की तरह दूरी बनाकें जिन्दा भी नहीं रहना चाहते थे।

बऊ ने जताया–अहीर क्या नाक मूँछ के मालिक नहीं होते ? वे बड़ी कौम के बड़े रस्से लेकर अपनी औरतों पर फन्दा नहीं डालते क्या ? सोई बस जहाँ गुलाबो नाइन, तमोलिन और रंगरेजिन पर छोटे-छोटे पहरे थे, रज्जो और लल्लू की बहू बड़े बन्धनों में कसी थीं।

झिंझरी की दुअरिया और ईसुरी की फाग ! जैसे पूरे वेग से हवा बहकर आती है और किवड़ियाँ खोल डालती है, फागें किवड़ियों से टकराने लगीं–

नेहा करौ जान लैवे खों
रजऊ ने जी खैबे खों
उतै हते जे नैन कसाई, बिना पांख दैबे खों
इतै दुःख दूनौ दै दै कें, देह करी जैबे खों
हम तौ भए बदनाम 'ईसुरी', दुनिया के कैबे खों

फाग !

फाग सुनकर रज्जो खटिया से तड़पकर उठी और खड़ी हो गई–फगवारे, हमने तुमसे प्रेम किया या तुमने हमसे ? प्राण जुड़ाने के लिए हुआ था अपना मिलन, पर तुम कहते हो कि मैं प्राण खाए जाती हूँ। मेरे नैना कसाई नहीं, मेरे ही खून का ताल बन गए हैं। न यकीन हो तो गुड़हल-सी आँखें देख लो। नाइन बऊ से पूछना कि मरणासन्न हम हैं कि तुम हो ? फगवारे मर्द की क्या बदनामी ? बदनाम तो मैं ही हो रही हूँ। ऐसा न होता तो पति मुझे छोड़कर भाग जाते ?–रज्जो सोच-सोचकर हलकान हो रही थी आधी रात के समय। किसे दिखाए कि उसने फगवारे के ख्यालों में करवटें बदलकर रात काटी है। नींद तो आस-पास नहीं, आँसुओं से बिछौना भींगा है।

ईसुरी की ठीक यही दशा–

तुम खों रटत रात भर रोबौ
और बिसर गऔ सोबौ
भींड़त रात बिछौना अँसुअन, सब दिन करत निचोबौ
कालों कएँ तुमें समझाकें, नाहक बचपन खोबौ
ईसुर बैठ रए अपने घर, सऔ डीलन कौ ढोबो...

आह ! इतना दुख, इतनी तलफना ! रज्जो अपनी व्यथा भूल गई। झिंझरी के जरिए आई फाग ने कानों में दुख बुझी सलाखें कोंच दीं। बिस्तर पर इतने आँसू कि फगवारे उन्हें दिन पर निचोड़ते रहते हैं। हाँ, हमने बालापन व्यर्थ गँवाया, समझदारी से काम नहीं ले पाए, नहीं तो ईसुरी प्राण प्यारे को विरह का इतना भारी बोझ नहीं ढोना पड़ता। दर्द से दिल टूटता है हमारा, फिर भी झिंझरी से जुड़कर बैठे बिना मानते नहीं।

रज्जो झिंझरी के पास आ गई, धीमे से।

मगर सास तभी जाग गई। या जागी हुई थी। कराहते स्वर में अपनी खटिया पर बैठकर बोली–"देखो तो बिचारे फगवारे खों अपनी जोरू की याद कैसे-कैसे सता रयी।"

रज्जो ने अँधेरे में ही सास की ओर पलटकर देखा–जोरू ! किसकी जोरू ? सास से यह सवाल पूछे तो किस तरह ?

"धीरे पंडा कै रए ते, फगवारे की जनी के मोंड़ी हुई है।"

ऐं ! रज्जो जैसे सास के शब्दों में आकाशवाणी सुन रही हो।

ब्याहता की याद करते हैं ईसुरी तो कहते क्यों नहीं कि उनकी रजऊ उनके घर है। बदनामी घर की जनी को चाहने से तो होती नहीं।

कहीं सास ही तो हमारा मन मोड़ने के लिए अटकल नहीं लगा रही ? मन में उथल-पुथल मच उठी। वियोग की तड़पन ने जिज्ञासा और चिन्ता का रूप ले लिया। सनाका-सा लगा था और सन्नाटा भीतर ही भीतर बढ़ने लगा।

अभी चले क्या नाइन बहू के पास ? अभी जाए प्रेमानन्द सूरे की कोठरी में ? अभी पूछे ईसुरी से कि अगर फागें अपनी पत्नी के लिए कहते हो तो रज्जो को बन्धन से खोलो।

बन्धन ! वह तो समझती थी फगवारे ने उसे बन्धनों से मुक्त किया है। वह आगे बढ़ी। किवाड़ों के पास आ गई। किवाड़ें छुईं तो बेंड़ा से हाथ टकराया। सास बेंड़ा लगाकर सोई है, जो निकलते समय जोर से चूँ-चर्र की आवाज में चिंघाड़ता है। यहाँ निर्जीव लकड़ी भी औरत की चुगली खाती है ! अपनी दशा पर रोने के सिवा क्या करे रज्जो ? इसी पराधीनता को लेकर ऐसी डूबी कि ईसुरी की पत्नी की खोज-खबर लेने वाली खुफिया मशक्कत भूल गई।–अपनी फागों के जरिए क्या मुझे कोई कुँआरा ही इस बन्धन से छुड़ाने आए, तभी सही है ? अगर फगवारे की जोरू कहीं है, तो

क्या उसकी कला बेदम हो जाएगी मेरे लिए ? गृहस्थ धर्म में फँसा आदमी औरत के बारे में सोच सकता क्या ? ईसुरी का संकल्प मैं जानती हूँ, पुरानी पीढ़ी की सास ने इतना ही जाना कि अपने पति के सिवा हमारे लिए सब गैरमर्द हैं।

तरह-तरह से खुद को समझाती रही और अपने प्रेम को न्याय देकर उसे अच्छा-अच्छा लगता रहा। सोचा यह भी कि ईसुरी की औरत है, यह सोचकर धक्का तो लगा, बुरा क्यों नहीं लगा ? शायद अपने लगाव की गलती पर धक् से रह गई रज्जो।

नहीं, फगवारे की प्रीत रास नहीं आनेवाली, आगे कुछ भी सोचना बेकार है। जिन्दगी में खलल डालने से क्या फायदा ?

'तब क्या मुझे यह जिन्दगी रास आ रही है, जो मिली है। फगवारा तो सिर्फ बहाना है, सीमा पार तो मैं ही जाना चाहती हूँ। ईसुरी न होता, कोई और होता।'

आकाश सितारों से भरा था, रज्जो के पास सितारे देखने के आलावा कुछ नहीं। अँधेरे की कालिमा में झिलमिलाने वाली बूँदें ही तो सितारे कहलाती हैं। वे अन्धकार चीरकर किस मुश्किल में बाहर निकलती हैं, कौन जाने ? सितारों में सितारे की तरह रज्जो सफर पर निकल जाना चाहती है। दुविधा में कब लेट गई, क्या जाने ? लेटकर कैसे सोई, कह नहीं सकती। हाँ, सवेरे उठकर गाय-भैंस का उसार करने गई थी तो सीधी नाइन के पास पहुँची थी। रात के समय आती तो फगवारे की जोरू के बारे में पूछती। पर सबेरे की बेला उसके हाथ एक अनमोल चीज थमा गई थी, जिसके आगे उसे कुछ न सूझता था।

सपना ! सपना देखा था भोर की बेला में। सपने में सास कहीं न थी। पति तो खैर था ही नहीं। रामदास दाऊ जू जैसे खानदानी रखवाला भी नहीं था। सपने की मुक्त अवस्था में रज्जो थी, प्यारी गुइयाँ गुलाबो नाइन थी। तमोलिन और रंगरेजिन के संग लल्लू के बहू थी। फगवारे से आमना-सामना था। धीरे पंडा उनके संग आए थे।

फगवारे ने कहा–"चलो चीरहरन लीला खेलें।"

"चीरहरन ! हाय दइया !" गुइयाँ घबराकर हँसीं।

धीरे पंडा समझाने लगे–"चीर का मतलब कपड़ा नहीं। चीर, वह डोर है जो तुम्हेंन घर के खूँटे से बाँधती है। चीर किसी की छोटी किसी की बड़ी। बँधी तुम सब ही हो। न बँधी होतीं तो धड़ल्ले से फागें सुनने आतीं, जैसे रामदास आता है, नरसी नाऊ आता है, परमवीर रंगरेजा आता है।

नाइन बोलचाल में सदा की चटक है, बोली–"फागें सुनते हैं वे, गुनते नहीं, ऐसी आवाजाही का क्या फायदा ?"

फागवारे ने अपना मत जाहिर किया–"तुम औरतें हमारी फगों का मरम जानती हो, ऐसे ही जैसे गोपिका समझती थी किसन-कन्हैया की बाँसुरी का भेद। गोप बेचारे तो गाय भैंस चराते रह गए।"

लल्लू की बहू परेशान रहती है—"बूढ़े गोप भैंस नहीं चराते, औरतों को हाँकते रहते हैं, बाड़े में, घेर में।"

"और तुम किनारा काटकर निकल जाना चाहती हो।"

जवाब देने के लिए रज्जो आगे आ रही थी कि तभी सास ने आन जगाई—"आज कितना सोएगी बहू ?"

अचानक धक्का लगा और सपना बिखर गया। और वह सास की ओर से लापरवाह रास के हिस्से टुकड़े बटोरने में लग गई।

दिन चढ़ता आता था। सितारे आसमान से गायब हो गए। सूरज की चकाचौंध फ़ैली थी। रज्जो को धूप बैरिन लगने लगी। जिन्दगी के मुकाबले सपने जिन्दगी से भरपूर होते हैं।

जिन्दगी से भरपूर सपना कहाँ आकर टूटा !
ऐन अपनी देहरी पर किर्च-किर्च हो गया।

गुलाबो नाइन का देवर पिरभू सन्देश लेकर आया—"रज्जो भौजी, फगवारे जा रए हैं। सामान बाँध लिया।

जो सपने में नहीं सोचा, उसका विश्वास कैसे हो ? रज्जो नासमझ की तरह लड़के को देखती रही कि लड़के के मन की बेचैनी चेहरे पर नाच रही है जिसने उसके होंठ सुखा दिए हैं। बिन नहाए और सिकुड़न भरी कमीज धोती में पिरभू को फगवारे का मलिन रूप समझ रही थी रज्जो। प्रेमानन्द की कोठरी में फागें नहीं, वैराग्य पसर गया, वियोग से ऐसे भी व्याकुल होते हैं आदमी ?

"ईसुरी म्हराज जा रए हैं भौजी" पिरभू का रोया हुआ स्वर।

"तुम रोक लो भौजी।" लड़का उसकी चेतना को झकझोर रहा है, जो क्या करूँ, क्या न करूँ कि उलझन में फँसी है।

"काए जा रए हैं ?" रज्जो ने धीमे से पूछा क्योंकि सास का अनदेखा डर पीछे खड़ा था और वह बचने के लिए बदहवासी में भी सावधानी बरतना न भूल पा रही थी। यों तो पाँव के नीचे धरती थर्रा उठी थी और आँगन पर टँका आकाश हिलने लगा था।

पिरभू का कंठ फट गया जैसे पहले से ही दो फारों में फटा पड़ा हो—"भौजी ऐसे ही ठाड़ी रहोगी ?"

रज्जो ने दोनों हाथों से अपनी छाती थाम ली। कलेजे में फगवारे का प्रेम फटा पड़ रहा है। यह कैसी मारकाट हो रही है छाती के भीतर। ऐसा अघट तो तब भी नहीं लगा था, जब प्रताप ने फगवारे को लुच्चा कहकर पीटा था और उसे बेड़िनी कहकर त्याग गया था। सोच लिया था—प्यार-प्रीति की राह ऐसी ही ऊबड़-खाबड़ है, कृष्ण भगवान को भी आदमी छिनट्टा कह देता है। राधा और गोपिकाओं के चाल चलन पर उँगली उठाई गई हैं। लोग आदमी और जनी के लगाव के दुश्मन हो ही

जाते हैं, भले देवता ही मर्द और औरत के रूप में क्यों न हों।

पर आज वही प्रेम बिछुड़ा जाता है...जिसके रहने की आशा में प्रेमानन्द की कोठरी को सपनों का महल मानती थी। अब क्या रह जाएगा वहाँ ? न गुइयों की बातें, न फागों की रातें, सच में उसकी दुनिया दम तोड़ देगी।

"तुम ठाड़ी-ठाड़ी का सोस रई हो ?" पिरभू झल्लाया।

"साँचऊँ जा रए हैं लला ?" पूछते हुए उसकी आँखों में एक आशा-सी लहराई कि पिरभू कह दे—पक्का पता नईं।

"हओ जा रए हैं, बिलकुल जा रए हैं। धीरे पंडा दुखी होकें कै रए थे कि जा गाँव में फागें गाना ऐसेई है जैसे गँवइयों में अतर बेचना। रज्जो की सास कै रई तीं कि हम रजऊ नाम लैकें उनकी बहू खों बदनाम कर रए हैं। बहू, आय हाय...चेहरा घूँघट के सिवा क्या है ?

"फगवारे म्हराज बोले—भइया, हम नईं चाहते कि हमारे कारन कोई दुख पाए।"

"और कुछ लला ?" उसको न जाने क्या सुनने की चाह रह गई और पिरभू ऐसे चुप हो गया, जैसे सब कुछ खत्म हो गया हो।

पिरभू चला गया। वह अपने भीतर भभकती हुई आग महसूस कर रही थी, कुछ न बना, कमजोर की तरह जार-जार रो दी। पिरभू होता तो उसके कन्धे पर सहारा ले लेती, जैसे उसके भीषण दुख का एकमात्र साथी वही हो। नगड़िया का अभ्यास और फागों का गायन उसके लिए रज्जो के प्रेम के मुकाबले कमतर नहीं है।

—भौजी रो-रोकर पागल हो जाएगी पिरभू लला—उसके भीतर से आर्त्त पुकार उठी।

पिरभू न जाने कैसे लौटा। आया, बहुत पास आ गया। उसका नजदीक आना फगवारे की निकटता-सा लगा। वह अमृत सरीखी बात होंठों में बन्द कर लाया था, जिसे सुनकर रज्जो मरती हुई जी उठी—भौजी फगवारे जू तुमसे बिना मिलें नईं जाएँ चाहते। कै रए ते रात के बखत तक रज्जो आ जाए तो भी..."

रज्जो के आँसुओं से तर चेहरे पर चुटकी भर उम्मीद चिलक गई। आँखों का पानी दमकने लगा। जाने के कारण दुख से विह्वल चेहरा नया ही रूप लेने लगा। ये सारे आवेग-संवेग उसे ईसुरी के प्रेम ने अनुभव कराए हैं। इन अनुभवों की तीव्रता के असर में अपने लिए फैसले लेने सीखे हैं। सच में ही यह महूरत उसकी जिन्दगी में दृढ़ता का क्षण था, जिसने सारी आशंकाएँ और डर की भावनाएँ सोख लीं।

राधा लाड़ करें गिरधर पै।
रुपें न अपने घर पै।

इन शब्दों की गति ही रज्जो की मति का अब आधार है। वह जानती है कि फगवारे का जाना गाँव के लोगों से छिपा न होगा तो रज्जो का उनके पास मिलने आना भी निश्चित मान लिया होगा। रामदास दाऊ जू मौके की ताक में रहेंगे। वे अपने

घर की औरत को रँगे हाथ पकड़कर दिखाएँगे। रामदास दाऊ जू को रज्जो जैसी औरतों को समझने का दूसरा ढंग नहीं आता। और रज्जो भी नहीं बता पाएगी कि उसकी जिन्दगी की शुरुआत इस प्रेम की शुरुआत के साथ हुई है, प्रेम फागों की शुरुआत के साथ जागा है। फागें रज्जो की पहचान कराती यहाँ से वहाँ तक गूँजती हैं। गूँज युगों-युगों तक रहा करती है।

'यही चीज मुझे आगे बढ़ाए लिए चली जाती है' रज्जो ने सोचा 'और यही चीज किसी भी आदमी के जीवन के लिए जरूरी है।'

रामदास दाऊ जू राक्षसनुमा आदमी होते तो भी समझ में आता कि वे इन बातों को नहीं समझ पा रहे। वे तो ऊँची आवाज में बात तक नहीं करते। इस घर की आबरू की डोर अपने हाथों में थामे प्रताप के हितचिन्तक बने हुए हैं, सो धीमे से कहते हैं–घर में आदमियों का हौल न रहे तो ईसुरी सरीखे लुखरा (गीदड़) ही मर्द की नाक मूँछ उड़ा दें।

सास उनका समर्थन करती हैं–"लला, एक मर्द के दम पै सौ साठ जनी पाँव पसार कें सो सकती हैं।"

आज रामदास दाऊ जू के पाँवों में चकरी लगी है। छिन में यहाँ, छिन में वहाँ। उनकी धारीदार सफेद कमीज और घुटनों तक की महीन धोती की जैसे ही झाँई पड़ती है, रज्जो सिकुड़-सी जाती है कि कोई मर्द घर आ रहा है। उसके दिल से ईसुरी निकलकर लुकते-छिपते चले जा रहे हैं। अनाम अबूझ रिश्ता तिरोहित होने लगा और वह हिल तक नहीं पा रही। क्या भीतर ही भीतर अपने फैसले की पुकार उठा रही थी ?

चरखारी के राजा के हितू-मीत रामदास दाऊ जू। लोग उनकी छवि राजा से मिलाने लगते हैं। दाऊ जू भी अपने घरों को महल और रनिवासों से कम नहीं समझते। किस्सा सुनाते हैं कि कैसे एक अंग्रेज अफसर अपना घोड़ा रोककर खड़ा हो गया था और उन्हें चरखारी का राजा समझ रहा था। दाऊ जू ने उस दिन जरीदार अंगरखा पहना था, जो राजा का पुराना अंगरखा बख्शीश में आया था, क्योंकि मड़ोरा गाँव के किसानों को राजा के पक्ष में किया था और अंग्रेजी सिपाहियों को रसद देने का कौल भरा था।

यह बात रामदास नहीं कहते, देखने वाले बरेदिया चरवाहे बताते हैं कि अंग्रेज अफसर ज्यों ही रामदास के पास आया, रामदास ने उसके गोड़ गह लिए। उसने असलियत समझ ली और अपना घोड़ा दौड़ा दिया। रियाया का आदमी, गोड़ गहकर खिचड़ने के सिवा कोई अभिवादन नहीं जानता, यहाँ का चलन यही है। अंग्रेज रामदास के ऊपर थूक गया था और रामदास दाऊ जू पूरे गाँव में उस थूक को दिखाते फिरे थे–देखो फिरंगी का थूक। थूक सच में उनके माथे का मुकुट-सा हो गया। लोग कहने लगे चरखारी का राजा रामदास को अपना मन्त्री बनाएगा।

वही रामदास आज इस घर के बादशाह हैं।

ऊपर से रज्जो के जेठ। जेठ से बोलना बतियाना निषेध माना गया है, क्योंकि रज्जो का न बोलना ही उसको जिन्दगी के नाजुक मौकों पर चुप रखता है। चुप रह जाना बड़ों के आदर की निशानी माना जाता है और हम जिनका आदर करते हैं, उनके किए धरे पर शक-शुबहा नहीं करना चाहते। सम्मान का सिलसिला कुछ इसी तरह बनाया है।

रज्जो घूँघट में घुटती रही।

नहीं कह सकी कि–मेरे मर्द से अलग तुम भी गैरमर्द हो, मेरे आँगन में आकर घड़ी-घड़ी क्यों खड़े हो जाते हो ?

एक आसरा सास रह गई, जिसकी वह पूरे मन से सेवा कर रही थी। नहाने का पानी पनारे पर रखकर सास के पास आई–"बाई नहा लो।"

"इतेक जल्दी ? हमेंन तौ ठंड लग रई।"

"गरम पानी है। हम पीठ मल देंगे। जाड़े भर का मैल उतारना है।" कहकर धुली धोती और सलूका उठा लाई।

सास के लिए गरम-गरम मीठा हलुआ गुड़ डालकर बनाया था। दो दिन पहले दाढ़ उखड़ गई, रोटी खाना मुहाल है। दूध और हलुआ का कलेऊ।

"गुर कहाँ से लाईं रज्जो ?"

"मोदिन काकी के गोड़ दबाए थे, सो खुस होकें गुड़ दे दिया।"

"सोई तौ कही। गुर कहाँ धरे अपने इतै।" सारा गुड़ की तरह पिघल गई, रज्जो के आदर भाव का ताप गुनगुना था।

दया-सी आई सास को। दुश्मन लगने वाला पिरभू, जो द्वार के आगे खड़ा था, काकी ने बुला लिया।

"आओ लला। भौजी से कछू कैनें है ?"

अन्धे को क्या चाहिए दो आँखें। पिरभू तुरन्त घुसा चला आया और काकी के पास खड़ा हो गया, बोला–"हमारी भौजी ने मेंहदी घोरी है, लगवाएगी रज्जो भौजी ?"

"पूछ लो तुम ही।" बूढ़ी उदारता में कंजूसी नहीं कर पा रही थी।

पिरभू ने धीमे से रज्जो के पास आकर कहा--"अबै तक नईं आईं ! वे गली में निकर आते हैं। बाट देखते हैं।"

रज्जो निहाल हो उठी और दूसरे ही क्षण परेशान भी...

"मेंहदी लगवानी है, हमने काकी खों बता दई। हमारी भौजी आ रई हैं, तैयार रओ। उनके पीछे-पीछे चली आइयो।"

"हओ" रज्जो ने पिरभू को आश्वस्त किया या खुद को भरोसा बँधा ? नाइन गाँव की बहुओं के लिए भरोसे का सम्बल है। वह न हो तो बहुएँ बेआवाज गाय से ज्यादा कुछ नहीं और कोल्हू के बैल का दूसरा रूप हैं। नाइन न होती तो फगवारे भी रज्जो को क्या जान पाते ? दुख और प्रीति को मिलाने का सेहरा नाइन के सिर

है। नहीं तो घूँघट में से निकली बात बेदम और अपने लिए कुछ कहना अटर-पटर बकना माना जाता है। सच में नाइन बहू प्रताप और रामदास के कारागार की साँकलें तोड़ सकती है। मेंहदी महावर ही उसके हथियार हैं।

पिरभू कहकर गया ही था कि सास ने उठकर किवाड़ें बन्द कीं और बेंड़ा लगा दिया। ताकीद कर दी–"रज्जो तें बाहिर न निकरियो।"

रज्जो चुप।

"हमेंन याद आ गई, रामदास रातै ही तो कै रए थे कि रजपुरा के पन्नालाल की बहू आदमी से बिना पूछे बहन के सासरे चली गई थी। काए से कि बहन कें बच्चा हुआ था। लरका गुस्सा के मारे सनसनाता गया और अपनी बहू की नाक काट लाया। कै रहा था, वो जीजा के संगै बदफैली करती थी, बच्चा होवे का बहाना था।

"सो रज्जो तें समझ लै बेटा सूपनखा की लीला ने अबै तक जनी का पीछा नहीं छोड़ा। पन्नालाल के मोंड़ा खों सब शाबासी दै रए हैं, जैसे वो राम भगवान हो।"

रज्जो गहरा साँस लेकर रह गई और भीतर से गुस्सा उमड़ा कि बेंड़ा तोड़ डाले। रामदास बाहर चबूतरा पर बैठे हुक्का गुड़गुड़ा रहे थे। रज्जो अपने पर्दे का अर्थ अच्छी तरह समझ गई। पराजय के भाव चोटी से एड़ी तक लहराने लगे। नाक काट ली जाएगी तो फगवारे भी क्या पूछेंगे ? क्या उनका प्रेम इतना बड़ा है कि रज्जो को किसी भी अवस्था में ग्रहण करें ?

और पिरभू कहता है–"रज्जो भौजी, तुम सिवा ईसुरी म्हराज को कोई नहीं मना सकता।"

"काए ?" उसने पूछा।

"तुमारे ही कारन तो जा रए हैं।"

सोच-विचार में दिन डूबने लगा, वह निकल नहीं पाई। सास सो जाएँ और रामदास दाऊ जू अपने घर ब्यारी करने चले जाएँ। चोरी छिपे के करतबों ने ही उसकी प्रीति को कोई दिशा नहीं पकड़ने दी। वह खुद पर झुँझलाई। कोई रास्ता दिखाई नहीं देता।

रात हो गई, दीया जला दिया।

दीया, नामालुम-सा दिबला बाती और तेल सँजोकर पूरे घर में प्रकाश बिखेरने लगा। रज्जो को दीये से डाह-सा होने लगा, उसकी कूबत, हिम्मत और ताकत इतनी भी नहीं, बस अँधेरे में छिपे रहना ही मकसद हो गया है।

पर जाकर भी क्या करूँगी ? क्या रुकेंगे फगवारे ? जानेवाले को कौन रोक पाया है ? रुकना होता तो जाने की बात क्यों उठाते ? उन पर जो बीती है, मुझ पर क्या वह बीती नहीं ? क्या मैं यहाँ से भागी जा रही हूँ ? जब जा ही रहे हैं तो मिलकर भी क्या करेंगे ? गाँव-गाँव रज्जो मिल जाएँगी। क्या उन्हें पता नहीं कि हमारे घर की क्या हालत है। घर की बहू की क्या औकात है ?

सास खटिया पर बैठी बर्रा रही थी–"अब तौ मोरे पिरताप ने नाम कमा लओ।

अकेलौ सपूत है जा गाँव कौ। इज्जत चार गुनी हो गई।"

रज्जो सुनकर सचमुच ही दहशत में आ गई। उसे इज्जत शब्द आजकल सबसे ज्यादा दहलाता है क्योंकि वह उसी के आमने-सामने है। पति का नाम आते ही वह सिकुड़ जाती है। वह जितना चाहता था, उतना ही उधेड़ गया। और रज्जो किसी का कुछ न कर पाई।

दीया जलता रहा। सास ठंड के मारे दुतई ओढ़कर सो गई। मगर सास का कुनकुनाना जैसे उसे रोकने का सायरन हो। और दीये का हवा में फड़फड़ाना...मगर लौ बुझी नहीं।

वह कौन है, जो आगे नहीं बढ़ने देता। डर है कि आगे बढ़ते ही संसार बिखर जाएगा। फिर भी ईसुरी के बिछोह का सूखा काँटा रह-रहकर कसकता है। उसे निकालकर फेंकना भी रास नहीं आता क्योंकि उस दर्द के बिना हृदय वीरान हो जाएगा।

'जो होता है, सो हो'

'समय इन्तजार नहीं करता।'

वह उठी। हाथ में दिया थामा। बेंड़ा खोला और बाहर निकल आई। आँचल की छाँव में दीया जलाए प्रेमानन्द की कोठरी की ओर चल दी।

न नाइन आगे न पिरभू संग-साथ। जो कुछ था अपना संकल्प था। लौ के संग आगे बढ़ी चली जा रही थी।

नहीं देखा कि उजाला हो आया है। दीये की रोशनी से ज्यादा उजला उजाला। वह समझ रही थी कि अँधेरे को दीये की लौ काट रही है।

गली के बीच चलते ही वह लोगों की नजर में आ गई।

—प्रताप की दुल्हन !

—अरे दिया लिए यहाँ क्या कर रही है ?

--हाँ, इतना भी होश नहीं कि दिन उग आया है।

—अरे बिचारी अपने आदमी की बाट हेर रही है।

—बिछोह में तन-मन की खबर भूल गई।

रज्जो ने क्या सुना ? कुछ नहीं। उसने क्या देखा ? कुछ नहीं। लगन के नशे में डूबी भक्ति भाव से प्रेमानन्द सूरे की कोठरी को देख रही है, जिसके पट बन्द हैं। खुलें तो फगवारे के दर्शन हों।

सिर पर पेड़ की छाया और शाखों पर चहचहाती चिड़ियाँ। इसके अलावा उसे नहीं पता कि क्या-क्या कहा जा रहा है—औरत इस तरह दीवानी हो जाए तो उसको देखने का मजा अलग ही है। मन्दिर की घंटियाँ बज रही हैं। पुजारी महराज गाँव को जगाने के लिए भजन गा रहे हैं। गाँव जाग रहा है और मन्दिर का रास्ता छोड़कर गाँव प्रेमानन्द की कोठरी के सामने जमा होता जा रहा है।

तभी किसी ने रज्जो की बाँह पकड़ ली।

उसे अहसास तक नहीं हुआ क्योंकि वह हाथ में जलता दिबला सँभाले थी, और वह बुझ न जाए, यही कोशिश कर रही थी।

नाइन बहू ! छोटा-सा घूँघट काढ़कर पास आई और रज्जो को कन्धे से छुआ। बाँह पकड़ ली और हिलाई तो दीये की लौ फड़फड़ाने लगी। बाती बुझने-बुझने को हो आई कि सहसा रज्जो को होश आया। मगर देखा अपनी निगाह से वह गुलाबो को पहचानती न हो। पंखोंवाले पंछियों के झुंड में मिल गई हो।

नाइन बहू ने फूँक मारकर दिबला बुझा दिया। जलती लौ ने बुझकर धुएँ की लम्बी लकीर का रूप ले लिया। रज्जो अचानक घबरा गई।

नाइन बोली—"चलो घर। इतै काए ठाड़ी ? लोग हँस रए हैं। ऐसा कोई करता है ? सिर्रिन हो गई हो ?"

नाइन उसे बाँह पकड़कर पीछे की ओर ले चलने लगी।

"नाइन बहू, पिरभू लला कों टेर दो। चाहे तुम ही प्रेमानन्द की किवाड़ें खटखटाओ। आज फगवारे उठे काए नहीं ? वे तो बड़े भोर जाग जाते थे।"

नाइन बात सँभालने का प्रशिक्षण लिए होती है, सो बात बरकाकर बोली—"पिरभू होंगे कहूँ। तुम तौ अपने घर चलो, काकी हल्ला कर रही होगी।"

रज्जो ने अपनी गुइयाँ का चेहरा गौर से देखा। छोटे से घूँघट की ओट से चेचक के दागोंवाले चेहरे पर दो पनीली धाराएँ लगातार बह रही थीं।

"रो रही हो नाइन बहू ! सो काए ?"

"ना, नहीं।" नाइन ने सिर हिलाया।

रज्जो आगे कुछ नहीं बोली। प्रेमानन्द की कोठरी की ओर जाने की हठ करती हुई मुड़ने लगी। तब नाइन ने रोई हुई आवाज में बताया—"रज्जो, नादानी न करो। कोठरी में कोऊ नहीं है। पिरभू लला फगवारे जू खों विदा करने गए हैं। सूरे भी संगै चले गए। तुम रात-भर क्या करती रहीं ?"

"ऐं ?"

रज्जो जहाँ की तहाँ अवसन्न-सी खड़ी रह गई। बस इतना लग रहा था कि उसके सीने में जलती लौ अब धुआँ-धुआँ हो रही है। जी घुट रहा है। जिस फगवारे से वह इतना प्रेम करती थी, उसके बारे में कुछ नहीं जानती थी। उसी आदमी के लिए राह पर खड़ी है।

नाइन ने उसका दिल सँभालने की कोशिश की—"सब रात जागे थे फगवारे कि तुम आओगी। तुम्हारा नाम लेते और आँखों में तलइयाँ भर आतीं।"

रज्जो ने नहीं कहा वह कि सब दिन सब रात ललचती रही, तरसती रही है एक झलक के लिए।

वह नाइन के साथ उस बच्चे की भाँति लौट रही थी, जिसे नहीं पता होता कि उँगली थामने वाला उसे कहाँ ले जा रहा है ?

घर लौट आई। सास घर की देहरी पर बैठी मिली।

भयभीत आँखों से देखा सास ने। लौट आई बहू को सौगात मानकर उठी। एक बार तो सोच लिया था—रंडी रज्जो फगवारे के संग भाग गई। रामदास झूठ नहीं कहता था। पर अपने घर की मर्यादा अपने मुँह से ही कैसे उघाड़ देती प्रताप की माँ ?

बूढ़ी उठी और बहू की बाँह पकड़कर भीतर ले जाने लगी। स्वर में कराह और रूआँस मिली थी—"मोरी पुतरिया, कितै भरमी हो ! पिरताप की बाट हेर हेर कें तुमारी आँखें पथरा गईं ! दिया मिलका कें देखन गई थीं अपने मालिक खों ? बेटी, उनें क्या गैल भूल जाती ?"

रज्जो ने हाथ में पकड़े दीये को आले में नहीं, धरती पर धर दिया और बुझे दीये के तरह खुद भी नीचे बैठ गई। यह अलग बात है कि प्रकाश विहीन दीये की सारी अगन रज्जो ने सोख ली, जलन कलेजे में उमड़ रही थी।

सास जैसे ही पास आईं, रज्जो जार-जार रो उठी। तड़प कर बूढ़ी की अँकवार भर ली। प्रताप की माँ को अपनी मतारी मान लिया और उसके बुजुर्ग कन्धों पर अपनी सिसकियाँ, हिचकियाँ और आँसू की धाराएँ छोड़ दीं, जैसे अब उससे अपना दुख सँभाले न सँभलता हो। जिन्दगी की कठोरता में तपी विधवा सास ऐसे रोई ज्यों जिन्दगी का निरगुन गा रही हों। एक के कानों में दूसरी की व्यथा के स्वर सघन होते गए और शोकगीत ने आँगन ढक लिया।

किसके वियोग में गीत बज रहा था ? प्रताप के या ईसुरी के ? दोनों जानती थीं कि दोनों के दुख के कारण दो पुरुष हैं। रज्जो को अपनी दादी और माँ की याद आई, वे घर बाहर के पुरुषों की शान, आड़, मर्यादा की अनचाही रस्म रीत को निभाती हुई किसी कोने अंतरे में अपने प्रेम-दीपकों को जलाए रखती थीं। प्यार की हिफाजत करती हुई घरों को सँभाले रहती थीं। सास भी ऐसी ही स्त्री है।

रज्जो के आँसू सास ने अपने आँचल से पोंछे तो उसे लगा कि बूढ़ी की आत्मा में चाँद विलीन है, इसलिए वह चाँदनी-सी भरे अँधेरे में जगमगा सकती है।

इन्तजार था या हठीली जिद ? ईसुरी खफा हो गए या खतावार रज्जो को क्षमा कर गए ? बदनामी से डर रहे थे, क्योंकि सराहना की दरकार थी। सराहना के लिए फागें रचते हैं फगवारे...जिन्हें हम आत्मा में बसाए जब न तब सुनते रहते हैं।

❑❑

कहानी कहते-कहते बसारी वाली बऊ को नींद आ जाती है, उम्र ही ऐसी डगमग है कि नींद का सहारा ढूँढ़ती है। मैंने उन्हें कितनी बार छूकर हिलाकर और झकझोर कर जगाया, जैसे हम पुराने समय को चैतन्य करने में लगे हों।

यह नींद नहीं, बऊ का सुकून है। बूढ़े लोग खाए बिना रह जाते हैं, मगर बोले बिना नहीं रह पाते। बसारी वाली बऊ ने कब-कब की जोड़ी समेटी बातें सूत्र में पिरोकर कथा के रूप में कह दीं। किसी कथाकार की तरह रजऊ का मौखिक चरित्र रचकर उन्हें

सकून मिला और मुझे उस स्त्री के चरित्र को विश्लेषित करने का अवसर दिया। अब वे अपनी पौर में पड़ी रात-भर जागेंगी नहीं और मैं अपने मकसद को लेकर पीछे लौटूँगी नहीं। इस कथा के बाद—

मैंने मीरा के मोबाइल फोन द्वारा अपने गाइड डॉ. पी. के पाण्डेय को बताया—सर, काम आगे बढ़ रहा है। मैंने कहा था न कि रजऊ की जीवनकथा को उसी विराट रूप में खोजूँगी, जिस तरह विद्वानों ने ईसुरी के व्यक्तित्व को लिया है। अब देखिए कि जो डॉ. रामविलास शर्मा ने कहा है कि ईसुरी की रचनाएँ दोहरी नैतिकता के प्रति विद्रोह हैं। ईसुरी को जीवन से, जीवन के आनन्द से, यौवन उल्लास और इन्द्रियबोध के संसार से इतना प्रेम है कि वे बार-बार सामाजिक विवेचना की दीवार से टकराते हैं।

सर, क्या अकेले ईसुरी ही प्रेम को इस तरह जीवन्त कर सकते थे ? प्रेम तो दो जनों के बीच होता है। आनन्द, उल्लास और इन्द्रियबोध भी दोनों का शामिल होता है। मेरे हिसाब से रजऊ का सकारात्मक दृष्टिकोण ईसुरी के मुकाबले कम सघन नहीं। वह बाड़ों के भीतर रहकर बाड़ तोड़ने वाली औरत है। किसी स्त्री से हमारा समाज ऐसी उम्मीद नहीं करता कि वह प्रेम के नए प्रतिमान रचे। बसारी वाली बऊ उस स्त्री-कथा को कहने के लिए जीवित हैं, जिसको हम 'कल्पना, सम्बोधिता और वायवी' माने बैठे थे। बऊ की नींद भी सम्भावना का स्वप्न है। माधव बऊ के बारे में जानता है।

सर ने मेरी बात बीच में ही काट दी, बोले—माधव मिला था। उससे बातें हुईं, उन बातों से लग रहा है कि तुम उन प्रविधियों के दायरों से बाहर जा रही हो, जो विश्वविद्यालय ने शोध प्रबन्धों के लिए तय की हैं। ध्यान रहे कि तुम उसकी कहानी नहीं लिख रहीं, उसके चरित्र को ईसुरी के काव्य के अनुसार शोध की कसौटी पर कस रही हो। माधव ने जैसा कुछ बताया और तुम बता रही हो, मुझे लगता है कि तुम उस स्त्री से प्रभावित हो, जो अपनी आकांक्षा को अभिव्यक्ति देना चाहती है। याद रखना कि तुमको अपनी बात विद्वानों के लिखित मतों और इतिहास ग्रन्थों के आधार पर सिद्ध करनी होगी।

'सर, जैसे ?'

'माधव एक शोधग्रन्थ ला रहा है। नमूना देख लेना।'

—जी सर ! मैं अपनी सीमाएँ जानती हूँ। माधव जिस शोध-प्रबन्ध को ला रहा है, मैं उसका इन्तजार करूँगी सर। वह मुझे दिशा देगा। सर...प्रणाम।

सर की हिदायत !

माधव सर के पास पहुँच गया ? अपने मामा के यहाँ नहीं गया ?—यह जानकर मैं बहुत कुछ भूल गई। उसका यह व्यवहार मुझे प्रेम का ऐसा गहरा आनन्द देने लगा,

जैसे उसे आलिंगन में बाँधकर कोई मीठा स्वप्न देख रही हूँ। क्या ऐसे ही किसी मीठे क्षण का इजहार अनजाने ही माधव से हो पड़ा है कि सर ने कितना कुछ समझ लिया ? प्रगाढ़ता जितनी सघन होती है, क्या उतनी ही आसनी से खुल पड़ती है ?

मैं मीरा सिंह के पास पूरे पन्द्रह दिन रुकी। जितनी भी कथा बसारी वाली बऊ ने बताई, वह आठ दिनों का निचोड़ है। आगे और भी सूत्र बचे हैं, बऊ ने इशारे से कहा, क्योंकि फागुन चैत के महीने में उनका दमा बिगड़ा हुआ था। खाँसी आती थी और साँस उखड़ती थी, कथा तत्त्व बिखर-बिखर जाता था। मगर मेरी आशा फिर भी नहीं टूटती थी। लोग यह भी कह देते हैं कि देखी-सुनी बातों को ज्यों का त्यों कह देना या मान लेना सत्य नहीं होता। फिर सत्य क्या होता है ? वही जिससे लोक कल्याण हो।

इस मत से मेरी राय मेल नहीं खाती, क्योंकि 'कल्याण' शब्द को आजकल कई अर्थों में लिया जाता है। कहीं-कहीं तो उसका अर्थ विनाश भाव या दयापूर्ण उदारता के दंभ से जुड़ता है, जो कमजोर व्यक्ति को दयनीयता के सिवा कुछ नहीं दे सकता। मेरे मन में सत्य वह है जो मनुष्य के विकास में बदलाव के पक्षधर तत्त्व की भूमिका निभाता है। बऊ चाहे जितनी बूढ़ी हैं, पुरानी हैं, हमसे तीन पीढ़ी बड़ी, मगर वे लगातार रजऊ को दी गई सीमाओं के पार ले जाने वाली कहानी कहती हैं। हम सोचते हैं कि परिवर्तन के पर्वत इस अत्यानुधिक युग में हम ही पलट रहे हैं।

पन्द्रह दिन बाद माधव भी आ गया।

ताज्जुब कि बसारी वाली बऊ की शोध-प्रविधि के मुकाबले वह शोध बहुत हल्का है, जो जिल्द में मढ़ाकर माधव लाया है। जो हमारे गाइड ने विशेष तौर पर मेरे लिए भेजा है। मैं उसे दो दिन तक पढ़ती रही। उसमें मुझे ईसुरी का जन्म, शिक्षा, विवाह, परिवार, व्यवसाय, काव्य संसार, मृत्यु और व्यक्तित्व के बारे में तो जानकारी मिली, लेकिन 'रजऊ' ईसुरी के काव्य में सिर्फ सम्बोधिता के रूप में थी अर्थात् जिसका अस्तित्व केवल शब्द हों और व्यक्तित्व श्रृंगार। बाकी मनुष्य की तरह न कोई कार्यकलाप न जीवन की जद्दोजहद और न दी गई स्थितियों से बाहर निकलने की चाह। जैसे उसका शरीर केवल ईसुरी जैसे रसिकों का रतिभवन हो, जिसमें पुरुष मनमाने तौर पर विचर सकता हो। रजऊ काम भी करे तो ईसुरी को लुभाने के लिए...मैं सोच में पड़ गई। सोच इस बात का कि एक हाड़-मांस की स्त्री खड़ी करके कवि या रचनाकार कैसे उसे वायवी बना देते हैं या पत्थर की मूर्ति में बदल देते हैं, इस बात पर माधव के लाए शोधग्रन्थ में एक लाइन तक नहीं।

माधव पास आकर बैठ गया। गाँव से आया था, काला लग रहा था और बहुत अच्छा भी। हमारा संग-साथ अपने आपमें उत्सव-सा था। सूरज से आँखें मिलाने वाले और हवा का रूख पलटनेवाले हम, संकल्प के धनी हैं। और ये भाग्यशाली दिन हैं।

"क्या सोच रही हो ?" ऐसा पूछकर अक्सर वह मेरे इकहरेपन को दूर करना चाहता है।

"मैं जो कुछ सोच रही हूँ, तुम भी वही सोचो, मैं नहीं चाहती।"

"तो फिर ?"

"मेरे सोचे हुए का अपने मन में मंथन करो और आशा करती हूँ कि असहमति जताओ क्योंकि दो असहमतियाँ मिलकर एक सहमति का निर्माण करती है।

"बोलो।"

"बताओ, जो थीसिस तुम लाए हो, उससे रजऊ का क्या बनेगा, यह स्त्री-विरोधी शोध ग्रन्थ है। नायिका विरोधी मैं इसलिए नहीं कहती क्योंकि यहाँ नायिका वर्णन को आधार बनाकर शोध किया गया है।"

माधव हँसकर मेरी ओर देखने लगा। और बोला—"पारम्परिक रूप से शोध करने वाले लोग रजऊ को हाड़-मांस की स्त्री तो मानते हैं, मगर सामने नहीं लाना चाहते। इससे ईसुरी जैसे महान कवि के चरित्र पर धब्बा लग सकता है, सो उसके कुँआरे और ब्याहता होने की शिनाख्त भी नहीं करते। वे कवि और कविताई की महान परम्परा में कृष्ण, राधा और गोपिकाओं के दृष्टांत रखते हैं। कहीं-कहीं उसको 'आत्मा' घोषित कर देते हैं।

"माधव, अब जो भी हो। बसारी वाली बऊ का दमा दम ले तो और बातें सामने आएँ। मैं जो कुछ कर रही हूँ, उसके लिए मुझे कोई पछतावा नहीं है कि मैं बसारी वाली बऊ की जर्जरता में से रजऊ का दृढ़ चरित्र निकालना चाहती हूँ। जरूर रजऊ दृढ़ रही होगी। दृढ़ स्त्री की कल्पना, कमनीयता के लोभियों को रास नहीं आती।" मैं कह रही थी, मगर मेरे चेहरे की रंगत में आशंकाएँ फैली थीं, जो माधव ने परख लीं।

उसने अपने सहयोग में मेरा हाथ थाम लिया और नजरों के साथ नजरें मिला दीं। वह वत्सलभाव से मुस्कराया और बोला—"चिन्ता मत करो। तुम भी क्या याद करोगी कि माधव कैसा माधव था ? कि कोई माधव मिला था।"

मैं उदास मुख ही बोली—"याद करूँगी, मिट्टी का माधव था।"

"चलो यही सही, जो मिट्टी से जुड़े रहते हैं, वे ही माधव (बसंत) होकर खिलते हैं।" कहकर आगे की कहानी बताने लगा—

"ऋतु, वह बसंत का ही एक दिन था, जब में मदनपुरा गया था। रास्ते के खेतों में फसल पक रही थी, किसान चरवाहे यहाँ-वहाँ दिखाई देते। पास ही गाँव था—बस्तूरी। दतिया से सेंवढ़ा जाने वाली सड़क पर। जानती हो ?"

"नहीं, मैं नहीं जानती।"

"कोई बात नहीं। लड़कियों का भौगोलिक ज्ञान यों भी कम होता है।"

"कम ? क्यों कम होता है ?" मैंने कहकर सिर झटक दिया।

"इसलिए कि बेचारी लड़कियों को चाहे जिस गाँव, चाहे जिस शहर बेखटके नहीं भेज दिया जाता जैसे कि लड़के आते-जाते हैं। अब तुम अपने ऊपर मत लेना, तुम तो

असुरक्षाओं में रहते-रहते अड़ियल हो गई हो।''

मेरी क्या प्रतिक्रिया होती, इस बात पर गौर न करके माधव अपना यात्रा-वृत्तांत बताता गया—हाँ, तो बस्तूरी गाँव में हमारी बुआ ब्याही हैं। नहर के किनारे बसा गाँव मुझे नहर के कारण ही भाता है। नहर में नहाना अपने आप में जोखिम भरा साहस है और तुम तो जानती हो कि मुझे खतरों से खेलने का शौक है।

''वाह वाह !'' मैंने कहा। और व्यंग्य भरी मुस्कराट माधव की ओर छोड़ दी।

माधव ने जो बताया, वह लिखित शब्दों में—''तुम ठीक ही हँस रही हो। मैं तो गहरे पानी में उतरने से डर रहा था, मगर तभी देखा कि शलवार कमीज पहननेवाली लड़की अपना दुपट्टा किनारे पर रख रही है। पास ही खड़े अपने साथी लड़के को हाथ पकड़कर खींचा और पानी में उतर गई। देखते ही देखते वे दोनों डूबने और उछाल खाने का खेल खेलने लगे। उनकी आनन्दमयी किलकारियाँ लहरों पर बिछलने लगीं। पानी उनके स्नान उत्सव में तरंगित था। सूरज की किरणों ने पानी के भीतर प्रवेश किया और लड़की के बदन से लिपट गईं। उसकी देह सुनहरी मछली की तरह जल पर तैरने लगी। लड़का स्याह भौंरे-सा पीछे-पीछे था।''

''बस बस बस ! अच्छी कविता करोगे आगे चलकर, मैं समझ गई।'' मैंने हाथ नचाकर कहा। मगर माधव सचमुच कहीं खोया था।

''ऋतु, मैं अब भी उन्हें ही देख रहा हूँ जैसे। वे पानी से निकलकर भागे और गीले कपड़ों में ही किनारे पर चरती बकरियों के झुंड में शामिल हो गए। हमारे और उनके साहस में समानता कैसे हो सकती है ऋतु ? हम तो कुलीनता के मारे...तभी न उन्होंने मुझे चकित कर डाला। चकित एक ही तरह से नहीं, कई तरह से।''

''जैसे ?'' मैंने बात स्पष्ट करनी चाही।

जैसे कि वे बकरियों के बीच खड़े एक-दूसरे के स्वर में स्वर मिलाकर फागें गा रहे थे।

''तो ?'' मैंने दिखाया कि इसमें चकित होने की क्या बात है ? उनका जीवन ऐसा ही है।

''अरे वे फागें, जिनको हमारे घरों में सुनने की इजाजत नहीं मिलेगी। सच मानो, ईसुरी पर शोध करते हुए भी वे फागें मैंने अबतक कहीं पढ़ी भी नहीं।''

''अच्छा !'' मुझे भी अचम्भा-सा हुआ।

''ऋतु, वे गड़रिया नवयुवा गा रहे थे कि गाने का लगातार अभ्यास कर रहे थे ? नहीं, वे अपने प्यार का इजहार कर रहे थे। नहीं तो मुझे ऐसा क्यों लगा जैसे साक्षात ईसुरी के संग रजऊ गा रही है ?''

''इसलिए माधव, इसलिए कि इन दिनों ईसुरी हमारे इष्ट हैं और रजऊ हमारी आराध्या। हमारे रात-दिन उन दोनों की छवि को समर्पित हैं। हम बौराए हुए हैं माधव।''

''ऋतु, काश् तुम होतीं और देखतीं सुनतीं कि उनका स्वाभाविक गायन कैसा खास था। हो सकता है, ऐसी ही कल्पना रजऊ ने की हों, और वे पूरी न हो सकी हों।''

एकदम।'' मैंने अपनी सहमति जताई।

माधव की निगाहों में प्रेम उमड़ आया, जिसे देखकर मैंने कहा—''इस जमाने की रजऊ मारामारी, आपाधापी के तकनीकी युद्धों से गुजरती हुई बसंत ऋतु में फागों की मस्ती बरकरार रखे हुए है, उसके साहस की दाद दो।''

''हाँ ऋतु, हाँ। अहंकार और हीनता से कोसों दूर गड़रिया किशोर फिर अलगोजे बजाने में तल्लीन हो गया। युवती लगातार गा रही थी। मैंने सोचा इनको आसपास होती हमलावरी की खबर नहीं। कचहरी, मुकदमों की फँसावट और कत्ल खून के लिए थानों में हाजिर होना उनके स्वभाव में नहीं। इनका रहगुजर वन जंगलों, नदी पहाड़ों की ओर निकलता है। क्या तभी वे रास्तों पर चलते हुए हवा को गुँजरित करते निकलते हैं ?''

मैं क्षण भर माधव की ओर देखती रही। जो कहे बिना न रह सकी, वह यह था—यार तुम अच्छे-खासे गए थे। अच्छे-खासे से मेरा मतलब है दुनियादार आदमी की तरह। मानसिक और बौद्धिक रूप से स्वस्थ, मगर यह क्या रोग लगा लाए ? तुम्हें देखकर मुझे 'उद्धव शतक' की पंक्तियाँ याद आ रही हैं—

'प्रेम-रस रूचिर विराग तूमड़ी में पूरि
ज्ञान गूदड़ी में अनुराग सौ रतन लै'

सो बस !

'गोपी-ताप-तरून-तरनि किरनावलि के
ऊधव नितान्त कान्ति-मनि बनि आए है'

''हाँ, मैंने उनको मन ही मन प्रणाम किया, और कहा—''हे वन देवता, तुम निर्लिप्त निरन्तर गतिमान, जीवन-राग के ज्ञाता, सच तुम्हारी दुनिया कभी खत्म नहीं होगी। हम देखते ही रह जाते हैं, तुम अपना सम्पूर्ण उल्लास हम पर उड़ेल देते हो। मैं कहाँ-कहाँ नहीं फिरा और तुमने यह चीज इतनी सहजता से घटित कर दी कि मुझे वह जिन्दगी मिल गई, जिसे मैं खोज रहा था।'' माधव ने जैसे आँखें बन्द करके फिर से उनका दर्शन किया हो। और दार्शनिक मुद्रा अपना ली।

''जो खोज लाए, वह सुनाओ भी'' मुझे उत्सुकता भरी आतुरता थी।

बैठक में चटाई पर बैठा माधव अपने बैग में से वह नोट बुक निकलने लगा, जिसमें उसने वह सब कुछ दर्ज किया था, जो शोध को विकसित करे कि प्रेम से छलक उठे ?

होतन हमें लगौ ना नौनों
रजऊ तुमारौ गौनों
काँटे उठत देय में कातन, सुनत लगै अनहोनों
एक कौर तो खाव न जैहै, का खारी का रौनों
ईसुर टिया धरौ फिर कब लौं, मिल है रूप सलौनों

फाग सुनी तो मुझे बिसारी वाली बऊ की बात याद आई, जो बीच में ही खाँसी

के कारण छूट गई थी। और हम पहली कथा को आगे बढ़ाते गए थे।

—पल्टन में से फाग की छुट्टी में प्रताप आ रहे हैं, ईसुरी को लगा कि रजऊ का गौना अब होना है। उसकी विदा (अलग होने की) वेला आ गई। उनको कुछ भी अच्छा न लगता। प्रताप की 'अवाई' जो कोई सुनाता तो देह में काँटे उठ आते। खाने बैठते, खाया न जाता। या सुरति बिसर जाती कि जो कुछ खा रहे हैं वह नमकीन है या नमक गायब है। मन में अकधक एक ही लगी रहती कि अब रजऊ से मिलन कब होगा ? फागों का विषय भी यही रह गया। बऊ ने ऐसा ही कुछ कहा था—

दुरलब हो जानें जे खोरें
रजऊ बैठ लो दोरें
दादुर मोर किलोलें कर रए, नाच कर रईं मोरें
बिछुरन परत फटत है छाती, करें नैन की कोरें
ईसुर कात प्रान भरमत हैं, रजऊ तुमारे दोरें

बऊ की सुनाई फाग को आगे बढ़ाते हुए माधव ने वह कहानी सुनाई जो उसने नहर के किनारे बस्तूरी गाँव के नवयुवा बरेदिया तुलसीरास से सुनी थी। लड़की का नाम पूछा था तो तुलसीराम ने बताया—मादुरी दीच्छित।

माधव ने अपनी नोटबुक में लिखा—यह आधुनिक ईसुरी और रजऊ का समय है जिनके झोले में 'टू इन वन' भी है और फागों का कैसेट भी। उनके अपने स्वर कैसेट में भरे हैं, आश्चर्य की बात !

लेकिन आश्चर्य तुलसीराम ने नहीं करने दिया—साब तुम सरीखे तमाम आते हैं, हमसे फागें सुनते हैं और कैसेट में भर ले जाते हैं। सेंवढ़ा के दाऊ जू बता रहे थे कैसटें महँगे दामों में बिकती हैं। एक साब जी से हमने तीन कैसटें माँग लीं, काए से कि उनने पाँच रुपया इनाम के सिवा हमें कुछ दिया नहीं। पीछे से कह गए—'कमाल के गाने वाले हो तुम।' हमने कही कि कमाल तौ अपने ईसुरी म्हराज और रजऊ का है, अपन तो उनकी बनाई गैल बुहार रहे हैं।—कहकर उसने फिर वह फाग कही, जिसे वह ईसुरी का कमाल मानता था—

भोरईं रजऊ सासरे जातीं
हमें लग लेओ छाती
कै नईं सकत गरौ भर देतीं, आँसुअन अँखिया बाती
ऊसेई चित्र लिखी सी रेगईं, मौं से कछू न कातीं
हमनें करी हमईं जानत हैं, अब पाछूँ पछतातीं
ईसुर कौन कसाई डारी, विकल विदा की पाती

माधव ने अर्थ किया—सवेरे रजऊ ससुराल चली जाएगी। अरे, हमें अपनी छाती से चिपका लो। यह वह बोल नहीं पाती, गला भर आया और आँसू बहने लगे,

चित्र-लिखी सी खड़ी रह गई ज्यों कह रही हो—हमने जो कुछ किया सो हम ही जानते हैं, पछताते हैं। अरे ईसुरी, विदा की दुखदेवा पाती किस कसाई ने डाल दी...

लड़के ने लड़की (मादुरी दीच्छित) को इशारा दिया तो माधुरी दीक्षित गाने लगी—

जो तुम छला छैल हो जाते
परे उगरियन राते
मों पोंछत गालन सों लगते, कजरा देत दिखाते
घरी घरी घूँघट खोलत में, नजर के सामू राते
ईसुर दूर दरस के लानें, काए खों तरसाते

लड़की की तन्मयता और विकलता का संगम आँखों में था। वह गाते समय लड़के की ओर देखती और लहर-सी पछड़ जाती। तुलसीराम की कातर छवि...आँखों की पुतलियों पर छाया पानी दमक जाता और चेहरा बुझने लगता। जैसे वह इन्हीं खेतों और नहर के किनारों पर निर्जन में अकेला खड़ा हो। अवश व्याकुलता से अपनी मादुरी दीच्छित को देखता हुआ। वह तिलमिलाया हुआ क्या जाने कि कैसे अवांछित महूरतों में डूब गया।

लड़की ने फाग का अन्तिम वाक्य खत्म किया। उसके साथ ही तुलसीराम ने अपने उद्‌गार फाग के रूप में प्रस्तुत कर दिए—

विधिना करी देह ना मेरी
रजऊ के घर की देरी
आउत जात चरन की धूरा, लगत जात हर बेरी
जाते लगत चरन कमलन में, कुगत सुधरती मेरी
लागौ आन कान के ऐंगर, बजन लगी बजनेरी

माधव ने लिखा है कि वह चकित रह गया था। तुलसीराम के हाव-भावों पर वह ऐसा हतप्रभ हुआ कि आँखें पलक झपकना भूल गईं। आगे बढ़कर उसके सिर पर हाथ रखकर माधव ने कहा—तुम तो नाटक के सच्चे अभिनेता हो तुलसी।

और कौतूहल के साथ लड़की-लड़के माधव को देखने लगे। माधव ने सोचा, कैसे अभागे हैं दोनों, न अपनी प्रतिभा को पहचानते हैं, न पहचान शब्द का अर्थ जानना चाहते हैं। ऐसे ही प्रतिभावान गाँव-गाँव मिल जाएँगे। खोजने वाले चाहिए।

अभिनय, अभिनेता और अभिमंच के पार जाकर तुलसीरास ने अपना मंतव्य बताया—"अपनी आखिरी चाहना इतेक ही है साब कि भगवान मोरी देह खों रजऊ की देहरी कर दे। सो आते-जाते में उसके चरन की धूरा शरीर में लगे। साँची मोरी कुगत सुधर जाएगी। विदा की बिरियाँ आ ही गई समझो। रजऊ से इतेक अरज है कि अपना मुँह हमारे कान के पास लगा दे और अन्त समय में बता दें कि हम उसकी बाट कब लौं हेरें ?"

और कहकर उसने लड़की की ओर ऐसी नजर से देखा, जिससे स्नेह उफन रहा था। लड़की का चेहरा लाल हो गया, जैसे उसका टूटता मन उत्तेजना बर्दाश्त न कर पा रहा हो। एक दीर्घ, मगर स्थायी दृष्टि अदृश्य रेती से टकराकर आँखों में वीराने की तरह फैल गई। एक उच्छ्वास नहर का सारा पानी सुखा देने के लिए काफी लग रहा था। भीगे हुए नवयुवा विछोह की आशंका से ही सूखकर खड़खड़ाने लगे।

यह भी अभिनय। उत्तम अभिनय। माधव का हाथ ताली बजाने के लिए उठ रहा था, मगर पता नहीं क्यों आशीर्वाद की मुद्रा में उठ गया। तुलसीराम अठारह साल का गेहुँआ रंगत का लड़का। उठी हुई नाक के साथ साधारण लम्बोतरा चेहरा। मादुरी सोलह साल की साँवली किशोरी। इकहरी काया और लम्बा कद, शलवार-कमीज का पहनावा, दुपट्टे की जरूरत नहीं समझती थी। आकर्षक उठान वाला वक्ष था। रीतिकालीन कवि उसे बेहिचक मुग्धा नायिका कहते।

तुलसीराम ने बताया—"साब मादुरी के लिबउआ भोर आ जाएँगे। अगली भोर चली जाएगी।" बताते समय लड़के का आकर्षण, लगाव और प्रेम का आग्रह चितवन से टपकता था और आँसुओं से भीगा चेहरा करुण हो उठा। माधव अब भी उद्वेलित था, जितना कि उस युवक को देखकर हुआ होगा।

"ऐं !"

"हाँ साब, हाँ।"

लड़के की आवाज सुनकर माधव के भीतर सारा अभिनय हिलने लगा। युवती असह्य वेदना को होंठ भींचकर पी रही थी। कटे-कटे महूरतों में धरती कुरेद रही थी।

आँसू पोंछकर वह बोला—"साब विदा होना कौन बड़ी बात है ? बात है विदा के बाद अलग होंके रहना। मादुरी के लाने सासरे की भामई और हमारे लानें जंगल की वीरानी..." कहने के साथ ही उसकी आँखें डरे मेमने जैसी हो गईं।

रो लेने के बाद वह हँसा, जैसे खुद पर ही हँस रहा हो। सखी से मजाक में बोला—"काए उदास हो रईं, हंसकें दिखाओ साब खों।" लड़के ने लड़की का कन्धा हिलाया।

"नईं हँस पा रईं, एऽऽ ! चलो अच्छा फाग सुना दें इनें।"

लड़की ने 'ना' में सिर हिला दिया।

"साब अपनी रजऊ का मन भर गया है। हम सुना देते, पर अकेले गाना अच्छा नहीं लग रहा। जाने का ठिया महूरत न होता तो हम कैसे अच्छे रहते। ठिया महूरत होता और कोई हमें न बताता तो भी हम खुस रहते। साब दुख का कारन जानकारी है ससुरी। जे चली जाएगी, बस इतनी ही जानकारी के मारे हम पागिल भए जा रए हैं। तब ज्यादा जानकार होके हम कितै पुसाते (निर्वाह होता) ? हम तो इतना ही जानते हैं कि जानकारियों के मारे ही आदमी इतना दुख पाता है कि दुनिया से जी घबड़ाने लगे। जंगल में जोगी होकें भग जावै।"

"अच्छा !" माधव ने बरेदिया के ज्ञान पर आश्चर्य किया। जैसे अपने आन्तरिक

कोनों में सँजोकर रखी जानकारियों के जरिए मिले दुख से मिलान किया हो। अनपढ़ बरेदिया से ऐसा समभाव...

"साब, जंगल में रमते जोगी ने हमें इतनी बात तक बता दई कि जौन लड़की खों तुम चाह रहे हो, देखना एक दिना वो तुम्हारे कारन ही दुख पाएगी।" सुनकें हमने पूछी—"सो काए म्हराज ?"

उनने हमें रजऊ और ईसुरी की कथा सुनाई। कथा में छिपी विथा। नातर फागें तो हम सुनते आए हैं। कथा क्या सुनी साब, फागें जी से बँध गईं। ढूँढ़-ढूँढ़कर फागें जमा कर लीं कंठ में। खजाना भरता गया। पर साब खजाने खर्च न हों तो काए के खजाने ?

गाँव में फागें गावें तो मादुरी के भइया कका हमें मारें। हम रजऊ की जांगा मदू (मधू) नाम जोड़ देते थे फागों में। वे कहें मोंड़ी का ब्याह हो गया है, गौना नहीं हो पाएगा तुम्हारे लुच्चपन के मारे। हमारी इज्जत पर कीचा पटक रहे हो ?

अब देखो साब, फागें तो रंग खेलते में गाई जाती हैं। पर हमारे रंग खों वे कीचा कबें। सो फिर हमने जोगी की तरह गाँव छोड़ दिया। जब फागें गावें, जंगल खों सुनावें। पेड़, रूख, लतर, बेलें और परेवा, पंछी सुनें, मोरा पपीहा संग गावें।

जंगल में मादुरी के लाने भी सुभीता हो गया। अपनी बकरिया लावें और हमारी बकरियन के संग छोड़ दें। मजे से हमारे संगै फागें गावें। हँसें मुस्क्यावें। आगे की जानकारी से हम दुके छिपे फिरें। सो गाँव में दिन डूबे घुसें। और अपने आप में डूबे फागें गुनगुनाते रहें, जैसे भगत भगवान का भजन करते हैं।

पर भामई तो जे है कि ज्ञान के पीछे आदमी नहीं भगता, आदमी खों ज्ञान पिछियाता है। मादुरी के गौने की जानकारी हमारे पिछाईं लग गई। हम कितेऊ भगें, वो हमसे दूनी तेजी से भगै। एक दिन दबोच ही लए साब। दबोच लए हम दोऊ जने। ऐसे दबालए कि बचने के तौर-तरीके न सूझें।

माधव ने तुलसीराम को ईसुरी की फाग याद दिलाई।

एक दिन होनें सब कौ गौनों।
का काऊ से रौनों।

तुलसीराम बोला—आप ठीक कह रहे हो साब, पर ईसुरी ही तो कै गए हैं कि—

जब से सुनी तुमें अब जानें
नईं हैं होस ठिकानें
अब परहै मइनन की बिछुरन, जे दिन कठिन दिखाने
ऊसेंई बोंदेल हते ईसुरी, तुम कर चलीं दिमाने

माधुरी के बिछोह की व्यथा ने तुलसीराम का चेहरा घुमड़ते बादल-सा भरा-भरा कर दिया कि माधव ही निरुत्तर हो गया। क्या यह दीवानेपन का पहला कदम है ?

□□

तुलसीराम की कही व्यथा-कथा

ईसुरी को प्रेम के अपराध में लुक्का-उचक्का नाम मिला था, जो रजऊ के घरवालों ने उसके चरित्र को परिभाषित करते हुए दिया था। और सास जिठानी ने रजऊ को सावधान किया था कि बदमाश लोगों से लड़कियाँ और औरतें बचकर रहती हैं। नफरत करती हैं।

रज्जो भोली लड़की की तरह बोली—नफरत, सो काए ? वे तो मनमोहन किशन कन्हैया हैं। बाँसुरी नहीं बजाते, फागें कहते हैं। कुआँ की गैल में अड़कर बैठ जाते हैं, जैसे श्याम सलौने जमुना तट पर रस्ता रोक लेते थे।

घर के लोग पहले डर रहे थे, अब बहुत डरने लगे। यह औरत ईसुरी की शह पर घर से बाहर निकल गई, बाहरी दुनिया देखने लगी। अगर घर की चारदीवारी में बन्द होने को तैयार नहीं हुई तो क्या होगा ? मर्यादा सत्यानाश हो जाएगी। वह औरत ही क्या, जो मर्यादा न निभाए ? मर्द की नाक मूँछ तो इसी से हैं।

रज्जो बाहर की आवाजाई से रुक गई, जैसे औरतें डरकर रुक जाती हैं। पति आया था, चरणदासी की तरह उसकी सेवा में झुकी रही। जब पति नहीं था तो सामने उसकी पनइयाँ धर लेती। सास ने दूती के रूप में रामदास से कही थी अपने घर की अच्छी-अच्छी बातें।

तभी गाँव में ईसुरी का फेरा हुआ, क्योंकि बसंत ऋतु आ गई थी। लक्ष्मण रेखा में बँधी रज्जो सुनने लगी—

मोरो मन बिगरौ है कांसे
हाल तुमारे ना सें

रज्जो ने मन कस लिया, मगर मन माने नहीं। फगवारा दरस की भिक्षा माँगता है। नैन-भर देख-दिखा लेगी तो बिगड़ क्या जाएगा ? मन खाली बर्तन-सा पड़ा है। हे सीता मइया क्या मैं तुम्हारी तरह चौखट लाँघ जाऊँ ? रज्जो सोचती और ज्यों की त्यों रह जाती। 'तुमने भी भिक्षा के बहाने अपने मन का खाली कोना भरा था ? सती देवी हमें छिमा करें।'

रज्जो बाहर निकलने की हिम्मत बाँध रही थी, रामदास की निगाह कड़ी हो गई। उन्होंने अपनी काकी को चौखट पर बिठा दिया।

ना नईं मिटत प्रीति की यारी।
जिगर भरी मतवारी।
मन चल जात सुरत अँगना सें, निगा बदन पै डारी
ईसुर कात तुम्हारे लानें, ई दम त्यार हमारी...

(यह यारी नहीं मिटती। नशे जैसी जिगर में भरी है। मेरा मन दौड़कर तुम्हारे आँगन में जा पहुँचता है। निगाह के सामने तुम्हारा मुखड़ा होता है। तुम्हारे लिए मेरे प्राण अर्पित हैं)

फगवारे ने प्रीति काँटा ऐसे फेंका जैसे कोई अँधेरे पानी भरे कुएँ में लोहे का काँटा फेंके और डूबा हुआ गगरी डोल बाहर निकाल ले। बूढ़ी सास बाँहें उछाल-उछालकर बहू को रोकती रह गई, मगर रज्जो अपनी राह निकल गई।

मर्यादा का पर्दा फट गया। इस घर की औरत के मन में क्या चल रहा है, सबने इस सच को जाना। तो घर-घर मर्दों ने अपनी औरतों पर पहरे कड़े कर दिए।

बहू फगवारे से मिलकर लौटी है और आँगन में खड़ी है, गंदी अपवित्र। रामदास ने देखा तो उसे झुरझुरी आ गई। आगे क्या रुख हो, इस बात पर विचार किया, क्रोध करके कुछ होने वाला नहीं नजर आया।

प्रताप को माँ की मौत की खबर देकर पल्टन से बुलवा लिया। और छोटे भाई के सामने रामदास ने गंगाजली उठाई, कौल भरा कि उसने अपनी आँखों से इस बहू को ईसुरी की छाती से लगे देखा है।

रज्जो पागल मिलन की सौगात-सी कोई फाग गुनगुना रही थी। ईसुरी ने नई रची फाग उसके अर्पण जो की थी, ऐन रज्जो के मन की।

मन तक तकें रात सब घर के
रइयो छैला बरके
घिउ खानें और पाग राखनें जेई काम सुगर कें
का कर सकै हमारौ कोऊ, बिना पकर लए करके
ईसुर जिन पै बजीं नौबदें, ढपला बजें न छरकें

(घर के लोग चौकसी पर तैनात हैं। छैल तुम बचके रहना। घी खाओ और इज्जत बची रहे, ऐसा चतुराई का काम प्रेम में क्या हो सकता है ? हमारा हाथ पकड़े बिना कोई क्या करेगा ? देखो अब तो बदनामी का ढोल पिट चुका है, ढपलियों के बजने से हम क्या डरेंगे ?)

डर ! भगवान से ज्यादा पति का डर होता है, यह रजऊ को प्रताप ने बता दिया कि वह फाग राग सब भूल गई। साक्षात भय का भयानक रूप पति प्रतापसिंह।

कैसे ?

तुलसीराम बरेदिया को साधू ने बताया था और तुलसीराम ने माधव को किस्सा सुनाया था, जिसे अक्षर-अक्षर माधव ने अपनी नोटबुक में दर्ज किया—

धरती फट जाना चाहती थी कि प्रताप की आँखें ? उस वीर पुरुष की मर्दानगी को औरत चुनौती देने लगी, वह भी उसकी अपनी औरत...गुस्सा था कि बलबलाता हुआ सिंह दहाड़ा—"बाई, तुम देखती नहीं हो, सुनती नहीं हो तो आँख कान रखने का गुमान काए करती हो ? सास के पास अपने बेटे का छोड़ा कोड़ा होता है, सुनते

हैं कि तुम माँ की तरह बाँहें लहराकर उस रंडी को अँकवार भरती हो।"

वह जानता था, आवेश रहेगा तो शासन चलेगा, शासन चलेगा तो दंड विधान लागू कर सकेगा। अत: वह आवेश नहीं छोड़ना चाहता था, भले माँ पुटिया रही थी। रामदास ने जो कहा, माँ उस पर ठंडे दिमाग से सोचने की बात कह रही थी। अपने घर में थाली लोटा बजते किसको अच्छे लगते है ?

"लला, अपनी जनी से ज्यादा भइया बन्दी नहीं होती" यह वाक्य जैसे ही कहा, रजऊ अपनी सास के चरणों के पास आ बैठी। गोड़ पकड़ लिए जैसे कह रही हो, तुम आज हमें बहू नहीं बेटी की तरह ले रही हो। माँ, बेटी का दोष क्षमा करना।

"भइया बन्दी न होती तो हमें औरत की गद्दारी पता चलती ? पहले ही दूध से जले बैठे हैं, क्या मालूम थी कि इस घर में छाछ भी उबलकर उफनती है। त्याग गए तो और बरबंड हो गई !" प्रताप खोंखिया उठा।

प्रताप अपना कन्धा टटोल रहा था, जिस पर बन्दूक टँगी रहती थी। पर कन्धा खाली था। वह खूँटी की ओर आया जिस पर बन्दूक टाँग सकता था। पर खूँटी रीती थी।

"आह !" वह कराहकर रह गया क्योंकि बन्दूक कहीं नहीं थी। होती तो धाँय-धाँय फायर करके ही इस औरत का दम निकाल देता। मगर अंग्रेज लोग भी चौकन्ने रहने लगे हैं क्योंकि देशी सिपाही गद्दारी कर रहे हैं बन्दूक और हथगोले लेकर चम्पत होने लगे, आगे खुद को बागी करार दिया। बागी मतलब क्रान्तिकारी।

प्रताप आधी रात के समय आधे चन्द्रमा-सा कटकर रह गया। न चाहने पर भी क्रोध शान्त होता जा रहा था जैसे खौलता पानी धीरे-धीरे ठंडा होता जाता है। यह औरत नीच कमीनी माँ के पास कैसी बैठी है, जैसे माँ की जनम-जनम की साथिन हो। साथिन नहीं, सेवादारिन हो। माँ इस पर अपने बेटे से ज्यादा विश्वास कर बैठी !

उसी क्षण रामदास की नसीहत याद आई–अपने खूँटा की गाय और घर की जोरू पराए खेत में मुँह मारे तो तुम्हारी नाक मूँछ का क्या मतलब ? मर्दानगी और माली हालत की डुगडुगी तो ये नाचीज ही बजा देती हैं। और काकी...औरत का डर औरत मानती होती तो मर्द को कौन पूछता ?

अवज्ञा के मारे प्रताप का मुँह जूते खाए आदमी जैसा हो गया। लोग बाट देख रहे थे, प्रताप की तन्दुरुस्ती देखने की चीज होगी। वह अंडा खाता है, बादाम दिए जाते हैं, दूध का छेना अँग्रेजों ने ईजाद किया है, वह ताकत की दवा से कम नहीं।

मगर अब ?

प्रताप ने अपने कानों सुना–चमकदार चेहरा इसलिए है कि फिरंगी इसका माथा अपने बूटों पर रगड़वाते हैं। उन्हें भी पता है कि प्रताप सिपाही की जोरू फगवारे से फँसी है।

शोर गुल ऐसा था कि प्रताप के वजूद को ग्रहण लग गया। गाँव की जिस गली से निकलता, उसे लगता कि लोग उसे 'बेचारा नामर्द' करके देख रहे हैं। आँख दबाकर

हँस रहे हैं।

हाथ कंगन को आरसी क्या ? अपनी आँखों प्रताप ने देखा कि माँ पड़ौस की औरतों से लड़ रही है। गालियाँ दे रही है–"कबहुं गए हैं तुमारे खसम पूत राज काज में ? लियाकत है पिरताप की सी ? लो, फिरंगी से कोड़ा खावे वारे आदमी मौं उठाकें बातें करने लगे। बन्दूक लाया होता लला तो गाँव भरें खों ठाँय-ठाँय कर देता।"

नरसी नाई की बहू गुलाबो बोली–"हओ, सबसे पैलें तो रज्जो को ही भूँज धरते। फिरंगी भी जानते हैं, तुमारे पूत का न्याय अन्याय। और बहादुरी..." कहकर नाइन व्यंग्य से मुस्कराई।

नाइन का व्यंग्य ! एक नीच जात औरत का हँसना...प्रताप और भी खूँखार हो गया। क्या उसके जाने के बाद ईसुरी फगवारे ने रज्जो के साथ इन औरतों को भी बरगला कर उसके विरोध में खड़ा कर दिया है ?

माँ गालियाँ देकर हाँफ चुकी थी। प्रताप माँ को बाँह पकड़कर घर लाया था और समझाने लगा–"तुम अपना दिमाग खराब न करो। इस औरत से हम खुद निपट लेंगे।"

माँ के पास कहने को जैसे कुछ न बचा हो, सिवा इसके–"नाइन की इत्ती मजाल नहीं है लला, वे तो गाँव के ही लोग हैं सो सै दैंके बेइज्जती करा रए हैं। सब खों मलाल है कि पिरताप अँगरेजी पल्टन में काए गया। रानी की पल्टन में भर्ती काए नहीं हो गया ?"

प्रताप को हँसी-सी आ गई, लोगों की बुद्धि पर तरस जो आया।

"बेबकूफ हैं यहाँ के लोग। बाई तुम बुरा न माना करो। झाँसी की रानी तो खुद ही घुटने टेकने वाली है। औरत जात की अकड़ कितनी देर की ?"

शाम का समय था। साल की सबसे प्यारी ऋतु। माँ ने कोठे में सेज सजवाई, प्रताप और रज्जो की। रानियों रनिवासों की कथा सुनाता था रामदास। प्रताप की माँ राजा के रूप में अपने बेटे को याद करती थी और बहू से कहती थी–"अब की बार पिरताप आबें तो पलिका पर तोसक तकिया सजाकें फूलन की पाँखुरी बिखेर देना। गुलाब कहाँ धरा है इतै, पर मटर अलसी के फूल तो हैं ही। गेंदा भी मोदी की बगिया में फूलता है। अपनी जनी की इतेक सुघड़ाई पर कौन मालिक न बिछ जाए। पिरताप अगला पिछला ताप भूल जाएँगे।"

ऐसा ही किया, ऐसा ही हुआ।

रामदास के कहे सुने का कोपकारी असर बहुत हो गया, कुछ अपने आप भी तो देखना सुनना चाहिए ? फिर सरसों की रंगत वाली महीन धोती पहने लाज का घूँघट खींचे सबेरे वह तुलसी चौरा लीप रही थी तो किस सती से कम लग रही थी ? घूँघट में भी आँखें ऐसे मुँदी हुई जो पार्वती शंकर जी का ध्यान कर रही हों। क्या पता उसके पतिव्रत धर्म का खंडन करने के लिए किसी सती ने ही परीक्षा लेने कपट

रूप ईसुरी भेजा हो।

प्रताप, सालों से बिछुड़ी पत्नी के निर्मल सुन्दर और मनमोहक रूप को देखता रहा। उसकी चूड़ियों से बजते महीन राग पर विमोहित होता रहा। पता ही नहीं चला कि बारूदी धरती पर चलकर आया हुआ वह कोमल दूब के मैदान में कब उतर गया ! सच में रज्जो की दुनिया के बारे में वह कुछ नहीं जानता। कभी नादान की तरह बमक जाता है तो कभी बच्चे की तरह उससे अलग होने की कल्पना तक नहीं कर पाता। चार दिनों में यह आँख-मिचौनी का सा खेल उसे कौतूहल से भर देता है। अनजाने ही उसकी आँखें भींग आती हैं, कि आखिर उसके सुन्दर और शान्तपूर्ण घर में कलह का काँटा किसने रखा है ? रामदास ने या ईसुरी ने ? ये दोनों आदमी उसे खत्म करने पर आमादा हैं, बहाना रज्जो का है। एक का जमीन पर दाँत है, दूसरे का जोरू पर...

उसकी भींगती आँखें उसके निगूढ़ मनोभावों को प्रकट करने लगीं—सेज बिछा रही है, इसके लिए कृतज्ञ हूँ, पर तेरी भावना का विश्वास, मेरे भरोसे को बचाए रहे बस।

वह सारे आवेग संवेग भूलकर विमुग्ध-सा रजऊ का करुण गम्भीर चेहरा देखता रहा। क्या यह वही नजारा नहीं है, जिसकी तस्वीर खींचने के लिए उसने अपने साहब बहादुर को अपने गाँव आने का न्योंता दिया था। दीवारों पर रज्जो ने वही चित्रकारी तो चित्रित की है, जिसे अंग्रेजिनें फ्रेम में जड़वाकर अपनी बैठकों में सजाती हैं और नीचे लिखा रहता है—इंडियन होम।

यकायक अपने खंडित पौरुष पर ऐसी रुलाई छूटी कि हिलकी बँध गई। यह 'इंडियन होम' ऐसे ही ढह बिखर जाएगा ? ऐसे ही जैसे अंग्रेजी हुकूमत की आँधी में बड़े-बड़े राज रजबाड़े राई-रेत हो गए। पूरे मुल्क में जागीरदार, मनसबदार, रियासतदारों की जमातें बन गईं, जिनका धर्म मातहती और कर्म चापलूसी से ज्यादा कुछ नहीं...

प्रताप ने अपना रूपक भी कुछ इस तरह रचा कि अब वह रज्जो का मालिक नहीं, ईसुरी की सत्ता में गई रज्जो का ऐसा पति है, जिसे मातहत, पिट्ठू और जनखा के रूप में जाना जा रहा है।

प्रताप का शेर चेहरा ऐसा निस्तेज होता गया, जैसे उसने शेर का मुखौटा भर पहन रखा हो। वह खतरनाक खूँखार और न जाने बर्बरता के कितने रूपों में आना चाहता था, मगर शरमाए तेंदुए सा पलिका पर बैठ गया, जिस पर रज्जो की गंध बिखरी हुई थी, उसका स्पर्श फैला हुआ था। ईसुरी की कल्पना रज्जो के साथ जुड़कर यकायक उसका दम घोंटने लगती। तब वह देखता और हमला करने की सोचता।

बसंती साड़ी पहने हुए कमनीय स्त्री चेहरा खोले सामने खड़ी थी। गोरे मुँह पर गुलाबी होंठों की कलियाँ आपस में सटी हुई और उजले माथे पर लाल गोल बिन्दी, इतना ही देख सका प्रताप, आँखें नहीं मिला पाया। आँखें मींचकर उसका हाथ पकड़ा

और रज्जो को पास खींच लिया। कौन सोच सकता था कि यह शख्स वही है, जो अब तक अगिया बैताल की तरह धरती आसमान एक किए दे रहा था ? अब तो एक सहज अनुभाव कि जैसे उसके सामने पवित्र औरत के रूप में नियम संयम को हरनेवाली कुलवधू बैठी है जो रम्भा जैसी है तो बस पति के लिए। परात में पानी भरकर पति के चरण धोए, थाली में स्वादिष्ट भोजन परोसा, सेज सजाई। पत्नी और फिर कैसी होती है ?

प्रताप ने फूँक मारकर दिया बुझा दिया। अँधेरा मर्यादित पुरुष और स्त्री के मिलन में सहायक होता है। छावनी में रहनेवाला सिपाही घर का संयमित पुरुष है। उसने रज्जो का मैम छाप चुम्बन जरूर लिया, मगर अंग्रेजों की तरह न खुले में लिया न उजाले में।

वह कभी रज्जो के अस्त-व्यस्त केशों को छूता और सँभालता, कभी चेहरे पर उँगलियाँ फिराता। उसके हाथ आगे बढ़ते और बीच में ही रुक जाते। न जाने कहाँ से ईसुरी रूपी राक्षस आता और अट्टाहास करके उसे उखाड़ने लगता। पवित्र धारा को सोख जाने वाला वह पुरुष स्त्री को जूठन कहकर प्रताप के पुरुष को चिढ़ाता।

"क्या हुआ था, सच्ची-सच्ची बोलो रज्जो ?" कुढ़न की झोंक में प्रताप ने पत्नी से पूछ लिया या कि खुद ही आश्वत हो जाने के लिए ऐसा किया।

"कुछ तौ नहीं।" महीन स्वर में रज्जो बोली।

"फिर गाँव में ये बातें ?"

"गाँव में नहीं, अपने ही घर में।"

"रामदास भइया को क्या सपने आते हैं ?"

"सपने नहीं आते, वे सपने बनाते हैं।"

"क्यों ?"

"मौका पा गए हैं।"

"ईसुरी के आने से ?"

"नहीं, तुम्हारे जाने से।"

"हम यहाँ थे, तब भी तो..."

"तुम छूट दे रहे थे।"

हम छूट दे रहे थे ? प्रताप पर रज्जो द्वारा लगाई तोहमत ने पत्नी की सेवा-खुशामद पर पानी फेर दिया। अपराधी सदा अपना दोष दूसरे के सिर डालते हैं। रज्जो अपनी दुश्चरित्रता छिपाकर कितनी सहज होकर बोलती है। उसने झूठ बोलने की कला साध ली है। बिन झूठ के व्यभिचार चलता नहीं। रज्जो के एक-एक शब्द से बनी दानेदार आरी प्रताप का कलेजा चीरने लगी और उसे यह मिलन पाप लगने लगा। जो औरत पति को जलाने के लिए दूसरे मर्द से मिले और मिलन में आनन्द ले, उससे ज्यादा पापिष्ठा कौन ? अपने मर्द की माँद में शिकार की तरह रहने वाली औरत शेरनी का कलेजा आखिर किसी दूसरे के दम पर रखती होगी।

प्रताप तड़प उठा, "हमारे घर की इज्जत उतर गई।"

"की ने उतारी ?" उसने भोलेपन से कहा।

"अरे बदकार औरत" प्रताप कराह कर रह गया।

रज्जो ने बुरा नहीं माना, जैसे कि औरतें पति की गालियों का बुरा न मान कर उन्हें अपने जीवन का हिस्सा समझ लेती हैं।

वह प्रताप के बिगड़े हुए मिजाज को देखकर दुखित ही हुई और गाँव में फैली एक अजीब बात के बारे में पूछने लगी–"हमारी बात छोड़ो। तुम तो अपनी बताओ। यहाँ सब कै रए हैं कि फिरंगी सिपाहियों का जात-धरम बिगाड़ रए हैं। अपने दाऊ जू ने गाँव के मुखिया से कई है कि उनका प्रताप भइया घी, शक्कर और आटा में सुअर की चर्बी, गाय की हड्डी का चूरन खा रहा है। जात में से गिराओ, सो ऐन गिरा दो। फिर न कइयो कि रामदास ने बात छिपाई थी।"

प्रताप मुँह खोले देखता रहा, तो उसके गाँव तक आ गई यह बात। वह कुछ कहता उससे पहले ही रज्जो अपने स्वर में माँ का सा लाड़ भरकर बोली–"बहौत दूबरे हो गए हो। सुअर की चर्बी और गाय के खून हड्डी मिला खाना कैसे कोई खा सकता है ?"

प्रताप की तनी हुई रगें ढीली-सी पड़ गईं। न जाने कि चर्बी और हड्डी वाली बात खुल जाने से अंग्रेजों के अत्याचार पर खुद के ऊपर दया आई या जात में से गिर जाने का डर लगा। हो सकता है रज्जो की मासूमियत पर ही दिल भर आया हो–यह औरत प्रेम के सिवा क्या और कुछ भी नहीं जानती ?

घृणा और लगाव, अहंकार और आत्मदया का हिंडोला प्रताप के मन में लगा था। हालत अजीब हो रही थी। वह बोला–"दिया जला दो।"

'इस औरत को खत्म करूँ ? या यहाँ से चला जाऊँ ?' प्रताप ने सोचा। सब तरह से गिराने के लिए इसे मैं ही मिला हूँ।

रज्जो ने सिर उठाया, मुस्कराने लगी। मुस्कराहट में पवित्रता थी या नहीं, मगर प्रताप खोज रहा था। वह नज़र मिलाना चाहती और फिर कनखियों से देखती। अब की बार बोली–"तुम कुछ भी खाओ, हमेंन एतराज नहीं। दाऊ जू की क्या है, वे तो हमारी कटी पर उतरे हैं।" वह कहकर देर तक मुस्कराती रही।

प्रताप असहाय-सा हो उठा। वह कुछ न कुछ कहकर उसे नीचा दिखा रही है।

"हमें अपने भाई पर विश्वास है" कहकर उसने पत्नी को अपने रक्त सम्बन्ध से अलगा दिया। वह सचमुच अकेली-सी पड़ गई। प्रताप के हाथों में जो ऐंठन पड़ रही थी, वह नरम होने लगी।

कि यकायक वह पूछ बैठी–"अब गदर होगा न ? नौगाँव छावनी के सिपाही बागी हो गए हैं।"

प्रताप चौंका, यह औरत जंग गदर और सिपाहियों के बागी होने की बात समझती है ? इतनी जानकारी कहाँ से जुटाई ? फगवारा फागों के संग इसे ऐसा कुछ पढ़ा रहा

है क्या ?

"बानपुर के राजा फिरंगियों की बात नहीं मान रए न ?" रज्जो ने दूसरा वाक्य कहकर फिर पति को धक्का-सा पहुँचाया ?

"झाँसी की रानी के बेटा खों अंग्रेज लोग गद्दी नहीं दे रए सो रानी बिगड़ गई हैं। सुनी है, फिरंगियों से लड़ेंगी।"

प्रताप को भारी खीझ हुई। इस औरत की आवाज की दृढ़ता से उसके क्रोध में बढ़ोतरी हुई। यहाँ कौन है ऐसा जो अंग्रेजी शासन में दीमक की तरह लगा है और बागी राजाओं के संग औरतों के गुणगान कर रहा है। छतरपुर की रानी का भी यही हाल है, वे देशपत दीवान की बगावत का समर्थन चुपके-चुपके कर रही हैं। चलो वे तो रानी हैं, पर यह मामूली औरत क्या सोचकर राजधर्म को सुन समझ रही है ? जबकि जानती है कि इसका पति अंग्रेजी फौज का सिपाही है, जिस फौज की तूती हर जगह बोलने वाली है। कमाल है उसके पराक्रम में इसे रुचि नहीं। वीर पति को बोदा और कमजोर मानकर तरस खा रही है। आटा घी में हड्डी चर्बी की मिलौनी सुनाकर शर्मिन्दा करना चाहती है।

गाँव में पीठ पीछे कोई क्या कहता है, सामने तो लोग जय-जयकार कर रहे हैं, देख नहीं रही ?

पर इस औरत के मुँह क्या लगा जाए ? जो आदमी औरत के मुँह लगता है, उसे बहादुर नहीं माना जाता और न वह उत्तम पुरुष की गिनती में आता।

औरतें ऊटपटांग बातें करने वाली मानी ही जाती हैं। यह बेचारी भी कहीं से कुछ सुन-गुन आई होगी। चिन्ता भी लगी होगी, जिसको ठीक से जता पाना आ नहीं रहा। फिर जो सुना है, उस पर पति की मोहर लगाना जरूरी समझ रही है, इसका मतलब क्या है ? यही कि आखिरी सचाई पति के शब्दों में ही मानेगी।

प्रताप हर समझदार पति की तरह नादान औरत को माफ करने के बाद उसके पास सरक आया, ज्यों वह उसके घर के भीतर रखी हुई सुन्दर मूर्ति हो। अब तक जो मोह नहीं था, रज्जो के कन्धे से लेकर छाती पर हाथ फेरते हुए जागने लगा। देह-मोह में वे भाव छलक आए, जो अब तक नहीं थे। दूर जाता पति एकदम सट गया। मन में कहीं यह बात भी छिपी थी कि ईसुरी जैसा कलाकार इस औरत को टूटकर चाहता है तो कुछ बात विशेष तो होगी ही। जिस दुनिया में प्रताप रहता है, उसमें औरतों के बारे में जितना कुछ है, शायद उससे ज्यादा कुछ अच्छा है रज्जो में।

वह घने बालों की लम्बी चोटी से खेलने लगा।

"दिया जला है ?" रज्जो ने महीन आवाज में कहा तो प्रताप अपनी स्त्री की मासूमियत पर रीझ उठा।

दिया की रोशनी और रास लीला !

प्रताप पत्नी को उलट-पुलट कर देखता रहा। उसके चेहरे पर उत्तेजना और वासना का उल्लास अपनी रूढ़ि के साथ लिपटे हुए थे। औरत अब औरत थी, जिसके

शरीर के साथ न रामदास की चुगली थी, न ईसुरी का लगाव। उसने पूरे कसाव के साथ रज्जो की कमर में गिरफ्त डाली। सम्भोग-सम्मिलन के समय जैसे प्यार किया जाता है, किया। एकाकार, एक रूप और एकाग्र चित्त का मनोरंजन, जिसके लिए पुरुष दिन और रात, उजाला और अँधेरा यहाँ तक कि स्त्री और स्त्री का भेद नहीं कर पाता। रज्जो फिर अपनी या दूसरी कैसे लगती ? वह केवल प्रताप की तृप्ति का साधन थी, खूबसूरत मादा का अनुपम रूप ! निबटकर विजय का-सा उल्लास और आश्चर्य हुआ। मूर्ति अब भी लेटी हुई थी उसकी बगल में। निमिष भर के लिए भाव आया—इस औरत में कितनी सुन्दरता है, क्या सुन्दरता विकसित हो रही है ? आखिर किसने ऐसी विचित्र मोहिनी भर दी है ? पहले की अपेक्षा कई-कई गुना खिंचाव समाया है रज्जो में। किस कलाकार की कला का नमूना...अंग्रेजी सेना में रहकर प्रताप नई बातें सीख गया है। कला, कलाकार...आर्ट आर्टिस्ट जैसे शब्द सुने हैं वहाँ। तत्क्षण उसे ईसुरी का ध्यान आया और यकायक उठकर बैठ गया। जरूर ईसुरी की संगत और उसके साथ रास रचानेवाली यह औरत मर्द को खुश करने के नायाब तरीके सीख गई है, जिनसे खुद भी उत्तेजित और आनन्दित होती है। अंग्रेजी पल्टन में साथी सिपाही औरत के जिन छह गुणों को गिनाते थे, उनमें सबसे ज्यादा बड़ा गुण मर्द के लिए था उसका सेज पर रंडी सरीखा खुला व्यवहार। और रज्जो थी कि पलंग पर आते ही सिकुड़ने लगती। घूँघट नीचे की ओर सरकाती जाती। हाथ लगाओ, सिहर उठती जैसे पति यमदूत हो और उसकी जान माँगना चाहता हो। घूँघट जबरन और ताकतपूर्वक उठाओ तो उसकी खुली सूरत देखकर ही उत्तेजना ठंडी पड़ जाए। हल्दी सा छनक पीला चेहरा और दहशत खाई सफेद आँखें...किस जवान मर्द को ऐसी औरत सम्भोग का सुख दे सकती है ? वह प्यार कर करके थक गया। रीझ रीझकर उकता गया। श्रृंगार देख-देखकर ऊब गया। औरत प्रताप की तूफान भरी जवानी के थपेड़े खाने से पहले ही थर्रा उठती। पर कमनीयता को कोई कब तक सहलाता रहे ? फिर भी पति के लिए पत्नी की ऐसी निरीह दयनीय दशा भरोसा देने में सहायक थी, रज्जो किसी मर्द की संगत भला कैसे कर सकती है ? प्रताप को उसका सिकुड़ना सिमटना और छुई मुई के पौधे की तरह छूते ही मुरझा जाना आज उसका विशेष गुण बनकर याद आता है, जब वह अपना रम्भा रूप पति को दिखाने लगी है। औरत के इस खुलेपन ने मर्द के लिए कैसी खतरनाक स्थिति पैदा कर दी है कि उसे अपनी जगह रज्जो के साथ ईसुरी नजर आता है।

सच में यह रामदास दाऊ जू की चुगली का किया धरा नहीं, सेज पर रज्जो के व्यवहार का परिणाम है। मर्द की पहल कैसे होती है, सब जानते हैं। औरत अपनी ओर से पति की मर्दानगी परखने पर आ जाए तो मर्द को कितनी खुशी हो सकती है ? साली, बदकार शर्म खोलकर कह रही थी—'मेरे दूध छुओ तो, देखो कैसे रंग रस से भर गए हैं। छाती से लगा लो। अरे तुम्हारे तो रोंगटे खड़े हो गए। पहले की सी बात नहीं है। अब तुम दबाओगे तो हमारे प्रान नहीं निकलेंगे। हँसकर सह जाएँगे।

जब तुम गए थे, तब क्या था ? अब देखो कि टोनें सरनि लगीं।'

हद हो गई इस औरत की।

प्रताप को अपने चचेरे भाई रामदास की बताई वह फाग याद आ गई, जो ईसुरी ने गाँव में सरेआम कही थी–

जुबना छिओ न मोरे कसकें
भरे नईं रंग रसकें
छाती के छाती से लगतन और बैठ जैं गस कें
छीतन रोम रोम भए ठाड़े, प्रान छूट जें मसकें
साल एक की मानों 'ईसुर', फिर मसकालें हँसकें

प्रताप ने फाग अपने मन में बार-बार अरथाई। रज्जो उस फाग के उल्टे अर्थ करके खुद को काम कला में प्रवीण दिखा रही है। साले फगवारे ने इस औरत को समय-समय पर ऐसी फागें कहकर ही उकसाया होगा।

प्रताप यकायक तड़प उठा। हरामी मादर चोद ईसुरी ! औरत को बहकाने, बहलाने और लुभाने की कलाकारी ही ज्यादा जानता है। लोग कहते हैं उसे लोक कवि, जबकि उसे कहना चाहिए लुच्चा कवि।

नहीं नहीं...

प्रताप ने बिलबिलाकर सिर 'मना' में हिलाया कि अब कोई ऐसी फाग उसे याद न आए, जिससे ईसुरी की कला रजऊ के बदन के कंचन को गहने की तरह मनमोहक बना दे। पर क्या करे वह भी गाँव के लोगों की बात सोचता है तो हमउम्र साथियों की आवाज में बहती फागें उसके कान के पर्दों से टकराती हैं और पल्टन की ओर ध्यान लगाता है तो रात के समय देशी सिपाहियों का मिल बैठना याद आता है, जिस बैठकी में ईसुरी की फागें गूँजा करती हैं और प्रताप खिसियाने मन, पिटे चेहरे हँसता हुआ सुनने को मजबूर रहता है–

जुबना बीते जात लली के
पर गए हाथ छली के
मसकत रात पुरा पाले में, सरकत जात गली के
कसे रात चोली के भीतर, जैसे फूल कली के
कात ईसुरी मसकें मोहन, जैहें कोऊ भली के

प्रताप इस फाग से कितना परेशान हो उठा था ! ईसुरी रज्जो के लिए कह रहा है–लली के जुबना लुटे जाते हैं। छलियों के हाथ जो पड़ गए हैं। वे गली में आते-जाते उन्हें दबाते रहते हैं, चोली में कसे फूल के गुच्छों से जुबना, भले घर की ब्याहता, मोहन के दबाए मसके लुटी जाती है, हाय !

'हाय' नहीं 'ओह अफसोस' प्रताप के कलेजे में फूल के गुच्छों-सा खिला-खिला

रज्जो का यौवन सूखे काँटे-सा कसकने लगा। कैसा घाव बनाया इस काटे ने कि रक्त की धारा बह चली भीतर ही भीतर और दिल लाल पोखरा बन गया, जिसमें प्रताप की नजर डूबने लगी। आँखों से दर्द बरसने लगा।

रज्जो ने पति का चेहरा दीये के उजाले में कनखियों से देखा। आँसुओं से भीगता चेहरा...वह पास खिसक आई। अपने आँचल से उसके आँसू पोंछने लगी। और माँ की तरह ममता में भरकर बोली-"देख लियो, जंग होवे चाएँ गदर तुम्हेंन कोई फूलछड़ी से नहीं छू सकता। हम शंकर जी ढारते में अरज जो करते हैं।"

'शंकरजी ! ढारना उपासना। भक्ति करना और पति के लिए शक्ति माँगना, तो रज्जो पतिव्रता स्त्री की तरह अपने करे पर पछता रही है ?' प्रताप ने पत्नी की ओर देखा, जिसमें अब माँ का रूप और सलाहकार मन्त्री जैसा भाव था। यकायक मन नरम हो आया। क्षमा कर देने की बात आ गई। अपनी औरत छोड़कर भाग जाए तो एक तरह से रज्जो को ईसुरी को सौंपना ही हुआ। नहीं, पीठ दिखाकर पराजय नहीं पाना चाहता प्रताप। फौज में रहकर उसने सीखा है कि अगर दुश्मन तुमसे ज्यादा ताकतवर है तो हमला करने के बदले पहले अपने बचाव की सोचो। बचाव आदमी को विजयी नहीं बनाता तो पराजय का भी मुँह नहीं देखने देता।

रज्जो का आँचल उसकी आँखों के आँसू सोख रहा था और उसके खुले पोलका के बटन सामने थे। गले में काले धागे के जरिए पहना ताबीज अपनी सुनहरी दीप्ति पसारकर सितारे-सा जगमगाने लगा। बरबस ही ध्यान यौवन से हटकर सितारे में बँध गया जिसमें राधा और कृष्ण साथ-साथ खड़े हैं।

राधा और कृष्ण !

रज्जो और ईसुरी ! !

प्रताप के मन में समाया शक साकार होकर सजीव होने लगा और नजर विषैले साँप का फन बनकर ताबीज पर चोट करने लगी। क्या यह रज्जो और ईसुरी के प्रेम का परचम है ? प्रताप जबसे फौज में गया है, देशी परचम का दुश्मन मानता है खुद को। क्योंकि परचम का मतलब ही है देश, देशप्रेम, देश का अभिमान, स्वाभिमान और न जाने क्या-क्या...। इस झंडे को तोड़कर अँगरेजों ने अपना झंडा लहराया है, तभी तो कब्जेदारी का हक माना गया है।

आहत अहंकार के क्रोधित सर्प-सा उठा प्रताप और रज्जो को खड़ी हो जाने का हुक्म दिया ताकतवर पति की तरह।

मालिक के हुजूर में खड़ी हो गई स्त्री। उसने प्रताप की ओर देखा जरूर, मगर उस नजर में कोई जिज्ञासा नहीं थी, कुछ समय पहले घटित हुए सम्मिलन का राग नहीं था और पति के स्वर में जो अकड़ क्षण भर में आ गई उसका कोई मलाल भी नहीं, जैसे अपनी औकात को वह अच्छी तरह जानती हो कि स्वामी को खुश रखना उसका कर्तव्य है और यदि वह किसी भी बात से खिन्न है तो सजा पाने की पात्रता निभाने की जिम्मेदारी भी उसी की है। सो हुकुम की तामील सामान्य बात थी।

प्रताप ने ताबीज छुआ नहीं, सीधा धागा पकड़ लिया।

वह पीछे की ओर हटी तो गर्दन पर कसाव पड़ा और कटाव पड़ने की नौबत आ गई।

अपराधी को कोड़े के डर से पीछे हटना होता है, मगर पीछे हटने पर बर्बरता और भी खूँखार हो उठती है, देखकर वह समर्पित हो जाता है। रज्जो ने खुद को ढीला छोड़ दिया।

"किसने दिया यह ?"

"मोल लिया है।"

"रुपए से कि अनाज से ?"

रज्जो क्या बोले ? अपने प्रेम के बदले मीरा की तरह गोविन्द मोल लिया है। वह चुपचुप भोली बकरी की तरह प्रताप की ओर देखने लगी।

"नाटक मत कर।"

वह और भी मासूम हो गई। ताबीज पहनने में कोई कितना नाटक कर सकता है ? 'राधा-कृष्ण' के प्रेम को सबने तो माना है और मीरा के दीवानेपन को लोग उसके पदों में गाते हैं, मगर उसको सजा मिलने वाली है, यही नाटक हो सकता है।

प्रताप के पास उन तमाम भोली औरतों की कहानियाँ थीं, जिन्हें सिपाही लोग गाँवों से खींचकर बैरकों में लाते हैं, या गाँव के दलाल ही लड़कियों को तम्बुओं में पहुँचा जाते हैं। सहवास के समय वे ऐसी भोली और नाजुक नहीं होतीं, जैसी कि दिखती हैं। वे जमकर विरोध करती हैं, दाँत और नाखूनों के हथियारों से लैस ज्यादा से ज्यादा देर तक कब्जे नहीं आतीं, यह दीगर बात है कि सिपाहियों की शिकारी लत को उन शेरनी-सी औरतों को नीचे पटककर कई गुना ज्यादा मनोरंजन करना आता है।

मगर रज्जो किसी पुरुष की हवस की शिकार नहीं, वह अपनी इच्छा से पराए मर्द को मान और दान दे रही है, जिस पर पति का अधिकार होता है। उसका भोलापन छलावा है।

ऐसा कुछ सोचते ही प्रताप की आँखों में नुकीले नेजे फिट हो गए, जो रज्जो के आर-पार जाने के लिए सन्नाने लगे।

वह भयभीत तो थी, मगर पीछे हटने वाली नहीं, क्योंकि उसे यह भी मालूम हो गया था कि पति गीदड़ की तरह चालाक हो गया है, वह रामदास के मुकाबले ज्यादा डरपोक और कायर है, अपने कूट क्रोध को दबाए खड़ा है।

गाँव के लोग दबी जुबान से ही सही, मगर कहते तो हैं कि प्रताप जिस फौजी टुकड़ी में था, उसी ने खुरई, नरियावली, घमौनी और सागर जैसे नगरों पर कहर बरसाया है। फिरंगी साब नरहुत के मधुकर शाह को गद्दार देशी सिपाहियों के कूट इशारों और मुखबिरी के कारण ही पकड़ने में कामयाब हुआ। इन नमकहरामों के

सामने ही अपने लोगों को सूली पर चढ़ाया गया।

रज्जो ने पत्नी की तरह समर्पण किया कि अपनी जिन्दगी की खैर मनाई, यह तो वही जानती थी, मगर यह तो खुलासा था कि प्रताप उसे भा नहीं रहा था।

वह बाकायदा पति के सामने खड़ी रही। और पति अंग्रेज की तरह दाँव फेंकता रहा। वह समझ रही थी कि उसका अपना चुप रहना भी दाँव का ही एक रूप है और बहके हुए मर्द को घूरना दाँव का दूसरा रूप। छेदती-भेदती निगाहों के सामने शान्त रहना अलग तेवर है, और हुकुम पर उठना-बैठना पति के अहंकार के दलन का दूसरा उपाय।

बहरहाल रज्जो का समर्पण ऐसा तूणीर सिद्ध हुआ, जिसमें स्त्री के अचूक निशानेवाले विषबुझे तीर भरे रहते हैं और मौका देखते ही हमलावर शासक के नाजुक अंगों को छेदने लगते हैं।

"नौगाँव तेरा भाई आया था, पता है ?" प्रताप ने बात को पल्टा दिया।

"ऐं ? हाँ।" वह चौंकी भी और जानने की सूचना भी दी।

"और कौन आया था ? नहीं पूछेगी ?"

"फगवारे गए होंगे।" उसने फिर भोले भाव कह दिया कि प्रताप की भेद भरी आँखों की पुतलियाँ पछाड़ खा गईं।

उसने अपनी पराजय पर लपककर वह ताबीज पकड़ लिया, जो रज्जो के गले में बँधा था और उसी के जरिए आगे-पीछे खींचातानी करते हुए कहा–"कह, फगवारा नहीं, यार, तेरा यार..."

रज्जो ने कुछ नहीं कहा, किचकिचाकर उसका झटका देता हाथ पकड़ लिया और तब यह भी दिखा दिया कि ताकतवर सिपाही तेरी ताकत आखिर है कितनी ?

प्रताप अचकचा गया क्योंकि अपनी जोरू से उसने ऐसी उम्मीद नहीं की थी।

और माँ !

एक छाया सी दीये की रोशनी के बरक्स उभरी।

"पिरताप ! ओ बेटा ! अरे तुम चिंघाड़े काए ?" काँपती आवाज के साथ सशरीर बूढ़ी, बेटा बहू के पास अखड़ी हुई जैसे मर्दानी चिंघाड़ ने शर्म के सारे पर्दे फाड़ दिए हों।

माँ गिड़गिड़ा रही थी–"मोरे पूत तुम इतै कलह के लाने नईं आए। हम कैरए कि बज्जुर तिरिया से मत भिड़ो। अपना मूँड़ फोरोगे।"

रज्जो ने सास की ओर देखा, देखती रह गई। अकेलेपन और बुढ़ापे का साथ निभाने वाली बहू बज्जुर तिरिया ! वाह बाई वाह, निखालिस अपने बेटे की माँ निकलीं, कोई बात नहीं। पर जवान पूत की मातहत भी हो गईं ? बाई...इस अकेले आदमी ने हम दो औरतों को काबू में कर रखा है, नहीं तो इसका किया-धरा यहाँ है कितना ?

बेटा गाय के बछड़े की तरह रम्भाया–"बाई, देख लिया तुमने ? मान लिया कि

यह बज्जुर तिरिया है ? हरामी ईसुरी की फागों के पत्थर हम पर घाल रही है।"

"अलग हो जा पिरताप। इतै से हट जा बेटा। गाँव के लोगन से भिड़त-भिड़त रज्जो पथरा गई है। तें समझ तौ सही।"

प्रताप असहाय-सा देखने लगा।

सास बहू की ओर देखकर कहने लगी–"तें आग लगी, जनमजली अकेली रह रहकें बज्जुर भई है। मोरा पूत जैसे-तैसे घर लौटा और तें...छिनार हो गई साँचऊँ ? अरे हम तौ समझ रए थे कि गाँव के लोग गप्पें उड़ा रए।"

रज्जो ने नुकीली निगाहों से सास को देखा।

सास सकपका गई, जैसे रज्जो के चलते गलती कर गई हो। बेटा आया है, बेटा चला जाएगा। साथ रह जाएगी बहू। बहू का घर बाहर का इन्तजाम। जल में रहकर मगर से बैर करेगी बूढ़ी ? बुढ़ापा अपने आप में बीमारी है, जो आदमी के तन को निचोड़ डालती है और मन खुद-ब-खुद निर्बल होता जाता है।

"लला, ईसुरी तौ कब के चले गए और तुम विरथा ही अपनी छुट्टी खराब कर रए ! नौंनें रओ। हँसो बोलो।"

"बाई, हमारी छुट्टी इस भट्टी ने खराब की हैं। यह चुप रहकर हमारे सवाल की तौहीन करती है।" माँ का सहारा पाकर प्रताप बिजली-सा कड़का।

खामोशी तोड़ना रज्जो को फगवारे का अपमान करना लगता था। उसके भीतर एक ज्वार था, जो कह रहा था–फगवारे से मिलना एक सच्चाई है, जिन्दगी की तरह की सच्चाई। उस सच्चाई को इसलिए नकार दे कि पति की मर्दानगी को राहत मिल जाए ? सच में यह अपने होने की तौहीन है। पता नहीं औरतें ऐसा कैसे कर पाती हैं ?

"मैं सच सुने बिना जाऊँगा नहीं बाई।"

रज्जो ने अबकी बार प्रताप से आँखें मिलाईं जैसे यही उसका सच हो।

"मेरे सवाल का जवाब नहीं देगी तो जिन्दा नहीं छोड़ूँगा। बता उस रात..."

रज्जो ने अपने आधे खुले चेहरे पर घूँघट खींच लिया। इस आदमी को आदमी मारने का बड़ा शौक है। इसे आदमी मारना शिकार करने जैसा लगता है। शाम के समय चबूतरे पर बैठे अमरलाल, नरसी नाई, लालाराम और परमवीर के सामने अपनी बहादुरी के क़िस्से सुना रहा था कि सागर और दमोह में बागियों को कैसे कुचला। चीते की चाल चलने वाले विद्रोही हिरन की तरह पछाड़ें खाकर गिरे। गाँवों को आग लगा दी तब लोग बूटों (हरे चनों) की तरह भुने। औरतों को अपने कब्जे ले लिया। बैरकों में भुने गोश्त और शराब के साथ जश्न मना। फिरंगी लोग मानते हैं कि ताकत नहीं होगी, तो सिपाही लड़ेगा कैसे ? खुश नहीं रहेगा तो उमंग में आकर अपनों का पता देगा कैसे ? फिरंगी ऐसे ही एक दिन सारे देश को फतह कर लेंगे।"

प्रताप अपनी रौ में बोल रहा था और चबूतरे पर बैठे लोगों के चेहरे दहशत से पीले पड़ गए थे।

थरथराती आवाज में अमरलाल ने पूछा था–"भइया, तुम जैसे उतै कितेक सिपाही हैं ?

"अनगिनत" प्रताप उस्तादी हँसी हँसा था।

वह रज्जो को सुना रहा था कि उसकी जैसी बैरकों में अनगिनत हैं। रज्जो का मन हुआ कि पूछे, उनमें तेरी पत्नी कितनी हैं ?

रज्जो निर्भाव चेहरे खड़ी रही। अन्त में एक वाक्य कहा–"अब हम मर भी जाएँ तो दुक्ख नहीं। अपने हाथों मार दो, गाँव के लोग सती मानेंगे और बड़ी-बूढ़ियों के चलते हम सुरग जाएँगे।"

"तुझ छिनार पर मैं बन्दूक की गोली खर्च करूँगा भला ? उस गोली से ईसुरी का सिर उड़ाऊँगा। हमारे कमांडर खुश हो जाएँगे। हमें तरक्की देंगे। इंडियन कलाकर आजकल बागियों को उकसा रहे हैं, इन्हें मारना लाजिमी है।"

प्रताप का ध्यान अपने कन्धे पर गया, फिर खूँटी पर गया, जहाँ बन्दूक कहीं भी नहीं थी।

रज्जो को कुछ न सूझा, क्योंकि वह अंग्रेजी कानून पर बहुत घबरा गई थी। अनायास ही हाथ प्रार्थना में जुड़ गए। और होंठ कँपकँपाने लगे।

इतना काफी था।

रज्जो का 'रजऊ' बनकर ईसुरी पर निछावर होने के लिए यह तस्वीर पर्याप्त थी। प्रताप का वह भ्रम दूर हो गया, जिसके चलते वह रज्जो को अपनी पत्नी मान रहा था और अधिकार जताया था। समझ लिया कि इस औरत की बदनाम कहानी को मर्यादा की चादर नहीं ढँक पाएगी।

सब्र उखड़ गया। मुँह से गालियाँ फूट फड़ीं, अब तक खाए-पचाए की उल्टियाँ करने लगा। आँगन की हवा में बदबू-सी भर गई–कुतिया, हम चले गए तो तेरे लिए हर दिन क्वार का दिन हो गया...। तमाम पाल लिए रंटी ने।

वह जंगली बिल्ले की तरह रज्जो की ओर झपटा और उससे इस तरह टकराया कि अनाज के भरे बर्तन फूटने लगे। पीतल की नाँद झनझना उठी। वह पीछे की ओर गिरी। चूड़ियों भरी कलाई पर फुर्ती से खाट का पाया रख दिया और उस पर प्रताप खुद बैठ गया। दादा और पिता ने ऐसी ही सजा तो औरतों के लिए कारगर बताई हैं। वे इन तरकीबों पर बराबर अमल करते रहे। उसका कड़ुआ चेहरा कुछ सामान्य-सा हुआ। छाती में गहरी साँसों का चरखा चल रहा था। कहते हैं कि प्रताप की इस स्वाभाविकता को देखकर सास ततइया-सी नाचने लगी, जैसे खटिया का पाया उसकी अपनी हथेली पर रखा हो। क्या किया जाए, बहू की हथेली पर उठती दर्द की लहर सास की हथेली तक आ रही थी। या बीते समय की जिन्दा पीड़ा आज बहू को तड़पा रही थी। प्रताप के आगे-पीछे दो स्त्रियाँ, उसकी बर्बरता का खुलासा करने से बाज नहीं आ रही। माँ का स्वर फटने लगा–"फौज में रहकें अत्याचारी बन गया रे...अन्यायी भी बन गया पिरताप...बहू खों मार डारो, कौन-सी बड़ाई है ? इन

कामन में तौ रामदास तुमसे जादा माहिर हैं। अरे तुम जई के लाने..." अधबीच ही माँ रोने लगी।

रज्जो जिबह होती बकरी की तरह 'बाई बाई' कर रहीं थी। प्रताप का खूनी उल्लास अब चरम पर था। उसने सचमुच दुश्मन की खड़ी फौज मार गिराई हो जैसे। और रुदन में मिली ऊँची आवाज माँ की थी–"अरे ठठरी बँधे ईसुरी से बैर है तौ वा की मुंड़ी काट लाओ। जा पराई जाई बेटी खों काए सता रए... ?" कहकर माँ ने प्रताप के पाँव पकड़ लिए। पाँवों पर अपने होंठ रगड़े। माथा घिसा।

घर में होती इस जंग के शोर से मोहल्ला जाग गया। लोग दरवाजा भड़भड़ाने लगे। बाहरी हवा में कोलाहल बजने लगा।

क्या माजरा है ? प्रताप घबराकर उठ खड़ा हुआ।

यह तय था कि घर के किवाड़ न खोले जाते तो लोग दीवार पर चढ़कर खपरैल की राह आँगन में उतर आते। और होते तमाशे को ज्यों का त्यों देखते। अब तक ऐसी संगीन सजाएँ घर-घर औरतों को दी गई हैं, जिनकी साक्षी बस वे औरतें हैं, जिन्होंने सजा भुगती हैं। मर्द लोग इतने बेबकूफ नहीं होते कि अपनी बर्बरता की नुमाइश करें। वे कहीं दयालु, प्रेमी, वत्सल और कृपानिधान बनकर ज्यादा दिखना चाहते हैं कि आक्रामकता भी उनका पौरुष लगे।

द्वार अपने हाथों खोल दिया प्रताप ने। वह सहज, सामान्य और सरल आदमी की तरह खड़ा था कि पूछनेवाले भी कुछ पूछने के पहले सकपका से गए।

औरतें एक ओर चुपचाप खड़ी थीं।

"क्या था रे ?" पुजारी महराज ने पूछा, जो किसी से भी कुछ पूछने के हकदार माने जाते हैं। धर्म-अधर्म का लेखा-जोखा उनके पास रहता है।

वह आश्चर्यजनक सहजता से मुस्कराकर बोला–"औरतों की बातें कक्का जाने की कहने लगा तो दोनों की दोनों रोने लगीं। रोने के सिवा और वे करें भी क्या ?" प्रताप की बात सुनकर माँ एकदम चुप थी। यहाँ माँ बेटे की इज्जत में शामिल है।

रज्जो अपने उस हाथ को दूसरे हाथ से थामे खड़ी थी आँगन में, जिसमें अब चेतना न बची थी। सुन्न हो गया था, दर्द ऐसा जो था। आवाज भी जड़ हो गई, दर्द ऐसा जो था। प्रताप क्या कह रहा है, सुन नहीं सकी, दर्द ऐसा जो था। उसके लिए दर्द ही वजूद था उसका।

औरतों के मुँह से च् च् च् की आवाज मक्खियों की-सी भिनभिनाहट और चींटियों की तरह एक के पीछे दूसरी का लौट जाना, यही विधान रहा है। यही सामने था। वैसे भी पति-पत्नी के किस्से में पड़ना लोग पाप समझते हैं। पाप न समझते तो जवाहर सिंह के मामले में कोई न बोलता, जिसने अपने सोलह साल की पत्नी से सम्भोग करते हुए इतनी निर्दयता बरती कि वह मर ही गई। अपने रिवाजों के हिसाब से वह लड़की मरकर स्वर्ग गई होगी। ऐसा महूरत मौत के लिए कितनियों को मिलता है ?

सब चले गए।

प्रताप ने घर का द्वार बन्द कर दिया। उसे अब सकून था, जैसे सारा गाँव उसके पक्ष में हो।

बस एक अनहोनी घटी, माँ कुमाता बन गई। हालाँकि वह खुद को ही धिक्कार रही थी–"बेटा, हमनें ही जानें कौन गलती कर डारी सो पिरताप तुम तनकऊ बड़े नईं भये। बड़े हो जाते तौ ऐसी बेजां बात न करते, जी पै तुमारी मतारी जिन्दगी-भर रोउत रईं। बेटा, तुम चले जाओगे, गाँव हमारा झल्लूस कांड़ देगा। आज लोग नहीं हँसे, कल हमें रुबाएँगे। मौखा तौ तुम ही दै जाओगे।"

प्रताप चौंका–"तुम मान रही हो कि मौका हमने दिया ?"

"और नईं तो क्या हमनें ?"

माँ की बात से सन्नाटा गहरा गया और सन्नाटे में माँ के बोल हथौड़े से बजने लगे–"बड़े हो गए हो तौ सुन लो बड़ी बात। कितै है बन्दूक, उठाओ और द्वारे ठाड़े होकर फैड़ करो। गाँव भर जुट आएगा। तब ऐलान करो कि–हमारी जनी के लानें कोई अंट-चमंट बोलेगा तो गोली हम वा की छाती में उतार देंगे। जो कोऊ हमारी मतारी के घर खों बदनाम करेगा, वाय हम जेल में पिड़वा देंगे। फिर देखियो कि गाँव के लिड़इया (गीदड़) हुँआ-हुँआ करना भूल जाएँगे।"

प्रताप इस बात पर क्या कहे ? यही माँ है, जो पहले कहती थी कि अपना ही दाम खोटा न हो तो परखने वाले का क्या दोष ? आज खोटी बहू खरे सोने की हो गई। माँ बेटे की नहीं, अपने बुढ़ापे की चिन्ता में सावधान है। उसे माँ से ऐसी उम्मीद हरगिज नहीं थी। अब वह यहाँ किसे अपना माने ? घर की दीवारों ने ही रौंद लिया, आँगन में खड़े प्रताप का मगज लुगदी बना जा रहा है। क्या इस माँ को पता चल गया है कि बेटा उसकी मौत की खबर देकर पत्नी की खबर लेने आया है।

यहाँ खड़े रहकर क्या पाएगा प्रताप ?

यहाँ आकर क्या मिला उसे ?

वह फौजी बना, परदेसी हुआ। गाँव के लोग उससे ज्यादा रज्जो को जानते हैं, सो कभी उस औरत को अच्छी कहते हैं, कभी बुरी मानते हैं। प्रताप के सामने तो बस दाँत निपोरे खड़े रहते हैं, जैसे किसी रौबदार अजनबी को देख रहे हैं, जो न अच्छा होता है न बुरा। या जिससे दोस्ती, दुश्मनी का कोई सम्बन्ध ही नहीं रहता...

'भाग चल प्रताप...भाग चल !' की एक अव्यक्त आवाज उसके अन्दर उठती है और भीतर से अपनापन खोने की हूक उमड़ती है।

हूक कोई लड़ाई लड़ने देगी ? फौज में लड़ना कितना आसान है, कमांडर हुक्म दे तो आदमी अपनों को भी मार गिराए, क्योंकि हुक्म ही उस समय आदमी का रूप होता है, जो हमला करता है, दुश्मनों का सफाया करता है। औरतें भी लूटी जाती हैं तो जंग में जायज लगता है, पर यहाँ पत्नी और माँ...

प्रताप में अपने लिए फैसला लेने का हौसला शुरू से रहा है। उसने खेती करना

जब तक अच्छा समझा, करता रहा। उसने फौज में जाना चाहा, चला गया। आज वह इस घर से सदा के लिए भाग जाना चाहता है, भाग जाएगा। कोई नहीं रोक सकता।

ऐसा कुछ सोचना प्रताप का गरूर भी था और मजबूरी भी। जानता है कि खेती करने के पीछे माँ थी तो फौज में भाग जाने का कारण रज्जो बनी और अब उसे उखाड़ने के लिए दोनों स्त्रियाँ सामने हैं।

"बाई, अब हम रुक नहीं सकेंगे..."

"काए लला ?" माँ रोए हुए मुँह बोली।

"बस छुट्टी हो गई पूरी, तुम आराम से रहो।"

प्रताप के स्वर में न अब क्रोध था, न नफरत, न आदेश और न दुराग्रह। बस एक दर्द-सा उभरने लगा, जिसे शायद खुद ही झेलना चाहता था। फिर भी माँ के नाम की कराह निकल गई-"बाई, नौकरी करते आदमी के नाते-रिश्ते छोटे पड़ते जाते हैं। नौकरी, मोह और खुद्दारी दोनों की बैरिन होती है। आदमी जो कुछ होता है, बस अपने मालिक का होता है। इतने में ही समझ लो।"

माँ बेटे को दुख भरे आश्चर्य से देखने लगी। उसके पास अब वह समझदारी नहीं थी, जिससे प्रताप को पाला था। खुद को असमर्थ मान रही थी माँ।

"बेटा, घर की कलह खा गई हमारी मोह-मिमता खों। हमें छिमा कर पिरताप...।"

प्रताप अपने दुख के सागर में डूबता-उछाल खाता हुआ माँ का चेहरा देखता रहा, जैसे उसकी प्रगाढ़ता अपनी धरती से उखड़ना न चाहती हो। माँ ने सदा उसका मान किया, उसने हमेशा बाई को सम्मान दिया। औरत ने अजस कर डाला।

प्रताप कुछ अच्छी बातें सौगात के तौर पर माँ के लिए लाया था, अब वे सौगातें किसको दे ? किस माता से कहे कि इस धरती माता के कुछ कपूत क्रान्तिकारियों के नाम से जाने जाते हैं, उनके खिलाफ प्रताप ने सूबेदार बैजनाथ, हवलदार सरदार खां और भंडार के मालिक सीताराम को वह सूचना दी थी, जो अब तक कोई नहीं दे पाया था और तुरत-फुरत उन बागियों को घेरने की योजना बन गई। माना कि क्रान्तिकारी सिर से कफन बाँधकर निकले सो सूबेदार, हवलदार और भंडार के मालिक को जान से मार देने की धमकी दे रहे थे पर अँगरेजी सत्ता के सेवक देशियों की धमकी से डरनेवाले नहीं होते, वे सब जगह शक्तिशाली हैं। बागियों को धरती चटा दी। क्रान्तिकारी आजादी भूलकर 'मतारी-मतारी' चिल्लाने लगे। दूसरों ने सबक लिया।

माँ को अपना यही करिश्मा तो बताना था, जिसे सुनकर कोई भी माँ सिंह माता होने का दम भर सकती है। उन तीनों की तरक्की होगी और प्रताप अब हवलदार हो जाएगा। हवलदार, जो झाँसी के विद्रोहियों को दबाने वाले सिपाहियों का मुखिया बनेगा।-यह सब मन का मन में ही रहा, मगर प्रताप का मन तरक्की की आशा में

ताकतवर-सा हो उठा।

माँ बेटे को चलते देख साक्षात हूक-सी उठी। आगे बढ़कर अपनी बूढ़ी बाँहों में प्रताप का सिर भर लिया। माथा चूमा, जैसे माँ का यही खजाना हो। इसी तरह बेटे को छूकर माँ को अपने माँ होने की चेतना हुई। सो माँ की तरह समझाने लगी—"बेटा, ईसुरी फगवारा, राह का मुसाफिर, गैल-गली का बंजारा, इतै से अपने डेरा उठाकें कब का चला गया।"

प्रताप का चेहरा बदलने लगा। उसने एक नजर उधर देखा, जिधर रज्जो अपने लुँज हाथ के साथ सिर झुकाए धरती पर बैठी थी।

माँ ने पछतावे की नजर से बेटा-बहू की ओर देखा। ईसुरी के भटकने की बात पहले ही बता देती तो बेटे के क्रोध का लाल-पीला तोहफा इस देहरी पर खून और गालियों के धब्बों-चिथड़ों की तरह न फैल जाता।

प्रताप का अब कुछ भी सुनने-कहने का मन नहीं, माँ जान गई। नहीं तो एक बात पूछे बिना नहीं मानती कि बागी कौन हैं ? वे ही तो नहीं जो हमारे मायके बलवंत पुरा और उसके आसपास से गए हैं ? वे ही तो छिपकर रहते हैं और फिरंगियों को अपने मुल्क के बैरी कहते हैं। मौका देखकर उन्होंने अंग्रेजी पल्टन पर वार किए हैं, हँसिया, गंड़ासा और फरसा से। पिरताप कहीं उनका ही दुश्मन तो नहीं ?

माँ कहना चाहती थी—उन खों न मारियो बेटा, वे तुमारे ममाने (ननिहाल) के हैं। तुम मोरे लाल, मतारी के माथे पै चाँद धरवे की लालसा में धरती माता के ऊपर उनका खून न उलीचियो।

माँ को लगा उसने बेटे से अपना सन्देश कह दिया है, क्योंकि प्रताप बाई के पास आज्ञाकारी बालक की तरह आया था और सिर झुकाकर अपने बैग में से वह सामान निकाल रहा था, जिसे निशानी के तौर पर लाया था—रेशमी साड़ी, अँगरेजी कंघा, छतरपुर से खरीदा आईना, बिन्दी की शीशी। नाखूनी और लाली, जिसे उसने नेल पालिश और लिपिस्टिक कहकर माँ को दिखाया था। प्रताप इन चीजों को धरती पर सजाता हुआ उदास था। वह रोना नहीं चाहता था, मगर धीरे-धीरे रोने लगा। प्रताप की आँखों में कितने आँसू आए, मालूम नहीं पर नाक फूट-फूटकर रोने लगी।

माँ उजबक-सी देखती रह गई। बेटे की बेआवाज तड़पती रुलाई ने आँगन घेर लिया। माँ उठी। आगे बढ़ी और जैसे ही प्रताप के पास बैठी, बेटा जार-जार रो उठा। रोता हुआ मर्दाना स्वर भयंकर था। वृद्धा डर गई।

माँ को कुछ न सूझा, बेटे को कन्धे से लगाकर रोने लगी और उसका कन्धा थपथपाकर धीरज बँधाने लगी। उसके सामने रज्जो पड़ गई तो गालियों की आँधी बहू की ओर छोड़ दी।

"ओ हरजाई। रंडी। छोत...मुंस जा रहा है, पाँव पर लै। इतेक ही अरज कर कि लला खून-खराबा न करें। सो अपुन भी जिन्दा साबुत लौट आवें।"

बहू से इतना कहकर बूढ़ी बेटे से मुखातिब हुई—"हम कौल भरते हैं बेटा, अब

रज्जो फाग-माग न सुनेगी। तें गाँव के बदमासन से बचियो। घर फूँकवा डारेंगे। खानदानी सबसे बड़े बैरी हैं।"

इतना कहने से भी माँ का जी नहीं भरा। उठी तो कमजोरी में डूबा शरीर उठ न सका। बहू ने सास की असहायता समझ ली। बाई के घुटने टूट रहे हैं। बाई के हाथ भी घुटनों पर जोर नहीं डाल पा रहे। बाई ने उठना ही रोक दिया है।

रज्जो आगे आई और बाई की बाँह पकड़कर अपने बल पर उठा लिया। अपने कन्धे का सहारा देकर सास खड़ी कर ली। रुआँस भरी आवाज में पूछा-बाई कितै जाना है ? हम ले चलेंगे।

'बेटा, कोठा में।' कहने वाली सास की छाती धोंकनी की तरह चल रही थी, रज्जो ने आपसी परस से महसूस किया।

कोठा में घुसकर बोली प्रताप की माँ-"रज्जो, दिया तो मिलका।"

"बाई।"

"ओ बाई, बाहर आओ, हम जा रहे हैं।" प्रताप की घोषणा में करुण कराह मिली थी।

और दीये के उजाले में प्रताप की माँ ने जतनपूर्वक एक छोटी-सी पोटली निकाली। पोटली में से काले धागे में लाल मूँगा के संग बँधा ताबीज निकाला। चाँदी का ताबीज झलमलाया और बूढ़ी की आँखों में उम्मीदें चमक आईं।

फिर बहू का सहारा नहीं लिया बाई ने। इस घड़ी बहू प्रताप के लिए जहर है। शक का पर्दा पड़ा है आँखों पर। बहू भीतर पर्दे में रहे तो लड़का सहज हो पाए। सास ने रज्जो को एक नजर देखा और हाथ दबाकर रुक जाने का इशारा किया।

प्रताप के पास खड़ी माँ उसे देख रही थी, जैसे जीवन-भर का वात्सल्य लुटा देना चाहती हो, जैसे गाय बछड़े के लिए मूक आँखों रम्भाती हो। चिड़िया की चोंच-सा मुँह खोले प्रताप की माँ आगे बढ़ी और बेटे की बाँह कमीज की आस्तीन उघाड़कर अपने हाथ में ले ली। मनोयोग से ताबीज बाँध रही थी माँ। ताबीज, जिस पर महामाई की आकृति खुदी थी। जिसके हाथ में शमशीर थी और गले में मुंडमाल। ताबीज बाँधते न बाँधते माँ का पिघला हुआ चेहरा ठोस-सा होने लगा था और वह कठोर होंठों से बुदबुदा रही थी। प्रताप के दुश्मनों को कीलने का नुस्खा उसकी बाँह पर बाँध रही थी।

प्रताप की कोप से भरी आँखें बादल की तरह बरसने लगी। झुककर माँ का सिर चूम लिया।

दोनों में से कोई कुछ न बोला। विदा देना और विदा लेना सब कुछ सन्नाटे के रूप में था। विछोह होने का यह नजारा अपने आप में कितना करुण था, रज्जो ही जानती थी, जिसकी धोती का पल्ला आँसुओं से भींग रहा था।

"ओ बेटा ऽऽ...अरे पिरताप..." कहती हुई माँ प्रताप के पीछे गली तक भागी। गली में जानेवाले के पाँव के निशान तक न दिखे, क्योंकि रात थी। गूँजती रह गई

केवल उसकी पदचाप...। कहने वाले कहते हैं कि अपनी गली में प्रताप की माँ अक्सर ही खड़ी रहती। लोग पूछते तो कहती–तुम पिरताप के बूटन की अवाज़ नहीं सुन रहे ? मोरा लाल आ रहा है। सुनो, हमारी तरह सुनो।

रज्जो घर की भीतर चूल्हे में दबे अंगार-सी सुलगती थी। मुँह चिरी लकड़ी-सा फटा हुआ, जख्मों में लहर मारती टीसों से बेहाल। ऐसे ही धधकते हुए क्षणों में सास पास आई थी और ठीक वैसा ही ताबीज, जिस पर महामाई की तस्वीर उकरी थी, बहू की बाँह पर बाँध दिया और मनौती मानी–हे महामाई, मोरे पिरताप की दुलहन खों पिरताप से मिलइयो। मिलइयो, तोरा जस रहे।

❒❒

यह कथा ! कथा में समाई माधव की कातर चितवन, आँखों में जैसे दर्द के सिवा कुछ न हो। माधव अनजाने ही अपने हाथ मल रहा था। बस बोला तो इतना ही– "तुलसीराम अपनी मादुरी के लिए तड़पा होगा ऋतु तो किसे पता चला होगा ?

"ऋतु, वह अपनी मादुरी को प्राणों से ज्यादा प्यार करनेवाला बिछुड़ रहा था, क्योंकि जान रहा था, पराई ब्याहता पर उसका कोई अधिकार नहीं। बस दुनिया के तय किए हुए अधिकार को उसने अपना भाग्य मान लिया था और खुद को बिछोह में तड़पने के लिए तैयार कर लिया था। इतने से भी क्या होता है ऋतु ? वह जता रहा था कि लड़की के आनेवाले जीवन की कसावटें उसके लिए भयानक होंगी।"

मैं देख रही थी और महसूस कर रही थी कि माधव बातें नहीं कर रहा, बिछोह की फागें गा रहा है। मैंने उसे देखा तो आँखें नीची कर लीं। मैं भी चुप रही क्योंकि हमारी प्रगाढ़ता कभी डर रही थी, कभी रो रही थी। तुलसीराम की कथा मुझे तुमने गढ़कर सुनाई है माधव या वह सच में था, जिसे तुम सीने में छिपा लाये हो ?

मैंने मुश्किल से सहज होते हुए कहा था–"हो सकता है तुलसीराम उसी दिन अपनी मादुरी को लेकर इलाका छोड़ गया हो। संग-संग फागें गाने वाली लड़की भी दब्बू न होगी।"

"हाँ, सोचने पर किसका पहरा है ?" गहरा साँस लेकर कहा था माधव ने।

हम कॉलिज कम्पीटिशन के 'रजऊ और ईसुरी' अब भटकन के हवाले थे।

मुझे अब अपने शोध कार्य को सर डॉ. पी. के पाण्डेय को दिखाना चाहिए, क्योंकि अब तक जितना काम हुआ है, अपनी तरह का अलग है। सम्भवतः लिखते समय मेरी भाषा भी गड़बड़ नहीं हुई। सारा कुछ मिलाकर ऐसा हुआ है जैसे मैं ऐसा ही कुछ खोज रही थी।

मैंने छतरपुर से फैक्स किया–"सर, मैं अब तक की प्रगति आपको बता चुकी होती, मगर यहाँ बिजली की ऐसी किल्लत है कि एक-एक दिन निकलता गया। सच मानिए सर, मैं आपके पास आनेवाली थी, मगर ऐसा भी नहीं हो पाया। हफ्ता-भर

बुखार में निकल गया। माधव को बकरी चराने वाले लड़के तुलसीराम ने रजऊ की ऐसी कथा बताई है, जो हमारे शोध में महत्त्वपूर्ण मोड़ लाती है। ये वे तथ्य हैं, जो रजऊ के संकुचित जीवन को विस्तार देते हैं। गहनों से लदी, कपड़ों से सजी रजऊ को कैसे लाखों-करोड़ों स्त्रियों में उतार दिया है, यह कौशल सचमुच चरवाहे तुलसीराम का है। असाधारण नायिका की कथा साधारण औरतों में आकर खुलती है। सर, मैं आपसे क्या कहती थी ? संस्कृति में जोड़ी गई पौराणिक कथाएँ और स्त्री की ऐतिहासिक गाथाएँ मनुष्य रूप नारी के लिए बहुत बड़ा धोखा हैं। वह देवी सती रूपी शिला मानी गई है, या समाधियों में दबी पड़ी हैं, लोककथाएँ और लोकगीत फागों के पक्ष में गवाही देते हैं, माना, मगर लोक व्याप्ति में जीवन का करुण स्वर स्त्री के विरोध के रूप में ही संचरित होता रहा है, आज भी होता है। रानी-पटरानियों तक के कंठ में साधारण औरत का स्वर सुनाई देता है। सर मैं अब आगे जाना चाहती हूँ। आपने भी कहा था और यहाँ भी पता चला है, ओरछा में बहुत कुछ मिल सकता है।"

सर का जवाब आया—

'अब लौट आओ। आगे का कार्यक्रम क्या होगा, यहाँ तय करेंगे। देखेंगे कि कैसे विश्लेषणात्मक दृष्टि और समीक्षात्मक सक्रियता का निर्वाह तुम्हारे लोकव्यवहार के साथ हो सकता है ? शोधकार्य का प्रस्तुतीकरण अपने आपमें अलग होता है। अन्तर्साक्ष्यों के साथ बहिर्साक्ष्यों की आवश्यकता कदम-कदम पर पड़ती है।

बहरहाल, बताओ कि माधव का क्या हाल है ? उसे साथ ले आओ। उसके पिता हर तीसरे दिन मेरे पास कोई न कोई सन्देश भिजवाते हैं। राहुल बता रहा था कि उसके सगाई सम्बन्ध का मामला है। उसके पिता उसे तुम्हारे साथ भेजने के लिए मुझे दोषी ठहरा रहे हैं। नहीं मानते कि वह अपने शोध के लिए गया है। शेष शुभ।'

ओह !

मैं अचानक रजऊ से ईसुरी की भूमिका में आ गई, जिनको बिछोह से डर लगता था और बिछोह उनको पिछियाए फिरता था। सच में मैं अब आशंकित ही नहीं, आतंकित थी। जैसे चारों ओर से माधव के परिजनों की अक्षौहिणी सेना चली आ रही हैं और मेरे प्यार के घरोंदे को नष्ट करने वाली हैं। हाथी-घोड़ों के कुचलने वाले पाँव और उन पर बैठे सवारों के हाथों में विष मुझे भाले...मैं बच पाऊँगी ?

चार महीने बाद।

माधव अपने घर गया और आ गया। बताता रहा कि कैसे वह अपने सगाई-सम्बन्ध का प्रतिकार करके मेरे साथ सफर में शामिल हुआ है। राहुल तो कहता था—बेचारे ने सहपाठियों, दोस्तों और महाविद्यालय के चपरासियों के सामने पिता की गालियाँ खाई हैं। पिता भी क्या करें माधव के मामा के सामने झूठे पड़ गए। मामा ने अपनी बड़ी माली हालत और मजबूत हैसियत को आधार बनाकर रिश्ता लगाया था।

लड़की वाले माधव को अपने व्यवसाय में पार्टनर बना रहे थे। सारी सुख-सुविधाएँ दहेज के हवाले से दी जातीं। पिता यह कह-कहकर पछता रहे थे कि धनाढ्यों से रिश्तेदारी करने पर समाज में अपना कद बढ़ता है। आदमी वक्त-वेवक्त सम्बन्धियों से मदद ले सकता है। नातेदारी का अपना स्थायित्व होता है क्योंकि यह दोस्ती जैसी अस्थायी चीज नहीं होती। कहते हैं न कि प्यार पहाड़-सा टूट जाता है मगर रिश्तेदारी सूत-सी भी नहीं टूटती। लड़के ने अपने भाग्य पर लात मार दी। अब उसे कौन उबार सकता है।

मामा ने माधव के पिता जी को मूर्ख और बेवकूफ कहकर अपने घर से भगा दिया। मामा का भी क्या दोष, वे अपनी बहन के लिए चिन्तित रहते हैं। उसके बच्चों का भविष्य बनाना चाहते हैं। खुद को उनके प्रति जिम्मेदार भी समझते हैं, क्योंकि अपनी गरीबी के दिनों में बहन का रिश्ता गरीब किसान के घर करना पड़ा था। गरीबी का अभिशाप आदमी ताउम्र तो नहीं ढोना चाहता। मगर भविष्य के सपने सचमुच खट्टे हो गए जिसका जिम्मेदार माधव है। मामा यही मान रहे हैं।

ओरछा के गाइड से भेंट

मैं केशव संस्थान के एक कमरे में बेंच पर बैठी थी। अकेली नहीं, माधव साथ था। खुश भी था कि माधव ने मुझे प्यार करने की खातिर ऐशो-आराम भरी जिन्दगी को दाँव पर लगा दिया। मेरा विश्वास दृढ़ हो गया कि वह है ही ऐसा, स्वाभिमानी, इरादों का पक्का। मुझे उसरो और क्या चाहिए था ? ज़रा मेरे आत्मविश्वास की कल्पना कीजिए। हम खुशी में झूमते हुए ओरछा पहुँचे थे, मगर यहाँ आकर पता चला कि जो कुछ हम सोचकर आए थे, वह गलत है। 'आदिवासी लोकरंजन परिषद' का आयोजन इस बार यहाँ नहीं हो रहा।

क्यों ?

बैंगलोर और देहली को चुना गया है कार्यक्रम के लिए।

"अरे वाह ! दक्षिण भारतीय लोग फाग फड़ को क्या समझेंगे ? राई नाच का उन्हें क्या स्वाद ?" मैंने माधव से कहा, जो अपने बाल सँवारता हुआ सामने की बेंच पर बैठा था।

यों तो उसका साँवला चेहरा निर्भाव नहीं कहा जा सकता था, मगर कुछ बेध्यान-सा मेरी ओर देखने लगा। क्या सोच रहा है माधव ? मैंने सोचा, हम तो एक से एक महान सपना पालते हुए आए थे, सबके सब सपने शोध को समर्पित थे और दिखा देना चाहते थे कि इस क्षेत्र में नए से नया कैसे किया जा सकता है।

मगर माधव चिन्तित-सा... ! वह प्रोग्राम में बाधा आने से है, या घरवालों की अवहेलना करने से अपराधबोध के हवाले है ? जरूर है। परिवार की परम्परा को हिलाने तोड़ने के कारण लड़की के घर में जो हाय-हाय मचती है, वैसा ही हाहाकार लड़कों के

भीतर मचा रहता है, क्योंकि उनसे कोई कुछ कहता नहीं। माधव चिड़चिड़ा-सा हो गया है, मैंने महसूस किया।

वह कड़ुआ मुँह बनाकर बोला—"मैंने तो कल ही सोच लिया था कि अब ओरछा में कुछ मिलनेवाला नहीं। पूछो क्यों ? क्योंकि आज की तारीख में यहाँ भारतीय जनता पार्टी की नेता और केन्द्रीय मन्त्री आ रही हैं।"

"तो ?"

"तो क्या, आगे खुद ही देख लो। पहले कहता तो तुम मेरा विश्वास न करतीं। इलजाम लगातीं कि मैं बहाना बना रहा हूँ। आजकल तुम्हारे ऊपर रजऊ का भूत चढ़ा हुआ है न। पर इतना समझ लो कि आने वाली मन्त्री के सामने तुम्हारी रजऊ और रजऊ-कथा फिस्स है। उनके भाषण और उद्‌बोधन के आगे कोई फागें सुनेगा भला ? आज का आदमी राजनीति को ओढ़ता-बिछाता है। फागें फालतू की चीज हो गई हैं। कलाकार अभिनेताओं के नाटक-नौटंकी के बजाय नेताओं के स्वाँग दिलचस्प हो गए हैं।"

वह उठ खड़ा हुआ तो मैंने भी उसे छोड़ा नहीं। दबाकर ताना माना—"तुम कितने नीरस होते जा रहे हो माधव। ज्यों-ज्यों पुरुष बनने की ओर बढ़ रहे हो राजनीति में दिलचस्पी जाग रही है। मासूम चेहरा था, कठोर होता जा रहा है। तुम अपने मामा के प्रति समर्पित होने लगे हो, क्योंकि राजनीतिक अन्यायों को समझते हुए भी उनके पीछे छिपा सुख तुम्हें दिखाई देता है। चलो, शुरुआत यहीं से कर दो, वोट बैंक बढ़ाने का कारोबार नफा ही नफा देगा। मन्त्री आ रही हैं, चरण पकड़ लेना।"

माधव पर अपनी झुँझलाहट उतारकर मेरी आँखें थकान से बन्द होने लगीं। बिगड़ता काम हममें हीनता का बोध पैदा कर रहा था, इसलिए एक दूसरे को खाने लगे।

अपना मन दूसरी ओर मोड़कर ही सुकून पाया जा सकता है। पी-एच. डी. के इस रास्ते में कई बार यह नुस्खा अजमाया है। जो मन्त्री आ रही हैं, उनके लिए इस समय आना उनकी मजबूरी भी तो हो सकती है। आखिर वह एक औरत है, शुरू से ही मजबूरी तोड़ने के रास्ते अख्तियार किए हैं और तरह-तरह की सूरत लेकर दृश्य में आई है—कभी रानी, कभी संन्यासिनी तो कभी राजनीतिक पत्नी। यह भी तो नाटक ही है। जिन्दगी का सच्चा नाटक या नाटक में छिपी बेखौफ जिन्दगी।

सरस्वती देवी कहती थी न कि औरत कैसे लड़ती है, कितनी तरह से लड़ती है मर्द नहीं जान सकता। अगला चरण किस तैयारी में है सामनेवाला क्या जाने ?

तभी मेरे सामने द्वार में से एक युवक भीतर आया। पीली टी शर्ट और नीली जींस में लम्बा छरहरा साँवला युवक।

"आय एम सालिगराम कटारे।" उसने मुझसे कहा।

"अरे !" मैं उठकर खड़ी हो गई।

"देखिए, मैंने आपको पहचान लिया न ?"

"ऐसा न होता तो आपको गाइड कौन कहता ? मगर आप तो झाँसी गए हुए थे। हमने आपके घर पूछा था।"

''झाँसी से क्या कभी आते नहीं ?''

''सच्ची हम तो निराश ही हो गए थे। यहाँ वह प्रोग्राम भी तो नहीं हो रहा, जो हमारे लिए जरूरी था।

वह लगातार मुस्कराए जा रहा था, जैसे मुस्कराने के लिए ही बना हो। अपने बालों पर बार-बार हाथ फेरता। बाल फिल्म एक्टर शाहरूख खान के जैसे कटे थे। हँसी भी उसी आकर्षक मुद्रा में, जैसे शाहरूख खान का क्लीनशेव्ड चेहरा। छोटी नाक वाला साँवला और लम्बा युवक शालिगराम कटारे।

''आपको कैसे पता लगा कि मैं ऋतु... ?''

वह हँसने की हद तक मुस्कराकर बोला—''आप, अरे हम हर आनेवाले का पता रखते हैं अपने ओरछा में।'' कहकर ऐसे देखने लगा जैसे पहली बार कोई लड़का विमोहित होकर किसी लड़की को देख रहा हो।

मैं समझ तो गई कि हमारे सर पी. के. पाण्डेय ने शालिगराम को फोन पर पकड़ा होगा, और यह बात साफ भी कर दी—''समझिए मैम एक गाइड ने दूसरे गाइड कों जिम्मेदारी सौंप दी। आपके सर हमारे भी सर, दतिया और ओरछा, दोनों जगह के सर हैं। मैंने बी.ए. दतिया से ही किया है।

माधव भी सामने आ गया, जो अब तक बाहर खड़ा था। शालिगराम से परिचय हुआ। औपचारिक बातचीत के दौरान मेरी समझ में इतना तो आ ही गया कि गाइड का पेशा करनेवाला कटारे संवादों के जरिए सुर्ख कालीन बिछाने में माहिर है। इतिहास, भूगोल, कला और पुरातत्त्व के गहन ज्ञान का मालिक भी है और अपने खजाने से तमाम ऐसी मुद्राएँ निकालकर पेश कर सकता है, जिससे वह पर्यटकों को अपने खूँटे से बाँध ले। जब खोले तो वे उसके पीछे-पीछे ही चले आएँ।

हम तीनों अब केशव संस्थान से बेतवा नदी की ओर चले। दो-तीन मिनट में ही पुल पर आ गए।

शालिगराम अपने गाइड रूप में प्रस्तुत हुआ, जैसे वह अपने समय में से एक क्षण भी व्यर्थ न करना चाहता हो या यह बात उसके पेशे का हिस्सा हो।

''हाँ तो ऋतु जी, ओरछा के ऐतिहासिक स्थलों के बारे में बताते हुए यहाँ कहने के लिए हमने तीन स्त्रियों की कथा को अपने पर्यटकों के लिए चुना है।''

माधव ने टोका—''स्त्रियों को ही क्यों ?''

''इसलिए कि औरतों का विषय सबको आकर्षक लगता है। देशी हों या विदेशी औरत से ज्यादा आकर्षक जीव धरती पर नहीं। फिर भी तमाम आकर्षक औरतों में से हमने तीन उन स्त्रियों को लिया है, जिनमें ऐसी आग थी कि पुरुष पतंगे की तरह उनकी लौ में जलने को तैयार हो जाए।

''अब यह दीगर बात है कि अपने यहाँ का आदमी सीता, पार्वती और लक्ष्मी जैसी स्त्री सुनना-देखना चाहता है और दौड़-दौड़कर रामराजा के मन्दिर में होती आरती में शामिल हो जाता है। जबकि विदेशी यहाँ की सतियों, वीरांगनाओं और प्रेमिकाओं के

बारे में जानना चाहते हैं। देवराला वाली रूपकुँवर के किस्से से हमने अच्छी कमाई की थी।'' कहकर उसने मेरी ओर गौरव से देखा और माधव को एकदम नजरंदाज किया।

'प्रेमिका !' शब्द सुनकर मेरी आशा लहराई, इनमें रजऊ को भी होना चाहिए।

माधव जैसे अपना ध्यान नदी की लहरें गिनने पर लगा रहा हो, इस कदर असम्पृक्त हो गया, शालिगराम कटारे के 'ऋतु जी ऋतु जी' सम्बोधन से।

''तीन स्त्रियाँ, वे तीन स्त्रियाँ कौन ? पूछिए न ऋतु जी।'' कटारे अपनी रौ में था—''अरे वही ओरछा की रानी, अपने हर दौल जू की भाभी। उस स्त्री पर हरदौल के प्रेम का इलजाम था। दोषारोपण उसका पति ही कर रहा था, यानी कि राजा। राजाओं को पत्नियों को लांछन देने की आदत आज की नहीं, सदियों पुरानी है और इसी दम पर वे पुरानी रानियों के प्रति हो आई अपनी ऊब को छिपाकर उन्हें काग उड़ानी करते रहे हैं या वन जंगल में छुड़वाते रहे हैं।

''हरदौल से भाभी का प्रेम। पर हरदौल लक्ष्मण जैसे कायर कमजोर देवर नहीं थे कि भाई के कहने से भाभी की प्रीति की अवज्ञा करें।

''छोटे भाई की यह मजाल ? राजा ने शर्त रख दी—रानी, अगर तुम्हारे मन में पाप नहीं है और तुमने मुझे ही मर्द के रूप में देखा है तो हरदौल को अपने हाथ से जहर का प्याला थमा दो, बहाना रात को दिए जाने वाले दूध का हो।

''रानी इतनी नासमझ नहीं थी कि अपने राजमहल में होते षड्यंत्र को न सूँघे। रानियाँ वह सब जानती हैं, जो राजा लोग अपना चौकन्ना और गोपन कार्य पुरुष का पराक्रम समझ कर करते हैं। हाँ यदि उस काम में टाँग अड़ा दें तो कैकेयी की तरह बुरी, कर्कशा और अन्यायनी औरत कहकर बदनाम कर दी जाती हैं। रानी समझ गई कि जहर का प्याला हरदौल को केवल भाभी के प्रीत प्यार के कारण नहीं दिया जा रहा, राजा सगे भाई की हिस्सेदारी काटने की चतुराई का खेल भी खेल रहा है। एक निशाने से दो शिकार।

''जहर...भयानक शब्द सुनकर रानी यों तो सफेद पड़ गई थी, मगर हरदौल जैसे देवर, जिसे उसने जी-जान से प्यार किया था, से सच बात कैसे छिपाती ?''

पिछला वाक्य कहकर शालिगराम भावुक हो गया। ऐसा दुखित जैसे वही हरदौल हो और नजर ऐसी कि मुझे भाभी के रूप में देख रहा हो। सच, मैं भी रानी से उस क्षण ऐसी एकाकार थी कि शालिगराम को देखती रह गई।

आगे उसकी आवाज गहरी हो गई, ज्यों गला भर आया हो—''तो कई दिन तक रानी बुत की तरह बैठी रही। और हरदौल भाभी की गमगीन अवस्था को देखकर परेशान...

''भाभी खाए-पिए नहीं, हरदौल मुँह में अन्न कैसे डालें ? और रानी कैसे कहे कि प्यारे हरदौल लला के सामने राजा यम के रूप में खड़ा है।

''किसी ने एक-दूसरे से कुछ नहीं कहा, बस हरदौल ने कसम दे दी। प्यार की कसम, जिसे युगों-युगों तक जीवित रहना होता है। रानी इस कसम को टाल नहीं पाई

और जिगर के टुकड़े कर कर के शब्द कहे—लला, प्यार की खातिर जहर...राजा की आज्ञा है।

"और देखो कि हरदौल ऐसे हँस दिए, जैसे भाभी ने उन पर कोई जिम्मेदादी सौंपी हो और उनको जिम्मेदारी निभाने में असमर्थ पा रही हों।

" 'बस इतनी-सी बात !" हरदौल ने भाभी से कहा और शालिगराम ने मुझसे। उसने ऐसा दृश्य बनाया, जिसमें माधव राजा का रोल अदा कर रहा हो। और बेतबा नदी का पाट रंगमंच हो।

" 'लाओ विष का प्याला। सबको न ऐसा प्यार मिलता है, न ऐसी मौत।' कहकर हरदौल ने प्याले में खुद ही विष भरा। भाभी के हाथ का स्पर्श किया और गटागट पी गए।"

विष पीकर ज्यों पचाने का उपक्रम कर रहा हो शालिगराम, दो क्षण के लिए एकदम चुप हो गया। माधव मेरे एकदम करीब आ गया।

"राजा ऐसे ही रानी के नजदीक आ गए ऋतु जी और हरदौल ने दम तोड़ दिया। अब बताओ कि लोग लक्ष्मण, लक्ष्मण जैसा देवर कहते-कहते नहीं अघाते, सो क्यों ? कौन-सा साहस किया था लक्ष्मण ने ? यही न कि एक गर्भवती औरत को वन में छोड़ आया।

"रानी हरदौल की दशा देखकर मूर्छित हो गईं। भाभी का प्रेम अमर करके हरदौल चले गए। और स्त्री ने जन्म-जन्मांतर का फासला तय कर लिया। तभी से अपने बुन्देलखण्ड में लखन लला का रुतबा ढीला पड़ गया। औरतें हरदौल को याद करने लगीं। उनका प्रेम स्त्रियों के मान का विषय बना। यह रिवाज स्त्रियों का ही चलाया हुआ है कि शादी-ब्याह के पहले निमंत्रण पर हरदौल का नाम रहे। वे कुँआरे अपनी जीवन लीला खत्म कर गए, अब हर विवाह के पहले मेहमान होते हैं।"

मैं शालिगराम कटारे की रची कहानी पर चकित थी और उसकी भाव मुद्राओं के साथ एकाकार होती गई। क्या शालिगराम का कोई अपना दर्द भी इसमें समाया हुआ था ? उस दर्द को हौसले का रूप देना चाहता है ? हो सकता है, तभी तो कह रहा था—हरदौल का बलिदान, रानी का विद्रोह रूप दोनों साथ-साथ देख लो। रानी ने निमंत्रण की परम्परा चलाकर अपने समय की लड़ाई को एक निरन्तरता दी। वह निश्चित ही अपने संघर्ष के शिखर पर है, भले राजा सामंतों की ताकत का कभी अन्त न हो।

शालिगराम कटारे गाइड हैं। अपनी भावनाओं से ज्यादा उसे धन्धे का ख्याल रहता है। उमड़ आई आँखों का पानी भीतर ही भीतर सोख लिया और वह फिर तरोताजा-सा हो गया। तेज कदमों से आगे चलने गया।

"माधव, यार चले आओ, तुम तो पीछे ही रह जाते हो। अबकी बार की कहानी ऋतु के लिए नहीं, तुम्हें समर्पित है।" कहनेवाला शालिगराम जरूर अपने पर्यटकों का दिल जीत लेता होगा। तभी तो सर पी. के. पाण्डेय ने हमारे लिए इस गाइड को चुना

है। मैं यों तो ओरछा कई बार आई हूँ, लेकिन इस गाइड के जरिए दिखने वाले ओरछा की झलकियाँ ही अलग तरह की हैं।

हम राजाओं की छतरियों वाली धरती पर खड़े थे। वीरसिंह जू देव की छतरी के पास जो छोटी छतरी है, वह इन्द्रजीत सिंह की है, मैं जानती थी।

"इन्द्रजीत सिंह" शालिगराम कटारे ने बोलना शुरू किया—"वह सीधा सादा राजा था। बिना किसी कलई-मुलम्मे का साधारण आदमी।"

बस इतना ही कह पाया कि अचानक उसे विदेशियों का समूह दिखाई दे गया। वह हमें छोड़कर भागा और पाँच मिनट के अन्दर दिखाई पड़ा कि विदेशियों से घिरा चला आ रहा है। अब शालिगराम की भाषा ने अँगरेजी भाषा का सुनहरा मुलम्मा पहन ओढ़ लिया। बीच-बीच में उसका देशीपन ताँबे की तरह दिख जाता और असल-नकल का अन्तर उभरने लगता।

"सर। मैम, दिस इज ओरछा। ओरछा मीन्स किंग इन्द्रजीता एण्ड फेमस डांसर प्रवीणराय। हेव यू हर्ड देअर लव स्टोरी ? यह ओरछा है। ओरछा का मतलब राजा इन्द्रजीत और नर्तकी प्रवीण राय। आपने उनके प्रेम की कहानी सुनी है ?"

विदेशियों ने मुस्कराकर आपस में एक दूसरे की ओर देखा। और उनके साथ आए अनुवादक ने अँगरेजी में कहा—हम सब फ्रांसीसी लोग उस प्रेम कथा को सुनना चाहते हैं। कैसा अच्छा मौका हाथ आया, नहीं तो हम किला और महल देखकर चले जाते।

"तो मेरे साथ आइए।"

अनुवादक फ्रेंच में अनुवाद करता जाता था।

नदी के पुल की ओर इशारा करके शालिगराम बोला—"यह है कंचना घाट। नर्तकी कंचना, जब ग्वालियर से बुलाई गई थी तो महाराजा मधुकर शाह के राजतिलक का मौका था। उसने भव्य समारोह में किया था मयूरी नृत्य। आइ मीन पिकॉक डांस।" कहकर शालिगराम उत्साह के अतिरेक में बाँह फैलाकर नाचते हुए मोर की मुद्रा घूम गया। एक दो फिरकी ली और दिलकश मुस्कराहट अपने ग्राहकों की ओर छोड़ दी।

पर्यटकों ने 'वंडरफुल' की निगाह से देखा।

"नृत्य था कि मनभेदी वाण ! राजाओं के साथ दरबारी मन्त्री बेसुध हो गए। कंचना की मुद्राओं के आगे मदिरा का नशा फीका पड़ गया। भोर होने वाली थी, लोग सोए न थे।

"मगर खुमार टूटते ही दिल खाली-खाली लगने लगा, क्योंकि कंचना नर्तकी अपना सामान बाँधकर ग्वालियर के लिए रवाना होने वाली थी।

"राज-रजवाड़ों की अपनी तर्ज, जो चीज पसन्द आ जाए उसे छोड़ना अपनी तौहीन लगता है। स्त्री और सल्तनत के मामले में तो वे मरने-कटने को तैयार हो जाते हैं। सो ऐलान हो गया कि भले खून-खराबा हो जाए, कंचना नहीं जाएगी। यह घोषणा राजा ने की थी, मगर उसका आधार थी उस समय ओरछा राज्य की मजबूत सैन्य शक्ति।

कंचना ने राजा की आज्ञा का पालन किया। वह आज्ञापालन करने वाली रानियों के समान राजा को प्रिय हुई। उसे राजसी रुतबा दिया गया। कहते हैं कि वेश्या किसी की सगी नहीं होती, कंचना ने इस उक्ति को झूठा कर दिया और अपनी निष्ठा ओरछा नरेश के साथ रखी। राजा ने और वंशजों ने भी उसका मान रखा। उसकी स्वामिभक्ति का पुरस्कार है उसके नाम पर यह कंचना घाट !''

पर्यटकों ने भारत की स्वामिभक्ति परम्परा और राजाओं के मानदेय के निर्वाह को आँखों ही आँखों में सराहा और शालिगराम कटारे के साथ आगे बढ़ चले।

'शालिगराम कटारे निःसन्देह ओरछा का नामी गाइड इसलिए बना है, क्योंकि वह अपनी विद्या में माहिर दिलचस्प कहानियों का ज्ञाता है। कहानियाँ बनाने की कला भी है उसके पास, क्योंकि यह कला ही उसकी आजीविका का साधन है। साधनों का निरन्तर विकास होता जाए, यह कौन नहीं चाहता ?'—अभी तक मेरा यही मत बना था।

वह चलते-चलते बोलता गया—''कंचना ने एक सुन्दर कन्या को जन्म दिया। नाम रखा 'सावित्री'। यह नाम हमारे पुराणों में ऐसी सती का नाम है, जो अपने पति के प्राणों के लिए यमराज से लड़ी थी। वह पतिव्रता लड़ी ही नहीं, जीती भी थी। उसके पास ऐसे तर्क थे कि यमराज के तर्कों को कुतर्क साबित कर दिया। पर लोग कहते हैं कि उसमें 'पतिव्रत' का तेज था। स्त्री की बुद्धि हमारे यहाँ पति की सेवा के फल से जोड़ दी जाती है। कंचना वेश्या थी, जिसे समाज में पतिव्रता होने का सम्मान नहीं मिला, अतः सती कहलाने की हकदार नहीं मानी गई। मगर पतिव्रता का सिंहासन उसे हमेशा ललचाता रहा जैसे हमारे देश की हर स्त्री का अभीष्ट माना जाता है। बस इसी ललक की खातिर अपनी बेटी का नाम कंचना ने रखा—सावित्री।

''सावित्री जब बड़ी हुई तो इन्द्रजीत सिंह गद्दी पर बैठ चुके थे।'' कहकर अपने पर्यटकों की ओर देखा और संकेत के साथ कहा—''आइए, अब किले में चलते हैं।''

अब हम किले की ओर जानेवाली ऊँचाई पर थे। मैं और गेरे पीछे-पीछे माधव। आगे गाइड जा रहा था, ऐन पर्यटकों के बीचोंबीच।

किले में प्रवेश लेते ही वह बायीं ओर मुड़ा और पीछे की ओर चलता गया। यकायक रुककर पूछने लगा—रनिवास देखेंगे ?—अनुवादक को अनुवाद का इशारा दिया।

मगर जैसे ही पर्यटकों ने रनिवास देखने की इच्छा जताई, वह बोला—''रनिवास बाद में। पहले गुलाब बाग चलते हैं।''

और लो आ गए गुलाब-बाग में। शालिगराम कटारे के पाँव में हवा-सी बँधी है।

सामने राय प्रवीण का महल। वह पीछे की ओर देखकर, अपने पीछे आने का संकेत देकर उत्साह, उमंग और उल्लास की ऊँची मजबूत सीढ़ियों पर कदम बढ़ाता हुआ ऊपर की मंजिल में आ गया।

''वो देखिए राय प्रवीण।'' कहने के साथ ही दिखाई दी दीवार पर चित्रित नृत्य की भाव मुद्रा में सुन्दर नर्तकी। कत्थक डांस की पोशाक में अनेक नृत्य मुद्राएँ !

—कंचना की बेटी वीणा बजाती थी। कविता करती थी। नृत्य में तो प्रवीण थी ही। उसे रानियों जैसा सम्मान मिला, यह सब उस इतिहास के नीचे दबा है, जिसमें शान्ति और आनन्द को रोंदने की गाथाएँ दर्ज हैं। इन्द्रजीत सिंह का चचेरा भाई पहाड़ सिंह ओरछा का राज्य हथियाना चाहता था, सब जानते हैं, मगर जो बात लोग नहीं जानते वह यह है कि उसने क्या युक्ति चलाई थी ? उस युक्ति का निशाना कौन बना ?

—वह थी राय प्रवीण, अप्रतिम सुन्दर नर्तकी। प्रवीण राय का खिताब पाने वाली कवियत्री। पहाड़ सिंह जानता था कि अकबर अपने हरम में पत्नियाँ, उपपत्नियाँ होने के बाबजूद ऐसी स्त्री का गुण ग्राही था, जो जेहन की तेज हो। यों तो कला के नाम पर तमाम नर्तकी रंडियाँ बनाई जा रही थीं।

—राय प्रवीण का वर्णन सुनकर अकबर लपक पड़ा जैसे किसी भूखे को घी में भींगी रोटी का टुकड़ा दिखा हो। अब पहाड़ सिंह का मकसद सिद्ध होनेवाला था, क्योंकि राय प्रवीण को हथियाए बिना अकबर मानेगा नहीं और उस नर्तकी के प्रेम में पागल इन्द्रजीत प्राण त्याग देगा, प्रेम की तीव्रता जो ठहरी।

—हुआ वही कि अकबर ने नर्तकी को आगरा बुला भेजा। यदि नहीं आएगी तो ओरछा राज्य पर चढ़ाई की जाएगी। खून की नदियाँ बहा दी जाएँगी, जिनमें ओरछा वासियों का रक्त पानी की तरह बहेगा।

—अब राय प्रवीण उलझन में फँस गई। जाएगी तो राजा का जो होगा...न जाएगी तो राज्य तहस-नहस हो जाएगा। राय प्रवीण ने इस दुविधा पर राजा से बात करनी चाही, पर वह तो पहले से ही पीला पड़ा हुआ था, जैसे उसके प्रेम का लाल रंग अकबर की धमकी ने चूस लिया हो। कमजोरी की ऐसी हालत में इन्द्रजीत सिंह क्या करें ?

—आपातकालीन बैठक बुलाई गई। दरबरियों ने एकमत होकर कहा—इस संकट आपत्ति की पुड़िया को ओरछा से निकालकर अकबर के यहाँ भेज दो। नजराना भी नहीं देना पड़ेगा ओरछा भी सलामत रहेगा। नाचनेवाली कहीं नाचे, क्या फर्क पड़ता है ?

—दरबारी लोग प्यार मुहब्बत की बातें क्या जानें ? अकबर तो प्यार को रौंदने में माहिर है। और ओरछा उसी सलीम (जहाँगीर) की निशानी है, जिसने अनारकली से प्रेम किया था, अपने हिन्दू मित्र वीरसिंह जू देव को यहाँ की गद्दी सौंपी, क्योंकि उन्होंने यहाँ सलीम के दुश्मन को मार गिराया था।

''मुझे जाने दो राजन्'' राय प्रवीण ने कहा तो राजा स्तब्ध रह गया। जिसे वह सावित्री समझ रहा था, वह तो वेश्या के लहजे में बात करने लगी। क्या इसलिए ही कि अकबर बड़ा बादशाह है।

''हाँ, मैं वेश्या हूँ। रानी नहीं। वेश्या किसी की पत्नी नहीं होती राजन्, सो किसी की गुलाम भी नहीं होती। वह अपनी मर्जी की मालिक आजाद स्त्री होती है। इस धरती की सबसे ज्यादा आजाद औरत। मेरा हक आप नहीं छीन सकते, क्योंकि मैंने अपनी मुद्राओं और सुख-सुविधाओं के बदले कुछ पल, कुछ घड़ियाँ या कुछ दिन आपको दिए हैं, जिन्दगी नहीं बेची, जैसे कि एक पत्नी बेचती है, जिसे आप धर्मपत्नी कहते हैं।''

राजा अवाक्। क्या कवि केशव ने इसको ऐसा पाठ पढ़ाया है ? कवि-कलाकार मनमाने ढंग से तो पेश आया करते हैं, मगर केशव... ?

निर्मोहिन राय प्रवीण आगरा चली गई।

शालिगराम कटारे राय प्रवीण के महल में ही बादशाह अकबर की तरह काल्पनिक मसनद के सहारे बैठ गया। आजू-बाजू बैठे पर्यटकों को उसने दरबारियों की तरह सैट किया और माधव को तानसेन बनाकर बगल में बिठा लिया। मुझे राय प्रवीण की जगह खड़ा किया। नुक्कड़ नाटक प्रस्तुत था।

तानसेन बोले–तू हूर है।

बीरवल ने कहा–तू निपुण है, कुशल है। सुना है कि नौ कला और चौंसठ विद्याओं में पारंगत है।

अकबर (शालिगराम) बोला–अपना जीवन ओरछा जैसे गाँव में बिताकर बरबाद न कर हूर परी।

अकबर ने कवित्त कहा। नवरत्नों ने वाहवाही दी।

और फिर कवित्त का जवाब कवित्त में दिया राय प्रवीण ने, जो विद्या कवि केशव की गुनाई हुई थी, यहाँ काम आई। जिसका अर्थ था–मेरी जन्मभूमि ओरछा है, कर्मभूमि ओरछा है। मुझे राजा इन्द्रजीत से इतना ही प्यार है, जितना अनारकली को सलीम से था। मैं इस प्यार की सजा भुगतने को तैयार हूँ, लेकिन उससे पहले केवल अपने एक सवाल का जबाव चाहती हूँ।

इरशाद ! नवरत्नों ने शुरुआत का इशारा दिया। राय प्रवीण के कलियों जैसे सुन्दर होंठ खिले–

विनती राय प्रवीण की सुनिए चतुर सुजान।
जूठी पातर भखत है बारी, वायस स्वान।।

–कहने की जरूरत नहीं कि मैं राजा इन्द्रजीत सिंह का जूठा भोजन हूँ। और जूठा भोज तीन ही जीव खाते हैं–मेहतर, कौआ और कुत्ता।–कहकर राय प्रवीण ने अर्थपूर्ण निगाहों से पहले बादशाह को देखा फिर दरबार के नवरत्नों पर निगाह डाली।

दरबारी हक्के-बक्के रह गए। बादशाह लज्जित-सा हुआ। अपनी शर्मिन्दगी छिपाने के लिए बादशाह ने राय प्रवीण पर मुहरों, अशर्फियों और मोतियों को बेहिसाब तरीके से निछावर किया।

ओरछा में सन्देश आया–राय प्रवीण पालकी में बैठकर नगर आ रही है।

अपनी-अपनी पीठ पर भारी बैग लादे पर्यटकों से अपनी फीस लेकर शालिगराम कटारे ने छोड़ दिया। और जींस की जेबें भर लीं।

मेरी ओर चेहरा घुमाकर ऐसे देखा जैसे मुहर,अशर्फी और मोतियों की बौछार उसके अपने ऊपर हुई हो। उल्लास आँखों, होंठों और चाल ढाल में छलछला उठा। कदमों की चुस्ती में अजीब-सा बाँकपन आ गया।

माधव के कन्धे पर हाथ धरकर चलता हुआ बताने लगा—अपनी राय प्रवीण के लिए यह कमाई ! इसी किले में अपनी प्रेम लीला चलती थीं। सावित्री का पिता गणित मास्टर था, मिलने पर सौ पहरे डालता। पर हम दोनों ने जब स्कूल की ग्यारहवीं कक्षा में पढ़ते हुए 'राय प्रवीण' नाटक खेला था, सावित्री और मेरा ढंग बदल गया था। फिर वह हो गई थी राय प्रवीण और मैं राजा इन्द्रजीत ! मगर सावित्री का बाप कहता कि मैं कंगाल हूँ। बताइए, आप लोगों को मैं कंगाल लगता हूँ ?

आगे ?

मैंने उसकी ओर आगे की योजना पूँछने की निगाह से देखा तो वह चुस्त लहजे में मुझे बताने लगा—"आगे ! चलिए आनन्द बाग में बैठते हैं और अपनी चुनी हुई दो स्त्रियों के बाद तीसरी स्त्री 'रजऊ' की वह अनूठी अछूती कहानी सुनाता हूँ, जो ईसुरी के अनन्य भक्तों को अभी तक मालूम नहीं।

—असल में लोग, जो अब तक लिखते आए हैं, वे प्रेमिकाओं के दिल को कहाँ जानते हैं ? अपने मन से आएँ-बाएँ-शाएँ बकते रहते हैं। और जैसे ही उन प्रेमिकाओं के इरादे व्यवहार में प्रकट होते हैं, कवियों रचनाकारों के आसपास की दुनिया डोलने लगती है। जबकि प्रेम पुरुष की ओर से हो या स्त्री की ओर से, उसकी कहानी भिन्न नहीं होती। एक ही कहानी को लोग अपनी-अपनी तरह से कहते चले आ रहे हैं।

मैं उसकी बातों पर यकीन के साथ सिर हिला रही थी और माधव बाग में जमी घास की सूखी पत्तियाँ तोड़ने में व्यस्त था, जैसे अब और सूखा बर्दाश्त नहीं करेगा।

—ऋतु जी, रजऊ में मेरी दिलचस्पी क्यों हुई होगी, अब तो आप समझ गईं न ? उस अभागिन प्रेमिका का साथ ईसुरी ने कितना दिया, कोई बताए ? हो सकता है, यह चुनौती मेरे सामने अदृश्य तरीके से उपस्थित रही हो, जब सावित्री का पिता अपनी बेटी को किसी कुआँ-खाई में पटकने को तैयार था, मगर मेरे संग देखते ही वह आत्महत्या पर उतारू हो जाता।

मैं उन दिनों चन्द्रपुर गया था। वहाँ फागें होनी थीं, यहाँ के 'आदिवासी लोकरंजन परिषद' के सौजन्य से। फाग थी—

बसती बसत लोग बहुतेरे
कौन काम के मेरे
बैठत रात हजारन केरे, कबऊँ न जे जग हेरे
गैल चलत गैलारे चर्चें, सब दिन साँझ सबेरे
हाय दई उन दो आँखिन बिन, सब जग लगत अंदेरे
'ईसुर' फिर तक लेते उनखों, वे दिन विधि ना फेरे

❑❑

—जाहिर है कि रजऊ से बिछोह होने पर ईसुरी को कुछ अच्छा नहीं लगता होगा।

बस्तियों में हजारों लोग बसें, उनके किस काम के ? राह में चलते राहगीर दिन रात उनकी चर्चा करते थे, चर्चा किसे सुहाती है, ऐसा सोचने वाले ईसुरी उन दो आँखों को देखने की लालसा में पागल थे, जो रजऊ की हैं। नहीं तो सारा संसार अँधेरा है। बस उस दिन का इन्तजार था, जिस दिन फिर से रजऊ को देख सकें। यही प्रार्थना थी भगवान से।

पृथ्वीपुर के पास जो साधु आश्रम है, सुनते हैं कि वे रजऊ की खबर लगने पर वहाँ भी आए थे। जब से वे अपनी प्रेमिका से बिछुड़े एक-एक दिन बढ़ता हुआ समय लम्बा होता जाता था और दुख सहने के लिए बड़े से बड़ा हो गया। फाग कहने का हीला तक न बनता, बस आँखों से आँसू झरते रहते। ऋतु जी, प्रेम तो आदमी में एक सा ही होता है, मगर आदमी की सहनशक्ति तो अलग-अलग होती है।

ऊपर से पेट पालने की चिन्ता, जो धीरे पंडा के जी से लगी थी। वे भी क्या करते, गाने बजाने वाली मंडली साथ थी। बस रघु और सोनू जैसे लोगों की आजीविका के बारे में सोचकर धीरे पंडा झीका, नगड़िया और रमतूला जैसे वाद्यों को लेकर बैठ जाते। फाग सुनने वाले बदले में खाना खिला देंगे, यही आशा बनी रहती। इसी आशा में वाद्यों की मधुर स्वर लहरी धीमे-धीमे उठकर अपने चरम पर पहुँच जाती। वे ईसुरी की ओर फाग कहने का इशारा करते, जो एक ओर उदास मुँह लिये बीतरागी से बैठे होते।

चन्द्रपुर की फागों के जरिए हमने जाना कि ईसुरी रूपी कृष्ण क्या करें, कुछ कहते हैं तो उनका गला भर आता है। फाग की जगह हूक उठने लगती है। धीरे पंडा रूपी उद्धव का खिला हुआ निमोंछिया गोल चेहरा मुरझाने लगता, ठीक उस कमल की भाँति जो जमुना में बहता हुआ कृष्ण ने देखा था। कृष्ण रोने लगे थे।

ईसुरी रोते नहीं थे, गुमसुम रहते थे। रात के समय नगड़िया की टंकार पर आस-पास के लोग लालटेन और टार्च लेकर फागें सुनने आते हैं, वे पुराने राग के तलबगीर नहीं हैं, यह बात धीरे पंडा जानते थे, सो बस उन चाहनेवालों को देखकर उन्हें सदमा-सा लगता। दुख होता कि फाके रह-रहकर रघुआ सोनुआ सूखने लगे हैं। यही हाल रहा तो नगड़िया बजानेवाली लकड़ियों की जगह उँगलियाँ काम आने लगेंगी।

इधर भूखे रहना ज्यों ईसुरी ने अपना कर्तव्य मान लिया हो। वियोगी की हैल्थ बनी रहे तो लानत है ऐसे प्रेम पर।

जैसे-तैसे एक दिन धीरे पंडा ने मना ही लिया ईसुरी को। कहा कि—उन्होंने भोर सपना देखा है। सपने में रजऊ है, जो कह रही है, फगवारे फागें काए नहीं कहते ?

धीरे पंडा ने कहा कि—उन्होंने रजऊ से पूछा कि उसे कैसे पता कि नहीं गाते ? वह बोली, जैसे नगड़िया की टंकार एक गाँव से दूसरे गाँव तक जाती है, ऐसे ही फागों की धुन एक दिल से दूसरे दिल में उतर जाती है।

धीरे पंडा ने रजऊ का वास्ता दिया, तब महफिल सजी।

लो ऐन वक्त पर ईसुरी नहीं-नहीं में मुड़ी हिलाने लगे। इशारा किया, उनका घुटना दबाया, फिर भी मुँह से आखर न निकला। इतने पर भी भूखा रघ्घू पेट कसकर पूरे जोश से नगड़िया बजाता रहा। रमतूला वाला फगवारा रमतूला फूँकते समय अपनी पसलियाँ पीसे डाल रहा था। पर कुछ न हो सका। धीरे पंडा को क्रोध आया, मगर वे गुस्से में लाल कहाँ से होते, शरीर का खून रोज-रोज क्षय हो रहा था। वे श्रोताओं के हौल के मारे सफेद पड़ गए।

स्त्री के मोह जाल का यह भयानक तजुरबा ! आज धीरे पंडा जो कुछ भी थे, उसी पर लज्जित हुए। जन-जन के लिए गाने वाला ईसुरी इतना स्वार्थी हो सकता है ?

वाद्य बन्द थे अब। ईसुरी विलाप पर उतर आए।–'धीरे, हम रज्जो के गाँव से काए चले आए ? इसी कारण न कि रज्जो नहीं मिलेगी तो माधोंपुरा सूना लगेगा। बताओ, बरसाने में राधा न हो तो उस गाँव को बरसाना कौन कहेगा ? सच्ची, हम जान बचाकर नहीं भागे। इतना ही तो होता कि रामदास और प्रताप मिलकर हमारी खोपड़ी फोड़ देते। जिस खोपड़ी को साबुत बचा लाए आज उसी में रज्जो का दुख बरमा बनकर सूराख कर रहा है।'

धीरे पंडा ने कोई हमदर्दी नहीं जताई, उल्टे उखड़ गए।--'सारे जू, इन बातों को तुम फागों में नहीं कह सकते ? सामने जनता बैठी है, तुम्हारा पछतावा इस तरह सुनने नहीं आई। वियोग का दुख भी लोग ढोल तांसे, झींका, मजीरों के साथ सुनना चाहते हैं कि तुम्हारा दुख उनका अपना बन जाए। समझो कुछ कि रोकर जिन्दगी नहीं कटती और न बिछोह का मारा आदमी ताजिन्दगी पेट बाँधकर रह सकता।'

'तो ?' ईसुरी ने सवालिया नजरों से मित्र को देखा।

'तो क्या ? लूघर आग। अरे हमने इस गाँव में कैसे-कैसे टिप्पस भिड़ाकर फागें गाने का जुगाड़ किया है, और तुम यहाँ मजनू बनकें रो रहे हो। फाग कहो, फाग गाओ, यही तुम्हारा पुरुषार्थ है।'

'एक तोता ही पाल लें धीरे, जो रज्जो रज्जो रटे।'

ईसुरी की बहकी-बहकी बात पर धीरे ने अपने कपाल पर हाथ मारा। और मिसमिसाकर आहिस्ता-आहिस्ता बोले–'कलजुग में त्रेता युग की बातें नहीं चलतीं।'

'राधा नाम कीर जो औचक सुनायों है।' ईसुरी का अभिनय करनेवाला पात्र अपनी धुन में था।

'ओ, तुमारी किसन कन्हैया की' धीरे के मुँह से आवेग में निकला।

'तुम फागें कहने की बात मत कहो धीरे, फाग कहने के पहले हम रो देंगे।'

धीरे पंडा को अब हँसी आ गई। हँसी में दुख की मात्रा बहुत ज्यादा थी। दुख के साथ उन्होंने रघु की ओर देखा, जो किसी की जूठी बीड़ी के टोटे को सुलगाकर झूठ-मूठ के कश खींच रहा था।

धीरे पंडा ने रोई-सी आवाज में कहा–'रघुआ, बीड़ी पिब गई हो तो तें एक

मोर-पखा ले आ। अपने ईसुरी की देह में किसन महाराज जागे हैं। अब इन्हें बचाना है तो माधोंपुरै चलो। भूखे रहकर मरना तो मौत की भी तौहीन है। सुनते हैं प्रताप फौज में चल गया है, अंग्रेजी फौज में। अपन के प्रान कढ़ें तो अंग्रेजी बन्दूक की गोली से कढ़ें। मौत की औकात तो बढेगी।'

रघ्घू ने बीड़ी का टोंटा एक ओर फेंका और श्रोताओं की ओर देखकर ताली बजाने लगा-जै राधे राधे।-आगे बोला-चलो म्हराज, प्रताप से पूछ लेंगे कि अंग्रेजों के यहाँ हमारी नगड़िया का क्या स्कोप है ?''

धीरे को अबकी बार रघ्घू पर रोष आ गया-'तुम साले अँगरेजों के गुलाम, हर बात में मौका ढूँढ़ते हो कि अँगरेजी बोलो और बिलायत चले जाओ। सागर की बिमला बेड़िनी, करिश्मा नाम धरकर अँगरेजी सीख रही है। पर इतना समझ लो कि बली की बगल में बैठकर कोई बलवान नहीं हो जाता। उनकी खुराक भले ही बनो। अपने राजे-रजबाड़ों की दशा गवाह है।'

धीरे पंडा ने अब ईसुरी की ओर देखा, जो दोनों हथेलियों से सिर साधे गुमसुम बैठे थे।

'ज्यादा नखरे पसार रहे हो ! चार फागें क्या कह लीं, मान लिया कि इलाके भर की लुगाईं तुम्हारे बस में हो गईं। रज्जो भी इतनी भोली नहीं है। घूँघट में से नैन लड़ाने वाली स्त्री...बताओ, कोई मर्द इतना खतरनाक हो सकता है ? मर्द ससुर को धुतिया ही पहना दो, लिपड़कर गिर पड़ेगा। घूँघट काढ़कर सरटि-फरटि से सेर सेर भर के पेंजना और डेढ़ सेर की गूजरी पाँवों में साधकर चलो तो। औरत की ताकत को मूरख लोग नजाकत समझ रहे हैं।'

ईसुरी भोले कबूतर से टुकुर-टुकुर ताकें। धीरे पंडा को और भी गुस्सा आया। अब की बार वे ऐसे बोले, जैसे अन्तिम बात कहकर उठकर चले जाएँगे।

'भइया, हम तुम्हारी संगत करके ही पछताए। अब तक तो चलो तुम प्रेमी थे, सो बने रहो, कोई बुराई नहीं। दुनिया में प्रेम की ही तो कमी है, किसी मोल नहीं मिलता। पर अब तुम उसी प्रेम में पागल हो गए। कल के दिन कपड़ा फाड़ोगे तो शरम हमें ही लगेगी।'

'तौ हम क्या करें ?'

'हम दें ससुर में दो लप्पड़।' कहने के बाद धीरे पंडा ने रघु की ओर मुँह करके कहा-'इस कलाकार को जबरन मंच पर धर दो। पब्लिक सड़े अंडा और जूता फेंकेगी, अपढारे फाग कहेंगे।'

ईसुरी ने मित्र की व्यथा, जिम्मेदार आदमी की भामई के रूप में ली। पेट का सवाल था। मुखिया से वादा था। वादे की लाचारी कि ईसुरी को फाग कहने आना पड़ा।

फाग कहने से पहले वाद्य बजने लगे।

ईसुरी का चेहरा मगर गमगीन रहा। धीरे पंडा का मन हुआ कि वे अपनी पिछौरी फेंककर अपने गाँव चले जाएँ। यह आदमी नहीं सुधरेगा। लेकिन क्या करेंगे गाँव

जाकर भी, वहाँ कौन-सी पुरोहताई राह देख रही है। यहाँ जैसी-तैसी मंडली तो है। एक औरत के बहाने ही सही, फागें पेट का आसरा तो हैं।

धीरे पंडा ने नए उत्साह के साथ रघु को इशारा किया कि वह दादरा के लिए जैसे कहरवा बजाता है, बजाए। पब्लिक को मजा आ जाना चाहिए। पहले ही बहुत देर हो चुकी है।

मगर ईसुरी ने कहरवा रोक दिया और द्रुत बिलम्बित लय पकड़ी। लगा कि उनके होंठों से फाग नहीं कढ़ रही, आँखों से आँसू टपक रहे हैं—टप-टप-टप।

कैसे मिटै लगी कौ घाऔ
ई की दवा बताऔ
दिन ना रात चियारें परतीं, ज्वर ना खाएँ चाऔ
गुनिया और नवाते हारे, खेल खेल कें माऔ
कात ईसुरी कैसे करिए, चलत न एक उपाऔ

धीरे पंडा आगे आए। वियोगी की दशा बताने लगे—दिल में लगी का घाव कैसे मिटेगा ? इसकी दवा बता दो। दर्द से कलेजा फटा जाता है, विरह का ज्वर नहीं जाता। लंघन किए, झाड़-फूँक वाले हार गए। जिन्हें देवता भरते हैं, वे भी कूद-फाँद कर चुके। ईसुरी कह रहे हैं कि अब मैं क्या करूँ, एक भी उपाय कारगर नहीं होता।

'नहीं-नहीं। यह फाग नहीं।' श्रोताओं ने चिल्लाकर कहा।

'तो ?' धीरे पंडा ने पूछा।

'चटकीली फाग।'

'हाँ, भाई, जब चारों ओर फूल खिले हैं। बसंत झूम रहा है तो किसान का दिल उमंगें क्यों न करे ? जो कलाकार अपने मुरीदों का मुरीद होता है, वही सच्चा कलाकार है।'

ईसुरी ने मित्र की बात सुनी और सच्चे कलाकार की तरह पूरी लौ लगन से श्रोताओं को खुश करने के लिए फाग कही—

जुबना कड़ आए कर गलियाँ
बेला कैसी कलियाँ
न हम देखें जमत जमीं पै, ना माली की बगियाँ
सोने कै से तबक चड़े हैं, बरछी कै सी भलियाँ
ईसुर हात समारें धरियो, फूट न जावें गदियाँ

इस फाग का अर्थ कहने की धीरे पंडा को क्या जरूरत। बसंत के दिनों में लोग ऐसी फागों से ही मनोरंजन करते हैं, क्योंकि उनके मदमाते मन में ऐसी किशोरी रहती है, जिसका अभी यौवन शुरू ही हुआ है। छाती पर बेला की-सी कलियों जैसे उरोज हैं। ईसुरी ने वे किसी जमीन पर जमते नहीं देखे, न माली की बगियों में फूलते।

वे सोने के तमगों से लगते हैं और बरछी की तरह नोंकदार। उन पर अगर हाथ सम्भालकर नहीं रखोगे तो हथेली फूट जाएगी। फाग़ सुनकर श्रोताओं को मजा आ गया।

निश्चित ही रजऊ की याद आ गई थी, तभी तो ईसुरी की आवाज बीच में ही भर्रा गई। श्रोता देखें कि 'माजरा क्या है ?' उससे पहले ही धीरे पंडा ने फाग को अपनी लय में उतार लिया। खुद ही फाग को दोहरा-तिहराकर समाँ बाँधते रहे।

ईसुरी मंच से उठकर पीछे चले गए थे। जब कि बराबर 'एक बेर और, एक बेर और' की पुकार उठ रही थी।

दो फागों के बाद ही अन्तराल की घोषणा कभी हुई नहीं, मगर आज धीरे पंडा को ऐसा ही करना पड़ा। और वे मंच के पीछे वहाँ आ गए, जहाँ ईसुरी अपनी छाती दोनों हाथों से साधे बैठे थे।

फिर समझाया–'सुनने वाले नहीं जानते कि तुम्हारे दिल पर क्या बीत रही है ? वे तो बस अपना मनोरंजन चाहते हैं। अगर फाग दुख की है, तो वे भी अपने ही दुख की बात सोचते हैं। बिछोह की है, तो अपने विछोह से जोड़ते हैं। कलाकार के दुख-सुख से उन्हें क्या लेना-देना ? असल बात कि आदमी के दुख-सुख एकदम निजी होते हैं, तुम उन्हें घटा-बढ़ा सकते हो।'

'इसके अलावा भइया, यह बात और सुन लो कि उस औरत से मिलने के लिए तुम तड़प रहे हो और तुम्हारे बाल-बच्चा रोटी के लिए तरस रहे हैं, बताओ ऐसे प्यार प्रीत से बनता क्या है ? ये तो राजाओं के खेल हैं, जिन्हें रोजगार की चिन्ता नहीं। जिन किसान-मजूरों के लिए हम फागें गाते हैं, उनका रवइया तुम जैसा नहीं होता। उन्हें कोई बहुत भा गई तो भगा लाए। और फिर अपने काम में लग गए। तुम तो ऐसे हो कि रजऊ भागे भी तो तुम बैठकर रह जाओगे। प्रीति भी करोगे, बदनामी से भी डरोगे। बताओ, रजऊ से ज्यादा तुम्हारी बदनामी क्या होगी ?

'समय को ऐरो समझो, जैसे इस भुमकाल में फागें सुननेवाले कहाँ मिलें ? जंग के नगाड़े बज उठे हैं, तुम्हारी नगड़िया कहाँ सुनाई देगी ? रामगढ़ से लेकर देवहार के जंगल तक जंग की आँधी चल रही है। सागर, दमोह, ललितपुर से लेकर झाँसी, पन्ना के बागियों के सिर पर इनाम है। वे पकड़े जा सकते हैं, क्योंकि कुछ बेपेंदी के लोटा राजा अँगरेजी राज की ताकत बन गए हैं। खून की होली का समय आ गया है, हो सकता है कि हमें भी फागों के बोल बदलने पड़ें। अलीपुरा, लुगासी और बिजावर जैसी जागीरें तबाह-सी हैं। जहाँ तुम्हारी रजऊ का डेरा है, भिड़ंत वहाँ भी होगी। बागियों ने सीताराम, सरदार खां जैसे गोरा भक्त लोग पकड़ लिए हैं। बैजनाथ किसी तरह निकल गया। सरदार खां को तो खटिया से बाँधकर ले आए थे। सुनते हैं कि मारा गया फतेहपुर में। तात्या टोपे साक्षात कहर बनकर चरखारी के राजा के लिए खड़े हैं। बस, हमने तुम्हें इलाके की दशा बता दी, सो समझ लो कि मुल्क का चेहरा आज भी यही है। हम कौन दिशा में जाएँ, बोलो ?

धीरे पंडा उठे और मंच की ओर बढ़ आए। देखकर फिर ईसुरी के पास लौटे। आशा और स्वागत में आँखें झिलमिला रही थीं।

—मुखिया जू आ गए हैं। संग में मुसाहिब जू हैं धौर्रा वाले। भइया, ये ही दो दिलेर आदमी हैं, जो फागें करा रहे हैं। उन्हें चिन्ता न फिकर, मजे से अँगरेज और देशी फौजों की भिड़न्त देख रहे हैं और कारिन्दों से लगान वसूल कराकर किसानों को धमका रहे हैं। हर तरह से सुरक्षित हैं, अँगरेजी सरकार के नुमाइन्दे। इनका बादशाहों जैसा मिजाज है। अच्छी से अच्छी फाग सुनानी होगी। खुश हो गए तो तुम कन्हैया जू की तरह चैन की वंशी बजाओगे। और मौज में रास-रास खेलो। एक दिना प्रताप रूपी कंस को मारकर माधोंपुरा के राजा हो जाना। रजऊ रानी तो अपढारी चली आएँगी। प्रताप को रास्ते से हटाने के लिए तुम्हें प्रतापी होना पड़ेगा। कैसे ? यह हम बताते जाएँगे। अभी इन सरकारी और राजनेता आदमियों को खुश करो, इन्हीं का जमाना है। जमाने का यही दस्तूर है। आज तक !

ईसुरी की बाँह पकड़कर जब धीरे पंडा ने मंच पर प्रवेश किया तो सचमुच मुखिया जी और मुसाहिब जू उठकर खड़े हो गए।

धीरे पंडा ने कहा, 'आज के राजाओं' की यही अदा है। और ईसुरी ने हाथ जोड़कर उनका अभिवादन किया। वाद्य बज उठे। संगीत की स्वर-लहरी मस्ती उठाने लगी। धीरे पंडा ने झुककर कहा—यह फाग मुसाहिब जू के हुजूर में—

जुबना छिओ न मोरे कसकें
भए नए रंग रसकें
छाती से छाती के लगतन, और बैठ जैं गसकें
छीतन रोम रोम भए ठाड़े, प्रान छूट जैं मसकें
साल एक की मानों ईसुर, फिर मसकालें हँस कें

मुसाहिब जू फाग सुनते हुए ऐसे झूम रहे थे ज्यों उनके तनमन में लहरों का खेल चल रहा हो और वे कमउम्र किशोरी के रूबरू खड़े हों, उसी के मुँह सुन रहे हों—मेरे जुबना कसके न पकड़ो। अभी ये नए-नए रस भरे हैं। छाती से छाती जोड़ते हो तो ये और भी गस जाते हैं। छूते ही मेरे तो रोम-रोम खड़े हो जाते हैं। दबाते हो तो प्राण छूटने लगते हैं। एक साल ठहर जाओ, फिर तो हम हँसकर मसकवा लेंगे।

आहा ! भाई वाह !

मुसाहिब जू ने खड़े होकर पुकारा—"फगवारे जू, कम्माल !" कहकर उन्होंने अपना हाथ उठा दिया।

रघ्घू जानता है, हाथ के उठने-गिरने का मतलब। नगड़िया छोड़कर मंच से उतर गया। और सोने की मुहर शाबाशी के रूप में लेकर लौट आया।

धीरे पंडा की धारणा यही है कि जब तक मंडली का गायन-वादन न हो, फागें जमती नहीं हैं। यह अकेले कवि का करिश्मा नहीं है। सामूहिक संरचना है। वाद्य

तक अपना हक अदा करते हैं। जीवित-अजीवित के भेद के परे स्वर और लय का तालमेल संगीत की सृष्टि करता है। धीरे पंडा ने मुसाहिब जू के पास जाकर अपना मरम समझाया तो जवाब में मुसाहिब जू ने कहा–"पंडा जू, लोग मन्दिर बनवाते हैं, बादशाहों ने मस्जिदें बनवाईं, फिरंगों ने गिरजाघरों से देश को भर दिया, ऐसे ही हम जमींदार लोग फाग शालाएँ बनावाएँगे। लोक संगीत ही हमारा कुल देवता है, जन-जन का जीवन इसमें ही बसा है।"

मुसाहिब जू दरम्यानी कद, मजबूत काठी और क्षत्रिय चेहरा वाले व्यक्ति हैं। अंग्रेजों के भक्त हैं, इससे क्या ? कला को सम्मान देनेवाले शख्स हैं, यह बहुत कुछ है। अशर्फियों की बरसात कर देंगे। फागें गाने वाले कलाकार जी उठें, इससे ज्यादा क्या चाहिए ? कला तो फिर खुदबखुद अपना कौतुक दिखाएगी।

मुसाहिब जू ने अपना मंतव्य बता दिया कि ईसुरी फगवारे के लिए वे अपना रथ भेजेंगे, सादर चले आएँ।

मुसाहिब जू बहुत खुश होकर गए हैं, तब ही तो उन्होंने लगातार पाँच ऐसी फागें सुनी थीं, जो स्त्री के यौवन का खुला बखान थीं। वे मस्त हो गए थे, तभी तो रथ भेजने की बात कह गए हैं, पूरी मंडली का बुलउआ है।

ईसुरी की दशा–हरि भूलूँ, हरिनाम न भूलूँ ! कराहकर रह गए पहले तो। फिर रोए हुए स्वर में कहा–'धीरे, एक बेर रजऊ मिल जाती। माधोंपुरा से पिरभू ही आ जाता...सन्देश तक नहीं दिया। ऐसी रूठ गई, या कुछ और अनघट...'

सुनकर धीरे का सूरजमुखी के फूल की तरह खिला चेहरा कछुए के शरीर की तरह संकुचित हो गया। होठ ककरोंदा की तरह चुप्पी में गोल थे। मोटी गोरी नाक से फोंस निकली–'ससुर जू रोटी का जुगाड़ हो गया तो गर्माहट पर आ गए। औरत की याद भी हमारे जानें, औरत की तरह ही नखरीली होती है। तुम पहले इतै से निगो (चलो) तो। फिर देखें कि कला के कद्रदान क्या देते लेते हैं ?'

ईसुरी ने सिर झटक दिया। उनके मुँह में पान की पीक थी। मुसाहिब जू की दोस्ती का पान जो खाया था। उनका मुँह देखकर रघु बोला–"म्हराज रो रए हैं, या हँस रए हैं ?

'ईसुरी की अगम मुद्रा।' धीरे ने कहा।

'ऐसी धजा बनाए रएँ, म्हराज काबिल माने जाएगे, सो भी वे जानते हैं। हमेंन तो लोग सिर्री समझते हैं, नगड़िया पर चाहे जितनी उस्ताजी ताल देते रएँ। हम हँसते बोलते हैं न ?'

धीरे ने रघु की बात सुनकर भी अनसुनी कर दी जैसे जानते हों कि ढोलक, तबला, नगड़िया, झींका बजानेवाले सदा ऐसे ही नजरंदाज किए गए हैं, किए जाते रहेंगे। नाशुक्रा हुनर है। ईसुरी की कला चमत्कार करती है, भले वे दो आखर मुँह

में से निकालें। तभी तो तमाम खेल खेल रहे हैं और मंडली को खिला रहे हैं। और कितनी जल्दी भाँप गए हैं कि जिस जगह जाना है, वहाँ इसी मुद्रा का कमाल चलेगा। लोग अन्दाजा लगाते रहें और धोखा खाते रहें।

कहने के लिए धीरे पंडा ने रघु से कहा—"भइया, राजदरबारों का मामला है, जहाँ कोई अपने कुदरती हाव-भाव नहीं दिखा सकता। तुम ये समझ लो कि ईसुरी गम्भीर ही नहीं हुए, खुद पर गम्भीरता के जिरह बख्तर कस रए हैं।"

रघु ने ईसुरी की सामर्थ्य को शीश झुकाया। और अपने कपड़े लत्ते सोनुआ, रमतूला वाले मिठुआ के साथ झोलों पोटलियों में सँजोने लगा। साथियों की नजरों में कुछ ऐसा भाव था, जैसे उनकी कला अब फलनेवाली है, महिमा ईसुरी के साथ ही फैलने लगी है।

सब खुश हुए, सब तैयार थे।

रथ आ रहा था। बैल जुड़ गए और सवारी ऐन चबूतरे से आ लगी।

मगर उसी समय।

दूर गली में सामने एक युवक लपकते कदमों आता दिखाई दिया। वह हाथ उठाए बढ़ता चला आ रहा था, जैसे रुक जाने का इशारा कर रहा हो।

पास, और पास आया। चेहरा और छवि स्पष्ट हुई।

धीरे पंडा ज्यों उससे नाराज हो गए हों, देखकर भी अनदेखा कर दिया। रघु ने उसे देखकर धीरे पंडा से ही पूछा—'म्हराज, जे को आगए ?'

'ऊधों।' धीरे ने गुस्से के साथ शब्दों को चबाकर बोला।

'किने लुबाने आए हैं, ऊधों।'

'अपने ईसुरी कन्हैया जू कों।'

'तब फिर ?'

'जा चुके है हम धौर्रा।'

पिरभू हड़बड़ाया-सा देख रहा था कि धीरे पंडा उसे पहचान क्यों नहीं रहे ? ईसुरी म्हराज कहाँ हैं ? ये लोग कहाँ जा रहे हैं ?

उसने रघु से कहा—'भइया, हम पिरभू हैं। हमारा नाम तुमने सुना होगा। यह नाम अपने म्हराज अवस्स लेते होंगे। म्हराज खों बुला दो। धीरे म्हराज खों तौ हम जानते हैं, उन्हें भूलवे की बीमारी है। कओ, खुद खों भी भूल जावें।'

रघु उस जमाने का रघु नहीं था, जब सचमुच के ईसुरी और सचमुच के पिरभू होते होंगे। वह तो चन्द्रपुर की फागों में 'आदिवासी लोकरंजन' के कलाकार की तरह आया था सो बोला—'राजकाज का बोलबाला है, ऊपर से जातिवाद का घोटाला। भइया पैलें तौ अपनी जात बता।'

'नाऊ'

'तब फिर मंडल वालों के केम्प में चला जा, इतै तो बाह्मनवाद चल रहा है। बता कि तें आया काए है ?'

'रज्जो भौजी ने...'

इतनी ही कह पाया था कि रघु बोला–'ओहो, तभी धीरे म्हराज तुम्हेंन चीन्ह नईं रए। जनी के लिए अपनी समाज व्यवस्था और राजनीति में 'नीची नजर' का आरक्षन है। कोशिश भी यही हो रयी है कि वे नीची नजर करके ही रएँ। भली चायै तौ तें भग जा इतै से।'

धीरे पंडा आगे आ गए। कहाँ पिरभू उनके गले लग जाने की बात सोचकर आया था, क्योंकि बहुत दिन का बिछुड़ा था। मगर उनकी धूर्त नजर के मारे 'पाँव पड़ना' भी भूल गया। ऐसे खड़ा हो गया ज्यों अपराधी हो।

वह तो कौन-सा समय कौन-सी घड़ी थी कि स्वयं ईसुरी म्हराज भगवान की तरह प्रकट हुए। और पिरभू उनके सखा की तरह दृढ़-सा हो गया।

क्या करिश्मा था कि पिरभू पास आता जाए और ईसुरी का उदास चेहरा खिलता जाए। दशा यह हो गई कि विकसित कमल के फूल-सी आँखें डबडबा आईं। पानी का ही प्रताप था कि यहाँ भी पिरभू पाँव पड़ना भूलकर म्हराज की छाती से लग गया।

अजब माजरा ! जो अब तक नहीं रोया था, अदना से लड़के को छाती से चिपकाकर रो रहा है। धीरे पंडा को जैसे अपने ईसुरी सरीखे महान मित्र की कमजोरी पर शर्म आई। और ऐसा ही दिखाकर वे ठेठ खड़ी बोली में घुड़कने लगे–'क्यों बे...तू कहाँ का प्रभु है ?'

प्रभु क्या जवाब देता कि वह पिरभू है।

रघु बोला–'म्हराज मेघदूत है।'

'मेघदूत ! बैंचो भादों का बदरा।' धीरे पंडा खड़ी बोली को क्रोध में नहीं साध पाते। आगे बोले–'करिया बादर की तरह डरा रहा है।'

पिरभू ईसुरी महराज से छूटकर धीरे पंडा की ओर देखने लगा। उसने कहा तो कुछ नहीं, मगर साँवली नाक ताम्बे के तपे हुए सूजे-सी तन गई।

धीरे लड़के को झापड़ ही रसीद न कर दें, इस आशंका के मारे ईसुरी ने पिरभू को अपनी ओर खींच लिया। महराज का अपनापन देखकर पिरभू का दिल भर आया और वह छोटे बच्चे की तरह हिलक-हिलक कर रोने लगा।

ईसुरी भी अपना दिल कड़ा न रख पाए। दोनों ही भावुक अवस्था में विह्वल थे।

धीरे पंडा का चेहरा व्यंग्य से भर गया। वे अपने कन्धे से अपना गमछा उतार कर रघु को देते समय करुआकर बोले–'इन दोनों के आँसू पोंछते जाओ। और गमछा निचोड़कर सुखाते जाओ। मंच पर बाढ़ अवइयाँ है। आँसू मामूली थोड़ेई हैं, प्रेम के आँसू हैं। जमुन जल बरस रहा है।'

जमुन जल धीरे पंडा के गुस्से से सुलगते चेहरे पर भभका उठा रहा था। और

ईसुरी थे कि पिरभू के गले में हाथ डालकर रह गए। क्या कह रहे हैं, क्या सुन रहे हैं, उनकी अपरम्पार लीला का हिस्सा हो गया। थोड़ी ही देर में वे अन्तर्धान...

धीरे के चेहरे पर हवाइयाँ उड़ने लगीं। वे रघु के पास घबराए से खड़े हो गए। अपनी चिन्ता हड़बड़ाहट के रूप में व्यक्त की–'देखो तो कनइया जू मौंड़ै कितै ले गए ? वो ससुर भी रजऊ के बदले का रो रहा है। सो हमें लग रई है कि वे पिरभुआ के संग भग तौ नहीं गए ?' धीरे पंडा जानते हैं कि रघु पर बुन्देली के संवाद का असर ज्यादा होगा।

रघु ने उनको खोज निकाला, मगर पिरभू से छुड़ा नहीं पाया। धीरे पंडा गुस्सा न हों, इसलिए चुगली का चबैना साथ ले आया और चुग्गे की तरह धीरे महराज के आगे डाल दिया।

–पिरभू कै रहा था–काकी रज्जो भौजी से रोज कलह करती हैं। कहती हैं उनका बेटा इस हरजाई बहू के मारे गाँव आना छोड़ गया है। रंडी ने बदनामी की बाड़ें लगा दीं। बाड़ें फलाँगे तो मोरा पूत ही घायल होना है।

–फिर ?–ईसुरी महराज ने पूछा था।

–फिर क्या, काकी ने सुना दिया–तें मोरे बेटा को छोड़ दे, अन्त खसम कर जा।

रघु ने धीरे को इस समस्या का समाधान सुनाया–"म्हराज हम कै आए हैं कि हओ, कर जावें। अपने फगवारे जू तौ कब से रो रए हैं रजऊ लानें। पिरभू भी कह ही रहा था कि भौजी रोबें न लड़ें, बस फागें गा गाकर म्हराज को याद करती रहती हैं। अब भौजी प्रेमानन्द की कोठरी में बेधड़क चली जाती हैं। काकी अपने घर में उन्हें फिर घुसने नहीं देती तौ वे अपनी गुलाबो सखी के पास आकें सो जाती हैं।

–हमेंन धमकाते हैं भौजी के जेठ रामदास दाऊ जू। प्रेमानन्द सूरे को भी मारा था कि उनका कान खून देने लगा। सूरे अब कम सुनने लगा है, पर जब देखो तब फागें गाता रहता है। लोग कहते हैं आँख, कान नहीं रहे, प्रेमानन्द फागों के हथियार से प्रेम की लड़ाई लड़ रहा है।

–ईसुरी म्हराज सोच में डूबे हैं। पिरभू रूपी दुश्मन उन्हें सोच से उबरने नहीं देता। कह रहा था–भौजी मायके चली जाएँगी म्हराज। पर कह रही थीं, एक बार फगवारे से मिल लेते। अपनी आँखन उन्हें देख लेते, तिरपित हो जाते।

धीरे पंडा ने गाली की तरह एक वाक्य कहा–'वे तो तिरपित हो जातीं, हमारी मंडली का तरण जरूर कर देंगी। नास हो जाय जा रज्जो का। अपने वेद पुराणों में झूठ नहीं लिखा कि तिरिया का जाल मायाजाल से ज्यादा कठिन है।'

धीरे पंडा ने ईसुरी के पास जाकर सुना दिया–'चलते हो, या हम अपने गाँव चले जाएँ ? तुमने तो दूसरा नाटक ही शुरू कर दिया।'

ईसुरी दुविधा में पड़ गए। इधर मित्र की बात, उधर प्रिया का संकट। न वे कलाकारों का आसरा तोड़ना चाहते हैं, न उस स्त्री का घसीटा जाना बर्दाश्त कर पा रहे। यहाँ तो जो है, सो है ही, मगर पिरभू के मुँह सुना रजऊ की दशा का वर्णन

बवंडर की तरह भीतर ही भीतर कला को छिन्न-भिन्न करने लगा। धीरे क्या जानते नहीं कि जिन फागों के मान सम्मान में मंडली को सुरक्षित भविष्य मिलने वाला है, वे फागें रजऊ के दम से हैं। माधोंपुरा से यहाँ तक, यहाँ से धौर्रा की गैल तक, कि इलाके के रास्तों में जहाँ-जहाँ ईसुरी जाएँगे, रजऊ अपने झाँझन पायजेबें बजाती संग-संग चलेगी। नहीं तो हम रामनाम, हरिभजन और देवताओं का कीर्तन करने वाले साधु, संतों, पंडे, पुजारियों से किस तरह अलग हुए ? धीरे को बताना चाहते थे कि राधा के बिना कृष्ण रास रचाकर धरती, आकाश, वन, जंगल, नदियाँ, पहाड़ और जीव-जन्तुओं के साथ खग-पखेरूओं को राग-अनुराग नहीं बाँट सके, महाभारत ही भले रचवाया हो। अपने यार को ईसुरी क्या बताते कि रजऊ के बिना उन्हें ऐसे विकार घेरने लगते हैं, जो ईर्ष्या, द्वेष या अवसाद पैदा करते हैं। अगर तुम रजऊ को विष कहते हो तो वह हमें अमृत लगती है। चलो, दोनों का मिश्रण मान लो, जिसमें आदमी का जीवन-मरण शामिल है। रजऊ न देवी है, न दुष्टा है। वह न रानी है न दासी है, बस वह हमारे ही समान कलाधारिणी है। हम अपनी उसी कला के लिए आँसू बहा रहे हैं, क्योंकि खाली-खाली हो गए हैं। आखिर धौर्रा क्या लेकर जाएँ ?

अपने उद्‌गारों में समाहित एक दो वाक्य ही कह पाए थे कि धीरे ने उन्हें चुप कर दिया-'यार फालतू बातें छोड़ो।'

ईसुरी ने कुछ भी कहना अब रजऊ की तौहीन समझा और खुद को दयनीय स्थिति में पाया कि-उनकी गुण सम्पदा और प्रेम का किस नीचता से इस्तेमाल हो रहा है।

उन्होंने पिरभू से चलते समय कहा-'अपनी रज्जो भौजी से कहना, हम बस गए और आए। मंडली की व्यवस्था करने की जिम्मेदारी आन पड़ी है। मुसाहिब जू को भी वचन दे चुके हैं। रज्जो हमारी बात जरूर समझेगी।'

पिरभू ईसुरी म्हराज को विदा देने के लिए ही आया हो जैसे। रोता रहा। और ईसुरी ने उसके आँसुओं को रजऊ के आँसू मानकर अपनी हथेलियों से पोंछा। गीलापन महसूस करते ही आँखें गीली हो आईं।

रथ में ईसुरी के साथ धीरे पंडा बैठ गए। पीछे बैलगाड़ी में मंडली के लोग थे।

पिरभू बीच गली में खड़ा सबको विदा दे रहा था। रथ चल पड़ा।

धीरे पंडा ने धीरज की साँस ली, चैन आया। नए सिरे से समझाने लगे-'देखो, अब तक प्रेम ने तुम्हें कितना तड़पाया है कि बस तड़पने की लत लग गई। हमने तो सुना था प्रेम में आदमी प्रेम की तरह ही जिन्दा रहता है, जिन्दादिली से पेश आता है। कोई जिन्दगी नहीं चाहती कि आदमी उसे आँसुओं में गलाकर पानी कर दे। याद है मुसाहिब जू क्या कह रहे थे ? ईसुरी की फागों में गजब की गति है। भइया, प्रेम भी गति के बिना नहीं चलता। कन्हैया रास रचाकर गोकुल बरसाने में ही बैठे रह जाते तो लोग आज उन्हें पिंदोला (जनानियाँ) कह रहे होते। उनने आगे गमन किया। मथुरा से द्वारिका तक गए और द्वारिका से हस्तिनापुर।'

ईसुरी ने चलते रथ में 'ना' में सिर हिलाया। धीरे नाराज हो गए–'ससुर जू, तुम कृष्ण नहीं, उनके बाप हो। वासुदेव। जेल में पड़े सुबकते रहे। देवकी न होतीं तो वे कृष्ण को जेल में ही मार लेते।'

'धीरे, बस बस। हम नहीं मान रहे कि हम कृष्ण हैं। पर इतना समझ लो कि रजऊ के आगे हमारे लानें राजपाट धूल है।'

'तो लोटो धूरा में, राज-रथ में काए बैठे हो ? ऐसे बुद्धि भ्रष्ट होती है कि उस गँवार औरत को, जो घूँघट में रहती है, कला कह रहे हो। कलाकार का धर्म मान रहे हो। तुम से ज्यादा अभागा कौन ?'

धीरे पंडा के उपदेश खत्म नहीं हुए कि एक सेवकनुमा आदमी रथ के आगे आकर खड़ा हो गया। दोनों बाँहें रथ रोकने के लिए फैला दीं। दूसरा सेवक लाठी लिये खड़ा था।

रथ रोक दिया रथवान ने।

सेवक ने आगे बढ़कर कहा–'अकेले ईसुरी म्हराज ही धौर्रा जाएँगे। इतेक कर सकते हैं हम कि पीछे आवेवाली बैलगाड़ी मंडली खों उसके मुकाम पर छोड़ देगी।'

'ऐं !' कहकर धीरे पंडा ने सेवक की ओर ऐसे देखा जैसे मूर्ख क्या बक रहा है ?

'उतरो म्हराज।' दूसरे सेवक ने जोर दिया।

'तुम्हें न पता है हम कौन हैं ?'

'हओ, गावे बजावे वाले।'

'कलाकार कह, सिर्री, कलाकार।'

'हओ कलाकार, अकेलें रथ में से उतरो।' कहकर लाठी वाला सेवक आगे बढ़ा और धीरे पंडा को बाँह पकड़कर उतारने लगा।

'अरे रे !' ईसुरी हक्के-बक्के रह गए।

'हाँ' नहीं। 'नहीं, हाँ।' जैसे शब्दों से हील-हुज्जत खूब हुई। 'उतरो, नहीं उतरते' की बहस बाजी झगड़े की शुरुआत में तब्दील होने लगी। काश् पीछेवाली बैलगाड़ी पहुँच गई होती तो दोनों कलाकारों को अपने साजिन्दों की ताकत का अहसास रहता और वे खुद को ताकतवर मानते। मुसाहिब के सेवक मजबूत कदकाठी के श्रम करने वाले लोग और इधर कवि और गायक जैसे पोस्ती आदमी। मुकाबला बनता न था।

धीरे पंडा रथ में से उतारकर नीचे खड़े कर दिए।

साथी का उतरना ईसुरी की मित्रता और फागों की गायिकी की तौहीन था। अतः ईसुरी भी उतरने के लिए तत्पर हुए।

'तुम कहाँ जाते हो ?' सेवक ने अपनी लाठी उनके और धरती के बीच अड़ा दी। वे असहाय से ऊपर ही टँगे रह गए।

'मंडली नहीं तो हम नहीं' ईसुरी ने गर्व और गुस्सा से कहा।

'तुम कैसे नईं ? मुसाहिब जू सोने की मुहर देकर गए थे, याद है कि नहीं याद ?'

धीरे पंडा ने अपनी जेब थथोली। मुहर नहीं मिली तो ईसुरी से बोले–"हमने तुम्हें दई थी मुहर, फेंक दो इनके मौं पे। हम बिकाऊ नहीं हैं।"

ईसुरी अपने कुर्ते की जेब भी कैसे टटोलें ? उन्हें तो खूब याद है कि मुहर उनके पास थी और उन्होंने पिरभू को दे दी। रजऊ को अब तक भी कोई निशानी नहीं दी थी, मुहर हाथ आई तो उनका प्यार धनवान हो गया। और वे अपनी प्यारी को उपहार देने के काबिल।

वही सामर्थ्य आज मजबूरी बन गई कि ईसुरी खुद को बिके हुए आदमी से ज्यादा क्या समझें ? वे धीरे पंडा को न अपनी सफाई दे सके, न कोई जवाब। रजऊ के प्यार ने उन्हें घर गृहस्थी तक से आजाद कर दिया था, आज उसी प्यार की खातिर मुसाहिब के गुलाम हुए। क्या धीरे पंडा प्रीति की इस नीति-अनीति को समझ पाएँगे ?

मन विद्रोह पर उतर आया कि वे रथ में से कूद पड़ें, लेकिन सामने राजाज्ञा के रूप में दो मुस्टंडे सेवक खड़े हैं। रजवाड़ों और अँगरेजी हुकूमत से जुड़ा आदमी भले मुसाहिब हो, मुसाहिब का सेवक हो या उसका कुत्ता ही क्यों न हो, आम आदमी से हर हालत में भारी पड़ता है।

रथ चल रहा था, ईसुरी यात्रा पर थे।

धीरे पंडा से अलग होना अपने आपमें उपजा अधूरापन था, क्योंकि फागों के साथ गायिकी आपसी मित्रता के रूप में थी। पहले रजऊ छूटी, अब धीरे पंडा...क्या बिछोह इसी तरह अपनी काली छाया के साथ उनके जीवन में से नक्षत्रों को तोड़ता चला जाएगा ? आखिर उन्होंने किस कबूतर के जोड़े को किस जन्म में मारा है ? ऐसे अनेक सवाल उनके मन में उठ रहे थे जिनके उत्तर कहीं नहीं थे।

धौर्रा का राज कवि

शालिगराम कटारे, ओरछा का नामी गाइड आगे की कथा सुनाता है–मुसाहिब जू का रहवास यों तो कच्ची मिट्टी और ककरिया ईंटों के जोड़ से गाँव के साधारण घरों की तरह बना था, मगर उनके जमींदारी से जुड़े होने के कारण घर का दरवाजा हवेली के दरवाजे की तर्ज पर बनाया गया था। उस दरवाजे के दाएँ-बाएँ सफेदी से पुती दीवार पर दो सैनिकों की आकृतियाँ उकेरी गई थीं, जिनकी वर्दी विदेशी रंगरूटों जैसी थी। उनके हाथों में तलवारें नहीं, कन्धों पर बन्दूकें टँगी थीं।

ईसुरी ने गौर से देखा और एकदम से बोले–"प्रताप ! दोनों तरफ प्रताप की सूरत मूरत !" अपने अनायास उठे स्वर पर पछताये ईसुरी। अपनी कमजोरी समझकर सोचा, जब से प्रताप फौज में भर्ती हुआ है, उसके सिपाही रूप की कल्पना अनजाने ही

करते रहते हैं। अनचाहे भी सोचने लगते हैं–उसकी तरक्की भी जल्दी होगी क्योंकि वह दूसरे देशी सिपाहियों की तरह अनपढ़ अँगूठा छाप नहीं है, आठ जमात पढ़ा है। दूसरी बात कि चरखारी के राजा की सिफ़ारिस है, तीसरी मुख्य और महत्त्वपूर्ण बात यह है कि वह क्रान्तिकारी लोगों का पता लगाने में माहिर माना गया है, झट से सुराग दे देता है।

ओह ! उन्होंने सिर झटक दिया, क्यों उस एक-एक बात से वाकिफ रहना चाहते हैं, जो रज्जो से प्रत्यक्ष या अप्रत्यक्ष रूप से जुड़ी हैं।

मुसाहिब जू की हवेली ! घुसने से पहले देखी और सहम गए। उल्टे लौट लिए। फिर तीन चार दिन तक उधर नहीं आए। अपना रहवास, जो मुसाहिब जू की कृपा से एक कोठा, अटारी और आँगन के रूप में मिला था, हवेली के पिछवाड़े था। एकदम अकेले पड़ गए फगवारे जू। सोचने के सिवा और करें क्या ? जब-जब फागें रचने का मन बनाते, रजऊ का ख्याल आ जाता और तड़पने लगते। धीरज बाँधते, प्रियतमा की याद में कोई पुरानी फाग ही गुनगुनाने लगते कि धीरे पंडा आड़े आ जाते।

क्या इन दोनों के बिना फाग और फाग की गायिकी सम्भव है, उन्होंने बार-बार खुद से पूछा, जबाब में आँखें रिस आतीं। मुसाहिब को कैसे समझाएँ कि गली-गली में फागों की रसधारा बहाने के लिए साजिन्दे कितने जरूरी होते हैं, क्योंकि वे रियाज और साजों में फाग को पिरो लेते हैं। दिन-रात मेहनत करते हैं, मुसाहिब जू कैसे जान सकते हैं यह बात ? वे तो हफ्ते भर से आराम ही फरमा रहे हैं। ईसुरी से भी कह रहे हैं–'आराम करो, आप थक गए होगे।' वह पूछना चाहते हैं, रथ में सवार होकर यात्रा करने पर आदमी कितना थक सकता है ? क्या ये लोग आलस्य को थकावट कहते हैं ? थकावट के हवाले हुए लोग नहीं देख पाते कि सीमा पर क्या हो रहा है ? धीरे पंडा ने आते-आते हमसे कहा था, 'जा तो रहे हो, इनके रंग-ढंग में न पड़ जाना।'

धीरे पंडा काश देख पाते कि यहाँ काम के नाम पर आसन पर बैठकर खाओ, पलंग पर पौढ़ो। खास आदमी बनकर चारदीवारी में कैद रहो कि ठंडी-गर्म हवा तक न छू सके। धीरे पंडा, अच्छी दोस्ती निभाई, रोजमर्रा की जरूरतों में बँधी जिन्दगी से तो मुक्ति दिला दी, पर सुख-सुविधाओं के खूँटे से बाँध दिए। तुम होते तो देखते कि ईसुरी बालों में तेल डालना और माथे पर रोली का तिलक लगाना तक भूल बैठे हैं। जरूरत ही क्या है ? फगवारे की एक झलक देखने के लिए यहाँ न पनिहारिनें, न बरेदिया, न किसान। गली भी जैसे जमींदार हो गई हो। आम लोगों का आना कबूल न करती हो।

अपनी झिंझरी पर खड़े रहे, घंटों बीत गए। इन्तजार किया कि बैलों की जोड़ियाँ गुजरेंगी। सबेरे-सबेरे गायें-भैंसें लेकर बरेदिया आएँगे। पनघट पर जनियों की

कचर-पचर मचेगी। कलशा गगरी दिखाई देंगे। मगर सब मन की रची छवियाँ थीं जिनमें तोता, मैना और कोयल भी शामिल थे। कल्पना में स्वर ऐसे थे कि पखेरू अलग-अलग ध्यान बटाएँ। हाँ, सूरज भगवान असली थे, जिनकी धूप में पत्तियाँ सुनहरी हो जातीं।

ईसुरी इस गली में खड़े होकर सामने खड़े पेड़ से जान-पहचान करने लगे। पेड़ को ही अपना साथी-सखा माना तो अपने होने का होश हुआ। रजऊ की यादें फागों में हरी कोमल पत्तियों की तरह लहराने लगीं। उनका दिल तो उमड़ा, मगर रोये नहीं, गुनगुनाने लगे। अकेलेपन से ऐसे ही यारी होती होगी, उन्होंने सोचा। भगवान की कृपा है कि आज उदासी तिरोहित-सी हुई। एक फाग खुलासा तौर पर गाने लगे–

दिखवा दई रोसनी छब की
ऐसी कुदरत रब की
कानों बरनै बुद्धि बिचारी, काम करै ना कवि की
संसारी में मनों आन कें, सरग तरइया टबकी
रजऊ के मौं से फीकी ईसुर, मातावन के भव की

(मुझे सौन्दर्य के प्रकाश के दर्शन हुए हैं। प्रभु की बड़ी कृपा है। बुद्धि उसका वर्णन कहाँ तक करे ? क्या अब इस धरती पर स्वर्ग का नक्षत्र उतरने वाला है ? ईसुरी, तभी तो रजऊ के मुँह के सामने चन्द्रमा की चमक फीकी है)

वे द्वार खोलकर बाहर निकल गए।

सचमुच गाँव बाहर आम केथा, सागौन, अमलताश, शीशम और पलाश के वृक्षों को देखकर हरे भरे हो गए। टहनियों पर चढ़ती, चुस्ती से घूमती नन्ही गिलहरियाँ उन्हें भरोसा देने लगीं। वे जोगी की तरह वन सम्पदा का सौष्ठव समेटने में लगे थे।

लौटकर आए तो धींवर से कहा–कुएँ पर नहाएँगे। गंगा, यमुना, सरस्वती का सुमिरन करते हुए उसमें बेतवा को जोड़ेंगे।

ऐसा ही किया। मगर जो नहीं करना चाहते थे, वही होता जाता। रज्जो की सास से कौल करके आए थे कि उसका नाम लगाकर फाग नहीं कहेंगे। मगर क्या पता था कि हालत ऐसी हो जाएगी कि गंगा, जमुना, सरस्वती का अनदेखा रूप नजर नहीं आएगा, बेतवा कहेंगे और रजऊ नाम औचक ही जीभ पर आ जाएगा। क्या अब उसका नाम ही ईसुरी का सहारा है ? दुखी मन और अकेलापन ऐसा जिद्दी हो जाता है कि कौल-करार का कोई अर्थ नहीं रहता ? सच ही मेरे इस कारावास ने मुझे अक्खड़ बना दिया है। और अक्खड़पन में वे फागें जुबान पर उतर आती हैं, जिनको कुएँ पर सुनकर लोग मुझे घूरकर देखते हैं। यों तो मुसाहिब जू का मेहमान समझकर सम्मान देते हैं, मगर चेहरों पर जो कौतुक होता है, वह ?

आगे बात न बिगड़ जाए, धींवर की बहू चम्पाकली से पूछा था–"फागें सुनकर

लोग चौंकते काए हैं ? फागें तो उनकी जिन्दगी के नजीक की लय में होती हैं।"

चम्पा कती ने भेद खोला तो वे सन्नाटे में आ गए।

"रजऊ कौ नाँव न लैवे करे।" कहते हुए उसके उजले दाँत और साँवली ठोड़ी दिखी।

"रजऊ ! नाम न लें ? सो काए ?" उन्होंने अचरज करते हुए पूछा था।

"बिट्टी कौ नाँव है न।"

"बिट्टी का नाम, बिट्टी का नाम ही तो रजऊ होता है।"

"अरे अपनी बिट्टी कौ।"

"तुमारी बिट्टी ? तुम्हें क्या परेशानी है ?"

"नईं, मुसाहिब जू की बिट्टी कौ।"

"ऑऽऽ !" वे सकपका गए। डर भी लगा।

उनका सहमा हुआ चेहरा देखकर चम्पाकली ने छोटे से घूँघट को थोड़ा और ऊँचा किया। ईसुरी को बड़ी पुँगरिया पहननेवाली बहू की छोटी-छोटी आँखों में आश्वस्ति-सी दिखी–"घबराओ जिन। दो-चार लोग सुन गए, पर अबै ज्यादा समझे नईं। सो कछू नईं बिगरौ। समझ भी गए होंगे तो जे बात परजा की बात ठहराई जाएगी। कोऊ नईं सुनैगा। असल बात तौ हवेली के लोगन की है। बड़े लोग हैं।"

आनेवाली मुश्किल के प्रति खबरदार करने वाली चम्पाकली हवेली में चुगली भी तो कर सकती थी। गौरा पार्वती-सी पवित्र मन की गहरी साँवली धींवर बहू, सचमुच मुझे बचाना चाहती हैं ईसुरी ने सोचा। और नहाना शुरू किया।

चम्पाकली मुस्कराई और फगवारे के ऊपर गगरी भर पानी उड़ेल दिया।

"अरे रे !" कहते हुए वे नहाने लगे।

नहाकर बोले–"हम अपना जनेऊ छूकर कहते हैं, अब रजऊ नाम लगाकर फागें नहीं गाएँगे। जनी का नाम लेने की सुरति उठेगी तो चम्पाकली लगाएँगे। फिर तो कोई कुछ नहीं कहेगा ?"

धींवर बहू खील-मखाने बिखेरती हुई-सी हँसी–खिल्ल !–और उसका साँवला चेहरा ही नहीं अंग-अंग हरष उठा। मजबूत श्यामल बाँहें चकरी पर पड़ी रस्सी को सरटि से खींचने लगी कि डूबक मारते ही पीतल की गगरी कुआँ के मुँह पर आ चमकी।

सिर पर चका, चका पर भरी गगरी, गगरी लिये चम्पाकली जाए और खाली गगरी लिये आए। पता नहीं कि उसमें रजऊ की कौन-सी भंगिमा थी, ईसुरी देर तक नहाते रहे और वह हर बार आती रही।

उससे ऐसा अपनापा हुआ कि अपनी हितू-मीत पर बस चलता तो अशर्फियाँ लुटा देते। दुख हुआ कि अशर्फियाँ लुटानेवाला दिल रखनेवाले को विधाता अशर्फियों का मालिक क्यों नहीं बनाता ?

इस भाव को उन्होंने चम्पाकली से बाँटा था तो वह बोली–"फगवारे जू, तुम

बड़े नादान हो। लुटावेवारे मुहर असर्फियन के मालिक कैसे हो सकते हैं?

"ठीक बात।" वे बोले–"तब हम तुम्हारे लानें एक फाग कहेंगे। घर के लोग रिसा तौ नहीं जाएँगे?"

"धींवर खों रिसावे कौ सुबीतौ कितै धरौ? पानी भरत-भरत सब दिन कढ़ जानें। जा गाँव में जिमींदार के दस घर हैं।"

ईसुरी ने फाग में खुद को जोड़ लिया। और धींवर बहू के अन्दरूनी भावों को मोती की तरह फाग में पिरोकर ऐसा गूँथा कि लगाव-जुड़ाव की माला बन जाए।

"पानी नए यार के जानें
हर हर बेरां आनें
भरौ भराऔ लुढ़का देवें, चाय होय न चानें
द्वारे बैठ देख आउत हैं, कर कर जेई बहानें
नाँय से जातन हम हँस जावे, माँय से वे मुसकानें"

चम्पाकली के लिए अद्भुत अनुभव था इस फाग का सुनना, कि अपनी ही इच्छा को इस तरह प्रकट रूप में देखना। नई दोस्ती हुई है सो हर बेर आने के लिए मन करता है। पानी चाहिए या नहीं चाहिए, इस बात से बेखबर भरा-भराया घड़ा लुढ़का कर खाली कर लेती है और इसी बहाने उन्हें द्वार पर बैठे देखती जाती है। इधर से जाती है तो वे हँसते हैं, उधर से खुद मुस्कराती आती है। ऐसे उल्लास का खेल अभी तक कभी खेला है उसने?

चम्पाकली के रस्सी घैला चकरी से ऐसे छूटे कि सीधे पानी में गए और फाग दिल में उतर गई। अनबूझ दुनिया के पर्दे से गुइयाँ का प्यार-दुलार झाँकने लगा। और ईसुरी किससे कहें कि चम्पाकली को उन्होंने रजऊ बना लिया है, जिसके पास दिलफरेब मुस्कान ऐसी ही थी। यह भूली-बिसरी पहचान सामन्तों और अँग्रेजी शासन में फँसे धौर्रा के बीच, जहाँ सौदेबाजी कराने वाले दलालों की कहानियों का जाल बिछा है। इन कहानियों ने ऐसा रूप लिया है कि उन्हें फागें कहने का मौका नहीं मिला। बस जो अवसर जुटाया, वह मेहनतकश स्त्रियों ने दिया। धींवर बहू चम्पाकली ने न मालूम रसोईदारिन से क्या कह डाला? खाना परोसकर लाती है, फाग सुनने की जिद करती है। अब तो धमकी भी देने लगी है–फगवारे, फाग नहीं सुनाओगे तो घी की जगह चमचा भर मिर्च झोंक लाऊँगी दाल में। भूखे रहना या चिनचिनाते फिरना। मछली मँगाकर साक के रस में मिला दूँगी।

औरत की ताकत, आदमी की देह की कुँजी करिहा से बाँधे फिरती है। फागों में रुचि रखने वाली औरत फगवारे की रुचि जानती है। रजऊ के प्यार का कारण कहीं यही तो नहीं था? जो भी था, उसे भी इर-फिरकर वहीं काम पड़ता जहाँ ईसुरी बैठे होते थे। पानी भरे या भैंस को सानी देने जाए, या फिर ईंधन कंडा ही लाना हो, आवागमन प्रेमानन्द सूरे की कोठरी के सामने लगा रहता।

यही तो कारण नहीं था कि उसके काम और उसकी क्रियाएँ फागों के विषय हो गए। और यही लगाव-जुड़ाव प्रेम हो गया, क्योंकि जीवन कविता हो गया था।

उनकी आँखें सोचते-सोचते सजल हो आईं। प्रीति करवट जो बदलने लगी। वे रजऊ की भक्ति करने लगे हैं।

और वह फाग सुनाने का दिन !

चौकोर बड़ी-सी बैठक में जाजिम बिछी थी। लोग बुलाए गए थे, वे खास लोग थे, फिर भी बैठक ठसाठस भरी थी। इस गाँव में इतने खास लोग...। सुगन्ध फैल रही थी। उसी में बीचोंबीच फगवारे को बैठने के लिए गद्दी दी गई। पास ही वाद्य बजाने वाले बैठ गए। धीरे पंडा गाया करते थे। उन्हें तो लोग बस फाग कहते देखना चाहते थे। अकेलापन हौसला तोड़ने लगा। शायद सत्ता का दबदबा दहला रहा है। अभी तक माहौल मामूली लोगों का रहा सो मन का रहा। आज वे भौंचक से मशाल जलाने की कहना भी भूल गए। हंडा जल रहा है, दूधिया रोशनी का अपना ही कमाल है।

मुसाहिब जू लोगों को पान बँटवाने के बाद पास आए और कान के पास मुँह लाकर कहा–"फड़कती-सी फाग सुनाना, हमारे जमींदार साहब आए हुए हैं। दरबारी आदमी हैं।"

विषम राग...वे इन दिनों ऐसी फागों से बचना चाहते हैं। मन वेदना से भरा हुआ है, ऐसा न हो कि आप बीती किसी के मरम पर चोट कर बैठे। घाव तरह-तरह से लगते हैं पर दर्द तो एक-सा ही होता है। जाति कुछ भी रहे, हैसियत का भी कुछ जोड़-घटाव नहीं, लगाव और बिखराव का किस्सा इन भेदों से परे है।

फाग।

मिलतीं कबहुँ अकेली नइयाँ
बतकाए खों गुइयाँ
मिल जाते, मन की कै लेते, जैसे हते कुवइयाँ
बाहर सों, भीतर सों कड़ गईं, कुल्ल लुगाइन मइयाँ
ईसुर हमनें इनके लानें, तोरीं सरग तरइयाँ

मन की व्यथा थी और उसी से जुड़ी आकांक्षा थी कि कभी अकेले में मिलतीं तो बातें करते। जो कहना चाहते थे, कह लेते। मगर तुम कभी बाहर से निकल जाती हो, कभी भीतर से कड़ जाती हो और तमाम औरतों के बीच होती हो। तुमको पाने के लिए हम आकाश के तारे तोड़ने पर उतारू हैं।

सुननेवालों में से अपनी प्रियतमा के लिए न जाने किस-किस की ऐसी ही लालसाएँ होंगी ? तभी तो 'एक और, एक और' की विनम्र फरमाइश आई। सुननेवालों

का व्यवहार भद्र था और आग्रह मधुर। कुलीन और सम्भ्रान्त लोगों के बीच ईसुरी को पहला मौका था। इसलिए उन्होंने अभिधा नहीं, लक्षणा का सहारा लिया।

निसदिन तरस रये बिन पाएँ
की खों बात सुनाएँ
माँगें बसत होत है पतरी, हल्की होत मँगाएँ
काट जात पाहान जोरिया, सरकाएँ सरकाएँ
विलग होय जो हृदय ईसुरी, खुदियाएँ खुदियाएँ

धीरे-धीरे फाग का स्वर अवरोह में आया। झींका-नगड़िया भी फाग के संग-संग थे। गीत संगीत विलीन हुआ। ईसुरी ने हाथ जोड़कर सिर झुकाया कि तालियों से बैठक गूँजने लगी। श्रोताओं के अलग-अलग स्वर थे–वाह ! उन्हें बिना पाए तरस रहे हैं। यह बात किससे कहें ? वस्तु माँगने से अपनी हेठी होती है। और किसी के जरिए मँगाने से वस्तु का महत्त्व घट जाता है। हम तो अपने मन को वियोग के पत्थर पर घिस रहे हैं। रस्सी सरकाते-सरकाते पत्थर भी घिस जाता है। अरे ईसुरी रोज-रोज कुरेदने से यह हृदय भी कटने लगा है।

ईसुरी ने अपने सुधी श्रोताओं के सामने धीरे-धीरे सिर उठाया। सामने देखा। दाएँ-बाएँ देखने लगे और फिर जैसे आकाश में उदित चन्द्रमा को देखकर कोई चाँदनी-सी शीतल फाग याद कर रहे हों।

मगर चाँदनी तो सदा धरती पर होती है, छत और पेड़ों पर होती है। नदिया पहाड़ों पर भी उतरती है।

अटारी पर चाँदनी-सी लड़की !

दो खंजन नयनों से एकटक फगवारे की ओर देख रही थी। उन्हें लगा, घाघरा चोली पहने और ओढ़नी ओढ़े रजऊ ऐसे झूम रही है, जैसे हवा के झकोरों के साथ सरसों का लम्बा पौधा। चाँदनी न होती तो लड़की का वजूद भी न दिखता। वे रजऊ के लिए सरग-तरइयाँ तोड़ने के लिए तैयार थे, यहाँ चन्द्रमा सहायक हुआ।

मगर वह इधर-उधर हो जाती है, जैसी जानती हो कि पुरुष को एकटक देखना लड़की के लिए लज्जा का विषय है। ईसुरी अब तक स्त्री के घट की बातें समझने में उस्ताद हो चुके हैं, समझ रहे हैं कि इस लड़की का मन अपने बस में नहीं।

पर वे अपना मन कसकर रखेंगे। औरत जात उन्हें उकसाने में माहिर रही है, यहाँ की चम्पाकली और रसोईदारिन इसका जीता-जागता उदाहरण हैं। लगाव दिखाकर यह लड़की कहीं दिल की लगी में न उतार ले। फगवारे के जीवन का न जाने यह कैसा निरंकुश मौसम है। छाती धड़क उठी है और रोम कटंकित हो गए। नजरें बैठक में रुक नहीं रहीं। देखने वाले से आँखें बरबस जुड़ती जाती हैं। अजीब लुका-छिपी का खेल हो गया।

वे एक और फाग कहकर इस खेल से अलग हुए।

लोगों की फरमाइश ने लड़की से उन्हें अपनी ओर खींच लिया।

मगर लड़की को फाग आकर्षित कर रही थी, वह उसे सुनने और बाहर निकल आई। होते-होते यह हुआ कि छत से उतरकर गली में आ गई और गली में बैठक के द्वार के ऐन सामने, जहाँ से फाग कहने वाले को देख सके।

औरतें फागें नहीं सुना करतीं, क्या यह बात लड़की भूल गई ? फाग के मोह में बँधी हर बन्धन से मुक्त, लय में खुद को पहचानती हुई चली आई !

कर जै कोऊ टोटका टौना
ई लडुआ से मौं ना !
कड़बू करे नजर बरका कें, दै कें दीठ दिठौना
घर और बार पुरा पाले में, तुम हो हाल खिलौना
जैसी रूप अगारी तुम हो, ऐसी मुसकिल होना
ईसुर इनै खुसी विधि राखै, जुग-जुग जिएँ निरौना।

ईसुरी जानते थे कि लोगों ने अपने-अपने मन से ऐसी नायिका की कल्पना की होगी, मगर कवि की चतुराई, सबकी नजर बचाकर जहाँ निशाना साधना था साध लिया, जहाँ सन्धान करना था, कर डाला।–इस लड्डू से गोल मुख पर कोई जादू-टौना कर देगा। तुम नजर बचाकर निकला करो। घर से दिठौना लगाकर कढ़ा करो। क्योंकि पूरे मुहल्ले में फिलहाल खिलौना तुम्हीं तो हो। प्रभु से प्रार्थना है कि वह तुम्हें सुखी रखे, तुम युग-युग तक जिओ कमसिन सुन्दरी।

वह दिन !

और आज का दिन !!

रज्जूराजा, मुसाहिब जू की बेटी, अपना कलेजा थामे ईसुरी के आसपास दिखें। देखें चोरी-चोरी। 'बतकाए' के लिए अकेली मिलना चाहें। मन में क्या-क्या तो सँजो रखा था।

और फिर फागें गुनगुनाती हुई सारे बन्धन भूल बैठीं। उनके रहवास में चली आईं। स्तब्ध रह गए ईसुरी। ऐसा हौसला तो कभी माधोपुरा में रज्जो ने नहीं किया था कि बिना काम के बहाने चली आए। जबकि वह तो ब्याहता थी, जिसे कुँआरी लड़की के मुकाबले ज्यादा छूट मिल सकती है। ऊपर से बस सास का पहरा था, जो बस स्त्री थी। स्त्री का भय स्त्री मानती है, इसमें सन्देह है। रामदास था तो, मगर था क्या ? महज खानदानी जेठ। खानदानी पति से शिकायत कर सकता है, सजा तो नहीं दे सकता।

मगर यह पिता की रखवाली में कुँआरी कन्या...

आते ही प्रणाम करने के लिए आगे बढ़ी। वे अपनी खटिया से उठकर खड़े हो गए और एक तरफ हट गए। रज्जूराजा झुकी की झुकी, एक घुँघराली लट

माथे पर झूलती थी, जिसे वह झटके से ऊपर करती है और फिर उनके पाँवों की ओर...

ईसुरी की घबराहट गले में बोलने लगी।

'नहीं-नहीं' के सिवा सारे शब्द गायब हो गए फगवारे के, जिसने अब तक सैकड़ों फागें कही हैं।

वह सामने खड़ी क्षमा माँगने के भाव से देखती है। गोल मुँह पर दो कोमल अबोध-सी आँखें, मोटे काजल में समाई हुईं। दो मोटे से होंठ, लेकिन रस-भरी संतरे की फाँकों से। गाल पर बड़ा-सा काला तिल ज्यों दिठौना लगाकर ही आई हो।

"तुम ! जाओ यहाँ से।"

"काए ?"

"अकेली..."

"किसी के संग आते तो हम तुम से बोल पाते ?"

"क्या बोलोगी ?"

"तुम हमारे लानें फागें गाते हो न ?"

ईसुरी क्या कहें ? इस मुनियाँ-सी लड़की, जो पिता के पिंजरे में रहती है, से झूठ भी कैसे बोलें और सच भी कैसे कहें कि फागें तुम्हारे लिए नहीं रजऊ के लिए होती हैं।

जो कुछ कहना चाहते हैं, वह सुनकर लड़की का रवइया क्या होगा, कौन जानता है ?

वे चुप रहे।

लड़की ने जो समझना चाहा समझ लिया, क्योंकि ईसुरी ने उस पर अपने 'मत' की बंदिश नहीं लगाई।

बस उस दिन से जैसे उसने अपने ऊपर से सारी बंदिशें हटा दी हों, किसी न किसी तरह रोज आने लगी। कितने रास्ते निकाल लिए उस बटुआ-सी लड़की ने, जो पनघट की ओर से आते थे, कछबाई की तरफ से आते थे और ताल के घाट से गुजरते थे।

इस लड़की का क्या करें, जो रज्जूराजा होकर खुद को रजऊ समझती है ? और अपने ऊपर अंकुश नहीं रख पाती। उन्होंने बसन्त ऋतु के बारे में सोचा, या फिर उसकी देह पर छा जानेवाली जवानी उसे भटका रही है ? वे तमाम तरह-तरह के अन्दाजे लगाते, मगर यह नहीं मानना चाहते थे कि फागों ने उसे निडर बनाया है। बस अपना कौल टूटने की आशंका में काँप जाते। धींवर रसोईदारिन और धोबिन से अपनी फागों को जोड़ना, फसलों के सुख-दुख कहना और देवी-देवताओं को सुमिरना उन्हें उस महापाप से बचा रहा था, जो रजऊ जैसी कुलीन कुलवधू या युवती से जुड़ने पर लगता है। उनका मानना था कि माधोंपुरा में प्रताप था, जिसका दूसरा रूप यहाँ रज्जू राजा का पिता है। वहाँ से अपने डेरे उखाड़ने पड़े थे, यहाँ यह लड़की नाश

कराएगी।

मगर दूसरे ही क्षण सोचा–क्या सचमुच औरतें नाश कराती हैं ? रज्जो की प्रीति और रज्जूराजा का लगाव-खिंचाव दोष है और प्रताप की नफरत तथा मुसाहिब जू का भय जायज है ? नहीं न।–उन्होंने खुद से देर तक सवाल-जवाब किए और असमंजस की घड़ी में धीरे पंडा बहुत याद आए। उनकी एक-एक मुद्रा, एक-एक छवि, कभी सचेत करती, कभी साहस देती तो कभी साथ-साथ सहन करने के लिए आगे आती...पर धीरे पंडा अब कहाँ से आएँगे ? सन्देशा भेजो तो आदमी रात-दिन चलेगा। थक जाएगा तो राह में रुक जाएगा। खाने-पीने के लिए भी समय चाहिए। अगर बीमार हो गया तो ? ऐसे तमाम राहगीर रास्ते में दिखते हैं, जो मंजिल पर पहुँचने से पहले ही खत्म होने लगते हैं। ईसुरी मुसाफिर के रूप में खुद को ही देख रहे थे, रास्ते की मुश्किलों में फँसकर मंजिल पर न पहुँच पाने की वेदना से तड़प उठे। अब क्या ऐसा ही होनेवाला है कि न रज्जो मिली न धीरे पंडा मिल पाएँगे। मामूली आदमी का सफर मामूली ही माना जाता है, इसलिए बीच में ही टूट जाता है। क्या उनकी इच्छा पर मुसाहिब घोड़े का इंतजाम करेगा ?

कुछ न सूझा तो उन्होंने घोड़े की लगाम की तरह कसावट अपने जीभ होंठों पर डाल ली और अपने रहवास की भीतर से कुंडी देकर पड़े रहते। मगर उन्हें ऐसा लगता कहाँ है कि एकान्त और अँधेरे में पड़े हैं। धीरे पंडा नहीं हैं, पर लगता है, वे खटिया पर बैठे हैं, रज्जो भी किवाड़ों के पीछे खड़ी उनका बतकाव सुन रही है। उसकी सास गालियाँ दे रही है, फिर भी वह डबुलिया में उनके लिए दही लाई है। बस ऐसे ही ख्यालों में वे उठे और द्वार की साँकल खोलकर किवाड़ों के पल्ले खोल दिए। ताजा हवा के झोंके के साथ रोशनी रहवास में भर गई और वे उसके बीच खड़े रहे। ऐसे ही वे रज्जूराजा से मिलने का जतन सँजोते थे और उन्हें पता नहीं चलता था कि कौन-सा खतरनाक काम कर रहे हैं।

और दिनों की तरह रज्जूराजा आई, आकाश में बिजली-सी चुपचाप चमक गई। अकेलेपन में पता ही नहीं चला कि बादल गड़गड़ाए थे। बिजली के चमकने से जो रोशनी हुई उसी में रज्जूराजा दिखी थी। उन्हें ही दिखी, किसी को नहीं दिख सकी। वे बूँदों की झमाझम से उसकी पेंजनी की आवाज का मिलान कर लेते थे।

उन्होंने रज्जूराजा को उसकी मनपसन्द फाग सुना दी और उन्हें पता ही नहीं चला। लगा कि रहवास में फागों की गूँज यों ही गूँजती रहती है। जहाँ वे रहते हैं, ऐसा ही होता है। प्रेमानन्द की कोठरी में सुगन्ध की तरह गूँज भरी रहती थी।

वे उस रात चैन की नींद सोए। उठे तब जब खुली किवाड़ों वाले द्वार से रसोईदारिन चली आई और प्यार से उनके सिर पर हाथ फेरने लगी। उनको उठाया। अपने साथ लाया हुआ दूध का लोटा झिंझरी पर रख दिया और कुल्ला दातुन के लिए डोल में पानी भरकर रखा। ईसुरी ने रसोईदारिन को ऐसे देखा, जैसे वह रजऊ हो। रज्जूराजा के बारे में सोचकर वे रसोईदारिन की ओर ऐसे देखने लगे, जैसे शरारत

से मुस्करा रहे हों।

रसोईदारिन बोली–"आज हम कलेऊ में परांठे नईं, ज्वार की मयेरी (दलिया) बनाहें, खाओगे न ?"

ईसुरी ने सिर हिलाकर 'हाँ' कहा।

अब ऐसा ही कुछ रोज होने लगा, जो मनभावन था। रज्जूराजा रोज रात के समय मिलने आने लगी। उन्हें इल्म नहीं रहता था कि रज्जूराजा को प्यार करना है, मगर रज्जू बराबर उनके प्यार के रास्ते पर थी। बादल नहीं होते, बरसात नहीं होती तो चन्द्रमा निकलता था। वे झिंझरी से चन्द्रमा को देखते थे और चन्द्रमा से मुखवाली रज्जू को पता रहता कि कोई उसकी बाट देख रहा है। ऐसे ही गाँव के आसपास के बाग, तड़ाग और पहाड़ियों ने हाथ बढ़ाकर उन्हें खींच लिया, वे रज्जूराजा को पहाड़ी की तलहटी में देख रहे थे कि रज्जू ही उनके सामने से जुगनू-सी निकल गई ? वही अब पपीहा की तरह गा रही है–

रातै परदेसी संग सोई
छोड़ गऔ निरमोई
अँसुआ ढरक परे गालन पै, जुबन भींज गए दोई
गोरे तन की चोली भींजी, दो दो बार निचोई
ईसुर परी सेज के ऊपर, हिलक-हिलक मैं रोई

वह फाग स्वर के साथ उनके सामने थी। वे नहीं समझ पा रहे थे कि यह फाग उन्होंने रची है, स्वर और कहन रजऊ की ओर से ही तो है। वही तो परदेसी (ईसुरी) के साथ सोई होगी, जो निरमोही की तरह उसे छोड़ गया। आँखों से अँसुआ ढलकाती रही कि दोनों जोबन भींग गए। चोली दो-दो बार निचोड़ी और हिलक-हिलक कर सेज पर पड़ी रोती रही।

अपना द्वार खोलकर वे देखते तो नीम के वृक्ष की पत्तियों की चित्रकारी में रचा आकाश दिखता और आकाश के रंगों से रज्जूराजा की छवि बनती जाती। जो पूरी नहीं बन पाती, लुका-छिपी-सी खेलती जैसे वह कभी थोड़ी-सी रजऊ हो तो कभी मुसाहिब जू की बेटी। खेल की तरह जिन्दगी का रूप था।

और ईसुरी अपनी दुनिया में ऐसे मगन हो गए कि बाहरी दुनिया का क्या रूप है, इस पर ध्यान ही नहीं गया।

वह तो एक राहगीर धीरे पंडा की चिट्ठी देता गया, जिसमें उनके लिए प्यार भरे अभिवादन के बाद मुसाहिब जू को कोसा गया था–'तुम्हारा मुसाहिब उन लोगों का पिट्ठू है, जो चुप्पी साधे बुन्देलखण्ड की जमीन पर अंग्रेजों को बढ़ते आते देख रहे हैं। तमाम सामन्तों में होड़-सी लगी है कि फिरंगी-सरकार का खास मीत कौन हो। जिस रियासतदार के पास सुनहरी अक्षरों में लिखी सनद होगी, उसे अय्याशी से रहने का वरदान रहेगा।

'पर ऐसा अँधेर हमेशा होता रहे, सो नहीं होना। अब गोद धरे युवराजों वाले राज्यों की नींद उड़ा दी गई है। फिरंगी जान गया है कि लावारिस राज्यों को कैसे धरा जाए। कई राजा जंग करते में मरे और कई अपनी अय्याशी के कारण बीमारियों में घिरकर स्वर्गधाम चले गए, यही सिलसिला जारी भी है। अँगरेजी सरकार ने उस बालक को विरासत से कब का खारिज कर दिया, जिसे झाँसी के राजा गंगाधर राव ने अपनी मौत से ठीक एक दिन पहले गोद लिया था और राज्य का वैध वारिस करार दिया था। सो तो तुम्हें पता ही है।

'रानी हक्का-बक्का रह गई, यह अबकी बात नहीं है। अब तो वह पुराने हवाले दे-देकर थक गई है, सो उस शिवराव भाऊ, अपने ससुर का नाम तक नहीं लेती, जिसने खुद को सबसे पहले फिरंग बहादुर का वफादार ठहराया था और अंग्रेजी सरकार ने भी उसका उपकार सबसे ज्यादा माना था। रानी अपनी पेंशन की अर्जी तक देने पर पछता रही है, क्योंकि वह सालों पहले खारिज कर दी।

'तुम्हारे मुसाहिब जू के हुजूरों के बीच अब झाँसी की रानी ही ऐसी विधवा है, जिसका राज्य अंग्रेजों के परचम तले आने ही वाला है और वह जिद पर अड़ी है कि अंग्रेजी हुकूमत का सपना सच नहीं होने देगी। दतिया जालौन में जो होना था हो रहा है और झाँसी की रानी के साथ कोई नहीं है। सबको अपने-अपने लिए डर लग रहा है। वे जानते हैं कि अक्खड़पन दिखाने का मतलब क्या होता है ? सब कुछ रद्द हो जाना, अपने सैनिकों की छुट्टी। इमारतों पर ताला और खानदानी सम्पत्ति की जब्ती।'

ईसुरी पढ़े-लिखे होते तो खुद ही पढ़ते और घट में धरकर बैठ जाते, मगर चिट्ठी पढ़वानी पड़ी पंडित के एक लड़के से, जो जमींदारों और मुसाहिबों के बालकों को पढ़ाता था। उसने रज्जूराजा से बात गोपनीय रखने का कौल भरा था और रज्जूराजा ने उसे घर से चुराकर चाँदी का एक कलदार दिया था-चिट्ठी पढ़ाई का।

ईसुरी की समझ में धीरे पंडा द्वारा भेजे गए समाचार का मर्म आ गया। क्या उथल-पुथल ऐसी मची है कि रजवाड़ों में हलचल हो गई। सामंतों ने जमींदारों को होशयार किया है और जमींदारों ने मुसाहिबों को यहाँ-वहाँ दौड़ा दिया।

इस बाबत उन्होंने रज्जूराजा ने पूछा था तो उसने बस इतना कहा-हमेंन क्या पता, दद्दू बिजावर छतरपुर जाते रहते हैं। आजकाल ज्यादा ही भाग-दौड़ कर रए हैं।

ईसुरी एक तरह से रजवाड़े की सांस्कृतिक कैद के बंदी हैं, वे समझ गए। यहाँ रहकर ऐसी फाग कहना जुर्म माना जाएगा, जैसी कि धीरे पंडा उनसे उम्मीद कर रहे हैं।

ताज्जुब है धीरे पंडा के ऊपर भी कि यहाँ उन्हें फँसाकर मुसाहिब के खिलाफ सोचने लगे ? इसका क्या कारण हो सकता है ? सचमुच ही वे अंग्रेजों के पिट्ठुओं से खफा हैं या अपनी ही व्यक्तिगत उपेक्षा साल रही है, जो मुसाहिब ने उनके प्रति बरती है।

बहरहाल।

रज्जूराजा के आकर्षण और ईसुरी के दिए जाने वाले फगुआ लोभ की बात छिपी न रह सकी। जहाँ दीवारों के कान होते हैं, वह ईसुरी इन दिनों मुसाहिब की लगातार अनुपस्थिति का लाभ लेते हुए रज्जू को सस्वर फागें सुनाते और सोचते कि वे इस लड़की को अंग्रेजियत भरे माहौल से अलग रखने की कोशिश कर रहे हैं।

ईसुरी ने फिरंगी शासन के चमचों को कभी अच्छा नहीं माना, अभावों और दबावों के बावजूद भी नहीं मान पाए। धीरे पंडा की सोहबत ने इतना जरूर सिखाया कि अगर फागों को जिन्दा रखना है तो खुद भी जिन्दा रहना होगा। जिन्दगी के चलते ही उन्होंने सोचा कि जहाँ कल मैमों के नाच होने वाले हैं और साहब जगह-जगह नाचघर बनाने वाले हैं, वहाँ वे फागों की ऐसी रंगोलियाँ रचेंगे कि फागें रची धरती खोदते हुए राजमजदूरों के हाथ थरथरा जाएँ। वे यह भी जानते थे कि उनके अभियान में पुरुषों की भूमिका दर्शक और श्रोता से ज्यादा नहीं होगी। हाँ, स्त्रियाँ हिस्सेदारी निभा सकती हैं। यह हौसला उन्हें रजऊ ने दिया था सो वे आँखें मूँदकर भगवान से हर जगह एक रजऊ माँगते। रज्जूराजा यहाँ उस लौ लगन की सजीव मूर्ति है, जिसकी खातिर धीरे पंडा ने उन्हें आसपास ही नहीं, मुल्क के हालात बताकर सावधान किया है।

उनके लगातार चलते मिलन समारोह और फागों के गायन को कौन देख रहा है, कौन सराह रहा है, कौन नजरअन्दाज कर रहा है और कौन घात लगा रहा है, से बेखबर होकर वे लगातार नई फागें रच रहे थे। और रज्जूराजा उन फागों का मरम समझने में माहिर होती जा रही थी। वह छंद, शब्द ,भाव और बयान को अलग-अलग करके अरथाने लगती तो ईसुरी चकित से रह जाते। फाग में मिलाकर फाग कहती तो अवाक् हुए देखते रहते। वे रज्जूराजा से ऐसी फाग की उम्मीद कर सकते थे भला ?

मोए तुम सिवाय न दूजौ
तुम न और के हूजौ
तुम सिवाय दुनिया में औरे, इन आँखन ना सूजौ
जो प्रन होवे पतिविरता कौ, प्रान त्याग तन भूँजौ
मन मरदन पै कौन चलावे, नईं बालापन बूजौ
रज्जू अपने जनम भरे में, एक देवता पूजौ

उनकी तमाम फागों का एक जबाब !

उन्होंने बाँहों में भरकर रज्जू को छाती से लगा लिया। और वह छाती से लगी रही। बीच-बीच में फगवारे की गर्दन को चूम लेती। होंठों पर गाल रख देती। इस स्पर्श के सिवा देने के लिए जैसे उसके पास कोई अनमोल उपहार न हो। गुरु दक्षिणा भी यही, सखाभाव का समाहार भी यही।

'क्या गुरु पर शिष्या को इस तरह का ही प्यार आता है ? क्या दीक्षा के बदले अपना सर्वस्व निछावर करने के लिए तैयार हो जाती है ? किसी ज्ञान की ऐसी उत्कट लालसा ईसुरी ने स्त्रियों में ही देखी है, जो सदा से नीची मानी गई हैं। हो सकता है 'नीचता' का लांछन चुनौती बनता हो और अपनी दशा से निकलने के लिए लगन एकलव्य से जा मिलती हो, जिसे नीच होने के कारण, द्रोणाचार्य ने शिष्य रूप में स्वीकार नहीं किया था। रज्जूराजा शिष्या के रूप में धन्य होना चाहती है और मेरा क्या भाव है, उसके प्रति जो खतरों से खेलना चाहता है ?

'सच में मैं द्रोणाचार्य नहीं होना चाहता, भले जाति से ब्राह्मण हूँ और फाग विद्या में निपुण माना जाता हूँ। मैं अपनी विद्या स्त्रियों को अर्पण करना चाहूँगा।' ईसुरी ने सोचा और प्रतिज्ञा की कि रज्जूराजा को पारंगत कर देंगे, जैसे केशव ने राय प्रवीण को किया था।

मगर।

मुसाहिब जू की हवेलीनुमा बखरी की छत पर रज्जूराजा अपने भींगे केश सुखा रही थीं, जबकि जानती थीं कि खुली छत पर हवेली की राजपूत स्त्रियों को जाना तक मना है, बाल सुखाने की खातिर बेपर्द होने की बात तो दूर रही। दादी और माँ को जो हिदायत मिलती रही है, उसी के अनुसार उन्होंने अपनी बेटियों से कहा है—ऐसे कौन से केश होते हैं, जो आँगन में न सूखे ? ओढ़नी के नीचे ही सूख जाते हैं बाल।

मुसाहिब जू कई दिनों से देख रहे थे कि रज्जू के बाल इन दिनों रोज धुलते हैं और सूखते हैं तो बस छत पर। बेटी के सुन्दर रेशम से बाल बिलकुल उसकी माँ के बालों की तरह हैं, इससे ज्यादा मुसाहिब जू कुछ सोचना नहीं चाहते थे।

पूर्णमासी के दिन जब पूरा चाँद निकला था जो मुसाहिब जू जमींदार के साथ चाँदमारी से लौटे थे और उनकी निगाह जैसे ही हवेली से टकराई छत का नजारा चाँदनी में नहाया हुआ था। बेटी अपने बालों की अँधियारी पर साक्षात चाँद-सी खिली खड़ी थी। मुसाहिब जू का घोड़ा मानो खुद-ब-खुद रुक गया।

बेटी का नीचे फैली चाँदनी को देखकर मुग्ध होना, दीवार के पार कुछ देखकर चकित रह जाना और अल्हड़ अदा से अपने आँचल को सँभालना...आगे पिता से देखा नहीं गया, कुछ सोचने से तन-बदन जल उठता। इस तरह कई दिनों वे भ्रम में रहे कि चाँदनी और चाँद, धूप और सूरज, हवा और आकाश को देखने का उनका अपना रवइया ही इन दिनों कुछ अलग हो गया है, क्योंकि प्रौढ़ अवस्था में 'नादानी' जैसी चीज को भूल गए हैं। भूल गए कि रज्जू के ये हावभाव उसकी कुचेष्टाएँ नहीं, उम्र के तकाजे हैं, जिन पर लड़की का स्वाभाविक हक है। आदमी के लिए यह उम्र सबसे सुन्दर होती है।

मुसाहिब जू का सौन्दर्यबोध ऐसा न होता तो वे ईसुरी फगवारे को अपने यहाँ क्यों लाते ? जमींदार को उन्हें तोहफे के रूप में दे देते और जमींदार रियासत में ईसुरी का

नजराना कर आता। इसी सिलसिले के चलते यह कलाकार अंग्रेजों के हुजूर में पहुँचा दिया जाता, जहाँ औरों की तरह 'डैमफूल' कहकर उसे गोली मार दी जाती। क्रान्ति के गीत गानेवालों की दशा किससे छिपी है ? फागों में से क्रान्ति का अर्थ निकालने के फन में बहुत लोग माहिर हैं।

अपने मन की स्वतंत्र भावना आदमी को जिदों, अहंकार और आशंकाओं भरी ईर्ष्या से अलग करके स्वतंत्र रखती है। मगर मुसाहिब के मन का एक बड़ा कोना जमींदारी से बँधा था, बन्धन गुलामी की ओर खींचता था। गुलामी सदा खुद को बचाने की तिकड़मों में रहती है।

सुरतिया और बिरतिया जैसे चाकर एक आदमी को मुसाहिब जू बनाने के तो जिम्मेदार नहीं, मगर बनाए रहने में वफादार सहयोगी थे। वे हर उस बात का पता रखते, जिससे उसकी शान जमींदारी शान में इस तरह मिल जाए कि जमींदारी शानदार हो जाए और उनकी खुद की नौकरी मुस्तकिल रहे।

इधर ईसुरी का रुतबा बढ़ने लगा था, क्योंकि मुसाहिबगीरी जैसी अस्थायी नियुक्ति अपने खून से जायंदा बेटी से ज्यादा न थी। बेशक रज्जूराजा मौका देखकर पिता से फगवारे की बुद्धिमत्ता, कला की साधना और अपूर्व क्षमता का गुणगान किया करती। विद्वान कहती, कलाकार मनवाती।

पिता सारी राजकाज की चिन्ताएँ भुलाकर अपने लोगों से ईसुरी की विरुदावलि गाता और खुद को भाग्यशाली मानता कि पिछवाड़े की बखरी में कलावंत फगवारा रहता है, जिसके गुणों पर रीझकर जमींदारों की महफिलें जुड़ती हैं।

सुख के दिन ज्यादा नहीं होते, ईसुरी का अनुभव यही रहा।

विरतिया बात करते समय बाँई आँख मिचकाता है।

उस दिन की असावधानी, या मौके की तलाश में रहनेवाले विरतिया की तीखी नजर का कमाल !

नहीं, मुसाहिबी रहवास में होते कारोबार का भीतरी हाल जाने बिना आगे बढ़ते जाने का अपराध हो गया। क्या कोई साधारण आदमी राजकाज से जुड़े और राजसी माने जाने वाले घरों के चक्करदार घेरों का रहस्य जान सकता है ? ईसुरी का चित्त अपनी असहायता पर खिन्न हो गया।

अत्यन्त मीठी और फगवारे की चिन्ता करने वाली रसोईदारिन रुकमणि ने कहा होगा कि–फगवारे अपनी रज्जूराजा के लिए फागें कहते हैं। नहीं तो बिरतिया और भाई सुरतिया को यह बात कैसे पता लगी ? रुकमणि के चेहरे पर उलझे हुए भावों को समझने में देर नहीं लगी ईसुरी को।

और बिरतिया ने रुकमणि के इशारे पर मुसाहिब जू को वह प्रमाण दिया, जिस प्रत्यक्ष को वह अनुमान या झूठ कहकर टाल नहीं पाए। जो देखा, अपनी आँखों देखा।

रोज झिंझरी पर आ खड़ी होने वाली रज्जूराजा की मुद्रा अभिसारिका जैसी थी। और ईसुरी उत्तेजित शिराओं में बहती नई ताकत से भरपूर पुरुष। 'कोई देखता है,

क्या कहता है ? की परवाह छोड़कर वे मिलन की लगन में अपनी रौ के हवाले थे। उद्वेग से व्याकुल तोता-मैना का भाव...यह भाव भाग्यशालियों को प्राप्त होते हैं कि अपनी विरह कथा आपस में कहें सुनें। नहीं तो लोग विछोह में अकेले पड़ जाते हैं और दोषी की तरह जीते मरते हैं। ईसुरी ने अपने उद्‌गार प्रिया शिष्या के सामने धर दिए—

तुमसे दूर हमारी बखरी
इतनी जांगा अखरी
हो आवें, बतकाव परै ना, घरी भरे खों छकरी
परत नईं है द्वार सामने, खोर सोऊ पै सँकरी
बेराँ बखत नजर बरका कें, कैसे लैबूँ तफरी

(तुम्हारे घर से मेरा रहवास दूर है। फासला मुझे अखरता है। जब चाहूँ पास आकर बातें नहीं कर सकता। द्वार भी सामने नहीं है और पिछवाड़े की गली सँकरी है। हम नजर बचाकर तुमसे मिलने का आनन्द कैसे लें ?)

फिर तोता-मैना की तरह उड़कर फागों के प्रेमी अन्तर्धान हो गए।
और मुसाहिब के घर सन्नाटा छा गया।

ईसुरी को तलब किया गया।

क्यों ?

'क्यों' के जवाब यहाँ नहीं दिए जाते। बस हुक्मनामे चलाए जाते हैं।

'सवेरे ही सवेरे ?'

जमींदार और जमींदार के मुसाहिबों के यहाँ रियाया जनता के लिए समय का कोई हिसाब नहीं होता। सीधे बैठक में चलें।

वे अपनी उस गद्‌दी पर जाकर बैठ गए, जिस पर बैठकर फागें सुनाया करते थे। और अपने मसनददार सिंहासननुमा तख्त पर विराजे मुसाहिब जू ऐन सामने थे। मालिक की आँखें लाल हैं, क्या वे रात भर सोए नहीं हैं ? उनका चेहरा गम्भीर पर पलकें जल्दी-जल्दी झपका रहे हैं। क्या हलचल हैं मन में ? सदा मुस्कराने वाले मुसाहिब की मूँछों की लम्बाई किस कोप से काँप जाती है ? और उनके बदन पर आज वह अंगरखा भी नहीं, जिसे पहनकर अपनी बैठक में आते हैं।

ईसुरी अनुमानों के हवाले थे कि मुसाहिब जू ने शान्त भाव से कहा—

"फाग सुना दो फगंवारे।"

"फाग ! भोर ही भोर !"

"वक्त का हमें ख्याल नहीं, तो तुम वक्त क्यों देख रहे हो ?" मुसाहिब के स्वर में कातरता थी, कराह थी या कि करुण कड़क ? जो भी थी असरदार आवाज थी।

ईसुरी से 'ना' करते नहीं बन रहा था, जबकि वे फाग कहने का मन नहीं बना पा रहे थे, क्योंकि फाग तो दिन ढलने का राग है।

ईसुरी ने मन में तमाम आशंकाओं पर पल भर में विचार कर डाला—क्या जमींदार ने कुछ कड़ुआ कहा सुना है ? या रैयत में गड़बड़ी फैली है ? क्या पता घर में कलह काँटा...सोचते ही उनके बदन में काँटे उठने लगे। सहमकर मुसाहिब की ओर देखा—उनके चेहरे पर तो खून-सा दौड़ रहा है। नाक तलवार की नोंक की तरह नुकीली हो गई है और आँखें मशाल-सी जल उठी हैं। कान तक की शिराएँ लाल हो रही हैं।

"किसी ने दिल दुखाया है ? मर्द ने या जनी ने ?" ईसुरी ने अनुमान लगाया, जरूर मुसाहिब जू की रात खराब हुई है। दरबारी आदमी ठहरे, क्या पता राग-अनुराग को ठेस लगी हो। क्या सोचें, क्या कहें और किस तरह की फाग सुनाएँ ? अजब दुविधा है।

'नमक खाया है, अदा करना होगा' बस यहीं तर्क, वितर्क, अनुमान और आशंकाएँ खत्म हो जाते हैं। अधीनता मंजूर की है, हुक्म मानना होगा। कला का रसूख यहीं बिखरने लगता है। न मनन-मंथन करने की मोहलत, न फाग गुनने का अवसर। रोटी, कपड़ा पर ऐसे बिके ईसुरी।

मुसाहिब जू का स्वभाव ऐसा ही हो गया है, जैसा राजे-महाराजाओं का हो जाता है। अब शक नहीं कि इस सत्ताधारी की प्रेमिका ने महूरत खोटा किया है सो दिल पर चोट लगी है। आँखों का हाल बता रहा है कि वे गुस्सा से लाल नहीं, दर्द से सुर्ख हैं। अहंकार को चोट पहुँचे, मुसाहिब के लिए मामूली बात नहीं, क्योंकि उनका अहंकार जमींदारी से होता हुआ अंग्रेजी हुकूमत से जा जुड़ता है और हुकूमत का वास्ता मानकर ही कोई स्त्री इस समर्थ की गुलाम हुई होगी। गुलाम और नखरे ! जी बहलाना लाजिमी है। उनकी तौहीन हुई है। मान-मनुहार की फाग ठीक रहेगी। फाग।

धरतीं रोज टिया मनमाने
हओ सांझा हओ भ्यानें
हामी की आसा में आए, भटकत पाँव पिराने
जीतब कौ फल आज यार कौ, गरौ पकर लिपड़ाने

(वादा करती हो, ठिया धरती हो। हाँ सबेरे, हाँ संझा, पर मिलती नहीं। हम तुम्हारी 'हाँ' की आशा में भटकते रहे, पाँव दर्द करने लगे। जीवन का फल तब मिले, जब यार के गले लिपट जावें)

मुसाहिब जी ने कड़ुआ मुँह बनाया, मगर आगे दूसरी फाग गाने के लिए कहा और माथे पर हथेली धरकर दीवार से सिर टिका लिया जैसे माथे में भयानक दर्द उठा हो।

ईसुरी डर के मारे चुप ही बैठे रहे, धीरे पंडा के लिए मुँह से गाली निकली, ससुर के ने अच्छा फँसाया, अपने रौब रुतबे से हमें डरा रहा है। फागें कहने आए थे, इसके दिल को बाँधने-बहलाने का ठेका तो नहीं लिया था।

क्या करते, हाथ उठाकर मुसाहिब को आश्वस्त किया, अबके दिल खिल उठेगा। धीरे पंडा की ही जाँची-परखी फाग है। ग्वालियर के राजदरबार में सुनाई थी, मियाँ तानसेन के नाम पर दो अशर्फियाँ इनाम लाए थे धीरे पंडा। एक गवइया की, एक कहइया की।

फाग शुरू की।

जुबना छाती फोर दिखाने
मदन बदन उपजाने
बड़े कठोर फोर छाती खों, निबुआ से गदराने
सोभा देत बदन गोरे पै, चोली के बंद ताने
पोंछ पोंछ के राखे रोजऊँ, बारे बलम के लानें
ईसुर कात देख लो इनकखों, फिर भए जात पुरानें

"कमाल !" मुसाहिब जू ने ऐसी आहत मुस्कराहट के साथ कहा जैसे गाली दी हो—बहन के लौड़े।

ईसुरी फक् से रह गए।

मुसाहिब जू को दोनों फागें ऐसी लगीं, जैसे इनका सम्बन्ध ईसुरी और रज्जूराजा से हो। फिर क्या था, वे अपने ही खून से जलने लगे, जिसमें विष की खतरनाक धार थी। हाथ में तलवार होती तो वे अभी ईसुरी की गर्दन उड़ा देते। इस समय अपने प्राणों की परवाह उस पुरुष को नहीं थी, जो रज्जू का पिता था।

फिर भी ऐसा कुछ न कर सके, जो इस समय के अनुकूल था। जो ईसुरी को यह अनुभव करा देता कि फगवारा होने से वे किसी लड़की के विषय में अनर्गल नहीं बक सकते। कुछ नहीं कह पाए और गूँगे की तरह, अवसन्न हुए जड़ से देर तक देखते रहे। ईसुरी मुसाहिब जू की चुप्पी को उनकी सामान्य अवस्था समझ रहे थे। वे अब जाने के लिए तैयार थे, खड़े हो गए। आज्ञा भी नहीं ली, मानो मुसाहिब जू हैं ही नहीं।

मुसाहिब जू ने अपने मन में क्या सोचा क्या नहीं, जाते हुए ईसुरी को ऐसे देखा जैसे कला के अहंकार और जवानी के मद का यह घिनौना प्रदर्शन था। वे फगवारे को जाते हुए देखते रहे। ताज्जुब से देखा कि उन्हें अपनी फाग पर खेद नहीं है ! क्या इस फगवारे के अश्लील, भद्दे फाग व्यवहार पर अब तक किसी ने एतराज नहीं किया ? कौन करेगा एतराज, मुसाहिब ही तो उसे यहाँ लाए हैं।

मुसाहिब जू बिलबिला कर रह गए। दिन-भर चैन नहीं पड़ा, रात-भर नींद नहीं आई। पत्नी से भी इस बात को बाँटना नहीं चाहा। औरत पुरुष को कौन-सी सलाह

दे सकती है ? मारकर निकालना मुसाहिब के पक्ष में नहीं जाएगा, फगवारे के श्रीमुख से निकली फाग इलाके की धरोहर है। साथ ही गुणवन्त ब्राह्मण को दंड ! नहीं-नहीं धर्म ही माफ नहीं करेगा। शास्त्रों की दहशत कम तो नहीं होती ?

इतनी जल्दी फैसला लेना ठीक रहेगा ? नहीं, जल्दी का काम शैतान का होता है। इतना कुछ सोचने के बाद भी मन मलिन था। लगा कि ईसुरी को न अब आसन दें न मान का पान आगे बढ़ाएँ। मगर दूसरे ही क्षण एक विचार ने आ घेरा, क्या पता फगवारे जू रज्जूराजा को कविताई सिखाते हों। इसकी मौसी छतरपुर की रानी को कविता करने का कितना शौक है। एक किताब लिख डाली है। रज्जू में जरूर उस विदुषी स्त्री का अंश आ गया है।

मगर ईसुरी की कही ये फागें ? वह तो उनकी ही काल्पनिक प्रियतमा को सम्बोधित हैं, रज्जू का इससे क्या मतलब ? मुसाहिब का मन कोमल हो गया, शायद तभी तो शालीन व्यवहार पर लौट आए। सोचते रहे थे—ईसुरी के सारे जतन मुझे खुश करने के लिए हैं। गलतफहमी में पड़ना मुसीबत को न्योंता देना होता है।

मगर बिरतिया !

बिरतिया ने रास्ते में जाती रुकमणि रसोईदारिन को रोक लिया। बात करने के पहले कुटिल मुस्कान फेंकी और बाँई आँख मिचकाकर बोला—"आज मुसाहिब जू गाँव में नहीं हैं सो बिट्टी बेधड़क फगवारे की बखरी में चली गई। कोई दूसरा देख ले तो कितेक बदनामी करै ? बाप की नाक कटा रही है जे मोंड़ी।"

इतने में सुरतिया आता दिखा। लम्बी काली छाया-सा तगड़ा आदमी। आकर बोला—"हम फगवारे के द्वार की कुंडी चढ़ा आए हैं। अरे हाथ कंकन खों आरसी का ?"

रुकमणि मुँह में धोती का छोर देकर रह गई। आँखों में बदहवासी-सी घिर आई। हौल से उबरी तो बोली—"अब क्या करें ?"

"मौका पकरो और क्या करो" बिरतिया आँख दबाकर धीरे से बोला।

"मौका ! नहीं। बिट्टी की भारी मुसीबत होगी।" वह आशंकित-सी बोली।

"तें तो फगवारे का लुच्चपना कइयो।" सुरतिया ने सुझाया।

कहते हैं कि रुकमणि रसोईदारिन लड़खड़ाते पाँवों मुसाहिब की बखरी के भीतर गई थी। आई तो संग में रज्जूराजा की माँ थीं। ऐन फगवारे की बखरी के द्वार पर खड़े होकर रुकमणि ने मुसाहिबनी से फुसफुसाकर कहा—"बिट्टी तौ फगवारे खों कलेऊ देवे गई थीं। उनने बिट्टी खों भीतर बेंड़ लईं। बिट्टी छोड़ो छोड़ो कर रही थीं, पर वे छोड़ नहीं रहे। हमने किवाड़ खटकाए, उनने खोले नहीं। सो हम आप खों टेर लाए।"

रज्जू की माँ का गोल गोरा चेहरा फक् पड़ गया। एक बार को तो अपनी आँखें बन्द कर लीं, जैसे उन्हें चक्कर आ रहा हो। बिरतिया सुरतिया चार-छह कदम दूर

हटकर खड़े हो गए, क्योंकि वे मर्द थे। औरत-औरत की आपसी बातें, मगर वे कान देकर सुन रहे थे और बातों पर गौर कर रहे थे।

माँ के चेहरे पर साफ लिखा था कि वह दहशत में आ गई है। अपने आस-पास खड़े नौकरों से लज्जित हो रही है। कल तक रुतबे की जो कूट चतुरता थी, वह यकायक बिला गई। ताकत बस इतनी बची थी कि ऊपर का होंठ रह-रहकर फड़क रहा था। डर से उपजा क्रोध, दयनीयता से उगी अचकचाई-सी हिम्मत थी कि वह बोली—"कुंडी खोल दो।"

इस आपतकाल में तीनों नौकर एक-दूसरे की ओर देखने लगे और रज्जू की माँ में किसी की ओर भी देखने का साहस न रहा। बेटी के बदले शर्मशार माँ आगे बढ़ी और कुंडी खोल दी। द्वार यकायक खुल गया तो रज्जू की माँ ने तीनों नौकरों की ओर ऐसे देखा जैसे अब घर की लाज उनके ही हाथ हो। आँखें अपने अब तक खिलाए नमक का मोल माँगने लगीं।

रज्जूराजा बाहर आ गई।

ईसुरी गली में निकल आए।

ईसुरी ने जैसे निगाहों से कहा हो—मुसाहिबनी, तुम्हारे नौकर उद्दंड हो गए हैं और फगवारे ने ऐसी आँखों से ही बिरतिया की ओर देखा कि उनका मनोविकार दब नहीं रहा।

मगर रज्जूराजा, जिस पर माँ सहित नौकर लानत बरसाने के लिए तैयार खड़े थे, लपकते कदमों से आगे बढ़ी और बिरतिया के मुँह पर कसकर तमाचा मारा। बाद में रुकमणि का झोंटा पकड़कर खींच लिया और तमतमाकर बोली—"फागें तो तें भी सुनती है। फागें सुनना गुनाह है क्या ?"

रुकमणि हाथ जोड़ने लगी और रज्जू की माँ अपनी बेटी को देखती ही रह गई। होश आया तो घर में हाथ पकड़कर ले जाने लगी। माँ चलते-चलते बिरतिया से बोली—"खबरदार जो जुबान खोली। जुबान खिंचवा लेंगे हम।"

घर में जाकर माँ ने बेटी को मनमाने तौर पर पीटा था। कहनेवाले तो यहाँ तक कहते हैं कि रज्जू की माँ ने आवेश में अपने गले में रस्सी का फन्दा डाल लिया था और कहा था—फगवारे से मिलेगी तो मैं फाँसी लगाकर मर जाऊँगी। वैसे भी यह बात तेरे बाप के कानों तक गई तो तेरी खैर नहीं। न मैं ही जी पाऊँगी।

रुकमणि ने यह बात फैला दी कि लड़की बज्जुर कलेजा है। माँ के आगे पत्थर-सी खड़ी रही। न गलती मानी, न गलती करने का कौल भरा। यही कहती रही—अम्मा, फगवारे पर तोहमत मत बरसाओ। उनकी गलती नहीं है। हमें कोई बेशक मार डाले, पर हमने कोई जुर्म नहीं किया।

यह तो मुसाहिबनी भी समझ गई थी कि फगवारे की गलती होती तो चेहरे पर इतनी सच्चाई न झलकती। बेटी ने कोई गलत काम किया होता तो उसमें साहस न होता। गुस्सा करने का साहस सच्चाई के बिना नहीं आता। लज्जा का बोझ पलकों

पर नहीं था। ये बातें माँ ने रुकमणि को सुनाकर भी कही थीं।

रुकमणि ने मुसाहिबनी की बात का समर्थन किया और विनम्र चेतावनी दी थी–"हम तुम कुछ भी समझें मालकिन, दुनिया नहीं समझेगी, हाँ। बिरतिया खों सै देना हम कहाँ चाहते हैं ? पर भेद तो..."

इसके बाद।

मुसाहिब जब गाँव लौट आए। बिरतिया ने सारी बातें उनसे कह दीं। एक हाथ उनका गोड़ छूने को बढ़ाता था, एक हाथ अपनी छाती पर रखता था। आँख दबा-दबाकर कौल खाता जाता था।

"पर रज्जूराजा की माँ तो..." मुसाहिब ने बीच में टोका था।

"माई बाप, माँ अपनी बेटी खों लांछन हरगिज न देगी। इज्जत तौ आपकी जा रही है। मालिक मर्द की विथा मर्द समझते हैं।"

मुसाहिब जू आपे में न थे। मर्द की बात की तरह बात समझते हुए उनके चेहरे पर भयानक भाव आ-जा रहे थे। बिरतिया की ओर देखते तो खौफजदा हो उठते। नौकर भेदों का हथियार लिए है, भेद जो आबरू के खजाने में सेंध लगा दें। मुसाहिब का चेहरा धीरे-धीरे उसी दीनता के हवाले होता गया, जिस दीनता से एक गुलाम पेश आता है। बिरतिया यही कह दे कि मुसाहिब की लड़की फगवारे के एकान्त में आती जाती है, लड़की की लांछना के लिए यही बहुत है।

उन्होंने भीतर आकर पत्नी से कहा था–"बिरतिया झूठ नहीं बोल रहा। न तुम्हारी बेटी गंगा जली सी पवित्र है और न वह फगवारा बाम्हन की तरह पूजने लायक है।"

रज्जू की माँ चुप रही। पति के सामने चुप रहना ही उसने अपना धर्म बनाया हुआ था।

वे आगे बोले–"हमारा वफादार नौकर बात गलत होने पर अपनी गर्दन उडा देने की बात कहता है। और यह बदकार फगवारा हमारी बेटी के शरीर को अपनी फागों में ढालता है। हमारी नाक के नीचे बदकारी और बदमाशी की हिम्मत !"

रज्जूराजा का आकर्षण एक दिन की बात नहीं था। उसका प्रेम पिता के डर के मारे खत्म होनेवाला नहीं था। उसकी भावनाएँ अपनी निजी थीं, वे किसी दूसरे के फैसले के अधीन नहीं थीं।

सो अपनी आँखों भी देख लिया मुसाहिब ने और तब से ही उन्हें अपने चेहरे पर सुशोभित तनी मूँछें नकली लगने लगीं। बिरतिया की उठती-दबती आँख ने उनकी आँखों की नींद छीन ली। क्या करें ऐसा कि जन-जन की प्यारी फागें कहनेवाले ईसुरी को प्रताड़ना देने का इलजाम उनके सिर न लगे। क्योंकि यह प्रताड़ना बेटी की बदनामी का ढोल ज्यादा पीटेगी।

कई दिन गुजर गए। रज्जू के कई मिलन हो लिए। कोई हल्ला नहीं हुआ, कोहराम नहीं मचा।

फिर एक दिन।

जब ईसुरी रज्जू के इशारे पर रेशमी कुर्ता और बारीक धोती पहनकर रोली का लम्बा तिलक लगाए उस तालाब की ओर जा रहे थे, जहाँ जाना जरूरी होता था। 'कमल कुंज' का नया ठिकाना रज्जू ने ही खोज निकाला था। इस तालाब में सबसे ज्यादा गहराई थी। उसके ऊपर तना आकाश दुनियाभर के शोर गुल से अलग अकेला था। रज्जू तालाब के किनारे खड़ी हो जाती तो ईसुरी को लहराते पानी में उसकी परछाईं दिखाई देती। नख-शिख तक समूची लड़की तरंगित देखकर उन्हें लगा था कि अब तक वे स्त्री की अधूरी तस्वीर देखते रहे हैं। मुख देखा तो स्तन नहीं देखे, स्तन देखे तो नाभि का दायरा नहीं दिखा, कटि प्रदेश देखा तो नितम्ब ओझल रहे। तालाब के जल का करिश्मा सम्पूर्ण में घटित हुआ है। लहरें भी अब किनारे छूने से पहले रज्जू का स्पर्श करती हुई तल पर बिछलती चली जाती हैं।

ईसुरी अपने घर से इन्हीं कल्पनाओं में निकले थे सो दाएँ-बाएँ देखा तक नहीं।

"पालागन म्हराज !"

अभिवादन सुना उन्होंने, पर आशीष तक नहीं दे पाए कि उसी दम रस्सी का एक फन्दा आया, जो गले के चारों ओर फँस गया। एक भयानक चोट कन्धे के पिछले हिस्से पर पड़ी, तभी-तभी। कन्धा सुन्न होता चला गया।

ईसुरी चौंकते, उससे पहले दहशत में आ गए। बैल की तरह रस्से से बँधे हुए पिटने लगे। गली में उनकी अपनी आवाज में मिलकर डंडे का तड़ातड़ शोर हुआ। चोट पड़ने पर दर्द खुद-ब-खुद चीखता चिल्लाता हो जैसे, ईसुरी की स्वाभाविक आवाज कहीं न थी। आर्त्त पुकार की गूँज से माहौल कराहने लगा फिर।

गली में लोग जुड़ आए। बहुत से आगे बढ़े और एक-दो आदमी ने सुरतिया का डंडा पकड़ लिया।

"क्यों मारते हो भाई ? ईसुरी म्हराज का क्या कसूर है ?"

डंडा बिरतिया, सुरतिया का होता तो वे लोगों के प्रति अपनी जवाबदेही समझते। यह मुसाहिब जू का डंडा था, जो एक तरह से राजदंड था। राजदंड पर किसकी रोक लग सकती है ? सुरतिया कवि की टाँगों में, बाँहों पर और पीठ पर डंडे बरसाता रहा। वे गिर गए। धरती पर कटे पेड़ से...।

धींवरिन चम्पाकली बीच में नहीं आती तो हो सकता था कि ईसुरी के प्राण निकल जाते। चम्पाकली दौड़ती आई और फगवारे के ऊपर गिर गई। उनके बदले के डंडे खाने लगी। भीड़ में खलबली मच गई। धींवर-कहार सन्नाटे में आ गए। चमारों की यह हिम्मत कि उनकी औरत को मारें। चार-छह धींवर कहार जुटे और बिरतिया सुरतिया से उनकी गुथ्थमगुथ्था होने लगी। मुसाहिब जू का ख्याल भूल गए।

लोगों ने बीच बचाव किया।—अरे खून खराबे पै काए उतर आए ? दोस तो बताओ म्हराज कौ।—एक हट्टा-कट्टा युवक बीच में आ गया।

दोष तो पहले से ही गाँठ में बाँधकर लाए थे बिरतिया सुरतिया सो तुरन्त ऐलान कर दिया—ईसुरी फगवारे ने मुसाहिब जू के घर से गहने चुराए हैं। एक लाख के

गहने। देखे हैं काऊ ने एक लाख ?–कहता हुआ बिरतिया हाँफ रहा था। आँखें फैल गई थीं।

इस इलजाम पर लोग चुप हो गए। चम्पाकली भी ईसुरी को आँखें फाड़कर देखने लगी। 'चोरी करनेवाले को कौन बचा सकता है ?' किसी ने कहा और आगे जोड़ा 'चोर की तो थाने में भी जमानत नहीं होती।' आहत चम्पाकली धीरे-धीरे 'मना' में सिर हिलाने लगी। पर कौन देखता है ?

लोग पीछे रह गए साजिश और राजदण्ड आगे निकल गया। सुरतिया बिरतिया ने ईसुरी को सरेआम रस्से से बाँधा और ले चले। उसी नीम के पेड़ से टाँग दिया, जिसके हरियल पत्तों के बीच से वे आकाश पर बनी चित्रकारी पर विमोहित हुआ करते थे।

लोग च् च् च् की ध्वनि के सिवा कुछ न कर पाए, क्योंकि मुसाहिब जू बाहर निकल आए थे। उनका चेहरा तो स्याह-सा था मगर आँखें लाल थीं। मूँछें खूब ऐंठी हुई।

रस्से के सहारे नीम की डंगार से लटकता हुआ कवि...कुछ नवयुवक और बूढ़े मुसाहिब की ओर प्रार्थना की नजर से देखने लगे।

'मुसाहिब जूऽऽ !' एक करुण आवाज हवा में फैल गई। मगर यह क्या ? पेड़ से टँगे हुए ईसुरी की ओर मुसाहिब देख नहीं पाए। जल्दी से जल्दी लौटे और अपने घर में घुस गए। लोगों ने अचम्भे की नजर से देखा और लाचार से खड़े रहे।

मगर तभी फगवारे की फाग अपनी ताल पर डगमगाने लगी थी।

जों लों गुरा गुरा हो टूटै
रजऊ कौ संग न छूटै
जैसे रहत म्यान के भीतर, जब समसीर सरूटै
डर ना लगत हमारे जी खों, सीस सामने फूटै
जी आधान ईसुरी मोरो, बोलत नइयाँ झूठै

कि एक सार्वजनिक घोषणा में ईसुरी का संकल्प, जिसे वे लोग भी सुन लें जो केवल बाहरी आचारों को मान बख्शते हैं। मुसाहिब जू का सम्मान आज नकली मर्यादा और क्षणभंगुर राज्याश्रय पर है, कितना छिछला है। नहीं तो कवि के इस संकल्प का जवाब दें कि चाहे रग-रग टूट जाए, रजऊ का साथ नहीं छूटेगा। लोगो, तलवारें खींच लो, मुझे डर नहीं लगता। मैं रजऊ के लिए अपना सिर फुड़वा सकता हूँ। वैसे ऐसा कौन कवि कर पाएगा कि सारा घर-वार लूट ले। मैं रत्ती भर भी झूठ नहीं बोल रहा।

ईसुरी ने वह भेद खोल दिया, जिसे छिपाने के लिए चोरी का नाटक खेला गया था और मारपीट करके सबक दिया गया था।

रजऊ ! रज्जू ! रज्जूराजा !

लोगों ने एक दूसरे की ओर देखकर सिर हिलाए जैसे असल मामला समझ में

आ गया हो। दोनों को जिन्होंने आते-जाते, बोलते-बतियाते और हँसते-मुस्कराते देखा था, मगर कहा कुछ नहीं था, वे अब भौंरों की तरह 'भुनभुन' करने लगे। बदनामी की गुँजार गली में उठी और गाँव भर में फैल गई।

कहते हैं कि ईसुरी और कुछ न बक दें, इस डर से उन्हें एक अँधेरी कोठरी में बन्द कर दिया गया। ताले की चाबी रसोईदारिन रुकमणि के पास रखी गई। रुकमणि उन्हें खोलकर नित्यक्रिया के लिए निकालती थी और बिरतिया दूर खेतों में ले जाता था। रुकमणि को देखते ही पहले दिन उन्होंने एक फाग कही कि रसोईदारिन सकपकाकर ऐसी सहमी कि ताला-कुंजी उसके हाथ से गिर गए।

रुकमिन डबा काए नईं रानों
भेजौ जेहल खानों
भीतर बैठे से का होनें, काए चुरा लऔ गानों

रुकमणि से सीधा संवाद किया था ईसुरी ने कि गहने का डिब्बा लिया है तो तुमने लिया है, स्वीकार क्यों नहीं करतीं ? कभी हमारी फागों को कितना प्यार किया था तुमने, पर आज हमें सजा दिलवा दी, सो क्यों ? हमारी मौत का ऐलान होना बाकी है, शरीर तो कुट-पिट गया। हड्डियाँ चूरन हो गईं।

ईसुरी भी जानते थे कि उनको खतरनाक मुजरिम क्यों समझा जा रहा है और चोर करके दिखाया जा रहा है।

रज्जूराजा भी देखती थी कि उसके पिता जब न तब बिरतिया सुरतिया को बुलाते रहते हैं। बैठका की किवाड़ें बन्द करके बातें करते रहते हैं। फगवारे की चौकीदारी पर बिरतिया खुद रहता है। रज्जू विकल बेचैनी में रहती। इधर से गुजरती उधर से गुजरती रुकमणि रसोईदारिन के पास जाकर खड़ी हो जाती। खड़ी रहती और बिना कुछ कहे लौट आती।

ऐसे कितने दिन !

आखिर रज्जूराजा के सब्र का बाँध टूट गया। उसने फगवारे की कराह जो सुन ली थी। बिरतिया कोठरी के आगे से हटकर नहाने चला गया और सुरतिया को कलेऊ करने रज्जू की माँ ने बखरी में बुला लिया। बस ऐसे ही मौके की तलाश में लड़की ने तीन दिन घूम-घूमकर काटे थे। मौका मिला तो बिजली की गति से कोठरी तक पहुँची। किवाड़ों से होंठ लगा दिए-फगवारे ! हम रज्जू !

भीतर से कोई जवाब नहीं आया, कराह में फाग की कड़ियाँ घुली थीं-

जा मई दसा लगन के मारें
रजऊ तुम्हारे द्वारें
ठाड़ी हती टिकीं चौखट से, हो गईं ओट किनारे
हम तौ टँगे नीम की डरियाँ...

आगे बोला नहीं गया फगवारे से। बदन में दर्द की लहरें उठीं कि वाणी ही गुम हो गई। रज्जू मन ही मन फाग में बहती पीड़ा को होंठों से पीने लगी–हमारी लगन में तुम्हारी यह दशा हो गई ! हमसे देखा नहीं गया था तुम्हारा तड़पना, सो चौखट से लगकर खड़े नहीं रह पाए। नीम से टँगे फगवारे को किन आँखों से देखते ? ओट ही आँखों को उस नजारे से बचा पाई।

उस वक्त चली आई रज्जूराजा। घर आकर छिप-छिपकर रोती रही। मिलने का उपाय क्या होगा ? कुछ सूझता नहीं था।

जो सूझा, वही निकास था। एक रेशमी लाल कपड़े में अपने हाथों के छन कंगन बाँधे। गले का तिदाना उतार कर पोटली बना ली। घँघरा के ऊपर रेशमी ओढ़नी में पोटली छिपाकर रुकमणि के पास रसोई में आ खड़ी हुई रज्जू। खड़ी रही।

खड़ी रही।

फिर इधर-उधर चौकन्नी नजर से देखती हुई रोटी बनाने वाली रुकमणि के कन्धे पर अपना काँपता हुआ हाथ धर दिया। रोटी बेलती हुई रुकमणि ऐसे चौंकी, जैसे उसकी चोरी ही पकड़ी गई हो।

–अरे ! का बात है बिट्टी ?

–जे।–कहकर रज्जूराजा ने कंगन और तिदाने की लाल पोटली आगे कर दी।

–का करें हम ?–पोटली हाथ में थामकर रुकमणि पूछने लगी।

–धर लो। पहन लेना।

–ऐं !

–हाँ ! बस एक बार फगवारे से मिला दो।–कहकर रज्जू डबडबाई आँखों से बिटर-बिटर देखने लगी।

–बिट्टी, तुम्हारी अम्मा देख लेंगी जे गैने, तो हम साचऊँ चोर बजेंगे।

–वह तुम जानो। अभी मत पहनना, फिर कहाँ से देख लेंगी अम्मा ? अभी तो हमारे पास लड़लड़ी और छीताफली पेंजना भी हैं।

–बिट्टी, बिरतिया सुरतिया बुरए आदमी हैं। तुमारे संगै हमें भी धरती खोद कें गड़बा देंगे।

–हम धरती में गड़ने को तैयार हैं रुकमणि, बस फगवारे की चोटें एक बार सहला दें। नीम की छाल का लेप लगा दें।–रज्जू की आवाज थी या कातर पुकार ? रुकमणि पिघल-सी गई।

–हाय इन बिरतिया सुरतिया की ठठरी बँधै, फगवारे के बढ़ते रुतबा से घबड़ा कें कैसा खेल खेला है। ऊपर से महोबा का नाथू फगवारा आ मरा। बोला–ईसुरी म्हराज का अस्थान हमें मिल जाए तो पाँच चाँदी के कलदार तुम्हेंन देंगे।

बिट्टी, म्हराज का नाम ही उनका बैरी हो गया। सरनामी के संगै बैरी भी फैलते जाते हैं। छतरपुर टीकमगढ़ तक ईसुरी खों राजा बुलाते हैं, और दुसमन कुढ़ते हैं।

रज्जूराजा को कुछ सूझ नहीं रहा था।

आखिर रुकमणि ही काम आई या रज्जूराजा के गहने? वह भोर ही भोर चार बजे आई। शुक्रतारा चमक रहा था। चुपचाप रज्जू को पलंग से उठा ले गई।

ताला खोला। तभी बिरतिया का काला बदन चाबी घूमने से पहले प्रकट हो गया।

देखते ही रज्जू की आँखें जमी रह गईं और रुकमणि के हाथ से चाबी छूट गई।

–का बात है?–बिरतिया का भारी और कठोर-सा स्वर उभरा।

–बिट्टी की अम्मा ने दवा भेजी थी। बैद ने कही कि भोर बिरम-महूरत में लगानी है। नातर फगवारे की जिन्दगी खतरा में है। बाह्मन की हत्या लगेगी।

–तो बिट्टी आकें हमसे कह देतीं–बिरतिया ने अपनेपन से कहा था।

रज्जूराजा ने उम्मीद के साथ देखा बिरतिया को।

अब यह दीगर बात है कि रुकमणि ने पूरे गाँव में यह बात फैला दी थी कि रज्जूराजा को खुद बिरतिया फगवारे के पास ले जाता है। बिट्टी हल्दी में चंदन मिलवाकर पिसवाती है। गुलाब जल अपने हाथों मिलाती है और खुद ही फगवारे के जख्मों पर नित रोज लेप करती है।

बिरतिया की ऐसी कृपा!

बिरतिया को बदले में कुछ नहीं चाहिए, बिट्टी के चूमा लेता है गाल पर। गर्दन पर। होंठों पर। और मौका देखकर छाती दबा लेता है।

'हाय रज्जू!' रुकमणि के अपने मुँह से निकला था। मगर रज्जू ने कहा–हम क्या करें रुकमणि? फगवारे के दर्शन तो मिल जाते हैं। अरस-परस भी हो जाता है। बिरतिया हमें छूकर, दबाकर, चूमकर क्या बिगाड़ लेगा?

'बिरतिया, अपना परलोक मत बिगारै, नासिया।' रुकमणि ने कहा तो वह बेशर्म की तरह हँसकर रह गया था। और बोला–हमें परलोक बिगाड़ने की दहशत दिखा रही है तें। भूल गई कि मुसाहिब जू हमारी बहुओं को पहली रात ही अपने नीचे बिछाकर मानते हैं।

क्या कहती रुकमणि? मुसाहिब के जवान होने के दिनों से उनकी लीला देख रही थी। अन्तर यही था कि इन बड़े लोगों की रासलीला रिवाज बन गई थी और ऐसी ही तमाम रिवाजों में मिल गई थी, जिन्हें निभाना अभ्यास में आता है।

और रज्जूराजा थी फगवारे की अपराधिनी। उसका प्रेम था, उसकी अदम्य आकांक्षा।

गाइड शालिगराम कटारे कहता है–"ईसुरी म्हराज क्या जानें कि रज्जूराजा पर क्या बीत रही थी? बेंत पड़ते थे और नाखूनों में सुई चुभोई जाती थीं।

फगवारे को क्या मालूम कि एक पिता यातना देने के लिए किस तरह तैयार होता है? जिस गली जाते, मुसाहिब को लगता लोग देख नहीं रहे, थूक रहे हैं। हालत यहाँ तक आ गई कि मुसाहिब ने खुद को भी एक कोठरी में कैद कर लिया। मगर

लड़की थी कि अपने स्त्रीपन के अपमान और अभिमान को साथ-साथ महसूस कर रही थी या पिता की सत्ता को चुनौती दे रही थी। एक अनबूझ युद्ध चल रहा था बाप बेटी में। और माँ थी कि कभी बेटी के लिए पिता से क्षमा याचना करती तो कभी पिता के लिए बेटी से मर्यादा की भीख माँगती।

एक दिन रुकमणि ने आकर फिर सनाका खींच दिया।

'मालकिन, रज्जू और फगवारा कोठरी के किवाड़ बन्द करे हैं। बिरतिया दरवाजे को लात मारकर तोड़नेवाला है। मालिक खों संग ले गए हैं दोऊ भइया।'

रज्जूराजा की माँ जैसी बैठी थी, वैसी उठकर भागी। रुकमणि कहती गई– 'बिटिया जुलम करे है। बदनामी के मारे काऊ देस में वर नहीं जुटनें है।'

नजारा था कि मुसाहिब जू बिरतिया से सिर हिलाकर मना कर रहे थे कि किवाड़ें न तोड़ो। उन्होंने हाथ के इशारे से कहा कि गर्दन उड़ा दो। फुसफुसाए–'कल तक'

और गाँव में कहानियाँ फैल गईं कि रज्जूराजा और फगवारे के मिलन के लिए ताले अपने आप टूट जाते हैं। किवाड़ खुद-ब-खुद खुल जाती हैं। दीवार में दरार पड़ गई है। यह लड़की नहीं, कोई देवी है।

वह दिन शान्त था। रात सितारों से भरी हुई एकदम अँधेरी।

ईसुरी अपनी कोठरी में थे कि किवाड़ों पर कूट इशारे वाली दस्तक हुई, जिसमें तीन बार ऐसी आवाज आती थी जैसे बैल का खुर चटकता हो। इसी इशारे के लिए ईसुरी रात भर जगे रहते। किवाड़ रज्जू ही खोलती थी।

मगर आज रुकमणि! उसे देखते ही ईसुरी दहशत में आ गए। एकदम से बोले–"रज्जू ठीक तो है?"

रुकमणि बोल नहीं रही थी। ठीक से साँस भी नहीं ले रही थी। उसने फगवारे की कलाई पकड़ ली। और बाहर की ओर खींचने लगी।

ईसुरी अपनी चिन्ता भूलकर बच्चे की तरह उसके साथ चल दिए।

बेआवाज चलते हुए उसी ताल पर आ गए, जहाँ उन्हें रज्जूराजा मिला करती थी।

रज्जू थी, कमल कुंज के पास।

ईसुरी का दिल बुरी धड़क रहा था, नहीं तो पाँवों में लड़खड़ाहट क्यों होती?

ऐसी नाजुक हालत थी और रुकमणि कह रही थी–"फगवारे, भली चाहो तो रज्जू और तुम इतै से रातई-रात भग जाओ। जिन्दगानी बड़ी चीज है म्हराज। जिन्दगानी का गहना है प्यार प्रीत। रज्जू का ख्याल करियो फगवारे जू।" कहते-कहते रुकमणि का गला भर आया था। उसने रज्जूराजा को अपने कन्धे से लगाकर दुलार किया।

मगर ईसुरी के होश उड़ गए।

फगवारे ने कहाँ सोचा था कि यहाँ माधोंपूरा से भी बुरी गत होगी। वहाँ से तो खुद को ही भागना था, मर्द की तरह टाँग उठाकर भाग खड़े हुए, मगर यहाँ से संग-संग रज्जू जाएगी, कहाँ ले जाएँगे ?

एक बार तो उन्होंनें यह भी सोचा कि अपनी कैद-कोठरी में लौट जाएँ। इस खुले आकाश के नीचे घिर जाने से अच्छा है कोठरी की सुरक्षा में रहना, खाना और सोना। प्यार में तड़पना कोई कठिन काम नहीं, आजादी को बर्दाश्त करना बस का नहीं दिखता।

मगर करते क्या, सोचने का समय नहीं था। पीछे लौटने के लिए रास्ता नहीं। रुकमणि ने उनको कैसा प्रेम किया ? फागों की दीवानी थी, गहने चुराने का इलजाम देकर रुसवा कराया। रज्जूराजा के प्यार का पर्दाफाश किया, उसे पकड़वाया और अब न जाने किस भावना के वशीभूत होकर दोनों को मुक्त कर रही है। प्रेम की दुनिया का खुला रास्ता दिखाकर प्रेम के प्रति अपनी आस्था दिखा रही है। कितनी परतें हैं इस औरत के भीतर ?

ईसुरी रज्जू के साथ अपने रास्ते पर बढ़ चले।

हल्ला तो होना ही था, हल्ला हुआ।

कहाँ गई रज्जूराजा ? कहाँ गए ईसुरी म्हराज ?

जितने मुँह, उतनी बातें। तरह-तरह के किस्से बने फिर तो।

–ईसुरी म्हराज रज्जूराजा को भगा ले गए।

–नहीं, वह तो खुद ही बेड़िनी के संग चली गई, पेट रह गया था।

–पेट ! किससे रह गया पेट ?

–अरे बिरतिया से। बिरतिया ने मौका ताड़कर अपनी बहन-बेटियों और बहुओं का बदला निकाला, रज्जूराजा की गत बनाकर। अत्याचार क्या होता है, बता दिया मुसाहिब को। बिचारे मुसाहिब जू कहीं मुँह दिखाने के नहीं।

कोई कहता–बेटी को काटकर बेतवा नदी में बहा दिया बाप ने। नकटी लड़की ने पिता को कहीं का नहीं छोड़ा। बरेदियों (चरवाहों) ने एक लड़की की लाश देखी।

सुना ऐसा भी गया कि रज्जूराजा खुद ही भाग गई, क्योंकि पिता से उसे खतरा था, वे दिन-रात बिरतिया से सलाह करते रहते थे। भागकर कहाँ गई, पता है ? देशपत दिमान इन दिनों जासूस औरतों की भरती कर रहा है। क्रान्तिकारी से मुसाहिब भी डरता है।

जनश्रुतियों में यह भी प्रचलित है कि छतरपुर की रानी ने रज्जू को अपने यहाँ छिपा लिया था, वे ईसुरी म्हराज का बड़ा मान करती थी।

लोग अन्दाजा लगाते थे कि हो सकता है, वह ईसुरी के संग बघौरा ही चली गई हो, वहाँ की जमींदारिन आवादी बेगम की मुसाहिब से रंजिश है सो उसकी भागी

हुई लड़की को पनाह देकर बदला निकाल रही है।

बहरहाल रज्जूराजा का कहीं पता नहीं लगा और लोगों ने मान लिया कि वह मर गई या कहीं छिप गईं। जबकि ईसुरी के बारे में सबको एक ही बात पता थी कि वे अपने दोस्त चतुर्भुज के यहाँ बघौरा चले गए, जहाँ उनसे मिलने धीरे पंडा आया जाया करते थे। बस अनुमान यह रहा कि ईसुरी को जो सजाएँ धौर्रा में मिलीं, वे इसलिए भी थीं कि वे अपनी बखरी में या फिर कमल-कुंज के पास बनी मड़इया में बागी सैनिकों को ठहराया करते थे। धीरे पंडा ने उनको उन्हीं सिपाहियों की मार्फत अंग्रेजों के खिलाफ खबरें पहुँचाईं और सहायता माँगी। रज्जूराजा भी उनकी मदद किया करती थी।

इस इलाके में रज्जूराजा के बारे में कितनी ही बातें फैलीं, मगर रज्जू की माँ कहती रही—हमारी बेटी आन मरजाद वाली निकरी।—कहकर बिलख-बिलखकर रोने लगती थी मुसाहिबनी।

❑❑

शालिगराम कटारे की रजऊ-कथा। कथा इतिहास की प्रमाणिकता, भूगोल की सीमा और लोक व्यवहार की गहराइयों से लैस है। जीवन का मर्म खोलती हुई उसे विश्वसनीय बनाती है।

विश्वसनीय ! मैं ऋतु नाम की लड़की रात के समय अपनी खटिया पर लेटी-लेटी रज्जूराजा की कहानी को उधेड़ने लगी। जब से सुनी है एक निजी बेचैनी घेर रही है। वे ही सवाल नुकीले काँटों से उठते हैं, जिनके जबाब जनश्रुतियों में तरह-तरह से बिखरे पड़े हैं। झूठ-सच, सही-गलत, उचित-अनुचित—न जाने कैसे-कैसे जंजाल मन से चिपटे रहते हैं। रात को सोना मुहाल हो जाता है। अन्त में मन उखड़ता-भटकता अपनी माँ की बातों पर आ ठहरता है।

बातें, कि बातों से बनी एक कहानी, जो कभी माँ ने नहीं सुनाई। इधर-उधर से सुनकर मन के धागे में माला-सी गूँथ ली है और कल्पना कर ली है कि यह कथा माँ के मुँह सुनी है, उनकी अपनी जुबानी।

'मैं गलत नहीं थी ऋतु, असल में लोग चाल-चलन को ही जानते हैं और समझ लेते हैं कि किसी औरत के बारे में सब कुछ जान लिया। वह भी अपने हिसाब से जोड़-घटाते हैं लोग। उस औरत के भीतर कितना कुछ छूटा रह गया, यह कौन बताए ? औरत की कथा, जो उसके भीतर हाहाकर मचाती रहती है, उससे कोई भी पागल हो जाए। एक कवि ही तो थे, आज भी हैं। उनकी कविता की धूम है। पर अब इस उतरती अवस्था में क्या किसी से कहना ?

कब की बात, बीता किस्सा। मैं इण्टर में पढ़ने वाली लड़की थी ऋतु और विकल थे एम.ए. में पढ़ने वाले विद्यार्थी। वे ईसुरी पर पी-एच. डी. करने की सोचते थे। सो

फागें पढ़ते और सुनाते। उनके अनेक मतलब निकालते। वे मुझसे विमलेश नहीं कहते थे, 'रजऊ' कहकर मुस्कराते। चिट्ठियाँ लिखने लगे तो उसमें भी रजऊ। फागों के मिस सन्देश, उनकी यही अदा थी।

कोई लड़का ऐसी चिट्ठियाँ लिखे तो लड़की घबरा नहीं जाएगी ? उन्हें लिखने का दोष कोई नहीं देगा, हम पढ़ने के जुर्म में पकड़े जाएँगे। माँ बाप का तो यही तरीका रहता है। मैं घबरा जाती थी, और आँखें बन्द कर लेती थी, पर लगता कि कोई चमत्कार मुझे निर्भय गंगा में प्रवाहित करता हुआ कवि के पास लिये जा रहा है। नाव के बंधन भी खुल चुके हैं। फिर आगे बढ़ना कैसा अच्छा और स्वाभाविक लगता। मैं ऐसे अपनी मर्यादा के पहाड़ से उतरती, जैसे गोमुख से गंगोत्री उतरी हो। मैदान में खुद को पाकर हिरनी की तरह चंचल हो उठती।

विकल दूसरे छोर पर होते, अपने भविष्य के सपने देखते तो मुझे लगता ये सपने भी मेरे लिए ही हैं। अपनी-अपनी भावना थी, अपनी तरह का विस्तार था। वे फाग कहते और मैं सुनती—

तोरे नैन मुलक उजियारे
हमें हेरतन मारें
लगा भभूत करौ बैरागी, बाबा बना निकारे
कई एक खों भिक्षुक कर दऔ, कयैक दीन निगारे
कयैक भए फकीर ईसुरी, इन बिन्नू के मारे

बिन्नू ! यानी कि हम। हमने बहुत लोगों को उजाड़ दिया। विकल को हमने देखते ही घायल कर दिया। अब उन्हें शरीर पर भभूत लगाकर बाबा हो जाना है। इस तरह न जाने कितने लोग भिक्षुक हो जाएँगे।

बताओ, फिर ऐसे में कौन-सी लड़की को होश रहेगा ? हमें भी भावनाओं ने मजबूर कर डाला बेटा। ऐसा नहीं कि हमने अपना मन न मथा हो, ऊँच-नीच न सोची हो, माँ-बाप की इज्जत का ख्याल न किया हो। सब किया पर जो कुछ निकलता वह विष समान लगता, क्योंकि उससे प्रेम का खात्मा होने लगता, विकल दूर जाने लगते और महसूस होता कि प्रेम नहीं तो जिन्दगी नहीं। फिर हमने मान लिया कि विकल वही सब तो लिखते हैं, कहते हैं, गाते गुनगुनाते हैं,. जो हमें अच्छा लगता है। तो वह फिर हमारी ही भावनाओं की झनकार है।

फिर कुछ नहीं सूझा, न जाने किन गहराइयों में उतरते चले गए ?

घर की कुँआरी कन्या जब रात में न सोए तो संग ही माँ-बाप की नींद छू-मंतर हो जाती है। बिना ब्याह के किसी पुरुष की नजदीकी, पवित्रता भंग हो गई तो क्या होगा ? हमारे परिवार का कड़ा रुख हो गया, फिर सहज जिन्दगी कोई कैसे जिए ? लड़की अपनी रौ में बह जाए तो कुल खानदान कैसे रोके ?

एक ही उपाय रह जाता है फिर, ब्याह। ब्याह की बात चली, हमने समझ लिया

हमारे लड़कीपन का अन्त आ गया।

ब्याह के समय विकल इम्तहान देने कस्बे से बाहर शहर गए थे। लड़की का किसी लड़के से प्रेम-सम्बन्ध चल रहा है, इस बात को छिपाने की तमाम कोशिशें कीं। अगर कहीं पता चल ही गई बात तो ? तो हमारे पिताजी ने मँहगे से मँहगा दहेज जुटा लिया कि लालच भी आदमी को सौ शंकाओं से बचा लेता है। पर क्या पता था कि मामूली लड़के को गैरमामूली चीजें दोगे तो बात अपने आप जाहिर हो जाएगी। बाहर वालों की आँखें फटने लगीं और नाते-रिश्तेदारों के पेट में शंकाओं के साँप लहराने लगे।

ऊपर से विदा का नजारा भी गड़बड़ हो गया। हम कभी तुलसी के विरवे से लिपटें तो कभी उस नीम के पेड़ को बाँहों में भरें जहाँ विकल मिलते थे। सब तरह से ससुराल से विद्रोह करें। मुँह से एकाध-बार विकल-विकल निकल गया, क्योंकि हम तो उसी के विछोह में रो रहे थे।

एक बार अपने रास्ते पर पड़ जाओ तो फिर लोगों का बताया रास्ता मिलता नहीं। ऐसे ही ब्याह के बाद पिछले लगावं टूटते नहीं, दूरियाँ उन्हें ज्यादा मजबूत कर देती हैं। सब जानते हैं कि बेटी ब्याह के बाद मायके को कितना चाहने लगती है। भाई-बहनों के लिए तड़पती है। विकल तो फिर...

इसके आगे माँ कुछ नहीं कहती। कुछ नहीं बताती। बड़ी-बूढ़ियाँ भी मुझे देखकर चुप हो जाती हैं, एक दूसरे को इशारे से कहती हैं—ऋतु आ रही है।

मगर आगे की कथा तो मेरी अपनी कथा है कि मुझे मेरे जायज पिता ने विकल की औलाद समझा और गर्भवती माँ को घर से निकाल दिया। सीता की कहानी मीरा तक आई। मीरा की कथा रजऊ तक...और रजऊ का किस्सा माँ से जुड़ने लगा।

कवि भी क्या करता, उसकी काव्यात्मक उठान का समय था और विमलेश नाम की लड़की प्रेम के पीछे-पीछे उस जंगल में पहुँच गई, जहाँ खो जाने पर समाज का रास्ता नहीं मिलता क्योंकि बदचलनी का सबूत उसके शरीर पर टँगा होता है। ऐसे में माता-पिता भी शरण नहीं देते। आसरा दिया तो विधवा मौसी ने यह कहकर—विमला, मेरे पास रह। यहाँ पति और बेटा जैसे मर्दों की मालिकी नहीं। नाक-मोंछ की मर्यादा के झमेले नहीं।

कवि चमकता चला गया। सांस्कृतिक कार्यक्रमों में धूम मचाता रहा। आगे रजऊ की कथा क्या मोड़ लेगी, मुझे मालूम नहीं, बहरहाल मेरी माँ ने अपना पुरुषार्थ किया, जीवन जिया। क्या इसलिए ही मैं रजऊ-कथा में दिलचस्पी लेने लगी ? नहीं तो यंत्रणादायी इतिहास को फिर-फिर घटित होना मुझे क्यों लुभाने लगा ?

ओरछा में बिताए इस एक हफ्ते में मेरे सामने कथा और शोध-यात्रा का जो अनजाना पृष्ठ खुला, उस पर देखा कि पेट की खातिर पर्यटकों को पटाने में माहिर माने जाने वाले गाइडों में कथा कहने की ही नहीं, कथा रचने की अद्‌भुत क्षमता होती है, और

होती है उसे समसामयिक बनाने की कुशलता। सादा बोली-बानी में बुने दृश्य उद्दाम प्रेम और शृंगार को शिखर तक ले जाते हैं और कहन के उतार-चढ़ाव, अवसाद की गहराई को व्यंजित करते हैं। शोध का कोई भी विद्यार्थी इन गाइडों के वाचिक साहित्य पर काम कर सकता है। शालिगराम कटारे के जूनियर गाइड छतरपुर, महोबा, झाँसी और टीकमगढ़ तक फैले हैं।

अचानक पटाक्षेप होगा, यह मुझे नहीं पता था। गाइड से आज रजऊ और ईसुरी के अगले पड़ाव के बारे में सुनना और जानना था। वह स्थान भी देखना था, जहाँ रज्जो जंगल के बीच एक मढ़िया में कुछ दिन रही थी।

'सॉरी मैडम' अपनी चिर परिचित मुस्कराहट के साथ पीली टी शर्ट और नीली जींस वाला शालिगराम कटारे बोला और छोटी-छोटी आँखें झपकने लगा। वह लम्बे बालों में उँगलियों का कंघा फेरता हुआ मेरी प्रतिक्रिया की प्रतीक्षा में था।

"क्यों ? सॉरी किसलिए ?" मैं हाथ में कागज, कलम लिये और कन्धे पर बैग टाँगकर चलने के लिए तैयार खड़ी थी।

माधव ने उत्तर दिया, जो मुझसे कुछ पहले ही तैयार होकर बाहर निकल आया था। "क्या करें कटारे जी भी, विदेशियों की टोलियाँ आ रही हैं, अपना देश देखने। वे समय के बहुत पाबन्द होते हैं, गाइड कोताही नहीं कर सकता।"

माधव शालिगराम कटारे के साथ सह अभिनेता का-सा पार्ट अदा कर रहा था, जिससे गाइड की भाव-भंगिमा में सच्चाई दोगुनी हो गई।

"विदेशी ?" मैंने सवालिया नजरों से विदेशियों के महत्त्व को नजरंदाज करना चाहा, क्योंकि विश्वास हो चला था कि इस गाडड के लिए 'रजऊ कथा' का रचनात्मक वाचन इन दिनों महत्त्वपूर्ण है। जो कि मेरे शोध में आने वाला है।

"अब तो समझो कि एक-एक पल हमारे लिए बेशकीमती है। डॉलर, लीरा और पोंड से समय के मिनट-घंटे तुलेंगे। रुपइयों में तब्दील करो तो बोरा भरेगा।" कहते हुए शालिगराम कटारे के साँवले छोटी नाक वाले चेहरे पर खुशी मुस्करा रही थी, और मेरे रुआँसे हो जाने का वक्त आ गया। अनचाहे ही उदास होती गई।

लगाव से देखनेवाले शालिगराम से इस तरह झटक देने की उम्मीद नहीं थी।

"अरे आप उदास हो गईं ! नहीं-नहीं...हमारी मजबूरी समझो। सीजन चल रहा है, फिर ऐसे मौके हाथ नहीं आएँगे। आप तो फिर भी आ जायेंगी।"

माधव सह अभिनेता से वकील की भूमिका में आ गया—"हाँ, हाँ, फिर आ जाएँगे। तब तक घर हो आते हैं।"

"घर घर घर !" मैंने अनचाहे ही अपने स्वर पर कठोर धार धर दी। तुम जा सकते हो घर, मैंने रोका तो नहीं। मैं नहीं जाऊँगी। मेरा घर अब कहीं नहीं...।"

"अरे !" माधव दुखित और पछताया-सा देखने लगा, मैंने क्या बुरा कह दिया' की निगाह से।

शालिगराम कटारे उत्साह में था और जल्दी में भी। हम दोनों की दयनीय कलह

देखना नहीं चाहता था। उसने अपने भावों में परिवर्तन करते हुए आवाज को एक खास विनम्र बिन्दु पर लाकर कहा—"अगर आपको भी मेरी तरह जल्दबाजी की मजबूरी है तो मैं एक नम्बर देता हूँ। मोबाइल फोन का नम्बर। यह करिश्मा बेड़िनी का नम्बर है। वह सागर के पास पथरिया जाट गाँव में रहती है।" कहकर शालिगराम कटारे ने जींस की जेब से छोटा-सा परिचय-कार्ड निकाला और ध्यान से देखने के बाद मेरी ओर बढ़ा दिया।

"मिल गई तो समझ लो कि रजऊ के बारे में दस कथा सुना देगी। उसकी अपनी पीढ़ियाँ भी तो फागों से जुड़ी रही हैं। कहती तो यह भी है कि उसकी परदादी गंगिया बेड़िनी ईसुरी म्हराज की शिष्या रही है।"

मुझसे पहले माधव ने कार्ड लपक लिया। गौर से पढ़ने लगा और फिर आँखों में छलकती हुई आशा से मेरी ओर बढ़ा दिया, जैसे उसने ही करिश्मा का अता-पता खोजकर आत्मगौरव सिद्ध किया हो।

ओरछा से दतिया जाने वाली बस में बैठते हुए, जाहिर है कि मेरा तन-मन कुम्हलाया हुआ था। जो हाथ लगा उसकी पूर्णता का अहसास नहीं, कुछ लेकर जाने की खुशी नहीं, जो नहीं मिला या जो आते-आते छिन गया, रह गया, उसका अधूरापन अवसाद बनकर भारी बोझ-सा मन पर लदा था। शरीर की शिथिलता मनःस्थिति को अधिक बोझिल कर रही थी। जबकि मैं ऐसा चाहती नहीं थी।

ऐसा कुछ न दिखाने का मेरा निजी मकसद था कि कहीं इस उदासी को माधव अपने छतरपुर जाने से न जोड़ ले और महत्त्वपूर्ण होने की भूमिका में आ जाए। बहुत सम्भव है कि यह माधव का ही खेल हो और विदेशियों के सिर डालकर मेरा डेरा ओरछा से उखाड़ देना चाहता हो, क्योंकि मेरे ओरछा रहने का मतलब है, उसका साथ-साथ रहना और साथी की भूमिका में हर मोड़ से गुजरते जाना।

हमारी एक साथिन कंचन मंगला ने अभी-अभी अंजुम से शादी की है, उस संघर्षपूर्ण विवाह का मूल कारण यही रहा कि अंजुम अपना काम छोड़कर कंचन का साथ देने के लिए मिजोरम रहा, क्योंकि कंचन को नौकरी मिजोरम के एक स्कूल में ही मिली थी। और वह वहाँ निपट अकेली थी। घरवाले नौकरी छोड़ देने के पक्ष में थे।

माधव...मुझे हँसी आने लगी, दुख मिली हँसी...अंजुम का अनुकरण कर रहा है और बेचारा अपने परिवार के वयस्क सदस्यों से 'ऊटपटांग' चलने की बात सुन रहा है। बड़े होने पर संतान का क्या कर्तव्य होता है, खासकर बेटे का, पिता का दायाँ हाथ बन जाना या उसके लिए मुसीबतें खड़ी करना ? मामा इसी तरह के ताने देते हैं पिता को कि हमें क्या पता था, तुम्हारे अंश से हमारी बहन मजनुओं को जन्म देगी, और हम सिर धुनेंगे।

माधव मामा के सामने सिद्ध करना चाहता है कि वह पुरुषार्थी है, कुछ ऐसा करके दिखा देगा, मामा जिसके न होने को लेकर पछता रहे हैं।

"ऋतु मैंने कह दिया, दद्दा, मामा को क्या पता हमारे रचनात्मक दायरे के बारे में। उनके पास धन है, धनी लोगों के पास शोहरत भी किसी-न-किसी तरह आ जाती है, पर मैं समझता हूँ ऐसे लोग फिर भी अधूरे रहते हैं।" माधव अपना और पिता का संवाद- संग्राम कई उदाहरण देकर बताता रहा।

"सच्ची तुम्हारा भी मन नहीं था ओरछा से लौटने का ?" मैं अपने कोमल स्वर-शब्दों से उसे थाह रही थी। क्योंकि उसका छतरपुर जाने का मतलब है मामा के घर जाना।

बस चलती जाती, उदासी बढ़ती जाती और उससे भी ज्यादा बढ़ती जा रही थी माधव की मनुहार क्रिया—मेरे हाथ को अपने हाथ में लेकर सहलाता, जो उसने सवारियों से झिझकते हुए मेरे बैग की आड़ में कर रखा था। मेरे पाँव पर पाँव छुलाता और ऐसी झुरझुरी पैदा करना चाहता, जो दो जवान बदनों में उठा करती है। मौका देखकर कमर में हाथ डाल दिया तो सचमुच ही सारी कुढ़न छूमन्तर हो गई और मेरे होंठों पर मुस्कराहट लहरा उठी। काश, एक दो दिन ओरछा में अपने लिए भी रह लेते। राय प्रवीण और इन्द्रजीत सिंह की तरह गुलाब बाग में चहल-कदमी करते हुए उस मढ़िया तक निकल जाते, जहाँ शालिगराम कटारे रजऊ का आना बताता है। सागौन के ऊँचे लम्बे पेड़, चौड़े पत्ते और अमलताश की छोटी-छोटी छायाएँ शयनकक्ष का सुख देतीं। ऐसा एकान्त कहाँ मिलता है ? माधव ने इशारों में कई बार यह इच्छा जाहिर की थी, मैं ही नखरों के साथ टालती रही। मेरी ही बुरी आदत है यह, या तमाम लड़कियाँ इच्छा करते हुए भी मना कर देती हैं ? इसी को माँ की मौसी यानी कि मेरी नानी कहती है—मन-मन भावे, मूँड़ हिलावे।

"ऋतु तुम क्या सोच रही हो ?" मेरा कन्धा छूते हुए माधव का साँवला चेहरा आँखों में, होंठों में, और ठोड़ी के रूप में तरल था। दाँत अपनेपन से मुस्करा रहे थे।

"तुम्हारे मामा मेरे इतिहास के बारे में कितना जानते हैं ?" मैंने ऐसे पूछा जैसे मेरा कुछ खो गया हो।

माधव जैसे अपनी दबी-ढकी जेबें खोलकर दिखा रहा हो—"कुछ नहीं। कुछ तो नहीं। बस इतना कि तुम ईसुरी को लेकर शोध कर रही हो और रजऊ की खोज में हो। बस।"

"काफी है।" मैंने जैसे कुछ नई बात ताड़ ली हो।

"ऋतु बाल की खाल मत खींचो। मामा को कितना मतलब है उन सब बातों से, जितनी बातें वे जानते हैं। या हमें ही क्या लेना-देना है कि मामा किस राजनीतिक पार्टी से कैसा सम्बन्ध रखते हैं ?"

"यहीं तो अँधेर है माधव। हम छोटे, बड़ों के कामों से मतलब भी रखें तो बस इतना कि उनके काम आ सकते हैं। पर वे अगर तुम जैसे छोटों के बारे में कुछ जानते हैं तो उसके सही-गलत का फैसला अपने हाथ में ले लेते हैं।"

"तुम क्या कहना चाहती हो ?" सवाल पूछकर उसने मेरा हाथ छोड़ दिया।

"क्या कहना चाहूँगी, अब तुम उनका माना हुआ 'सही' करने जा रहे हो।"

"उफ् ! तुम लड़कियाँ सदा आशंकाओं में जीती हो। सो मैं अब वही करने जा रहा हूँ, जिससे तुम डर रही हो। लो सुन लो, मैं तो छतरपुर से एक प्रेशर कुकर उठाने जा रहा हूँ, जो मामा ने मेरी माँ को राखी पर देने का वादा किया था और उन्हें अब वह मिलिट्री कैंटीन से मिल गया है।"

मैं मूर्ख की तरह उसकी ओर देख जरूर रही थी, लेकिन भीतर से अनकहे स्वर में कह रही थी—प्रेशर कुकर के भाप के गोले सीटी देने में किसी धड़धड़ाते इंजन को चुपचाप मात कर देते हैं। सचमुच उसी तरह मेरे भीतर का हाहाकार सुन्न हो गया है।

"छोड़ो बातें ऐसी-वैसी। शान्त हो जाओ। मुझे करिश्मा बेड़िनी का पता और मोबाइल फोन का नम्बर दे दो। जैसे ही तुम मुझे सूचना दोगी, हम उसके गाँव पथरिया-जाट चल पड़ेंगे। दशहरे के आसपास तालाबों में कमल भी खिल जाते हैं, मौसम तो खैर बदल ही जाता है।"

'तुम्हारी इस दिलासा के झुनझुना से मैं नहीं बहल पा रही माधव। साथ पढ़ना लिखना, घूमना, फिरना, हमारी आजादी का रूप लोगों का दिखता है, फैशन के तहत इसको माफी भी मिल जाती है (बुरा समय आ गया है) की भूभंगिमाओं के साथ। मगर यहीं से हदबन्दी शुरू हो जाती है। मेरी भावनाओं की हदबन्दी, मेरी माँ की ओर से नहीं लगनेवाली यह मैं जानती थी, तुम्हारे परिवार की ओर से लग रही है, एक ही बात है। हदबन्दी तो आखिर रुकावट का ही नाम है।'

"तुम दुखी हो। तुम दुखी रहोगी तो मैं...ऋतु मैं पहले से ही कितना परेशान हूँ ! विदा लेते समय मुस्कराना चाहता हूँ, तुम्हारे साथ-साथ।

"देखो अपना बस-स्टैंड आ गया। हमें उतरना है, आओ।" कहकर वह खड़ा हो गया। अपने बैग के साथ मेरा बैग भी कन्धे पर टाँग लिया। दोनों बैगों के साथ बस के द्वार में फँसा माधव खुद को इधर-उधर घिसता हुआ उतरने की कोशिश करने लगा। गर्दन मोड़ कर मेरी ओर देखा, साथ-साथ चले आने का संकेत दिया। अपना दुपट्टा सँभालती हुई मैं उसके पीछे-पीछे उतर आई।

हम नीचे खड़े थे, बस की छाया में। कहने के लिए कितना कुछ घुमड़ रहा था मन में कि आँखें उमड़-उमड़ आ रही थीं। उमड़ते हुए पिघले तरल को थोड़े में बाँधकर मैं समय पर धार धरना चाहती थी कि माधव मेरे तीखेपन को भूले नहीं।

"मुझे भूल ही जाओ तो अच्छा रहे। हमारे सम्बन्ध की प्रकृति ही ऐसी है कि तुम्हारे सम्बन्धियों में तनाव बना रहेगा। क्या किया जाए, मेरा भाग्य और अभिशाप जुड़वाँ हो गए हैं" कहते हुए मेरी आवाज ही नहीं लरजी, स्वर बाकायदा काँपने लगा।

"ओफो !" माधव ने अपने माथे पर हाथ धर लिया "फिलहाल तुम्हें अपनी माँ की जरूरत है। तुम ठीक जगह पहुँचने वाली हो। वे तुम्हें तकदीर की असलियत समझा देंगी।"

कह तो बहुत कुछ रहा था माधव, मगर उसकी आँखों में व्यग्रता और बाँहों में ऐसा

आलोड़न था कि मुझे सीने से लगाना चाहता हो। मगर फिर भी हम एक-दूसरे के स्पर्श और गंध को तरसते हुए अलग हो रहे थे। इस मजबूरी ने मुझे उन्नीसवीं सदी में धक्का दे दिया। हमारी भावनाएँ, सम्वेदनाएँ, वही की वहीं ठहरी हुईं...प्रेम के मूल्य के लिए इस युग ने किसी मशीन का निर्माण नहीं किया ? जेट और कम्प्यूटर युग में मैं रूढ़ियों को अपने कन्धों पर ढोकर चिरगाँव जाने वाली बस में बैठने वाली हूँ। माधव का प्रेम भी अदृश्य रहना चाहता है। जबकि खोज में लगी हूँ कि शरीर के माध्यम से सौन्दर्य की अभिव्यक्ति कला के रूप में कैसे सामने आती है। ईसुरी रचित फागों में रजऊ का मांसल प्रेम प्रतिबिम्बित होता है ? कहना चाहती हूँ कि स्त्री-पुरुष का प्रेम ही दुनिया भर की कलाओं का आधार है।

मगर खुद उलझ रही हूँ। न जाने किस जोखिम से डर रही हूँ। या दुविधा के हवाले हूँ कि निर्णय नहीं ले पा रही, किस दुनिया को छोड़ू, किसको अपनाऊँ ? बहरहाल मेरी जिन्दगी रोजमर्रा की सामान्य जिन्दगी से कटती चली जा रही है। हो सकता है मैं आम लड़की जैसे जीवन के लिए तरसती रह जाऊँ। अपने प्रेम के साथ रिवाजों का तारतम्य न बिठा पाने के कारण कहीं रजऊ की तरह ही जीवन सांसत में न पड़ता चला जाए। मैं अपनी माँ की सम्पूर्ण क्रान्ति का नतीजा देखती हूँ, या माधव की जिन्दगी उजड़ती हुई देखकर डरती हूँ ? फिर भी अपने लगाव के प्रति निष्ठा नहीं टूटती, जबकि जान यह भी गई हूँ कि मुझे माधव पर इस कदर आश्रित नहीं होना चाहिए कि अकेला सफर कदम-कदम पर डराने लगे। क्या यह भी प्रेम का ऐसा जादू नहीं जो कमजोर से कमजोर क्षणों में ताकत देता है ? माधव का लगाव ही मुझे अकेले रास्ते पर छोड़ रहा है। यह बिछोह का विविधतापूर्ण कथानक, जिसे फागों में, कविता में, गीतों में, संगीत में तरह-तरह से गाया जा सकता है। कितने स्वर, कितनी गूँजें अनुगूँजें...क्या मैं रजऊ की तरह वह फाग हूँ, जिसमें प्रेम के स्वर भरे हैं ? माधव उन स्वरों को छेड़ने वाला...पता नहीं यह जीवन संगीत कहाँ-कहाँ कितना मुखरित होगा ? या ऐसे ही बिखर जाएगा, जैसे अक्सर बार-बार नए सिरे से अमान्य रचना-सा बिखर जाता है। मगर तब इस दुनिया में एक नया दिन जन्म लेता है। हम इस नए दिन को अलग-अलग तरह से तलाश कर रहे हैं ?

आनन्द मोहन !

ओरछा से आने के बाद माँ की बीमारी ने मेरे घावों पर तीन महीने तक व्यस्तता का ऐसा मरहम रखा कि मैं अपने दर्द के बारे में भूल गई। उनको टी. बी. बताई गई, जो एक्सरे में दाएँ फेफड़े को खाती हुई देखी जा सकती थी। ज्यादा काम और संतुलित भोजन की कमी बिना पुरुष की गृहस्वामिनी को ही नहीं, घर-घर का खइया है, तो माँ की लापरवाही पर ताज्जुब क्यों हो ?

उनका कढ़ाई-सिलाई का काम धीमा पड़ने लगा था। पाँच स्त्रियाँ मशीनों पर उनकी देखरेख और साथ-साथ काम करने से ही सक्रिय रहती थीं। अतः मुझे इस काम का जितना तजुर्बा था, मैं उससे ज्यादा माँ से पूछ-पूछकर करते हुए उत्तरदायित्व निभाती। ऊपर से माँ को दवा देना, दूध और फलों सहित सूप और सब्जियों का ध्यान रखते हुए रसोई करना मुख्य काम की तरह था। माँ का चेहरा पीला पड़ गया था, आँखें निस्तेज और मेरे हाथ-पाँव शिथिल...उनको इस रूप में देखकर मैंने जाना कि मेरे ऊपर घर की छत के रूप में, रसोई में भोजन के रूप में, शरीर पर कपड़ों के रूप में और योग्यता में पढ़ाई-लिखाई के रूप में माँ का वजूद है। यहाँ तक कि माधव से मिलने पर जो मनभावन मौसम मन पर उतरता है, वह भी माँ के दम पर है। सुकून की घड़ियाँ, जो मेरे लिए हैं, इस स्त्री के श्रमसाध्य समय का नतीजा है। माँ को जल्द से जल्द स्वस्थ हो जाना चाहिए।

खबर सुनकर भी माधव नहीं आया, जिसकी कि मैं प्रतीक्षा कर रही थी।

आनन्दमोहन जैन हमारे पड़ोसी अशोक श्रीवास्तव के साथ आए थे, जब अशोक अंकल माँ को देखने हमारे घर आए। बीमारहाल माँ को देखने के बाद जो बातें हुईं, वे बीमारी के बारे में कतई न थीं। वे किताबों और पत्रिकाओं की बातें कर रहे थे। अशोक श्रीवास्तव तो साहित्य की अनेक किताबों के साथ सोते है, अनेक के साथ बैठते हैं और अनेक किताबों को पान की तरह चबा-चबाकर उनके मर्म का रस घुटकते रहते हैं। लोगों का उनके बारे में ऐसा ही विचार है तो फिर मिलनेवाले भी ऐसे ही अवधूत आते हैं। तो अब दोनों अवधूत फक्कड़ मेरे सामने दो कुर्सियों पर दालान में बैठे थे और ऐसी बातें कर रहे थे जैसे माँ की बीमारी देखने नहीं, किसी साहित्यक गोष्ठी में आए हैं और बहस के मुद्दे उन्हें दिए गए हैं।

चाय दी गई, सुड़क-सुड़क पी गए। पापड़ तले थे, कचर-कचर खा गए। बिस्कुट रखे थे, फसफस करके चबा लिए। लगा कि ये दो आदमी नहीं, किताबों का चलता-फिरता पुस्तकालय हैं। शरीरधारी विचार हैं।

दो घंटे बैठे रहे। पाँच बार चाय बनवाई। चाय पी-पीकर बहस करते रहे। अन्त में आकर बहस का विषय था—'ईसुरी' पत्रिका क्यों ? ईसुरी ही आखिर क्यों ?

मैं चौकन्नी हो गई। इन दिनों मेरे लिए साहित्य माने ईसुरी और ईसुरी माने साहित्य। सारा काम छोड़कर वहीं आ गई, जहाँ बहस का मैदान था।

आनन्द मोहन जैन, उम्र लगभग साठ वर्ष। लम्बा कद, गेंहुआँ कड़ियल देह। सिर के बाल सफेद-काले रंग की खिचड़ी, जो तेल डालकर चिकनी की गई है और टेढ़ी माँग के साथ पटिया के रूप में है। छोटी कटी हुई सफेद मूँछें। बूढ़ी होती सफेद खूँटों से भरी हुई ठोड़ी। अक्सर वाक्य के पहले कहते हैं, मतलब कि...

अशोक श्रीवास्तव इन दिनों योग की कक्षा में जाते हैं। जब देखो तब लम्बी-लम्बी साँसें लेते हैं। अनजाने ही गाल फुलाकर मुँह से हवा छोड़ने लगते हैं। गर्दन गोलाई में हिलाते रहते हैं।

बस ऐसे ही गर्दन गोलाई में हिलाकर अशोक अंकल ने पूछा—"आजकल तुम ईसुरी पर बड़े मेहरबान हो। ग्रांट तगड़ी मिल गई है।"

"ग्रांट ! मतलब कि ग्रांट। कब नहीं थी ग्रांट ? चालीस हजार रुपइया कब से मंजूर है। मतलब कि ईसुरी जैसे लोककवियों के लिए। अब तक लोग फागें कराकर मतलब कि तमाशे में फूँकते रहे हैं।"

"अब तुम क्या करने वाले हो नया और अद्भुत ?" उन्होंने योग मुद्रा में साँस छोड़ी।

"हम रिसर्च कराएँगे, मतलब कि शोध और दिखा देंगे नए से नया।"

"अरे तमाम तो शोध हुए हैं विश्वविद्यालय में। शोध भी कोई नई चीज है ? वे तो होते ही रहते हैं, निकलता क्या है ?" कहकर दोनों गालों में हवा भरी और गुब्बारे की तरह फुला लिये। और हवा निकालकर गाल फुस्स कर लिये।

"मतलब कि नहीं निकलता। हाँ, नहीं निकलता। मतलब कि तुम रिसर्च करोगे और बस इतना भर दिखा दोगे कि अज्ञेय पर काफ्का का प्रभाव है। नई कविता टी. एस. इलियट की परम्परा में है। नया अब यह है कि उत्तर-आधुनिकतावादी कह रहे हैं कि कविताओं पर देरिदा का असर दिखाई देता है। मतलब कि इसमें क्या नया है भइया ? अपने उन विद्यार्थियों के लिए तिनका भर भी शोध हुआ जो अँगरेजी इतनी नहीं जानते कि विदेशी कविता को खंगाल सकें। और ऐसे, मतलब कि महानगरों के बाहर रहने वाले कितने ही छात्र हैं। हम तो यही कहते हैं कि मतलब कि यह रिसर्च कहने भर के लिए है। बड़ी-बड़ी बातें मारने के लिए, मतलब कि डरानेवाला ज्ञान बघारने के लिए। हमारे विश्वविद्यालय के हिन्दी छात्रों को लगेगा कि उनकी कोई हैसियत ही नहीं।"

"साहित्य क्या अपना ही होता है ? ऐसा ही होता तो टॉलस्टॉय और गोर्की को कौन पढ़ता ? गेटे और शेक्सपीयर के बारे में कौन जानना चाहता ?"

"मतलब कि अपनों को छोड़कर उनकी उपेक्षा करके विदेशियों की रचनाएँ पढ़ें तभी ज्ञान का मजा है, मतलब कि... ! अपन ऐसा नहीं कर सकते। एक बात और सुन लो कि हमारे विद्यार्थी कारूँ के खजाने के मालिक नहीं होते। न उनके माँ-बाप उल्टा-सीधा पैसा कमाकर औलाद को नवाबजादों की तरह पालते मतलब कि। सुना है कि दिल्ली, बम्बई में हैरीपॉटर हाथों-हाथ बिक रही है। कीमत है आठ सौ रुपया। अपना एम. ए. का विद्यार्थी कोर्स की किताब लेने के लिए तरस जाता है, मतलब कि किसान मजदूर और कामगारों के बेटी-बेटा।" कहकर अशोक अंकल की ओर देखा, जो कन्धों को उचकाकर वर्जिश की मुद्रा में थे।

"दुनिया कहाँ से कहाँ पहुँच गई, तुम अभी गरीबी का ही रोना रो रहे हो।"

"मतलब कि रोना नहीं रो रहे, अभावों से निकलने की कोशिश कर रहे हैं। अपने छात्रों को ऊषा देवी मित्रा (जबलपुर) केशव पाठक (जबलपुर) जहूरबख़्श (सागर) माधव राव सप्रे पर पी-एच.डी. कराई है। अज्ञेय पर कराकर देख ली, मतलब कि लड़का दिल्ली

तक नहीं जा पाया। जैसे-तैसे किराया जुट गया तो महान लेखक मिले ही नहीं थे। पंतजी पर करो इलाहाबाद अल्मोड़ा जाओ, बच्चन जी कभी बम्बई कभी दिल्ली। मतलब कि परेशानहाल छात्र कहीं के न रहे।''

अशोक श्रीवास्तव का स्वर अब धीमा पड़ने लगा था या शायद उन्हें कोई ऐसा काम याद आ गया, जो उन्हीं से सम्बन्धित था। वे बोले—''अच्छा अच्छा, अब विराम दो आज के संवाद पर। मान गए कि तुम उस गाँव के हो, जिसके लिए कहा जाता है कि वहाँ की मिट्टी साहित्यिक प्रतिभा के कणों से बनी है।'' कहने के बाद वे उठ खड़े हुए और हाथों की मणिबंध मुद्रा में साधना करने लगे।

''अरे मारो गोली साहित्यिक प्रतिभा को। मतलब कि तुम यह तो बताओ कि ईसुरी को केन्द्र में लाकर हमने अपनी धरती का ऋण चुकाया है या नहीं ? अपनी बुन्देली बोली में कविता लिखने वाला वह पहला कवि था। मतलब कि ब्रजभाषा के तमाम कवियों के बरक्स अकेला खड़ा। विद्यापति को तो बड़े रस भाव से पढ़ते हो, पढ़ाते हो, रिसर्च कराते हो कि वे स्त्री के उद्दाम यौवन-प्रेम और वासना के कवि हैं। अपने ईसुरी में रजऊ की मांसलता कम है क्या ? मतलब कि ज्यादा ही होगी। पंत तक ने उनकी छाया में लिखा है—रहने दो यह गृह काज। आज रहने दो यह ग्रह काज—ऐंगर बैठ लेउ कछू कानें। काम जनम भर रानें—उदाहरण सामने है। और तो और बच्चन भी ईसुरी की परम्परा में आते हैं, जहाँ ईसुरी कहते हैं—यारो इतनो जस कर दीजो, चिता अंत ना कीजो। गंगा तट लों मरें ईसुरी दाग बगौरै दीजो। और बच्चन का आग्रह है कि मुझे वहीं जलाना जहाँ होकर 'तेजी' निकलें।

बहस का अन्तिम परिणाम यह निकला कि आनन्द मोहन जैन से मेरा अपने आप ही परिचय हो गया। परिचय उस रूप में, जिस तरह के आदमी को मैं दिन-रात खोजने की कोशिश में हलकान होती रही हूँ, होनेवाली थी। माँ की बीमारी ने जितना मुझे खपाया, उतना ही आगे बढ़ने का सुभीता दिया। आनन्द मोहन घर आए।

मैंने खाना बना लिया और आग्रह किया कि अशोक अंकल के साथ आनन्द मोहन सर भी भोजन करें। ज्यादा कुछ नहीं है, आलू टमाटर की गीली सब्जी है, भटा-टमाटरों की सूखी सब्जी और मिर्च का अचार है।

दोनों मेरे बिछाए हुए आसनों पर बैठे। मैंने थालियाँ परोसी और उनके सामने रखीं, जैसे यही मेरी गुरुदक्षिणा हो। उन्होंने खाने के बाद बहस की, जैसे वही स्वीट डिश हो।

हमारे बुन्देलखण्ड में अन्न और नमक का अहसान बहुत मानते हैं।

दूसरे दिन।

''सर !'' मैंने दरवाजे पर उन्हें खड़े देखकर कुछ सहमते हुए कहा।

आनन्द मोहन सर ने कुर्सी पर बैठने के बाद मेरे काम के बारे में पूछा। मैं जिस मुकाम तक पहुँची हूँ, उसको सराहना की नजरों से देखा। सचमुच मुझे उत्साह में अपनी धड़कन की तेजी महसूस होने लगी। अभी से यह हाल, आगे क्या होगा प्रशंसा का ?

उन्होंने समय को देखते हुए पल-भर भी विराम नहीं दिया। बताने लगे, ''मतलब

कि हमें आज ही सागर चले जाना है। अशोक ने जो कुछ तुम्हारे बारे में बताया, उससे हमें कितनी खुशी हुई, क्या बताएँ ? आगे तुम हमारी पत्रिका में लिख सकोगी। मतलब कि अभी तो हम तुम्हारी सहायता के लिए खड़े हैं।''

आनन्द मोहन सर की पारदर्शी आँखें, जैसे मैं रजऊ के जीवन चित्र उनमें देख रही हूँ। कि मेरी ही अपनी कल्पना उन आँखों में रूप ले रही है। कैसे हो जाता है इतना गाढ़ा परिचय, इतनी थोड़ी देर में ? क्या मेरी आकांक्षा आनन्द मोहन की आकांक्षा से जुड़ती है, बस इतना ही बहुत है जुड़ाव के लिए ! और किसी-किसी से हम जुड़ने की कोशिश में जिन्दगी निकाल देते हैं। जीवन की यह व्याख्या तत्कालिक हो सकती है, मगर इस समय जो है, वही सच है। सचमुच मैं उमंग में हूँ, बात-बात पर हँसी आ रही है। मगर आनन्द मोहन सर के 'मतलब कि' पर नहीं। जिससे अपना सूत्र जुड़े, आदर जगे, उसके प्रति उपहास अपने आप तिरोहित होता जाता है। तभी तो 'मतलब कि' पर अशोक अंकल होंठ दबाकर हँसते हैं, तब मुझे अच्छा नहीं लगता।

'स्वार्थ।' माधव होता तो तुरन्त यही बात कहता कि तुम्हारा स्वार्थ उनकी चापलूसी कर रहा है। थीसिस के बाद देखेंगे इस भावात्मक जुड़ाव का क्या हाल होगा।

ऐसी व्यवहारिक बातें भी मुझको बर्बरता लगती हैं। कोई मुझसे यह पूछे कि माधव और मेरे बीच दूरी क्यों नहीं आ रही। कौन-सा बारीक तार काम कर रहा है, जो अभी तक जोड़े हुए है, जबकि वह सुना गया है कि छतरपुर में उसे एक लड़की दिखाई गई थी। जो वर्णन किया उसके बाद मैंने पूछा था—''लड़की या शान-शौकत ?''

वह हँसकर बोला, ''हाँ शान। यही लड़की का नाम था।''

भीतर तीखी टूटन आज भी है और इसी टूटन से माधव जुड़ा है। आखिर जुड़ाव के भी अपने कितने ढंग होते हैं...

आनन्द मोहन जैन, अध्यक्ष, हिन्दी विभाग, सागर विश्वविद्यालय के द्वारा भेजा गया कोरियर पैकेट मुझे मिला तो लगा रास्ते से सारे प्रतिरोधक हट गए हैं।

साथ ही उन प्रतिरोधकों की जगह चिकने फर्श जैसे कागज पर प्यारी-सी लिखावट में—कुमारी ऋतु, तुम अब मेरे प्रोजैक्ट में काम कर रही हो। ऐसा शोधार्थी ही मैं अब तक ढूँढ़ रहा था। तुम अपना गाइड बदल सकती हो। बात करके देख लो। मैं तुम्हारे किसी भी काम के लिए किसी भी समय डिपार्टमेंट में मिल सकता हूँ। अपनी मिट्टी का ऋण चुकाने के लिए तुम्हारा आभारी हूँ। यहाँ तो हाल यह है कि पी-एच. डी. करते हुए लड़कियाँ अक्सर ब्याहता होने के बाद ससुराल चली जाती हैं और गाइड लोग भाड़े पर काम करते हुए उनकी थीसिस लिखते रहते हैं। उनके पति अच्छा पैसा देते हैं कि जवान पत्नी का ज्यादा से ज्यादा सुख बिना किसी खलल के उन्हें मिलता रहे। या पत्नी वंश-बेल बढ़ाने में कोताही न करे। सबसे महत्त्वपूर्ण है तुम्हारा कुँआरी रहना और उसको ज्यादा से ज्यादा समय तक बरकरार रखना। हमारे देश में

इन दिनों बिना मर्द की स्त्रियाँ अपने फैसले लेकर काम कर रही हैं और मर्दों पर भारी पड़ रही हैं—उमा भारती, मायावती, मेधा पाटेकर, अरुंधती रॉय, ममता बनर्जी के अलावा और भी नाम हैं।'

पिछले तीन महीनों का अनुभव मेरे अध्ययन को लेकर एकदम सुस्त और निष्क्रिय रहा है। जब भी किताब उठाई, शिथिल हाथों से जैसे-तैसे पकड़े रही। पाँच मिनट में ही हाथ और आँखें थक गईं। किताब गिरा दी। उत्तेजना थी या कि आनन्द मोहन सर का चमत्कार, कि मेरी लगन उनकी लगन के साथ दोगुनी हो गई, मैंने उनके द्वारा भेजी गई सामग्री रात के दो बजे तक पढ़ डाली।

तीन लोगों के लिखे आर्टीकल थे। पहले ने अपने परियय में लिखा था—गाँव देवरी, जिला सागर का सियाशरण, साइकिल के पंचर लगाने वाला।—सियाशरण ने रजऊ के पति के बारे में लिखा था, उससे भी ज्यादा माधोंपुरा के रामदास के बारे में।

दूसरा था रंगलाल, जिला दमोह के अकबरपुर गाँव का तबलावादक, जिसने रजऊ के भाई लछमन का रवइया लिखा था और भाई-बहन के रिश्ते को किस्से के रूप में कहा था।

तीसरे थे, कथावाचक पंडित शिवनारायण मिश्र। वे पनवाड़ी महोवा के पास बसेली गाँव के हैं। लिखते हैं—'एक जरूरी ब्याह, जो होना चाहिए था।'

डा. आनन्द मोहन जैन ने अपनी 'ईसुरी' पत्रिका के लिए जब स्थानीय अखबार में लोगों की ईसुरी से सम्बन्धित रचनाएँ माँगी तो पानवालों, नौटंकी वालों, रँगरेजों के लिखे तमाम रचनात्मक ब्यौरे आए, जिनमें से रजऊ के जीवन के बारे में गे तीन प्रमुख हैं। सार ने ऐसा ही लिखा है।

मैं सोच रही हूँ कि इन तीनों के आधार पर जो विवरण बनेगा, उससे एक बात तो नई निकलती है कि यह शोध-ग्रंथ अपने अतिपरिचित रूप में नहीं होगा। जीते-जागते संवादों, सजीव भाव-भंगिमाओं और वातावरण की व्यापकता में सहज नैसर्गिकता की समाज में परिव्याप्ति का द्वन्द्व कम नहीं है। संवेदना का रहस्य भी खुलेगा और रचनाकार का पक्ष भी सामने आएगा। हो सकता है मेरा रवइया प्रचलित प्रणाली का निर्वाह पूरी तरह न कर पाए और अविच्छिन्न इतिहास में भूचाल आ जाए, मगर रजऊ की जिन्दगी को स्त्री की जिन्दगी होना चाहिए।

□□

जिसे सुलगता रेगिस्तान कहा जा सकता है, वह रज्जो का घर था। आत्मशक्ति थी सुलगन से मुठभेड़ करती हुई। अँधड़ की तरह आने वाली खबरों ने जिजीविषा को तोड़-मरोड़कर धर दिया। पति क्या गया, रज्जो वीरान हो गई और वह लम्बे समय से आया गया नहीं, सो बिना नाथ-पगहा की गाय की तरह देखी जा रही है।

रामदास प्रताप का चचेरा भाई, रज्जो का जेठ है। प्रताप की लम्बी गैरहाजिरी

में काकी और प्रताप की बहू की खोज-खबर लेना अपना फर्ज मानता है। खानदानियों का कर्त्तव्य भी यही है कि कोई ऊँच-नीच न होने पाए। एक घर में दो औरतें रह रही हैं, औरतें बेचारी कमजोर, सो असुरक्षित।

काकी अपने जिठौत को देखते ही आदर से खटिया बिछा देती है और रज्जो लम्बा घूँघट काढ़कर आड़ में हो जाती है। अपने बारे में रामदास का ख्याल है कि ज्यों-ज्यों उसका अनुभव बढ़ रहा है, त्यों-त्यों बुद्धि विकसित होती जाती है। चालीस-बयालीस वर्ष की उम्र में उसकी हैसियत किसी मुसाहिब से कम नहीं, पक्का मकान हो गया है और पिता की विरासत में मिली खेती में दस बीघा की बढ़ोतरी, जिसका लगान देने की उस पर वह लाचारी नहीं, जो मामूली किसानों की होती है। यह बात प्रताप की माँ और रज्जो दोनों जानती हैं कि रामदास का मेल-जोल चरखारी के राजदरबार में है। गाँव के लोग भगवान की मेहर या रामदास की बुद्धि का करिश्मा मानते हैं।

और इन दिनों एक नई बात यह हुई है कि उसकी हुक्का जैसी बड़ी नाक पर जो छोटा-सा काला तिल था, फूलकर मस्सा बन गया है। रामदास का हाथ चाहे अनचाहे मस्से पर चला जाता है। आज भी मस्सा टटोलते हुए उसने खटिया पर बैठकर जरा ऊँची आवाज में कहा कि आड़ में छिपी रज्जो भी सुन ले।

"काकी, फौजियों में इतनी भी बुद्धि नहीं होती, जितनी कि किसानों में होती है। बताओ, सचाई और देशभक्ति दिखाने के जनून में कितने ही फौजी अपनी जिन्दगी तबाह कर रहे हैं।" रामदास की बात में कौन-सा तन्तु है, बूढ़ी समझ गई। फौजी माने प्रताप। प्रताप ने कौन-सी नासमझी कर डाली ?

प्रताप की माँ चारपाई के पाए के पास बैठी हाथ में पकड़ा बिजना गोल-गोल घुमा रही थी कि रामदास को न ताप सताए न मुँह पर मक्खी बैठे। यकायक बिजना डुलाता हाथ रुक गया। और आशंकित नजरों से रामदास को देखती रही।

नाक के मस्से को टटोलता रामदास अपने आप में डूबा हुआ लग रहा था। उसकी नजर भी शून्य को खंगाल रही थी।

"अपना प्रताप निराट सिर्री निकला। जीतनेवालों का संग छोड़कर हारनेवालों की जमात की ओर बढ़ रहा है। काकी, हारने वालों से तो मौका देखकर अपने निजी लोग भी पल्ला छुड़ा लेते हैं। हम तो इतना ही जानते हैं कि हुकूमत से दुश्मनी का मतलब क्या होता है ? हम गाँव में रहते हैं, गँवार माने जाते हैं, तब क्या मूरख सिर्री और बेवकूफ भी हो गए ? दूर बैठे ही सारा खेल और खेल के पांसे समझ रहे हैं।"

सन्नाटे में बैठी रज्जो गूंगी और पर्देदार घूँघट में अँधी के रोल में है।

उसकी सास भी तो बुत हो गई। भीतर कितनी उथल-पुथल है, कैसा हाहाकार है, दोनों स्त्रियाँ किससे कहें, किसे दिखाएँ। अभी तो अपनी-अपनी जगह बैठी रामदास की अद्भुत सफलता पर सिर झुकाए हुए हैं।

रामदास ने बात और आगे सरकाई—"हम प्रताप की तरह भगे नहीं फिरते। जाते

हैं तब, जब राजदरबारों से बुलउआ आता है। अब ओरछा जाएँगे। वहाँ की रानी लड़ैंती दुलइया बहादुर औरत की तरह अँगरेजों का संग दे रही है, भले अपने संगी साथी उसे मुल्क की दुश्मन कहें। कुछ बागी तो उसे दबोचने की सोच रहे हैं, पर वह हाथ आने वाली है भला ?

"औरत जात हाथ नहीं आ रही, और अपना प्रताप..."

"कितै चले गए पिरताप, ऐं लला ? फौज छोड़ गए क्या ?" माँ को सब्र नहीं और रामदास उसे राजा रानी के किस्से सुना रहा है।

"राजा, जो बागी हो रहे हैं, भारतमाता की जै बोल रहे हैं ! उनकी भ्रस्ट बुद्धि देख लो, अपने राजपाट की लाश अपने कन्धों पर लाद ली है। वैसे काकी, हमेंन जनियों का भरोसा आज तक नहीं हुआ था, पर लड़ैंती दुलइया का कमाल देखकर रह गए हम तो। अपनी हिफाजत के संग दूसरों को फायदा दे। राज़नीति की ताकतवर देवी है।"

मस्से को छूकर टटोलते हुए रामदास ने हमदर्दी की मुद्रा में काकी की ओर देखा और फिर एक निगाह उधर डाली, जिधर दालान के खम्भे की ओट में रज्जो बैठी थी। फिर उसने आगे सरककर काकी की बाँह थाम ली। उसका छोटी-छोटी आँखों वाला तन्दुरुस्त गेंहुआँ चेहरा चमक रहा है। बच्चे की तरह भोलेपन से बोला–"काकी, हमारी तरफन देखो। अपनी हालियत सँभालो।"

"काय, हमेंन क्या हो गया लला ? हमेंन कछू नहीं होनें है ?"

"तो अब हो जानें है।" कहकर रामदास ने आशंका और बढ़ा दी सो प्रताप की माँ उसका गोड़ छूकर बोली–"चलो हम मर जावें, पर असल बात बता दो। लला, तुमारा जस रहे।"

"तब, तब सुन लो काकी कि जितै तुम्हारा प्रताप भाग रहा है, वहाँ धरती नहीं, दलदल है। दलदल पर सुभीते से चल पाता है कोई ?"

"ऐंऽऽ !" प्रताप की माँ की बूढ़ी और बेवकूफ-सी नजरें आँखों का करुण और उदास रूप हैं। घर के उजाड़ को लेकर वृद्धा पहले से ही डरी हुई है।

तभी रज्जो मुँह पर घूँघट डालकर बाहर निकल आई। जो सुनना है, सामने खड़े होकर सुने, प्रलय आँगन में खड़ी है और वह पर्दे में रहे, बच पाएगी क्या ?

रामदास की आवाज में तरसदार करुणा मिल गई–"किसके संग न्याय किया है प्रताप ने ? सोने-सी बहू त्याग गया। अरे भगने के पहले एक बेर मिल तो जाता।"

"सब नसीब की बातें हैं लला।" कहकर प्रताप की माँ ने अपना धकपक कलेजा सँभाला और पेट की गहराइयों तक लम्बी साँस खींची।

और रामदास नाक के मस्से को टटोलता हुआ न जाने किन प्रतिरोधों की बाड़ को पार कर रहा था या किन्ही कँटीली झाड़ियों में उलझ रहा था। क्योंकि वह आँगन में खड़ी रज्जो को देखता और सोच में पड़ जाता।

संरक्षक का भाव अख्तियार किया आखिर में और शुरू हो गया–"अब हम कोई

गैर नहीं हैं काकी। प्रताप के भग जाने के बाद तो और भी नजीक हैं। इस घर की जिम्मेदारी उठाना हमारा धरम है।"

"हओ, कहबे सुनबे की क्या बात है, हमेंन क्या दीख नहीं रहा ? हरदम हमारी धीर बँधाई है। बस सबुर नहीं होता तो जा के कारन कि पिरताप तो इंधियार पख के चंदा हो गए। ज्वान-जवान बहू कों कितै धरें कितै उठावें ?" कहते-कहते बूढ़ी का गला भर आया और रज्जो की चूड़ियाँ खनखनाईं।

कमजोर मौका था, इसी दम दुश्मन पर फन्दा कसा जा सकता है, फिर सामने बैठी बूढ़ी तो अपनी काकी है और आँगन में खड़ी औरत परिवार की बहू है।

"काकी, अब तुम जो हुकुम करो सो..." कहकर ढील दी रामदास ने।

"बेटा, गाँव के लुक्का आदमी तो तुम देख ही रहे हो। परों ही तो पुजारी म्हराज के लालजी ने बहू कों घेर कें लुच्चियायी बातें करीं, सो सुनी है कि नहीं ? अंगिया फार दी। जब बहू ने लात घूँसा चलाए तो बोला—जौन जनी का आदमी छोड़ जाए, वो बाह्मन की संगत करे, वेद पुरानों में लिखा है। अपना तुपना मिलना पाप की बात नहीं है, पुन्न की रीत है।"

"अच्छा !"

"पूरे गाँव में बात फैल गई है, तुमने नहीं सुनी ?"

रामदास के चेहरे पर नामालूम-सी चमक आ गई। जैसे अब वह काँटा फेंकने के लिए खुद को तैयार कर रहा हो। ऐसी ही किसी घटना के इन्तजार में था कि शिकार अपने आप उधर भागे, जिधर पहले से जाल बिछा है।

नहीं, जाल नहीं है यह। अपने खानदान की सुरक्षा है। इस घर की बरबादी या बदनामी का असर उसके सिवा किसको प्रभावित कर सकता है ? खुद को न्याय संगत ठहराने के लिए उसके पास जो प्रमाण है, जेब टटोलकर निकाल लिया।

"चिट्ठी कागद !" प्रताप की माँ इस जेब से निकले हर कागज को प्रताप की चिट्ठी समझ लेती है।

रामदास ने कागज खोलकर बड़ा कर लिया, ज्यों अपने आत्मविश्वास का विस्तार कर रहा हो। और काकी पास सरककर कागज को छूने की चेष्टा करने लगी तो रज्जो दो कदम चलकर आगे आ गई।

"काकी ! देखा, प्रताप नहीं है तो प्रताप की चिट्ठी है। चिट्ठी तो आदमी का अक्स ही होती है न काकी ? उसी अक्स को देखकर छूटे-बिछुड़े लोग जिन्दा रहते हैं और पढ़कर उसके कहे का पालन करते हैं, तो लगता है, वह हमारे संग है।"

रामदास ने पूरे मनोयोग से चिट्ठी पढ़ी। उस घर का कण-कण सुनने के लिए बेताब, शान्त और सुन्न होने लगा।

"मुझे तनिक भी डर नहीं। फिरंगियों के लिए मरने से अच्छा है, फिरंगियों के हाथ मरूँ। मेरा बस चलता तो चर्बी के कारतूस इस्तेमाल करने के पहले ही यहाँ से भाग लेता। गाय का खून मिली चीजें खाने से पहले मर जाता। या बगावत कर

देता इन बातों को लेकर...मगर मैं अपनी हिफाजत में फिरंगियों के हुक्म के सहारे अफगानिस्तान की ओर रेंग रहा हूँ। रेंगता जा रहा हूँ। अब मुझे अपने आदमी होने पर भरोसा खत्म होता जा रहा है। बैजनाथ सूबेदार ने मुझे केंचुआ बना डाला, जो कभी हवलदार बनाने के सपने दिखाकर क्रान्तिकारियों को पकड़वाने के लिए मुझे इस्तेमाल करता था। हवलदार जो बना है, वह है उसका साला संतराम।

"मैं उस झाँसी की रानी के पास जाना चाहता हूँ, जिसकी सहनशक्ति में अंग्रेजों की गुलामी के लिए जगह नहीं बची। वह मुठभेड़ का मन बना चुकी है, क्योंकि खुलेआम ऐलान कर दिया था—मैं अपनी झाँसी नहीं दूँगी।

"मैं उससे कह सकता हूँ—बहन, मैं तेरा भाई सैनिक, इस धरती माता का पुत्र हूँ। मैं बहक गया था, भटकन पाँवों में बँधी थी, सो गुलाम हो गया। हो सकता है धर-पकड़ करनेवाले आएँ, मगर अब मुझे किसी का डर नहीं...हाँ, डर नहीं रामदास भइया, क्योंकि जिसका सब कुछ उजड़ गया हो, वह किसके लिए डरे ? बैजनाथ सूबेदार ने मुझे जिस तरह कुचला है, मैं उसे कैसे बताऊँ ? मर्द हो तो मर्द की बात अपने आप समझ लो। मेरा कूच उसने यहाँ से लिखा दिया है, वहाँ के लिए जहाँ मैं अपनी मिट्टी हवा और जल की जानी-पहचानी बून्दों के लिए तरसता रहूँ और तड़प-तड़पकर मर जाऊँ। लड़ने का माद्दा रखने वाले तरसने के लिए नहीं जिया करते।

"झाँसी की रानी की आगे जीत होगी या हार, मुझे नहीं मालूम, पर जब-जब रज्जो का ख्याल आता है, मैं लक्ष्मीबाई से जुड़ता जाता हूँ। जिस दिन मैं बिन माँगी विदा के साथ रज्जो से जुदा हुआ था, उसी दिन से फौज से मन उचट गया। जिस दिन रज्जो ने चर्बीवाले कारतूसों का जिक्र किया और घृणा उसके चेहरे पर आई, बन्दूक चलाना मेरे लिए मुहाल हो गया। गाय का खून मिली चीजों का इस्तेमाल अपराध लगता है। सीने में एक ही बात आज भी गोले की तरह फूटती रहती है—मैं कुछ भी करने के लिए किसी का गुलाम नहीं, क्योंकि गुलामी करके मैं अपनी मर्दानगी...क्या मैं इसीलिए लक्ष्मीबाई से जुड़ता जाता हूँ, क्योंकि खंडित पुरुष हूँ ? काश वह कालपी के रास्ते दिन के समय आई न होती। काश मैं अँग्रेजी सेना की ओर से गश्त पर न होता। गर्मी के दिनों की शुरुआत थी और वह धूल-पसीने से लथपथ। प्यासी थी, बावड़ी की ओर चली आई। मैं आड़ में हो गया था, क्योंकि घोड़ा देखकर, सुनी हुई मुख मुद्रा देखकर समझ गया था कि हो न हो यह लक्ष्मीबाई है।

"देखकर सुधबुध भूल गया या इतना हुलास लगा कि आगे बढ़कर डोर बाल्टी उठा ली और उसके लिए पानी खींचने के लिए तैयार हो गया, जबकि अंग्रेजी सेना का सिपाही होने के नाते मुझे उसको बन्दूक से शूट कर देना चाहिए था। मगर वह आगे आ गई डोर बाल्टी खुद उठा ली। बावड़ी से पानी खींचा और बोली—"पानी पिओगे सैनिक ?"

"मैंने समझा रज्जो पूछ रही है। आवाज में वही खनक और नजरों में वैसी ही भोली चितवन। क्या मेरे जुड़ाव के लिए इतना ही बहुत नहीं ? पर उसी समय मुझे डर हो गया था रामदास भइया, लगा कि कहीं इधर-उधर से मेरे साथी न आ जाएँ। डर। नहीं, अब डरना नहीं है। मेरठ में मंगल पाण्डे ने निडर होकर कह दिया–हम चर्बी लगे कारतूस मुँह से नहीं खोलेंगे और मैं डरते-डरते अपना सब कुछ गँवा बैठा...सच रामदास भइया अंग्रेजी फौज के देशी सिपाही आधे से ज्यादा खसिया हैं।

"आगे इतनी ही विनती करता हूँ कि फौज में भरती होकर मैंने तुम्हारी बात रखी, अपनी गत रख पाया कि नहीं रख पाया। घर के मुखिया होकर तुम मेरी प्रार्थना की लाज रखना, बूढ़ी माँ दुख न पाए और रज्जो दरबदर न हो जाए। घर में भौजी को चरण स्पर्श और बेटियों को प्यार बहुत-बहुत।–तुम्हारा प्रताप।"

'तुम्हारा प्रताप' कहकर रामदास काकी की ओर देखने लगा। और बोला–"काकी, आड़ा समय है। ख्याल तुम्हेंन भी रखना है।"

माँ...आवेग की साक्षात मूर्ति...आवेग ऐसा उठा कि रामदास का हाथ अपने हाथों में ले लिया। पहले माथे से लगाया फिर चूमने लगी, क्योंकि उस हाथ में प्रताप की अपनी लिखावट वाला कागज थमा था।

रज्जो खम्भे की आड़ में चली गई। छूटे-बिछुड़े प्रताप के आसंग वाले दृश्य घेरने लगे। अपने हाथों उसके पाँवों पर महावर रचानेवाला मुग्ध प्रताप...कंघी लेकर लम्बे बालों को सुलझाने वाला मोहित हुआ युवक...और होंठों की लाली को होंठों से छूकर...यह भावात्मक सन्निपात की सी अवस्था...उसने खम्भे से टेक लगा ली। और बन्द आँखों से आँसुओं की अविरल धारा। प्रताप के माथा, आँखें, होंठ और दृढ़ ठोड़ी ज्यों की त्यों याद है। उसे एक भी वह क्षण याद नहीं आ रहा, जिससे तंग आकर प्रताप यह घर छोड़कर भागा था। क्या अलग होकर रहने ने सिर्फ अच्छाइयाँ बचाकर रखी हैं ? नफरत थी भी या नहीं ?

रज्जो को क्या पता कि वह प्रार्थना में हाथ जोड़े बैठी है। होंठों पर शब्द नहीं, अनकही दुआ क्या है, सो भी नहीं जान रही। बस उन्माद की सी अवस्था है, एक बार प्रताप का दर्शन हो तो कहे–तुम अपने रास्ते जाओ। यही तो तुम्हारा रास्ता है। तुम भटककर लौटे हो, तुम ही वीर पुरुष हो।

क्या कहे, किससे कहे ? सास की हालत बुरी है। रामदास कलेजा काट गया। रज्जो सीधी हुई। अपने आँचल से आँखें पोंछी। फिर भी छलछला आई आँखों में प्रताप की छवि तैर रही थी, जिसका अब गुमनामी और मौत से मुकाबला है।

पति, वह सदगृहस्थ हो सकता था, जिसके पास यह घर होता, खेत होते, पत्नी होती, बच्चे होते। क्या 'रजऊ' ही उसकी दुश्मन नहीं हो गई जो रज्जो में से फगवारे ने निकाली थी ? क्या प्रताप ईसुरी से अपनी लड़ाई हार गया था जो मैदान से भाग निकला ? ईसुरी से हारा न होता तो वह अंग्रेजी फौज में हरगिज भर्ती नहीं होता। बागी राजाओं की सेनाएँ तो खुले में घूम रही थीं, वह नई छावनी नौगाँव का मोह

क्यों कर बैठा ? या रामदास की अपनी ही रणनीति थी कि उसने चरखारी के राजा को खुश करने के लिए प्रताप जैसा सिपाही दिया, जिसने कितने ही देशी बागी पकड़वा दिए और रामदास उसकी सफलता का सेहरा अपने सिर बाँधकर राजा चरखारी का कृपापात्र बना रहा। गाँव में प्रताप के जैसे कितने ही किसान हैं जो यह भी नहीं जानते कि अंग्रेजी सरकार से देशी लोग क्यों लड़ रहे हैं ?

प्रताप की माँ कराहकर कहती हैं—"मोरा बेटा भोला कबूतर, पर रज्जो तो नागिन कढ़ी। डँसवे कों तैयार, अपने ईसुरी सपेरा की बीन पर। फिर मोंड़ा बन्दूक न थामता तो क्या करता ? और देख लो कि गुस्सा में कोप में अकधक भूल गया। हथियार का लोहा मोरे बेटा कों हथियार ही बना गया, ठठरी बँधे गोरों का हथियार। सो देख लो कि भाईबन्दों को काटने लगा। पिरताप ऐसा कहाँ था ? चींटी तक नहीं मार पाता था।"

और रज्जो...

रज्जो पढ़ी-लिखी होती तो प्रताप की चिट्ठी का जवाब लिखती। लिखती कि सिपाही तुम अपनी धरती और आवोहवा से प्यार न करो। बड़ों की चिन्ता न करो। बागियों को दोस्तों जैसा विश्वास न दो, क्योंकि तुम गोरों की फौज में हो। क्योंकि जिस तरह इन दिनों तरक्की न मिलने से, हवलदार न होने से बैजनाथ जैसे लोगों से खफा हो, उसी तरह वे तुम्हें कोई पदवी दे देंगे, तुम खुश हो जाओगे। और उनके कहने से उन्हें काटने लगोगे, बन्दूक से भूनने लगोगे, जिन्हें भाई कहा जाता है। दोस्त माना जाता है। जिस धरती की बात यहाँ लिख भेजी है, गोरा फौज उसी धरती की फसलों को अरसे से रोंद रही है और तुम देख रहे हो। सो तुम ऐसा संकल्प न लो, जिसमें इस धरती का प्यार छुपा हो, असल में तो तुम मारकाट के लिए ही निकले हो। नहीं निकले होते तो रज्जो और फगवारे की फागों के लगाव को अहंकार का विषय न बनाया होता। अंग्रेजी सैनिक, तुम याद मत करो कि तुम्हारी जोरू की सूरत कैसी है, किस औरत से मिलती है, क्योंकि मेरी जैसी तमाम औरतों को प्रेम की लगन लगी रहती है। तुम प्रेम के साथ मारकाट का व्यवहार जानते हो, अब उसमें पारंगत भी हो गए हो और ताकतवर की तरह पेश आते हो। घबराते क्यों हो सैनिक, तुम अब गाँव के भूखे-नंगे आदमियों और दीन-हीनों के मनहूस गाँव से दूर अंडा, मछली, मांस के साथ बढ़िया अनाज की रोटी खाते हो कि अपने ही लोगों को जानवर की तरह घसीट सको। इन्तजार करो, हवलदार बनोगे और घर के बारे में भूल जाओगे। तुम सरीखे कई-कई हैं इस इलाके में, जिन्हें हम किसानों को बन्दूक की बट से पीटते देखते हैं। तम्बुओं में औरतों को घसीटते ले जाते हैं। तुम्हारी माँ की नजर न जाने किस लोक से टकरा रही है ? शायद उसी लोक से, जहाँ उसका बेटा मुल्क के देवताओं पर चढ़ाई करने जा रहा है...

कहाँ प्रार्थना और कहाँ यह कड़ुआहट...रज्जो आखिर चाहती क्या है ? शायद रामदास की अल्ल-गल्ल बातें सुनकर उसने प्रार्थना में जुड़े हाथ खोल दिए। इसी

रामदास ने भाई को फिरंगियों की फौज में फँसाकर भाइयों से गद्दारी की है। मगर प्रताप इतना नादान तो नहीं था कि किसी भाई के कहने पर आग में कूद पड़े, कुएँ में छलाँग लगा दे।

और चिट्ठी के बहाने आज रामदास को फिर वह हक दे दिया कि वह अपने घर के अलावा इस घर का भी मर्द बन गया। माँ और पत्नी, दो औरतें क्या रामदास के बराबर भी नहीं लगीं? पुजारी म्हराज के लाल जी की मूँछें क्या रामदास ने उखाड़ी थीं? हाथापाई से लेकर पटका-पटकी तक, रामदास का अता-पता न था। कोई प्रताप से पूछे अगर रामदास का दबदबा लोग मानते और रज्जो को छेड़ने से हिचकते तो लाल जी क्यों आ गया सामने?

लाल जी नहीं, यह कहो कि हल्ला किया तो लाल जी की बात सामने आ गई। ठाकुरों का इन्दर भी तो पीछे नहीं रहा। घर में हुक्का भरने के बहाने आया था, मोरी पर बैठी बर्तन माँजती रज्जो की बाँह पकड़ ली। न खाँसा न मठारा। वह चौंक पड़ी थी यकायक किसी मर्द को सामने देखकर। पकड़ा-धकड़ी नहीं, दाँत गिगियाकर मना रहा था—"काय री रज्जो, कितेक दिन कढ़ गए, मन तौ करता होगा आदमी के लानें। हम नहीं कहेंगे गंगा सों किसी से भी। मौका है, काकी खेतन तरफ गई हैं। ससुर ईसुरी फगवारा भी तो न जानें कितै विलम गया। आजा, तेरौ कौल आजा। अपने बदन में आग कम नहीं। अगली-पिछली कसर पूरी हो जाएगी।"

सफेद परधनी (धोती) और नीली नई कमीज पहने इन्दर की उम्र चालीस से ऊपर ही होगी। दाँतों पर मैल की परत भी उतनी ही पुरानी। लम्बी मूँछ छल्लों में बटी हुई। रज्जो उसे देखकर पहले तो डरी, मगर लाल जी वाला कांड हो चुका था। हाथापाई ने हाथ-पाँव खोल दिए थे, सो घबराहट पहले जैसी नहीं थी। वह क्या करे इन्दर महाराज का, जिनकी महाराजा जैसी मूँछें...वह बस मुस्कराकर देखने लगी। इन्दर ने मुस्कराहट का सहारा पाकर कन्धे पर हाथ धर दिया। और रज्जो खुद ब खुद गजगामिनी-सी कोठे की ओर चल पड़ी।

पलंग पर बिठाया पुरुष, जो औरत की तरसी हुई कामेच्छा को तुष्ट करने का पुण्य कमाने आया था, इसी में उसका आनन्द था। अब तक इस घर के कितने चक्कर काटे हैं उसने।

"पानी ले आवें, दाऊ जू।" छोटे से घूँघट में चूड़ियों की छनछनाहट-सा स्वर।

इन्दर ने खुद को ईसुरी से कम नहीं समझा। हाँ में सिर हिलाकर फाग गुनगुनाने लगा—नग नग बने रजऊ के नोंनें। कीके ऐसे होनें। गाल, नाक और भौंय चिबुक लग अखियाँ करतीं ठौनें।

हाँ, रज्जो की आँखें इन्दर के ऊपर जादू कर गईं। जब-जब चौपाल पर लोग जुड़े, उसने शाम के समय हुक्का भरने का काम ले लिया। और—ग्रीवा जुवान पेट कर जाँगें सबई बहौत सलौने—देखने का सौभाग्य प्राप्त करता रहा।—ईसुर कबै संग लै परबी, एकई पलंग बिछौनें—की लालसा आग की तरह नसों में सुलगती रही।

आसपास से निकला, बहाना देकर देहरी-दरवाजे रज्जो से भिड़कर निकला। कभी रज्जो छिटकी, कभी भिड़ती हुई निकल गई। एकाध बार तो ऐसे लगा जैसे यह औरत ही उसकी बाँह से अपने दूध को छुआ कर आगे बढ़ी है।

लो आज इच्छा जताई तो अनुमान सही निकला। इतने दिन बेकार ही गँवाए। अब तक तो...उसे संग लेकर सोने का परब मना चुका होता।

रज्जो अपने मन में इन्दर की इच्छा और क्रिया-कलापों का ब्यौरा धरे बैठी है। लोटा भर पानी ले आई। इन्दर पलंग पर लेटा था, उस पलंग पर, जिस पर प्रताप लेटता था। उसने वह गेडुआ भी इन्दर की गर्दन तले सरका दिया, जिसे प्रताप नौगाँव से लाया था।

"अब हम पेशाब कर आवें ?" महीन आवाज रज्जो की।

"अरे काए नईं। ऐन जाओ। जा तौ बहौत जरूली काम है।" इन्दर अपनी मूँछों को टटोलते हुए कड़ियोंवाली छत को देख रहा था जैसे रज्जो की देह का नक्शा उसके सामने खिंचता जाता हो।

रज्जो पेशाब को नहीं गई, ताला ले आई। धीरे से किवाड़ खींचे और साँकल चढ़ा दी। ताला लगाकर चाबी कमर में खुरस ली। बाहर दरवाजे में खड़ी हो गई। गली में जो आवे, उसे ही बुला ले। औरत, मर्द, बच्चे, बूढ़े। आँगन में जमघट हो गया। नाईन, तमोलिन सब। सास आ गई। रामदास भी आया। और पिरभू भी।

रज्जो ने सबके सामने ताला खोला तो इन्दर कहीं दिखाई नहीं दिया। कड़ियों वाली छत फोड़कर नहीं जा सकता, खपरैल वाला कोठा होता तो बात दूसरी थी।

वह सास को, गुलाबो को लेकर कोठे में आगे बढ़ी। इन्दर महाराज अनाज भरे घड़ों, भैंस के लिए खली के बोरे और रातब की बोरी की आड़ में सिकुड़े हुए चूहे की तरह दुबके थे। कोठे में परमवीर रंगरेज घुस आया और नरसी नाई भी।

अब कोई पूछे प्रताप से, इन्दरसिंह की कलई रामदास ने खोली थी या उसकी घरवाली ने ? घर की मर्यादा रज्जो नहीं बचा सकती, ऐसा मत क्यों बना लिया है, प्रताप ने ? पत्नी के जरिए घर की आबरू लुट जाएगी, इस बात को घट में धरकर क्यों डरता रहता है पति ? गाँव के आदमी भी ऐसे ही डरते हैं क्या ? शायद, तभी तो इन्दर और लालजी जैसे लोग अपनी मर्दानगी झाड़ने बिना सोचे-समझे चले आते हैं।

रज्जो की रीढ़ में टीस-सी उठती है। झूठी-सच्ची सांत्वना देकर रामदास इस घर को कब्जे में रखे हुए है। छूँछी बातों का जादूगर...इस घर की बहू को डर दिखाकर घर में बन्द रखना चाहते हैं और सास को बेटे का शोक बताकर दलदली जमीन की ओर हाँक रहे हैं। भेड़िया कह रहा है कि भेड़िए आ रहे हैं।

रज्जो इन बातों को दिल से लगाकर गमगीन हो जाती है, जबकि इस समय उसके नहाने का समय है। पूर्णमासी है, नए कपड़े पहनने का दिन।

पूरी ताकत से हौसला बाँध रही थी, मगर हिम्मत थी कि टूटती ही जाती। उजाड़

घर-आँगन और सूना गाँव नहीं, उसका अपना मन ही उजाड़ होता जाता है। अकेली की ताकत क्या मजबूत नींव पर टिकी है? ऐसे ही उखाड़-पछाड़ वाले मौकों का मौसम आ निकला है और वह नाजुक मनोबल लिये योद्धा की तरह सामने खड़ी है।

सास पास आ गई, लगभग रेंगती हुई चाल से। जो तमाशा हुआ, उससे सास लज्जित है, बहू के कौशल से चमत्कृत नहीं। रज्जो हाथ में कपड़े लिये पनारे की ओर बढ़ रही थी। सलूका उतारा हुआ, छाती पल्ले से ढँकी हुई।

"रज्जो, तें ऐसे कब तक लड़ैगी? लड़ नहीं पावैगी। कछू खबर है, इन्दरसिंह क्या कह रहे हैं?"

रज्जो डोल में पानी भरकर लुटिया हाथ में लिये पटिया पर बैठ गई।

"कै रए थे, पिरताप की जनी ने हमेंन अपने मौं करके बुलाया। जब से लल्लू की बहू के मोंड़ा हुआ है, वह बेचैन-सी रहती है। हमेंन इसारे देती है। एक दिना हम गए तो घूँघट में से बोली—दाऊ जू, हुक्का भरन काए नहीं आते? हम तो बोरसी में आग सुलगाए रहते हैं।"

रज्जो ने क्या सुना? वह तमतमाकर उठी और खड़ी हो गई। सास से आमना-सामना करती हुई बोली—"लल्लू की बहू कें लड़का होना ही था। ब्याह को चार-पाँच वर्ष बीत गई और लल्लू अबै मतारी के संगै ही सो रहे हैं। जवानी आ रही है, जवानी के साके नहीं आ रहे। कोई कहाँ लौं इन्तजारी करे? और फिर लल्लू की बहू भी जानती है, मोंड़ा लल्लू का ही बजेगा। ऊपर से सास कह रही है—सुकूपुरा वाले म्हराज की किरपा है।

"जिन-जिनकी भी किरपा हो बाई, पर हम बताए देते हैं कि जा गाँव में हमारे मन माफिक ऐसा कोई नहीं है जिसका लड़का हम पैदा करें। सुन लो तुम भी, और समझ लो। काए से कि हम भी जान रहे हैं कि ये राछरे फजीहतें काए के लानें हो रही हैं। बच्चा नहीं हैं हम।"

सास पीछे क्यों रहे? हथेली पीटकर सुना दिया—"हओ, सुन लई और समझ लई। अब तैयार हो जाओ, लुच्चन के झुंड आएँगे और आबरू लूटकें मानेंगे।"

रज्जो ने बहुत कुछ बोलना चाहा, मगर अपना मौन तोड़ने का मन ही नहीं हुआ। सास की सोच ऐसी ही है। उनके तजुरबे भी ऐसे ही रहे होंगे। विधवा औरत की तरह जेठ की छाया को कृपा मानकर ओढ़े रहीं, भले जेठ ही हाथ चलाता रहा हो।

सास का दर्शन जो भी हो, मगर दूसरे ही पल उसकी आँखों में करुणा उमड़ आई। वह जानती है कि रज्जो और प्रताप का संम्बन्ध एक बदहवास औरत और दुख से पछाड़े हुए मर्द का है, जैसे दोनों ही ब्याह के दर्द में बह रहे हों।

ईसुरी फगवारे के मोह में पड़कर यह औरत कैसी शान्त दिखती है, जैसे बड़े-बड़े हादसों को पी रही हो और प्रताप ऐसे बर्ताव से ही हमलावरी पर आ जाता है, चाहे वह घर में हो, या फौज में। दोनों एक दूसरे से कैसे बँधे रहे कि दिन में भी किवाड़ें न खोलते थे और आज ऐसे खिंच रहे हैं कि...दोनों का मुकद्दर खराब

है कि घर की ग्रहदशा...

अनजाने ही सास-बहू का ढर्रा एक-सा हो गया। दोनों ही बहुत कम सोती थीं, जैसे जागरण ही उनका कवच हो। बूढ़ी भी जान गई कि रज्जो का रात में अकेला सोना गाँव के नौजवानों को अखरता है, क्योंकि वे मान रहे हैं कि रज्जो को किसी-न-किसी की सेज गर्म करनी चाहिए। हमदर्दी तो देखो कि 'हम हाजिर हैं' के सिवा कुछ नहीं ! भौजी, भाभी और काकी का रिश्ता भी धुलपुँछ गया प्रताप के जाते ही। इंसानियत की तो दुहाई ही कैसे दी जाए, यहाँ हर जवान-बूढ़ा रज्जो की देह पर मेहरबान है।

सास को बहू पर भी गुस्सा कम न था। जब-जब ऐसा-वैसा कुछ घटता, वह एक ही बात कहती-"और गाओ फागें। और सुनो फागें। रसरंजनी तो खुद्द ही बनी हो।"

"रसरंजनी !" रज्जो सास के व्यंग्य पर कटकर रह गई थी।

बस इसी बात पर, उसी दिन से रज्जो अपनी कमर में चक्कू उड़से रहती। सास ने आँखें फाड़कर देखा था-"इतेक हिम्मित !"

"हओ, इतेक हिम्मत। तुम्हारे बेटा के पास तो बन्दूक है। वह भी बेकसूरों के लिए। हम शोहदों को खसिया कर दें तो क्या बेजाँ है ?"

तड़क-भड़क हो रही थी कि उसी बीच नाइन बहू आ गई। छोटा-सा घूँघट उसमें से झाँकता चेचक के दाग वाला साँवला चेहरा और पूरी ठोड़ी। रज्जो को सहारा मिला। नाइन को वह अपनी टोली की सबसे समझदार औरत मानती है।

गुइयाँ के आते ही सास होंठ बिदोरकर एक ओर हट गई और कोठे में चली गई जैसे वहाँ छोड़ा हुआ काम पड़ा हो।

उदास रज्जो से इधर-उधर की बातें करने के बाद भी गुलाबो नाइन का अपने घर जाने का मन नहीं किया। अन्त में आँखों में चमक-सी भरकर बोली-"आज पिरभू लला एक नई फाग कै रए थे। हमें बड़ी काँटे की लगी। समझ लो कि वई कों सुनावे आए हैं।"

"नई फाग ! पिरभू लला ने कहाँ सुनी ?"

नाइन समझ रहीं थी, फाग के मिस रज्जो क्या पूछना चाहती है ? फगवारे का अता-पता।

"पनवाड़ी गए थे लला अपने भइया के संगै। हजामत कौ सामान लेवे। लौटे तो भइया नाराज़ थे। लला ने सब रात बेड़िनी के नाच में काढ़ दई। पिरभू लला पक्के बेसरम ठहरे, भइया की डाँट मार कौ असर ही नईं। हमसे बोले-भौजी सुनो तो बेड़िनी फगवारे की फाग गा रयी थी-कैसे भईं हीन मन प्यारी...

फाग रज्जो पर असर न करे तो ईसुरी फगवारे ही काए के ? यहाँ थे तब भी यही कहते थे-फागों का मकसद है, आदमी की भीतरी तहों तक उतर जाना और फिर अपना असर दिखाना।

रज्जो बोली-"नाइन बहू पूरी फाग कहो न, पूरी।" एक पंक्ति का बाहरी नतीजा

रज्जो के चेहरे पर था, जो अन्दरूनी पुकार की तरह आया। भीतरी भावना थी, जो बाहरी रूप में नाइन को बाँह पकड़कर फाग सुनाने के लिए मचल रही थी। नाइन क्या सोच रही है, रज्जो को ख्याल नहीं, मगर वह खुद जो सोच रही है, वह महत्त्वपूर्ण है।

कैसे भईं हीनमन प्यारी
होकें रजऊ हमारी
लगियो न भरमाए काऊ के, ना करियो मन भारी
हमने अबै आज लों तुम खों, दुविदा नहीं बिचारी
ईसुर कात तुमाई दम पै, जनम जिन्दगी हारी

नाइन फाग सुनाने के बाद सामने आती हुई रज्जो की सास को देखकर बोली–"काकी, कैसी फाग है। जा तौ हमारे तुमारे लानें कई है। सब जनियों के लानें। है न काकी ? हम तुम भी हीन मन काए खों हों ? अपुन एक दूसरे के दम पै रएँ। ई में काए की दुविदा है ?"

रज्जो की सास का हाल अपनी हालत कहने की स्थिति में नहीं। बस हाथ के इशारे से जताया कि नंगे होने में अब कसर नहीं है। लोग हँस रहे हैं। ऐसी हालत में हम कब से फँसे हैं।

"धजा देख तो रई हो तुम औरें।" सास ने रज्जो की ओर करुण इशारा किया।

रज्जो अब उदासी में भी मुस्करा सकती है।

"लला नईं आते अब !" कहकर बूढ़ी काकी नाइन के पास अपना सत छोड़कर ऐसे बैठी जैसे भरभरा कर गिरी हो। इसी दुख से लगे अनेक दुख हैं, जिनमें दोनों जनी उलझी रहती हैं और मन चाहे जो खींचने खिचेड़ने लगता है।

शोक-सा पसरा था, क्योंकि अब तीनों स्त्रियाँ मौन थीं। लेकिन रज्जो बीच-बीच में पलकें उठाकर नाइन की ओर देख लेती और उसकी अपनी लाल पनीली आँखों में कोई प्रश्न-सा तैर जाता: पता नहीं कि अभी सुनी फाग ने ही विश्वास-सा पैदा कर दिया था और भावना का जुड़ाव कहीं दूर महसूस करती थी। असर करती-सी गहरी नजरों में नाइन को बाँध-बाँध लेतां। बेशक ईसुरी होते तो कहते–रजऊ की आँखों में फाग की बेहतर रचना हो रही है। जीवन की असलियत शब्दों और भाषा के रंगों में दिखाई देने लगी।

सास बराबर बैठी रही। न मालूम नाइन द्वारा सुनाई फाग से सतर्क हो गई, या कि अपने अकेले पड़ते जाने से दहशतजदा थी ? जबकि रज्जो चाह रही थी कि सास उठे तो वह पूछे–पिरभू लला कों बेड़िनी ने और कोई फाग सुनाई ? वह फगवारे से कहाँ मिली थी ? अता-पता जानती है ? पिरभू को धौर्रा में तो वे मिले नहीं...

"बिटिया इतै तौ आओ" कोठे में खटिया पर पाँव लटकाकर बैठी सास ने रज्जो को

पुकारा, स्वर में पुचकार मिली थी।

रज्जो तो पहले ही बाई के लिए खाना परोसकर ला रही थी। जब से रामदास दाऊ जू ने उन्हें बेटा की चिट्ठी पढ़कर सुनाई है, हलकान है डुकरिया।

रज्जो हाथ में थाली पकड़कर हाजिर हुई, दूसरे हाथ में पानी भरा लोटा था। दोनों बर्तन कोठे में उधर धर दिए, जहाँ आसन बिछा था।

बाई आसन पर आ बैठी तो खुद बिजना झलने के लिए पटरा डालकर पास ही बैठ गई। लड़ा-भिड़ी, झगड़ा-टंटा या प्यार-लाड़ कितने भी रहे हों, बहू की भूमिका में सास के लिए प्रताप की दुल्हन का व्यवहार यही रहा है कि प्रताप की माँ भूखी न रहे, समय में कोताही न हो। कपड़ा-लत्ता भी धुला मिले और रात को बूढ़ी के थके-अनथके पाँवों को दबाकर ही सोए।

कौर तोड़कर मुँह में रखते समय सास चुप रहने की मुद्रा में रही मगर खाते-खाते अपनी बात कहे बिना न मानी, जैसे आज उस जरूरी बात को कहना ही है, जिसको कहने के लिए वह महीनों से नहीं, साल भर से विवश है।

"रज्जो !"

"हाँ, बाई।"

"बेटा, अकेलें नींद आ जाती है ?"

रज्जो हँस दी जैसे अपनी इच्छा के विरुद्ध हँसी हो।

"सोउतीं तो आँखन के नेंचें करिया झाईं कैसे पड़ जातीं ?"

"हमनें ऐना नहीं देखा" कहकर उसने बिजना तेजी से घुमाया।

"माथे पर इतेक सिकुड़नें कि नेठम ही बूढ़ी भई जारई हो।"

रज्जो और भी हँसी। और फिर सकुचा-सी गई। सास की आँखों में बहू को तौलने वाली नजर है।

"हमें हँसकें दिख रई हो बेटा ! कि तलफ रई हो ?" बूढ़ी की आवाज रज्जो की भीतरी स्थिति को सहलाने लगी। तो उसकी नजरें झुक गईं।

"हमारी तरफन हेरो तो। ज्वाब दो कि ऐसे कब लों..." सवाल के मुलम्मे में से रज्जो की असलियत जानने की व्यग्रता थी।

रज्जो बिजना नीचे धरकर घुटने पर ठोड़ी टिकाकर बैठी थी और हाथ से ठोड़ी को मसल रही थी।

"हमने तुमसे इसारे में कितेक बार जे बात कई है कि अब बस...इन्तजारी विरथा है। आगे की बात सोचो, जो तुम्हेंन भी पता है। गौर करो।"

रज्जो को पता है, मगर वह इस बात को सुनना नहीं चाहती तो गौर क्यों करे ? 'अपनी इस भूमिका में मैं खरी उतर रही हूँ तो यह सब फगवारे का किया धरा है। और फगवारे की जो ताकत है, उसे मैं छीजने नहीं दूँगी।'

"हम क्या कै रये हैं इतेक देर से ? तुम न जानें कितै खोई हो ? जानती हो आदमी के लानें जनी की टेक ? कानी-कुबड़ी, लँगड़ी-लूली मंजूर कर लेगा, पर

बदनाम जनी नहीं कबूलने का। बदकारें राखी जाती हैं कहीं ? बिटिया जे बात हम नईं कै रए, गाँव के बड़े बूढ़े, जन पंच कै रए हैं। घर-घर जेई चर्चा है कि पिरताप आ भी जाए तो रज्जो का हाथ नईं पकड़ेगा।"

"हम जानते हैं" रज्जो ने छोटा-सा उत्तर दिया।

"हाँ, समझदार हो। चिट्ठी पर मत जाना, क्या खबर कि चिट्ठी रामदास ने ही लिखकें हमेंन सुना दी हो कि काकी और बहू धीरज बाँधे रएँ।"

रज्जो मौन बैठी रही। हाथ की उँगलियाँ चटकाने लगी।

"किसी का खाया फल खाता है कोई ?"

"बाई, कितनी बेर कहोगी ? हमने कब कहा कि कोई जूठा फल खाए।"

"तो फिर अपनी अवस्था देखो और दुनिया का दस्तूर देखो।"

"रज्जो की भवें सिकुड़ गईं।"

सास ने खाने के बाद थाली सरकाई नहीं, उसका एक किनारा पकड़कर बैठी रही।

"रज्जो हमारे धनी नईं रए तो पूत आँखन के आगें था। पर अब तौ वो बेटा भी...। लला के रहते हमारा सबुर कितेक गाढ़ा रहा। बुढ़ापा बड़ा बेसबुर होता है रज्जो। कैसे सबुर करें, गाँव भर हमारी बहू खों लैला की निगाह से हेर रहा है और हमेंन लग रहा है कि हम ही अलिफ नंगे हो गए। काए के लानें वा ठठरी बँधे ईसुरी से लगन लगाई थी, देहरी कलंक की कीचा में समा गई।"

कोठे का माहौल इतना बोझिल हो गया कि सँभाले न सँभले। खीज ऐसी कि सास की गर्दन कस ले। सचमुच ही उसकी जिन्दगी ऐसी गंदी हो गई है ?

रज्जो की नाक फूल गई। वह अपना ही सिर दीवार से दे मारे ? बेटा के जिन्दा रहते मतारी बहू को क्या इशारे दे रही है ? यही कि हम दूसरा आदमी कर लें और आदमियों की गंदी नजर, तीखे हमलों से बच जावें। सबसे ऊपर कि इस डुकरो के घर का पर्दा ढक जाए।

"बाई निसा खातिर रहो, हम इतै से नहीं जाएँगे।" कहकर सास का बनाया मर्यादा-शिखर रज्जो ने एक साँस में ढहा दिया। और बहू के ताकतवर वाक्य ने आतंक का रूप धारण कर लिया कि प्रताप की माँ चुप्पी साध गई।

दोनों अपनी-अपनी जगह थीं। न वह हिली न सास हिली।

सास के लिए अगला खम्भा ज्यों रुदन का हो। रोते हुए ही बीच-बीच में कहा--"बेटा हमारी औकात क्या ? गाँव में रहना-सहना है सो इतैके ही रीत-रिवाज करने पड़ेंगे। तुम फगवारे की सेंग न करो, जो सत्रह जांगा आएँ जाएँ। ऊपर से मर्द बच्चा। उनकी सीखें इतै नईं चलतीं।"

रज्जो अब शान्त थी। सास के रूप में प्रताप की माँ है, यह भी समझ रही थी। बहू के हित में कोई सास इससे ज्यादा क्या सोच सकती है, सद्भावना की कायल थी। मगर यह बात वह कैसे निभाए, जो उसकी इच्छा के खिलाफ हो।

और सास को यह आश्चर्य कि रज्जो इतना पक्कापन क्यों दिखा रही है ? कलेजे पर पत्थर रखकर ही कोई औरत अपनी बहू को विदा कर सकती है। रज्जो सब कुछ समझ रही है। अन्त में यह भी समझ लिया कि सास जिन बातों को लेकर संकोच में है, वे उसे ही साफ करनी होगी। सास का दयनीय चेहरा भी तो बहू के ठीठपने का नतीजा है। यह अपना दोष...असह बोझ के ढोने जैसा है।

"बाई, सुन लो और समझ लो। रामदास दाऊ जू व्यौहार नहीं करते, वे करोबार किया करते हैं। समझ रही हो कि उनका मकसद क्या है ? यही कि प्रताप की मतारी के बुढ़ापे का बोझ ढोना है तो उसकी ज्वान जोरू को काए छोड़ा जाए ? अगर वे सिपाही की माँ के लानें जिम्बेवार हैं तो जोरू के लानें मर्द की तरह हकदार।"

"ना बेटा, ऐसी बात नइयाँ।"

"फिर कैसी बात है ?"

"ऐसी कि हमारी लाचारी और उनकी मजबूरी, दोनों ही बातें इज्जत से निपट जाएँगी। गाँव के चील गिद्ध तुम पै टूटते हैं तो उनका ही माथा घायल होता है। नाक नुचती है। एक जंग पिरताप उतै लड़ रए हैं तौ दूसरी जंग रामदास इतै। सो निरवार लो तुम। अपनी जात में करन-धरन की रीत है। किनारे लगो। दो-दो जनी का रहती नइयाँ ? रामदास कित्ता बड़ा करेजा करें हैं। उनकी जोरू ने तुमारे लानें ड्योढ़ी छोड़ी है।"

रज्जो हँसी। खोखली-सी हँसी।

हँसी...समरभूमि में गूँज रही है। मुकाबले का समय आ गया है, सास ने बता दिया। बता दिया कि बाई बताने के लिए मजबूर हो गईं ? नहीं तो ये ही बाई थीं कि रामदास की मंसा सुनकर आग-बबूला हो गई थीं। रामदास की जोरू पर थूक कर आईं थीं कि कूटती-पिटती हो और पाँवों में भी लिपड़ती हो ? कुट-पिट कें हम औरें तो नीचट (मजबूत) हो गए थे। मूँछें उखार अपने धनी की। सौत ला रहा है, जोरू के क्या साके रह जाएँगे।

आज कहाँ गई बाई की बानी ?

रज्जो बाहर आ गई, आँगन में। दिल घबरा रहा था सो द्वार वाली किवाड़ें खोल दीं। हवा का झोंका आया। झोंके के साथ प्रेमानन्द सूरे की स्वर लहरी...

जो कोऊ समरभूम लर सोवै
तन तरबारिन खोवै
देय न पीठ लेय छाती पै, घाव सामने होवे

आह !

फगवारे, तुम्हें पता है कि मेरी जिन्दगी में कैसा विष घोल गए ! तुम तो इस गाँव के बसंत में फागें सुनाने आए थे। उन फागों को जिन्दगी में उतारने की धुन ने इस घर की सुख-शान्ति की बलि ले ली। क्या सोचा था, क्या हो गया ? मेरी लालसा

को लोग चील-गिद्धों की तरह नोंच-नोंचकर खा रहे हैं। और तुम कहते हो कि समर भूमि में पीठ मत दिखाना...

द्वार के बीचोंबीच खड़ी रज्जो की आँख भर आई। आँसू थे कि ईसुरी को दिए हुए बचन के संकल्प की बूँदें। 'तुम्हारी रजऊ मेरे प्राणों में आ बसी है।' उसके कंठ से पुकार उठी।

अगले दिन रज्जो ने रजऊ का वही वेश धारण किया जिस पर ईसुरी निछावर हो जाते थे। शृंगार और गहने...फगवारे की याद के अलग-अलग मौके साकार हो उठे। गहने खनखनाते, छनछनाते, रुनकते, झुनकते, फाग का स्वर लहराने लगता। गली से कुआँ तक जाती, बोल पीछे-पीछे आते—आज रजऊ ने गहना पहना है। प्राण हरे लेती हैं। गले में सुन्दर छूँटा और बिचौली पहने हैं। स्तनों पर अंगिया कसी है और दीवाना हार मनमानी करता हुआ हिल रहा है। अरे ईसुरी, वह जिस पर नजर डाल दे, वह बच नहीं सकता।

बहू का आकर्षक रूप !

सास की आँखें फटी रह गईं थीं, मगर चेहरे की झुर्रियाँ कह रही थीं कि दिल भर आया।

हल्की मुस्कराहट के साथ रज्जो ने घूँघट खींच लिया और सोचा—प्रताप की माँ की दशा अजीब है, रज्जो से देखी नहीं जा रही, मगर उसका अपना रूप आज किसी दुविधा के हवाले नहीं। आज वही बेला आ गई है, जिसमें जिन्दगी मूल्यवान हो जाती थी। मन की दुनिया में विचरण करती हुई रज्जो ने पानी के लिए भरी गगरी रिता दी और लेजु लेकर पनघट पर चल दी। फगवारा कौन था ? फागें कहने वाला। अपने स्वर का इकतारा रज्जो के दिल में लगा गया है, जब चाहे तब सुन ले।

कुएँ पर अपनी जैसी अनेक सखियाँ, जिनको ताजिन्दगी पानी भरना है, भरते रहना है। तमोलिन रंगरेजिन के संग लल्लू की बहू का भी यही समय है।

'पनघट पर शृंगार किए हुई रज्जो' का दृश्य उस तरह नहीं बना जैसा कि उसने सोचा था। न तमोलिन ने फगवारे के बदले का बीड़ा अपने बटुए से निकालकर पकड़ाया, न रंगरेजिन पचरंग अंगिया देखकर अर्थपूर्ण नजर से मुस्काई। उनके चेहरे पर अनचाही-सी मुद्रा थी—बिछोह का दर्द और आनेवाली जिन्दगी के लिए आशंका।

जब मित्र सखियों से कुछ कहते नहीं बना तो रामलली संतोष के साथ मुस्कराई और अपनी गुइयाँ रामकटोरी से बाँह छूकर बोली—"हमारे जाने हो गई बछिया। श्यामगढ़ी वारी का सिंगार तो देख लो। बिचारी भूल ही गई थी माँग में सेंदुर भरना। आज तौ बेंदा समेत पहरें हैं।"

गगरी उठाकर सिर पर धर ली दोहरे बदन की राम कटोरी ने। और सतबुन्दिया लौंग के नीचे होंठों को मरोड़ दी, उसके बाद बोली—"रामदास दाऊ जू बिचारे सब तरह से समरथ हैं, पर भगवान की गैल में मात खा गए। एक नरा धरकें चार बिटिया हो गईं। लरका की डकार तक नहीं आई रानीपुर वारी खों। नातर जूठी पातर खाते

रामदास दाऊ जू जैसे भले आदमी ?"

तमोलिन ने तिरछी मगर टेढ़ी नजर से रामकटोरी की ओर देखा, आगे बोली–"लो, सूत न कपास, कोरिया के लठ्ठम लठ्ठ।"

"सूत भी होगा, कपास भी है। दारी नईं मानेगी तो लठ्ठम लठ्ठ होंगे। अपनी आँखन देख लियो। पिरताप लला होते तो अब तक सुअरिया की तरह बारह बेर ब्या जाती। फगवारे से नैना लड़ावे की घड़ी मिलती ?"

रामलली ने बात अपने पाले में खींच ली–"छोड़ रामकटोरी तें। हम क्या सब गाँव चाह रहा है कि रामदास दाऊ जू के घर एक लला हो जावे तो रकवन खेती ठिकाने लगे। सगे दमाद तो बैन माल खाएँगे और पाँव पसार कें सोएँगे। वे तौ हमारे घर कै रए थे कि पिरताप के इतै एक डरइया (लड़का) होती तो अपनी खेती बई के नाम कर देते। अब तो दोई घर नाठ के खूँटा बँधे हैं।"

रज्जो को काटो तो खून नहीं...गगरी किधर है ? डोल से पानी कहाँ डाल रही है ? रंगरेजिन गुइयाँ फुर्ती से डोल के नीचे धार पर गगरी न लगाती तो रज्जो पानी खींचती जाती, घाट पर लुढ़काती जाती। बेसुध-सी न जाने कब तक यही करती रहती।

रामलली चलने को हुई। रामकटोरी को साथ लेकर चलती हुई जाते-जाते कह गई–"पूरे गाँव में दाऊ जू की जै जैकार हो रयी है कि फौजी भइया अपने ब्याहता छोड़ गया, वे पार लगा रए हैं जेठ होकें भी।"

रज्जो अवाक् थी। हाथ-पाँव अलग थर्रा गए। तमोलिन की सहायता से गगरी उठाकर अपने सिर पर धरी थी। घर पहुँचने के पहले ही गली में गिराकर फोड़ दी। सिर ऐसा डगमगाया कि अभी तक हिल रहा है।

जो कुछ सुनकर आई थी, वह लगातार कानों पर झनझना रहा था। चुप थी, मगर भयानक हुंकारे छोड़ रही है। 'क्या मेरी जैसी औरतों को औरत के मन का पता नहीं ? या मुझे ही अलग तरह का मन दिया है भगवान ने ? सो रात नींद के लिए नहीं, दिन चैन से कोसों अलग...क्या मेरी दशा पागलपन की हद से गुजरने वाली है ? हाँ, तभी तो रेशमी घँघरा और ओढ़नी पहनकर पनघट पर गई।'

पीछे-पीछे रामदास चला आया। नई-सी कमीज और सफेद शफ्फाक धोती।

"काकी राम राम।" कहकर वह आँगन में बिछी खटिया पर बैठ गया।

'यह मैंने क्या कर डाला !' रज्जो अपने शृंगार को देखकर पछताई। 'अगर कहूँ कि हर कदम ही गलत पड़ रहा है तो ठीक ही कहूँगी। पर अबकी बार जोर से कह दूँ कि रामदास सुनो, मेरी बात सुनो–इस रजऊ का क्या होगा फिर ? रजऊ खत्म हो जाएगी। नाम नहीं रहता तो आदमी खत्म हो जाता है। तुम अपने नाम को जिन्दा रखने के लिए ही तो बेटा चाह रहे हो, क्योंकि तुम मर जाओगे। बेटा भी मर जाएगा एक दिन। जिन्दा रहने के लिए जो होना चाहिए, वह तुम्हारे पास नहीं है। वह मेरे पास है, रज्जो के पास–रजऊ के रूप में, जिसे फागों में मिलाकर बेटे गाएँगे, बेटों

के बेटे गाएँगे और बात आगे बढ़ती जाएगी। रजऊ सारे जहान में फैल जाएगी। मैं रजऊ को मरने नहीं दूँगी।'

रामदास सास को नए बिछिया, पूजा का सामान और नए घँघरा-चोली दे रहा है। "काकी संझा समय पंडित जी आ रहे हैं। बछिया रंगलाल ले आएगा। खूँटे से बँधवा लेना।" कहने के बाद वह तेजी से उठकर चला गया।

सारा मंजर देखकर रेशमी कपड़ों में सजी रज्जो, झमकती हुई पागल की तरह दौड़कर कोठे में घुस गई। धरती पर ढह गई।

गुइयाँ सखियाँ पनघट पर रज्जो का हाल देखकर परेशान हो गई थीं। और फिर गगरी फोड़ने वाली बात सुनी सो अपने-अपने घर का काम छोड़कर चली आईं।

रज्जो की सास उन औरतों को और दिन होता तो लौटा देती, मगर आज रज्जो की हितू मीत जनियों की सहायता से ही काम बन सकता था, अतः मीठे और लाड़ भरे स्वर में उनका स्वागत किया–"आ तौ री गुलाबो, रज्जो भीतरी कोठा में है। तमोलिन बहू, अपनी गुइयाँ कों समझा। आज मैं सास नईं, रज्जो की मतारी हों। और बेटी...बहू की मतारी बनकें बहू कों विदा करवे वारी अभागिन मतारी देखी है तुमने ?" कहकर डुकरिया ज़ार-ज़ार रोने लगी।

कोठे के भीतर रज्जो रो नहीं रही थी, तड़प रही थी। जैसे इस सम्मिलन के युद्ध में फगवारे की हत्या होनेवाली हो। रामदास ने प्रताप और ईसुरी की जगह अपना परचम लहरा दिया और रज्जो के शरीर की चीर-फाड़ का समय आ गया। खूनमखून होते समय होंठ प्यासे के प्यासे रह जाएँगे।

नाइन बहू देवी की तरह सदा सहायक रही है।

"रज्जो !" उसने सिर पर हाथ फेरा–"होस में आओ बिन्नू। सम्भारो खुद कों।"

रज्जो ने आँसुओं से भींगे चेहरे को ऊपर उठाया। गले से छूटा और विचौली एक दूसरे से लिपटे हुए शोक मुद्रा में...रज्जो नाइन की गर्दन में बाँहें डालकर फफक-फफक कर रोने लगी। कब की घुटन पिघली कि नाइन बहू का कन्धा भिंगो डाला। अगर उसका दिल बाहर होता तो गुलाबो खून से तर हो गई होती–रज्जो ने सोचा।

सास आई, पास बैठ गई।

किसी के पास कोई रास्ता नहीं। रामदास के संग मर्दों का फैसला यही है। सवाल एक घर का नहीं, गाँव भर की परम्परा का है। ऐसे तो औरतें हर घर को तबाह कर सकती हैं। प्रताप की माँ ने अपनी भाषा में वह सब सुना दिया, जो रामदास कह गया था।

नाइन पहले तो चुप बैठी रही। छोटी जात की औरत है, बात मानी जाएगी, यह विश्वास नहीं था। फिर भी गुलाबो का इस दृश्य में अपना चरित्र अलग ही रहा कि रज्जो की यादगार में उसकी अनमिट छवि रही।

"काकी, ऐसे ही कैसें हो जाएगी बछिया ? रज्जो के संगै इतै से कौन है ? सब

कछू रामदास दाऊ जू ही तो नईं हो गए। उतै तौ कै रए हैं कि मरद फैसला लेंगे, इतै कोई मरद देख रए हैं वे ? काकी तुम जनी और रज्जो तौ फिर... हैऽऽ, जेठ से बछिया नहीं होत।"

"काँ से ले आवें हम मरद ? काँ से ले आवें देवर ?"

"काँ से ? अरे रज्जो के मायके से बुलाओ वा के भइया खों। लछमन से कहो कि अब तुमारे जीजा आउनें नइयाँ। बैन खों रामदास दाऊ जू के घरै बिठा दें।"

"ऐं !" प्रताप की माँ बेबकूफ की तरह नाइन को देखने लगी।

नाइन जरा कड़ी हो गई–"तुम्हेंन तौ काकी बहू की बाँह से बाँह जोरकें ठाड़े होना था, सो तुम उतै ही जा गिरीं, उल्टी।"

सास ने सहमति में सिर हिलाया और बोली–"सबरी अकबक भूल गए हम। देख तौ रई हो बज्जुर पटक रहा है भगमान..." कहकर प्रताप की माँ ने गुलाबो के साँवले चेचकदार चेहरे की ओर ऐसे देखा, जैसे कह रही हो–तुम्हारी लगाव भरी आँखों ने मुझ बूढ़ी की ठस्स जड़ता तोड़ दी। अब बहुत कुछ सँभल सकता है।

प्रताप की माँ ने बहू को बाँह पकड़कर उठाया और बोली–"उतार डारो जे सिंगार-पटार के झंझट। मोरी बहू का तो मीरा भेस ही अच्छा।"

यह नाइन के घर की बात है।

फगवारे के रंग में ऐसी रँगी है यह औरत...

जिस तरह मीरा अपने गोविन्द से बातें करती थी, उसी तरह यह ईसुरी को टेरती है–गोरे माथे पर रोली का लम्बा तिलक, कन्धे तक आते घुँघराले बाल, गले में तुलसी की माला और पान की पीक में रचे धनुषाकार होंठों के ऊपर नुकीली सुतवाँ नाक। मन्द-मन्द मुस्कराता हुआ फगवारा। धीरे पंडा हँस कहते थे–कीरत कुमारी जू अपने कन्हैया के लानें एक बसुरिया ले आओ। और उनकी रतनार आँखों से चितवन का अबीर गुलाल बरसता।

नाइन बहू कैसे कहें हम कि अब किसी दूसरे के बारे में सोचा नहीं जाता। प्रताप ताने देकर चला गया कि फगवारा ही तेरा आदमी है। और मैं सुनकर चुपचाप बैठी रही। प्रताप कहता गया–पछताओगी। मैं फौजी, जिसे फिरंगियों ने भी उत्तम पुरुष माना है, उसके रहते तुम दो कौड़ी के, रोटी पर फाग गानेवाले को पूछ रही हो। सर्वनाश होना है तुम्हारा।

नाइन उदासी की छाया में रज्जो को खुलकर मुस्काते देख रही थी। सखी पर प्यार उमड़ आया, हाथ पकड़ लिया। भरोसा देकर कहा–"हम तुमसे अलग नइयाँ। वैसे ही हाड़ मांस के, वोई खून नसों में बह रहा है। तुम बचोगी तो हम भी बचेंगे। हमारा तो हम जैसी जनियों से ही साबका है।"

अपने इस वक्तव्य के बाद नाइन बहू उठी और बाहर चली गई। लौटकर आई

तो पीछे-पीछे तमोलिन, रंगरेजिन और लल्लू की बहू थीं। ये चारो रज्जो की गुइयाँ है, मगर इन गुइयों की और भी गुइयाँ थी, जो इधर चली आईं।

सबको पता है कि रामदास ने क्या किया है ?

रज्जो के 'इनकार' को धमकी दी है कि वह इस बिगड़ी घोड़ी को जान से खत्म कर देगा। इस बदकार औरत का दूसरा कोई इलाज नहीं। लड़कियों के ब्याह-शादी इस बदमाश चाची के रहते नहीं हो पाएँगे। पाप की पिटारी को कुचल-मसल कर खत्म कर दिया जाएगा तो बिरादरी में उसके अच्छे खानदान की परम्परा का डंका बजेगा और लड़कियों के चरित्र का खरापन अपने आप साबित हो जाएगा।

'रज्जो की हत्या होगी' सास सहित सारी औरतें जान गईं, और अपने-अपने घर रुकना मुश्किल हो गया। लल्लू की बहू तो दराँती पैनाकर अपनी कमर में खोंस लाई, ऊपर से धोती का पल्ला ढँक लिया। तमोलिन के सलूका में पान काटनेवाला तेज धार का चाकू था और नाइन ने उस्तरा पत्थर पर घिस लिया।

रज्जो को यह सब देखकर हँसी आ गई।

'लो, यहाँ ऐसी जंग की तैयारी हो गई, जैसी कि झाँसी की रानी न जाने कब लड़ेगी ? रजऊ की सखियों ने हथियार साध लिए हैं। हत्या और मौत की काली छाया के बीच हँसिया, चाकू और उस्तरा चमक रहे हैं। रामदास क्या सोचता होगा कि नाइन तमोलिन जैसी नाचीज जनी जान पर बन आए तो ऐसे खूनमखून करतब दिखा सकती हैं ?

नाई के घर रात के समय रामदास पंडित जी के साथ आया। जूतों की चरमराहट ने भेद खोल दिया या रज्जो ही इस चरमराहट से अतिरिक्त चौकन्नी होती रही है। तत्काल उसने सोचा, नाइन के घर भी मेरी जिन्दगी को रौंदने वाले चले आ रहे हैं, तब इस गाँव की हदबंदी में जिन्दा रहने की उम्मीद खत्म होती जा रही है।

वह छोटे से दालान में धरती पर बैठी थी। आले में सरसों के तेल का दिया जल रहा था, जिसकी लौ के ऊपरी भाग का काला धुआँ उठकर आले की सतह को छू रहा था। रज्जो की लौ-लगन अँधेरे तूफान में घिर गई।

पंडित जी आए, आकर सामने खड़े हो गए। अपनी ब्राह्मणी भाषा में कहा—"एक कुलवधू को ऐसा करना चाहिए ? तुम तो फागें गाती हो, याद नइयाँ वो फाग—दीपक धरम करम कौ जारौ। सदा रहत उजियारौ/धरम करै बिन करम खुलै ना, कुची बिना ज्यों तारौ।"

पंडित जी का प्रवचन ! रज्जो की सामाजिक हैसियत क्या है ? पंडित, जो गाँव भर में पूज्य हैं, यहाँ तक आए हैं तो किसलिए ? समझा रहे हैं तो क्यों ? सारा कुछ रामदास की हैसियत से जुड़ा है।

पंडित जी की शांतिवार्ता फिर भी रामदास को रास नहीं आई। वह बोला—"पुजारी म्हराज समझाने का बखत खतम हो गया। और इन नीच औरतों को तो मैं देख लूँगा। चक्कू, उस्तरा और हँसिया पैना रही हैं। काट-काट के टुकड़ा पेंड़ा कर

दूँगा, हाँ।" कहते हुए उसने दाँती भींची और धरती पर बैठी रज्जो पर टूट पड़ा। लात, घूँसा, थप्पड़...

चुटिया पकड़ ली। पुजारी महाराज 'अरे रे रे' करते रह गए। जेठ बहू को पीट रहा है ! अधर्म हो रहा है। वे इस निगाह से देख रहे थे, मगर पराई औरत को छुए कैसे, सो बचाने के लिए भी आगे नहीं आए।

'दारी, हड्डी चूरन कर देंगे हम। नाइन के घर बैठकें दिखा रही है कि तें कितनी नीच हो सकती है ! ऐं ? पिरभुआ लुच्चा के संगें कितेक फागें गा सकती है। ऐं ? हमारी देहरी बैठकें इतेक रंडीपना कर पाएगी तें ? सो बस छुट्टा गाय की तरह फिरना चाह रही है।"

मारते-कूटते और थूक छोड़-छोड़कर बोलते समय रामदास हाँफ रहा था।

मगर नाइन को उस्तरा लहराते, लल्लू की बहू का हँसिया सामने आते और तमोलिन का चाकू देखते ही वह अपने पौरुष के शिखर पर जा पहुँचा–"आओ राँड़ो आओ। पहले तुम्हारी ही गाँड़ मारूँ।"

इतना कहना था कि घमासान मच गया। हँसिया, उस्तरा और चाकू अपनी करामात दिखाने लगे। उनका निशाना रामदास की मर्दानगी था तो पुजारी महराज का मकसद यहाँ से जान बचाकर निकल जाना। माचिस पास होती तो रामदास इस घर में आग लगा देता, मगर माचिस की जली तीलियाँ-सी आँखें लेकर इस ओर नाइन तो उस ओर तमोलिन और लल्लू की बहू सामने। रामदास पीछे की ओर भागा।

द्वार की ओर जाने पर सामना काकी से हुआ, जो ताला लगी किबाड़ों के पास खड़ी थी–"कुजात, कुलच्छिनी, सब तेरा किया कराया है।" रामदास चीखा और प्रताप की माँ की गर्दन अपने हाथों में कस ली। दुगई की ओर से पुजारी महराज निकले, काकी को छुड़ाया और रामदास को किसी तरह थामा। गले लगाया और शान्त किया।

पुजारी म्हराज ने तालाबंदी के भीतर होते युद्ध के बारे में रामदास को नीति-सम्मत बातें बताई थीं, जैसे कि एक विद्वान पुरुष भटके हुए पुरुष को बताता है।

"देखो जिजमान, इन औरतों को मारना मुश्किल नहीं, मगर औरतों से लड़ना मर्द की तौहीन में माना जाता है। छोटे-छोटे ये हथियार कारगर हो सकते हैं, मगर कितने ? घायल कर देंगे और आदमी फिर उठ खड़ा होगा। घायल होकर तुम्हें क्या मिलेगा ? औरतों का ही डंका बजेगा, क्योंकि उनसे ऐसी हिम्मत की उम्मीद नहीं की जाती। तुम जो राज-रजवाड़ों में जाते रहते हो रामदास, देख रहे हो न कि अभी तक अँगरेज लक्ष्मीबाई को सिर्फ धमका रहा है। बहुत मुमकिन है कि धमकाकर ही राज छीन ले। न छीन पाए तो भी औरत से भिड़न्त करने पर उसकी छीछालेदर तो न होगी। समझ लो कि अब ये चारों रजऊ का रूप हो गई हैं।"

मुकाबले में लल्लू की बहू का हँसिया रामदास की कमीज को फाड़ता हुआ

बाँह पर लगा था। कमीज खून में हो गई। उस्तरे का एक ही वार रामदास को छू पाया, क्योंकि नाइन को नाई की तरह उस्तरा चलाने का अभ्यास न था, मगर गाल पर कटाव पड़ गया। तमोलिन के चाकू ने कमर का कचूमर निकाल दिया था। रामदास के शान्त होने का कारण पुजारी रहा हो या न रहा हो, औरतों का सामूहिक हमला जरूर था।

रज्जो भी साबुत नहीं रही। जेठ का धक्का पड़ा, अपने ही दाँत से होठ कट गया। आँख के नीचे पड़ी चोट अभी तक लाल थी। सिर पर लगी चोट का कोई रूप न था, मगर उसने रज्जो के रूप में काफी परिवर्तन कर डाला। उसने सरक-सरक कर सास के पाँव गह लिए और मिन्नत की—"बाई, यह हमारी जिद नहीं, तुम्हारी बहू का सवाल है। पंचायत जुटाओ। बड़े-बड़ों में नन्ही छोटी जात को भी ठाड़ी करो, हमारा न्याय कराओ। बाई, तुम द्रौपती की सास नहीं हो कि हमेंन आज दो, कल पाँच मर्दों में बाँट दोगी। वे देवताओं की बातें हैं। अपुन मामूली लोग...बाई हमारे आगे ठाड़ी हो जाओ सो द्रौपदी की सास पर भी थूकें मामूली लोग।"

सास का चेहरा परिवार और समाज की परम्परा के घेरे में डरा सहमा-सा है। और आँखों की बूढ़ी पुतलियों में निश्चित ही एक निर्णायक भूमिका चमकती आती है। रज्जो ने इसी भाव से सास को देखा। और सास ने अपनी कटी हुई नजर से बहू को पैगाम दिया—यह किया तो जाति-गोत्र, घर परिवार से मैं बूढ़ी काट दी जाऊँगी, बुढ़ापे में यह सब सह पाऊँगी ?

रज्जो रो तो पहले ही रही थी, फूट-फूटकर रोने लगी।

सास आगे बढ़ी। बहू को छाती से लगा लिया। पीठ पर थपकी देती हुई खुद भी रोई—मतारी मोरे घर की ऐसी कुगत...

कुछ शान्त हुई और रज्जो के आँसू पोंछकर अपने दोनों काँपते हाथों में उसका चेहरा थामकर सास बोली—"अन्याव नईं। तुमारे भैयै बुला लें।"

लछमन भइया आ गया।

द्वार-दरवाजे और चौपाल पर बैठे लोगों का प्रताप के घर की फजीहत और बदनामी को लेकर निदान के रूप में यही मानना था कि बहन भाई की आज्ञा का उल्लंघन नहीं करतीं। उनका लगाव ही ऐसा होता है। अपने संस्कार में वह भाई को ही अपना सर्वश्रेष्ठ संरक्षक मानती है। बाहर की बातों का ब्यौरा पिरभू ने दिया।

रज्जो की जिन्दगी में भी ऐसा समय आया है, पर वह बचपन था और वह नादान लड़की थी। सो समय भी बच्चे जैसा ही था। वह गुड़िया खेलती थी और खुश रहती थी। दुख होता ही कहाँ था ? शिकायतें होतीं, जो माँ से कर देती। खूब रोती। इतना रो सकती थी कि घर गूँज उठे और माँ की डाँट सुनाई न दे।

वह उम्र ! आज तो नहीं है।

उम्र के चलते इतना कुछ जान लिया है कि भारी दुख गले लग गए, ज़िन्दगी इन मुसीबतों का नाम है। अपने आप से ही सवाल जवाब करती हुई हलकान हो जाती है। मसलन–फगवारा यहाँ क्यों आया था ? झोली में उम्मीदें लाया था ! उम्मीदें आँखों में लगा दीं कि सारी दुनिया अपनी है, अपने लिए है। फगवारे के जाते ही वे उम्मीदें आसमान के सितारों की तरह दूर चली गईं। जितना हाथ बढ़ाओ, वे उतनी ही दूर चलती जाएँ।

चारों ओर अँधेरा है। सितारों से उजाले की उम्मीद करना बेकार है। रास्ते भी अँधेरे में गुम हो गए। कौन गली श्याम गए, कौन गली हम धरें ?

भाई को लेकर रज्जो के मन में गाढ़ा लगाव है। खून एक, माता-पिता एक, परिवार एक। फिर लोग कैसे समझते हैं कि लछमन उसकी आशाएँ खोदने-काटने आया है ? इसीलिए कि परिवार वाले चाहा करते हैं कि उनकी बहन, बेटी और बहू का नाम कोई दूसरा न ले। नाम लेकर अपनत्व से पुकारने का मतलब शंका पैदा करता है। शंका उन अपराधों का कारण बनती है, जो लोगों ने मुकर्रर कर रखे हैं। कहीं भाई को भी रामदास के शुभ-चिन्तक यही पट्टी तो न पढ़ा देंगे ? रज्जो आशंकित है, मगर आश्चर्य भी कर रही है–जुग पर जुग बीत रहे हैं–औरत के अलावा इन लोगों को और कोई चिन्ता नहीं ! इनके दिन-रात बस रज्जो और रज्जो जैसी औरतों की घेराबन्दी में जा रहे हैं।

भाई ने आते ही अपना झोला उसे थमाया और कहा–"रज्जो, इत्ती दूबरी हो गईं ! अम्मा को बताएँगे तो वे कित्ती चिन्ता करेंगी।"

रज्जो का जी चाह रहा था भाई के गले लगकर फूट-फूटकर रोए। वह आगे बढ़ी मगर रामदास को आते देखकर ठिठक गई। जैसे एकदम ही पर्दा पलटा हो–हाहाकार फूटने लगा कंठ में। कैसे-कैसे जब्त किया वही जानती है। उजागर हो जाता तो भाई शुरुआत से ही उसकी गलतियाँ गिनने लगाता–तू ने जेठ को गाली दी, जबकि घूँघट उठाना ही अपराध था। तूने भाई की इज्जत भी नहीं रखी, अपने घर आए को सांसत में डाल दिया।–ऐसे कई आशंकित आरोप लगने की स्थिति को वह अपनी सहिष्णुता से बचा गई। जबकि सहनशीलता को वह कब की तिलांजलि दे चुकी थी।

भाई रामदास के साथ चला गया। मर्दों में ही मर्द बैठते हैं की परम्परा में। वह चाहकर भी रोक न सकी।

यहाँ तक कि रात घिरती आ रही थी, वह बुला भी नहीं सकी। सास का हौसला उससे भी ज्यादा टूटा हुआ है। अब वह अपने बेटे के घर में चमगादड़ की तरह फेरी देती रहती हैं। पुरा-पड़ौस में निकलना बन्द कर दिया क्योंकि सीधे या घुमा-फिराकर लोग उसी बात पर आ जाते हैं, जिससे वह बचना चाहती हैं–पिरभुआ के घरै भैंकर लड़ाई मची थी वा दिना। रज्जो ने नाइन, तमोलिन को जेठ पर छोड़ दिया कि खसिया कर दो। काकी, धन्न धन्न है पिरताप की जनी। पुजारी-म्हराज के पुन्न परताप कि

हत्या होवे से बच गई तुमारी बहू की। पूरणमासी का सीधा निकाला करो।

डुकरिया कराहकर लौट आती है। घर आकर बुदबुदाती है–कोई देखे तो हमारे बज्जुर दिन कैसे कट रहे हैं। घर झड़ता नहीं, लीपना-पोतना होता नहीं। ढोर भूखे प्यासे गोबर-पेशाब में बैठे रहते हैं। जिस दिना रोटी तिरकाई बना लो, तो खाने की सुरत नहीं। भैंस के नीचे दूध सूख रहा है। और खाने के नाम पर इस घर की तस्वीर बासी है।

रज्जो का मन कहीं न कहीं बदला हुआ है, क्योंकि भाई आया है।

खुँटी पर टँगा उसका झोला उसे दिख जाता है तो लगता है जैसे वह भाई ही हो। झोले को देखने की खातिर अँधेरे में दिया जला दिया। आँगन और दालान के रूप पर झोला दिप रहा है, झोला वही है, जो कभी उसने अपने लछमन भइया के लिए क्रोशिया से बुना था। दादी की रेशमी ओढ़नी में से काटकर अस्तर लगाया था। अस्तर लगते ही रज्जो और लछमन के दोनों नाम संग-संग रंगदार जाली और फूलों में उभर आए थे। आज भी हैं झोले पर ! रज्जो को यह समय आनन्द का टुकड़ा लगा।

उसने उमंग से झोले को उतारा और अपनी बाँहों में भर लिया। कैसा नरम है अभी तक। सामान सँभाले है और उसी बोझ में ढल गया है। माँ ने जब-जब इस झोले को देखा होगा, रज्जो की याद आई होगी। याद...माँ ने झोले में अपनी याद ही भर दी है। झोला–उम्मीदों का पिटारा। वह लालसामरी आँखों से टटोलने लगी। जो हाथ आया, समझ गई और झोला टटोलने का सुख मन में लहराने लगा।

मीठे खुरमे ! आँखें झोले के भीतर घुस गईं। जब खुरमे बाहर आए, हथेली पर सजाए तो एक-एक खुरमे पर माँ की तस्वीर उभर आई।

माँ ! पता नहीं यह हरफ बोलते ही दिल उमड़ आता है, जैसे सारे दुख माँ की बदौलत ही मिले हों। जबकि उनको अपनी बेटी के दुखों का पता तक नहीं। जन्म दिया, पाला-पोसा और विवाह योग्य मानकर किसी मर्द के साथ हाँक दिया। बाद में अपने मर्द के साथ गंगा नहा आईं। कन्यादान का पुण्य सिर पर सँभाले हुए। माँ ने ही तो जन्म दिया, ब्याह किया और साथ ही अपनी रज्जो का तर्पण। क्या माँ ने रामदास के बारे में कुछ सोचा है, जो उसकी बेटी को बराबर लांछन और सजा दे रहा है। क्या उसने उस दामाद के बारे में सच-सच जानने की कोशिश की है, जो रज्जो को धक्का देकर फौज में भाग गया और अब त्याग की हद पर है।

सास से इस बात को नहीं कहती रज्जो। वह अपने मन में ऐसे कायदों के लिए आस्था तो जैसी-तैसी रखती हैं, पर डरती बहुत हैं।

उसने मुट्ठी में भरे खुरमे ज्यों की त्यों झोले में डाल दिए। मन खट्टा था। खट्टे मन याद आया–भाई लौटा नहीं, रामदास के घर की ज्यौनार कबूल कर ली है। वहाँ एक का नहीं, कइयों का भोजन होगा। खानदानों की ऊँची-ऊँची बातें होंगी, जिनमें बताया जाएगा कि किसके घर कितनी शील औरतें हैं। कैसे गजब का पर्दा है। कितनी

बेजुबान बहुएँ हैं।

और अगर पतिव्रताएँ नहीं हैं तो बड़े-बूढ़े उन अखाड़ों की बातें बड़ा रस लेकर बताएँगे, जैसे कि प्रताप को बताया करते थे कि कैसे औरत को पछाड़ा जाता है। अपने उन घोड़ों के करतब बखान करेंगे, जिन्होंने बदकार मानी जाने वाली जनियों को लौकी, तोरई की तरह अपने खुरों से फाड़कर फेंक दिया। बड़े-बूढ़े जानते हैं कि पहली डरावनी घटनाएँ बताकर वे और भी दहशतजदा कहानी पैदा कर सकते हैं। रज्जो ने इस गाँव को इसी तरह जाना है।

'क्या मेरा भाई मेरा पक्ष ले पाएगा ?' रज्जो ने चिन्तित मन सोचा। क्या कहेगा ? क्या दलील देगा ? भाई के साथ गुजारे जिन्दगी के कुछ लम्हे आँखों पर पानी की तरह फैल गए। बहादुरी की कहानियाँ कि कैसे एक साधारण आदमी अपनी बहन को राजमहल से मुक्त कराकर लाया था, जब खूँखार राजा उसे उठा ले गया था और बिना इस्तेमाल करे देना नहीं चाहता था। भाई उस सेवक से मिल गया था, जो खुद भी साधारण था, मगर राजा की तलवार का मरम जानता था कि वह कुँआरी लड़की को काटने के लिए उठती नहीं। बस भाई ने अपनी बहन को राजा के सामने लिटा दिया और कहा—राजन् इसे काट दो। मैं आपके लिए इस जैसी पाँच कन्याएँ लाऊँगा। काट इसलिए दो कि पंडित ने इसके पैदा होते ही बताया था कि यह 'यौनि-विष' के योग से पीड़ित है। बस राजा ने तलवार उठाई, चलाई, मगर लड़की नहीं कटी। राजा वार कर-करके थक गया। हलकान हो गया। मुश्किल से दहाड़ पाया—हट जा मेरी नजरों के आगे से।

काश आज लछमन रामदारा को थका दे।

उसने उम्मीद में डूबकर खुरमे निकाल लिये और धीरे-धीरे खाने लगी। तब लगा कि वह तो भूखी है। भूखी, जिस तरह माँ के घर हुआ करती थी। क्या सचमुच भाई उसका बचपन अपने साथ लाया है ? माँ और भाई के आसपास रहनेवाला बचपन ! !

सपना देख रही है रज्जो। नींद में गुम है।

साँकल बजी, सास ने खोल दी। उसने सास से ही पूछा—कहाँ सोना है ? सास ने दूसरे कोठे की ओर इशारा कर दिया, जहाँ रज्जो ने भाई के लिए साफ बिस्तर बिछा रखा था। प्रताप वाला गेंदुआ सिरहाने था। रेशमी-सी चादर ओढ़नेवाली।

किबाड़ों का खुलना। किसी का भीतर आना। रज्जो को मालूम हो गया, क्योंकि वह इतनी गहन भी नहीं सोती कि दुनिया-जहान भूल जाए।

धरती पर चटाई बिछाकर लेट गई थी। आँख लग गई। जागी तो उठकर बैठ गई, मगर भाई सो गया। उसने एक ही विचार किया—भाई मुझसे बात नहीं करना चाहता। क्यों ? क्या बाई ने भी कान भर दिए ?

नहीं, सास के सो जाने का विश्वास करके लछमन उठा और वहाँ तक आया, जहाँ बहन चटाई पर लेटी हुई पेट में घुटने दिए पड़ी थी।

"रज्जो !"

रज्जो के कानों में बचपन के मँजीरे बजे, जबकि लछमन की आवाज बड़े ढोल की गमक-सी भारी थी।

वह फूर्ती से उठकर बैठ गई। इस अप्रत्याशित क्षण की उसे आशा नहीं थी, आकांक्षा बहुत थी। भइया भी चटाई के कोने पर बैठ गया। कुछ देर के लिए अनिवार्य चुप्पी रही क्योंकि बात की शुरुआत का संकट दोनों ओर से था।

तबला वादक रंगलाल लिखता है कि–अगर बातचीत और संवादों को यहाँ लाया जाए तो पूरी पत्रिका भर जाएगी। इसलिए मैंने वही बातें लिखी हैं, जिनसे रज्जो के सगे भाई लछमन का आशय जाना जा सकता है।

रामदास की बैठक में हुईं बातों का निचोड़ निकालकर लछमन ने रज्जो को बताया–इन लोगों को सबसे बड़ा डर तुम्हारा नहीं, तुम्हारे बिगड़े हुए चलन का है। अगर यहाँ मैं भाई का लिहाज न रखूँ तो साफ कह सकता हूँ कि डर इस बात का ही है कि अगर तुम्हें बच्चा रह गया तो ? बच्चा माना तो जाएगा प्रताप का ही, मगर वह प्रताप का बेटा बनकर अपने रामदास कका की जायदाद का वारिस हो जाएगा। कानूनी हक ऐसा ही है। मोंड़ी चार रहें कि आठ, रामदास का कोई बस नहीं चलेगा। दादालाई सम्पत्ति है जो घर के पुरुष को ही मिलती है।"

रज्जो चुप रही, मगर माँ जाया भाई उसकी एक-एक मुद्रा से बचपन के जमाने से परिचित है। वह ऊब रही है। जमीन-जायदाद और वारिस के हक से–जैसे कोई मतलब न हो। हो भी कैसे, कभी इन बातों में उसे या किसी भी लड़की, बहू को शामिल किया गया है ? खैर-बात दूसरी ओर मोड़कर समझाया जा सकता है।

"रामदास जानता है कि प्रताप अब लौटकर नहीं आएगा। उसकी ऐसी हालत हो गई है, जैसे धोबी के कुत्ता की, जो घर का न घाट का। अँगरेजी पल्टन में जूता घल रहे हैं तो झाँसी की रानी के निहोरे करने की सोचने लगे। वह इन्हें अपनी सेना में मिलाएगी ? नहीं, गद्दार प्रकृति का आदमी हर जगह गद्दारी करता है। पर रामदास को आशंका है कि प्रताप लौट ही आया तो ? रामदास ही उसे मरवा सकता है, काए से कि उसके हिस्सा की जमीन-जायदाद का लालच है। वैसे अँगरेजी सरकार भी 'अंगभंग अभियान' चला रही है।"

लछमन की आँखें दिया के उजाले में साँप की आँखों की तरह चमक रही हैं, जैसे प्रताप और रामदास की जायदाद की मणि उसके सिर पर रखी हो।

"आगे की बात यह है कि रामदास अब मोंड़ा गोद भी नहीं लेंगे। अँगरेजी सरकार ने ओली गोद और दत्तक प्रथा का खात्मा कर डाला है। आज राजे-रजवाड़ों में, कल बात आवाम तक आ जाएगी। झाँसी की रानी का हश्र दुनिया देख रही है। सौ बातों की एक बात कि अपने खून से जायंदा वारिस के बिना राजपाट तक लुट रहे हैं, खेती-क्यारी क्या चीज है ?"

रज्जो का तन-मन निखालिस प्रेम का बना है और प्रकृति फागों से रची-बसी है। राजपाट की बातों से क्या लेना-देना ?

सामने दिखते सुनहरे भविष्य से भाई की आँखों में सुनहरी नजर झिलमिलाई और होंठों पर अतिरिक्त उत्साह छलक आया–"चाहो तो बहन, जुआ खेल सकते हैं हम। रामदास की देहरी पर चढ़कर ही पुत्र की माता बनो। फिर देखो कि रामदास और प्रताप की मिल्कियत तुम्हारे हाथ कैसे आती है?"

रज्जो बेवकूफ-सी भाई को देखती रही।

"मर्दानी लड़ाई तुम्हारे बस की नहीं, माना। पर गोट तो इस बखत तुमारे खाने में है। मनमानी कर सकती है। सोच लो, तुम जीतोगी या जीने के काबिल नहीं रहोगी। गोटों के खेल का यही नियम रहा है।"

प्रताप की बात करके भइया ने प्रताप का ध्यान दिला दिया। वह कहाँ जाएगा?

"झाँसी की रानी तुमने देखी है भइया?"

"तुम काए पूछ रहीं हो?"

"ऐसे ही।"

"हओ देखी है। हम उरई तरफ गए थे, तब देखी। तुम जैसी लड़की है। बस इलाके के लोगों के मन की बात जानती है कि जनता फिरंगियों का राज नहीं चाहती। कुछ चापलूस और निकम्मे राज-रजवाड़े हैं, वे मान भी रहे हैं कि खुद कमजोर हैं। साँप का-सा फन उठाते हैं और तुरन्त अजगर की तरह गिर जाते हैं। फिर नहीं उठते। तमाम गायक, अल्हावाले किसान बरेदिया जोशीले गीत गाकर उकसा रहे हैं, उनके कान पर जूँ तक नहीं रेंग रही।"

रज्जो का मन किया कि पूछे–फगवारे की फागें सुनी हैं उन राजों-रजवाड़ों में? नहीं पूछ सकी, क्योंकि भइया ने आल्हा की वे पंक्तियाँ सुना दीं, जिन्हें बचपन में चौपाल पर गाया करता था–बड़े लड़इया मोहवे वाले, जिनकी चमक रही तरवार–कहकर रज्जो की ओर देखकर बोला–"हम गलत गाते थे रज्जो। गाना चाहिए कि–बड़े लिड़इया (गीदड़) मोहवे वाले जिनकी टूट गई तरवार।"

रज्जो ने सोचा–हमारी परवरिश शूरता-वीरता के पाठ से हुई है। तभी तो कायरता रास नहीं आती।

भाई रामदास वाला किस्सा भूल गया। बहादुरी की बातों में बहादुर की तरह रम गया–झाँसी की रानी का संग देखें कौन-कौन देता है? अकेले साधु दरवेश, फकीर और कम उम्र के लड़के तो खूब भर्ती हो रहे हैं झाँसी की फौज में। तात्या टोपे उठ खड़ा हुआ है। जनी-मानसें तक तीर-तलवारें चलाना सीख रही हैं।

भाई उसे अपनी दुनिया का सबसे सुन्दर पुरुष लग रहा था। और दरवेश फकीर की तस्वीर में प्रेमानन्द सूरे जड़ लिया जो इन दिनों उसकी गली से बेधड़क गाता हुआ निकलता है–अपनों तुमें जान गिरधारी/कीनी हमनें यारी/और काऊ से करनें होती बहौत हते संसारी–और दो-चार धौल धप्पड़ रामदास से खा जाता है।

भाई सामने बैठा था। अधियार पाख का चन्द्रमा आकाश में आधी रात को उदित

हुआ। और चन्द्रमा पर ग्रहण की तरह परछाईं पड़ी सास की, जिन्होंने बिल्ली के से दबे पंजों आकर लछमन के गोड़ गह लिए।

"अरे अरे !" लछमन उठकर खड़ा हो गया।

"बाई, पागल न बनो।" रज्जो के मुँह से निकला।

प्रताप की माँ क्या करे, इस समय लछमन ही घर का वह देवता है, जो कोई शुभ वरदान देकर जा सकता है।

"हम क्या करें बाई, रज्जो को समझा ही सकते हैं, मारपीट तो नहीं सकते ?"

"तुम सब कछू कर सकते हो लला। भइया हो, भइया काए के लाने होत हैं ? बहन की आबरू की रच्छ्या के लाने ही न।"

रज्जो बीच में बोल पड़ी–"तो काट देवें रामदास का मूँड़। हमारी रच्छा ऐसे ही हो सकती है। और सीं देवें तुम्हारी जीभ जो हरदम हमारा करिया मौं करके घर से काढ़ने की धमकी देती हो।"

लछमन के चेहरे पर बहन की गुस्ताखी गुनहगारी की तरह पुत गई। वह सज्जन किसान, जिसने पढ़े-लिखे होने के बावजूद सर्दी-गरमी बरसात सहकर किसानी को अपना धर्म समझा है। गोरों कारिन्दों के जुल्म सहे हैं, मगर फिरंगी पल्टन में नहीं भागा।

इस बात को रज्जो ने प्रताप की माँ के सामने कभी मुद्राओं से, कभी शब्दों से और कभी व्यंग्यों से उजागर कर दिया कि बूढ़ी ठंडी पड़ी रहे। नहीं तो सास फगवारा न कहकर यार कहेगी और हर बात से उसी को जोड़ेगी।

सास ने अब तक जो नहीं कहा था, भाई के सामने कहा, जो कड़ुवे से कड़ुवा लगा। यहाँ तक कि–हम तुमारे बैरी हैं, तौ बैरियन के घर काए रै रयी हो ?"

रज्जो चुप थी, जो भाई का अदब था।

सास इस अदब के दरमियान ही अपनी खटिया की ओर चली गई।

लछमन ने अब एकान्त में बहन से कहा–"प्रताप तुमसे राजी नहीं है, जानती हो ? और अपना भला-बुरा भी समझती हो।"

"और हम रामदास से राजी नहीं है, यह तुम जान लो। भला-बुरा समझते हो ?"

"तो ठिकाने नहीं बैठोगी ? वह भी निपूता ही है, अपना कुछ सोचो।"

"तुम अपनी जनी कों पहुँचा दो, लड़का जन देगी। खेती भी तुम्हारी होगी।"

लछमन ने क्या सुना ? यकायक !

यह न किसी की बहन है, न बेटी है, न पत्नी है। सारे नाते-रिश्तों पर यह गाली है। लछमन ने आव देखा न ताव, फड़कते हुए होंठ और तनी नाक की मुद्रा में पूरी ताकत लगाकर रज्जो के गाल पर चाँटा मार दिया।

थप्पड़ ! गाल झनझनाया कि पूरा वजूद हिल गया।

"तेरे घर बैठा हूँ तो कुछ भी कहेगी ? मालकिन है, सो।"

"मालकिन ! मालकिन ही होते तो तुम जैसे हमें समझाने नहीं आ सकते थे।"

रज्जो का पूरा गुस्सा इस एक वाक्य में फनफनाया।

अब आँखों में घृणा के सिवा कुछ न था।

इस भाई से बचपन में बहुत बार पिटी फिर भी ब्याह के बाद सासरे की राह से निकलने वाले राहगीरों में इसी की तस्वीर दिख जाती। तब की रज्जो को अपने सूरजमल चन्द्रमल जैसे भाइयों पर भरोसा था, जिनके गीत बचपन में सुआटा पर बैठकर भोर ही भोर गाती थी और सुआटा (नौदेवी) पूजती थी।

आज परीक्षा हो गई। 'सूरिजमल के घुल्ला छूटे, चन्द्रमल के घुल्ला छूटे' गाने वाली रज्जो की ओर भाई के घुड़िला छूटे तो जरूर मगर खुरों से बहन का वजूद रोंदने के लिए...तो फिर लछमन भइया उन राजाओं को नीची निगाहों से क्यों देख रहे हैं, जो रानी लक्ष्मीबाई के पक्ष में नहीं उठ पा रहे। या जो साँप की तरह उठते हैं, अजगर की तरह गिर जाते हैं। हमारे सुआटा गायन का भोला संगीत आज विलाप की धार में फट रहा है। रामदास हो या कि फिरंग हो, हमारे विश्वासपात्र रहे लोगों को इनके साथ मिलीभगत करने में स्वार्थ दिख रहा है। लक्ष्मीबाई अब हारेगी ही...

बस तसल्ली इतनी है कि सचाई का नंगा रूप दिख गया। उम्मीद सदा के लिए उखड़ गई। सुआटा मजाक बन गया।

"मर।" लछमन ने चुप बैठी बहन को शाप दिया और चलने के लिए अपना झोला उठा लिया।

वह चला गया। रज्जो सूने घर-आँगन को देखती रही, सास की आवाजों से कराहता आँगन...वह पछताई भी कि इन दिनों मुँह से इतनी कड़ुवी बातें क्यों निकल जाती हैं ? क्या लाँछनों और मनमानियों का जहर पीते-पीते कंठ जहरीला हो गया है ?

'ईसुरी' पत्रिका के लिए अपना आलेख भेजने वाले पंडित शिवनारायण मिश्र लिखते हैं कि–यह फाग इलाके में यों ही प्रचलित नहीं हुई, इसका कारण था कि जो ब्याह बछिया हो जाना चाहिए था, वह नहीं हुआ। नहीं हुआ तो रजऊ के लिए ताउम्र यही लांछना रही–

तैने अपने कुल की बोरी
भीतर बैठ निगोरी
माला पैर महादेव ढारे, बनी फिरत रई भोरी
मरत मरत नों मुंस कात गऔ, मूँछ राखियो मोरी
कर लेती जो मुंस पैठुआ, उनकी ना ती चोरी
बेहा अब तौ नांव बता दै, की से आँखें जोरीं

(इसमें क्या शक है कि रज्जो ने कुल की मर्यादा डुबो दी। ऐसी औरत का भीतर

रहना ही ठीक। किसको मुँह दिखाएगी ? माला पहनने और महादेव ढारने का ढोंग करती रही। लोग समझते रहे, भोली भक्तिन है। मरते-मरते पति कहता गया-मोरी मूँछों की पत राखना। न हो तो दूसरा आदमी कर लेना, इसमें चोरी नहीं है। पर तूनें तो निर्लज्ज न जाने किससे आँखें लड़ाई हैं ? अब तो बता दे।)

पंचर लगाने वाले सियाशरण इस फाग से सहमत नहीं। उसने लिखा है-सब को पता था रज्जो का प्रेम ईसुरी से है। पूछने का ढोंग क्यों ? प्रेमानन्द सूरे मेरे ककियोंते परदादा थे, वे जिधर निकल जाते खेत-खलियानों, बगीचों-जंगलों में फागें गूँजती जातीं। एक बार रज्जो भागवत का सामान लेने महोवा गई थी। किसान उसके रास्ते पर जुड़ आए। प्रेमानन्द का हाथ पकड़े था पिरभू नाई।

बस शरद की उठान पर खेत में गेंहुँओं के आँखुए फूटे थे और किसानों ने प्रेमानन्द के साथ मस्ती में गायी यह फाग-

जोगिन भईं राधिका तोरी
बीस बरस की गोरी
राख लगाएँ, लट छुटकाएँ, डरी कंदा पै झोरी
गावें, बजत चमीटा चुटकी, चमक रही न चोरी
फेरी देत फिरत फिरकी सी, ब्रजवासिन की खोरी

राधा, नहीं रजऊ जोगिन हो गई। बीस वर्ष की अवस्था में ही। शरीर पर राख लगी और लटें छिटकाए हुए। कन्धे पर झोली टँगी है। अब न लज्जा न झिझक। चोरी छिपे का काम क्या ? ब्रज ! नहीं, बुन्देलखण्ड की गलियों में फिरकी सी चक्कर काटती है।

हलवाहे, चरवाहे और मजूर आसपास जुड़ आए। भागवत के लिए परसाद लाई थीं, सब वहीं बाँट दिया। झोली रिता दी।

सियाशरण पंचर लगाने वाला, रंगलाल तबला वादक और शिवनारायण मिश्र के वक्तव्यों में समान भाव से यह स्वीकार किया गया है कि रज्जो घर से भागी थी। क्यों भागी थी ? इस सवाल का जवाब नीचे लिखी स्थितियों में है।

तमोलिन सदा से रज्जो के लिए पान का बीड़ा बनाती रही है। सदा माने वह समय, जब ईसुरी माधोंपुरा में आए और पान खाना उनकी आदत में था। और उन्होंने तमोलिन से कह रखा था-जब रजऊ के होंठों को छूकर पान मेरे पास आएगा तब समझूँगा कि रज्जो ने पान के मिस मेरा चूमा लिया है।

तमोलिन मुस्कराते हुए पान लगाती और रज्जो के घर पहुँचती। फगवारे का मनचाहा हो जाता। फगवारे जू चले गए, माधोंपुरा की गलियाँ भूल गए। तमोलिन पान लगाना न भूली। अब पान का बीड़ा रज्जो होंठों से छूती नहीं थी। ईसुरी के होंठों का छुआ समझकर चबाती, रस पीती रहती।

उसी पान के बीड़े में किस बैरी ने धतूरे के बीज धर दिए। रज्जो ने पान खाया और असर आते ही बेहोश होने लगी। खटिया पर सोने नहीं जा पाई, बिना चटाई के भूमि पर चित्त पड़ी थी। सास आई, देखकर सन्न रह गई। चेहरा हल्दी-सा छनक पीला...और आँखें मुर्दे की तरह खुली हुईं।

प्रताप की माँ के होश उड़े हुए थे। वह द्वार की ओर भागी। हल्लाकर दिया–अरे, पिरताप की जनी गई। गई मोरी दुल्हन।

विलाप-पुकार के साथ लोग जुड़ आए। पुजारी म्हराज ने एक ही उपाय बताया–उल्टी। कै कराओ। पान में तमाकू हो तो भी और जहर हो तो भी।

रामदास जाकर तमोलिन को खींच लाया, बोला–"चल थाने। तैने हमारी बहू को मारने की कोसिस करी है।" आँगन में जुड़े स्त्री-पुरुषों के बीच चिल्लाया।

पुजारी म्हराज ने रामदास को डाँटा–"कमाल करते हो यार, जो मर रही है, उसकी चिन्ता नहीं। तमोलिन को मार रहे हो। पहले इसे बचा तो लो।" पुजारी म्हराज पढ़े-लिखे आदमी हैं। कहते हैं किताबें पढ़कर आदमी हर बात आँखें मूँदकर नहीं मान सकता। कुछ बातों पर शक सन्देह भी उठाता है। देखना यह है कि रज्जो को मार देने से तमोलिन को क्या फायदा ? यह काम उसका ही हो सकता है, जिसको रज्जो की मौत का लाभ मिलने वाला हो। पान खाते समय रज्जो को क्या पता था कि पान मौत का परवाना है।

पुजारी म्हराज ने जितनी बातें कीं, लगभग उतनी ही बार रामदास की ओर देखा।

रज्जो बच जरूर गई, लेकिन बातों के, अफवाहों के, लांछनों के खूँखार पंजे गाँव के कोनों अन्तरों से उठने लगे। जबकि वह सोच रही थी कि वक्त के साथ गाँव का रवइया बदलने लगेगा। लोग असलियत और उसकी नीयत समझ जाएँगे। रामदास निराश-सा दिखता और रज्जो का हौसला बढ़ता जाता। वह अब अक्सर चरखारी की ओर जाता दिखता। लौटकर आता तो करिन्दा जैसे लोग साथ होते।

रामदास का ऐसा आचरण देखकर रज्जो को ही नहीं, गाँववालों को भी लगने लगा था कि वह किसी महत्त्वपूर्ण योजना में रम गया है। उसका लक्ष्य बड़ा है। वह 'रज्जो रजऊ' जैसे मामलों की परवाह करना एक दिन बिलकुल ही भूल जाएगा। बात तो यहाँ तक आ गई थी कि अगर चरखारी का राजा सलामत रहता है तो रामदास को पाँच गाँव की जमींदारी तो जरूर मिल जाएगी। उसने दास की तरह अँगरेजों के गुलाम राजा की भक्ति की है। रज्जो, नाचीज स्त्री, जिन्दा रहे या मर जाए, क्या फर्क पड़ता है ? और फिर प्रताप के नाम पर जो जमीन है, वह जमींदारी से ज्यादा बड़ी तो नहीं।

रज्जो को इन बातों का भरम हुआ कि अपना रवइया और भी मासूम लगने लगा। 'क्या मेरी प्रीति मानवीय व्यवहार में सुन्दर और नैतिक नहीं ?' यदि रज्जो के पास आज की भाषा के शब्द होते तो वह इसी तरह कहती। 'मैं किसी जागीर और रियायत

के फेर में नहीं, जमींदारी भी चाहती नहीं, इसलिए फूहड़ और अश्लील नहीं हूँ'

तो यह था रज्जो का अपना दावा। एक स्त्री ताकतवर और समर्थ पुरुषों के सामने आती हुई...

अपने मनुष्यगत व्यवहार के भरम में और छलावे में डूबी हुई रज्जो कुएँ पार पानी भरने गई थी। गगरी कुएँ फँसी थी और वह जल भरकर ऊपर खींचना चाहती थी। तभी दाईं ओर लाल कमीज पहने हुए एक लड़के की झाँई-सी दिखी। लाल-कमीज इस गाँव में पिरभू ही पहनता है। अपनी झख का मारा। ईसुरी नारंगी कुर्ता पहनते थे तो वह लाल रंगदार कमीज। घूँघट में से रज्जो की नजर लाल रंग ही आया।

लाल रंगी छाया देखकर अनायास ही बोली–"पिरभू लला। जाओ तो, हमारे घर एक गगरी पानी जल्दी से धर भाओ। बाई नहाने को बैठी हैं।

अहसास हुआ कि पिरभू लला कुएँ की जगत पर चढ़ आए।

हाँ, चढ़ आए। और...

धक्के के साथ रज्जो के ऊपर ऐसे गिरे कि रज्जो खुद को साध नहीं सकी, सीधी कुएँ में गई। धम्म से आवाज हुई।

रज्जो नहीं देख पाई कि वह लड़का पिरभू नहीं था, बस उसी की जैसे लाल कमीज पहने हुए था। पनवाड़ी कस्बे के बजाज का बेटा रघुवर गाँव में उधार-खाता वसूल करने आया है, लोगों ने यही समझा था। मगर जब वह छलाँग लगाकर भागा तो रामलली ने शोर मचा दिया।

रामलली, जिसने रज्जो को ताने मार-मारकर छलनी किया था, रज्जो के कुएँ में गिर जाने को लेकर छाती पीट कर हाथ उठा-उठाकर हाहाकार मचाने लगी कि आते-जाते लोग ठहर गए। स्त्रियाँ कुएँ की जगत पर चढ़ आईं। मरती हुई रज्जो ने जीवित शिकायतें, लांछन और डाह मिटा डाले, जैसे ये जानलेवा तीर बस जिन्दगी को कोंचते रहने के लिए बनाए हों। अगर यह दृश्य रामलली ने न देखा होता तो उसके तेवर ईर्ष्या द्वेष में खपे रहते, मगर उस जिन्दगी को मृत्यु में समाते समय उसका संकल्प एकदम पलट गया, जैसे उसे लगा हो डाह कितनी तुच्छ और नीच धारणा है, सो व्यर्थ है। अगर रज्जो की मदद नहीं करती है तो उसकी जिन्दगी व्यर्थ है।

नहीं तो क्या वह कुएँ पर चढ़ आती ? पागल की तरह अपनी धोती खोलकर कुएँ में फँसाने के लिए तैयार होती ? नंगा उघारा होना जिन्दगी खत्म होने देने से ज्यादा बड़ी बेशर्मी तो नहीं ? रामलली ने मर्दों को दिखा दिया।

'जा को राखै साइयाँ, मार सकै ना कोय' पुजारी म्हराज कहावत कह। करते हैं। उन्हीं का भक्त साधुराम साइयाँ बनकर कुएँ में उतरा।

रज्जो बच गई। औंधी पड़ी थी कुएँ की जगत पर। पानी उगल रही थी। यह दीगर बात है कि कुएँ वाले प्रकरण के किस्से तरह-तरह से फैले–अरे अपने आप गिरी होगी, सुना है कि बिना खसम के ही पेट रह गया है।–नहीं जी, रामदास को

जेल भिजवाना चाहती है कि फिर मनमानी करे।–किसकी कहें, पुजारी म्हराज ही प्रताप के जनी पर मेहरबान हैं। भागवत की दीक्षा दे रहे हैं।–तमोली का करिश्मा है, तभी तो तमोलिन ने उसे पान में जहर दिया था, सौत कौन-सी जनी चाहेगी ?

वह तो रामलली ही थी जिसने सरेआम कहा था–जिन्दगानी के खिलाफ है रज्जो की जिन्दगानी, खूब समझ गए हैं हम। जो हमला हो रहे हैं, सो हादसे नहीं हैं। और अब आगे ऐसे हादसे नहीं गुजरेंगे, इसकी क्या गारंटी है ? रामदास दाऊ जू को कौन जागीर दे रहा है ? उनका मकसद तो है प्रताप की औरत को अपने कब्जे में लेना, जो कब्जेदारी न माने तो मौत के घाट उतारना।

रज्जो खुद अपनी स्थितियों को इससे ज्यादा भयावह मान रही थी। मौत पंजे खोलकर सामने खड़ी दिन-रात उसे कँपाती रहती थी। नींद झूठे को भी आ जाए तो बन्द पलकों के नीचे आँखें हत्या होने के सपनों में डूब जाएँ। चौंकती हुई उठकर बैठ जाती। भाँय-भाँय करते घर में उसके मौन विलाप की फाग उठती और आँखों में आँसू बनकर बह निकलती–

जा सों जरत रहत है छाती।
को है की कौ साती ?
कैबू करे लगन न पैहै, हवा देह में ताती
ना मौं खाद संदेसे आए, लिखी न आई पाती
कौन गुन खबर बिसर गई मोरी, मैं अपराधिन कां ती ?
ईसुर कहूँ भूम न बादर, भये भीम के हाती

(हमारा कलेजा जलता रहता है। कोई किसी का साथी नहीं है। कभी कहते थे कि तुम्हारे शरीर को गर्म हवा तक नहीं छू सकती, वे कहाँ हैं ? एक सन्देसा तक नहीं भिजवाया। पाती तक नहीं लिखी। भूल गए। मैं अपराधिनी कहाँ थी ? मैं तो भीम के हाथियों-सी न आकाश की न धरती की...।)

❏❏

माधव नहीं आया, माधव की याद आती है।

क्या वीराने में महकती हिरनी-सी रजऊ मेरे भीतर बदहवास है ? और अब यह निश्चित हो चुका है कि मेरा हिरन माधव अपने मामा की कैद में है। मैं उससे नाराज हूँ या खुश, क्या फर्क पड़ता है ? नाराजी और खुशी...दोनों ही पाँवों में जालों की तरह उलझ गई हैं। छतरपुर से यहाँ तक की दूरी व्यवधान नहीं, मामा के आधुनिक निवास दस्तक प्रूफ दुर्ग पर व्यर्थ पुकार है।

और मेरे भीतर वे सम्मिलन कोहराम मचाते हैं, जिन्होंने ओरछा में रहते हुए अकेले सोने की आदत छुड़ा दी। माधव से लिपटकर सोना और सुबह-सुबह अलग होकर एक

दूसरे का चेहरा देखकर उठना। शुभ प्रभात की शुरुआत में मीठे मधुर चुम्बनों के बाद चाय का प्याला।

"ऋतु" माँ की आवाज आ रही थी। "चाय पी लो।"

सबसे पहले माधव का फोटो अपने तकिए के नीचे से निकाला और चुस्ती (जो कि रात के लम्बे जागरण से कहीं तक न थी) से उसे पर्स की अन्दरूनी जेब में रख दिया।

'कायर प्रेम इसी को कहते हैं' सोचकर दयनीयता से मुस्कराई। माँ इसी राह गुजरकर यहाँ तक आई हैं, मगर उन्होंने अपनी बेटी को कुँआरे प्रेम पर उत्साहित नहीं किया। उनके शब्दों में, दूध का जला छाछ को फूँक-फूँक कर पीता है। और मैंने महसूस किया है कि माँ अपनी माँ की तरह बर्ताव कर रही है। जब 'रजऊ' की जिन्दगी को लेकर शोध की बात मैंने छेड़ी थी तो माँ ने विरोध नहीं किया था। कहा था—और कोई विषय नहीं है, इसके सिवा ?

तब मैंने माँ के इस वाक्य को अहमियत नहीं दी थी, मगर कल जो जरा तुर्शी के साथ कहा—माधव को चिट्ठी डाली थी तुमने ? उसके मामा की चिट्ठी आई है। पढ़ लो, जो लिखा है। क्या जरूरत थी चिट्ठी लिखने की ? फोन कर लिया होता। जब उस लड़के ने फोन नम्बर नहीं दिया तो उसे भरोसेमन्द कैसे मान लिया ? चिट्ठियाँ बड़ी खतरनाक होती हैं ऋतु, तुझे कैसे समझाऊँ ?

चिट्ठी क्या थी, माँ को सम्बोधित होती हुई, मेरे लिए चेतावनी थी।

—माधव को एम. ए. करे चार वर्ष हो गए और वह अभी तक निठल्ला घूम रहा है। पी-एच.डी. भी कर लेगा तो कौन-सा तीर मार लेगा, सिवा इसके कि तुम्हारे संग मारा-मारा फिरे ? न रहने की जगह बनेगी, न खाने का हीला। ऐसे लोग या तो भिखारी हो जाते हैं, या पागल या फिर आत्महत्या करके अपने घर-परिवार को दोष लगा जाते हैं। मगर कुछ ऐसा करने की नहीं सोचते, जिससे जिन्दगी चलती है। अपने आलस्य के अजगर रूप को आदर्श ठहराते हुए हमने कई कवि-मवि और बहसखोर देखे हैं। माधव ईसुरी को घोंट पीस कर फाँक ले, तो भी बेहूदी फागें गावेगा। जब ईसुरी ही मुसाहिब का कारिन्दा बनकर रह गया तो माधव कौन से मोर मारेगा ? तुम जैसी लड़कियाँ अश्लील फागों में आवारापन देखकर होश खो बैठी हो और लड़के अपनी जिन्दगी का मकसद भूलकर उनमें मजा ले रहे हैं। जमाना चन्द्रमा पर पहुँचने को है, तुम मिट्टी में घिसट रहे हो।

माधव के कैरियर को सैट करने की हमारी जिम्मेदारी है, जैसे अपनी बहन के ब्याह की जिम्मेदारी हमारी थी। छतरपुर में वह मेरे ऑफिस का काम सँभालेगा। चुनाव सिर पर हैं, पार्टी की जिम्मेदारी हमारे ऊपर है। आगे माधव को डिस्टर्ब न किया जाए। मित्रता रास्ते पर अड़ंगा नहीं होती, समय पड़ता है तो रास्ता छोड़ देती है। रही पी-एच. डी. की बात, माधव का मन होगा तो यहाँ के प्रोफेसर उसकी थीसिस पूरी करा देंगे। पढ़ाई-लिखाई आजकल इसी तरह की ढर्रे में चलने लगी है।

'ऋतु की प्रीति शोध के नए-नए आयामों से सजकर निखार पर आ रही थी और यह तन-मन मलिन करने वाली सूचना, चेतावनी और धमकी !' मैंने सोचा—इस सन्देश का जबाब क्या हो सकता है सिवा इसके कि 'रजऊ' अगर तुम्हारे चरित्र ने माधव के मामा की नींद उड़ा दी है तो निश्चित ही मेरा आगे बढ़ते जाना उन जैसों के लिए तीखी चुनौती होगा। सच मुझे रोना नहीं आ रहा, जैसा कि माँ मानकर चल रही है। मुझे इस बीहड़ मौसम में वह फाग याद आ रही है, जो तुम्हारी ओर से है—

सब कोऊ होत प्रीत में न्यारे
ऊँचे गरे पुकारें
इतै प्रीत की ऐसी बीदन, साहुकार चिक्कारें
एइ प्रीत से लैला पाछूँ, मजनूँ ने तन गारे
एई प्रीत से हो गए नोंनें ऐसे हाल हमारे

माँ अपने भीतर टीसने वाले जख्म का दर्द मेरे चेहरे पर देख रही थीं। और आलोचक की तरह महीन से महीन मुद्रा को परख रही थीं। उन्होंने जो कुछ ग्रहण किया, उससे ऐसा ही स्पष्ट किया कि उनकी बेटी जिसके प्रेम में पड़ गई है, वह साथ निभाने वाला नहीं। अकेले व्यक्ति का प्रेम निरी बेवकूफी माना जाता है, क्योंकि उसके लिए मँझधार में डूब जाना ही नियति है।

मैं कैसे कहूँ कि माँ, मैं इन दिनों ऐसे अध्ययन पर हूँ, जिसका सन्देश है 'विश्वास' नहीं तो विश्वास की खोज। माधव के मामा ने जो कुछ लिख दिया और मैंने मान लिया, मतलब कि अपने हाथों ही अपने विश्वास को कस डाला। माधव केवल राजनीतिक पार्टी का काम करने के लिए है, यह मेरी खोज का विषय नहीं, बल्कि माधव से मेरा प्रेम क्यों हुआ, इस बारे में सोच सकती हूँ। प्रेम हुआ है, तो रहेगा भी, यह रजऊ मुझे निरन्तर बता रही है। जैसे जिन्दगी मिली है तो जिएँगे भी। जिएँगे तो उसका भी कोई मकराद होगा। मेरा मकसद सिवा प्यार के और क्या है ? क्या पता इसके चलते रजऊ की-सी सजाएँ मिलें, यातना तो है ही। समझ लो कि इस समय यही मेरी जिन्दगी की छवि है।

माँ पास आ गईं और कन्धे पर हाथ धर दिया, जैसे मैं विकट घबरा रही हूँ।

''माधव के मामा ने सोचा है, माधव का तुझ से ब्याह नहीं होने देंगे। किसी दूसरी लड़की से ब्याह देंगे, किस्सा खत्म हो जाएगा। उन्हें नहीं पता कि हमारी बिटिया ही हल्दी लगाकर उनके भानिज की कौन-सी राह देख रही है। पैसेवाले लोगों को गरीबों का यही डर रहता है, कि वे नाते-रिश्ते में न आ जाएँ। वे यह नहीं जानते कि हमें क्या डर है ? यही कि कल के दिना तुम्हारा भानिज प्यार का इकतारा लेकर ऋतु की गली में बैजू-बाबरा की तरह न फिरे। उन्हें नहीं पता कि प्यार का रिश्ता ब्याह से नहीं, मन से बँधा रहता है। मन के सम्बन्ध को ब्याह की डोर से बाँध दो तो ब्याह भी मान महत्त्व का हो जाए। नहीं तो, नाश हो जाता है।''

मैंने अपने कन्धे से लगी खड़ी माँ की ओर देखा और रजऊ की जो हूक कलेजे में उठी थी, उसे बाकायदा छिपा लिया, मगर उसके आँसू आँख में उलझ आए, जो उस माँ से छिप नहीं सके, जिसने एक पत्नी की तरह लगातार रजऊ की भूमिका निभाई है।

माँ ने अपने कलेजे से लगाकर भींच लिया, जैसे वह सम्पूर्ण सर्वांग अपनी बेटी के साथ हो। वह रोम-रोम व्यथित स्त्री, अपने जीवन की जिन्दा साक्षी...

आमने-सामने होकर पूछा—"हम चलें तुम्हारे संग ? करिश्मा बेड़िनी सागर के पास रहती है, अब चलें तो रात तक पहुँच जाएँगे।"

मैं दोबारा माँ के गले लग गई। साथ चलने की बात में माँ की अपनी वह ताकत थी, जिसको लेकर वह अकेली चलती रही।

और मैं जब कन्धे पर अपना बैग लटकाकर तैयार हुई तो माँ ने पराँठों के साथ सब्जी और अचार रखकर छोटा-सा कटोरदान पॉलीथिन में लपेट दिया और मेरे बैग में रख दिया।

चलते हुए लगा, मैं प्रेम में माधव की इतनी खींच-तान क्यों करती हूँ ? और वह भी क्यों मुझे बात-बात पर मेरे काम को लेकर ताने देता है ? हम आपस में एक-दूसरे के पास होने को ही प्रेम मानते हैं। अब जब वह यहाँ नहीं है, मैं वहाँ नहीं हूँ, तब क्या वह प्रेम खत्म हो गया, जो हमारे बीच सबसे प्यारी अनुभूति के रूप में है ? पर मैं भी एक कलंकित लड़की...क्या प्रेम का दूसरा नाम कलंक है ?

'पथरिया-जाट' नामक गाँव की करिश्मा बेड़िनी से मोबाइल फोन के जरिए तय हुआ था, खजुराहो में मिलेंगे। चौंसठ योगिनी मन्दिर के नीचे, जो ग्रेनाइट से बना है और पास में शिवसागर झील है।

करिश्मा का अपना मकसद सिर्फ मुझसे मिलना भर नहीं था, मुख्य बात तो यह जानने की थी कि आगे आने वाले बसंत महोत्सव में राई नाच के लिए किस बेड़िनी का नाम मुख्य रूप से रखा गया है ? संजीदा राई-नर्तकियों के लिए यह मुद्दा टीस देनेवाला होता है कि खजुराहो जैसे बसंत महोत्सवों में कुछ गिनी-चुनी नर्तकियाँ काबिज रहती हैं। शेष सब ब्याह पछ और गाँव-गली की चौपालों पर रात-रात भर हाड़ तोड़कर कला का संतोष चबाकर दिन काटती हैं। करिश्मा आज भी मानती है कि उसकी परदादी गंगिया बेड़िनी जैसी जन्मजात खानाबदोश ही इस तरह जिन्दगी चला सकती है, जिसने गाँव-गाँव फिरकर फागों की साधना में राई नाच दिखाया। छतरपुर से धौर्रा बगौरा तक और महोबा से पनवाड़ी महूसानियाँ की गलियों में राई नाच का संचालन किया गया। बाल-बच्चे बारह बाट हो गए, यह अलग कहानी है, ढोलची भी छोड़कर भाग गया, क्योंकि ढोल बजाते-बजाते उसके हाथ कट-फट गए थे और घावों के लिए मरहम न था।

करिश्मा ऐसे खतरों से बचकर चलने वाली बेड़िनी है, मगर कितनी बच पाती है, यह उसके हाथ में नहीं। यों तो आज वह एक मंडली बनाने की सोचती है, जैसे आशा बेड़िनी थोड़ा सरकारी फंड, थोड़ा चंदा मिलाकर लगनपूर्वक मंच पर राई नाच जमा देती है। उसके सम्पर्क अच्छे हो गए हैं। कहते हैं कि संस्कृति मन्त्री के खेमे में शामिल कुछ सरकारी अफसर उससे खुश हैं। उनके जरिए उसकी फोनिया आवाज मन्त्री जी सुन लेते हैं। आशा बेड़िनी अबकी बार इसी सत्तारूढ़ पार्टी के चुनाव में अपनी ओर से जगह-जगह नाच दिखाएगी। नई लड़कियों की भर्ती की है।

करिश्मा आशा की तरह होना चाहती है और मुकाबला भी उसी से है।

इसलिए ही वह चौंसठ योगिनी मन्दिर पर लगभग एक घंटे देर से आई। मैं कोमल हरी दूब के विशाल फर्श पर बैठी प्रतीक्षा करती रही। पहली बार आई थी सो देखने के लिए भी नया बहुत कुछ था। मन्दिर से मन्दिर की दूरी ज्यादा नहीं। गेंहुआँ रंगत के पत्थरों से बने मन्दिर साक्षात मूर्तियों का दर्शन हैं। अभी तक जो सुना वह यह कि मूर्तियों की मुद्राएँ अश्लीलता का चरम हैं। हमारे यहाँ कुँआरी लड़कियों को खजुराहो का नाम भी नहीं लेने दिया जाता। इतिहास के प्रोफेसर गुप्ता जब अपने विद्यार्थियों को यहाँ लाए थे, जिनमें लड़कियाँ भी थीं तो प्रिंसीपल साहब ने ही एतराज किया था। उनके लौटने पर शोर यही था कि साक्षी रावत और उन्होंने मूर्तियाँ साथ-साथ देखीं। उस समय लड़कों को जगदम्बा मन्दिर में भेज दिया था, जबकि लड़के चाहते थे कि वे प्रोफेसर गुप्ता को जगदम्बा मन्दिर भेजकर लड़कियों के साथ मूर्तियाँ देखने का आनन्द लें।

करिश्मा बेड़िनी ! फोन पर कई-कई बार बात हुई है। अभिवादन के बाद गले लगाया।

पीले रंग के शलवार-कमीज पर हरे लहरिया की चुन्नी ओढ़े वह मेरे सामने बैठी थी। कन्धे पर बैग लटकाकर किसी कालिज गर्ल की तरह अवतरित हुई थी। बालों की एक घुँघराली लट माथे पर झूल रही थी, बाकी बाल पोनीटेल में पीछे की ओर बँधे थे। साँवले रंग की युवती की गोल नाक और चिकना सुन्दर माथा। ठोड़ी पर काजल की बिन्दी गुदना के रूप में। पच्चीस वर्षीया करिश्मा की मुस्कान ही शरीर का पूरा करिश्मा कही जा सकती है, होठ तिरछा करके हँसना उसका अपना ढंग था।

मन्दिर और मूर्तियों की बात पर करिश्मा बोली—"देखा, मन्दिरों की सारी कहानियों में औरत समाई है। उसकी देह न हो तो न यहाँ देशियों की भीड़ लगे, न विदेशियों की।

ऊपर से दो-दो औरत एक मर्द के साथ, दो मर्द एक औरत के साथ। कामसूत्र उतारकर इन इमारतों से चिपका दिया है, नाम दे दिया है मन्दिर। मन्दिरों में हर काम की मंजूरी है। हम तो हर जगह गए हैं, जहाँ-जहाँ की मशहूरी सुनी। कांची, मीनाक्षी, चामुण्डा से लेकर महाकालेश्वर उज्जैन, राम मन्दिर अयोध्या से लेकर स्वर्ण मन्दिर अमृतसर तक। जंग और धर्म एक तरह उतरते हैं।

मैं उसको देखती रह गई। गम्भीरता से सोचती है या कि मुझे जल्दी से जल्दी

समझा-बुझाकर टरकाने की कोशिश में है ?

वह मुस्करा रही थी, मुस्कराहट से आशा बँधी। नहीं तो मैंने मान लिया था कि करिश्मा की शायद अगले बसंतोत्सव में कोई गुंजाइश नहीं है, सो वह चिढ़ रही है। निराशाजन्य बातें सुनकर उसका दिमाग भन्ना गया है, गुस्सा निकाल रही है।

''तुम्हारा नाम करिश्मा ही है न ? मैंने समझा कि अभिनेत्री करिश्मा कपूर के नाम पर अपना नाम रख लिया है।'' मैंने विनम्र स्वर में पूछा।

वह खुलकर हँस पड़ी।

''विमला नाम था अपना। विमला बेड़िनी।''

''तो ?''

''विमला-कमला एक तो बड़े पुराने नाम हैं और हमारे लिए पुराना होना सबसे बड़ा शाप है। और फिर विमला नाम का मतलब है पवित्रता, जो हमारे किसी काम की नहीं। अजीब जड़-सा नाम था, एकदम ठूँठ, क्योंकि जिस को कोई नहीं छुएगा वही पवित्र रहेगा। हमने नाम बदल दिया। जिसको हर कदम पर लोगों को नया करके चौंकाना है, उसका नाम करिश्मा न हो तो क्या हो ?

दिलचस्प है करिश्मा। मुझे उससे मिलकर ऐसा कुछ सुनने को मिलेगा, इसकी स्वप्न में भी आशा नहीं थी, मेरे भीतर रजऊ बोल रही थी, जब वह गंगिया से मिली होगी और कहते हैं कि गंगिया ने रज्जो को चकित कर दिया था।

करिश्मा बैग में से अपना थर्मस निकालकर प्लास्टिक के दो प्यालों में चाय ढालने लगी। साथ ही बिस्किट का एक पैकेट।

चाय पीते हुए ही पूछ लिया—''करिश्मा के साथ बेड़िनी लगाने की क्या जरूरत थी ? बेड़िनी शब्द हमारे यहाँ अच्छी निगाह से नहीं देखा जाता।''

वह मेरी ओर टकटकी लगाकर देखती रही, जैसे कोई ऐसा सवाल करने वाली है, जो मुझे निरुत्तर कर सके। एक बार को तो उसके चेहरे से लगा सच में ही वह मुझ पढ़ने-लिखने वाली लड़की से मुठभेड़ करने आई है, क्योंकि पढ़ाई-लिखाई का मौका उसे मिला नहीं और मेरी जैसी लड़कियों ने ही उसका हिस्सा हड़पा है।

''बेड़िनी, तुम्हारे यहाँ अच्छा नहीं माना जाता तो न माना जाए। हम वह सब करते ही कहाँ हैं, जो तुम को अच्छा लगे। जो करते हैं, अपने लिए करते हैं। नहीं तो 'बेड़िनी' कहकर हमें जो नीचा दिखाया जाता है, हम बेड़िनें नाच कब का छोड़ गए होते। और तुम्हारे समाज की औरतों की तरह घूँघट में छिप गए होते। फिर बताओ हम खाते कहाँ से ? हमारे मर्दों के नाम खेती तो चढ़ी नहीं होती कि अन्न पैदा करेंगे और घर में भर देंगे। हम तो ठसके से कहते हैं कि बेड़िया हमारी जाति है, नाचना-गाना हमारी खेती है, लिहाज परदे का पाला हम अपने हुनर पर नहीं पड़ने देंगे।

''बिन्नू, तुम्हारे समाज के आदमियों की नजर बुरी है, कोई हरफ बुरा नहीं होता। कोई काम बुरा नहीं होता।''

मेरी गुरु करिश्मा बेड़िनी, अपनी परदादी गंगिया बेड़िनी का किस्सा बताने लगी

कि कैसे उसकी पुरखा ने राई नाचकर प्रेम को आबाद किया और प्रेम को दिल में बसाकर देशप्रेम को परवान चढ़ाया। आधार बनी रजऊ।

❑❑

"गंगिया !" बीसेक वर्ष के लड़के ने नाच देखने वालों के बीच से पुकारा।

गंगिया के कदम उस आवाज पर धीमे हुए। उधर देखने लगी जिधर से आवाज आई थी। लोगों के बीच एक लड़का खड़ा था। दाँतों से ज्यादा मसूढ़े दिखाकर मुस्करा रहा था। गंगिया रुक गई। अपनी पीली ओढ़नी सँभालती हुई खड़ी हो गई। नाक की दुर (नथ) से जुड़ी जंजीर को ठीक से कान के ऊपर बालों में लगाया।

वह अभ्यस्त बेड़िनी सवासूत की मुस्कान के साथ बड़ी खूबसूरत लग रही थी। लड़का पास आ गया और बोला—"वही फाग गाओ, जौन काल गाई थी।"

"काल तौ तमाम फागें गाई थीं। पहले बताओ, तुमारा नाम क्या है ? कहाँ के हो ?"

"हम माधोंपुरा के हैं। पिरभू नाम है। 'कैसे भईं हीन मन प्यारी' गाओ।"

"वोई फाग काए ?"

"हमारी रज्जो भौजी के लानें।"

"कौन रज्जो भौजी ?"

"ईसुरी म्हराज खों चीन्हती हो ?"

"हओ।"

"तो उनसे ही पूछ लियो कि कौन हैं पिरभू की रज्जो भौजी ?"

गंगिया को राई का कठिन नाच नाचते हुए वर्षों हो गए थे। ईसुरी की फागों पर यह उसका दसवाँ-ग्यारहवाँ नाच था। वह हर गाँव, हर चौपाल के साथ उनसे जुड़े व्यक्तियों के चेहरे तक याद रखती थी। अपनी याददाश्त पर उसे बेहद भरोसा था। सामने बैठे दर्शकों के सामने उसने लड़के से कहा—"माधोंपुरा की रजऊ की बात कर रहे हो लला ?"

"ऐन तौ।" लड़के ने ऐसे बोला जैसे गंगिया की निशानेबाजी पर दाद दे रहा हो। फाग सुनने वाले रूपमती गंगिया के चौकन्नेपन के मुरीद हो गए। फाग और फाग के बोल, उसकी अदायगी के ढंग गंगिया के जेहन में से राई रत्ती के बराबर तक न बिसरे थे, बल्कि वह फाग के मरम को अपने ढंग से विस्तार दे सकती थी।

वह पिरभू को अपने पास खड़ा करके बोली—"जिस फाग की लला फरमाइश कर रहे हैं, उनकी भौजी के लाने, और गहरी फाग है हमें याद आ गई है। रुचे तो पचाएँ, नातर हम फिर वो ही सुनाएँगे—कैसे भईं हीन मन प्यारी...। वैसे उस फाग का जवाब है यह फाग—

मोरो मन बिगरौ है काँसे
हाल तुमारे ना सें

रइयो गरहँ, हरइ न हुइयो, जुरें न लोग तमासे
जानें नईं जंगत में कोऊ, डरें नईं गल फाँसें
का सबूत झूठी के ऊपर, चलती नइयाँ साँसें
ईसुर ऐसोई रान देव अब, काँसे कौ सुर काँसे

(प्रेमिका का मन कहाँ से बिगड़ा है ? ईसुरी के यहाँ से ही न ? गहराई बनाए रखना, हल्कापन न दिखाना। तमाशा न बने कि गले में फाँसी लगानी पड़े। अपनी बातों का सबूत भी क्या है ? झूठ कब तक रहेगा। काँसे की आवाज काँसे जैसी ही रहेगी)

पिरभू ने सबके सामने गंगिया बेड़िनी के पाँव छुए। कहते हैं कि पिरभू को जात के लोगों ने इस बात पर जात बाहर कर दिया था। ब्याह हो गया था, मगर बहू के पिता ने गौना नहीं दिया। जात में से निकाले हुए लड़के को कोई जात का आदमी अपनी बेटी देगा ? पिरभू की भौजी गुलाबो नाईन ने बुलावे देने छोड़ दिए। उपटन, महावर घर-घर जाकर लगाना बन्द कर दिया। कामगरनी की हड़ताल से गाँव में हड़कम्प मच गया, क्योंकि डलिया बायने तक घरों में सड़ने-बुसने लगे। जच्चा-बच्चा का नहान कौन कराए ? बड़ी जात की औरतों ने पुजारी म्हराज को बुलाया और उपाय पूछा। म्हराज के पास सौ उपायों का एक उपाय-गऊ के गोबर से पिरभू का आँगन लिपवाओ। चौक पर बिठाकर पिरभू के ऊपर गंगाजल छिड़का जाएगा।

इस उपाय के बाद पिरभू जात में मान लिया गया, लेकिन उसने नित्य नियम से फागें सुनना चालू रखा और गंगिया के पाँव छूना हरगिज न छोड़ा। ऐसी भक्ति देखकर गंगिया पिरभू पर प्रसन्न हो गई और बोली-अगर तें हमें अपनी रज्जो भौजी के पास ले चलना चाहे तो ले चल। हम जानते हैं, उसी के मारे तें यहाँ तक आता है और रोज की फागें ले जाता है।

पिरभू ने हाथ जोड़ लिए। प्रसन्नता के मारे ऐसा मुस्कराया जैसे उसके जामुनी मसूड़े खिलखिलाएँ हों।

पर गंगिया को अपना भी कोई मतलब था। उसने सुन रखा था ईसुरी फगवारे की फागों में जिस रजऊ का नाम बार-बार आता है, वह सचमुच की औरत है। कोई कहता है देवी है। कोई मानता है आत्मा है। और कोई-कोई कह देता है 'कोऊ नइयाँ, रजऊ तौ बस नांव है।' गंगिया ने ईसुरी से पूछा था-फगवारे म्हराज, रजऊ की इतनी चाहना कि उसके शरीर के आंग-आंग तो जुदी बात हैं, तिल-मस्से और गुदना तक तुम्हारे मन में सितारों से झिलमिलाते है। जिस सुन्दरी से इतेक प्रेम, वो कहाँ की है ? कहाँ जन्मी, कहाँ ब्याही और कहाँ रहती है ?

ईसुरी म्हराज आदमी को भरमाने में पहले नम्बर। गंगिया की आँखों से आँखें भिड़ाकर पहले तो देखते रहे, फिर बोले-तुम हो रजऊ।

"तब हमसे गंगिया काए कहते हो ?"

"तो समझ लो–

नइयाँ रजऊ काऊ के घर में
विरथाँ कोऊ भरमें
सब में है और सबसे न्यारी, सब ठौरन में मरमें
कोई कए अलख खलक की बातें, लखी न जाएँ नजर में
ईसुर गिरधर रएँ राधे में, राधे रएँ गिरधर में

"म्हराज !"

गंगिया ने कहा–"ऐसे हमें बहका नहीं सकते आप। 'राती बातन में बौराएँ/दबती नइयाँ छाएँ/आउन काती आई नइयाँ, काती ती हम आएँ। किरिया करी सामनें परकें कौल हजारन खाएँ–ऐसी रजऊ कहीं न कहीं तो हैं। हम उन्हें ढूँढ़ लेंगे। और ढूँढ़ लेंगे वे फागें, जिनके लानें आप कहते हैं कि हम भूल गए हैं। आप भूल गए, पर जिसे सुनाई होंगी, जिसके लिए कही होंगी, वह तो नहीं भूली होगी।

उन दिनों गंगिया का राई नाच इलाके भर में प्रसिद्धि पा रहा था। फड़ सहर और फागों में फाग सबसे ज्यादा सुनी जाती थी। गंगिया भी जमाने की नस पकड़ना जानती थी। बस अपने नाच को ज्यादा से ज्यादा ऊँचाई देने की खातिर गाँव-गाँव घूमकर नाच रही थी कि कद्रदानों की संख्या बढ़े। साथ ही निगाह उस गाँव पर थी, जहाँ रजऊ मिले। जौहरी की तरह हीरे की खोज में निकल पड़ी। हीरे के बिना जौहरी की भी क्या औकात ?

चलते-चलते पहुँची माधोंपुरा। पिरभू संग में था।

पिरभू के साथ फागों को लेकर कोई न कोई बबाल हो जाता है। मार-पीट से लेकर जात में से निकालने और लेने तक का चबकर चल गया। सो पिरभू बोला–"गंगिया बैन जी, हम रज्जो भौजी का घर बताए देते हैं। गली में ठाड़ी कर आएँगे, अकेले आपके संग नहीं जाएँगे।

बसंत की भोर थी। रज्जो चखिया पीसने के बाद पिरिया में आटा सकेर रही थी। आटा सकेर कर उठी। धोती की तिन्नी झाड़ी। लगा कि दरवाजे पर सास किसी से बातें कर रही है। बातें नहीं, बहस।

"रजऊ ! को रजऊ ?"

"तुम्हारी बहू, काकी जू।"

"हमारी बहू, रजऊ नइयाँ।"

"हमें जेई घर तो बताया था।"

"अरे आँहाँ। जाओ अपना काम देखो।"

रज्जो बाहर निकल आई। उसके चेहरे पर जानने के भाव थे कि सास आखिर किससे बतिया रही है ?

सास मुड़कर आँगन की ओर आ गई। रज्जो की ओर देखा तक नहीं। थपेड़े खा-खाकर बहुत कुछ सीखने और भाँपने वाली बहू ने सास की नजरंदाजी से ही समझ लिया कि वह किसी का आना छिपा रही है।

"हमें कोई पूछ रहा था बाई ?"

"हओ। रंडी पूछ रही थी।" कहने के बाद सास के चेहरे पर उगी झाड़ियों-सी झुर्रियाँ भयानक लगने लगीं।

"गंगिया तो नईं थीं ?"

सास के चेहरे पर दो निगूढ़ आँखें ऐसी रहस्यमयी हो गईं कि चेहरे पर आए भाव रज्जो की पकड़ के परे चले गए।

"बाई, वे भगा काए दीं। हमसे मिलने आई थीं, कोसों चलकर।"

"चुप होजा तें।"

मगर इन दिनों रज्जो का यह हाल कि 'चुप होजा' का मतलब ही भूल चुकी है, बोलने वाली चिड़िया की तरह। गंगिया तो उसके लिए ऐसी पाहुनी है, जिसके स्वागत में चहचहाकर उसे सुन्दर गीत गाने चाहिए। पिरभू लला कितनी तारीफ करते हैं। फागें गाकर नाचती है तो लगता है हवा के झोंकों पर बिछल-बिछल कर उड़ रही है। मंजीरा बजाकर नाचती है तो लोग 'मीराबाई मीराबाई' कहकर खड़े हो जाते हैं। और जो गावे कि-

धक धक होत रात है छाती
लिखो कृष्ण को पाती
हमसों प्रीत कपट की कीनी, उन्हें पियारी वाती
सुक सों सौत नईं मानें रऔ, चली द्वारिकै जाती

सचमुच की राधेरानी !

गंगिया की अनेक छवि। उसने सास को एक-एक छवि बताई तो प्रताप की माँ बात में व्यंग्य मिलाने के लिए मजबूर हो गई-"अच्छा ! तौ पतुरिया देउतानी हो गई। याद है, एक दार हमनें तुमसें बेड़िनी कै दई थी सो तुम पन्दरह दिना तक हमसें नईं बोली थीं। जो आई हैं सो विजावर के मेला में नचकें आई हैं। इनसे लुच्ची कहें कि रंडी ?"

रज्जो ने सास से मुँहवाद छोड़ गंगिया की गली निहारना बेहतर समझा। बाट थी कि सामने पड़ता नीम का पेड़ नाच रहा था ! हरी पत्तियों के बीच आसमान झाँकता था। गंगिया चाँद सूरज में बदली जाती। हाय बहनापे की लगन कि ईसुरी म्हराज की करामात...सास की गाली रज्जो की कनपटी पर लगी-ठठरी बँधे ने इतै तक पठा दई दूती...

रज्जो को तौहीन की चिन्ता नहीं। रामदास के जरिए रोज तौहीन का अभ्यास होता है। रज्जो अपनी लियाकत कैदखाने से जोड़कर देखती है, क्योंकि अब उसे घर

में रामदास का जेलर जैसा डर लगता है। मन है कि फगवारे की यादों से भरा हुआ, दूसरी कोई बात घर में चढ़ती नहीं। यह कशमकश और इसी जद्दोजहद में जिन्दगी काटना...इस जिन्दगी का फन्दा ही कट जाए तो सुख सो जाए रज्जो।

तभी द्वार पर मरदानी पुकार उठी—"पिरताप की बाई ! ओ पिरताप की बाई !"

इन दिनों सास में चौकन्ने सिपाही की-सी फुर्ती है। वे तुरन्त द्वार पर पहुँच गईं—"काए हो रामप्यारे।"

"मटकिया है, मठा भर दो।"

"कारज है का ? की के इतै ?"

घौंसले-सी दाढ़ी और मूँछों के मिलान से होंठ नहीं बस बोल कढ़ते हों जैसे—"गंगिया आई है। सब गाँव में तो सोर है। फागें जमेंगी रात कें। बेड़िनी नचेगी। आदमी महोवा, पनवाड़ी तक लालटेन लैकें जाता है नाच के लानें। गुलगौर अनगंज तक तौ हम भी गए हैं।"

"मठा पीकें नचेगी ?"

"ओहो ! नादानी की भी हद है। पाँत-पंगत नहीं होगी क्या ?"

रज्जो सास के कुछ कहने से पहले मटकिया उठा लाई और खाली मटकिया भरने लगी ज्यों कन्हैया जू के लिए दही सँजो रही हो।

चलते-चलते रामप्यारे गुनगुनाने लगा—

"तुमसें मिलन कौन विधि होनें
परकें एक बिछौनें
बातन बातन कड़े जात हैं, जे दिन ऐसे नोंनें
प्रानन के घर परी तलफना, नैनन के घर रौनें"

पीछे की पंक्ति रज्जो को देखकर खास तौर पर रामप्यारे ने कही।

प्रताप की माँ ने रामप्यारे धींवर को बीच गली में खड़े होकर गालियाँ दीं—"ठठरी बँधे लुक्का। ठोड़ी पै कपास जमी है, दाँतन के बिना मसूड़े और पोपले होठों से गा रए हैं—एक बिछोनें पर कें मिलन...

रामप्यारे ने मुड़कर देखा और हँसकर कहा—"पिरताप की बाई एक बिछौनें परकें...फाग में बुरा न मानो। रिस्ते में भौजी लगती हो।"

रात हुई। फागें हुईं। नाच हुआ।

रज्जो अपने घर के आँगन में तितली-सी नाचती रही। भौंरे-सी गुनगुनाती रही। गंगिया नाच रही है। घुमेर ले रही है। फगवारे मस्ती में गा रहे हैं—प्यारी के यौवन

नोंकदार हैं। अभी नई उम्र है। जरी पट्टी की कई चोलियाँ फट गईं।

मगर रज्जो का मन तार-तार फटा हुआ...यह फाग भी तो दिल चीरे दे रही है। यादों की न जाने कितनी कतरनें भीतर फड़फड़ाती हैं, पर क्या होने वाला है इन यादों से ? क्या गंगिया ने यह फाग उसकी दशा सोचकर ही गाई है ? या गाँव के लड़के झूमेंगे, पैसा लुटाएँगे, यह मकसद है, या म्हराज की उस दशा की याद दिलाना चाहती है, जिसमें उन्हें सजाएँ मिली थीं। रज्जू की हत्या का ऐलान हुआ था ? रज्जो, रज्जू और रजऊ तीनों नाम ही बुरे हैं, इन पर मौत के ग्रह चल रहे हैं, नहीं तो वही क्यों अपनी हत्या कर डालना चाहती ? कैसे कहे कि ईसुरी म्हराज मरने नहीं देते और रामदास जीने नहीं देगा। फगवारे घर छोड़ देने के लिए पुकारते हैं और घर के पुरुषों ने बाड़ें बिछा दी हैं, मगर उसके अपने मन में क्या है, यह किसी ने नहीं पूछा।

वह जानती है, ईसुरी मौत के मुँह से निकले हैं। पिरभू बताता रहा है कि धौर्रा से बघौरा तक के सफर में क्या-क्या घटा ? चलो रज्जब अली की विधवा जमींदारनी मिली, मिल तो गई। फगवारे को किसी ने नहीं बताया कि रज्जो नित रोज मौत से लड़ रही है। किसी ने नहीं कहा कि रजऊ मौत को गले लगाना चाहती है। उन्हें कहाँ मालूम है कि रज्जो को जिन्दगी और मौत में से एक को चुनना है और यह तय है कि जिन्दगी का चुनाव अब उसके लिए मौत से बदतर है।

उसकी तो यह दिली इच्छा रह गई कि फगवारे जू को बताती कि उसे बहादुरी से जीना और बहादुरी से मरना अच्छा लगता है। पर वे एक दिन सुनेंगे कि रजऊ छत की कड़ी में फन्दा डालकर कायर मौत मरी। मौत को भी अपनी इच्छा का जामा पहनाना उसके बस में नहीं। क्या गंगिया उसका यह सन्देश कह देगी ? कि रजऊ की जिन्दगी का जगमगाता चाँद डूब गया, अब उसका जीवन अन्धा कुआँ है।

एक बार मन में आया कि आज ही कुएँ में छलाँग लगा दे, या फाँसी से झूल जाए या चूल्हे की अंगार अपने कलेजे पर उड़ेल ले या धतूरा ही खा ले। जो करना है आज ही करे। गंगिया उसकी लाश देख जाए जो ईसुरी के पास से आई है, सच उसका जीवन सुकारथ हो जाएगा। मरण का ऐसा शुभ महूरत फिर कब मिलेगा ?

उसने सच में ही छत की कड़ियाँ देखीं। रस्सी लेने आँगन तक गई। पाँव हल्के हो गए, ऐसे जैसे वह उड़कर फगवारे के पास चली जा रही है।

"भौजी ! रज्जो भौजी !" तभी पिरभू ने द्वार के पास खड़े होकर आवाज दी तो डर के मारे उसकी घिघ्घी बँध गई, जैसे मौत ने ही उसे पुकारा हो।

पिरभू ने देखा तो दंग रह गया। आगे बढ़कर बाँहों में ले लिया रज्जो को। घबराई हुई भौजी को थपथपाकर सँभालने लगा। देर तक समझाता रहा।

रात के समय फिर फागें हुईं। फागें सुनकर वह फिर बेचैन हुई। बेचैनी में अजीब-सा अनुभव था।

रज्जो गंगिया से एकान्त में किस विधि मिले ? वह तो बस इतना कर पा रही थी कि गंगिया की गाई फागों को सुनकर बहुत-सी बातों का अनुमान लगा ले। इससे अपने मन की बात उजागर करने का मौका तो नहीं बना। अगर बनता तो कहती कि–मैं इस वक्त ऐसे आनन्द में हूँ, जैसे फगवारे की देह मेरी देह से लिपटी हो। मेरा लिबास हटा हो और अरस-परस की माया फैली हो। मेरी देह का रोआँ-रोआँ जाग गया है, ऐसे ही रहा तो मेरी जान निकल जाए तो ताज्जुब नहीं। फगवारे ने इस तरह मुझे जकड़ लिया है कि उसकी फागों के अर्पित होकर मर जाने का मन करता है। मैं खाना-पीना भूल गई हूँ। नींद भी कहाँ है ? बस फागें हैं, जिनको सँजोए जाती हूँ। और अब ऐसे मुकाम पर आ गई हूँ कि तोते के बोल सुनूँ, कोयल के गीत सुनूँ, बसंत में शामिल हो जाऊँ। पागलपन है !

प्रेमानन्द की कोठरी में गंगिया को लाने और रज्जो को मिलाने का इन्तजाम पिरभू ने किया था तो वह कृतकृत्य हो उठी थी–"लला, हम दो बातें कर लेंगे, जनम सफल हो जाएगा।"

पिरभू अपने जामुनी मसूढ़े निकालकर हँस पड़ा था।–"भौजी, तुम हमारी इतनी कोसिस को दो बातों में ही खफा दोगी ? तुमारा जनम बड़ी जल्दी सफल हो जाएगा।"

वह झेंप गई थी। आगे बोली–"आज रामदास गाँव में नहीं है। सब तुम्हारी कोसिस की करामात है।"

धरती पर चाँद उतर आया। गंगिया प्रेमानन्द की कोठरी में पिढ़ी पर बैठी गुड़िया-सी औरत। गुलाबी घाघरे और लाल चोली में दिप रही थी। ओढ़नी का रंग पीला। सारे रंग मिलकर उजियारी-सी खिल गई। गोल गोरे चेहरे पर छोटी-छोटी आँखों में काजल की डोरियाँ। हाथ पाँवों की नरमाई रज्जो को पानी मिला मैदा का गुँथा हुआ रूप लगी।

इन्दरपरी गंगिया। मुस्करा रही है। ऐसी महीन मुस्कराहट कैसे पैदा होती है ? क्या फगवारे इसी करतब पर रीझ गए हैं ?

एक रज्जो है, जो गंगिया को देखकर और भी उदास हो गई, बेड़िनी के मुकाबले उसकी क्या अहमियत ? पगला है पिरभू, कह रहा था–पीरी धुतिया में भौजी अपरूप लग रही हो, दिठौना लगा लो, नातर गंगिया की नजर लग जाएगी।

गंगिया ! रज्जो एकटक देखना चाहती है, मगर झिझक के मारे देख नहीं पा रही। रजऊ ने जो सोचा पिरभू से कहा था और पिरभू ने गंगिया को बताया था–'जाती पटिया पारें पानें/रजऊ नजर लग जाने' यह फाग अब म्हराज तुम्हारे लानें गाते होंगे, भौजी कह रही थी।

"अरे काए को।" गंगिया ने जबाब दिया।

पिरभू दुख के साथ बोला था–भौजी ने तो म्हराज से बिछुड़ने के बाद सिंगार करना ही छोड़ दिया। गाँव में भौजी और फगवारे को लेकर जो कोहराम मचा है, सिंगार उसका मुकाबला क्या कर पाएगा ? सादा धोती कछोटादार पहनती हैं। देख लो कि गले में तुलसी की माला है। काला छूँटा तक उतार दिया।

रज्जो ने गंगिया से फगवारे की बावत भी अपनी तरफ से कुछ पूछने की हिम्मत नहीं की। क्या मालूम कि गंगिया और फगवारे के मेल जोल की प्रकृति कैसी हो ?

बात गंगिया ने ही शुरू की थी–फगवारे म्हराज तुम्हें याद करते हैं रजऊ, कभी मिल लो न।

रज्जो अब तक सिर झुकाए बैठी थी, यकायक पलकें उठा दीं। आँखों की बेबसी सामने आ गई।

–अरे अब फगवारे जू पहले जैसे नहीं रह गए कि बात-बात पर नई फाग रच दें। अब तो उनकी आत्मा में विष–सा घुमड़ता है, जब से सुनी है कि धौर्रा के मुसाहिब की बेटी को बाबा (नाग) ने डँस लिया। रज्जूराजा चली गई। ईसुरी म्हराज का बुरा बखत आ गया। जागीरदार जमींदार की, छोटे–मोटे मुसाहिब फिरंगों की चाकरी क्या कर रहे हैं, खुद को देवता मान रहे हैं। और लोगों को अपनी पूजा का हुकुम दे रहे हैं।

रज्जो के मन में ईसुरी की तस्वीर खिंचती चली गई।

–कोई क्या करे, रज्जूराजा की मौसी है, छतरपुर की रानी। कविताई की लगन है। सो मौसी की छवि रज्जू में भी आ गई। कविताई की सजा मिली है मोंड़ी को। म्हराज पागल से हो उठे हैं। सदमे में चुपचाप पड़े रहते हैं। जब चलते हैं तो ऐसी–ऐसी जगह चले जाते हैं, जहाँ जिन्दगी और मौत में फर्क न हो। अथाह गहरी घटियाँ, और जंगली भैंसों, भेड़ियों की जमातों के आसपास। एक रात तो सागौन के पेड़ से लगे खड़े रहे। नागफनी की झाड़ी के ऊपर पेट के बल गिरे। पेट काँटों से भर गया।

रज्जो सिहर उठी, जैसे बदन काँटों से छिद गया हो। फिर जड़-सी बैठी रही, जैसे हिलना–डुलना भूल गई हो।

गंगिया, कैसे सन्देसे लाई है ! वह अपने दुखों की अभ्यस्त हो गई थी, क्या फगवारे अब भी फागों की गुंजान में रहते थे। हवा चलती थी, पंछी बोलते थे, वह उदास होंठों मुस्करा उठती थी। अब जानलेवा कसक को कहाँ धरे, कहाँ उठाए ? फागें गुनाह हो गईं, उसी गुनाह की सजाएँ ठौर–ठौर दी जा रही हैं। कहाँ ठिया मिलेगा अब ?

रज्जो ने शानदार कल्पनाएँ की थीं !

गंगिया नाच रही है। चेहरा झीने घूँघट में है। मशाल की रौशनी चेहरे पर पड़ रही है, क्योंकि मशालवाला संग-संग घूम रहा है। धीरे पंडा गा रहे हैं। ईसुरी की

चौकड़िया ताल पर हैं। रात भर यही नजारा। राजा सामंत जुड़े हैं। फागों में शृंगार बरस रहा है—मिलन और बिछोह की अलग-अलग स्थितियाँ।

विचित्र हठ-सी लगी थी कि एक बार अपनी आँखों देखेगी रज्जो। उस जगह को देखना चाहेगी, जहाँ ईसुरी के कलाकार का सम्मान होता है। गंगिया के रूप में एक स्त्री रज्जो के हालात से विद्रोह करके नाचती है। रात कैसी शानदार होगी वह। पस्त तन-मन चैतन्य होता हुआ ! रज्जो ने द्वार के बाहर आसमान की ओर देखा, बड़ा-सा सुनहरा चाँद उठ रहा था कि रास्ता सहूलियत से दिखाई दे जाए।

मगर गंगिया अपना लाल चूड़ियों भरा आकर्षक हाथ उठाकर कह रही है—तुम हमारे संग आना चाहो तो आओ। तुम को सचमुच कभी किसी चीज की परेशानी नहीं होगी। म्हराज तो संग-संग ही रहेंगे।

कैसी आनन्दभरी बात ! औरत का दुख औरत ही जानती है न ? दूसरा कोई उसकी बात नहीं जान सकता।

रज्जो ने आँखों में जाने कैसा तो मनमोहक सपना भर लिया, प्रेमानन्द सूरे की कोठरी भी इतनी सुन्दर हो सकती है ! इस समय चन्द्रमा को सामने पाकर कोठरी बिलकुल परियों का देश हो गई है। परी, गंगिया और वह खुद।

पिरभू की आँखों में कलियाँ चटक रही हैं और सूरे की आँखों के खोखल खुशबू से महमहा रहे हैं। खूँखार लड़ाइयाँ कब की खत्म हो गईं। तन-मन को पीस देने वाली जद्दोजहद हमेशा तो नहीं बनी रहती। सास भी कहती हैं—अँधेरी रात के बाद दिन आता है।

गंगिया ने उसका हाथ थामा। अचानक चेत हुआ।

अरे उसकी काले धागे में बँधी कलाई गंगिया पकड़े हुए है। और सूरे आँखें न होने के कारण जैसे कानों को खड़ा करके सतर्क-सा देख रहा है। यकायक याद आया चूड़ियाँ कैसे टूटीं ? चूड़ियाँ खुद को बचाने में हाथापाई से टूटी थीं।

रज्जो के आगे काल्पनिक रज्जूराजा की तस्वीर नाचने लगी, जो हाथापाई नहीं कर पाई होगी। गंगिया कहती है, फगवारा पेड़ से टाँगा गया और रज्जू का जिन्दगी से मोह टूट गया।

उसका हाथ गंगिया की गुनगुनी हथेलियों के बीच ठंडा पड़ता जा रहा था, रज्जू राजा की ठंडी पड़ती देह के माफिक।

—"हम तुम्हारा हाथ थामकर कौल भरते हैं, म्हराज को तबाह नहीं होने देंगे।" गंगिया ने कहा तो रज्जो ने सिर उठाकर आँखों से आँखें मिलाईं। फिर भी बेड़िनी की आँखों में अँजा सुरमा उसकी नजरों में नहीं उतर सका क्योंकि उन नजरों में अभी भी रज्जूराजा की खुली फटी आँखें जिन्दा थीं।

—"रज्जो रानी ! तुमको ईसुरी म्हराज जैसा जौहरी मिला है नहीं तो तुम जैसी तमाम औरतें घूँघट में बेचेहरा बेनाम मर जाती हैं। रीति-रिवाज जान लेवा हैं। आवादी बेगम, यों तो जमींदारनी है पर है तो जनी ही। सो नाते-रिश्तेदार ही धमका लेते हैं।

ईसुरी म्हराज को लेकर एतराज उठाते रहते हैं और नरम पड़ने की कीमत में ठगते लूटते रहते हैं। फिर भी वह औरत कमर कसे है, यह बड़ी बात है।

गंगिया कुछ पास सरक आई तो रज्जो को उस खुशबू का अहसास हुआ, जो उसके अन्दर तक पैठ कर गई। गंगिया ने तभी मुस्करा कर प्यार से देखा और उसका सिर चूम लिया।

रज्जो को एक बार फिर फगवारे का स्पर्श याद आया। उसने चौंककर पिरभू की ओर देखा, जो पाँव पसार कर चटाई पर बैठा था और प्रेमानन्द के चावल चुन रहा था।

—"तुम भाग्यवान हो। कौन-सी चीज नहीं है तुम्हारे पास ? उन फागों की दौलत है, जो म्हराज से खो गई हैं।" गंगिया ने भावों में डूबकर कहा, जैसे खुद से ही कह रही हो।

पिरभू चावल बीनना छोड़कर उत्साह से बोला—"हाँ, ऐसी बातें करो न। भौजी कों बिलात (बहुत) फागें याद हैं। उनका काम ही है रोटी बनाते, पानी भरते, चखिया पीसते हुए फागें गुनगुनाना।"

पिरभू ने देखा गंगिया की आँखें जगमगा उठी हैं।

—"हाँ" कहकर गंगिया ने रज्जो की ठोड़ी छू ली—"सुगड़ होंठ गाते समय दिप जाते होंगे। गुदना ठोड़ी पर नाचता होगा। लौंग लश्कारे मारती होगी। सुनाओ न कोई फाग।"

रज्जो की ठोड़ी शर्म के मारे छाती से लग गई। मगर सामने बैठा पिरभू सरककर लगातार रज्जो का घुटना दबा-दबाकर इशारा दे रहा था—झेंपो नहीं। गंगिया हर किसी से ऐसे मिलती नहीं। पिरभू बराबर रज्जो के कान पर 'मंडली मंडली' कर रहा था।

रज्जो बराबर 'नहीं' में सिर हिलाती रही। गंगिया जैसा गाने-बजाने और नाचने का हौसला होता तो इस गाँव में पड़ी कुटती-पिटती रहती ? पिरभू में फिर भी हिम्मत है। क्यों हिम्मत नहीं है मुझमें ? इस सवाल से उलझन ही निकलती है, जिससे वह और भी छटपटाती है और मान लेती है कि हिम्मतपस्त औरत ही शान्ति से रह पाती है।

"भौजी, तुम बिन तलफरए..." पिरभू ने गानेवाली फाग भी चुनकर बता दी।

रज्जो अपने मन की किसको बताए कि फाग की लय में फगवारे के बिछोह की हूक मिल जाएगी। वह गाते-गाते रोने लगेगी। कि यह फाग अब रज्जूराजा को समर्पित है।

ईसुरी के वियोग का चेहरा, रजऊ का चेहरा। आँखों में छोटे-छोटे पनीले बिन्दु, पुतलियाँ चमक-चमक जाते। सुरीली आवाज जो अभ्यास में ढली थी, प्रेमानन्द की कोठरी में गूँजने लगी—

तुम बिन तलफरए दृग दोई
आन मिलो निरमोई
सोने की जा बनी देइया, कंचन जुबना दोई
जब से बिछुरन पिय से हो गई, नईं रात भर सोई

उफ् !

गंगिया ने आगे आकर रज्जो को गले से लगा लिया। रज्जो हिलक-हिलककर रोने लगी। सब तरफ से टूटी हुई एकदम बेसहारा स्त्री को गंगिया का सहारा मिला हो जैसे। रोई हुई आँखें जताती रही कि फागों के सहारे ही जीवन है। कि फागों ने ही हर बंधन से छुड़ाकर इस राह पर डाल दिया, जो कलंकित मानी जाती है। रज्जो को सूरे की बात याद आ रही है, जो अपना सोंटा लिये कोठरी के द्वार पर बैठा है। अन्धा आदमी सोचता है वह हर तरह से समर्थ है। कहता था—रज्जो, तुम तो फागों के बहाने ही छुटकारा पा गईं। ईसुरी म्हराज खुद अपनी कविताई के डाँड़ पकड़कर भववाधा की नदिया पार कर गए। तब ही तो तुम दोनों जनों में वैसा नाता-रिश्ता नहीं है जैसा अपने यहाँ जनी और पुरिख का सम्बन्ध माना गया है।

गंगिया भी क्या ऐसा ही मान रही है ? पता नहीं चलेगा। अपने संग लेकर निजी बातें कर रही है सो मीठी लग रही है। रज्जो के भाई ने जब से अपना रंग दिखाया है, उसका विश्वास क्षत-विक्षत है। गंगिया को क्या पता कि रजऊ की घरेलू दशा क्या है ?

गंगिया ने पिरभू से पानी माँगा। पानी पीकर गला तर हुआ तो बातें आगे बढ़ीं। गंगिया ने सोच-समझकर सधी भाषा में अपनी बातें कहीं।

"हम समझ रहे हैं कि तुम्हारा कलेजा दरका हुआ है। अपने भीतर लहूलुहान हो रही हो। होगी नहीं, चौतरफा जंग लड़ रही हो। पर बहन, जंग कहाँ नहीं है ? हमें तो लगता है हर आदमी की जिन्दगी जंग है। है न ? एक हैं फिरंग जो आदमी को मार-मारकर खून पी रहे हैं, एक हैं राजा लोग जो अपनों को कुचल रहे हैं, एक हैं मुसाहिब लोग जो कलाकारों की जान के दुश्मन हैं, एक हैं हम जनी मानसें, जिनको कहीं टेक नहीं...।"

रज्जो ने देखा कि गंगिया बातें उसे देखकर कर रही है, सुना किसी और को रही है। उसका मन यहाँ तो हरगिज नहीं। क्या उसके दिल में कोई ऐसी चोट है, जो अचानक किसी बात से दुख गई ? बेड़िनी कहाँ से आई है, कहाँ जाएगी ?

"म्हराज के लानें छतरपुर से भी पैगाम आया था" गंगिया यकायक बोली, ज्यों उसे अपनी बात से भटक जाने का ज्ञान हुआ हो। उसने अपने गले में पड़ी गुलाबी माला दिखाकर कहा—"देखो इसमें विक्टोरिया छाप मुहरें। ग्वालियर में बख्शीस मिली थी। और टीकमगढ़ रियासत में सीतारामी हार निछावर किया था, बस एक फाग के ऊपर—

आऊत भागवान के दोरें
कौन बसत ना तोरें
भौत विसाल गाल भौं भरकें, जी में मदन हिलोरें

गंगिया ने पूरी फाग नहीं कही। आगे फाग बहुत रसीली है। वह रस की गली से खूनी रास्ते की ओर मुड़ गई–"इन फागन के समय पीछे रह गए रज्जोरानी। जागां जागां खूनी फाग खेली जा रही है। अब देवर भौजाई नहीं दिखते हमें, बागी सिपाही लाल रंग में भींगे पड़े हैं।'

क्या कह रही है गंगिया ? रज्जो ने दुःखद प्रसंग जैसी बात बदलनी चाही–"इतेक गहने का क्या करोगी तुम ? गले में तिदाना भी तो पहने हो।"

गंगिया हँसी। उसके होंठ मुस्काए, आँखें उदास रही और बोली–"बखत बताएगा कि हम क्या करेंगे। भगवान ने चाहा तो तुम भी देखोगी। अच्छा चलो कोई फाग सुना दो, हमारे संग लिखउआ मोंड़ा आया है, दर्ज कर लेगा।" उसने ऐसे कहा जैसे किसी बात की जल्दी हो और धैर्य न रख पा रही हो।

रज्जो बोली–"एकदम के कैसे सुना दें ? सास ढूँढ़ रही होगी।"

"अरे !" गंगिया ने आश्चर्य से कहा और फिर वह व्यंग्य से हँसी। बोली–"तुम तो रानी–पटरानी और सेठानियों की तरह डर रही हो। हमने तमाम राजकुल देखे हैं, वहाँ लूटी, उठाई, जीती और चुराई गई औरतें होती हैं, वे अपने मर्दों और बड़ी-बूढ़ियों से थरथर काँपती हैं, काए से कि रेशम से ढँकी रहती हैं, गहनों से लदी रहती हैं। तुम ऐसी नहीं हो। नहीं न ?" बेड़िनी की आँखों में अनबूझा-सा निमंत्रण तैर आया।

रज्जो ने उसकी नजरों से नजरें मिलाईं।

"किसान औरत हो, दिलेर और मजबूत हो। तभी न इलाके में नाम कर दिया। आज भी हौसले से खड़ी हो। आगे हिम्मत कर सकती हो।"

रज्जो उठकर खड़ी हो गई और पूछने लगी–"आज ही तो नहीं जा रहीं तुम।"

उसने रज्जो का हाथ थाम लिया और हथेली को अपनी हथेलियों में तौलने लगी जैसे रज्जो की ताकत आँक रही हो। फिर बोली–"आज ही जाना है।"

रज्जो ने अतृप्त भाव से देखा और कहा, "इतेक-सी भेंट !"

"भेंट तो भेंट होती है। हमें जो मिलना था मिल गया। कोई सौगात दे दो, अपनी निशानी। म्हराज ने जिन्दगी दाँव पर लगा दी और तुम अपना कुछ भी नहीं छोड़ पाईं।" स्वर में चुनौती थी।

सौगात, जिन्दगी और दाँव...रज्जो ऊपर से शान्त थी, मगर एक अज्ञात दहशत ने उसे अपनी चपेट में ले लिया। क्या कहना चाहती है गंगिया ? क्या छोड़ने को कह रही है ? रज्जो आशंका की मारी अपने घर भाग आई। दरबाजा अच्छी तरह भेड़ लिया और बेंड़ा लगा दिया। अब यहाँ कोई नहीं आ सकता। गंगिया सौगात माँगने आएगी

तो दरवाजा नहीं खुलेगा। यह घर, जिसमें उसे घुटन होती थी, आज कवच लग रहा है। आड़े समय यह घर ही अपनी हिफाजत में समेट लेता है। भले दीवारें ढह जाएँ, आँगन उसे बचा लेगा। वह बेसुध रहे, घर जागता रहता है। गंगिया बेड़िनी है, बाहरी दुनिया में घूमती है, घर से जुड़ाव क्या ? समझती नहीं कि रज्जो में उड़नेवाली ताकत होती तो फगवारे के साथ ही चली जाती। वह जानती है, एक बार गई तो फिर घर भीतर आने की इजाजत नहीं देगा। या फिर खुद ही इस काबिल नहीं रहेगा कि आसरा दे सके। उसने घर को भर नजर देखा–अपने हाथों लीपी-पोती बखरी !

"तुम तो अपना कुछ भी नहीं छोड़ पाईं" गंगिया का स्वर कान के पर्दों से बार-बार टकराता है और फगवारे की आवाज में बदल जाता है।

दुविधा, उलफत और कशमकश !

"हल्ला हो गया प्रताप की दुल्हन भाग गई।"

❒❒

करिश्मा बेड़िनी ने यह अप्रत्याशित वाक्य कहा तो मैं भी सकते में आ गई।

"भाग गई ! मगर कहाँ ?" मैंने पूछा, जबकि करिश्मा जो कहानी कह रही थी, उसमें व्यवधान न पड़े, इसलिए मैं बीच में टोकना नहीं चाहती थी। आगे करिश्मा ने बताया–

❒❒

गंगिया से मिलने के बाद वह रात में सो नहीं पाई थी। हल्की-सी झपकी लगती फिर झटके से नींद उचटती। वह अपने बिछौने पर उठकर बैठ गई। प्यास लगी थी, मगर लोटा-गिलास उठाते आहट होगी, सास जाग जाएगी। इससे अच्छा है कि वह प्यासी रहे। मतलब कि प्यासे मर जाना मंजूर कर लिया मगर सास की निगाहों की पहरेदारी नहीं।

मन में तमाम फागें मछली की तरह डूब-उतरा रही थीं। सालों पहले की फागें...हो सकता है फगवारे की रजऊ कोई और ही हो। सपने में देखी कोई राजकुमारी हो। पर आज माधोंपुरा के प्रताप की जनी रज्जो फगवारे के कंठ में वास करने वाली रजऊ बनी हुई है। अपने नाचीज से वजूद में रजऊ की इच्छाएँ, आशा और सपनों को मिला लिया है। चाहकर और अनचाहे मुस्काती है, रोती है।

रात और झिंझरी से झाँकता आसमान का चन्द्रमा, रज्जो ने इस तरह देखा था तो तब, जब यहाँ फगवारे रहते थे। आज चंदा यहाँ क्या करने आया है ? मेरे और इसके बीच अब क्या रिश्ता ? अँधेरी दुनिया अमावस के कारण होती है। अमावस छोड़ गया चंदा। कौन-सा समय था जब चाँदनी में मेरे अंगों पर चूमा लेकर फगवारे प्यार-प्रीत की कहानी लिखते थे ? यादें रह गईं। यादें रह जाती हैं।

❑❑

करिश्मा बेड़िनी रजऊ के बारे में कह रही थी और मैं ऋतु अपने भीतर उतरती जाती निःशब्द बोल रही थी–'माधव, तुम हमारे वंश पर अपनी मुहर लगाकर हमारा कलंकित इतिहास बदलने वाले थे। मेरे संग-संग कदम-दर-कदम चलने वाले तुम्हें तो पता तक नहीं कि सपने, आकांक्षाएँ और विश्वास को खोंट-खोंटकर कौन से चील-गिद्ध खा रहे हैं ? मैं ऊपर से हौसले का कवच पहने भीतर से खोखली होती जाती हूँ। क्योंकि तुमने अपनी योग्यता, चिन्तन-मनन और रगों में बहती उस कविता को अपनी जिद पर निछावर कर दिया जो प्रेम के लिए तुम्हारे भीतर है। खुद को राजनीतिक पार्टी में झोंक देने का मतलब मैं समझती हूँ, जैसे कोई जीते जी समाधि में बन्द हो जाए। मैं भी कैसे सुखी रह सकूँगी माधव...।' अनायास ही आँखें भर आईं, जो मैंने इस तरह छिपाकर सिर हिलाते हुए पोंछ डालीं कि करिश्मा समझे, आँख में कोई तिनका पड़ गया है। मगर छाती की धड़कन कैसे सँभालती, जो माधव के नाम पर तेज से तेज हो गई।

"अरे ! तुम रजऊ के संग-संग रोने लगीं !" करिश्मा ने पकड़ लिया मुस्कराकर।

"दुख ही ऐसा है।" मैंने कराहकर बोल दिया।

अनुभवी युवा आँखों ने गौर से मेरे चेहरे को देखते हुए कहा–"दुख ऐसे हों या वैसे, अपने ही होते हैं, जो आदमी को रुला देते हैं।"

आगे कहने लगी–"चलो, तुम्हें कुछ पिला दूँ। थक गई हो। चेहरा कुम्हला गया है। धूप से सँवला गया है।"

मैं झेंपकर बोली–"साँवला चेहरा है, सँवलाएगा नहीं क्या ?"

"सच ठोड़ी पर जो तिल है न, मुझे बार-बार रजऊ की ठोड़ी के गुदने की याद दिलाता है। हमारी परदादी, दादी और माँ भी ठोड़ी पर गुदना गुदवाती रहीं।

"और तुम ?"

"पहले का बहुत कुछ बदल गया है, गुदना भी अब आई ब्रो पेंसिल से बनाया जा सकता है, जैसे आइ लैशिश मनचाही लगा ली जाती हैं।"

"क्या पिएँगे यहाँ ?" मैंने कहा और आशय बताया–"कोक, पेप्सी या ऐसा ही कोई ठंडा तो बैन हो गया है। कीटाणुओं की माया फैली है।"

वह हँस पड़ी–"मेरी थर्मस में भी चाय खत्म है।"

❑❑

ईसुरी को जब धीरे पंडा ने बताया कि रज्जो गंगिया के साथ माधोंपुरा से भाग आई है तो उन्हें विश्वास न हुआ। वे अवाक् हुए देखते रहे। उनका अपना मत रहा है कि जिन्दगी में उम्र के अनुसार आदमी अपना लक्ष्य तय करता है। रज्जो के गृहस्थ के दिन थे, उसे वानप्रस्थ धर्म ने कैसे उकसा दिया ? वह सास की गाली-गलौज और रामदास की ताड़ना-प्रताड़ना सुनने के बाद भी अपनी जिम्मेदारी निभानेवाली औरत थी। हाँ,

जब वे मिले थे तो उसकी उम्र निखालिस प्रेम करने की थी, जो कि उसने किया।

भाग जाना। घर से भाग जाना...ऐसा तो उन्होंने प्रेम के उस शिखर पर भी नहीं सोचा था जब वे मिलने के लिए रात-रात भर रोया करते थे और आँसुओं से गीले बिछौने को निचोड़ कर सुखाते थे। वे बुलाते थे, रज्जो सुनती नहीं थी।

अब ऐसा क्या हुआ ?

हुआ यह कि गंगिया, जो कि बहुत दिनों से बाहर निकली हुई है, माधोंपुरा पहुँची। उसे पता था कि ईसुरी म्हराज का आवादी बेगम के यहाँ से बाहर निकलना मुश्किल है। मुसाहिब ही पकड़वा देगा। और इनाम में जमींदारी जीत लेगा। इसलिए क्यों न रजऊ को साथ लिया जाए, जिसके पास फागों का खजाना है और रूप का भंडार है।

"रजऊ चली गई !" ईसुरी की अनुराग भरी आँखों में ऐसा आहत भाव उभरा कि देर से चुप बैठे धीरे पंडा भी व्याकुल से हो गए। वे जानते थे कि ईसुरी ने रजऊ से ब्याह नहीं किया, मगर उसका वरण तो किया ही है। हाथों से माँग नहीं भरी, जयमाला नहीं पहनाई, चितवन से एक-दूसरे के हो गए। परिणय और क्या होता है ?

❑❑

धीरे पंडा के जरिए कहानी को संवाद देने वाली करिश्मा मेरा और माधव का भेद कहाँ से ले गई ? क्या यह जान-बूझकर उन बिन्दुओं को उठा रही है जो रजऊ और ईसुरी से ज्यादा मेरे और माधव पर घटित होते हैं।

मेरा ध्यान उचट गया है, करिश्मा समझ गई। वह कुछ देर के लिए चुप हो गई।

"हाँ कहो न। रुक क्यों गईं ?" मैंने कहा।

करिश्मा ने प्रसंग आगे बढ़ाया—ईसुरी को अचम्भा यह भी लगा कि रज्जो बगौरा नहीं आई, आगे बढ़ गई। उन्होंने रघु नगड़िया वाले से दरियाफ्त की, आखिर माजरा क्या है ?

❑❑

धीरे पंडा और ईसुरी को रघु ने जो कहानी सुनाई वह खुद गंगिया ने उसे बताई थी। रघु ईसुरी से छिपकर नगड़िया बजाने गंगिया के साथ गया था। यह उसका विद्रोह भी था, क्योंकि इन दिनों ईसुरी की फागें ठप्प पड़ी थीं।

—म्हराज, इन दिनों राजाओं, रजवाड़ों और जागीरदारों की अजीब हालत है। अँगरेज बहादुर ह्यूरोज अभी झाँसी में नहीं घुस पाया। रसद, हथियार और घोड़ों को बागी सरदार रोके हुए हैं। जब माल मिले तो फिरंग बहादुर आगे बढ़ें। वह झाँसी पर जल्दी से जल्दी हमला बोलना चाहता है। झाँसी पर कब्जा किए बिना अँगरेजों

की फतह नहीं हो सकती, यह तो अपनी आवादी बेगम भी मानती है। धुरी की ताकत है झाँसी राज्य में। और खिंचाव की डोर है लक्ष्मीबाई और उसको सहयोग देने वालों में। जद्दोजहद जैसे रस्साकशी।

देशपत दीवान का नाम तो हम क्या, सभी सुन रहे हैं। तात्या टोपे अलग दीवार की तरह खड़े हैं।

हमने तो यह बात अब आम मान ली है कि झाँसी की रानी ने जनियों की सेना बना ली है। औरतों को तीर-तलवार चलाना अच्छी तरह सिखा दिया है। अच्छी-खासी फौज तैयार हो गई है। अपनी बेगम साहिबा को तो रानी की सखियों के नाम भी मालूम हैं। आपको नहीं बताए ?

'फौज और रजऊ' दोनों शब्द मिलाते हुए ईसुरी सन्न हो गए। उनके हिसाब से यह उनकी कमनीय कला पर प्रहार था। रजऊ आखिर क्या करने वाली है ?

रजऊ फौज में नहीं गई म्हराज, वह तो ऐन शिवरात्रि के दिन अपने गाँव से निकली थी। डरपोक इतनी कि पत्ते खड़कते, शाखें साँय-साँय करतीं तो गंगिया से लिपट जाती और कहती—जिज्जी, पीछे रामदास आ रहा है।

गंगिया हिम्मत बँधाती तो कहती—जिज्जी, पिटने का मतलब था कि घर में रहती। सजा का मतलब नहीं होता कि सजा से डरना छोड़ दो। सफर अपना असर दिखाने लगा था। वह हाँफ रही थी। वह तो चन्द्रमा निकल आया, नहीं तो अँधेरे में भरभराकर गिरती और घुटने फोड़ लेती।

ईसुरी की साँस तेज-तेज चलने लगी। करिश्मा ने रघु का बयान अपनी जुबानी किया—चिन्ता मत करो आप, बेसिर-पैर के छोर-अछोर रास्तों पर औरतें कहाँ से कहाँ पहुँच जाती हैं ! चलना उसके लिए नशा जैसा था। चट्टान जैसी पहाड़ी पर चढ़ रही थी।

"धसान नदी के किनारे बैठकर मुँह हाथ धोए तो तरोताजा हुईं। जल में चाँदनी बह रही थी। रात में पखेरुओं की आवाजें पहाड़ और जंगल में जीवन की तरह थीं। सियार, नीलगाय, लुखरा, लिड़इया, सबको तो जानती है रजऊ। आप सोच रहे हो उसका जंगल से क्या वास्ता ? हाँ, उसका भइया लछमन जरूर मनाएगा कि रज्जो को जंगल ही लील जाए। वैसे नंगे पाँव थी, लहूलुहान पंजे और घायल एड़ियाँ, चेहरा दर्द से बेज़ार..."

ईसुरी को अपनी वे फागें व्यर्थ लगने लगीं जो उन्होंने रजऊ के शोभा-सिंगार के लिए कही थीं। वे चिन्ता में पड़ गए, क्या वह औरत मेरी भावनाओं को ऐसे ही मटियामेट करती चलेगी ? या यह जमाना ऐसा है, जहाँ शोभा-सिंगार की कीमत नहीं ? मूल्य हम बनाते हैं, समय बदल देता है, कमाल है।

आगे ईसुरी ने कुछ नहीं पूछा। मौन बने रहे।

धीरे पंडा गंगिया के चलन से चिढ़े हुए थे, मगर रघु उससे उतना ही प्रभावित रहता क्योंकि जब ईसुरी और धीरे की मंडली ठप्प पड़ी तो गंगिया ही थी, जो अपने

राई-नाच के दौरान उससे नगड़िया बजवाती।

रघु उत्साह में आकर बताने लगा–"आगे वे झिनझिनी चली गईं। कहती थीं, हमारी जरूरत देशपत दीवान को है। जैसे झाँसी की रानी हथियार उठाकर लड़ने की सोच रही है, ऐसे ही कुछ हम भी..."

धीरे पंडा ने कड़ुआ मुँह बनाकर कहा था–"देशपत, अरे आँहा। वह तो औरत जात की परछाईं से नफरत करता है। अपने दल के सिपाहियों को सालों, बरसों घर नहीं जाने देता कि कहीं उनकी औरतें उन्हें भरमाकर मकसद से भटका न दें। कहता तो ठीक ही है। आनन्दमठ की-सी औरतें कहाँ से आईं अब कि अपने आदमियों की जिम्मेदारी सँभालें और उन्हें समरभूमि में भेज दें। रजऊ को ही देख लो, आदमी फौज में गया और वह बेड़िनी के संग भाग गई।"

रघु को धीरे पंडा इसी बात पर अच्छे नहीं लगते। जनियों को नीची नजर से देखकर ही खुद ऊँचे हो जाते हैं। अब कैसे बताए कि गंगिया क्या कह रही थी ? कि रज्जो ने उस बेड़िनी को अपने इरादे कैसे बताए हैं ? और क्यों भाग आई है ? बताए तो क्या ये लोग समझेंगे ? कि वह राधा की तरह कन्हैया जू की रट लगाकर रोने वाली थी, पर रोते-रोते थक चुकी है। कि उसकी जद्दोजहद राधा की तरह नहीं, मीरा के जोड़ की है, जहाँ जिन्दगी और मौत का खुला सवाल है। कि वह ऐसे ही देशपत की ओर चली आ रही थी, जैसे मीरा रैदास के यहाँ गई थी। कि गंगिया का चेहरा दिपदिपा रहा था जैसे उनको अपनी राह मिल गई हो। गंगिया इस बात पर भी फूली नहीं समा रही कि उसने मौके से रज्जो को पकड़ा है, जो हर हाल में कुरबान होने को बैठी थी–प्रीति हो या जंग।

❐❐

(मेरे चरित्र की व्याख्या भी क्या किसी दिन इसी तरह होगी ? मैंने सोचा)

करिश्मा ने मुझे ऐन वक्त पर पकड़ लिया–"क्या सोच रही हो ?"

मैं झेंप गई थी। झेंप में ही भाव छिपा था कि मैं पग-पग पर खुद को रजऊ में मिलाकर देखने लगती हूँ।

करिश्मा ने मुस्कराकर नजरों में प्यार दिखाया, मैं कृतज्ञ हो उठी।

❐❐

रज्जो चली गई !

ईसुरी का जीवन ही थम गया। वह अक्सर धीरे पंडा से बहसें करते रहते। अब तक सामान्य बातचीत, हँसी-दिल्लगी, दुख-शोक करने वाले ईसुरी असामान्य तरीके से मुखर होने लगे थे। बार-बार खुद को सही साबित करने के लिए रजऊ के रवइए

को गलत बताते और गंगिया को उससे भी ज्यादा गलत। क्योंकि इन औरतों का भविष्य उन्हें सुरक्षित दिखाई नहीं देता।

कुछ दिन इसी तरह बिताए। बीच-बीच में रज्जूराजा की परछाईं परेशान करती। फिर धीरे पंडा से पूछते–"मुझे औरतें इस कदर परेशान क्यों करती हैं ? या मैं ही औरतों की तबाही का कारण बना हूँ ?"

धीरे समझाते–"सबकी अपनी-अपनी तकदीर होती है। माथे पर लिखा रहता है अपना-अपना भाग्य।"

वे सिर हिलाकर कहते–"नहीं नहीं, खाली भाग्य से ही सब कुछ नहीं होता।"

"तब क्या होता है ?" धीरे पंडा पूछते।

ईसुरी चुप रह जाते। मगर चुप होना नहीं चाहते और उसी झोंक में कहते–"धीरे, मैं राजसत्ता के लिए हूँ या रजऊ के लिए ?"

धीरे तपाक से कहते–"बस अपने लिए।"

वे फिर सिर हिलाते–"नहीं, नहीं। मैं रजऊ के लिए ही राज सत्ता में आना चाहता था। समझे तुम ? रजऊ ही तो मेरी कला है। उसे राजसत्ता का सहारा चाहिए था। बिहारी केशव की कला जैसे फली, सबको मालूम है। हमारी बुन्देली को महत्त्व मिलना है।"

धीरे ने चिढ़कर कहा–"तभी तो पीटे गए तुम। और आज यहाँ छिपे पड़े हो।"

ईसुरी ने कबूल किया–"हाँ, ठीक कह रहे हो। यह तो रजऊ ने ही जता दिया। बता दिया कि फगवारे तुम जिसे रजऊ कहते हो, वह तुम्हारी कला किसी राजा या रजवाड़े की दासी नहीं हो सकती, वह तो बगावत के लिए जन्म लेती है। पहले कला का क्या हुआ, कुछ नहीं।"

"कहीं इसी मारे तो मेरी वाणी पर लकवा नहीं पड़ गया कि मैंने अपने आपको राज दरबारों को सौंप दिया।"

"यार कैसी बातें करते हो ? अभी ये बातें याद आ रही हैं, जब छतरपुर के राजा तुम्हें बुला रहे हैं। अपना नाश अपने हाथों करते हो। ठीक ही कहते हो कि आदमी के भाग्य को उसके कर्म बनाते-बिगाड़ते हैं।"

ईसुरी धीरे पंडा के गुस्सेदार चेहरे को देखकर सहम से गए थे। सहमकर ही धीमे स्वर में उन्होंने कहा–"तुम्ही बताओ, रजऊ के बिना मेरी फागें क्या होंगी ?"

रघु नगड़िया वाला उन दोनों की बातें सुनता रहता और अपना भविष्य खराब होने के डर से गंगिया से सम्पर्क साधे रहता। उसे उम्मीद थी कि गंगिया ही फागों की असली वारिस है, जो उन्हें नाचकर-गाकर और मंडली बनाकर धरती के कोने-कोने में फैला सकती है। अच्छा हुआ रजऊ उसके साथ चली गई। अब ईसुरी म्हराज अपना पक्ष तय कर लें कि उन्हें किधर रहकर क्या करना है।

धीरे पंडा तो गंगिया से चिढ़ेंगे ही। बेड़िनी कहकर उसे निकाला था, वह अब विद्रोहिणी हो रही है। तुम लुखरा की तरह छिपे रहो।

बियावान जंगल। रज्जो कहाँ आ गई ?

पेड़ों की सघन दीवारें और पहाड़ी आँगन खुले हुए थे। अपने होने से ही बस्ती का अहसास होता था। सन्नाटा ऐसा कि छोटी-सी खाँसी या छींक चौंकाने की हद तक गूँजें।

आग की लपटों के चारों ओर बैठे आदमी बुत की तरह लग रहे थे। धक्का-सा लगा। वह घबरा उठी। गौर से देखने की हिम्मत जुटाई। आदमियों के चेहरे और हथियार नाचती हुई लपटों की रौशनी में चमक जाते। उसने अनजाने ही यह बात सोची कि हो न हो फगवारे को गंगिया यहीं ले आई है, बचाने के लिए। वह खुद भी कहते थे कि गाते-गाते ही तो आदमी लड़ने लगता है। अल्हा का जन्म गीत-संगीत से निकलकर युद्ध से मिल गया।

मगर ईसुरी कहीं नहीं दिखे। हथियारोंवाले भयानक आदमियों की पाँत में मैले कुचैले लोग बेचिन्हार, अपरिचित। दाढ़ी मूँछों की बेतरतीबी से डर लगने लगा।

गंगिया यहाँ उसे उड़ाकर लाई है ! उम्र अब ढलेगी बेड़िनी की। सास ने कहा था-ऐसी औरतों को अपना वारिस चाहिए होता है, नहीं तो धन्धा कैसे चले ?

रज्जो को गंगिया से घृणा-सी हुई। संस्कारों ने माना, हाँ धन्धा चलाने के लिए नई औरतें पकड़ती हैं। जादू ही तो बोला था उसके सिर, जब मन में आया कि वह गंगिया के संग बैठकर लोगों के बीच फागें गाए। गाने चली थी कि बीच राह ही रामदास ने बाँह पकड़ ली और कुएँ की तरफ ले चला। कुआँ, उसकी मौत का मंजर। नहीं तो जेठ गंड़ासे से दो टुकड़े करने वाला था। सास की हमदर्दी भी खत्म हो चुकी थी, बहू ने देहरी की आन डुबो दी। ऐसी बहू का खत्म हो जाना ही अच्छा। मौत सिर पर मँडरा रही थी।

भाग आई, उसने खुद को बचा लिया, घर की आन फिर भी मर गई। आज यहाँ बैठकर उसके होंठों पर प्रार्थना काँप रही है।

सारे आदमी लम्बे-तगड़े। प्रताप के जैसे। क्या सबके सब फिरंग फौज से भागे हुए सिपाही हैं ? बीचोंबीच घेरे में एक आदमी बैठा है, इन्हीं आदमियों जैसा। मगर अलग-सा दिखता है। क्या सिर पर पगड़ी है, इसलिए ? गले में तुलसी की माला है, उसी के जैसी। रज्जो ने अपनी माला छूकर तुलसी का अहसास किया। मन में पवित्रता-सी भर गई।

अभिवादन।

बड़ी-बड़ी मूँछों वाले पगड़ीदार आदमी में खास बात है। वह गौर से सबको एक-एक करके देख रहा है, जैसे गिनती कर रहा हो। इतने लोग, चुप्पी बेहिसाब। घर में उसके साथ अकेली सास थी दिन-भर बक-झक होती थी, जैसे घर भरा हो। आदमी लोग चुप्पी में रहकर रहस्य पैदा करते रहते हैं क्या ?

गंगिया रास्ते में कह रही थी, घर से निकली औरत ऐसे होती है, जैसे पिंजड़े में से उड़ी मैना। लौट तो नहीं लोगी रज्जोरानी ? मैना फिर-फिर पिंजड़े के आसपास

घूमती है। घर में सुख तो होता ही है, पर ऐसे ही जैसे कैदखाने में सोते कैदी को चोर, डाकू, स्यार, जिनावर का डर नहीं रहता।

गंगिया दस कदम चलकर झुरमुट में गई। रोटियों की पोटली निकाल लाई। चार-चार रोटी और चटनी बाँटने लगी।

आधी रात पर रोटी ! उसे ताज्जुब लगा। अपने हाथ पर धरी रोटी देखती रही।

"इतनी रोटियाँ कहाँ से आई ?" पगड़ी वाले ने पूछा।

"किसान आए थे बसारी से। आटा और चावल भी दे गए हैं। कदुआ और आलू भी। नौन, मिर्च, धना, सब।" गंगिया ने बताया।

"किसानों के घर इतना सब है ?" काली मूँछों वाले ने पूछा।

"वे कह रहे थे, लूटकर लाए हैं।"

सब हँसे, बस पगड़ी वाले मुस्काए और बोले-"हाँ, आजकाल कौन लुटेरा नहीं है ? जरूर अँगरेजी फौज की रसद जा रही होगी। बेचारा ह्यूरोज कब तक सागर स्टेट में पड़ा रहेगा ?"

"दद्दा, डाकुओं का डर फिरंगियों को बहुत है। देख लो रसद को पचासियों सिपाही रखाते हुए जाते हैं। गोरे ज्यादा खाते नहीं, गाड़कर धर देते हैं कि देसी लोग कमजोर हो जाएँ और मर जाएँ।"

"पर हम मरेंगे नहीं" दद्दा यानी कि देशपत ने कहा।

"हम बैलगाड़ियों से ही फिरंगियों का रास्ता रोक देंगे। किसान लोग बन्दूक छीन लेंगे। हथियार ऐसे ही जमा होंगे। हथियारों की जरूरत है।"

रज्जो ने ऐसी बातें सुनकर सोचा, वह कहीं प्रताप के आसपास आ गई है। हथियारों की बातें सिपाहियों के सिवा और कौन करेगा ? उसने अनायास ही चेहरे पर लम्बा घूँघट खींच लिया। घूँघट ने झिझक और भय थोड़ा कम कर दिया। मगर घूँघट में ही सवाल कुलबुला रहा था-आखिर क्यों आ गई है यहाँ ? गंगिया ने ऐसा कुछ तो नहीं कहा था। वह तो कह रही थी, फगवारे से मिलवाएगी। धोखा दिया है इस औरत ने ? इसलिए ही न थोड़ी-सी देर में ऊब होने लगी और बेचैनी ऐसी कि घर की याद आ रही है। बस इतनी-सी बात काफी है कि घर की चारदीवारी के बाहर आ गई।

लोग खाना खाकर चार-चार की टोली में बन्दूक कन्धों पर रखकर जाने लगे।

सब चले गए। अब केवल देशपत दद्दा और गंगिया के साथ वह थी।

गंगिया ने चिन्तित स्वर में कहा-"हम माधोंपुरा तक ही नहीं, महोवा के आसपास, हमीरपुर की सीमा में हो आए हैं, अपने कुँझलशाह का अता-पता नहीं पा सके। आप कहो तो आगे जावें। वैसे कितने ही दिनों हमने राई-नाच का पड़ाव डाला।"

देशपत चिन्ता में पड़ गए।

रज्जो हर बात पर चौंक रही थी। न जाने उसका क्या होगा ? फागें, राई-नाच

गीत-संगीत, सब धोखा थे ? फरेब देती रही गंगिया ! ईसुरी म्हराज का तो यहाँ नाम तक कोई नहीं लेता।

कौन कुँझलशाह ? उसे क्यों खोज रही है बेड़िनी ? देशपत क्यों लड़ रहा है अँगरेजों से ? इतनी बड़ी सेना, जितनी कि प्रताप बताता था, से ये लोग लड़ सकते हैं, जो अभी लुटी हुई रोटियाँ और चटनी खाकर गए हैं ? रज्जो के सामने ऐसे कितने ही प्रश्न तिलंगों की तरह नाचने लगे, जो हटाने से हटते नहीं। सबसे बड़ा सवाल कि बघौरा किधर है ? ईसुरी वहाँ हैं भी या यह भी गंगिया का झूठ है। आवादी बेगम की जमींदारी में जाना चाहती है रज्जो।

देशपत गंगिया से पूछ रहे थे–"साजिन्दों को किसी ने पहचाना तो नहीं ?"

रज्जो फिर चौंकी, क्या साजिन्दे साजिन्दे नहीं थे ?

"इन दिनों सिपाही-वेश खतरे से खाली नहीं। ऊपर से पढ़े-लिखे सिपाहियों के लिए तो फिरंगी साक्षात काल हैं।"

साक्षात काल, पढ़े-लिखे सिपाहियों के लिए...तब प्रताप का क्या हुआ होगा ?

रज्जो घर से निकलकर इन बाहरी चिन्ताओं में घिर जाएगी, उसने सोचा न था। इधर गंगिया उसकी ओर इशारा करके कह रही थी–"दद्दा, जा मोंड़ी ने बचा लिए हम। हम तो वहीं के वहीं संतुआ से फागें लिखवा रहे थे। रज्जो ने फाग बताई नहीं, सो बात आगे नहीं बढ़ी।" गंगिया का बटुआ-सा मुँह मुरझाया-सा था।

देशपत ने पूछा–"अपना विरागसिंह जोश में आकर गाँव की चिट्ठी-पत्री पढ़ता फिरता है। गाँव के आदमी किसी पढ़े-लिखे का इन्तजार जो करते रहते हैं कि कोई मिले तो खेती के कागज और सगे-सम्बन्धियों के खत पढ़वाएँ।"

गंगिया बोली–"प्रताप की मतारी एक कागज लाई थी। विराग ने कहा–काकी हम कौन पढ़े लिखे हैं।"

रज्जो का घूँघट हिला। गंगिया बहुरूपियों को लेकर हमारे पास गई थी। बाई बेटा की आस में राह तकते-तकते आँधरी हो रही हैं। जोरू बारह बाट हो गई। जंग का जोर हमारे ऊपर उतर रहा है, देशपत क्या जानता है ?

देशपत अपनी रौ में थे–"अँगरेजों ने स्कूल खुलवा दिए। जनता को पढ़ना-लिखना सिखाकर नई रोशनी दे रहे हैं, पर आज अपनी इसी भूल पर पछता रहे हैं। समझ रहे हैं कि जो पढ़ गए वे ही बागी हो गए। सो देख लो, स्कूल बन्द करा दिए। फिरंगियों ने जिनको हथियार चलाने की ट्रेनिंग दी, वे ही हत्यारे हुए। सो बस, अब पढ़े-लिखे सिपहियों को चुन-चुनकर मौत के घाट उतारा जा रहा है।"

इन बातचीतों के बाद जब सोने की बारी आई तो गंगिया ने एक चादर बिछाकर रज्जो से कहा–"चलो लेट जाओ। हम भी संग लेटेंगे।"

करिश्मा ने मुझसे अनुरोध किया, अब बिना खाए-पिए नहीं रहना है। हमारी गंगिया

दादी की कहानी बड़ी लम्बी हो गई।

एक छोटे से ढाबे पर मैं और करिश्मा चीकट बेंच पर बैठ गए। मैंने क्यों समझ लिया कि चाय पीने के लिए मेरे साथ माधव आया है, जैसे कि आया करता था। बिना कुछ सोचे-समझे, मैंने उसकी खास पसन्द ब्रैड पकोड़ों का आर्डर दे दिया।

करिश्मा तली चीजों से परहेज करती है, यह न पूछा न सोचा, बस मान लिया कि मैं माधवप्रिया बनी हुई उसके साथ हूँ। रज्जो की तरह फगवारे की कल्पना करती हुई मैं उसी की तरह बौरा गई थी।

बौराई हुई रज्जो देशपत दद्दा में फगवारे को खोजती है। औरतों के लिए कोमल हृदय रखने वाला आदमी अब तक जो देखा फगवारा था। रजऊ का नाम सजाकर फागों को कहने वाला कवि रज्जो को अपने गाँव-समाज का तो क्या इस दुनिया का न लगता था। अब ये देशपत दद्दा। इन्हें कहाँ धरे कहाँ उठाए?

गंगिया कहती है, इस आदमी के बर्ताव के मुरीद हो गए हम। लोग तो इन्हें जंगली कहते थे। घने जंगलों में जो रहते थे। मजाल है कोई औरत झाँक जाए इनके दल में। मानते थे कि औरत का मुँह देखते ही आदमी का ईमान डिग जाता है। बात-बात पर गौतम बुद्ध का नाम लेते थे—देखो, उनने कहा था कि जो धर्म हजारों साल चल सकता है, औरतों के आने से पाँच सौ साल भी नहीं चलेगा। सोई हम अपने आन्दोलन के बारे में सोचते हैं। कड़े नियम-कायदा ही आदमी का चरित्र बनाकर रखते हैं। औरतों को बहुत-सी छूटें देनी पड़ती हैं, सो मर्द भी छूटें पा जाते हैं। संकल्प छीज जाएगा।

रज्जो ने पूछा—देशपत दद्दा तो फिरंग फौज में ही थे पहले। विरागसिंह कह रहा था कमांडर थे। फिर नाराज काए हो गए?

—नाराजी की बात ही थी। फिरंगियों ने अपने कमांडर के गाँव से भी लगान वसूली का ऐलान कर दिया। अर्जी लगाई, प्रार्थना करी, पर वे माने नहीं। दद्दा ने यह भी कहा कि झिनझिनी में लगान वसूली के लिए जो कोई जाएगा, जिन्दा लौट नहीं पाएगा। हम फिरंगियों की सेवा में हैं, फिरंगी लगान माफ नहीं कर सकते? पर नहीं मानी अँगरेजी सरकार सो देशपत ने आव देखा न ताव गाँव में आए सात आदमी बन्दूक से भून दिए। बस यहीं से हो गई बगावत की शुरूआत। दद्दा को जिन्दा पकड़ने के लिए दस हजार रुपया इनाम धरा गया है।

"अपन इतै क्या करेंगे जिज्जी?" रज्जो को देशपत का दुस्साहस सुनकर डर भी लगा और हिम्मत भी बढ़ी। जैसे वह दल में सिपाही हो गई हो।

"जो करेंगे, सो सामने आ जाएगा। दद्दा की यह नई रणनीति है। सबके सामने उजागर नहीं कर सकते। काना और मुंदरा की तरह काम करेंगे। काना, मुंदरा लक्ष्मीबाई की सखियाँ।" रज्जो नए-नए विद्यार्थी-सी और गंगिया 'रज्जो, यह तुम्हारी

जिन्दगी का वह मोड़ है, जो बड़ा निर्णय करेगा' के भाव से देखती और फगवारे के बारे में पूछताछ करना भुला देती। आगे कहती–"तुम्हें मैं यहाँ न लाती तो गाँव में पड़े-पड़े तुम बासी होकर सड़ जातीं। फिर कोई तुम्हें न पूछता।"

रज्जो के असमंजस का चरम शिखर आ गया, मगर फिर भी वह चुप रही। अनजबीपन अभी कम नहीं हुआ था, सास बार-बार याद आती। क्या बाई से मुझे इतना ही प्यार था, जितनी कि याद आती है ? अगर था तो सास काँटे-सी क्यों खटकती थी ? शायद जो आजादी मैं चाहती थी, सास उसके पक्ष में नहीं रहती थी। टकराहट का कारण यही रहा होगा।

लल्लू की बहू और नाइन बहू को क्या पता कि रज्जो वहीं पहुँच गई है, जहाँ की कहानियाँ लल्लू की बहू कहा करती थी–मर्दनसिंह, बानपुर के राजा अपने महल में पतुरिया नहीं नचाते, अब वहाँ गोला-बारूद ढलते हैं। सोई बस मर्दनसिंह ने अँगरेज पकड़कर बन्दी बना लिए और चँदेरी पर कब्जा कर लिया।

रज्जो अपने मन में न जाने क्या-क्या सोच रही थी, उधर देशपत दद्दा आ गए, बोले–"बिटिया, पहले पर्दे को त्यागो, सबसे बड़ा बन्धन तुम्हारे लिए यही है। यह तुम्हारे मायके और सासरे की धरती नहीं, तुम्हारी भूमि है।"

गंगिया मुस्कराती हुई पास आ गई, बोली–"दद्दा, फागों की लिखा-पढ़ी नहीं हो सकी, सो बस हम फागों के खजाने को साथ लेते आए।" कहकर उसने रज्जो की ओर इशारा किया।

"हाँ, यह खबर तो हमें पीर अली बहादुर ने ही दे दी थी कि गंगिया के संग एक बिटिया आ रही है, फागें गाती है।" देशपत ने गहरी आवज में कहा।

"पीर अली यहाँ होते गए थे ?" गंगिया ने ताज्जुब से उँगली ठोड़ी से लगाई।

"हाँ, हथियार लेने आए थे। रानी लक्ष्मीबाई उनकी काकी ही तो होती हैं। रघुनाथ राव की नाजायज संतान सही, पर खून का सम्बन्ध तो खानदान से है ही। बिना बुलाए चले गए हैं। हमने भी अपना पैगाम दे दिया कि हम पूरी तरह रानी के साथ हैं। सुनते हैं, रानी अफगान और पठान घुड़सवारों का खुद नेतृत्व करेगी।"

रज्जो ने सुना तो सर्वांग साहस की लहर दौड़ गई। कल्पना करने में उसका जवाब नहीं। रानी का रूप खुद हो गई। घोड़े पर चढ़कर हवा से बातें कर रही है। ईसुरी का नीलवरन घोड़ा आगे-आगे जा रहा है और प्रताप पीछे का घुड़सवार। रज्जो ने सोचा, क्या मुझे ऐसा संसार मिल सकता है ? सच मैंने घर छोड़ा है ऐसी ही आजादी के लिए। दलपत से कौन कहे ?

दलपत, नहीं देशपत। यह नाम उसे बार-बार भरम में डाल देता है। ये दद्दा कहीं वह दलपत डाकू तो नहीं हैं, जो राजा चरखारी की बन्दूकें उड़ाता पकड़ा गया था ? सजा में वह रामदास को सौंप दिया था। उसी के घर नजरबन्द रहा कुछ दिनों। बाई को न जाने क्यों वह अपना बेटा लगता था, जबकि उसकी मूँछें प्रताप जैसी हरगिज न थीं। दाढ़ी भी लम्बी बहुत थी। हाथों में हथकड़ी पहनकर रहता था और

भगवान का भजन करता था। ईसुरी की फागें मुँहजबानी याद थीं।

मोरी कई मान गैलारे
दिन डूबे मत जा रे
डर ना मानो कछू बात कौ, पति परदेस हमारे
ईसुर कात रैन भर रइयो, उठ जइयो भुनसारे

रज्जो को कई बार भ्रम हुआ, हो न हो यह ईसुरी है। जो कुछ कहता है रजऊ को सुनाकर कहता है। इसे प्रताप का नाम कैसे मालूम ? बाई से कह रहा था—अपने प्रताप से एक बन्दूक दिबा दो।—उसकी बात का बाई जबाब न दे पातीं तो खैनी खाए दाँतों से हँसता। अट्टहास करता और फिर कहता—भारतमाता यहीं बेबस है।

❒❒

मैं उसी तरह अपने शोध-युद्ध की स्थितियों में फँसी हूँ, जैसे रजऊ देशपत कमांडर के यहाँ आकर बागियों और हथियारों के बीच फँस गई थी। उसके साथ गंगिया बेड़िनी थी तो मेरे साथ करिश्मा बेड़िनी है। गंगिया अपनी कौम का इतिहास बना रही थी और करिश्मा उस इतिहास को नए तरीके से दर्ज कराने में दिलचस्पी रखती है। सच माधव, मैं रजऊ की तरह भावात्मक अकेलेपन से जूझती हुई प्रेम की एकाग्रता में खंडित होती रहती हूँ। और खण्ड-खण्ड इतिहास सुनाई देता है, वही जो रजऊ सुनती थी कभी गंगिया से, कभी देशपत से तो कभी विरागसिंह की सूचनाओं में—

'गवर्नर जनरल का ऐजेन्ट बनकर हैमिल्टन फिर आ गया है। ह्यूरोज ने सेन्ट्रल इंडिया फील्ड फोर्स सँभाल ली है। यह फोर्स नर्मदा और यमुना के बीच क्रान्तिकारियों को मार गिराने और कम्पनी राज की बहाली के लिए है। मर्दनसिंह की सेना हार चुकी है।'

मर्दनसिंह का अर्थ रज्जो के लिए कोई राजा नहीं था, वह लल्लू की बहू से सम्बन्धित था, इसलिए वह चौंक पड़ी थी और धक्का-सा लगा था। इसलिए ही रुआँसी-सी देशपत से बोली—"इतना बहादुर आदमी कैसे हार सकता है ?"

उन्होंने जबाब दिया—"बहादुर ही हारते और जीतते हैं और बराबर लड़ते रहते हैं। तुम भी तो लड़कर ही अपनी जिन्दगी को आबाद किए हो।"

फिर वही—सागर वाला रास्ता खुल गया। खतरा बढ़ गया। मगर गौर करने लायक बात यह है कि अकेले देशपत में गजब का हौसला है। ह्यूरोज की फौजें सारे बुन्देलखण्ड में फैलती जा रही हैं, मीलों लम्बी फौजें, देशपत ललकार रहे हैं।

हौसला देखकर हौसला बढ़ा। जेठ मास में तमाम अँगरेज हाकिमों को बागियों ने मार गिराया। इन हत्याओं की खबर जब नौगाँव छावनी पहुँची तो उत्साह में आकर सिपाहियों ने बगावत कर दी। रज्जो ने सुनकर सोचा—प्रताप ने भी ऐसा ही किया होगा। और ईसुरी ने ? सवाल हवा में टँगा रह जाता है। और आँखों में एक सपना।

मैंने रजऊ की आँखों एक सपना देखा है माधव। सपने में वही सब, जो मेरी महत्वाकांक्षा रही हैं और उनको अपना हक मानकर चली हूँ। अन्तर विश्वविद्यालय प्रतियोगिता में ईसुरी और रजऊ का खेल खेला था हमने, मैंने उसे जिन्दगी समझ लिया और तुमने उसे अपना मकसद कहा था। कहीं अवचेतन से चिपका रहा होगा वह भाव, तभी न सपना बनकर छतरपुर महल में उतरा, हालाँकि छतरपुर महल मैंने अब तक देखा नहीं...

देख रही थी तोरण, कलश और वन्दनवार, सजा हुआ एक मंडप, केले के स्तम्भ। रंगीन पन्नी और चमकीली डोरियों से खींचा गया चमचमाता जाल। सफेद और पीले वस्त्रों को धारण किए सरस्वती की मूर्ति।

वाद्यों के साथ फगवारे की वेशभूषा में फाग कहते हुए तुम—मोरी खबर सारदा लइए/कंठ विराजी रइए...

श्रोताओं में रानियाँ, महारानियाँ, गोल छतरियों के नीचे बैठे राजकुमार और बड़े से शामियाने में छतरपुर की प्रजा।

मैं रजऊ का रूप, बीच में गंगिया की तरह नाच रही हूँ। खुद ही गा रही हूँ क्योंकि तुम न जाने कहाँ गुम हो गए, आँखों से ओझल माधव...मैं तड़प उठी थी।

देखौ नइयाँ बहौत दिनन सें
बुरऔ लगत है मन सें
लुवा न लाए पुरा-परौसी, कैबू करी सबन सें
एकन से विनती कर हारी, पालागन एकन सें
मन से करें उदास रई हौ, भई दूबरी तन सें
ईसुर बलम तुम खों जानौ, मैंने बालापन सें

नाच रही थी, आँखें भर आईं। गीली हँसी होंठों पर थिरकती रही। कितने दिनों से नहीं देखा तुम्हें। बहुत बुरा लगता है मन में। मोहल्ले का, पड़ौस का कोई लिबाकर ही नहीं लाया, मैं सबसे कहती रही। विनती की, पाँव पड़ी। हारकर उदास रहने लगी। दुबली हुई जाती हूँ। मैंने तो तुमको ही अपना बलम करके जाना, बालपन से ही...माधव !

ऋतु या रजऊ ?

❐❐

रजऊ या ऋतु ?

छतरपुर वाली रानी ने रजऊ को नाचते समय रोते देखा। रज्जो ने झेंपकर आँखें झुका लीं।

"रानी साहिबा, यह रजऊ है। ईसुरी की फागों वाली रजऊ।" गंगिया ने बताया।

"अरे, हम तो समझ रहे थे तुम्हारी गुइयाँ हैं।"

"दद्दा भी पहले यही समझ रहे थे।"

"तुम सबके लिए अचम्भा पैदा कर सकती हो गंगिया।"

"रानी साहिबा, हम कहते हैं न कि किसान, बरेदिया, चरवाहे सिपाही बन रहे हैं तो औरतों को गुइयाँ बनते कितनी देर लगती है ?

"गुइयाँ !" हाँ गुइयाँ समझकर ही हम ओरछा की रानी लड़ैंती दुलइया को खत लिखेंगे कि वह लक्ष्मीबाई से बैर त्याग दे और मदद करे। अँगरेज हमें लालच देकर लड़ा रहा है। सेना का इस्तेमाल हमला करने में नहीं, अपनों को बचाने में होना चाहिए। बहनों में झगड़े हुआ करते हैं, जंग नहीं ठनती। फिरंगी अपने यहाँ आँधी की तरह आया है, हम झाड़ियों की तरह एक-दूसरे के गले लिपट जाएँगे कि टूटें नहीं।

अगले दिन गंगिया छतरपुर की रानी का सन्देश लेकर ओरछा गई थी। यह दीगर बात है कि वह राजदूत के तौर पर किले में घुसने ही नहीं दी गई। ओरछा की फौज झाँसी को रोंदने बढ़ चुकी थी। दीवान नत्थे खाँ जौहर दिखा रहा था।

अफरा-तफरी का माहौल था।

देशपत रज्जो को प्रशिक्षण के तौर पर खुफिया गीरी के लिए तैयार कर रहे थे। विरागसिंह साथ बैठता था। इन दिनों कुँझलशाह भी आ गया था। गहरे साँवले रंग का आदमी शरीर से बलिष्ठ मगर कद से छोटा था। मूँछें ऐंठी हुई, नोंकदार आँखें चेहरे के हिसाब से बड़ी और लाल। नाक चपटी, जिसके कारण मूँछे ही मूँछें दिखाई देती थीं।

देशपत ने समझाया—तुम एक कवि की प्रेम नायिका हो। यह सच हो सकता है पर यही तुम्हारी जिन्दगी का सच हो, ऐसा नहीं हो सकता। ईसुरी की चाहना कोई एक बात है, उसकी चाहत में घुलकर मिट जाना बेवकूफी है। प्रेम को बढ़ाओ, बढ़ाती जाओ। चारो ओर लड़ाइयाँ छिड़ रही हैं, सताए हुए लोगों में अपने प्रेम को बाँट दो।

ईसुरी ने ऐसी फागें कही हैं कि लोग युग-युग तक रजऊ को चाहेंगे, पर रजऊ ने ऐसा क्या किया था जो वह लोगों की चाहना बने ? औरत की तरह प्यार के पीछे भागोगी, प्रेमी मिल जाएगा। प्रेम भी मिल जाए जरूरी तो नहीं।

देशपत ने रज्जो का अब तक बनाया वह जाला उँगली डालकर तोड़ दिया, जो निखालिस ईसुरी के प्रेम की फागों से बना था। सहयोग और त्याग की ऐसी महिमा गाई कि अब तक जिया जीवन केवल खाने-पहनने के निमित्त लगने लगा। मिलन-बिछोह के खुशी और गम झूठी माया के सपने हैं। तो वह फगवारे के पीछे यहाँ तक क्यों आई ?

देशपत का स्वर, स्वर की गूँज-अनुगूँज—दुनिया में प्रेम से बड़ी कोई चीज नहीं, पर प्रेम का एक ही रूप तो नहीं होता। गंगिया जो कर रही है, वह भी प्रेम का रूप है। सिपाही, जो लड़ रहे हैं, वह भी प्रेम का रूप है। नफरत से नफरत करने वाले प्रेम के तलबगीर नहीं तो क्या हैं ?

'तब मैं क्या करूँ ?' रज्जो ने सोचा।

देशपत ने ही सुझाया—दीवानगी का अलख जगाने खड़ी हो जाओ, क्योंकि दीवानापन क्या शय है, तुम जानती हो। झाँसी की रानी ने हमारे लिए चुनौतियाँ और बढ़ा दी हैं, स्त्री-सैनिक की तरह काम करो। ईसुरी की फागों का हथियार तुम्हारे पास है, आगे बढ़ो।"

'ईसुरी की फागें !' रज्जो यकायक देशपत की ओर बेझिझक देख उठी। बिना कहे ही आँखों से बोल उठी—अगर यह दिन न आया होता तो मैं तुम्हें समझ नहीं पाती, सच मेरी भावना कोरी सूनी-सी रह जाती। यह तो मेरे मन की बात कह दी। भीतरी कोने भर गए। बेकारी का जो अनुभव हो रहा था, मैं उससे बाहर निकल आई दद्दा।

❑❑

और मैंने अपनी नोटबुक में लिखा—माधव, मैं रजऊ और ईसुरी के प्रेम के बहाने अपने और तुम्हारे प्रेम का अभिलेख लिख रही हूँ। तुम्हारा मित्र, नहीं हम दोनों का मित्र राहुल मम्मी के पास चिरगाँव आया था। मैंने मम्मी को फोन किया तो पता चला। राहुल बता गया है, तुम्हारे मामाजी का कारोबार सूरत और अहमदाबाद में भी चलता है, आजकल तुम वहीं हो। क्या कर रहे हो, उसने यह नहीं बताया। पर मैं जानती हूँ, तुम जो भी कर रहे होगे ईमानदारी से कर रहे होगे। अब तक मैं तुमसे नाराज थी। अकेली पड़ गई थी इसलिए। मेरे लिए तुम्हारी तरह कोई मामा नहीं, मुझे तुमसे ईर्ष्या हुई थी, अब नहीं है। अकेली चलने से मजबूती आने लगी है। इस प्रेमशोध को अगर मैं पूरा कर सकी तो सचमुच मेरी खुशी का ठिकाना न होगा। हमारे बीच कोई चुभने वाली स्थिति नहीं आएगी। ईसुरी की फागें रजऊ का अमोघ अस्त्र है, समझे ? मधुर चुम्बन के साथ—ऋतु।

राहुल मम्मी को माधव के अहमदाबाद स्थित आवास का जो पता दे गया था, उसी पर छोटी-सी चिट्ठी कोरियर से पोस्ट कर दी।

❑❑

देशपत ने नाम दिया था—जोगिनी जात्रा।

जोगिया बाने में निकली दो स्त्रियाँ। कन्धे पर मोटे कपड़े की झोली और गंगिया के गले में डोरी के सहारे झूलती नगड़िया। रज्जो ने खटतारें ले लीं, मीराबाई की तरह। साजिन्दे बनकर बागी सिपाही जा सकते थे, मगर वे पकड़े जाते। वे रहने दिए, अँगरेज अफसरों को मौका लगते ही वन-बीहड़ में दबोचने के लिए।

रज्जो और गंगिया ने अक्सर ही ऐसे दृश्य देखे कि फिरंग साहब के मुँह में कपड़ा ठुँसा है, रस्सियों से बँधे हैं और अपने सिपाही किसान वेश में कह रहे हैं—हैमिल्टन और ह्योरोज से कहना कि तुम हिन्दुस्तानी सिपाहियों के मेहमान रहे

हो। बताना कि हम गुलाम नहीं, बागी हैं। बागी वह होता है, जो बिलायती कपड़ा, संगीत और उनकी गिटिर-पिटिर भाषा से तंग आ जाता है। हम तुम्हारे कोड़े नहीं सहेंगे, खुलकर बोलेंगे कि हमें वही अच्छा लगता है, जो हमारा है। हम उसकी कद्र करते हैं, जिसे तुम हिन्दुस्तानी मानकर रौंद रहे हो।

टोली दो जनियों की, जैसा देखती, तुरन्त देशपत को खबर देती। देशपत योजना बना रहे थे कि क्रान्तिकारियों का जाल कुछ इस तरह फैलाया जाए, जैसे निमाड़ क्षेत्र में फैल गया है। भीलों ने अँगरेजी हुकूमत को नाकों चने चबवा दिए।

यह सांस्कृतिक अभियान ! करिश्मा बेड़िनी का कहना है कि गंगिया का मानना था कि रज्जो का सफर उसके साथ शुरू होता, मगर लोग उसे राधा रूप में देखा करते। वह फागों में माधव को पुकारती जाती, ऐसे ही जैसे द्रौपदी पुकार रही हो और ऐसे भी जैसे राधिका ने टेरा हो। दोनों स्त्रियों को अपनी-अपनी स्वतंत्र पहचान दिलाने वाले कृष्ण, महाभारत के सारथी को न कौरवों का डर था न पांडवों से मोह। बन्धन उसी दिन कट गया जब दुःशासन ने स्त्री की साड़ी खींची और माधव ने अपनी हथेली से चीर बढ़ाया। रज्जो ने वही चुनरिया ओढ़ ली।

कौन जाने कि वे दोनों कौन हैं ? देशपत की खासमखास या कृष्ण की गोपिका ? वे हरिकीर्तन करती हुई अँगरेज सिपाहियों की टुकड़ियों के पीछे-पीछे चल देतीं। फागें गाना शुरू कर देतीं। वहाँ, जहाँ लोग फिरंगियों के डर से छिप जाते थे। और फिर अपने गीतों को करिश्मे की तरह देखती कि कोई अँगरेजों से डर नहीं रहा, बल्कि गोरे सिपाही भी मुस्करा रहे हैं।

बस इसी धुन में रज्जो का कंठ मीठे से मीठा होता गया। एक दिन रज्जो ने यह फाग गाई थी जिसे वह अक्सर गाती रही है–

बातें सई कदम के तर की
राधा और गिरवर की
आउत जात लखै नईं कोई, नर और नार नगर की
पच्छिम दिसा पछारूँ खिरकी, अइयो गैल बगर की
घूँघटदार दुअरिया दो हैं, परत रात के घर की
ईसुर कई सई सो पक्की, ठोक हथेरी कर की

तब एक अँगरेज घुड़सवार खड़ा का खड़ा रह गया था। उसके पीछे तीन-चार घुड़सवार और थे। वह बोला–हिन्दी में बटाओ।

गंगिया ने बताया–कदम के पेड़ के नीचे वाली बात एकदम सही है। राधा और कृष्ण जब बातें करते हैं तो नगर का कोई नर-नारी उन्हें देख नहीं पाता। राधा बुलाती हैं–माधव पच्छिम दिशा की पीछे वाली खिड़की से आना। गोशाला के रास्ते आना। मेरे कोठे में घूँघटदार दो खिड़कियाँ हैं। जो हमने कही है, वह बात सच्ची है, मैं हथेली ठोककर कहती हूँ।

अँगरेज घुड़सवार ने माथे से हाथ लगाकर रज्जो और गंगिया को सलामी दी। देशपत दद्दा को उसका हुलिया और ढंग बताया तो बोले—वह एलिस होगा। रानी लक्ष्मीबाई को बहुत मानता है। हिन्दी भी अच्छी जानता है।

फाटा और गुरैया के पहाड़ों से टकराती फ़ागों की धुन। जोगिनें महोवा, महुसानियाँ के सीवान में जा पहुँची थीं। पहाड़ियों पर बने परकोटों के आसपास गूँजती फागें बावन-चौकिया महल को छूने लगतीं कि धूल-धूसरित दीवारें भी झंकृत हो उठें।

रज्जो और गंगिया जोगिन वेश में वीर छत्रसाल और उनकी रानी कमलापति की समाधि के पास बैठकर अलख जगाना चाहती थीं, क्योंकि छतरपुर के आसपास से अँगरेज फौज की टुकड़ी निकलने वाली थी, जिसकी सूचना लेने देशपत का निजी सचिव विराग झाँझ बजाता हुआ साथ आया था और अपना घोड़ा उसने कमलापति की समाधि की आड़ में बाँध दिया।

गंगिया ने कहा—अब हम धुबैला महल के आसपास हैं। वीर बुन्देले छत्रसाल, जिन्होंने मुगलों के खिलाफ दो सौ बावन लड़ाइयाँ लड़ीं, उनकी समाधि को देखना हमारी आँखों के लिए पुण्य फल है। बयासी वर्ष की अवस्था तक इस इलाके को आजाद रखने वाला 'बुन्देला' दिमान देशपत की आस्था का पात्र है। दद्दा की बाँह पर काले कपड़े का जो गंडा बँधा है वह छत्रसाल बुन्देला के नाम का है, जिनके नाम पर इस इलाके का नाम चलता है—बुन्देलखण्ड।

रज्जो के भीतर हमारे वीर पूर्वजों की विजयी शमशीर की झनझनाहट भर गई, जिससे आत्म गौरव की ध्वनि निकलती थी। उसने आश्वस्त भाव से समाधि को हाथ जोड़कर प्रणाम किया। व्यक्तिगत जीवन की तुलना में यह ऐतिहासिक अनुभव, सचमुच इसके लिए गंगिया को श्रेय जाता है जिसे वह जब न तब 'अपने आप' को उड़ाने वाली औरत के रूप में देखती रही है। अपने गाँव की औरतों को बेड़िनी पंडित पुजारियों के मुकाबले कई गुना ज्ञान बता सकती है, माधोंपुरा अगर वह गई तो नाइन बहू से यह बात जरूर कहेगी।

"और यह सामने धुबैला महल !" गंगिया ने हाथ से इशारा किया। इशारे की दिशा में, कंगूरा काट बनगत का ऐसा नमूना किसी ने देखा होगा, रज्जो ने अपने इमारतीय ज्ञान की अल्पज्ञता में सोचा। दालानों की छवि। ऊपरी मंजिल की जालियों वाले द्वारों और छोटे-छोटे गुम्बदों के ऊपर लगी मनकों वाली सुनहरी सींकें। (छड़ कहना रज्जो को कठोर लगा)

धुबैला महल ! रज्जो बार-बार आँखें झपकाकर सोचती, फिर निचले होंठ को दाँत से काटते हुए अपने स्मृति पटल पर जोर डालती, यह नाम पहले जरूर सुना है। गंगिया उसे आगे चलने के लिए कह रही थी, क्योंकि फाग शुरू करनी थी। महल देखने आनेवाले लोगों का ध्यान खींचना आज का उद्देश्य है।

मगर धुबैला महल...रज्जो ने यकायक गहरा साँस लिया या चैन-सा आया क्योंकि धुबैला महल पर आकर उसकी साँस अटक रही थी। हाँ, अपने प्रेमानन्द सूरे

यहीं तो सिपाही रहे थे। यहीं एक किसान लड़की से उनकी आँखें लड़ी थी। उस लड़की को यहाँ के रियासतदार ने जबरन उठवा लिया था। रज्जो को वह किस्सा पूरी तरह याद आया जो प्रेमानन्द सुनाया करते हैं। रज्जो गंगिया से बोली–जिज्जी, इस इलाके के किसान सहयोगी हैं। अपने प्रेमानन्द सूरे के उकसाने पर रियासत के खिलाफ बगावत कर दी थी। और मनवा लिया था कि जो लड़की राजमहल में उठाकर ले जाई गई है, उस को रखैल नहीं, रानी बनाना होगा। उससे पैदा लड़का राज का वारिस बनेगा। सूरे बताते थे, उनने अकबर और जोधाबाई की मिसालें दी थीं। लड़की रानी बनी जिज्जी। अब यह दीगर बात है कि किसानों के उकसाने की एवज राजा ने अपने सिपाही को भयंकर सजा दी। प्रेमानन्द की आँखें दहकते सूजे घोंपकर फोड़ी गई !

'ओ परमेसरे धुबैला महल...' कहकर रज्जो ने व्यंग्यात्मक भाव से हाथ जोड़ लिये। और गंगिया से बोली–चलो चलें। मन नहीं लग रहा अब।

जबकि गंगिया नगड़िया बजाने के भाव में थी और विराग झाँझें धीरे-धीरे खनका रहा था। विराग मौन धारण करके रहता है। रास्ते में कुछ अनचाहा हो जाए तो वह गूँगे का अभिनय करता है। इन दिनों उसकी स्याह काली दाढ़ी भयानक रूप से बढ़ी हुई है, और मूँछें बेतरतीब कटी हुई, क्योंकि हजामत के लिए समय नहीं मिलता।

गंगिया समय गँवाना नहीं चाहती। एक फाग भी हो जाए तो लगे कि कुछ तो किया। नहीं तो सारा दिन बरबादी के खाते में जाएगा। दद्दा को भी क्या जवाब देंगे, शाम हो गई।

मगर !

धुबैला महल के प्राचीर पर खड़ा एक तरुण डूबते हुए सूरज को एकटक ताक रहा है। रज्जो की निगाहों में आ गया। गंगिया ने भी उस ओर देखा। खोया-खोया नवयुवक चिन्ता में निमग्न।

गंगिया ने रज्जो की बाँह छूकर संकेत दिया और खुद ही नगड़िया बजा दी। विराग साथ-साथ झाँझें बजाने लगा।

हमने तनक देख लई मुँइयाँ
आय कौन की गुइयाँ
दाबें जात उठाकें घूँघट, दिल भर हेरी नइँया
नस नस गुरा हलत हैं ई के, जैसें लफें धनइयाँ
ईसुर चड़ी जात डोला में, जैसे राय मुनइयाँ

फाग महल के नीचे गूँजी और उस नवयुवा से उलझ गई, जिसने राजकुमार जैसी पोशाक पहन रखी है, मगर पोशाक मलिन है। चेहरा उदास है। वह नीचे उतरता चला आ रहा है, नजरों में विकलता है।

अस्त होते सूरज को देखने वाला राजकुमार सामने आकर खड़ा हो गया।

नगड़िया और झाँझ-मंजीरों की लय पर बहता राजसी ठाट-बाट ! रज्जो की आँखें चमक उठीं और गंगिया ने अपनी कोर्निश करने की अदा को आदतन राजकुमार के सामने पेश कर दिया।

जोगिनों को देखकर राजकुमार की आँखों में जो बदलाव का भाव आया, वह इतना ही था कि नजर उदासी से बच्चे के कौतूहल जैसी हो गई। वह अत्यन्त ध्यान से रज्जो की ओर देख रहा था और गाए गए शब्दों को पकड़ने की उसी तरह कोशिश कर रहा था जैसे बच्चा तितलियों को पकड़ना चाहता है और तितलियाँ पास आते ही उड़ जाती हैं। मनोयोग तो थकता नहीं, खाली हाथ देखकर कुढ़ने लगता है और फिर इधर-उधर तेजी से बढ़ना चाहता है। गोरा रंग, मँझोली काठी। मूँछें अँगरेजों की तरह सफाचट। और सिर के काले बाल मरदानी जुल्फों के रूप में बिखरे हुए। नाक-नक्श के तीखेपन के-सा था, खुराक खाया भरा-भरा चेहरा।

❑❑

मैं ऋतु उस राजकुमार के रूप को छवि देना चाहूँ तो कह सकती हूँ माधवराव सिंधिया का बेटा ज्योतिरादित्य सिंधिया।

❑❑

अपना नाम बताया—मैं यहाँ का बड़ा बेटा आदित्य सिंह। और फिर रज्जो की ओर देखता रहा। विराग ने झाँझ बजाई तो उसका ध्यान टूटा, जैसे विराग इस तरह देखते जाने से गुरेज कर रहा हो।

"गाओ न !" आदित्य के चेहरे पर अनुरोध था, चिन्ता नहीं थी, विकलता भी नहीं। होंठों पर हल्की-सी मुस्कान आ गई।

अपने आप गाती फिरने वाली जोगिनें जब तब किसी की फरमाइश पर गाएँ, बुरा क्या है ? गंगिया का बेड़िनी दिल गाने के लिए हुमक उठा, जबकि रज्जो झिझक रही थी। राजकुमार मलिन वस्त्र, उदास चेहरा, विकल आँखों था तो क्या राजकुमार नहीं था ? मगर इन्हीं राजकुमारों के खिलाफ तो देशपत की जंग चल रही है।

गंगिया सबको मिलाकर चलने में विश्वास रखती है। उसका ऐसा स्वभाव न होता तो रज्जो को माधोंपुरा से क्यों लाती ? फागों से आदमी को भरमाने और दुश्मन की टोह लगाने के अलावा किसी को बाँधने का काम भी तो हो सकता है। देशपत दिल के मामलों को क्या जानें, रूखे-सूखे आदमी हैं, राजनीति करते हैं, ठंडा पानी पीते हैं।

(मुझे यहाँ माधव के मामा की याद अनायास ही आ गई। वे बेचारे भी दिल के मामले क्या जाने ? गंगिया की तरह मुझे भी उन्हें माफ कर देना चाहिए, क्योंकि राजनीति में फँसे लोगों को हम भरपूर क्षमा के अलावा क्या दे सकते हैं ?)

गंगिया के इशारे पर रज्जो गाने ही वाली थी कि राजकुमार ने पहली फाग को अपनी भाषा में कहा—हमने इस सुन्दरी का तनिक-सा मुखड़ा देखा है, यह किसकी सखी है, इसने घूँघट उठाकर फिर मुँह ढक लिया और हमने दिल भर के इसे देखा नहीं। इसके अंग-अंग में ऐसी लोच है कि यह धनुहियाँ की तरह लचक जाती है। यह डोली में चढ़कर चली तो लगा, सुनहरी चिड़िया उड़ गई। —कहकर आदित्य ने रज्जो की ओर देखा। रज्जो राजकुमार की निगाहों में डूब गई, जिसमें दुख के गहरे लाल डोरे थे। भूल गई कि फाग गाए बिना ही लगातार मँजीरे बजाए चली जा रही है।

आदित्य ने गंगिया को हाथ का इशारा दिया। वह आगे बढ़कर आदित्य के एकदम निकट पहुँच गई तो वह फुसफुसाकर बोला—"मैं तुम्हारी मंडली में..."

इतना ही कहना था कि गंगिया यकायक पीछे हटी—"कुँवर, यह कैसी बात करते हो !"

विरागसिंह समझदार सिपाही माना जाता है। वह अपनी झाँझों के साथ धुबैला महल की ओर टहल गया। नहीं कह पाया कि गंगिया, इसे मंडली में लेना धुबैला महल में सेंध लगाना है, जिसका राजकाज अँगरेजों की कृपा से चलता है।

"मेरे पास इतना समय नहीं है कि मैं ज्यादा सोचूँ, समझूँ। जो मन में है, उसे या तो तुम जैसी जोगिनों, संन्यासियों, साधुओं से कह सकता हूँ या मन की बात मन में लेकर किले से छलाँग लगाकर संसार से विदा ले सकता हूँ।"

रज्जो और गंगिया अवाक्। पागल है यह राजकुमार। कुछ ऐसी ही निगाह से देखा उसे और वह बोला—"पागल मत समझना मुझे।" ऐसा कहते हुए उसे तीखी तड़प ने ज्यों बेहाल कर दिया हो। आदित्य सामने स्वतंत्र खड़ा था, मगर उसके लहजे से लग रहा था कि मूँज की कड़ी रस्सियों से उसकी गर्दन बाँधकर राजसी हाथियों द्वारा बाहर खींचा जा रहा है। मौसम गर्मी का नहीं था, फिर भी उसका माथा पसीने से भरा था।

रज्जो को जब न तब हर प्रसंग में माधोंपुरा के लोग याद आ जाते हैं। फिलहाल उसके ऊपर प्रेमानन्द सूरे सवार हैं। मन में आया कि पूछ ले, उठाई हुई लड़की के कोई बच्चा हुआ था या नहीं ? अगर हुआ था तो उस बच्चे को उसका हक मिला ?

"तुम लोग क्यों गाती फिरती हो ?" राजकुमार ने पहले ही सवाल पूछ लिया बजाय इसके कि रज्जो कुछ पूछती।

"खड़े ही खड़े बता दें ?" गंगिया ने सवाल टालना चाहा।

"आओ, बैठें।" कहकर वह एक चबूतरे की ओर बढ़ने लगा जिसकी कोरें पत्थर की थीं और बीच में कोमल दूब कालीन की तरह बिछी थी।

दिन छिपने लगा था। गंगिया ने आज के लिए इजाजत माँगी, जाना होगा।

वह देखता रह गया। न रुक जाने के लिए जिद, न कल आने का इसरार।

न जाने क्या सोचकर परकोटे के उस द्वार की ओर चला गया जो भव्य

पच्चीकारी का नमूना तो था, मगर खस्ता हाल था। आदित्य की आँखों में रज्जो को विचित्र-सा ताप दिखा, जो न किसी अबोध बच्चे की आँखों में हो सकता है, न जवान पुरुष की नजर में देखने को मिला। बस उस तरुणाई का नतीजा हो सकता है, जो कुछ कर गुजरने के जुनून से गुजरना चाहता हो। रज्जो को लगा उसकी नजर में एक लौ थी, जो फगवारिन की आँखों में दीये जला गई। गंगिया की आँखों में क्या कोई ज्योति नहीं जगी ? रज्जो ने उस ओर देखा, जहाँ वह प्राचीर पर कपोत की तरह झुका हुआ था।

जोगिनें चल दीं। विरागसिंह साथ हो लिया।

रज्जो को फाग गाने का होश नहीं था। वह रह-रहकर आदित्य के बारे में सोचने लगती। चलते-चलते ठोकर लग जाती, क्योंकि रास्ते पर ध्यान केन्द्रित न कर पाती।

गंगिया भी विचलित-सी थी, कहने लगी-"यह लड़का हमारे पास आया क्यों था ? मंडली में शामिल होना राजकुमारों के बस की बात है क्या ?"

इस पर विराग कहने लगा-"यह साला खुद को राजकुमार मानता है, पर राजकुमार है नहीं। यह राजा का जाइंदा है, पर रानी से पैदा नहीं। ऐसे तो कितने ही पूत, सपूत, कपूत रजवाड़ों में होते हैं, रखैलें पैदा करती रहती हैं। इसकी माँ एक गरीब किसान की लड़की थी। देखने में खूबसूरत हो तो राजाओं का मन आ जाता है। बस मन बहलाने के लिए राजा उठा लाया। मन बहलाव की बदौलत ये कुँवरसाब पैदा हुए। बड़े हुए तो राज्य का उत्तराधिकार माँगने लगे। राजा से मुँहजुबानी की। हाथापाई पर आ गया। राजघराने के नौकर चाकर तो यहाँ तक कहते हैं कि राजा ने जूता उतार कर इस लड़के के सिर में दनादन मारे, खुद हार गए तो नौकरों से पिटवाया और इसकी माँ को बुलाकर पूछा-बता यह लड़का प्रेमानन्द सिपाही की औलाद है कि नहीं ?

इस बात पर, या अपने अपमान पर या चरित्र पर लाँछन लगाने पर इसकी माँ पछाड़ खाकर गिरी। यह लड़का आपे से बाहर हो गया। बिगड़े घोड़े की तरह राजा की ओर भागा और झपटकर उसे पकड़ लिया। राजसी पोशाक फाड़ डाली। अनमोल मालाएँ नोंच लीं। सिर की रेशमी पगड़ी पाँवों से रौंद दी।

बन्दी बना लिया गया यह। आजकल उसी हिस्से में है, जिसे अँगरेजों ने राजबन्दियों के लिए विशेष तौर पर छोड़ा है। नीचे हमारे पास तक आ गया तो समझ कि पहरा ढीला हो गया है। पिछले ही दिनों उस राजकुमार का राजतिलक हुआ है, जो राजा की ब्याहता रानी से जाइंदा है। राजा लोग अपना वंश शुद्ध रखने में सबसे आगे रहते हैं। वे वंशशुद्धि को ही राज अधिकार का आधार बनाए हुए हैं।

"सो ये आदित्य महाराज आत्महत्या के चक्कर में हैं, या भाग जाएँगे वन-जंगलों में। कह नहीं रहा था-राम का इसी तरह तिरस्कार हुआ था। उनके रहते भरत को राज्य मिलता, उससे पहले ही वे वनगमन कर गए। अब मैं समझा, राम के वनवास का रहस्य क्या था ?

"पागल है साला।" विराग कहकर चुपचाप आगे चलने लगा।

'प्रेमानन्द सिपाही से जाइंदा...' रज्जो के मन में यह एक बात कील की तरह ठुक गई। सूरे के जाने-पहचाने स्वर और आँखों के खाली गोलक कानों और नजर के आड़े आने लगे। आदित्य किसका बेटा है, यह तो उसकी माँ ही जानती होगी, मगर प्रेमानन्द के अन्धेपन का राज न जाने उसे या आदित्य को मालूम होगा या नहीं ? माधोंपुरा की यादों के मामले में रज्जो ने अपने आपको काफी कस लिया था, लेकिन प्रेमानन्द और आदित्य की माँ के प्रसंग पर दिल भर आया तो उसे अचम्भा-सा लगा। सहज होती हुई इस नतीजे पर आई कि जीवन के रास्ते अक्सर तुम्हारी यादों से जुड़े निकलते हैं। पिछली यादों से भविष्य का जुड़ना...उसे डर भी लगने लगा। मुक्ति कब मिलेगी ? क्या पता कोई वाकया हो, और जाकर प्रताप से जुड़ जाए।

"रज्जो ! इधर हेरो। तुम तौ बैन अबै उस दुख से नहीं उबरीं, जो ब्याहता का दुख होता है। आदित्य राजकुमार भी कहीं किसी से मिलता-जुलता है ? हाँ, वियोग से टूटती-बिखरती जिन्दगी ऐसे ही जोड़ी-चिपकाई जाती है। पर अपना दल इसकी इजाजत नहीं देता।" गंगिया ने कहकर नगड़िया पर थाप मारी, मतलब कि फाग गाओ, देशपत के लिए कोई भेद ले जाना है।

नगड़िया पर थाप ! रज्जो ने चौंकते हुए तड़पकर देखा, जैसे गंगिया ने उसके गाल पर थप्पड़ मारा हो और देशपत का अनुशासन याद दिलाया हो। पुरुष की नजर और निकटता खतरनाक होती है, जिसे रज्जो राजकुमार की नादानी भरी जिज्ञासा मान रही है, गंगिया ने अपने पके अनुभव से यह नतीजा निकाला था। बस फिर रज्जो की नजर में बदलाव झलकने लगा, जिसमें गरिमा दिखे, गहराई लगे।

'क्या मैं इसलिए ही यहाँ लक्ष्मण-रेखा लाँघती-सी लगती हूँ कि ओढ़े हुए जोग को प्रेम में मिलाने लगती हूँ। एक दिन दल की कृपादृष्टि उठ जाएगी।' रज्जो ने सोचा।

वह अनमने मन चल रही थी। और गंगिया समझाने लगी—"हम जोगिनें हैं रज्जो। हमारा जोगिया बाना दल की वर्दी है। राज, रियासत और जागीरदारों के सजीले बाग-बगियों की दुनिया से हमें क्या लेना-देना ? शान्त सरोवर में बिजली उतारो, उससे क्या बनेगा ? जल, जिसे लाखों की प्यास बुझानी है, जल के रूप में रहे बस। रजवाड़ों के वाशिन्दे आराम की खाते हैं, प्यार को मन बहलाव की तरह लेते हैं। खलल पड़े तो पागल होने लगते हैं। ठेस सहने की आदत जो नहीं होती।"

गैल-गैल चलती हुई रज्जो, गंगिया और विराग के साथ झिनझिनी आ गई।

❏❏

रजऊ गंगिया के अनुशासन में थी और मैं करिश्मा के हवाले।

मैं और करिश्मा बेड़िनी खजुराहो के जिस होटल दर्पण महल में रुके, वह करिश्मा

के ही सम्पर्क से एक एजेन्ट के कमीशन पर मिला था। सीजन खत्म-सा हो गया था, सो सहूलियत हो गई। करिश्मा के लिए तत्काल उपलब्धि यह रही कि अगले साल के लिए उसका 'राई नृत्य' लगभग तय हो गया, ठीक उसी तरह जैसे विश्वविद्यालयों में साक्षात्कार होने से पहले नियुक्ति के लिए व्यक्ति का नाम तय हो जाता है। पुरस्कार की जूरी बनने से पहले पुरस्कृत चुन लिया जाता है। करिश्मा के साँवले चेहरे पर चाँदनी-सी छिटकी हुई थी। उसके कानों में पहनी हुई गोल बड़ी-बड़ी बालियाँ झिलमिला रही थीं। गुलाबी सूट उसके व्यक्तित्व के कारण गरिमा पा रहा था, जब वह कहने लगी—"सोई तो हम कहें कि पिछले तीन साल से हमारा नाम कैसे कट रहा है ? हमें क्या पता था कि अब बीच के कमीशन की दर दोगुनी हो गई हैं। चलो, आना सुकारथ हुआ। अपने मरे बिना स्वर्ग नहीं दिखता।"

सचमुच आज वह बहुत खुश थी। डबल बेड पर पाँव पसार कर बैठी हुई।

शाम होते ही बोली—"क्या पिओगी, बोलो ?"

"मैं ?"

"तुम ही हो मेरे साथ तो।"

"कुछ नहीं।"

"देखो बोर मत करो। वैसे ही मैं तुम्हें रजऊ की कहानी बताते हुए बोल-बोल कर थक गई हूँ। गला एकदम सूख गया है।"

मैं करिश्मा की ओर देख रही थी और उन बेड़िनियों का चेहरा मेरे सामने घूम रहा था, जो गाँवों के चबूतरों पर मशालची के साथ राई नाचते-नाचते बूढ़ी होने लगती हैं और अपनी थकावट दिखने नहीं देतीं। थकावट का अर्थ उनके लिए होता है, जिन्दगी का खत्म हो जाना क्योंकि रोजी-रोटी का हीला नहीं रहता।

पलंग पर ही सामने बैठी थी मैं। उसने कॉलबेल बजाई। आकर तकिया गोद में रखकर फिर पलंग पर बैठ गई। बार-बार सिर पर हथेली लगाकर दर्द का अहसास जगाती थी, जिसके लिए मैं अपराधिनी की मुद्रा में आ जाती। शायद बेड़िनी के नखरे इन्हीं अदाओं को कहते हैं। मेरा मन था कि टी. वी. ऑन कर दूँ, मगर माधव से फोन पर हुई बात इसकी अनुमति नहीं देती।

बहरहाल बैरा वह सब ले आया, जो करिश्मा को चाहिए था। एक बोतल, दो गिलास और डोलची में बर्फ। साथ में खाने के लिए नमकीन सेब और प्याज।

मैं सारा सामान देख रही थी और बोतल देखकर डर रही थी। कहीं करिश्मा पीछे पड़ गई तो क्या होगा ? कभी पी नहीं। आज पीनी पड़ी तो मेरा हाल क्या बनेगा ? भाड़ में गई रिसर्च। लौट जाऊँगी कल ही।

वह ढालने लगी। मेरा पवित्र संयम थरथराने लगा। साथ ही यह जिज्ञासा भी कि पीकर देखा जाए, आखिर कैसा महसूस होता है ?

दो गिलास बराबर-बराबर।

"उठाओ, चियर्स।" करिश्मा अपना गिलास उठाकर मेरी ओर देखने लगी। मैं ज्यों

की त्यों बैठी रही तो जिद के साथ बोली–"उठाओ न। देखो मैंने कितना कम डाला है। झेल जाओगी। कुछ होगा तो मैं तो हूँ। यार तुम कैसी पढ़ी-लिखी हो, दुनिया की कितनी चीजों को जानती हो ? रोटी-दाल की होकर रह जाती हैं तुम्हारी जैसी लड़कियाँ और जिन्दगी भर रोटी-दाल ही बनाती रहती हैं। घर वाले तुम्हें हर आनन्द से काटकर वाहवाही देते रहते हैं और खुद हर स्वाद के पीछे दीवाने रहते हैं।"

करिश्मा का भाषण था कि चुनौती ? मम्मी की याद कोशिश करके भुलाने लगी और गिलास उठा लिया।

"शाबाश ! बेड़िनी का इतिहास लिख रही हो और बेड़िनीपन से नफरत कर रही हो, कैसी दोगली हो तुम ?"

"नहीं कह पाई कि रजऊ बेड़िनी नहीं थी।"

मगर उसने कह दिया–"सबसे बड़ी बेड़िनी तो रजऊ ही थी, जिस पर लिखी फागों ने हमारी दादियों, नानियों, माँ, चाचियों को बेड़िनी बनाकर नचाया। पहला जाम उसी रजऊ के नाम।" कहकर बोली–"अरे तुम सूट ही पहने रहोगी ?" मैंने केवल कहा "हाँ"

मैंने काँपते हाथों गिलास थामकर माधव का ध्यान किया–मेरे ईसुरी, मुझे क्षमा करना। तुम तो पीते नहीं थे, मगर मैं क्या करूँ तुम्हारे बिना करिश्मा के साथ...

गिलास होंठों से लगाया, द्रव जीभ से छुआ। कड़ुआहट ने तिलमिला दिया। हिम्मत काँप गई। अच्छा हुआ करिश्मा का पूरा ध्यान इधर नहीं था। वह नमकीन और प्याज को मिलाकर रख रही थी। उसकी झीनी नाइटी पंखे की हवा से लहरा रही है जिसे वह बीच-बीच में देखती जाती।

पीते हुए करिश्मा ने पूछा–"अब अपने बारे में बताओ। हमारा ही सब पूछ लिया तुमने। तुम तो हमारा लिखकर उजागर करोगी, हमें पता है, पर हम तुम्हारा सब कुछ छिपाकर रखें, यही चाहोगी।"

"क्या छिपाना है मेरा ? क्या बताऊँ ?"

"माधव-माधव करती हो। क्या चक्कर है ? कभी मिलता-विलता है या ऐसे ही हवाई प्यार चल रहा है।"

मेरे चुप रह जाने को वह शरमाना समझ रही थी, इसलिए बोली–"ठीक है, मत बताओ, हमारी तरह की बेबाकी तुम में तब आएगी, जब एक पूरा जन्म हमारे संग बिता लो। सो तुमसे हो नहीं सकेगा।"

हाँ, सच। मेरी और उसकी उम्र का अन्तराल ही कितना था ? अन्तराल है तो बस संस्कारों का जो मुझे बराबर छिपकर-छिपाकर रहने और रखने के लिए बाध्य करते हैं।

"अच्छा यह बताओ, अपने उस माधव को अपने काम के बारे में बताया ? फोन करने तो गई हो दिन में। बताया कि करिश्मा मिली है ? उससे कितनी जानकारी हासिल की है ? स्कूलों के मास्टर, यूनीवर्सिटियों के प्रोफेसर क्या जानते हैं ? किताबों में जो लिखा है, उसे ही बता देते हैं। अपना किया उनके पास क्या है ? एक जगह मैंने ऐसे ही कुछ कह दिया, बस हो-हल्ला करने लगे। मैंने कहा–आय हाय, इनका अहंकार तो

शीशे से ज्यादा नाजुक है। इस बात पर और भड़क गए।''

''मैंने फोन पर बताया था माधव को। बहुत खुश हो रहा था। कह रहा था, तुमने असली सूत्र अब पकड़ा है। तुम्हारा काम कमाल का होगा।''

मेरी बात सुनकर करिश्मा का ताँबिया हो आया चेहरा ललामी में खिल आया। उसने गिलास से बड़ा-सा घूँट लिया, इतना बड़ा कि गिलास खाली कर दिया।

मैंने जो कुछ नहीं बताया, वह ऐसा हिस्सा था जो करिश्मा को नाराज नहीं तो हताश जरूर कर जाता। कैसे कहती कि माधव ने कहा था—ऋतु, जो कुछ तुमने यहाँ वहाँ से जोड़ा-समेटा है, या मैं भी तुम्हारे लिए जो सामग्री लाया, वह क्या है ? इतिहास ही न ? इतिहास के गड़े मुर्दे उखाड़े हैं हमने। उस इतिहास को झाड़-पोंछकर रखें तो हासिल क्या है ? यही कि ईसुरी को अँगरेजों के सरपरस्तों ने कैसे खदेड़ा ? मुसाहिब जैसे छोटे से पिट्ठू ने उन्हें अज्ञातवास में डाल दिया। कला पर पहरे लगा कर कलाकार की मृत्यु घोषित कर दी। पढ़ा यह भी है कि अँगरेजों ने जब झाँसी को अपने कब्जे लिया तो सबसे पहले गंगाधर राव की रंगशाला पर ताला लगा दिया था। रंगमंच के कलाकार मार भगाए।

—ऋतु, तुम टी. वी. देख रही हो आजकल ? अखबार पढ़ रही हो न ? आज, जब हम लगभग दो शताब्दी पार कर आए और स्वतंत्रता के चलते अपने परचम के नीचे हैं। देश में क्या हो रहा है ? घातक लोकतंत्र हमारी आजादी का नाम।

—सुन रही हो मेरी बात ? हिन्दू-मुस्लिम दंगों की बात।

—हाँ, सुन रही हूँ माधव। मैं फोन कॉल का समय बढ़ाने के लिए कह रही हूँ। हाँ, अब बोलो।

यहाँ अहमदाबाद में क्या हुआ है ? इस 'दो हजार दो' के समय में दंगों ने ताजा नागरिक युद्ध का रूप ले लिया। और पता है तुम्हें विश्वप्रसिद्ध चित्रकार मकबूल फिदा हुसेन का स्टुडियो 'हुसेन की सराय' को जला डाला। करोड़ों की पेंटिंग्स खत्म हो गई, रुपए मत गिनो। गिनो कि उस बूढ़े की छीजती नजर और काँपती उँगलियों से वह अमूल्य सम्पदा फिर से पैदा हो पाएगी ?

कल के ईसुरी और आज के वली दकनी में क्या फर्क है ऋतु ? उनकी मजार को उखाड़ फेंका। बुलडोजर चला है हमारी आँखों के सामने और हम कुछ न कर सके। आज ईसुरी पर लिख रहे हैं, कल वली दकनी के अपमान की गाथा लिखें, यही होगा। यही होता रहेगा तो हम अपने शोधग्रन्थों में नई पीढ़ी के लिए नया क्या देंगे ? यही, बहुत से बहुत यही, जो सबसे पुराना फॉर्मूला है कि जब-जब नरसंहार होंगे, उन्मादी तांडव मचेंगे और राजनीति अपने कौतुक करती रहेगी। सबसे पहले कला का विध्वंस होगा, कलाकार मारे जाएँगे। स्त्रियाँ भुगतेंगी, उनके शरीर चीर-फाड़ के लिए घसीटे जाएँगे। सत्ता का सकारात्मक रुख यही माना गया है। यही माना जा रहा है।

''तुम अहमदाबाद में कब तक रहोगे माधव ? चले आओ।'' मैं लगभग रोने लगी थी।

"तब तक रहूँगा, जब तक बुन्देलखण्ड की सड़कों पर 1857 के आसपास रचा गया इतिहास गुजरात में रचा जाएगा। अयोध्या में रचा जाएगा, बिहार में रचा जाएगा। ऋतु, मैं वहाँ हर कहीं पहुँचूँगा, जहाँ-जहाँ राजनीतिक तानाशाही किसी बहाने नागरिकों को हलाक करेगी।"

माधव का फोन पर वार्तालाप मुझे किस अन्दरूनी विनाश लीला के हवाले कर गया है, करिश्मा को कैसे बताऊँ ? टी. वी. खोलने की हिम्मत नहीं पड़ी कि कहीं उन दृश्यों में कुचले जाते लोगों के बीच माधव नजर न आ जाए।

माधव की बातें...याद करते हुए मैं भीतर ही भीतर हाँफने लगी और हाथ में थमे गिलास को खाली करने के इरादे से पूरी शराब पी गई कि कम से कम नशा तो आ जाएगा और मैं उसमें डूबकर गुम हो जाऊँगी। चेतना की मृत्यु चाहती थी मैं।

हुआ भी ऐसा ही।

सबेरे करिश्मा ने खूब झकझोर कर जागया। नींद टूटी, मगर बदन ऐसे टूटने लगा जैसे भट्टी भर जलन हड्डियों में छोड़ दी हो। माथे पर लोहे का घन पड़ रहा हो। मितली लगी थी। कैसी पिला दी इस बेड़िनी की बच्ची ने !

मैं उठ नहीं पा रही थी और करिश्मा ड्रैसिंग टेबल के सामने नहाई-धोई हुई हल्के हरे सूट में, अपनी सजावट में व्यस्त थी। आज दोपहर तक उसे सागर लौट जाना था और आगे की कहानी सुनने मुझे ही सागर जाना होगा, उसने तय कर दिया। तारीखें भी बता दीं। उसका रवइया एकदम व्यावसायिक न होते हुए भी ढर्रा व्यावसायिकता के अनुरूप चलने लगता है।

चेहरे पर पाउडर लगाने के बाद लिप्स्टिक लगाई। और अपने आपको दाएँ बाएँ सीधा-तिरछा खम देकर हर कोण से देखा। व्यक्तित्व के तर्कसंगत विकास को ज्यों मन ही मन तौल रही हो। और एक हाथ से दाईं ओर रखा टी. वी. खोल दिया योंही, अनायास अभ्यासगत। करिश्मा गुनाने लगी—'एक लड़की को देखा तो ऐसा लगा ऽऽ...जैसे रेशम की डोर...'

टीवी का पर्दा ! लाशों से भरा हुआ। सीन बदलते ही रोने-कलपने की आवाजें। बन्दूकों के आगे लाचारी से उठे हाथ...। दो-तीन मिनट भी सहन नहीं हो सका यह दृश्य, जिसमें माधव हफ्तों से फँसा पड़ा है।

"प्लीज करिश्मा बन्द कर दो" मैंने आँखें भींचकर कानों में उँगली ठूँसकर कहा।

उसने तेजी से नोब घुमाया, जैसे तोड़ दिया हो। वह मेरे पास पलंग पर आ बैठी और मेरे सिर पर हाथ रखकर बाल सहलाने लगी।

"तुम पर दारू का नशा हो गया है ऋतु। दोपहर तक तबियत सँभल जाएगी। तब तक मैं जाऊँगी नहीं। मैं शाम तक रुकने की बात कर लूँगी।"

मैंने सिर ऊपर उठाया। खौफनाक टी. वी. के बाद करिश्मा की आँखों के कोमल और तरल भावों को सामने पाया तो अपने आपको रोक नहीं सकी, उसके वक्ष से लगकर कमर को अपनी बाँहों में कस लिया।

"मुझे छोड़कर नहीं जाना करिश्माऽऽ... !"

"नहीं, बिलकुल नहीं। पर यह डरावना माहौल यहाँ थोड़ेई है ? यह तो गुजरात में हो रहा है। मुम्बई में हुआ था तो मैं वहीं थी, अल्लाह तौबा ! कैसे-कैसे बच पाई। फिर तो डर के मारे प्रोग्राम करने की हिम्मत सालों-साल नहीं पड़ी"

वह कुछ देर चुप रहकर आगे बोली–"ऋतु, तुम तो लिखोगी। तुम्हें ये सब बातें भी लिखनी चाहिए कि जो कुछ गंगिया, रजऊ, ईसुरी म्हराज, देशपत जैसे लोग भुगत रहे थे, लक्ष्मीबाई झेल रही थीं, वे उन अँगरेजों के जुल्म थे, जो हमने नहीं बुलाए थे। पर अब, अब तो मारकाट, जलाना-भूनना उनके हाथों हो रहा है, जिनको हमने वोट देकर चुना है। यह कलंक कथा, जो अँगरेजों की नहीं, हमारी है, ऋतु तुम्हारी खोज के किस अध्याय में आएगी ? आनी चाहिए, भले इसमें गंगिया, झलकारी, काना, मुंदरा, तात्या, मोरोपंत जैसी वीर-वीरांगनाओं के नाम न हों। वह आईना तो होगा, जो डेढ़ सौ साल बाद के आजाद देश के चेहरे की झलकी दिखा देगा। मैं शुरुआत में भी तुमसे यही कहना चाहती थी, मगर अपनी पाँच पीढ़ी पहले की गंगिया बेड़िनी के मोह में ऐसी उलझी जैसे अपने महान इतिहास का छोर हाथ आ गया हो।" करिश्मा जितनी पढ़ी-लिखी है, उससे ज्यादा शिक्षित की तरह बोल रही थी।

"सचमुच हमारी पीढ़ी बमों के नीचे है करिश्मा। माधव जैसे नौजवान, राहुल जैसे दोस्त और कंचन-अंजुम जैसे जोड़े दहशत के बीच खड़े शहरों को कब्रिस्तान बनाने की घोषणा सुन रहे हैं। मुझे टी. वी. से, रेडियो से, अखबारों से डर लगता है करिश्मा। बस मैं अब चिरगाँव लौट जाना चाहती हूँ।" अवसाद से बोझिल आवाज थी मेरी।

"वहाँ क्या यह सब नहीं होगा पागल लड़की ?" करिश्मा ने कहकर मेरा गाल चूम लिया और फिर छाती से चिपटा लिया। और मैं सोच रही थी, ऐसे हादसों के लिए करिश्मा कितनी वयस्क हो गई है !

वयस्क की तरह ही उसने मुझे पुचकार भरे भाव से देखा। मैं सिर झुकाए बैठी रही। मौन इतना सघन था कि कुछ कहते नहीं बने। बिलकुल रजऊ की उस दशा के समान मेरी हालत थी, जब वह नाइन, तमोलिन और लल्लू की बहू के बीच बैठी रामदास की प्रताड़ना से आहत थी और सखियों को किसी तरह भी सहायक नहीं पा रही थी। चारों स्त्रियाँ असहायता में घिरी हुईं...हारकर नाइन बहू ने रजऊ को अपने कंठ से लगा लिया था। मैं करिश्मा की बाँहों में बँधी खुद को टूटने-बिखरने से बचा रही हूँ, मगर दुविधा दामन नहीं छोड़ रही, बल्कि माधव की ओर भागने का इरादा हर क्षण बनता जाता है। मेरी खोज का क्या मतलब, जब मुठभेड़ आमने-सामने करनी है। माधव मार-काट और खून-खराबे में अकेला खड़ा है।

करिश्मा अपने कपड़े समेटकर बैग में भरने लगी। उसका साँवला चेहरा यों तो सुन्दर था, मगर उदासी में डूबकर वह बहुत मामूली लग रही थी। तब मुझे लगा खूबसूरत होने की सबसे अहम शर्त खुश रहना होती है। वह गहरी आवाज में कहने लगी–"कहना यही था कि हमारी परदादी गंगिया सिर्फ नाचती-ठुमकती ही नहीं थी, उसने

अपनी कला को आज़ादी की लड़ाई का हथियार बनाया। यह दीगर बात है कि हमें आज तक अपने तिरस्कार और अवज्ञा से आज़ादी नहीं मिली। राई-नाच को रति-नाच मानकर लोग मज़ा तो लेते हैं, मान्यता नहीं देते।'' कहते हुए करिश्मा अपने बैग की चेन बन्द करके बैठ गई, जैसे सारे दुख, सारे कलुष बैग में हों और उसका चेहरा अब फिर से दबंग और खुश्कत होने लगा।

मुस्कराकर उसने कहा—''निराश मत होना। एक ठिकाना और बताए देती हूँ। रमन लाल रमन फगवारे हैं। 'लोकमंगल संस्था' उरई की ओर से एक बार सागर आए थे। वैसे छतरपुर आकाशवाणी पर भी फागें कही हैं। अनपढ़ हैं, मगर ईसुरी का इतिहास जानते हैं। मैंने भी उनकी फागों पर यहीं खजुराहो में राई किया है।''

मेरी आँखों में करिश्मा का लावण्य झिलमिलाया, कल की उम्मीद-सी करिश्मा! मगर तभी अपने गाइड डॉ. पी.के. पांडे का ध्यान आ गया। उनके प्रभावशाली गौरवर्ण चेहरे पर चश्मे के भीतर से झाँकती दो आँखें...मेरी नजरें कँपकपाने लगीं।

''क्या हुआ अचानक ?'' करिश्मा ने पूछा।

मैं कैसे बताती कि शोधकर्ता होने के नाते मेरी कुछ ऐसी जिम्मेदारियाँ हैं, जिनमें कहीं कोताही तो नहीं कर बैठी ? (फिर वह विश्वविद्यालयीन पारम्परिक गतिविधियाँ) मैंने सोचा। मेरे गाइड ने मेरे लिए कितने ही संदर्भग्रन्थ जुटा दिए, पर मैंने ग्रामीण लोक की ओर कदम बढ़ा दिए। बेड़िनी का साथ पकड़ लिया। क्या डॉ. पांडे मेरे इस चलन को स्वीकृति देंगे ?

क्यों नहीं ? औरतों के जानलेवा संघर्ष और उनकी सामाजिक हालत के बारे में सर क्या जानते नहीं ? मुझे ज्ञात को नई दृष्टि के आलोक में दिखाना है। सर कहते हैं कि साथ ही ईसुरी की जीवन-दृष्टि स्पष्ट होनी चाहिए और शोधकर्ता का मंतव्य। कहीं मैं शास्त्रीय व्याख्या से भटक तो नहीं रही ? 'शोध की अकादमिक अदालत में भटकाव के लिए कोई अपील नहीं,' सर समझा रहे थे।

मैंने अपनी आँखें बन्द कर लीं। पलंग के सिरहाने से टिक गई, जैसे अपनी यात्रा के अब तक के दृश्यों को फिर से महसूस कर रही हूँ कि वे कितने सार्थक, कितने निरर्थक ?

—चली आओ ऋतु, जिस समाज के सांस्कृतिक परिवेश से तुम निकली हो, जिस वातावरण ने तुम्हारा निर्माण किया है, उसी के प्रति तुम्हारा दायित्व भी है। सटई, छतरपुर, ज्यौराहा, धौर्रा से लेकर नौगाँव, ओरछा और चिरगाँव तक का जर्रा-जर्रा तुम्हें पुकारता है। बसारी वाली बऊ की काँपती पलकों में तुम्हारी छवि है। रजऊ के नए संवाद रचो। अपनी माँ की जिन्दगी की छलनी में फागों का रस छानो और गुलाबो नाइन, लल्लू की बहू, रज्जूराजा के जीवन का संवेदनात्मक पाठ सुनाकर अकादमिक जगत में सार्थक शोध का शंखनाद करो। हो सकता है विश्वविद्यालयी धृतराष्ट्र तुम्हारे श्रमसाध्य कार्य को फूँक से उड़ाने की कोशिश करें और सफल भी हो जाएँ, क्योंकि उनकी मान्यता रही है—'शोध का अर्थ, एक समाधि से सूखे हुए कंकालों को दूसरी

समाधि में स्थानान्तरित करना।'

मेरी हालत अच्छी न थी क्योंकि व्यर्थताबोध के मारे आँखें भर आईं। तभी करिश्मा ने मेरा हाथ पकड़ लिया। और दूसरा हाथ सिर पर फेरने लगी। उसका यह स्पर्श ही मेरे लिए सम्बल हुआ। बेड़िनी की तरह हूँ मैं अब। शोध के अकादमिक जंगत में मुझे किसी का मुँह ताकने से कुछ नहीं मिलेगा। काम की धुन पर नाचना होगा।

सुजानपुर की कोकिला के साथ

यदि मुझे अनवरी बेगम न मिलतीं तो मेरा शोध वहीं रह जाता, जहाँ करिश्मा बेड़िनी का साथ छूटा था और मैं गुजरात जाने की तैयारी कर रही होती, माधव के पास। माधव ने ही कहा था अपने-अपने युद्ध हैं ॠतु, अलग-अलग ही लड़ने होंगे। इस बार मैंने उससे बहस नहीं की थी, मुझे माधव इन दिनों अजेय योद्धा-सा लगने लगा है। मैंने उससे ऐसी उम्मीद नहीं की थी।

रमनलाल रमन मिल नहीं पाए तो मैंने करिश्मा को फोन किया। करिश्मा ने यह सूचना मुझे फोन पर ही दी थी—कि सन्तोष की बात यह है कि मुझे अनवरी बेगम भोपाल में मिली थीं, जिनको भारत भवन में सम्मानित किया जा रहा था। वे ठुमरी और दादरा गाने वाली अद्‌भुत गायिका रही हैं। टीकमगढ़, कुंडेश्वर के पास एक गाँव है, सुजानपुर, वहीं रहती हैं। जब बताने लगीं कि आवादी बेगम उनकी नानी थीं, तो मैंने पूछा—ईसुरी और रजऊ के बारे में कुछ पता है आपको ? तब वे एकदम से बोलीं—अरे ! रजऊ और ईसुरी, जब अलग-अलग भटक रहे थे तो हमारी नानी ही उनकी मददगार थीं। मेरी माँ की बड़ी बहन अख्तर बेगम उनके बारे में बहुत कुछ बताती थीं हमें। हमारा खानदान कला साधकों का खानदान रहा है। हम उस्तादों का मान करना अपना फर्ज मानते हैं।—तुम्हें वहाँ चले जाना चाहिए ॠतु। देखो तो, बूढ़ी के तन में किशोरियों का मन फिट है। मैं तुमको चिट्‌ठी लिखने ही वाली थी।

मैं सुजानपुर पहुँची और गली में खेलते बच्चों के जरिए उनकी बखरी में, जिसका द्वार पहले से ही खुला हुआ था। आँगन में नीम का पेड़ और दाईं ओर मिट्‌टी का ओटला लगाकर चूल्हा बनाया गया था। आँगन के पार दालान पर खपरैल थी, जिस पर लौकी की बेल की छाजन फैली थी। बाईं ओर घड़ोंची। दो पानी भरे घड़े रखे थे, जिनकी मिट्‌टी भींगी हुई थी। वे पीठदार मूढ़े पर लाल किनारी की सफेद धोती और सफेद ही सलूका पहने बैठी थीं।

—मैं ॠतु, चिरगाँव से आई हूँ—कहकर मैंने पाँव छुए तो मुस्कराकर दुआ देने लगीं। और तमाखू खाए दाँतों की आभा झलकी तो मुझे बहुत ही अच्छा लगा।

—आओ, बैठो—उन्होंने पास पड़ी पिढ़ी की ओर संकेत किया। खुद मूढ़े पर हथेली

की टेक लगाकर। उठीं और पानी ले आईं। पुराना धुँधला-सा चश्मा काले फ्रेम की कमानी में था। गौर से देखते हुए गिलास थमाने लगीं और बोलीं—तुम्हारे बारे में ही करिश्मा कह रही थी। अब तुम मेरे यहाँ कम से कम तीन-चार दिन रहोगी। है न ?--चेहरे की झुर्रियों में उल्लास खिल आया। वे अपने मूढ़े पर जा बैठीं और मैं पानी पीकर घर का मुआयना कर रही थी। तभी उन्होंने पास बैठी बिल्ली को इशारा किया तो बिल्ली उठकर मेरी ओर आई।

बिल्ली ने मेरे पैर पर अपना मुँह लगाया तो मैं सिकुड़ती हुई एक ओर खिसक गई। बेगम बोलीं—पाँव छुआ लो जहान आरा से।

नीम पर टँगे पिंजरे की ओर उस खामोश घर में किसी का भी ध्यान जा सकता है, क्योंकि वही लगातार बोल रहा था। अनवरी बेगम बोलीं—सीताराम राम राम और सलाम कह रहा है, कबूल करो बिटिया।

वह कह रही थीं, और एक नेवली उनके कन्धे पर चढ़ी हुई थी। मैंने देखा तो मेरी फैलती आँखों को देखकर बेगम मुस्करा पड़ीं। उसे छूकर बोलीं—'मुमताज है। जब तक मेरे कन्धे पर नहीं चढ़ लेती, मानती नहीं है।—कहने के बाद उन्होंने पेड़ की ओर इशारा किया। तने पर गिलहरी सरपट दौड़ रही थी। यह बेगम साहिबा की अनारकली थी। अनारकली दौड़ती दिखाई न दे तो उनको सुस्ती आने लगती है, उन्होंने बताया। अब मुझे इस घर में एक कुत्ते की कमी दिखाई देने लगी, जो इस चिड़ियाघर का रखवाला होता।

टेलीपैथी ही मानी जाए कि तभी बेगम ने अपने सुल्तान का जिक्र किया। कराह जैसा स्वर था उनका—सुल्तान होता तो समझ लो कि तुम्हारी आमद में दादरे गाता। कम्बख्त भोंकता नहीं था, आवाज लय में निकालता था। मैं हारमोनियम बजाती, मेरे पास बैठा रहता। मैं रियाज करती, वह मेरे संग स्वर मिलाता। मोहल्ले के लोग कहते—कुत्ता रोता है। असगुन करता है। असगुन के डर के मारे सुल्तान को किसी ने संखिया खिला दिया।

—अब पूरा मोहल्ला भी देख ले कि अनवरी ने उसकी सोगवारी में गाना छोड़ दिया। वह गाना, जिससे पुरा भर गुँजार रहता था। दिखा दूँगी कि असगुन तो खामोश वीरानी में दिखते हैं। मेरी नेवली और बिल्ली के संग तोता भी उदास हो गया है। जानवरों की आदतें भी जानलेवा होती हैं, कम्बख्त आदमी की तरह साथी को भूलते नहीं।

मैंने पूरे आधे दिन बेगम के इन साथियों की आदतों, करतबों और जरूरतों के बारे में सुना। दिन के बाकी समय में वे मेरे बारे में पूछती रहीं। मैं उनके सवालों के जवाबों में माँ नानी, नाना, मामा के बारे में बताती रही।

सबसे पीछे आया माधव का नाम।

'मेरा साथी है' मैंने कहा था तो वे सुनकर रह गईं थीं।

पता नहीं मैंने क्या-क्या कह दिया ऐसा कि वह मम्मी, नाना, मामा और नानी के

बारे में न पूछतीं, माधव के विषय में बात करने लगतीं। मेरे पिता के बारे में कभी उन्होंने सवाल नहीं किया, जब मैंने बता दिया था कि मम्मी ने मुझे लेकर अकेले जिन्दगी जी है। पिता हैं, मगर हम पिता के नहीं।

माधव कहाँ है ? अहमदाबाद क्यों गया था ? उसके मामा का उस पर इतना हक कैसे था ? वह क्या लड़का है, जो अपनी इच्छा नहीं कह सकता ? जो अपनी महबूबा की ख्वाइश नहीं समझता। आ तो जाएगा न ? समझदार होगा तो देखना लौट आएगा।

महबूबा ! सुनकर मैं चौंकी थी। यह सम्बोधन मुझे लाज के हवाले कर गया।

और वे मीठा-सा मुस्काई थीं।

उस दिन के बाद रजऊ की कहानी कहते हुए भी वे बीच-बीच में माधव का नाम लेतीं और ईसुरी के प्रेम से जोड़ देतीं। मैं उस स्थिति को जल्दी ही टालने की कोशिश करती। बूढ़े लोग क्या नवयुवाओं के प्रेम को इतनी जल्दी ताड़ जाते हैं ? जबकि हम समझते हैं कि प्यार की गर्मी-सर्दी का अन्दाजा हम ही लगा सकते हैं। मम्मी के साथ भी मेरा ऐसा ही तजरूबा रहा। यहाँ तक कि मम्मी की मौसी, मेरी नानी भी माधव की बात, बात-बात पर चला देती हैं। खासकर तब तो और भी, जब मैं अपने काम की रुकावटों से परेशान हूँ, या कामयाब न होने पर उदास हो गई होऊँ। मैंने ऐसा देखकर माधव से कहा था—घर में लोग समझते हैं, तुम मेरे आनन्ददाता हो। और तुम हो वास्तव में मेरे दुख की जड़।

वह तपाक से बोला था—तो ऐसा ही घरवालों को क्यों नहीं जताया ?

—और कैसा जताया मिट्टी के माधो ?—मैंने उसकी गलतफहमी तोड़ने के लिए कहा था। मगर वह...उसमें और कोई गुण हो, न हो, हाजिर जबाबी खूब है। तुरन्त जगजीत सिंह की गाई गजल की लाइन सुना दी—ना जाने किस अदा से लिया तूने मेरा नाम, दुनिया समझ रही है, सब कुछ तेरा हूँ मैं...

हाँ तो।

मैंने माधव वाली बात टालने के लिए बेगम साहिबा से पूछा था—हम लोगों की क्या दिनचर्या रहेगी ? दो दिन तो बीत ही गए।

वे बोलीं—गायन सीखने आनेवाली लड़कियों को पहले ही मैंने पूरे पंद्रह दिन की छुट्टी दे दी है। खाना-पीना शिवदेई के घर से आया करेगा। इस मोहल्ले में मेरे सुल्तान को जहर देने वाले लोग हैं, तो मुझे और मेरी बिल्ली को खाना खिलाने वाले भी हैं। जब तुम्हारा माधव आ जाएगा तो भी शिवदेई खाना बना देगी। आटा-दाल मैंने पहुँचा दिए हैं। तेल उसने लिया नहीं, असगुन माना। कुछ काम तो जहान आरा ही कर लेती है, बिल्ली के इशारे मोहल्ले के लोग समझते हैं। ज्यादा दूध की जरूरत होगी, यह गड़रिया के घर पहुँच जाएगी। इसे देखकर वह मेरी जरूरत समझ लेगा। पड़ोस में एक बच्चा अकरम है, कोई काम बताओ, भाग-भागकर करता है। मैं उसकी दादी बनी हुई हूँ न। बहुत नन्हा था, तभी माँ का इन्तकाल हो गया था। उसका बाप उस्मान तो उसे अनाथालय में देने की सोचने लगा था और खुद बीबी की कब्र के बराबर कब्र खोदकर

दफन हो जाना चाहता था। मैंने कहा, इस बच्चे को मुझे दे दे और तू जा, दफन हो जा। ऋतु, मेरी बात सुनकर जैसे उसे जिन्दगी मिल गई हो। देखा, बच्चा पालने से कितने घबरा जाते हैं मर्द। जीने-मरने पर आ जाते हैं। मैंने समझ लिया बेचारे उस्मान में अपनी बीबी के बराबर धीरज और सहने की ताकत कहाँ कि आदमी के बच्चे को पाल दे।

'समझ गईं तुम, ऐसे ही रोज के काम हो जाया करेंगे और हम नहा-धोकर कथा-कहानी कहेंगे सुनेंगे।' कहकर उन्होंने सफेद सूती साड़ी का पल्ला अपने सिर पर ठीक किया।

मगर नहाने-धोने के बाद सबसे पहले सुना उनका गायन। अकरम नौ साल का बच्चा तबला बजाना सीख गया है। वह आसन बिछाकर सिर पर जालीदार टोपी लगाए बेगम के पास बैठा था।

मैंने पूछा—बेगम साहिबा, सुलतान की सोगवारी में आप गीत-संगीत से दूर थीं, मगर आज क्यों गाने लगीं ?—मेरी बात सुनकर अकरम ध्यान से बेगम की ओर देखने लगा।

वे विभोर-सी मुस्काईं और चहकभरी आवाज में कहा—घर में मेहमान आए तो रंज कहाँ रहता है ? तुम आई हो, मैं सोगवार कैसे रहूँ ? मैं तो अब तुम्हारे स्वागत और खातिरदारी के बारे में ही सोचने लगी हूँ। आदमी-आदमी को बड़ी ताकत देता है बिटिया।

बेगम की उँगलियाँ हारमोनियम पर थिरकने लगीं और अकरम सिर हिला-हिलाकर तबला बजाने लगा। तिरताल और कहरबा पहचान लूँ, इतना ज्ञान तो मुझे भी है।

अनवरी बेगम का एक हाथ उठा कि साथ ही बोल उठे—

'मोहे छेड़ो नहिं श्याम,
गुजरिया मैं घर की अकेली...'

बेगम का हाथ लहराया और अकरम की आँखें नाचने लगीं। बेगम मुस्कराईं आगे का बन्द उठाया—

प्रेम की बतियाँ मैं नहि जानत
दुर अजहुँ मोरा धाम/मोहे छेड़ो नहि श्याम...
रात अँधेरी बादर घेरे
चक्रपिया से है काम/मोहे छेड़ो न...

मैंने अपने ज्ञान के लिए पूछा—"ठुमरी है न बेगम साहिबा ? दादरा सुनाएँ।"

वे बोलीं—"ठुमरी दादरा में ज्यादा फर्क नहीं है बिटिया, बस ताल का फर्क होता है।" कहकर आखर कहे—

कौन सुनावे खबर मोरे पिया की
आई रात शरद की/घायल करे वियोग पिया...

कैसे कटे सजनी रतियाँ
कौन कहे मोहक बतियाँ.../कौन सुनावे...

□□

और फिर गंगिया नर्तकी की कथा !

गंगिया बड़ी रूपवाली औरत थी। एकदम हुस्नैनबानो। पडुआ (हमीरपुर) ब्याही थी, पर ब्याहता बनकर रह नहीं पाई। बात इतनी-सी थी कि पति कमाऊ था और मालिक की तरह कहता था कि औरत का नाचना वह पसन्द नहीं करता। घर में बिठाकर खिला सकता है तो गैरमर्दों के बीच नाचने की जरूरत क्या ? वैसे भी रंगरेजा की जात, आदमी अपनी औरत को बेड़िनी की तरह नाचने देता भला ?

पर गंगिया ने अपने आदमी की जात ओढ़नी की तरह उतार फेंकी। रंगरेजिन से बेड़िनी हो गई। अपनी पसन्द का पेशा। दरअसल वह ईसुरी की फागों के चक्कर में आ गई थी। फागों के लिए बेड़िनी का रूप धरा। फिर तो जहाँ ईसुरी जाएँ वहीं गंगिया हाजिर। अपनी बहन सुन्दरिया को भी संग लगा लिया। चर्चा यह फैली कि दोनों जनी ईसुरी की मौहब्बत में बरबाद हुई हैं। इश्क ऐसा परवान चढ़ा कि फागों की मंडली बना ली। मशहूर हो गई गंगिया बेड़िनी।

"अलग क्यों हो गई फिर ?" मैंने पूछा तो बेगम बोलीं–"ईसुरी के जिगरी दोस्त थे धीरे पंडा। चिढ़ते थे गंगिया से, उसकी मशहूरी से। सो जब न तब कँटीली बातें करते रहते। एक दिन ऐलान कर दिया–"गंगिया रहेगी या धीरे पंडा, फैसला कर लो ईसुरी।"

ऐसी बोली गंगिया भला सहन कर सकती थी ? अपने मर्द की नहीं सुनी, धीरे पंडा कौन चीज थे ?

–ऐसा क्यों कह दिया था धीरे पंडा ने ?

मेरे सवाल को सुनकर वह कुछ देर चुप रहीं। फिर बोलीं–तुम मालव्य दोष जानती हो ?

मैंने मना में सिर हिलाया।

–हिन्दू धर्म में कौन जात हो तुम ?

–मैं जात नहीं मानती, बेगम साहिबा। इसलिए जाति जानना-बताना नहीं चाहती।

–तो फिर तुम्हें मालव्य क्या, किसी भी दोष का पता न होगा।

–एक दोष का पता है मुझे। मेरी माँ ने बताया था कि आदमी से नफरत करना सबसे बड़ा दोष है और उससे भी बड़ा दोष है किसी के साथ विश्वासघात करना।

–अच्छा ! तुम्हारी माँ बड़ी गुणी है–कहकर उन्होंने मुझे ऐसे प्रशंसाभाव से देखा, जैसे उनके सामने मैं नहीं, मेरी मम्मी ही साक्षात् बैठी हों और वह विभोर-सी उसके दर्शन कर रही हों।

वह फिर कहने लगीं–होता होगा मालव्य दोष। पंडित ही जानते होंगे। तभी तो धीरे पंडा ने ईसुरी से मंडली के लोगों के सामने कह दिया था कि–"हम बेड़िनी का संग करने यहाँ नहीं आए। इनके संग उठने-बैठने खाने-पीने से हमें मालव्य दोष लगेगा। तुम तों शास्त्रों पर नेठम ही धूल डाल रहे हो ईसुरी।"

–बस इतना बहुत था गंगिया के लिए। रजऊ को अपने संग ले गई, तब उसका बहुत मन किया बघौरा जाने का कि फगवारे से एक बार मिल आए। रजऊ को दिखा लाए, पर जिद आड़े आ जाती। कहते हैं कि रो लेती छिपकर। तड़प लेती मन ही मन।

–कैसे पता कि तड़पती थी ?–मैंने पूछा।

–अरे धीरे पंडा को कम समझती हो तुम ? उसके साजिन्दे जगह-जगह घूमते थे। और धीरे पंडा चाहते थे कि गंगिया लौट न पाए, सो पता लगाते रहते थे कि वह कहाँ है, किस हाल में है। उन दिनों तो हर जगह हर पेशे में खुफियागीरी का बोलबाला था। आदमी उसी के दम पर पैंतरा बदलता रहता था। धीरे पंडा ने साजिन्दों के संग ईसुरी की फागें गाँव-गाँव गाईं। गंगिया साथ रहती तो सुननेवालों और देखनेवालों का ध्यान बेड़िनी पर रहता था। धीरे पंडा को कौन पूछता। मालव्य दोष का बहाना करके गंगिया को फागों से खदेड़ दिया था एक तरह से।

धीरे पंडा ने उस औरत को खदेड़ दिया तो वह मर नहीं गई और न डरी। बहादुर गंगिया बागी देशपत दीवान के यहाँ जा पहुँची। प्यार की फागें गाएगी और जंग का अलख जगाएगी। देशपत को उस जैसी औरत की ही जरूरत थी।

फागों के संग बेड़िनी का सरोकार निष्कपट था, तभी तो वह रजऊ को भी खोजने गाँव-गाँव फिरी थी और एक दिन पा गई रजऊ को। अपनी ही जैसी औरत को, जो प्यार में पागल थी, मौहब्बत में दिवानी थी। सो घर से निकल भागी रजऊ भी।

मैंने बीच में टोक दिया–"बेगम साहिबा, मैंने तो खोजने पर यह पाया है कि रजऊ की जान पर बन आई थी। उसका जेठ रामदास उसकी जान के पीछे पड़ा था। बदचलन मानी जानेवाली बहू को मौत के घाट उतारना शास्त्रों में भी पाप नहीं माना जाता था।

अनवरी बेगम अपने माथे पर हाथ मारकर बोलीं–"बदचलनी क्या थी ? बस मौहब्बत थी। मौहब्बत की खातिर ही वह जीना चाहती थी, बदचलनी के लिए नहीं।"

"हाँ, हो सकता है। जब उसके जेठ के साथ लोगों ने भी उसके प्रेम को पाप कहा तब वह जीना भी नहीं चाहती थी। आत्महत्या के इरादे कर लिए थे, ऐसा भी लोग कहते हैं। और बताते हैं कि पिरभू नाई उसे बचाकर लाया था। अन्त में गंगिया को सौंपकर खुद गाँव चला गया था, यह कहता हुआ कि उसने अपनी जिन्दगी में यह बड़ा नेक काम किया है।"

बेगम बोलीं–"हमने तो सुना है कि रजऊ मीराबाई की तरह खुद ही निकल

गई थी घर से कि जिन्दगी रहेगी तो मौहब्बत भी रहेगी।

वे आगे बोलीं–"जो भी हुआ हो, देशपत के डेरे पर दोनों थीं और डेरे की खबर फिरंगियों को लग गई थी। कोई एक आदमी देशपत से यह भी पूछ गया था कि गंगिया बेड़िनी कहाँ है ? हमने सुना है, तुम्हारे दल में है। देशपत ने बताया कि वह पड़ुआ (हमीरपुर) से आया था।

समाचार सुनकर दोनों हँसी थीं। रजऊ हँसती ही रही। पूछने पर कहने लगी–"देख लो, हमारे लानें कोई नहीं आया। न मायके से न सासरे से। हम बेड़िनी ही होते तो हमें ढूँढ़ने में नातेदारों को शरम तो न आती। फगवारे की लगन में हम न घर के रहे, न घाट के फिर भी लगन कलेजा से लगी है।

गंगिया ने मन छोटा करने वाली बात को मोड़ दिया। बोली–आज के लानें कौन-सी फागें छाँटी हैं ? आज अपन जिधर जाएँगे, उधर किसन जू और राधा जू की फागें नहीं चलतीं। हमें तो उस इलाके में रह रहे बागियों को चेताना है। सो ऐसी फागें चइए जो सावधान भी करें और लड़बे-भिड़वे का हौसला भी दें।–कहकर मुस्काई गंगिया। मुस्काकर अपनी शान बढ़ाती थी और दिखाती थी कि वह और रजऊ बगावत के ऐसे सिपाही हैं, जिनके पास फागों के हथियार हैं।

गंगिया ने बताया–"फिरंग फौज के सिपाही आज इलाके को घेरने जा रहे हैं, ऐसी खबर है।"

'ऐं !' रजऊ चौंकी। गंगिया की बात पर गौर किया और अपने जी पर लगी चोट भुला दी। फागें याद करने लगी। रजऊ की याददाश्त बड़ी तेज थी।

गुइयाँ बचकें जइयो पानें
गली बँदी तोय लानें
राज कुराज परौ बेराजी, की खों देंय उरानें
गोर गैल घाट बँद गओ है, बच बच कें ही जानें

गंगिया फाग के बोल सुनकर मुस्कराई, जैसे मुकम्मल फाग कही हो। बोली–हाँ, सखी पानी भरने बचकर जाना। गली पर हर ओर नाकेबन्दी है। आजकल बड़ा अँधेर (आराजकता) है। मनमानी हो रही है, किससे शिकायत करें ? खतरनाक घाट हो गए हैं, हर जगह घातें लगी हैं।

रजऊ और गंगिया अब रास्ते पर थीं।

लगा कि जंग के बीच खड़ी हैं।

जिन खेतों की मेंड़ पर चल रही थीं, उनमें गोले घल रहे थे। जिधर नजर जाती, उधर ही हथियार चमकते। वहाँ आदमी थे, मगर मारने वाले थे और मरने वाले थे ऊँट, घोड़े और बैल। मरकर कुछ सड़ गए थे। बदबू उठ रही थी। माहौल चील-गिद्धों का था। किसान डर के मारे अपने पशु छोड़कर भाग गए हैं, यही चिह्न थे। मौत के सन्नाटे में धाँय-धाँय की आवाज के धमाके उठते तो दोनों सन्न-सी खड़ी रह जातीं।

धूल के गुबारों ने रास्ता ढँक लिया।

अब अलख जगाने किसके लिए जाएँ ? किस रास्ते जाएँ ? गली तो अपने लिए ही बँध गई।

लौटने लगीं।

पाँव इतने वजनी जैसे मन-मन के पत्थर बँधे हों। गंगिया ने रजऊ के उदास और रुआँसे चेहरे को देखकर समझाया–ढोर-डंगरों की मौत पर इतना दुख रज्जो !

वह बोली–दुख इतना-उतना कहाँ होता है जिज्जी, दुख तो बस दुख होता है। कहते हुए उसकी आँखें भर आईं तो गंगिया बोली–बड़े कच्चे जी की हो पर मुसीबतें बड़ी बेरहम होती हैं, रोए से काम नहीं चलेगा।

–हाँ, जिज्जी, अब तक मुसीबतें रहम के साथई तो आई थीं...

दिन भयानक गुजरा था, रजऊ याद नहीं करना चाहती थी। उसने सारे समय माधोंपुरा के बारे में सोचा–नाइन बहू-गुलाबो उसकी गुइयाँ थी। गुलाबो का देवर पिरभू उसका सखा था। तमोलिन रंगरेजिन को याद करती रही कि वे बरबस याद आती रहीं !

खाया-पिया कुछ नहीं। ऐसे ही धरती पर लेट गई। रात में फिर भी नींद आ गई।

नींद ऐसी कि जैसे सुखनींद सोई हो। रजऊ ने सबेरे उठकर समझ लिया नींद क्यों आई ऐसी ? सास ने याद किया होगा। सास को सपने में आना होगा। वही माधोंपुरा का घर है। घर में कोई जश्न है। पिरभू चमकीले बन्दनवार दरवाजे से बाँध रहा है। और नाइन उसकी ओढ़नी का छोर प्रताप के अँगोछे के छोर से बाँध रही है। दोनों को वहाँ बैठना है, जहाँ चौक पूरा हुआ है। खूँट-खूँट पर अनाज डाला है। केले के पत्ते और नारियल के शगुन हैं। माटी का कोरा कलश भरा रखा है। रजऊ की समझ में नहीं आ रहा कि भागवत है या बच्चे का जन्म ?

सपना रात को देखा था। सवेरे आँखों में ऐसे जगमगाया ज्यों सब कुछ आँखों के सामने हो रहा है। या वह बार-बार उस सपने को याद कर रही थी, जो उसकी अपनी आकांक्षा के जैसा था ? यहाँ तक हुआ कि नहाते-धोते, उठते-बैठते, खाते-पीते सपना आँखों में रहा, जैसे खुली आँखों में बन्द तितलियों के रंग उड़ते हों। प्रताप का चेहरा ब्याह-गौने का मुग्ध मोहित मुख उसको हर कोने में मुस्कराता दिखाई दे। जितना पति को आज तक याद न किया होगा, आज भर में कर लिया।

उसे प्रताप की सभी अच्छाइयाँ याद आती रहीं। दोष तो उसमें जैसे एक भी हो ही नहीं। ऐसा उसी को लग रहा है कि सबको लगता है ? दूर रहते हुए पति सपने में दमके और आँखों में दिन-भर चन्द्रमा सा मुस्काए। चाँदनी में तैरती रही रज्जो।

अपने दिल के हाथों मजबूर हुई थी रजऊ। तभी दूसरे दिन कहा था–"गंगिया जिज्जी, आज नौगाँव की तरफ चलें ?" जबकि पता यह भी था कि आज उन्हें नौगाँव की उल्टी दिशा में जाना है। जो कच्चा रास्ता नौगाँव छावनी की सड़क काटकर झाँसी

तरफ गया है। देशपत ने कहा है—उस रास्ते एक ब्राह्मण की पालकी गुजरेगी। वह ब्राह्मण अँगरेजों का गुप्तचर है। घूँस लेकर काम करता है। चूँकि पंडित है, इसलिए लोग आदर करते हैं और ब्रह्महत्या से बचने के लिए जिन्दा छोड़ देते हैं। तुम दोनों पाँव पूजने के लिए उसकी पालकी रुकवाना। ज्यों ही पालकी रुकेगी, पेड़ों की आड़ से निकलकर हमारे आदमी उस पर हमला कर देंगे।

रजऊ के मन की बात मन में ही रह गई। नौगाँव की ओर जाना नहीं हुआ। सपने से छुटकारा नहीं था। प्रताप से मिलने की इच्छा मरती नहीं थी, जैसे उसके सारे राग, द्वेष वियोग के ताप से जल गए हों। शिकवा-शिकायत आपसी चुहलबाजी रही हो। वह बाबरी-सी विरागसिंह को देखती, नन्हे दीवान पर नजर डालती और फिर कुंझलशाह के सामने आ जाती। हर आदमी प्रताप का रूप था। यह क्या हो गया उसे ?

हर दिन की तरह विराग जोगिया बाना पहनकर दोनों जोगिनों के संग झाँझें बजाता हुआ गया। रास्ते में गंगिया ने कहा—रज्जो कोई फाग गाओ। चुपचाप चलना भारी लग रहा है। मैं नगड़िया बजाऊँगी तो अपनी थकान भूल जाऊँगी।

गंगिया की कमर में एक थैली लटकी रहती है, घड़ी-घड़ी पान खाने की आदत जो है। पान के देश में घूमने वाली बेड़िनी ने रजऊ को भी पान खाने की लत लगा दी। विराग के साथ शीशम के पेड़ के नीचे बैठकर पान लगाए और एक-एक तीनों ने खाया। रजऊ के होंठों पर पान की पीक देखकर गंगिया बोली—होंठों की रंगत कंठ तक चली गई है। सुराही-सी गर्दन गुलाबी हो गई।

रजऊ समझ रही थी, गंगिया अच्छी-अच्छी बातें कर रही है, कल की यात्रा में मन खराब हो गया था। विराग मनहूस है, मुस्कराता तक नहीं। देशपत औरतों के साथ विराग जैसे ठूँठ को ही भेज सकते हैं।

रजऊ के होंठों से एक फाग लगी है। जबसे उसने सपना देखा है, उसी से जुड़ती फाग जुबान पर चली आई। विराग पुरुष है, फिर भी उस फाग को गा सकती है। कुंझलशाह होता तो न जाने अर्थ का क्या अनर्थ लगता ? रजऊ के गले को पान ने और भी खोल दिया, फाग मधुर से मधुर हो गई।

गंगिया ने नगड़िया पर थाप दी। रजऊ ने मंजीरे बजाए और विराग की झाँझें झनन-झनन बजने लगी। जंगली रास्ता झनकारों से भर गया। रज्जो का स्वर लहरा उठा—

'सपनेन दिखा परे मोरे सइयाँ
सुनो परौसिन गुइयाँ
आपुन आय उसीसें ठाड़े, झपट परी मैं पइयाँ
उनके दृग दोऊ भर आए, मोरी भरीं डबइयाँ
ईसुर आँख दगा में खुल गई, हतो उतै कोऊ नइयाँ !'

(अरी पड़ौसिन सखी, सपने में आज मुझे प्रियतम दिखाई दिए। वे आकर मेरे

सिरहाने खड़े हो गए। मैंने लपककर उनके पाँव छुए तो मुझे देखते ही उनकी आँखें भर आईं। सखी, मेरी भी आँखें डबडबा आईं। हाय, तभी मेरी आँख खुल गई, देखा कि वहाँ तो कोई भी नहीं है।)

फाग ! अपनी इच्छा का राग था। गाकर रजऊ ने सारे जंगल को, धरती आसमान के बीच बहती हवा को, नदियों के जल को और भूमि को अपना सुख-दुख सुना दिया। जबकि तोता-मैना, कागा-परेवा उसके साथ-साथ गा रहे थे।

जोगिनों को गाते हुए देखकर एक पालकी खुद-ब-खुद रुकी उनके पास आकर। विराग खड़ा रहा, पेड़ की ओट हो गया। दोनों जोगिन पालकी की ओर बढ़ीं। पास जाकर जब चरण छूने के लिए आगे आईं तो देखा ब्राह्मण वेश में और कोई नहीं, खुद देशपत थे।

देशपत ने कहा—ऐसी ही पालकी पीछे आ रही है, तुम उसे मत रोकना। हम लोग करारी जा रहे हैं। मामला बड़ा गड़बड़ है। ह्यूरोज आगे बढ़ने का मन बना चुका है। विराग हमारे संग जाता, पर तुम्हारे संग रहे तो अच्छा है, वह तुम्हें नौगाँव के रास्ते निकाल ले जाएगा।

देशपत अपने स्त्री-पुरुष सैनिकों को हर मोड़ पर परखते हैं। हर मामले में पारंगत देखना चाहते हैं। 'साथ ही हम निष्ठावान रहें'—विराग ने गम्भीर स्वर में कहा और जैसे आज्ञा दी हो—लौट पड़ो।

'मगर नौगाँव के रास्ते ही क्यों ? क्या रज्जो की उत्कट इच्छा को भी जान लिया उन्होंने ?' रजऊ ने सोचा और सोचा—सच में प्रताप से मिलने की इतनी लगन थी ? तो फिर ईसुरी से उसका कैसा प्रेम है ? वह किसके प्रति समर्पित है ? अजीब दुविधा लगी है यह भी...

गंगिया ने नया सुझाव दिया—अब हमें ज्यादा कुछ करना ही नहीं है तो बघौरा तरफ निकल जाएँ।

रज्जो इस दुर्लभ आशा पर चौंकी।

विराग बोला—नहीं, अब कहीं नहीं। फिरंग सिपाहियों का पूरा डर है। वे औरतों में झाँसी की रानी की सैनिक-सखियों को तलाशते फिरते हैं। उससे भी ज्यादा खटका है जमींदारों का। उनके हरकारे यहाँ-वहाँ चक्कर काटते रहते हैं, वे मेरे साथ तुम्हें देखकर बहुत कुछ समझ जाएँगे और मौका लगते ही तुम्हें पकड़कर अँगरेजों के सामने पेश कर देंगे कि फिरंग खुश हो जाएँ।"

"विराग, यह नाम ठीक ही धरा है। कहीं तुम्हारा मन अटकता ही नहीं" कहकर गंगिया ने रज्जो की ओर देखा, जिसके हाथ में पान-सुपारी की थैली थी।

गंगिया ने कहा—"चलो पान खाते हैं। पेड़ के नीचे बैठकर सुस्ता भी लेंगे। चलते-चलते सर्दी की रुत में भी पसीना आ गया है। इस लकड़बग्गा को सूँघने देते हैं कि दुश्मन कौन दिशा से आ रहा है ?"

दोनों शीशम के पेड़ के नीचे बैठ गईं। रज्जो ने थैली खोली और गंगिया को

पान, कत्था, सुपारी निकालकर पकड़ाने लगी। विराग की ओर देखा तो वह अपने आपमें डूबा-सा काली दाढ़ी पर हाथ फेरता हुआ गश्ती मुद्रा में टहल रहा था।

"विराग !" गंगिया ने पुकारा।

वह जरा पास आ गया तो गंगिया बोली—"सुन लो, रज्जो क्या कह रही है ?"

"क्या ?"

"यह कि तुम विरथा ही खून खराबा करते हो, देख लो जंगल में कुदरती आज़ादी सब कहीं है। आदमी से तो पंछी ही भले।"

विराग हँसा। ऐसे हँसा, जैसे हँसना न चाहता हो। दोनों औरतें जानती थीं कि उदासी और गम्भीरता उसका स्थायी भाव है कि विराग जब पैदा हुआ होगा तो रोया नहीं होगा, कुछ सोचने की मुद्रा में होगा। बूढ़ा बच्चा रहा होगा विराग।

वह बूढ़े की तरह बोला—"दूर से देखो तो ऐसा ही लगता है कि हमारे सिवा सब आजाद हैं। यहाँ भी ताकत का बोलबाला है। ताकतवर पंछी कमजोरों का शिकार करते हैं।"

गंगिया ने हाथ नचाकर कहा—"हम खूब जानते थे कि तुम बागी लोग अपनी बात ही रखते हो। अपनी टेक पकड़े रहते हो।"

विराग ने बात पर ध्यान नहीं दिया और अपनी बात पर आ गया—"गंगिया जिज्जी, पालकी तो अबै तक नहीं गुजरी।"

"कब गुजरेगी ? गुजरेगी कि नहीं गुजरेगी ?" रज्जो ने इधर-उधर देखकर कहा और पान की पीक एक ओर थूक दी।

विराग ने सलाह दी—"अब तुम दोनों ऐसा करो कि डेरों पर लौट जाओ। जो होगा, हम देख लेंगे। वैसे अब कुछ होनेवाला नहीं।

"चलो, तुम्हें हम मझखुरिया गाँव तक छोड़ दें।"

"हम चले जाएँगे" कहकर गंगिया ने रज्जो को उठने का इशारा दिया।

विरागसिंह जब गंगिया और रज्जो से दूर-दूर रहने लगा था तो दोनों औरतों को अलग-अलग ताज्जुब हुआ था। अलग-अलग कयास लगाए थे कि विराग के उनसे बचने की वजह क्या हो सकती है ?

गंगिया ने सोचा था, हो सकता है देशपत दद्दा ने उसको ऐसा निर्देश दिया हो क्योंकि इस दल का नियम है कि मर्द औरत के सम्पर्क में ज्यादा न आएँ। इसीलिए तो वे बहुत दिन एक आदमी को जोगिनों के संग नहीं भेजना चाहते।

रज्जो ने सोचा, विराग खुद ही बच रहा है क्योंकि वह जब न तब उसे शृंगार की फाग सुना देती है और विराग सोचता कि रज्जो उसका ब्रह्मचर्य खंडित करने पर तुली है।

मगर दोनों का सोचा ही गलत निकला।

चार दिन बाद जब विराग गंगिया को साथ लेकर रज्जो के पास डेरे में आ बैठा

तो रज्जो के चेहरे पर खुद-ब-खुद चमक-सी आ गई। दल में अगर सदस्यों के बीच यकायक दूरी होने लगे तो दल के लिए अशुभ तो है ही। रज्जो को यह चिन्ता भी खाए जा रही थी कि उसके कारण ऐसा कुछ न घटे, जो दल के विरुद्ध पड़े। वह मन ही मन यही प्रार्थना करती रही थी कि जो हो क्रान्तिकारियों की विजय के लिए हो।

गंगिया की उदासी और विराग का लटका-सा चेहरा देखकर रज्जो असमंजस में पड़ गई–क्या बात है आखिर ? क्या वह जो कुछ सोच रही थी, वही हो गया ? देशपत दद्दा ने किसी बात पर नाराजगी दिखाई है ? नहीं तो गंगिया जिज्जी मुस्कराती हुई आती हैं।

कच्चे फर्श पर बिछी चटाई पर गंगिया और विराग बैठ गए, जैसे कोई गुप्त मंत्रणा करने आए हों।

"क्या बात है गंगिया जिज्जी ? उदास-उदास काए लग रही हो ?" रज्जो ने पूछ लिया।

गंगिया ने मुस्कराकर कहा–"काए की उदासी ? कहाँ की उदासी ?"

"कुछ छिपा रही हो तुम।"

"नहीं रज्जो, छिपाने नहीं बताने आए हैं और सुनने आए हैं कि बात सच्ची न हो। महामाई करे सब कुछ झूठा पड़ जाए।"

रज्जो की नजरों में आशंका उभर आई। उसका सँवलाया-सा चेहरा कलछोंहा लगने लगा। वह अनिष्ट सुनने के लिए तैयार-सी हो रही थी। होंठों में हरकत-सी होती, आँखें जल्दी-जल्दी झपकती। ऐसा करके अपने भीतर ढेर सारा साहस पैदा कर रही थी–न जाने क्या सुनना पड़े। क्या उसका बहिष्कार होने की घड़ी आ गई ? इन दिनों यही उसके लिए सबसे बड़ा असगुन है।

गंगिया ने विराग को इशारा किया कि वह कुछ सुनाए जो उसने देखा था।

तब विराग ने वह घटना कह डाली, जिसे रज्जो ने धड़कते दिल से सुना।

–तुम दोनों चली आईं, उसके बाद हमने देखा कि सामने कोई पालकी तो नहीं, चार बन्दूकधारी घोड़ों पर सवार होकर चले आ रहे हैं। और उनके आगे-आगे दो घुड़सवार हैं, जैसे घोड़ा दौड़ाकर भागना चाहते हों। पर वे भाग नहीं पा रहे थे, क्योंकि चारों लोग उनको घेरा बनाकर रोक लेते थे। दोनों घुड़सवार घेरा तोड़ने की कोशिश बराबर करते रहे। एक मौका ऐसा आया कि घोड़ों ने सरपट दौड़ने के बाद धीमी गति कर दी और अवसर मिलते ही दोनों पाँव उठाकर पिछले पाँवों पर खड़े हो गए। ऐसा करने से चारों घोड़े अपनी चाल भूल गए और दोनों सिपाही घेरे के बाहर निकल गए। तब हमें लगा था कि बहादुरी विवेक के साथ हो तो विजय मिलती है।

फिर लगा कि जीत बस जीत के लिए होती है, असल में तो हार ही आदमी की हकीकत है। वे दोनों घुड़सवार चार बन्दूकधारियों ने फिर घेर लिए थे। हम पास ही थे, सो पेड़ की आड़ में हो गए।

वे उन दोनों को क्यों घेर रहे हैं, हमने सुना तो समझ में आया।

—मोरोपंत कहाँ है ?

जबाब चुप्पी में समाया रहा।

—लाल भाऊ का पता बताओ

फिर कोई उत्तर नहीं।

दो बन्दूकधारी घोड़ों से नीचे उतर आए और उन दो सैनिकों को नीचे खींचने लगे, जिनसे सवाल कर रहे थे। हथियारबन्द सैनिक बहुत गुस्से में थे। चिल्लाकर बोलने लगे—तुम साले हरामजादे हो। सुअर की औलाद। अँगरेजों का खात्मा करना चाहते हो, क्या कर पाओगे ? उस हत्यारी झाँसी की रानी के कुकरम नहीं देख रहे, जो उसके लहँगा में जा घुसे ? जल्दी बताओ उसके यार-मीत कहाँ हैं ?"

मैं पेड़ के पीछे छिपा देख रहा था कि धमकाने वाले और खदेड़े जाने वाले देशी लोग हैं। बस अपने-अपने मालिकों के लिए लड़ रहे हैं। एक अँगरेजों के लिए बोल रहा है, दूसरा बिना कुछ बोले ही उन्हें चिढ़ा रहा है।

दोनों घुड़सवारों ने अपनी जिद को मौन के जरिए व्यक्त किया। मौन ही अपना संकल्प बताया।

तब मारपीट शुरू हो गई। उन दोनों को घोड़ों से खींचकर नीचे पटक दिया और बेरहमी से बूटों की ठोकरें मारीं। वे दोनों भी कम नहीं थे, जांबाजी दिखाने पर आ गए। बन्दूकधारियों को उनके करतब अपनी तौहीन से लगे। वे उन दोनों के कन्धों पर बन्दूक के बट मारने लगे। हमने साँस साध ली। पेड़ों पर बैठे पंछी कसकर चिचियाए। वे लोग लक्ष्मी बाई को गन्दी-गन्दी गालियाँ देते रहे। हमारी मुठ्ठियाँ भिंच गईं तो साथ ही हमने अपना जबड़ा भी भींच लिया। देशपत दद्दा की बात याद आ गई—तुम अपने दल के लिए हो, बस। इस दल के लिए जिन्दा रहना भी तुम्हारी बहादुरी में माना जाएगा।—सो हम आगे नहीं बढ़े। हमारा दिल दल के घेरे में बँधा रहा।

पिटाई कितनी देर चलती ? उससे कुछ हासिल हो ही नहीं रहा था। आखिर बन्दूकें हरकत में आ गईं। जो भेद नहीं खोल रहे थे, उनके भेजे खोल दिए गए। अच्छा हुआ, तुम लोग वहाँ नहीं हुईं, औरतजात गश खाकर बेहोश हो जातीं।

उन चार बन्दूकधारियों ने उन गिरे-पड़ों को देखा, जिनकी कनपटियों से खून की धारा बह रही थीं और सिर खरबूजे की तरह फट गए थे। उन्होंने उन दोनों के मरने की शिनाख्त की और उनकी वर्दी की जेबें टटोलीं।

हम छिपे थे, यह हम ही समझ रहे थे। बन्दूकधारियों ने हमें जंगल में घूमता जवान साधु समझा और बुलाया—ऐ इधर आओ। साधु महाराज इन दोनों को घसीटकर धसान नदी तक ले जाओ। महात्मा हो, इनकी आत्माओं की शान्ति के लिए नदी में बहा दो।

उन्होंने मुर्दों की जेबों से सारे कागजात निकाल लिये थे। कुछ फाड़कर फेंक

दिए। हो सकता है वे कागज़ उनके काम के न हों या वे जो पता लगाना चाहते हों, पता पा गए हों। बहरहाल कागज खुफियागीरी के थे।

"वे चले गए। सिपाहियों के घोड़ों को खींच ले गए।

"हमने धरती पर पड़ी कागज की चिन्दियाँ उठा लीं। उनको जोड़कर देखना चाहा कि ये सिपाही कौन हैं, कहाँ के हैं। मगर चिन्दियाँ जोड़ने से कुछ समझ में नहीं आया, क्योंकि वे खून में इस तरह सन गई थीं कि अक्षर खून में दब गए। ऊपर से दहशत...। हमें खून से डर नहीं लगता, मगर आज का खूनी तरीका देखकर रोम-रोम दहल गया। देशपत दद्दा मुगलों की दरिन्दगी सुनाते हैं, पर हम कहते हैं कि अँगरेजों की दरिन्दगी से कोई यातना बढ़कर नहीं। जबड़े तोड़े, मुर्दा खसिया बनाए। उफ् !

"जो अक्षर जुड़े, जुड़ पाए, वह एक नाम...नहीं-नहीं। ठीक-ठीक दिखा ही नहीं। हमारी तो आँखें अन्धी हो गई थीं कत्ल और खून देखकर।"

"क्या नाम ?...विराग की ओर रज्जो ने ऐसे देखा, जैसे रहस्य खुलवाना चाहती हो।

"एक का नाम खड़गसिंह जैसा कुछ"

"और दूसरे का ? दूसरे का क्या था विराग भइया ?"

"कह तो रहा है, दूसरे का कुछ नहीं पता। तुम क्यों पूछ रही हो, सो भी हम जानते हैं। दूसरे का नाम प्रताप नहीं था।" गंगिया उदास-सी मुस्कराई।

रज्जो की स्थिर आँखों में हलचल-सी हुई। उसकी अटकी हुई साँस वापिस आई।

मगर फिर सवाल।

"दूसरे की नाक तो नहीं छिदी थी ? कान की लव पर नन्हीं-सी सोने की बाली तो नहीं थी ?" कहकर रज्जो ने विराग और गंगिया की ओर देखा।

"वह तो दोनों के साथ था, नाक भी छिदी थी और लव पर सोने की बाली भी थी। दोनों भइया, भइया होंगे।" विराग ने जैसा देखा वैसा बता दिया।

ताबीज, काले धागे में बँधा ताबीज विराग की हथेली पर प्रकट हुआ और रज्जो ने देखा तो सनाका-सा खा गई।

उसने झपटकर उठा लिया ताबीज।

"एक की बाँह पर यह बँधा था, हम तोड़ लाए।" विराग ने बताया।

रज्जो के हाथ में ताबीज। ताबीज पर महामाई की तस्वीर, हाथ में खड्ग और गले में मुंडमाल। नहीं, महामाई की जगह प्रताप का चेहरा ! नजर गड्डमड्ड होने लगी। और शरीर का खून सूखता चला गया। अपनी बाँह पर ताबीज सर्प की तरह बँधा हुआ, तन-मन को फन मार मारकर डसने लगा। शरीर विष के कारण लहराता गया।

यह ताबीज सास ने बेटे की बाँह पर बाँधा था। और हू-ब-हू वैसा ही गंडा

सास बहू के लिए लाई थी कि दोनों में प्यार-प्रीत बढ़े। महामाई ग्रह दोषों से रक्षा करें।

अब वह सँभलने की कोशिश कर रही थी, गंगिया ने अपनी आँखों देखा कि रज्जो ने ताबीज को मुट्ठी में भींच लिया और आँखें बन्द कर लीं। गंगिया जान-बूझकर उससे दूर बैठी रही, जिससे उसे किसी गमी का अहसास न हो। संगी साथियों की ज्यादा हमदर्दी भी तो शक का कारण बन जाती है।

मगर वह तो 'मना' में सिर हिलाते-हिलाते रोने लगी। खुद को न समझा पाई न सँभाल पाई। और फिर हाथ फैलाकर सिर जमीन पर पटक दिया जैसे मरता हुआ प्रताप उसके सामने पड़ा हो। वह ताबीज को आँखें फैलाकर देखती और चिंघाड़ मारकर रो पड़ती।

गंगिया दिलासा देने, धीरज बँधाने के लिए आगे सरक आई और रज्जो को अपने सीने से लगा लिया। समझाया कि जो मौत अपनी आँखों से नहीं देखी, वह आदमी के मरने को प्रमाणित नहीं कर सकती। मगर कोई दिलासा, कोई भरोसा, कोई दलील काम नहीं कर रही थी। उसकी सुधियाँ प्रताप से जुड़ गईं। और जुड़ती ही जा रही थीं।

लेकिन कभी वह एकदम सामान्य हो उठती। गंगिया से बिना रोए बातें करती। विराग के वे अनुभव सुनती, जो रास्ते में उसे हुए थे। मगर बात फिर कहीं न कहीं से प्रताप पर आ टिकती या वही घुमा-फिराकर पति की बात ले आती। बस दूसरे ही पल उसका तन-मन छितराने लगता। कहती—गंगिया जिज्जी, हम पतिविरता तो नहीं थे, पर रह-रहकर मन पति की मौत से टकरा जाता है। ब्याह-गौने के महूरत पीछा नहीं छोड़ते। कच्ची-पक्की बखरी में घुसे थे जो ऊँचे-नीचे पर पाँव पड़ते थे, प्रताप पीछे मुड़कर अपने हाथों सँभाल लेते। गीत गाती हुई जनी खिलखिलाकर हँस पड़तीं। नातेदारनी मजाक बनातीं।

रज्जो की यादें विलापों में बदल गईं। प्रताप के पीछे-पीछे चलती दुलइया, घूँघट उठा-उठाकर देखती। छवि नैनों में भर लेती। दिन महीने बीते तो प्रताप की जुल्फें बहू सँवारती। बहू की अंगिया प्रताप बाँधता। पाँव दबाना, महावर रचाना याद आता है तो आँखें झर-झर बरसती हैं—गंगिया देखती, समझाती।

रज्जो क्या करे, पति का एक-एक गुन जुड़ सिमटकर बड़े से बड़ा होता जाता है, उसकी यादों के दायरे बढ़ रहे हैं। साथ ही उन दायरों में मौत प्रवेश करती है। न यमराज, न यमराज का भैंसा। हथियारबन्द घुड़सवारों को साथ लाई है मौत। आँसू सूख गए, पथराई हुई नजर से देखती है रज्जो। हाथ की चूड़ियाँ, पाँव के बिछिया जोगिन बनते ही उतार दिए थे, मगर उनके निशान अब तक बाकी हैं। मन से सुहागिन थी वह, जोगिन का मतलब विधवा तो नहीं होता। बाई भी तो ऐसा ही कुछ कहती थीं...

'बाई ऽऽ...' एक आर्त्त पुकार। अपनी बाँह का ताबीज तोड़कर फेंकना चाहा, मगर

फेंक नहीं पाई। मुँह खुला रह गया और साँस अधबीच ठहर गई। बेहोश हो गई वह।

गंगिया रज्जो के शोकाकुल रूप को देखकर सिहर उठती तो कभी चकित भी होती। विश्वास नहीं कर पाती कि यह वही रज्जो है, जो प्रताप की पत्नी होकर अपनी जिन्दगी से आजिज आ गई थी और आत्महत्या करने एक बार नहीं दो-तीन बार भाग चुकी थी। पिरभू पीछे-पीछे न भागता तो रज्जो आज नहीं ही होती। रेगिस्तान में बूँद भर जल के लिए भटकती हिरनी की आँखों का पानी पति के लिए अर्घ्य-सा हो उठा। उस अर्घ्य को अदृश्य देवी-देवताओं के चरणों में अर्पित करती हुई प्रताप को वापिस माँगती है। सच में यदि पति जिन्दा हो जाए तो वह साथ चली जाएगी ? इस सवाल से गंगिया अनजाने ही टकरा उठती, मगर रज्जो की सोगवारी पर फिर भी संशय न कर पाती। कैसे करती, रज्जो रो-रोकर कहती थी--गंगिया जिज्जी, प्रताप अपने वचन के पक्के थे, कर्म के पक्के थे। व्यवहार में ढील नहीं छोड़ते थे। यह सब हमारे ही लिए नहीं था, वे अपने ऊपर भी कठोरता से नियम लागू करते। घर की मरजाद अपने कठिन शासन से साध रखी थी। यह बात आज समझ में आई है, जब घड़ी ही बीत गई।

गंगिया समझ रही थी कि कैसे एक पत्नी पति के तमाम जुल्मों को भूल जाने का संस्कार पाले रहती है। समय निकलने पर सिर्फ पति का देवता स्वरूप याद रह जाता है। उसी की आस्था मन पर छाई रहती है। रज्जो को देखकर कौन कहेगा कि यह पति के घर से भागी हुई औरत है।

वह बार-बार प्रताप की ईमानदारी और बहादुरी को दोहराती है और दो बूँद आँसू हर बार उस वीरपति की श्रद्धांजली में अर्पण कर देती है। सास को बाई कहकर आवाज देती है, जैसे वह सास के बेटे का स्वर बन गई हो। शरीर का साथ वर्षों से नहीं रहा, वहीं मन इस कदर बँधा था, इस बात को खुद भी अब जान पाई है। कह तो रही थी--गंगिया जिज्जी, हमें लगता है कि प्रेम के लिए देह जरूरी नहीं है, पर देह के लिए प्रेम जरूरी है। उनके तन की खाक ही मिल जाती, हम देह में लगाकें साँची जोगिन हो जाते। जोगिन का यह झूठा-सच्चा रूप गंगिया जिज्जी, अब कितनी देर और धर पाएँगे ?

रज्जो प्रताप की देशभक्ति पर गर्वित विधवा के रूप में कहती--उस शूरमा का क्या कसूर था ? अपनी धरती से प्रेम ही न ? धरती के लिए लड़नेवालों को बचाना ही न ? विरागसिंह जो कुछ बताता है, उससे तो ऐसा ही लगता है कि मोरोपंत और लाल भाऊ को अकोला गाँव में छिपा देना। वह भोला-सच्चा आदमी होशियार बन रहा था कि 'दतिया' फिरंगियों के हितू-मीतों की रियासत है सो वह जगह शक के दायरे में नहीं आएगी। बाई तुम होतीं तो उसे मूर्ख कहती, सिर्री बतातीं, पर तुम पास नहीं थीं कि बताती--प्रताप, घर परिवार का आदमी तक वफादार नहीं निकलता, ये तो फिर रजवाड़ों के मामले हैं। अकोला के ताल्लुकेदार ने ही मोरोपंत और लालभाऊ के होने की खबर फिरंगियों को दे दी। बाई, तुम्हारे 'पिरताप' का खून भाई-बन्धु ही

पी गए। सो इन दिनों मेरी आँखों के आगे प्रताप के लटकते सिर और खिचड़ते शरीर की तस्वीर झूलती रहती है। भले फूल चढ़ाऊँ, सारे फूल खून में सन जाते हैं। यह कुंझलशाह कहता है—इस औरत को देखो, प्रेमी की कैद काटने के लिए पति का सिर गोद में लिये खड़ी है। यह औरत वही है—तिरिया चरित्र न जाने कोई, खसम मारकें सत्ती होई।

'बाई, तिरिया का चरित्र तो सब जानते हैं, उसका मन कोई नहीं जानता। लोग अपनी तरह से जोड़-घटाव करते रहते हैं।

'मेरा मन क्या कहता है इन दिनों, किसको बताऊँ यहाँ? विराग समझा रहा था—रज्जो, वीर मरते नहीं।—उसकी बात सुनकर मुझे लगा, हाँ नहीं मरते, प्रतापसिंह सिपाही की जीती-जगाती मूरत ही तो मैं हूँ। एक सैनिक के नैमधरम का पालन करने वाली। तभी तो संस्कारों को नैमधरम की तरह ही नहीं छोड़ पा रही। और मेरे चाल-चलन की तस्वीर लोगों को बदलती दिखाई दे रही है। इन दिनों जब आकाश में उगते चाँद को देखती हूँ, पच्छिम में डूबते सूरज का मिलान करती हूँ तो लगता है, ये मैं और प्रताप हैं। पुराने दिन लौट आए हैं। तब बिछोह भीतर ही भीतर छेनी से छीलने लगता है, मगर मैं खत्म नहीं होती। बाई, खबर मिले तो रोती मत रहना, तुम्हारी रज्जो तुम्हारे पास आ रही है।'

'तुम्हारी रज्जो!' यह क्या सोचा उसने? क्या सास की अपनी बनने के लिए ही घर त्याग आई थी? क्या सास के बेटा प्रताप की सारी तोहमतें, तसिया और बहशी हो जाने की यादें भुला डाली? या आदमी की मौत ही आदमी से क्षमादान ले सकती है, जिसके लिए जिन्दगी कोशिश कर-करके थक जाती है। रज्जो को क्या पता इन बातों का, उसे प्रताप का दुल्हन को देखकर मुग्ध होना, उसकी छवियों को देखकर चकित रह जाना और अपने पाँवों में खुद हाथों से महावर लगाना याद रह गया है। इन्हीं यादों में माधोंपुरा की हरियाली में वे घर-घरौंदे याद आते हैं, जिन्हें त्यागकर चली आई थी। प्रताप की इच्छा रह जाए, वह बाई के पास जाएगी। बेटे के लिए बिलखती माँ के साथ प्रताप की दुल्हन रोएगी। सच में उस घर की बसावट का चेहरा बनेगा। खुशी और शोक ही तो घर के लोगों को आपस में मिलाते हैं।

अनवरी बेगम ने आगे बताया—

कुंझलशाह बाज नहीं आता था। रज्जो के दुख को ठेस लगाकर दुखाने में उसे आनन्द आता। रज्जो जितना तड़पती, वह उतना उछलता। देशपत दीवान के भतीजे और रज्जो के बीच में कौन पड़े? विरागसिंह ने तरफदारी की थी सो कुंझलशाह ने उसका हाथ ऐसा मरोड़ा कि दर्द के मारे वह नौजवान ऐंठ गया। देखते ही देखते उन्हें देखने वाले भी इधर-उधर हो गए।

रज्जो तो जैसे जीवन जीना ही भूल गई। गंगिया से कहने लगी—हम माधोंपुरा में अपने आप अपने प्रान लेना चाह रहे थे, पर तुम बीच में आ गईं और हमें बचा

लाईं कि रामदास भी हमारा बालबाँका न कर पाया। पर तुम यहाँ हमें नहीं बचा पाओगी। बोलो, कुंझल जैसों के बीच हम कब तक जिन्दा रहना चाहेंगे, जो हमारी टीसों का आनन्द लेते हैं—कहने के बाद रज्जो की आँखों से झरी लग गयी थी। क्या मालूम कि अभागिन अपने लिए रोती थी या अपने प्रताप के लिए। हमारे ख्याल में तो वह दोनों के लिए दुख करती थी।

एक नौजवान जो कुंझलशाह की बदतमीजियाँ देख रहा था, वह आगे आया। इस अदा से जैसे वह कुंझल और नन्हे दीवान को किसी गिनती में न गिनता हो।

"कुंझलशाह, मखौल मत उड़ाओ।" यह किसने कहा, तुम नहीं पूछोगी ऋतु ? पूछो कि वह बहादुर कौन था ?

"कौन था, बेगम साहिबा ?"

"राजकुमार आदित्य सिंह। धुबेला महल का कुँवर। वह रजऊ के पीछे ही इस दल में शामिल हुआ था। हाँ, यह आज भी पक्का पता नहीं कि उसका नाम आदित्य ही था या कुछ ?"

"हाँ, बेगम साहिबा, करिश्मा ने मुझे बताया था कि एक नवतरुण रजऊ की गाई फागों पर फिदा था।"

उन्होंने हाथ उठाकर जैसे मुझे डपटा हो—"तुम लड़कियो, फिदा होना, मर मिटना और प्यार में पागल हो जाने के सिवा मोहब्बत का और कोई मतलब लगाती नहीं, है न ?"

"और क्या मतलब होगा बेगम साहिबा ?"

"अरे वह रजऊ के पीछे-पीछे क्यों आया था, यह एक अलग कहानी है। बात यह थी कि रजऊ उसी माधोंपुरा की थी, जिस गाँव का प्रेमानन्द सिपाही था। प्रेमानन्द, जिस पर आदित्य के बाप ने अपनी औरत के लिए शक किया था और आदित्य को उस सैनिक से ही जाइंदा माना था। बदचलनी की एवज अपनी औरत को बांदी कर दिया और प्रेमानन्द को अन्धा, यह बात जानती हो तुम ?

आदित्य बड़ा हुआ तो उसे राजकुमार के पद से खारिज कर दिया, गद्दी दूसरी रानी के बेटे को दे दी। यह कोई मामूली बात नहीं थी, खासकर एक जवान लड़के के लिए। जबकि उसे यह भी पता चल गया था कि प्रेमानन्द भजन गाकर माधोंपुरा में अपना गुजारा करता है। कहते हैं कि कौल ले लिया था उसने कि पिता तुझसे तभी मिलूँगा, जब यहाँ से अपना हक ले लूँगा।

—अन्धे से मिलकर उसे क्या मिलता बेगम साहिबा ? अपनी छवि तक नहीं दिखा सकता था—मैंने पूछा।

वे बोली—कह तो तुम ठीक रही हो, हाँ क्या मिलता ? हो सकता है वह यह पता लगाकर आया हो कि रजऊ भी उसी की तरह इस दल में किसी मकसद से आई है। देशपत जैसे बागी से मिलकर ईसुरी फगवारे को आजाद कराना चाहती है। लक्ष्मीबाई से प्रभावित होकर अपनी आजादी की खोज में है। उसी तरह वह भी

चाहता है कि वह यहाँ रहकर अपने पिता के खिलाफ मुहिम चलाए, उसे परास्त कर दे। अपना हक हासिल कर ले।

सो बस जब रजऊ पति के शोक में डूबी हुई डेरे पर बैठी रहती थी, तब धुबैला का राजकुमार टुकुर-टुकुर देखता रहता था। गंगिया कराहकर कहती–विधवा हो गई बिचारी। तब राजकुमार ने पूछा था–जोगिनें सोई विधवा होती हैं ? उनका सम्बन्ध तो हर किसी से प्रेम का होता है। वे मोह कब पालती हैं ?

गंगिया ठंडी साँस लेकर रह गई थी और धीमी आवाज में करुण बात कही थी–लला, जोगिया बाना, घर-वार त्याग देना माना कि एक मकसद के लिए होता है, पर उससे इंसान के भीतरी जिन्दा रेशा तो नहीं कट जाते ?

राजकुमार रजऊ से नहीं कह पाया कि–मैं तुम्हारे लिए आया हूँ। नहीं बता पाया कि पहले वह झिंनझिनी गया था, पर वहाँ जली दीवारें और छाजन का जला मलबा मिला। वह कितना घबरा गया था। घबराता हुआ कहाँ-कहाँ घोड़ा दौड़ाता फिरा।

वह अब भी घबराई हुई नजर से रजऊ की ओर देखता और आसपास बना रहता! वक्त को गिना, उँगलियों के निशानों पर उतारता रहा। यह वक्त उसने अपनी मुरादों और बेगैरत होने के बीच झूलते हुए काटा।

कोई कितने दिन सोगवार रह सकता है ? बगियों के दल में तो शोक के लिए पल भर भी वक्त नहीं होता। रजऊ को हर हाल में अपने सफर में चलना था। यदि वह अपनी जिन्दगी के बारे में सोचना चाहती तो वह भी यात्रा का रूप ही होता जिसमें यह सच्चाई रहती कि अगर आदमी अकेला है तो भले ही अपने मकसद को लेकर जिए, लड़ना उसे दूसरे के इशारे पर ही है। रजऊ के खून में प्रताप की हत्या ठाठें मारती तो कभी ईसुरी का खदेड़ा जाना शीशा-सा खौलता और उसकी हड्डियाँ, मांस-मज्जा में टीसें उठने लगतीं। आज उसे फागें गाते हुए उस रास्ते पर निकलना है, जहाँ से एलिस निकलेगा और देशपत उससे मिलेंगे। पूछेंगे कि अँगरेजी सरकार अपनी सेना कितनी जल्दी लगा रही है ? एलिस, रानी का शुभचिन्तक ! इसीलिए उसने झाँझें थामी हैं और गंगिया ने नगड़िया गले में डाली है, ताकि रास्ता चलते लोग रमे रहें। उनका मनोरंजन हो और देशपत का घोड़ा आसानी से निकल जाए, किसी मुखबिर की नजर न पड़े। इस जिन्दगी का कोई मतलब है ? नहीं न ? फिर भी जिन्दगी का मोह नहीं टूटता...

डेरों के आगे जाते ही रजऊ ने फाग उठा ली थी–

हम खों मिलौ न हम सौ कोई
ढूँढ़ फिर दृग दोई
जी से मिलें कपट ना राखें, काँ ऐसो दिल होई
अपनी अपनी, सब मतलब कौ, मानुष बड़ौ अनोई
ईसुर होंय कात जो मिथ्या, ई कौ राम बिचोई।

'जोगिनें !' राजकुमार के कंठ से पुकार उठी। आज अगर उसने अपने तन-मन में तरंगें उठती महसूस की हैं, जो जरूर ही उसके जीवन में एक अभूतपूर्व घटना हुई है। घटना की धुरी रजऊ है। वह रजऊ की फाग का मतलब अपने ऊपर लेने लगा जैसे जोगिन ने उसे ही सम्बोधित किया हो—राजकुमार, हमको कोई हम जैसा नहीं मिला। आँखें दुनिया में उसको खोजती रहीं। कैसी विचित्र बात है कि हर आदमी अपने मतलब में रहता है। भगवान साक्षी है, इसमें कुछ भी तो झूठ नहीं।

आदित्यसिंह ने आगे बड़कर देखा था। रजऊ की आँखें डबडबाई हुई हैं। और चलते-चलते दो गीली रेखाएँ गालों पर ढुलक आईं। रजऊ ने जल्दी से जल्दी आँसू पोंछ लिए, पर फिर वही हालत हो गई।

राजकुमार आदित्यसिंह अपना अथाह दुख भूल गया, सर्वग्रासी धोखे का खंजर छाती में लगा था, बिसर गया। देख रहा था तो बस रजऊ को। मन में आया आगे बढ़कर जोगिन का सारा दुख पोंछ डाले। और कहे—मेरा मन बिलकुल तेरे जैसा है। तेरी फाग मेरे मन की बात है। यह मत समझ कि तेरा मरम राजकुमार क्या समझेगा ? अरी, राजघराना तो अब मेरा कैदखाना है। जहाँ मैं होश खोकर खोया-खोया-सा रहता हूँ।

अपने अरमानों को किससे कहे ? गंगिया ऐसी औरत थी, जिससे राजकुमार को झिझक नहीं लगती थी, अपने दिल की कह डालता क्योंकि गंगिया राजकुमारों से लेकर किसानों, बागियों, बरेदियों से कैसे पेश आया जाता है, जानती थी। उसका बाहरी तजुरबा रजऊ से कई गुना ज्यादा था।

राजकुमार ने यहाँ तक बताया कि जोगिनों की फागों ने उसे ऐसा भरमा लिया कि एक दिन शाम के वक्त नगड़िया, झाँझें और मंजीरे गूँज उठे। फाग की लय पर कान बिछा दिए और भागता हुआ बाहर तक आया। मगर वहाँ कोई न था।

गंगिया ने समझाया था—यह फागों का कमाल भले हो, पर असल में तो तुम्हारे मन पर पड़ी पराजय की छाया है। अपने होशोहवास गुम करने से क्या मिलेगा ?

वह नादान बच्चे-सा गंगिया की ओर देखने लगा। गंगिया बोली—हमें पता है कि तुम दल में किस तरह शामिल हुए ? कुंझल बता रहा था कि वह और नन्हे दीमान जुझार सिंह के संग साधु भेस में गए थे। धुबैला महल के आसपास फाग गाने लगे क्योंकि जानते थे, फागों का दिवाना राजकुमार धुन सुनते ही बाहर आ जाएगा। यही फाग गाई थी न ?

छूटौ संग चाइयत ना ते
अरे यार दिन राते
हम वा गैल पैल निग जाते, जौन गैल तुम जाते
लगकें ललक हिए अपने की, हीर पीर की काते

—हाँ !

आदित्य सिंह की आँखें चमक आईं। बोला–हमें कोई पुकार रहा था। कह रहा था–यार दिन-रात तुम्हारा साथ चाहते हैं हम। जिस मार्ग पर तुम्हें जाना है, हम उस पर पहले ही चल दिए। बड़ी उमंग हुई कि तुम्हारे गले लगकर सुख-दुख की चर्चा करें।

गंगिया बोली–उन्हें लगा, तुम्हारा यह तौर बगावत का है। दल के लोग यहीं जाँचने गए थे। विरागसिंह ने बता दिया था कि हमें जिस तरह के आदमी की जरूरत है, वह राजकुमार आदित्यसिंह है। वीरता के साथ रुपया-पैसा भी गाँठ में रखता है। यहाँ हथियारों की मारामारी पड़ी है।

'हाँ।' कहकर आदित्य ने ऐसे देखा, जैसे दल के लिए वह सूली भी चढ़ जाएगा। उसका अपना प्रिय जो भी हो, विप्लव में फँसकर दुख के मारे कुछ भी करने को तैयार हो जाएगा।

–बस घर से अपना घोड़ा लिया और चला आया। माँ के चरण छू लेता, कुंझलशाह ने इतनी मोहलत भी नहीं दी। 'मुझे गम नहीं, क्योंकि मैं भारतमाता की ओर कदम बढ़ा रहा था।'–ये बातें उसने गंगिया से कही और रजऊ को सुनाईं।

गंगिया के साथ रजऊ अपने लक्ष्य की ओर चल दी और वह हसरत भरी नजर से देखता रहा। वही फाग गुनगुनाता रहा जो रजऊ के स्वर से होती हुई राजकुमार के दिल में उतर जाती थी–केसर भई राधिका रानी/गलिन गलिन महकानी...

हालाँकि दल के लोगों ने उसके लिए रास्ते तय कर दिए थे, मगर जोगिनों के संग चल देना चाहता था। पर देशपत का संगठन...! यहाँ आने पर पता चला, हिंसा और जुल्म के ही रास्ते गुजरना है। दल की पहली नीति है गोपनीयता, अपना भेद किसी को नहीं देना है। गंगिया और रजऊ प्यार-प्रीति की फागें इलाके में गुँजाती फिरती हैं, आदित्य का रास्ता अलग हो गया है, जबकि वह चाहता था उसका मकसद रजऊ के साथ झाँझें बजाकर पूरा होता। मगर यहाँ तो अपने भीतर नफरत पैदा करनी है। नफरत के लिए उसके मन में जगह ही कहाँ है ? अगर होती तो वह पहले से साजिश रचता और सौतेले भाई का राजतिलक न होने देता। नफरत न करना भी अपने आपको कमजोर करना है, देशपत का उपदेश यही है।–ये बातें वह किसी से न कहता, मगर रजऊ से कहना चाहता, क्योंकि वह आदित्य के सजायाफ्ता पिता प्रेमानन्द को जानती है। राजकुमार की जड़ों से परिचित है कि वह किसी राजा का बेटा नहीं, सिपाही के वीर्य का नतीजा है और जनता की देखभाल और सुरक्षा राजा के मुकाबले सिपाही ज्यादा पराक्रम से कर सकता है। जंग इसका जीता-जागता उदाहरण है। हजारों सिपाही घायल होकर मरकर किसानों की रक्षा कर रहे हैं।

आदित्य ने दलगत दीक्षा लेकर भी अपनी इच्छाएँ रजऊ को बता दीं और रजऊ ने ध्यानपूर्वक सुनी, क्योंकि कई दिन से वह सोच रही थी कि माधोंपुरा जाना है। प्रताप नहीं रहा, बाई को खबर मिल गई होगी। डुकरिया रो-रोकर पागल हो रही होगी, एक बार उस माँ को अपने कन्धे का सहारा देकर हिम्मत बँधा आए कि प्रताप नहीं है तो रज्जो है। बेटा की जगह बाई की विधवा बहू है। जोगिन बन गई तो क्या ?

रज्जो सोच रही थी, गंगिया को अपना राजदार बनाया था, क्योंकि गंगिया ही यहाँ उसे अपनी लगती थी, हो सकता है औरत होने के नाते ही अपनी जैसी लगती हो।

–जिज्जी, हम माधोंपुरा जाएँ और देशपत दिमान को पता न चले, ऐसा हो नहीं सकता। उनसे आज्ञा लेकर जाएँ तो वे हमें अकेली जाने नहीं देंगे। कहीं कुंझलशाह ही संग कर दिया तो ?

जो आशंका रजऊ ने जताई थी, उसका गंगिया को कितना इल्म था, यह तो रजऊ नहीं जानती थी, मगर 'कुंझलशाह क्यों नहीं' यह सवाल गंगिया ने नहीं पूछा तो वह समझ गई कि गंगिया कुंझलशाह की नीयत समझती होगी।

–तुम फिर किसके संग जाओगी ? देशपत हमें भी तुम्हारे संग नहीं भेजेंगे, काए से कि वे दो जनियों को भी 'अकेली असहाय' समझते हैं। इन दिनों इलाके की हालत बिगड़ रही है। देखती नहीं, जहाँ ढोर चोंपे मरकर सड़ते दिखाई देते थे, अब आदमियों की लाशें पेड़ों से झूलती दिखती हैं। सड़ाँध और बदबू से हवा मैली और गन्दी हो चुकी है। औरत के संग तो फिर उसकी अस्मत भी जुड़ी है, वह भी देशपत दिमान के दल की औरतें, ऊपर से जोगिनें।

–हम राजकुमार आदित्य को संग ले जाएँ तो ?

–हओ। ऐन ले जा सकती हो। वह माधोंपुरा जाने को तैयार बैठा है।

–तो तुम ही पूछ देखो दद्दा से। हमने तो आज तक उनके सामने मुँह नहीं खोला।

गंगिया को देशपत का इंतजार करना पड़ा था, क्योंकि कल ही एक दरवेश गाता आया था–

घिर गए बानपुर वारे हो
चौरतरफा से घेरा पर गए, गसें गाँव के द्वारे हो
उरझा सैन फिरंगी लूटे, जोर पुरा घर सारे हो
गौयें मार दौरन में डारीं, छेंके जन अति वारे हो
आज टेर टेर कें कै रए, छोड़ चलो घर द्वारे हो

ओह !

देशपत की साँस जहाँ की तहाँ अटक गई। गीत कानों की राह उतर कर कलेजे को चीरने लगा, दद्दा की सूरत पर टीसों का जाल बिछ गया था। उनका साथी हमदर्द राजा मर्दनसिंह को अँगरेजों ने घेर लिया। हर द्वार पर सिपाही खड़े हैं बानपुर राज्य में। गायें मार-काट कर दरबाजों के आगे डाल दी हैं कि हिन्दू गर्श खा जाएँ। दरवेश पागल की तरह कन्धे पर गुदड़ी डाले, गले में लोहे की चकरियों की माला पहने, धूल में अटे बालों की लटें छुटकाए गाता जाता था–चलो, घर द्वार छोड़ दो। बगावत में सामने आ जाओ।

देशपत के कठोर व्रत का रूप है बगावत। बगावत को अपनी जिन्दगी का अर्थ समझकर जैसे बैठे थे, वैसे ही भाग लिए। हाँ, कुंझलशाह की बन्दूक माँगी और घोड़े पर सवार हो गए। पिछली मुठभेड़, जो झाँसी के पास ही हुई थी, अपनी बन्दूक छोड़कर भागे थे कि जान बच जाए तो वे अपने क्रान्तिदल में नई योजना बनाएँ।

देशपत राजा मर्दनसिंह से नहीं मिल पाए, निराश लौटे थे। और अपना डेरा उखाड़कर ओरछा के जंगलों में ले जाने की बात कर रहें थे, क्योंकि वहाँ सागौन के बड़े और घने पेड़ हैं। नदी पास ही है, पानी का सहारा रहेगा। झिनझिनी के आसपास दल कभी भी पकड़ा जा सकता है। आज भी वे हमेशा की तरह धरती पर चटाई बिछाकर लेटे थे।

गंगिया ने जगह बदलने की बात पर ही यह बात चला दी थी–दद्दा, हम जब तक डेरा बदलेंगे, रज्जो माधोंपुरा हो आएगी। आदमी मर गया, सास अकेली...एक बार मिल आती तो बूढ़ी की छाती बँध जाती।–कहकर गंगिया ने दूध भरा लोटा आगे कर दिया, जो देशपत का नाश्ता था।

देशपत उठकर बैठ गए। चेहरे पर विभीषिका खुदी हुई थी, जो दिमाग को जकड़ लेती है। आँखों में भय ऐसा, जैसे जंग की ठोस धरती पर पाँव धरा हो। गंगिया की बात को नजरंदाज करके दद्दा बोले–कोई बेइज्जती इस बेइज्जती से ज्यादा बुरी हो सकती है कि तुम्हें बार-बार अपनी धरती से खदेड़ा जाए ? अब तो लगता है कि आदमी की कोई सूरत बागी की सूरत से सस्ती और घटिया नहीं। हम तो अस्तबल के घोड़े से भी बदतर हैं, उसके मारे जाने पर घुड़सवार दुख तो करता है। यहाँ हमारे राजे-महाराजे दुश्मन से मिलकर हमें घिरवाकर मार डालना चाहते हैं।

दद्दा ने कभी औरत जात को अपने ज्यादा नजदीक नहीं आने दिया था, मगर आज भय और अपमान ऐसा कि होश खोकर कहने लगे–गंगिया, पास आओ। देखो हमारा भेजा फटा जा रहा है। कोई तेल है तुम्हारे पास ? मालिश कर दो।

देशपत की आँखें जैसे लहूलुहान, कानों के पर्दे चिरे-फटे हुए और टाँगों की मोटी नसें जैसे किसी ने काट डाली हों। घायल बैल की तरह पड़ा यह आदमी...कौन कह सकता है कि ढलती उम्र में भी ऐसा वीर सैनिक है, फुर्ती में जिसका कोई सानी नहीं।

मगर आज वह अपने विचारों के विरुद्ध बड़बड़ा रहा है–मर्दनसिंह, गुस्सा हमने अपना भाव बनाया था, पर अब लगता है, गुस्सा मौत की निशानी है। देख लिया न, जो गुस्से को ओढ़ते-बिछाते हैं, मारे जाते हैं। झाँसी की रानी लक्ष्मीबाई भी इस बात को नहीं समझ रही कि उसका गुस्सा तुरन्त फुरत की लड़ाई बन जाएगा। हम भूल रहे हैं कि हम गुलाम हैं, हमें हर रोज अपने बचाव की बात सोचनी है, क्योंकि हर रोज जिन्दा रहना है।

नन्हे दीवान देशपत के पास आ चुके थे। गंगिया को सिर दबाते देखकर चौंके और पीछे लौटने लगे। जूतों की चर्रमर्र से दद्दा ने आँखें खोली थीं, जैसे हर आहट संशय की निशानदेही करती हो। उन्होंने बड़बड़ाना छोड़कर, गंगिया का हाथ झटककर

उठकर बैठ जाना उचित समझा और नन्हे दीवान से बोले–हमें बुखार हो गया है।

नन्हे दीवान पगड़ी वाले गोरे-चिट्टे लम्बे पुरुष, देशपत के छोटे भाई हल्का-सा मुस्कराए और विनम्र स्वर में बोले–बुखार ! यह तो आपको पहली बार आया है।

–हाँ, शायद...

–हालत इतनी खराब नइयाँ भइया, जितनी आप मान बैठे हैं। लाल तरवाड़ी मुकाबले पर डटा है। अभी सरइया का किला भी सलामत है। मदनपुर की फौजें संघर्ष कर रही हैं।

नन्हे दीवान जानते थे कि भाई को कैसे हिम्मत देनी है। वे जानते थे कि देशपत उन हथियारों को उठाकर लड़ेंगे, जिन्हें राजकुमार आदित्य लाया था और उसकी एवज में उसे दल की सदस्यता मिली थी। एक दिन ऐसा हो सकता है कि देशपत बलिदान हो जाएँ, पर यह इनकी गलती नहीं मानी जाएगी। गलती यह भले मानी जाए कि इन्होंने गंगिया और रज्जो को दल में ले लिया है और बात-बात पर गंगिया से सलाह करने बैठ जाते हैं, उसके बावजूद भी लोग देशपत को चाहते हैं, प्रेम करते हैं। मैं भी उनमें से एक हूँ। नन्हे दीवान ने बातों-बातों में अपना मत व्यक्त कर दिया। और उनके पास गंगिया का पाया जाना भी यह कहकर दरकिनार कर दिया कि–हर आदमी का अपना अलग ढंग होता है, देशपत के अपने तौर-तरीके हैं। तभी तो दल के लोग, क्रान्तिकारी राजा और आजादी चाहने वाली जागरूक जनता अपने लिए देशपत के फैसले मान लेती है और बताए गए रास्तों पर अमल करती है। इस जलते-धधकते माहौल में कहीं वे बातें सकून देती होंगी, भरोसा मिलता होगा।

नन्हे दीवान ने अन्तिम बात कही–हमें सिर उठाकर चलना किसने सिखाया ? उनके बीच सिर उठाकर चलना, जो दूसरे की बख्शीस पर फूले हैं और अपने आगे किसी को समझते नहीं। दद्दा, हम यहाँ अपने ढंग से ही चलते हैं। हमने आप से सीखकर गुलामी में सिर झुकाने से इनकार कर दिया है।

देशपत ने नन्हे दीवान के सामने ही गंगिया से कहा था–रज्जो से कहो, यहाँ गृहस्थों के नियम नहीं चलते कि शादी-ब्याहों में जाकर खुशियाँ मनाई जाएँ और मौत पर तेरह दिन की सोगवारी में रोते रहें। नाते-रिश्तेदारों की दिलासा से बहलें। ये सब सुविधा और सहूलियतों के चोंचले हैं।

उन्होंने आगे जोड़ा–आदित्य को भी समझा दो, उसका कोई भी कदम दल के मकसद के आड़े नहीं आना चाहिए। यहाँ राजघरानों और रजवाड़ों जैसे साधन नहीं हैं, जहाँ लम्बी-चौड़ी फौजें होती हैं। हथियारों का जखीरा रहता है। समझे कि यह निहत्थों की लड़ाई है, जिसमें बुद्धि विवेक, कुशलता और हर समय हाजिर रहने की योग्यता ही हथियार की तरह इस्तेमाल होती है। यही हमारी युद्ध-शैली बन चुकी है। ये लोग चाहते हैं कि हम इन्हें छूट देकर अपने किले में सेंध लगाने के लिए शत्रु को खुद ही न्योतें।

'देशपत दीवान ! कैसे समझ गया कि राजकुमार आदित्य को रजऊ अपने संग

ले जाना चाहती है ?' गंगिया ताज्जुब से दद्दा की ओर देखने लगी थी।

जब नन्हे दीवान चले गए और गंगिया दद्दा के लिए नहाने का पानी भर कर गगरी लाई तो गंगिया को रोककर देशपत ने कहा था–रज्जो का झुकाव राजकुमार की ओर होता जा रहा है। हमने खुद उनको मिलते देखा है। यह अपराध हम माफ नहीं कर पाएँगे।

गंगिया कहना चाहती थी–मिलने से क्या होता है ? दल में शामिल हैं तो मिलेंगे जुलेंगे भी–उससे पहले ही देशपत बोले–तुम लोग स्त्री हो, बस विरागसिंह के साथ आ-जा सकती हो। वह भी जहाँ हम कहें, तहाँ। जब हम कहें, तब।

□□

अनवरी बेगम के पास रहते आज तीसरा दिन भी गुज़र गया। क्या मालूम यह कहानी कब और कहाँ पूरी होगी ? रजऊ की जकड़न ने मेरा वजूद जकड़ लिया। और सचमुच मैं दो स्थितियों से खुद को घिरा पाती हूँ। एक तो यही कि अपने शोध-ग्रन्थ को पूरा करके ऐतिहासिक स्थितियों से उबर आऊँ और दूसरी स्थिति यह कि माधव के लिए भावात्मक गहनता में आत्मविश्वास पैदा करूँ। दूरियों ने बेचैनी भरी निकटता पैदा कर दी है, तभी तो उसका भेजा कैसेट...मेरे सामने यह दृश्य प्यार के सजीव दृश्य की तरह प्रकट हो जाता है। पड़ोस का छोटा लड़का अकरम खिड़की पर छोटी-छोटी थापें दे रहा था, मैंने खिड़की खोल दी। अब तक मुझे किसी भी दस्तक से डर लगता रहा है, एक दस्तक ने जैसे मुकम्मल तौर पर दहलाया हुआ है। चिरगाँव के घर की किबाड़ों पर पड़ती दस्तक ! पहले जिसने किबाड़ों को केवल थपथपाया था और धीरे-धीरें आघातों का रूप लिया। 'कौन है ? क्या है' के अन्दाज से माँ ने द्वार खोला था तो दो अजनबी चेहरे सामने खड़े थे–सफेद कुर्ते पाजामे और गेरूआ अंगवस्त्र गें। माँ हकबक-सी देख रही थी तो उन अपरिचितों ने अपना परिचय दिया था–'हम अजनबी लग रहे हैं, मगर तुम्हें अच्छी तरह जानते हैं। अपनी लड़की को समझा लो, यह कहने आए हैं। तुम साली कोठे की रंडी, अपनी लड़की को धन्धे में उतार रही हो।'

माँ मुँह खोलकर उजबक-सी देखती रहीं। फिर धमकाने वालों को यह बताने की हिम्मत कर बैठीं–'मेरी बेटी तो रिसर्च कर रही है। पी-एच. डी. के लिए रिसर्च। आपको भ्रम हुआ है।'

उनमें से एक, जिसकी मूँछें महाराणा प्रताप की तरह मुड़ी हुई थीं, विनम्र हो गया था और समझाने के से लहजे में बोला था–'बहन जी, आजकल के रंडीपन की अदा यही है। रिसर्च करो, कम्प्यूटर सीखने साइबर कैफे जाओ, पत्रकारिता करो, ब्यूटीशियन का कोर्स करो, लड़कियाँ साली देह के जरिए कमाई किए बिना नहीं मानतीं। बड़े घराने के लड़कों को बिगाड़ती हैं, फिर उन्हें ब्लैकमेल करती हैं, समझीं आप ?'

दूसरा बोला–'नहीं समझी हो तो समझाएँ ?'

माँ की साँस अटक गई। उसी समय रोटी बनाते से उठकर मैं बाहर आ गई कि माँ किन लोगों से बात कर रही है, बातों में माँ का स्वर कहीं नहीं !

पहला बोला—"अच्छा तो यह है कबूतरी !" कहकर उसने जैसी निगाहों से देखा, मुझे लगा मेरे कपड़े उतार लिए। बहुत हिम्मत के साथ खड़ी थी, फिर भी बदन में कँपकँपी दौड़ गई। यह तो वैसा ही आदमी था, जैसा कि सटई गाँव में सरस्वती देवी के पास आया था और कह गया था कि माधव को तुरन्त भेज दें, अपना भला चाहें तो, नहीं तो सहायिका संस्था की ऐसी-तैसी करने में देर नहीं लगेगी। एक रिपोर्ट लिखने की देर है कि 'सहायिका संस्था' के नाम पर यहाँ चकला चलता है। माधव जैसे युवकों को पहले लड़कियों के जाल में फँसाया जाता है, फिर दलाली करने लगते हैं ये लड़के। सरकारी सहायता का ऐसा दुरूपयोग !

सरस्वती देवी का थर्राया हुआ चेहरा देखने लायक था, जब वे हमारे पास आई थीं। वे उन लड़कों (माइकेल जैक्सन और क्रूकट) पर भी क्रोधित नहीं हो पाईं, जो फगवारों को हमारे कार्यक्रम में से बेचने के लिए उड़ा ले गए। हमें ताज्जुब हुआ था सरस्वती देवी के ठंडे व्यवहार पर। मगर हमें क्या पता था कि मेरे और माधव के कारण उनकी संस्था तबाही की लपटों में आने वाली है, और उनके हाथ-पाँव ठंडे पड़ गए हैं। वे कितनी जल्दी मचाने लगी थीं कि माधव छतरपुर चला जाए। उन्होंने मुझे मीरासिंह के पास भेजने का तुरत-फुरत इन्तजाम कर दिया था, क्योंकि वे मुझे हताश नहीं करना चाहती थीं। वे बहुत कुछ छिपाती रहीं, मगर मीरासिंह ने सब कुछ थाने पर बता दिया और दरोगा से सिपाहियों को हमारे साथ भेजने की दख्वास्त की थी। मैं हक्का-बक्का थी। मीरासिंह ने मुझे दिलासा दी कि थाना और थानेदार इस समय उस पार्टी की सरकार के मुलाजिम हैं, जो धमकी देने वालों के विरोधी पक्ष की है। सब राजनीतिक मामले हैं। कल अगर दूसरी पार्टी की सरकार आ गई तो वह अपने विपक्षियों की पक्षधर औरतों को नंगी घुमाने की धमकी देगी, और हौसले तोड़ेगी।

मीरासिंह की-सी हिम्मत अभी मेरे भीतर पैदा नहीं हुई, मैं थर-थर काँप रही थी और रिसर्च छोड़कर जाने का मन बना बैठी थी। माधव मेरे लिए कहाँ का राजकुमार है ? यह अपने मामा के लिए किस कारू का खजाना बननेवाला है ? इस अनमोल रत्न के कारण वे कितनी स्त्रियों को तबाह करना चाहते हैं ? भाड़ में जाए माधव—मैंने यही सोचा था और खुद को ऐसी निचाइयों में धकेली हुई पाकर मन ही मन माधव के मामा की ऊँचाइयों पर थूक दिया था, जिनकी विरासत में माधव को जाना था।

मगर आज की दस्तक। अकरम का किबड़ियाँ थपथपाना। मैंने खिड़की खोल दी। इस बार दस्तक के बाद किसी ताकतवर के छीननेवाले हाथ अन्दर नहीं आए। छोटे-छोटे दो हाथ, जिनमें एक में कैसेट फूलों की तरह सजा था। पहले अकरम के हाथों ने मेरे हाथों को छुआ। सच में हमारे हाथों ने एक दूसरे के स्पर्श से पहचान लिया कि हमारे पास मुहब्बत का कोई नायाब तोहफा है। अकरम और मेरा चेहरा एक दूसरे को नहीं दिख रहा था। मैं खड़ी हो गई और खिड़की के बाहर खड़े अकरम के स्वागत में नजरों

से उस पर फूल बरसाए। हमारी दोस्ती की यह प्रगाढ़ता, मेरे लिए यादगार बन गई।

कैसेट कोरियर से अकरम के फूफा की दुकान पर आया था, जिस पर फल सजे रहते हैं। अकरम के अब्बा उसे अपने कुर्ते की जेब में रखकर लाए थे। माधव ने कितने जतन किए हैं अपने आपको मुझ तक पहुँचाने के लिए।

अनवरी बेगम ने चटपट अपना कैसेट प्लेयर हाजिर कर दिया। कितनी उत्सुकता, कितनी बेचैनी और कितना उल्लास फैल गया था मेरे चेहरे पर कि बेगम साहिबा भी तितली की तरह नाचने लगी थीं। अकरम कैसेट में से उठते शब्द स्वरों में क्या सुन रहा था ? माधव की अपनी आवाज में एक फाग सुनकर अनवरी बेगम की ओर देखकर बोला था—'जेई तो अब्बा गाते हैं'

तलफत बिन बालम जौ जीरा
तनक बँधत ना धीरा
बोलन लगे पपीरा मोरें, बरसन लागौ नीरा

अकरम की बात कि माधव के बोल सुनकर अनवरी बेगम धीरे-धीरे सिर हिलाने लगी थीं, जैसे विरह की झारदार हवा में उनका दिल हिल रहा हो।

और मैं ?

सदमा है तो है मुझे भी, कि तुझ से जुदा हूँ
लेकिन यह सोचता हूँ कि अब तेरा क्या हूँ मैं

इस गजल पर अटक कर रह गई। सीने में हूक-सी उठती और मूक स्वरों में पुकारती—माधव, तुम मेरे क्या नहीं हो, सब कुछ हो। दूर चले जाने से प्यार कमजोर नहीं होता, और मजबूत होता जाता है। निराशाभरी बातें मत करो माधव। जहाँ घिरे हो, वहाँ मान लो कि वे हमारे सीमाहीन दायरे हैं। हम उन दायरों को तोड़कर बाहर निकल रहे हैं, देख रहे हैं कि मुहब्बत के कटे-फटे अवशेष जगह-जगह छितरा गए हैं। तुम भटक नहीं गए, उस रास्ते चल पड़े हो, जो मामा जैसे लोगों के आकाओं के बताए-सुझाए रास्तों से मेल नहीं खाता। वह पुलिस अफसर, जो तुम्हारा गाइड है, क्या गद्दारी करता पकड़ा गया है, जो तुम मनोबल खो रहे हो। क्या पुलिस अपने उस अफसर की खोज में निकल पड़ी है, जो तुम्हारा विश्वास डगमगा गया है ? अखबार और रेडियो की खबरें बहुत कुछ बता रही हैं। और जता रही हैं कि कुछ लोग ऐसे संकल्प के धनी हैं कि मात नहीं खा रहे। वे नरसंहार के पास खिसकते आ रहे हैं और कतार बाँधकर कत्लेआम के बीच से बेधड़क गुजर रहे हैं। तुम उस कतार के आगे-आगे चल रहे हो, मेरी आँखों के आगे मनचाहा दृश्य बार-बार उपस्थित होता है। वह तो प्यार की पाप शंकाएँ हैं कि ध्वस्त स्थानों और प्रतिरोधियों के पिछड़ जाने के अनचाहे नजारों में बेबस-सी उतरती चली जाती हूँ। और अपने साथी के मन में उभरते डर को अपने शरीर में बढ़ते ताप की तरह महसूस करती हूँ। दरिन्दों में घिरा एक नवयुवक, फिर कत्ल

खचाक् खचाक् ! नहीं-नहीं। खुद ही अस्वीकार करती हूँ। तर्क जुटाती हूँ कि ऐसे ख्याल उस घटना के बदले हुए रूप में आ जाते हैं, जिसमें प्रताप को अपराधी की तरह खत्म होते पाया था। जो रज्जो का फिर कुछ न रहा था। विलाप तन-मन की थाती बन गया। माधव, बस यह सोचते हुए मैं तड़प उठती हूँ, कि तुम्हारे मामा कड़े और कड़ुवे आदमी हैं, न जाने हुकुम उदूली के अपराध में किस घाट तुम्हें उतारें ? एक घमासान तुम देख रहे हो, एक घमासान से मैं गुजर रही हूँ। तुम्हारे अहमदाबाद का नरसंहार मेरे सामने सन् 1857-58 की खूनी लड़ाइयों और कत्लेआम के दृश्यों में दिखाई देता है, जैसे मैं अतीत और वर्तमान की मिली-जुली फिल्म देख रही हूँ। देख रही हूँ कि अहमदाबाद वाले राज्य के शासक और छतरपुर के तुम्हारे मामा एक स्वर में ऑर्डर दे रहे हैं—सत्ता के मालिक हम हैं। हम जो कहें, हमारे नागरिकों को वही करना होगा, बच्चों को हमारे बताए रास्तों पर जाना होगा, यही हमारी सांस्कृतिक और धार्मिक परम्परा है।

मैं ऐसी आवाजें क्यों सुनती हूँ माधव ? क्या मैं रजऊ की कथा लिखते-लिखते उसकी जिन्दगी में उतर गई हूँ ? क्या तुम भी वही नहीं करना चाहते, जो ईसुरी ने नहीं किया था ? मगर हम तो इस नए जमाने के नवयुवा हैं माधव। हम हथियारों की बातें क्यों करते हैं। हमारे हाथ में तो कलम है, जो कुछ आज घटित हो रहा है, उसको लिख सकते हैं। युद्ध, दंगे और उन्मादी लोगों के बलबले, खत्म हो जाएँगे एक दिन। रह जाएगा हमारा लिखा हुआ। नहीं तो हम अपनी सरलता में सोते हुए अनजान बने रहकर वह अपराध करेंगे, जिसे खुद ही क्षमा न कर पाएँगे। आज भी यह लज्जा रहस्य की तरह हमारे भीतर छिपी हुई है, इससे उबरने के लिए हम निजी अनुभव ही खोलें, जिनके पीछे हमारी तड़प की ध्वनि हो। इस तरह की ध्वनियाँ आज के नवयुवाओं की संवेदना के निर्मम हत्याकांडों का खुलासा करेंगी। सवाल उठेगा कि क्या हमारी अपनी इच्छाओं का जीवन इतना छोटा होना चाहिए और उसे ऐसी बेरहमी से क्यों नष्ट किया जाना चाहिए ?

तुम समझना कि मैं लिखने के लिए तैयार हो गई हूँ, हाथ में कलम है। मामा के तरकश से निकले तीर, माधव की कथा।

मम्मी से फोन पर बात करने टीकमगढ़ गई थी। चिरगाँव फोन तो मिला, मगर बीच में बात कट-कट जाती थी। मैं कटी-फटी बातों को रात भर जोड़ती रही। कभी-कभी चीजें गलत जगह भी तो जुड़ जाती हैं। वे किसी रूप को किसी दूसरे ही आकार में सामने ले आती हैं। मेरे साथ भी शायद यही हुआ है। तभी तो मैंने राहुल को सन्देश दे दिया था कि माधव से मुझे ऐसी उम्मीद नहीं थी, कह देना राहुल।

मैंने सुन लिया कि तुम्हारे मामा ने तुम्हें वहाँ से सुरक्षित निकाल लिया है। कार सेवकों और हिन्दुत्ववादी शक्तिओं की छत्रछाया में तुम हर बला से महफूज हो, शर्त यही कि उस पुलिस अफसर का ठिकाना बताओ, जिसने शासन के साथ गद्दारी की है और मुसलमानी इलाके को ध्वस्त नहीं किया। उसने खून की जगह नालियों में रंग बहाया और हिन्दुओं को धोखा दिया। सुना मैंने कि तुमने उस पुलिस अफसर को पकड़वाने का वादा किया है क्योंकि उसने तुम्हारी आवाज को अपनी आवाज बना लिया

था। माधव, सच ही मेरी आशंकाओं ने तुम्हें तुम्हारी जगह से नीचे गिरा दिया। तुम्हारा कैसेट मिला तो मैंने खुद को धिक्कारा। माधव जैसे लड़के अपनी लगन के होते हैं, किसी मामा या मुख्यमन्त्री के कहने पर आगे-पीछे नहीं चलते। तुम अपने जुनून में चलोगे, मैं तुम्हारे साथ-साथ आऊँगी। मैं तो तुम्हारी सब कुछ हूँ न ?

मगर यह शोध कहानी !

मेरे सामने राहुल नहीं, मम्मी नहीं, माधव नहीं और माधव के मामा भी आसपास नहीं। अनवरी बेगम नजदीक बैठी हैं, जो गुजरात के गोधरा और अहमदाबाद की बातें भूले से भी जुबान पर नहीं लाना चाहतीं, बाबरी मस्जिद के बारे में बात चलाने पर बात बदल देती हैं। उनकी बातों में ओरछा की कहानियाँ, टीकमगढ़ रियासत के वर्णन होते हैं। वे अभी कहानी आगे बढ़ाती हैं—

❑❑

—बाँस की टट्टियों का रहवास गंगिया और रज्जो के लिए था। मर्द तो अपनी बनाई खदानों में उठते-बैठते, बेलों के झुरमुटों का इस्तेमाल करते। अचानक होने वाले हमलों से चूहों की तरह बचते। शिवाजी की सेना की तरह गुरिल्ला युद्ध चलाने के मंसूबे थे। मगर अँगरेजी फौजें, उनके बूटों की धमक और बन्दूकों के धमाके गाँवो-जंगलों में सुनाई देते।

—"क्षमा करें मुझे" कहकर आदित्य जा चुका था। और जो गुनाबार गया, वह जंगल में हवा के साथ फैल गया।

—मैंने आपके कहने से उन सेठों के यहाँ डाका डलवाया है, जिनका अपराध केवल यह था कि उन्होंने पैसा कमा लिया। वे मेरे निजी दुश्मन नहीं थे और न वे रियाया के लिए ही कट्टर थे। आड़े वक्त में किसानों की मदद भी कर देते थे। पर हाँ, वे आप लोगों के सहायक नहीं थे, बस इसलिए ही उन्हें लूटना लाजिमी था।

—मैंने आपकी आज्ञा पर उस अस्लाह को भी लूटा, जिसे कुछ सैनिक रानी लक्ष्मीबाई की मदद में ले जा रहे थे।

—मैं अपनी माँ से वह धन उड़ा लाया, जो उसने पाई-पाई जोड़ा था कि आड़े वक्त में उस अपमानित परित्यक्ता स्त्री के काम आए, जिसे राजा ने काग उड़ानी औरत के रूप में रखा है।

—यह सब मैंने किसलिए किया ? जाहिर है लड़ने के लिए। अपने और अपनी माँ के लिए लड़ना है मुझे। आपके दल में आकर निरे गुलाम नहीं हो गए हम। समझ लो कि हम आम आदमी नहीं और न वह राजकुमार जो नाजों में पलता है, हथेलियों पर खेलता है। तुमने भी देख लिया होगा कि तुम्हें किस तरह के आदमी की जरूरत होती है ? खतरों से खेलने वाले की ही न ? मैंने नफरत पर तेजधार धरी और लड़ना

अपना धर्म बना लिया। यह तीखा पित्त जहर मैंने अपने भीतर यहाँ आकर कुछ ज्यादा ही बढ़ा लिया है।

–आप मुझे रजऊ के संग जाने से रोक रहे हैं। उस औरत के संग जाने से जिसके आदमी की अँतड़ियाँ उसकी आँखों के सामने झूलती रहती हैं। उस मरने वाले बेटे की माँ शोक में पागल हो रही है। तुम सब इंसानियत की बातें भूल गए हो। लगाव जुड़ाव प्रेम मुहब्बत बिना जंग भी नहीं होती, इतना समझ लो।

और न जाने कितनी बातें...राजकुमार आदित्य सचमुच दल छोड़कर अपना घोड़ा हाँक ले गया था। बांका कुंझलशाह देखता रह गया।

वह जाने से पहले रजऊ के पास आया था और बोला–जोगिन, विदा चाहता हूँ। बगावत की इस दुनिया में ऐसा सामन्ती रवइया है तो फिर जागीरें और रियासतें ही क्या बुरी ? और मुझे इन टूटे-बिखरे सामन्तों की जरूरत नहीं।

रजऊ हक्का-बक्का-सी देखती रह गई। राजकुमार में से यह कौन-सा आदित्य निकल आया कि जिसे देशपत का फरमान अपना अपमान लगा। क्या यह वही है, जो फागों में गूँजती उसकी आवाज के पीछे छोटे बच्चे की तरह चला आया था। गंगिया और वह नहीं मिल पाई थीं तो खेतों में पशु चराती चरवाहिन के पास जाकर बैठने लगा था क्योंकि वह उसे एकाध फाग सुना सकती थी।

प्रताप के न रहने पर वह सामने आकर बोला कुछ नहीं, बस आसपास बना रहा। गंगिया को वह माँ की तरह चाहता था और एक दिन यह प्रस्ताव भी दिया कि वह कहे तो राजकुमार बगौरा चला जाए। आवादी बेगम से मिलकर ईसुरी के दर्शन करे। हाल-चाल जान आए कि वे कुशल तो हैं ?

गंगिया ने ही 'चुप-चुप' करके उसे रोक दिया। देशपत दद्दा ईसुरी से खुश नहीं, खफा हैं। इसलिए कि उन्होंने एक भी फाग आजादी के आन्दोलन के लिए नहीं कहीं। वे मानते हैं कि ईसुरी सिर्फ औरत की देह के रसिक हैं। देशपत ने कवि की दोनों प्रेमिकाओं को रति मुद्राओं से अलग करके क्रान्ति की राह दिखाई है, जो देश-प्रेम की अपनी मिसाल है और देशपत की अपनी जीत सरीखी प्रतिक्रिया है। आवादी बेगम को वे कलाकारों को मान देने वाली स्त्री नहीं, अँगरेजों की मुलाजिम जमींदारनी के रूप में जमींदारी प्रथा समझते हैं, जो प्रत्यक्ष और अप्रत्यक्ष रूप से जनता का शोषण करती है।

अन्त में आदित्य ने कहा था–जोगिन, हम अपनी नाक हाथ घुमाकर पकड़ रहे हैं, यही हमारी गलती है। हमें देशपत के जरिए नहीं, खुद ही रानी लक्ष्मीबाई को अपना सहयोग देना चाहिए, जो अब हथियार उठाकर मैदान में आनेवाली हैं। तुम मेरे संग आओगी, ऐसी मैं आशा करता हूँ।

'वह चला गया !' सोचते ही रजऊ के मन में बेजान खालीपन उतर आता। जैसा कुछ लगता, उसे वह स्वीकार नहीं करना चाहती थी, मगर स्थिति ऐसी ही हो जाती जैसे प्रताप की हत्या फिर से हुई हो। ईसुरी का भूमिगत होना दुबारा तय हुआ हो और उसकी मियाद बढ़ा दी गई हो।

"जिज्जी, आदित्य अब नहीं आएगा ?" उसने गंगिया से पूछा तो गंगिया ने होंठों पर उँगली रखकर चुप रहने का संकेत किया।

और बाद में बताया–

'हम और तुम जो समझते हैं, असल में ऐसा है नहीं। राजकुमार के रहते कुंझलशाह की चमक फीकी पड़ गई थी, हमने कहाँ गौर किया ? देशपत दद्दा अस्लाह और पइसा की आमद के लिए उसका ही मुँह देखने लगे थे। इन दोनों चीजों के अलावा लड़ने के लिए चाहिए ही क्या ? आदमी तो इन दिनों बेमोल मिल रहा है, केवल खुराक पर। कुंझलशाह खुश है। अपना अमला जमा रहा है। पर देशपत दद्दा ? तुम देखती नहीं कि उनका तन-बदन मुरझाने लगा है। बस यही सोचकर कि राजकुमार आदित्य हाथ से निकल कर रानी के साथ मिल गया तो ? लक्ष्मीबाई ने पहले ही गरीब किसानों को लगान से मुक्त करके उनका प्रेम जीत लिया है, उसके ऊपर वे सैनिक भी अपने जखीरे में शामिल कर लिए हैं, जो निकाले गए थे। अफगान, पठान और मकरानी मुसलमानों तक को पुकारा। अपने देशपत दद्दा ऐसा नहीं कर सकते। वे सच्चे हिन्दू हैं। और फिर वे किसी राज्य के राजा तो नहीं। उनकी लड़ाई अपने बलबूते है।'

रजऊ को कुछ पता नहीं कि आगे गंगिया क्या कहने वाली थी ?

–दद्दा ने विरागसिंह को भेजा है कि आदित्य को मनाकर ले आए। इस बात का नन्हे दीवान और कुंझलशाह को पता न लगे, विराग को सावधान कर दिया था। भाई-भतीजे हैं तो क्या, स्वार्थ में पीछे रहने वाले नहीं। इन्होंने आजादी के आन्दोलन को मनमाना खेल बना लिया है।–गंगिया रहस्यमयी औरत की तरह मुस्काई।

–किसने बताया तुम्हें जिज्जी ?–रजऊ ने आँखें नहीं बड़ी करके पूछा।

–विराग ने, खुद। कुंझल उसे ही कब देख सकता है ? बस उसकी तो कदर ऐसे ही है, जैसे हाट बजारों में तन्दुरुस्त जानवर की होती है। ऐसे ही लोगों को जोतकर ये अपनी खेती बार रहे हैं–कहते हुए गंगिया का स्वर तल्ख हो गया, जैसा कि अक्सर होता नहीं था। वह बहुत कुछ पचा सकती थी।

मेरे मन में बार-बार यह सवाल उठता था कि माना तब फोन, फैक्स, कोरियर, स्पीड पोस्ट की सुविधा नहीं थी और डाक-व्यवस्था भी नाम की ही थी, जो अँगरेजों ने शुरू की थी। पर लोग तो थे, जो एक गाँव से दूसरे गाँव तक जाते थे। एक शहर से दूसरे शहर की यात्रा करते थे। क्या ईसुरी तक कोई नहीं गया, जो रजऊ का हाल उन्हें बताता ? या कि इतना प्रेम करने के बाद ईसुरी को यह जानने की इच्छा नहीं थी कि अब रजऊ कैसी है, कहाँ है ? याद करती है, या भूल गई ? या कहीं मर-मिट गई ?

मैंने सवाल किया तो अनवरी बेगम ने सरौता को छालिया काटते हुए आगे कर दिया–मतलब कि उनका दिल सुपारी की तरह टुकड़े-टुकड़े हो गया था, जिसे वियोग की तीखी धार ने काट डाला था। कोई कुछ बताता तो क्या वे उस बात को सही

मान लेते ?

—आवादी बेगम की बड़ी बेटी, अख्तर बेगम हमारी मौसी बताती थीं कि उनकी माँ आवादी रजऊ के एक-एक कदम का पता करातीं। अपने कारिन्दा भेजतीं, जो माधोंपुरा से लेकर झिनझिनी तक जाते थे। गाँव-गाँव पता करते थे। खुफिया-खोजिया वे कम न थे।

पर जो पहलू उजागर होते, उनपर ईसुरी यकीन कहाँ करते थे। वे नहीं सोच पाते थे कि शृंगार से सज़ी स्त्री रूप की मादक मलिका घर से भागने और देशपत के गिरोह में शामिल हो जाने का दुस्साहस कर सकती है। नहीं सोच पाते थे कि उनके प्रेम में रजऊ ने सारे बन्धन तोड़ डाले। नहीं नहीं। वह तो उनके माधोंपुरा से चलते समय प्रेमानन्द की कोठरी तक नहीं आ सकी थी। वे दिन भर तड़पते रहे। आधी रात तक देखते रहे। आखिर शुक्रतारा निकलने पर निराश होकर पिरभू के साथ चल दिए थे। मुड़-मुड़कर पीछे देखते हुए कई बार ठोकर खा गए थे। वे आवादी बेगम से अपने दिल का हाल कहते—मैं भी कहाँ ऐसा था कि एक औरत के लिए सैकड़ों फागें कहता जाऊँ। रजऊ की प्रीतिभरी आँखों का करिश्मा था, उसकी रति गति का जादू था या हम दोनों की चितवन का व्यवहार था, नित नई फागें रचता जाता और भूल जाता कि मैं मर्यादा से बँधे समाज के बीच हूँ। सच, मैंने उसके सामने धर्म, मान और अहंकार के हथियार डाल दिए थे, जैसे 'फाग' की तरह मैं एक आजाद छन्द हूँ, जिसे शास्त्रीय नियम बाँध नहीं पाते।

क्या रजऊ भी फिर नई से नई भंगिमाएँ धारण करने लगी ? और अपनी अन्दरूनी धुन को घनी करती चली गई ? और फागों को घनी बसंती सरसों-सी घर के बाहर गाँव में, गाँव के बाहर खेतों में, खेतों के बाहर मैदानों में फैलाती चली गई ? वह स्वर का बराबर ध्यान रख रही है और जरूरत के मुताबिक माहौल में ढाल रही है कि फागों की प्रमुखता बनी रहे।

रजऊ की बातें सुनते हुए, उसकी बातें करते हुए ईसुरी की तल्लीनता इस कदर बढ़ती, कि लगता वे रजऊ को अपनी बाँहों में बाँधकर अपनी ओर खींच रहे हैं। उदास पड़े फगवारे का चेहरा प्रेम की रेखाओं से अपनी पहली सूरत में आ जाता तो आवादी बेगम को कितना अच्छा लगता। अब क्या कहें तुमसे कि वे अपने रज्जब अली (खाविन्द) के संग बिताए दिनों में होतीं और उनका तन-मन गुदगुदा जाता। ईसुरी का मान ज्यादा से ज्यादा बढ़ जाता। वे कहतीं—कला में यह कैसा जादू है कि बिखरी-बिखरी जिन्दगी बँध जाए।

बस इसलिए भी कभी कोताही नहीं की आवादी बेगम ने। उनके आफताब और उस्मान नाम के दो जवान इलाके में जब-तब घूमते ही रहते। रजऊ की खोज-खबर उनका मुख्य उद्देश्य होता।

उन्होंने ही ईसुरी को आकर बताया था कि प्रताप को मार डाला गया। उसकी माँ माधोंपुरा में पागल की तरह घूमती है। गाँव के लोग बताते हैं कि बूढ़ी ने खबर

सुनी तो सच नहीं मानी। कितने दिनों से क्या, जुग-जुग से सिपाहियों की मौत और जिन्दगी का खेल चलता रहा है, सो अब क्यों नहीं चलेगा ? ऐसी ही नजर से देखती सोगवारों को।

धीरे-धीरे यह हुआ कि घर से निकलना छोड़ दिया और भीतर से द्वार में बेंड़ा लगा कर रहने लगी। कोई खुलवाता तो कहती–कह दो पिरताप नइयाँ इतै। हत्यारों को लौटा दो। फिर देखें मोरे बेटा खों कौन फिरंगी मरवाएगा ?

लोग दरबाजा पीटते, वह नहीं निकलती। टट्टी फराकत भी आँगन में ही कर लेती। और फिर अपनी छाती पीट-पीटकर घर में चिल्लाती–रज्जो, तें कितै चली गई ? देख आँगन में गू मूत...आजा लीप जा गाय के गोबर सें और चौक पूर दै बेटा...मोरा घर तोरे बिना घूरा हो गया। रज्जो...एकबार मुख दिखा जा मतारी खों !

"काकीऽऽ..." ईसुरी ने कराह कर अपनी आँखें मूँद लीं। मिची आँखों से आँसुओं की धारें बहने लगीं। अपने अँगोछे से पोंछते, मगर आँसुओं की तलइया रीतने पर नहीं आती।

जब रो चुके तो बोले–बेगम साहिबा, माधोंपुरा जाने का इन्तजाम कर दो। भले हमें धौर्रा का मुसाहिब मरवा दे, पर काकी से मिले बिना नहीं रहा जाता। क्या पता था रजऊ के कारण हम काकी से जुड़ गए थे...आज हम दुश्मन जमींदार के हाथों कट जाना चाहते हैं, बेगम साहिबा।

मगर क्या करतीं आवादी बेगम, उसी समय झाँसी की रानी ने लड़ने की तैयारी कर ली। देखभाल में अफगान लोग शामिल थे। युद्ध में घोड़ों की जरूरत सबसे ज्यादा रहेगी, यह समझकर दो अफगान सैनिक आवादी बेगम के पास आए और दोनों घोड़े माँग लिये। अँगरेजों की दी हुई जमींदारी की मालकिन आवादी बेगम लड़ाई में ऐसे ही चुपके से शामिल हुई जैसे वह ईसुरी को छिपाकर कला साधना में शरीक हुई थी। सचमुच उसके चेहरे पर इस बात का गौरव झलकता था कि वह उन पुराने राजा-महाराजाओं की तरह व्यवहार कर रही है, जिन्होंने देश प्रेम और कला प्रेम को, जाति और धर्म से ऊपर माना है।

अनवरी बेगम, जो आवादी बेगम की तीसरी पीढ़ी की कला साधिका है, मेरे सामने बैठी बोल रही थी और मैं उसे अपनी भाषा में दर्ज करती जा रही थी। आगे कहने लगीं–ईसुरी पैदल चलकर माधोंपुरा जाने के लिए तैयार हो गए थे और ज़ता दिया था कि वे जो भी हैं, रजऊ की देन हैं। माधोंपुरा वाली रज्जो ने उन्हें कवि बनाकर खड़ा किया है, इसलिए न मेडकी गाँव के, न लुहरगाँव के, न ठठेवरा के...वे सिर्फ माधोंपुरा के हैं। वहीं उनके कवि का मूल निवास है, जहाँ रजऊ का घर-आँगन है। और आज जहाँ काकी मरणासन्न अवस्था में है।

आव़ादी बेगम ने पालकी का इन्तजाम किया था। कहार भी मुश्किल से मिल पाए थे, क्योंकि गाँव-गाँव से कहार-धींवर इकट्ठे होकर झाँसी में जा जुड़े थे। कारण कि रानी लक्ष्मीबाई ने झाँसी के कुओं में जहर डलवा दिया था कि दुश्मन पानी पिएँ

और मरें। कहार-धींवर झाँसी निवासियों के लिए दूर-दूर से पानी लाते। बेतवा नदी के किनारे घाट बना लिए थे।

लेकिन ईसुरी की तकदीर में माधोंपुरा जाना बदा नहीं था। जाने के कुछ घंटे पहले ही माधोंपुरा के आसपास से गुजरते उस्मान और आफताब कारिन्दा बघौरा आए, उन्होंने रजऊ के सास के इन्तकाल की खबर दी। बताया कि गाँववालों ने मरी डुकरिया को किबाड़ें तोड़कर निकाला।

ईसुरी को रजऊ से सम्बन्धित लोगों की मौत पर विश्वास नहीं होता था, सो काकी के देहान्त को भी नहीं माना। पिरभू न आया होता तो वे किसी की बात न मानते। वे पिरभू के गले लगकर ऐसे रोए, जैसे बच्चा माँ के न रहने पर रोता है। परेखे करते रहे—तनिक-सी बात पर माधोंपुरा त्याग आए थे हम। बेगम साहिबा, काकी ने बस इतना कह दिया था कि फाग में रजऊ नाम न लगाया करे, बहू की बदनामी होती है। पर आप ही बता दो, रजऊ के नाम बिना फाग क्या होती ? कैसे होती ? और क्यों होतीं ?

पिरभू ने ईसुरी को दिलासा दी थी—हाँ म्हराज, तुम रोम-रोम से रज्जो भौजी के हो, माधोंपुरा के हो। पर माधोंपुरा की रजऊ अब जोगिन है और आप यहाँ...

अनवरी बेगम ने नजीर का नाम लिया और बताया कि जब उनकी मौसी ग्वालियर के राजदरबार में संगीत के मुकाबले में भाग लेने के बाद आगरे का ताजमहल देखने गईं थीं तो उनको बरकतुल्ला तबलची ने नजीर से मिलवाया था। मौसी कहती थीं, नजीर की नज्मों का रवइया एकदम ईसुरी जैसा था। आज बात चली है तो मौसी की बात याद आई और वह मिसरा—हकीर कहो, फकीर कहो आगरे का हूँ।

बोलो, ऐसी जिद ईसुरी कर रहे थे कि नहीं ? वे उस समय माधोंपुरा के सिवा कुछ सोच ही नहीं सकते थे। धीरे पंडा आकर मिलते, उन्हें बहुत समझाते। यहाँ तक कहते कि रजऊ ईसुरी की थी ही कब ? यह तो कवि का धोखा था। बहुत से लोगों को धोखा हो जाता है। वे कवि नहीं बन पाते, माना, पर सनक जाते हैं।

ईसुरी धीरे पंडा को कभी जवाब नहीं देते थे, बस सिर झुकाकर रह जाते। आवादी बेगम तरह-तरह से फगवारे को दिलासा देने के उपाय करती। अपनी बड़ी बेटी अख्तरी को साजिन्दों के साथ उनके पास बिठाती कि कोई फाग वे कहें और अख्तरी को संगीत में ढाल दे। मगर ऐसी घड़ी आई नहीं। ईसुरी का दिमाग दिल के साथ बिखरा जाता था, जबकि वे कोशिश करते कि रजऊ के बिछोह में कोई नायाब फाग कहें, जिससे रजऊ की कीमत इतनी बढ़े कि वह अनमोल हो जाए।

जब नहीं हो पाता तो अख्तरी से कहते—वक्त की धार में उथल-पुथल है और वे गुमनाम बन्दी जैसी जिन्दगी जी रहे हैं।

अख्तरी उनकी देखरेख करती हुई माथे पर रोली-चन्दन का तिलक लगाती, बालों में खुशबूदार तेल डालती, जिसके कारण उनका रूप तस्वीर में बने कृष्ण-कन्हैया से मिलने लगता। तब और ज्यादा कृष्ण लगते, जब वे अपनी लम्बी नुकीली

आँखों से देखते हुए मुस्कराने लगते। अख्तरी समझ लेती थी कि अब उन्हें रजऊ की छवि में लीन होने की अभिलाषा है।

❑❑

मैंने पूछा—बेगम साहिबा, ओरछा का गाइड शालिगराम कटारे कह रहा था कि रजऊ रानी लक्ष्मीबाई के साथ हो गई थी। मैंने उसकी बात का विश्वास नहीं किया क्योंकि ऐसा उल्लेख कहीं भी नहीं मिलता। और न ही उसने फिर कोई ऐसा किस्सा बताया, जिससे ईसुरी की प्रेमिका के जीवन की साहसिक झलक मिलती।

जब मैंने यह प्रश्न किया तो हम दोनों ही आँगन में नीम के नीचे बैठकर दूध में मींसी हुई रोटी खा रहे थे, अपने-अपने सामने दो बड़े-बड़े काँसे के कटोरे धरकर।

पिंजड़े से तोता बोल रहा था—फुफू रोटी खा लो। फुफू बोलो नईं।

खाना खाते समय अनवरी बेगम बोलती नहीं, उनका नियम है। मगर मैं मन में उठते सवालों में ऐसी उलझी कि निरवारने के चक्कर में उनके मौनव्रत का ध्यान भूल गई। वे खाते-खाते मुस्करा रही थीं। और मैं अपने किए पर शर्मिन्दा हुई।

खा चुकीं तो हाथ धोकर कुल्ला किया, जिसके लिए पनारे की ओर गईं।

फिर आसन पर बैठकर पानदान खींच लिया, पान बनाने लगीं। और जब पान खाकर बोलीं तो लगा पान के साथ वे रजऊ की कहानी रच रही थीं। ईसुरी की कथा में रंग मिला रही थीं। स्वर-साधिका जिन्दगी के अनेक स्वरों की साधना में लीन थी।

—गाइडों के पास झूठी कहानियाँ रहती हैं, लोग ऐसा ही मानते हैं ऋतु। पर हम समझ रहे हैं कि गाइड को जब यह पता है कि उस जंग के जमाने में ईसुरी की माशूका घर से निकल भागी थी और देशपत दिमान के दल में मिल गई थी, तो गाइड को सही ही खबर है। अलबत्ता हमारी नानी ने मौसी को यह नहीं बताया कि जंग में रजऊ का क्या हिस्सा था ? उन्होंने तो ईसुरी की बिछोह-व्यथा देखी थी और तरह-तरह से उस दुख को दूर करने के उपाय किए थे। आवादी बेगम की विरासत में कला को जिन्दा रखने की कला हमने पाई है। और जाना है कि कलाकार के हितू उस जमाने में भी थे और अब भी हैं। आगे भी रहेंगे। इन्हें भी कला ही बनाए रहेगी। कला अगनपाखी की तरह खुद जिन्दा जो हो उठती है।

अब देखो न, यह क्या है ? मैं जो कुछ बता रही हूँ, तुम लिख रही हो। कहाँ से कहाँ तक चलकर आई हो। आवादी बेगम और ईसुरी के किस्से को जिन्दा रखने के लिए मैं और तुम यहाँ जुड़े हैं। जुड़े हैं कि मैं यह बता पाऊँ कि आवादी बेगम के कारण ईसुरी और रजऊ नहीं बिछुड़े थे, कि जिस जलते-धधकते माहौल में राजा और जमींदार लोग अपनी शान के लिए ईसुरी को इस्तेमाल करना चाहते थे और अपनी सामन्तशाही से उनको ठोकर मारते थे, तब हमारी नानी और मौसी ने कलाकार के लिए क्या-क्या किया ? जबकि भोपाल की बेगम तक अँगरेजों की चमचागीरी कर रही थी। उसे अपने

लोगों का कोई ख्याल नहीं रह गया था।

वे इतना कहने के बाद सन्तुष्ट भाव से मेरी ओर देखती रहीं। फिर कुछ सोचने लगीं।

—अपन तालबेहट कुटरा चलें तो ?—उन्होंने कहा तो मैं तालबेहट कुटरा से अनजान, नासमझ-सी उनके आशावान चेहरे को देखती रह गई।

—भेद मिलेगा वहाँ। रानी लक्ष्मीबाई के इन्तकाल के बाद उसके बेटे दामोदर राव को लेकर रानी के वफादार दो ठाकुरों ने जहाँ डेरा डाला, उस जगह का नाम तालबेहट कुटरा है। पर गाँव के लोग अँगरेजों से डरते थे। ठाकुरों को देखकर इसलिए थर्राने लगे कि वह दोनों रानी के हमदर्द थे। गाँववालों को रानी लक्ष्मीबाई से कम हमदर्दी न थी। वे सभी रानी की बहादुरी के उन किस्सों को सुनना चाहते थे, जो अँगरेजों के खिलाफ लड़ने का बयान देते थे। वे उन अँगरेजों का कटना-मरना आँखों देखे हाल के जरिए सुनना चाहते थे, जिन्होंने मुल्क के बादशाह बहादुर शाह जफर को देश निकाला दिया था। बहादुर शाह जफर को जो गालियाँ फिरंगियों ने दीं, वे रियाया ने सुनी थीं और गालियों का जो जवाब उस मुल्क के आशिक ने उन्हें दिया, वह आज तक भी लोगों की जुबान पर है।

मैंने अपनी याददाश्त पर जोर डाला और याद आ गए वे शेर, जिनका जिक्र बेगम साहिबा कर रही थीं—

दमदमे में दम नहीं है, खैर माँगो जान की
बस जफर बस चल चुकी अब तेग हिन्दुस्तान की

(अँगरेजों की ओर से था)

बादशाह ने जबाब दिया—

गाज़ियों में बू रहेगी जब तलक ईमान की
तख्त-ए लंदन तक चलेगी तेग हिन्दुस्तान की।

ऐसे बादशाह और अपनी बहादुर रानी के चाहनेवालों ने गम्भीर सिंह और शंकर सिंह, दोनों ठाकुरों से वादा किया था कि वे भले ही अँगरेजों से डरते हैं, मगर उनके और दामोदर राव के खाने-पीने का इन्तजाम हर हालत में कर देंगे। बस उन लोगों को कुटरा के पास शिव मन्दिर में जाना पड़ेगा, जहाँ अँगरेजों के फौजी पड़ाव की दहशत नहीं है। साँप-बिच्छू जरूर हैं, उनसे क्या डरना ? आदमी का डर आदमी के लिए खतरनाक होता है।

अनवरी बेगम ने ये सारी बातें तब सुनी थीं, जब वे ललितपुर अपने गायन के लिए गई थीं। कहते हैं कि उन दोनों ठाकुरों ने जंग की कथाएँ ऐसे सुनाईं कि इलाका भर उनको 'रानी के लोग' मानने लगा। बस इस प्यार की बदौलत दामोदर राव, रानी का बेटा बच सका। बड़ा हो सका।

मगर उन्होंने रजऊ के बारे में ऐसा कुछ नहीं बताया कि वह जंग से जुड़ी थी। बहुत मुमकिन है कि वह देशपत के दल में ही लौट गई हो, क्योंकि झाँसी की रानी की मौत के बाद तो देशपत चार साल तक जिन्दा रहा और अँगरेजों से लड़ता रहा। अगर देशपत से न निभी होगी तो जरूर कुँवर के संग चली गई होगी।

बेगम साहिबा की तन्मयता देखकर मैं आश्वस्त-सी हो गई और बात पक्की करने लगी—"आप चलेंगी न वहाँ ?"

—"यह भी कोई पूछने की बात है ?"

मैं अनुग्रहीत हुई, मेरे काम में उनकी इतनी दिलचस्पी ! मेरे चेहरे को वे गौर से देख रही थीं जैसे मेरे अन्दरूनी भावों को पढ़ रही हों। फिर अपनी दिली इच्छा बताने लगीं—"हमें क्या मलाल नहीं है ? बड़ा दुख है अपने बादशाह के देश निकाले का, उसकी सजाए-मौत का। हमारी नानी आवादी बेगम को भी बड़ा दुख था, इसलिए ही वे जमींदारनी होकर भी अँगरेजों के खिलाफ काम करती रहीं। सो बस समझ लो कि हम हर हालत में तुम्हारे संग चलेंगे। हमारे बिना तुम्हें रास्ता कौन दिखाएगा ?

टीकमगढ़ के बस स्टेंड पर हम ललितपुर जानेवाली बस में बैठ गए थे, जहाँ से तालबेहट के लिए आगे जाना था। सवारियों से ठसाठस बस में हमें दो सीटवाली जगह मिल गई, यही अपने आप में उपलब्धि थी और मैं जिसे अपने काम का अगला शुभ महूरत मानकर चल रही थी। कथा आगे बढ़ी तो कितने महत्त्व का काम होगा ! मेरे गाइड भी मान जाएँगे कि ऋतु ने मेहनत से अपनी तरह का, शोध किया है। माधव भी देखेगा कि अपने विषय को 'मिशन' की तरह लिया जाए तो बात कहाँ से कहाँ जा पहुँचती है। अब तक जितना भी मैं कर पाई हूँ, किसी न किसी तरह माधव को बताती रही हूँ। आगे जो करूँगी, वह तो उसको आमने-सामने बैठकर बताऊँगी।

'आमने-सामने ! ऐसा कब होगा ?' सोचते हुए मैंने आँखें मूँद लीं। मुँदी आँखें मनचाही कल्पनाओं में डूबो दीं। कहाँ मिलूँगी उससे ? ओरछा के जंगल में, जहाँ ऊँचे पेड़ और घनी छाँह हो। धूप के चमकीले चँदोवे हों। चँदोवों के नीचे हमारे अपने चेहरे प्यार से जगमगाते हुए। मैं कहूँगी—यह है मेरा विकास—स्त्री का जीवन-चरित। वह बताएगा—अपना संघर्ष—एक प्रतिबद्ध युवक की जिन्दगी।

मंत्रमुग्ध की तरह मैं बस की खिड़की के बाहर देखने लगी। बस स्टेंड की भीड़-भाड़ चहल-पहल सी लग रही थी। बीच-बीच में माधवनुमा कोई युवक दिख जाता तो उसे वहाँ तक देखती, जहाँ तक वह दिखता। लगन और तेज हो जाती, साथ ही दिल की पुकार बढ़ जाती।

बस आगे बढ़ने लगी। गति तेज हुई और फिर—ये पेड़ भगे, ये पात भगे, जंगल के बड़े जमात भगे—वाली वह कविता याद आने लगी जो बचपन में पढ़ी थी और सफर के समय स्मृतियों में गूँजने लगती है, जुबान पर सरसरा जाती है। निरुद्वेग आनन्द बाहर से आती हुई हवा के साथ लहराया, जैसा कि बचपन में होता था।

फिर खिड़की के जरिए गाँव दर गाँव गुजरते चले गए। पहाड़, पेड़, नदी के आसपास जुड़े पंछी-पखेरू रास्ते में मिलते गए।

बस स्टॉप के नाम पर बांसी कस्बे पर बस रुकी। सवारियाँ उतरीं, सवारियाँ चढ़ीं। हम जो सीटों पर बैठे हुए थे, आने वालों के चेहरों को अपरिचित की तरह देख रहे थे। आशा कर रहे थे कि कोई पहचान का मिल जाए। शायद यह मनुष्य स्वभाव है, नहीं तो मैं हर बार बस में बैठकर ऐसा क्यों सोचती हूँ ?

और अंजुम !

अंजुम दिखाई दिया। मेरी सहपाठिनी कंचन मंगला का बॉय फ्रेंड जो अब पति की हैसियत प्राप्त कर चुका है। लम्बे चेहरे वाला गोरे रंग का लड़का। शादी के बाद उसका दुबलापन भरा-भरा लग रहा है। सुदर्शन चेहरा और व्यक्तित्व में गरिमा सी। कपड़े भी शानदार हैं—सफेद कमीज और नीली जींस।

मेरी ओर देखकर आश्चर्य से आँखें फैलायीं। हाथ उठाकर इशारा करता हुआ सीट के पास आ गया।

"अरे ! ईद का चाँद हो गईं तुम तो। कि जंगल की हिरनी ?"

"और तुम ? तुम भी तो कंचन के दिल में छिप गए।" मैंने जीजा मानकर दिल्लगी की। और फिर पूछा—"यहाँ कहाँ ?"

मैंने सीट खाली न होने के कारण खिसककर उसके लिए अपनी सीट पर जगह बनाई और प्रायवेट बसों की बदतर होती हालत पर दुख जताया। वह बैठ गया।

अनवरी बेगम से परिचय कराया।

बातों के आरम्भ में ही वह बोला—"यहीं जखौरा में मुझे नौकरी मिली है। लैक्चरर हो गया हूँ। कंचन भी यहीं आने की कोशिश कर रही है।"

"तब फिर हम सभी जंगली हिरन-हिरनी हो जाएँगे" कहकर मैं हँसी।

"तुम्हारे काम का क्या हाल है ?" उसने आत्मीयता के साथ पूछा।

"बस थोड़ा और।"

"वैसे तुमने पी. एच. डी. नहीं, चुनौती का सामना करना चाहा है। नहीं तो इतना समय बरबाद न होता।"

मैं चुपचाप मुस्कराती रही।

"माधव ने तो इसीलिए यह झंझट छोड़ दिया।" वह मेरे सन्दर्भ में कह रहा है, मैं समझ रही हूँ।

दो क्षण चुप्पी रही। बस चल रही थी, मैं खिड़की के पार देखने लगी। हरियाली देखना अच्छा लगता है, बस में या रेल में बैठकर सफर करते समय का दुर्लभ आनन्द।

"भई माधव की तो खैर बात ही दूसरी है। उसके मामा पहुँच वाले आदमी हैं।" अंजुम की यह बात माधव के दोस्तों के मुँह से मैं शुरुआत से ही सुनती आ रही हूँ।

"रिसर्च करके क्या पाता ? हमारी तरह मास्टरी ही न ?"

"अभी तो वह अहमदाबाद में फँसा है, वहाँ से आकर अपना काम करेगा।" अंजुम

की बात के जबाब में मैंने कहा।

"अहमदाबाद में !" अंजुम ने दो शब्द कहकर ताज्जुब से मुझे देखा।

"तुम्हें नहीं पता अंजुम ? मामा जी ने तो सोचा था, माधव उनके दल या उनकी पार्टी का काम करेगा, मगर मामला उलट गया। उनको क्या पता था कि मिट्टी के माधो जैसे भोले माधव के भीतर कौन-सा दुष्ट छिपा है ?"

अंजुम मुस्कराया। मुस्कराहट ऐसी, जैसे मुझे नादान मानकर हँस रहा हो। फिर बोला—"तुम समझती हो माधव सत्ता के मालिकों का दुश्मन और मामा के लिए गद्दार ! है न ?"

"एकदम है। इससे अलग वह क्या हो सकता है ?" कहकर मैंने खिड़की से हरियाली की ओर देखा, जो अब इर्री बिर्री कहीं-कहीं दिखाई दे रही थी। बीहड़ में हरियाली का महत्त्व और भी बढ़ जाता है। मैं हरियाली ढूँढ़ने लगी।

अंजुम ने मेरा ध्यान भंग किया—"सच में तुम्हें नहीं पता कि माधव लौट आया है ? तुम्हें नहीं पता तो हो सकता है झूठी खबर हो। मुझे तो राहुल ने ही झाँसी में बताया था कि वह क्रान्ति तो करना चाहता है, मगर घरवालों को ज्यादा दिन नाराज नहीं रख सकता। अपने पिता के संघर्ष और मामा के अहसानों को जोड़कर देखता है तो आज्ञाकारिता के सिवा कुछ नहीं बच रहता।"

मैं जोर से हँस पड़ी। हँसने के बाद कह पाई—"राहुल ! वह अपने मन से तमाम बातें बना सकता है। मुझे भी कई बार झूठे सन्देश दे गया है। एक बार तो कह गया था कि माधव मामा के यहाँ आया है, तुम मिलने चलो। मैं तैयार हुई तो बोला—अप्रेल फूल।—मैंने कहा 'फुलिश लड़का।'

"हाँ, हो सकता है ऐसा भी। राहुल खुद कुछ नहीं कर पाया, बस वामपंथ का भाषणकर्ता रह गया। उसे अब भी मंच पर बोलने के लिए लोग बुला लेते हैं, धुआँधार बोलता है। लगता है, इसी प्रोफेशन को अपनाकर कमा खाएगा। जनमत, सहमत और स्त्रियों के मंच पर उसका कब्जा है।"

मैं आश्वस्त-सी बैठी अनवरी बेगम की ओर देखने लगी। वे झपकियाँ ले रही थीं। बार-बार सिर झटका खा जाता।

अंजुम ने मेरा ध्यान भंग किया—"ऋतु, माधव मुझे मिला था। वह आ गया है। तुमसे क्यों नहीं मिला, मैं यही सोच रहा हूँ।"

"क्या ?" कहकर मैं उसका मुँह देखने लगी।

"हाँ।"

"मगर आने का मतलब यह तो नहीं...देखो अंजुम, माधव के अपने अनुशासन का अलग ही ढंग है। वह सुनता सबकी है, करता मन की है।"

"हाँ, यह भी ठीक कह रही हो तुम। कुछ मन का ही करेगा, तभी कह रहा था कि रिसर्च-विसर्च में कौन सिर खपाए और समय बरबाद करे, कोई दूसरा काम पकड़ेगा।"

"दूसरा काम ! क्या काम ?" मैंने अंजुम से ही पूछा, जैसे वही माधव हो।

"जिसमें जमकर कमाए, ऐसा काम। असल में उसकी बैक ग्राउंड ही ऐसी है।"

मैं फिर से हँसी—"माधव और पैसा ! अनहोनी-सी बात है।"

"यार तुम भी खूब हो। पैसा ही तो कमाया जाता है। और क्या मिट्टी कमाएगा कोई ? जो मिट्टी में मिलकर काम करता है, उसका काम माना जाता है—घास खोदना।"

मैं जैसे नए सिरे से जागी हूँ, पूछने लगी—"क्या सचमुच लौट आया है माधव ?"

अंजुम का चेहरा उदास-सा हो गया। कहने लगा वह—"मैं तुमसे झूठ क्यों बोलूँगा ? तुम उसकी इतनी घनिष्ठ अपने काम में ऐसी डूबी रहीं कि उसको भूल ही गईं ! अपने किसी पात्र में उसे ढाल लिया क्या, जो कहीं जंग में जूझ रहा हो। समझ बैठी हो, तुम्हारा माधव क्रान्तिकारी की तरह अहमदाबाद में उस ताकत से लड़ रहा है, जिसे राहुल फासीवाद कहता है।"

मेरे पास कहने के लिए बहुत कुछ था, जो माधव की पहचान से ताल्लुक रखता था, मगर अंजुम कह रहा था—"ऐसा करो, बबीना पर उतर जाना और छतरपुर चली जाना। शायद वह वहीं तुम्हारा इन्तजार कर रहा है।"

मुझे उसकी बात सुनकर डर-सा लगने लगा।

वह हमदर्दी से कह रहा था—"हिम्मत करो। उसके मामा का अब क्या डर ? अब क्या वे तुमसे खफा होने वाले हैं ? उनका भानिज तुम्हारे चंगुल से निकल गया।"

मेरी हालत बदल गई और लगा कि अब आगे अंजुम मुझ से कुछ न कहे। या मैं ही इस बस से उतरकर भाग जाऊँ। मगर कहाँ ?

मैंने खुद को समझाया—पागल हूँ मैं। हो सकता है अपने मामा से मिलने आया हो। हो सकता है मामा ने उसे समझाने बुलाया हो। हो सकता है उसे वे खून खराबे की दुनिया से निकाल लाए हों। हो सकता है, उसकी माँ ने रो-रोकर अपना बुरा हाल कर लिया हो।

क्या पता, माधव धर्म सत्ता का अपराधी हो गया हो और किसी कार सेवक ने उसे मार डाला हो। टी. वी. में माधव जैसे लड़के तो कितने ही मारे हुए दिखाए गए थे, माधव मुझे न दिख पाया हो। जो कुछ अंजुम कह रहा है, वह भी सब उसकी हत्या पर पर्दा डालने के लिए कह रहा हो।

क्या मालूम कि मामा ने माधव को कहीं छिपा दिया हो और अंजुम मेरे जरिए माधव का पता पाना चाहता हो। अंजुम है तो मुसलमान ही। एक हिन्दू को पकड़वा कर अपना झंडा फहराना चाहता हो।

नहीं, अंजुम माधव का दोस्त है। दोस्ती में धर्म आड़े नहीं आया कभी।

मैं अब अंजुम की ओर देखना तक नहीं चाहती, खिड़की में ठोड़ी टिका दी कि अब वह मुझसे कुछ भी न कह सके। जता दिया कि मैं मुँह फेरकर किसी दूसरी दुनिया के बारे में सोच रही हूँ। और बस घरघराती हुई भीतर तूफान की प्रतिध्वनि उठा रही थी। माँ कहीं बीच में टापू की तरह उभर आती, जिसके क्षत-विक्षत जीवन के आसपास मैं मौजूद रही।

मगर नहीं सहन कर सकी अंजुम के शान्त और निर्दोष भाव को। उसकी आवाज हल्की थी, मगर कानों से ऐसे टकराने लगी, जैसे कोई और लोहे की नालवाला जूता फर्श से टकराता है। बिलबिला गई थी मैं और घबराकर चेहरा घुमाया अंजुम की ओर...

"तुम्हें कहाँ मिला था माधव ?" मैंने अंजुम की पुनः परीक्षा ली हो जैसे।

"पासपोर्ट दफ्तर में।" उसकी आवाज में पैनापन उभर आया।

"हैं।" 'पासपोर्ट' शब्द मेरे भीतर पैनी धार के साथ धँस गया।

"हाँ।" उसने दृढ़ नजर से देखते हुए कहा।

मैंने आगे नहीं पूछा कि पासपोर्ट वह क्यों बनवा रहा है ? अंजुम कहेगा—क्यों बनवाते हैं पासपोर्ट। अगर अंजुम ने माधव के जाने का मकसद भी बता दिया तो ? अगर सम्भावित समय भी बता दिया तो ? मगर कोई पासपोर्ट ऑफिस में यों भी तो जा सकता है। नहीं नहीं, ऐसा नहीं हो सकता। अंजुम की बात का विश्वास नहीं करना चाहिए। यह बात दोस्त दोस्तों की नहीं है, फिर हिन्दू मुसलमान की नफरत है। यह लड़का कुछ न कर पाया तो माधव का जीवन ही बरबाद कर देगा और बदला ले लेगा। कंचन से शादी की है तो हिन्दू तो नहीं हो गया। हिन्दुत्व वाले यही तो कहते हैं कि पहले मुसलमानों के भीतर भड़कती नफरत को देखो, तब हिन्दुओं को दोष दो। पाकिस्तान में हिन्दुओं की हालत देखो।

तर्क-वितर्क किए, धरे रह गए। पूछ बैठी—"अंजुम, माधव पासपोर्ट आफिस में क्या कर रहा था ?"

वह हँस पड़ा और फिर कहने लगा—"नादानी सीखे तो कोई इनसे सीखे।" उसने अनवरी बेगम की ओर देखकर कहा।

—"पूछती हैं क्या कर रहा था वहाँ वह ? कुएँ पर कोई क्यों जाता है ? पानी पीने ही न ?"

"डूबने भी तो जा सकता है।"

"चलो यही समझ लो। उसे यहाँ के कुएँ उथले लग रहे हैं। विदेश जाएगा डूबने के लिए। पासपोर्ट बनवा रहा था।"

इसके आगे मैं क्या कहती ? कहती तो तब, जब साँस ठीक से आ रही होती। कहती तो तब, जब शरीर में खून का दौरा सामान्य होता। कहती तो तब जब नजर गड्डमड्ड न होती। अंजुम का चेहरा मेरी आँखों में डगमगाने लगा कि मेरा ही वज़ूद बिखरने लगा।...बस चल रही थी, या मैं भाग रही थी, बदहवास ? अनवरी बेगम का चेहरा बस के उठते धुँए में छिप गया। मैं एकदम अकेली अँधेरे में डूबती हुई...अपने महाप्रस्थान की ओर !

'बस रुकवाई जाए तो रुकेगी। मगर उतरकर जाऊँगी कहाँ ?' दाँतों से निचले होठ को कुचलती हुई दुख और दर्द को पीने की कोशिश करती रही। अनवरी बेगम की ओर से जान-बूझकर मुँह फेर लिया। फिर खिड़की ही सहायक थी, जिसके बाहर अपने भीतर की अनवरत चीख फेंकती जाती थी मैं।

लगा कि अब माधव की जुदाई का दुख, उसके प्राणों का भय और हमलों में घायल हो जाने की आशंकाएँ नहीं, फिर भी कितनी टीसें हैं, कितना दर्द है ! बस में मैं अपने सपनों पर आँसुओं का पानी डालती हुई चली जा रही हूँ, आगे बढ़ रही हूँ पर मेरी जिन्दगी उन्नीसवीं सदी की ओर लौट रही है, छतरपुर इलाके के छोटे से गाँव के आसपास। रजऊ के जीवन में विलीन होता हुआ ऋतु नामक लड़की का जीवन ! मैं उसकी गति से उसकी चाल चलती हूँ। कहाँ तक चल सकूँगी ?

नहीं, यह इक्कीसवीं सदी है। मैं ऋतु, रजऊ के जीवन पर शोध करने निकली हूँ। शोध माने कुछ नया निकालना। मैं गड़े मुर्दे उखाड़कर कब्रिस्तान में उनके साथ रहने नहीं आई। ईसुरी की रचना का नया पाठ प्रस्तुत करने की आकांक्षा जागी थी।

तालबेहट का एस. टी. डी. बूथ।

काँपते हाथों से पर्स में से डायरी निकाली। माधव के मामा का टेलीफोन नम्बर माधव के नाम के आगे लिखा था। छतरपुर का कोड रटा हुआ था—07682, नम्बर मिलाया 248409।

"हलो !" माधव का-सा स्वर ! या मेरा वहम ?

"हलो, मैं ऋतु बोल रही हूँ।" सोचा था कि ऋतु की जगह गीता, सीता या अनीता जैसा कुछ कर दूँगी, मगर घबराहट के मारे सच मुँह से निकल गया।

"बोलो।"

"हमारे सर ने माधव के बारे में पूछा है, वह कब तक आएगा। वे माधव के लिए चिन्तित हैं। उसकी थीसिस का समय खत्म हो रहा है। आप बता सकते हैं, कब तक आने की उम्मीद है ?"

"वह आया हुआ है। आप उससे मिल सकती हैं। कहाँ से बोल रही हैं ? अपने आने का समय बताएँ तो हम उसे बता देंगे, काए से कि वह आजकल भाग दौड़ में लगा है।"

"अच्छा, धन्यवाद। धन्यवाद।"

"समय क्या रहेगा आपका ?"

मैं कुछ भी न बोल पाई। फोन रख दिया। भीतर से कँटीली लहरदार हूक उठी, जो सीने को बेरहमी से छीलने लगी। स्वर आँसुओं में रुँध गया।

मेरा शरीर निचुड़ता जा रहा था। अब न चकित, न भ्रमित। जैसे यकायक सब बातें अपने आपमें अपने सही होने के लिए वहाँ आ गई हों, जहाँ से उठी थीं। आँखों के आगे ढेर सारा अन्धकार...आँखें जो अपना वजूद खो बैठी। रास्ते पर कहाँ ऊँचा कहाँ नीचा, पाँवों के चलने का अभ्यास डगमगाने लगा। मैं खूब ताकत लगाकर, खूब कोशिश करके अपने आपको सँभाल रही थी, मगर वह कौन-सा ज्वार था, जो दबाए नहीं दबा और मेरी चेतना को लील गया।

आगे का मैं क्या कुछ बताऊँ ? अनवरी बेगम ने ही बताया था कि तुम बस पर चढ़ते हुए पहली सीढ़ी पर ही डगमगाई थीं, मगर दूसरी सीढ़ी पर चढ़ने की कोशिश

फिर भी की। पाँव सही जगह नहीं पड़ा, धड़ाम से नीचे गिरी, धरती पर औंधी हो गईं।

अंजुम को जहाँ उतरना था, नहीं उतरा। तुम्हें लेकर मेरे साथ सुजानपुर तक आया था, तुम्हें इतना तो याद है न ? याद है कि बबीना के पास ठंडा मैंगो शेक पिलाया था, तुमने उल्टी कर दी। हम वापिस लौट लिए।

अनवरी बेगम ने तीन दिन तक मुझसे ऐसी कोई चर्चा नहीं की, जिससे मेरे दिल को ठेस पहुँचे। मगर मेरे घुटने फूट चुके थे और कोहनियों पर खूनी चोटें थीं। जबकि अनवरी बेगम मुझे साहस देने के लिए कहतीं—"तुम्हारी जैसी होनी चाहिए लड़कियाँ, जो धूल झाड़कर उठकर खड़ी हो जाएँ।" सुनकर मेरी रुलाई फूट पड़ती। मैं इन दिनों लँगड़ाकर चल पाती थी। इसलिए कहीं आने-जाने का सवाल न उठता। सारा दिन लेटी रहती। कभी पलंग पर एड़ियाँ घिसती थी तो कभी चादर ओढ़ती और उघाड़ फेंकती थी। जब आँखें मूँद लेती तो कमरे में माधव को चलता-फिरता महसूस करती। सामने उसके साथ अपनी छवियाँ। आलिंगन और चुम्बन के प्रगाढ़ दृश्य। इन दृश्यों से माधव दूर चला जाता फिर। फिर मैं मुग्धा नायिका-सी ऋतु कहाँ रह जाती ? स्थिति का सामना करने के लिए तैयार खड़ी यह लड़की...कितनी ही लड़कियाँ पीटी गईं, निकाली गईं, मार दी गईं, मैं उनके सामने क्या हूँ ? माधव ने यह नहीं सोचा कि उसने क्या से क्या कर डाला ? मैं इसे क्या मानूँ ? बस इतना ही कि अपने चलते उसने जो कुछ किया, ठीक किया।

मगर हमारी घनिष्ठता जवाब माँगती है। अंतरंगता का क्या यही तकाजा था कि मैं इस जानलेवा सचाई को अंजुम को मुँह से सुनूँ। जान ही लेनी थी तो खुद लेते माधव, दोस्त को यह पैगाम क्यों दे दिया ?

नहीं, ऐसा नहीं सोचना चाहिए। क्या मैं ऐसे पीड़ित भाव से उसे पुकारूँगी ? कि साँस अटक-अटक जाएगी और आवाज नहीं निकलेगी। मेरी साँस क्यों संकुचित होने लगी ? इस डर से कि एक बार जाकर तुम्हें इधर आने की अनुमति नहीं मिलेगी। कौन आया है विदेश से लौटकर ? कभी पासपोर्ट नहीं मिलेगा कि तुम ऋतु के पास आ सको माधव।

दूसरे ही क्षण एक राहत-सी मिलती। अलग होने की यही तकलीफ मेरे काम का रास्ता साफ कर देगी। शोध करने के समय भटकन और भ्रमों के घेरों से निजात मिलेगी। तनाव से मन मुक्त होगा। मैं रजऊ की ओर बढ़ जाती। काम के बारे में सोचती। मगर जैसे ही फागों को उलटती पलटती मन निराशा से भर जाता। मुझे तो माधव चाहिए ही था।

अनवरी बेगम मुझे किसी दूसरी स्थिति में ही घेर लाती हैं, जिसमें अंजुम धकेल गया। क्या ये स्थितियाँ मेरे जीवन के लिए पहले से तय थीं ? मैं माधव को अब विदा करने भी नहीं जाऊँगी ?

मगर विदा कहाँ ? नीम-अँधेरे में पड़ी मैं अमेरिका, इंग्लैंड, जर्मनी और फ्रांस की कल्पना करती हूँ। दुबई के बारे में भी सोचती हूँ और अरब देश...धन के खजाने। खजानों का मालिक माधव !

चार-पाँच दिन गुजर गए। अनवरी बेगम ने कहा था कि वे मेरे शोध में सहायक

होती हुई वह कहानी सुनाएँगी, जिसमें ईसुरी के बाद के जीवन का वृत्त है। मगर अब तक उन्होंने मेरे काम के बारे में बात तक न की। जबकि वे ठुमरी की रियाज में ज्यादा से ज्यादा वक्त लगाने लगीं। क्या उनको मेरा यह सदमा व्यर्थ की चोंचलेबाजी लगती है ? या कमउम्र की नादानी ? मैं कैसे बताऊँ कि जब नादान थी तो बूढ़ी की तरह समझदार थी, माँ रोती थी, उसके आँसू पोंछती थी। आज मुझे भी लग रहा है कि नादानी क्या होती है ? माधव से मिलने के सपने आते रहे, अपनी उत्तेजना भरी लालसाओं पर काबू करना मुश्किल था।

फिर एक पत्र !

प्रिय ऋतु !

मैं छतरपुर आ गया हूँ। अंजुम ने बताया होगा। तुम्हारी हालत ठीक नहीं, वह फोन पर कह रहा था।

तुम्हारा हाल मुझसे कोई दूसरा कहे, तुम न कहो, मेरे लिए शर्मिन्दगी की बात है। अंजुम ताने नहीं दे रहा था, जूते मार रहा था। कंचन से शादी करके खुद को धीरोदात्त नायक समझने लगा है। मैं आ सकता था ऋतु, मगर मेरी मजबूरी को तुम काश समझ पाओ। आजकल पाँवों में पहिए बँध गए हैं, कहाँ जाऊँ, कहाँ न जाऊँ जैसी स्थिति के बीच दौड़ रहा हूँ। कभी दिल्ली, कभी भोपाल। साथ ही माँ की बीमारी। मैं अहमदाबाद के दंगों में फँस गया था, उन दिनों माँ सदमे में आ गई, बेहोश हो जाती थी। मामा न होते तो वह बचती नहीं। मामा ने खर्च उठाया और मैंने तीमारदारी का भार।

जहाँ रहा, तुम्हारे लिए तड़प के साथ रहा। अब भी तुम्हारे इन्तजार में छतरपुर रुका हुआ हूँ। लैटर मिलते ही चली आओ। मामा के घर का फोन नम्बर मालूम तो है तुम्हें। अपना मोबाइल नम्बर भी लिख रहा हूँ–9491245678–मैंने चिरगाँव फोन किया था, फोन पर तुम्हारी मम्मी आईं। कह रही थीं ऋतु मोबाइल फोन लेना चाहती थी, मगर इतने पैसे नहीं हुए। ऋतु मुझे बताया होता, पैसे का इन्तजाम कर देता। अच्छा, जाने से पहले तुमको सैल फोन भेंट करता जाऊँगा। बातचीत में फिर कितनी सुविधा रहेगी। पता है, मामा ने मेरे चाइना जाने का प्रबन्ध कर दिया है। वहाँ प्लास्टिक का काम बहुत बड़े पैमाने पर होता है। मैं ट्रेनिंग लेकर लौटूँगा। यहाँ कारखाना लगाने का प्लान है, मामा जी का। अच्छी-खासी कमाई होगी। देखती हो न, चाइना की चीजों से हमारा देश अटा पड़ा है। वह इसलिए कि बाजार में वह अपनी दरें सस्ती रखता है तभी तो मार्जिन अच्छा-खासा निकलता है क्योंकि खपत बहुत है।

ऋतु मुझे गलत नहीं समझना। साहित्य से आदमी की आजीविका नहीं चलती। पेट के लिए दूसरे धन्धे तलाशने पड़ते हैं। यह बात तुम लड़की होने के नाते शायद न समझ पाओ, मगर जीवन की वास्तविकता यही है। भूख आदमी को कहाँ से गुजार देती है, यह मैंने दंगों के दौरान देखा और समझा। जो नवयुवक दरिन्दों के रूप में हत्याएँ कर रहे थे, आग लगा रहे थे, बलात्कार कर रहे थे, पैसे की एवज में आए थे। बिना

पैसे पाए न कोई कार सेबक था, न कोई धर्मन्धों का दुश्मन। धर्म पैसे का जरिया है और राजनीति पैसे का खजाना। गोधरा और अहमदाबाद कांड भाड़े का सौदा था। ज्यादा से ज्यादा भाड़ा। मेरी मजबूरी समझना ऋतु। मैं लौटकर आऊँगा। तब हम दोनों सुखी गृहस्थी के मालिक होंगे। सुविधा और आराम आसपास होंगे। तुम खूब साहित्य करना, क्योंकि कमाई का जिम्मा मेरा होगा।

ऋतु, मुझे क्षमा करना, रिसर्च रास नहीं आई। अभावों भरी जिन्दगी तो बस तरस-तरस कर मर जाने वाली हालत है, जिसको हम जिन्दगी कहकर संतोष कर लेते हैं। प्यारी ऋतु, सन्तोष कर लेना भी गतिशीलता की मृत्यु है और इस बात से तुम ना नहीं कर सकतीं।

बहरहाल, तुम मेरी जिन्दगी हो। चली आओ। देखो मिले बिना कितने दिन हो गए हैं। मैं जानता हूँ कि तुम मुझे विदा करने आओगी। मैं जब तुम्हें खड़े देखूँगा, बाँहें फैलाकर तुम्हें सीने से लगा लूँगा। जाते समय मुझे मामा जी का भी क्या डर, क्या लिहाज ? जानेवाला टूटा हुआ होता है ऋतु। उसके तन-मन में टूटन के सिवा कुछ नहीं होता। सिवा तुम्हें टूटकर चाहने के, मेरे पास कुछ नहीं...

प्रतीक्षा में—माधव।

उच्छवास उस पत्र को नम कर गया और दो बूँद आँसू आँखों के नीचे ढुलक आए। भावातिरेक में कैसी तो कठोरता होती है, इस बात को मैं पिछले चन्द दिनों में समझ गई थी। और वह भरोसा टूटता जाता था कि माधव के अलावा मेरा कोई दोस्त नहीं, हमदम नहीं। इसी के साथ-साथ एक नया विश्वास जन्मा कि मुझे जो सच्चे साथी मिले, वे इसी दौरान मिले। मेरे साथ बैलगाड़ी में चलते हुए, स्मार्टस्पीड बाइक पर दौड़ते हुए, खजुराहो के मन्दिरों में घूमते हुए, ओरछा के रास्तों पर लिखा इतिहास बताते हुए और सुजानपुर से तालबेहट तक जाते हुए। अगर माधव की प्रीति में रग‍रग सहलाने जैसा अहसास था तो इस शोध-समय के दौरान कदम दर कदम साथ निभाने वाले लोगों की ईमानदारी का अर्थ है—एक लक्ष्य, अज्ञात जिन्दगी को सामने लाने के उद्देश्य के लिए मेरे साथ-साथ चलना। किसी भी खतरे से पीछे न हटने के पीछे क्या है ? वह विश्वास, जिसमें कोई भी विश्वासघात दरार नहीं डाल सकता।

"चलो अब, चलना नहीं है ?" अनवरी बेगम पूछ रही थीं।

मैंने माधव का पत्र तकिए के नीचे दबा दिया और उठकर खड़ी हो गई।

'मेरा उद्देश्य सिद्ध होगा।' मन में अभिलाषा थामे रही, क्योंकि अनवरी बेगम ने जो कुछ बताया, उसे सुनकर मेरा मन हल्का-सा हुआ।

हम सागौन और अमलताश से घिरे वन प्रान्तर में पेड़ों के नीचे से निकलते हुए उस पगडंडी से चले आए, जो शिव मन्दिर तक बल खाते धागे की शक्ल में पहुँच रही

थी। इस भरे फागुन में अपने-अपने रूप में हर पेड़-पौधे पर बसन्त था। बेलें लहरा रही थीं और फूलों ने बहार के रूप में बीहड़ पर धावा बोला था।

अनवरी बेगम मेरे साथ-साथ चल रही थीं, सचमुच ऐसी चाल की मैंने उनसे आशा नहीं रखी थी। लग रहा था, यह वह बूढ़ी परी है, जिसकी कथा हमने बचपन में पढ़ी थी कि वह हर हाल में बच्चों की मदद करती है। हे भगवन् मेरी माँ भी ऐसी ही बूढ़ी बनें और मैं भी बूढ़ी होकर अनवरी बेगम का रूप हो जाऊँ। मैं चार-पाँच दिन साथ रहकर उनके एक-एक भाव एक-एक संकेत को पहचान-सी गई थी। वह मनमानी करने पर मुझे ऐसे टोक रही थीं, जैसे बाल सुलभ चंचलता पर रोक लगाती हों—तुम जो देख रही हो ऋतु, वह रास्ता जल्दी का तो है, पक्का भी है, पर धूप बड़ी तेज है। कच्चे रास्ते पर पेड़ों की छाया ऐसे घिरी है, ज्यों छतरियाँ टँकी हो धूप की ऊपर। धीरज से चलो।

मुझे हँसी आ गई, क्या मेरा ऐसा अबोध बचपन है, जैसा वे समझ रही हैं ?

सामने छोटी-सी पहाड़ी टौरिया पर छोटा-सा सफेद मन्दिर दिखाई दिया।

—अरे बेगम साहिबा कुछ फूल ही हम लोग चुन लेते।

—मन्दिर है तो फूल भी मिल जाएँगे। मुझे तो वे मन्दिर में जाने नहीं देंगे।

—कैसे पहचान लेंगे ?

—मैं अपना नाम जो बताऊँगी। धर्म छिपाकर धर्म से डरने में क्या फायदा ? और फिर आजकल माहौल खराब है। अखबार में ऊपर के वरक पर ही देख लो मन्दिर और मस्जिद को लेकर ले-दे मची है। पता चल गया कि मैं मुसलमान हूँ तो सब कुछ छोड़कर इसी मुद्दे को उठा लेंगे कि संगीत साधिका अनवरी बेगम ने मन्दिर को नापाक किया। अखबार वाले आजकल कहाँ नहीं होते ? तुम्हारा काम बनता भी होगा तो बीच में लटक जाएगा। यहाँ काम करने आए हैं, धर्म निभाने नहीं। है न ?

—बिलकुल। मैंने खूब सारा मुस्कराकर बेगम की ओर देखा तो उन्होंने मेरा कन्धा थाम लिया और आगे बढ़ चलीं।

मन्दिर से पहले लाल बजरी का छोटा-सा मैदान आ गया। मैं सचमुच हैरान रह गई कि मैदान में लगभग पचास युवा लड़कियाँ एन. सी. सी. की वर्दी पहनकर परेड कर रही थीं। इतनी दूर आकर ! मैंने आश्चर्य से अनवरी बेगम की ओर देखा तो उन्होंने उसी ओर बढ़ चलने का इशारा किया।

आगे बढ़ते गए और वहाँ आकर रुक गए जहाँ एक फौजी जवान लड़कियों को प्रशिक्षण दे रहा था। बेगम साहिबा ऐसे देख रही थीं, जैसे कोई अद्भुत खेल देख रही हो। मैं सोच रही थी, यह किसी कॉलेज की शाखा-प्रशाखा है।

अब हम महुए के पेड़ के नीचे जगह साफ करके बैठ गए। मन्दिर का ख्याल भूला तो नहीं था, लेकिन लगा कि यह हमारे मतलब की व्यवस्था है। पूछ सकते हैं कि आखिर यहाँ यह प्रशिक्षण क्यों चल रहा है ? इतनी दूर आने की क्या जरूरत थी ? तो शायद...

सूरज तेज हो चला था, मगर हवा चल रही थी। इसलिए तपिश ठंडी-सी थी।

एन. सी. सी. टीचर ने लगभग आधा घंटे बाद विश्राम की घोषणा की।

हम दोनों उठे और लपकते कदमों से उसके पास जा पहुँचे, जबकि लड़कियाँ नदी की ओर चली जा रही थीं। टीचर की उम्र चालीस की होगी। दरमियाने कद का गहरा साँवला आदमी, मूँछें नहीं रखता। नाक बैठी हुई-सी है और दाँत बेहद सफेद शायद काले रंग के कारण लग रहे हैं।

हमारे साथ नदी किनारे शीशम की छाया में बैठकर उस टीचर ने जो कुछ कहा, वह मेरे लिए मूल्यवान था। और कहा तो सही, यह अनमोल।

—आप पूछ रही हैं, इतनी दूर ? दूरी की बात नहीं है, दरअसल यह वह जगह है, जहाँ देशपत ने अपना पड़ाव डाला था। देशपत दीवान झिनझिनी वाला, उसका नाम तो आपको गजेटियर में भी मिल जाएगा।

❐❐

देशपत ने पड़ाव डाला था, यह भी हमारे यहाँ आने का कारण नहीं है। यहाँ के लोगों से ही हमने सुना है कि इस जगह एक राजकुमार आया था। धुबैला महल से बगावत करके भागा था। देशपत ने अपना लिया और उसे क्रान्तिकारी बनाया।

उस समय देशपत अपनी सुरक्षा की खातिर कुछ औरतें रखने लगा था, जो गीत गातीं, फागें गातीं और झाँझ-मंजीरे बजाकर दुश्मन का पता हासिल कर लेतीं। वे ताड़ लेती कि अगर फागें और गीत सुनकर गाँव वाले इकट्ठा नहीं हुए तो समझ लो कि इस रास्ते अँगरेजों की फौज या अफसरों की टुकड़ी या अँगरेज भक्त सैनिक गुजरने वाले हैं। वे देशपत के दल की खुफिया थीं।

गंगिया और रज्जो नाम बताते हैं, गाँव के लोग। और गाँव के लोगों को बता गए थे वे दो ठाकुर, जो रानी के बेटे की हिफाजत में यहाँ आए थे। गम्भीर सिंह और शंकर सिंह।

एन सी. सी. टीचर ! मुझे और अनवरी बेगम को देवदूत के रूप में युद्धदूत लगा जो हमें बहुत कुछ बताने वाला है। हमने एक-दूसरे की ओर देखा तो दोनों की आँखें चमक उठीं। रानी का बेटा कौन ? मैंने पूछा तो बेगम बोली—दामोदर राव।

ठाकुरों ने गाँव वालों को वह जगह तक दिखाई, जहाँ धुबैला का राजकुमार रज्जो और गंगिया को निशानेबाजी सिखाता था। उन्होंने बताया कि राजकुमार को पता था झाँसी की रानी अपनी स्त्री-सेना को युद्ध के लिए कैसे पारंगत कर रही है। माना कि वह औरत है, औरत की ताकत पर भरोसा करती है, पर राजकुमार यह भी मानता

था कि औरत मर्द के मुकाबले ज्यादा भरोसेमन्द होती है।

वह नारियल पर सफेद निशान लगाता और अपनी पिस्तौल रज्जो और गंगिया को पकड़ा देता। कहता–बारी-बारी सफेद निशान पर सन्धान करो। इसके बाद अपने घोड़े पर रज्जो को चढ़ा देता। चढ़ाने से पहले कहता–धुतिया का कछोटा लगाओ कि दोनों टाँगें आजाद रहें। गंगिया के मुकाबले रज्जो ज्यादा निपुण हो गई। वह सब कुछ भूलकर एकलव्य की-सी साधना करती थी। तीरंदाजी और तलवार चलाना रज्जो ने अतिरिक्त रूप से सीखा था, जबकि देशपत और उसके दल के लोग इस प्रशिक्षण से मन ही मन खफा थे। दोनों ठाकुर कहते थे कि रज्जो ने सन् 1858 में चले रहे युद्ध में भाग लिया था और वह रानी से पहले बलिदान हुई थी।

इस बात पर आसपास के गाँवों के लोग खुद ऐसे गौरवान्वित हुए कि उन्होंने शिव मन्दिर के पास रज्जो की एक मढ़िया बना दी। गाँव की लड़कियाँ उसकी ढारना उपासना करती हुई वहाँ धूप, अगरबत्ती और जल चढ़ाने लगीं। वैसे भी बुन्देलखण्ड वीरों की शान में गीत गाने, कथा कहने की प्रथा निभाता आया है। रज्जो को ईसुरी की फागों से जोड़कर रजऊ माना जाने लगा।

मन्दिर, पूजा, चढ़ावा, कलावा, आरती जैसे कर्मकाण्ड हमें उस वीर लड़की के लिए अटपटे लगे। सो हमने अपने ही कॉलिज में नहीं, दूसरे कालिजों में जाकर अपना प्रस्ताव दिया कि क्यों न हम अपने शिविर उस जगह लगाएँ, जहाँ एक नवयुवा स्त्री ने वीर सिपाही की तरह प्रशिक्षण लिया था। पूजा-दान-दक्षिणा से तो एक दिन मढ़िया सती मन्दिर में बदल जाएगी और वहाँ राजस्थान की सती रूपकुँवर की जगह की तरह चुनरी चढ़ने लगेंगी।

यह हमारा सौभाग्य ही समझो कि प्रबन्ध कमेटियों ने हमारी बात मान ली। हर कॉलिज से दस-दस लड़कियाँ चुनकर आती हैं, जिसमें वास्तव में बहादुरी का जज्बा होता है। बाकी आप लोग देख ही रही हैं। हम दो टीचर हैं।

मेरे मन में अनेक सवाल उठे, क्योंकि देशपत के दल की आधी कथा मेरे पास अनवरी बेगम के जरिए आ चुकी थी। मगर वह कहानी अनवरी बेगम के पास भी थी। अत: सवाल बेगम साहिबा ने ही किया।

–आपको पता है कि ऐसी ठोस वजह क्या थी कि रजऊ पूरी तरह एक राजकुमार, जो देशपत के मुकाबले न तजुर्बे में ज्यादा था, न रणनीति का ज्ञान रखता था और न उसके पास कोई दल था, उसके साथ हो गई ? छोटी-मोटी वजहें इतने बड़े फैसले को अंजाम कैसे दे सकती हैं ?

एन.सी.सी. टीचर गहरा साँस लेकर बेगम साहिबा की ओर देखने लगे। अपने ज्ञान के आधार पर बोले–मैं तो वही बता सकता हूँ, जो मैंने शिविर लगाने के कार्यक्रम के पहले गाँव वालों से सुनी थी। हो सकता है उन्होंने बढ़ा-चढ़ाकर बताया हो कि इस इलाके की महिमा बढ़े। हो सकता है कि बात सच ही हो। वैसे भी चली

आ रही कहानियों में लोग अपने समय के अनुसार भी तो कुछ मिलाते जाते हैं और अपनी रुचियों को पात्रों में ढाल देते हैं। फिर भी–

जब तक रज्जो राजकुमार...

मैंने बीच में बात काट दी–राजकुमार आदित्यसिंह

–चलो, आदित्यसिंह ही मान लेते हैं, वैसे गाँव वाले उस युवक को इस नाम से जानते नहीं।–कहकर वे खुलकर मुस्कराए तो दाँतों की पंक्ति दमक उठी।

हाँ, तो जब तक रज्जो कुँवर आदित्यसिंह से नहीं मिली थी, तब तक देशपत को अजेय योद्धा मानती थी। समझिए कि रजऊ की तरह अगर ईसुरी को रँगारंग फागों का मालिक करके जानती थी तो देशपत को खून की होली खेलने के लिए तैयार रणबाँकुरा करके देखती थी। भीगने की चाह में दोनों उसके आराध्य थे।

मगर यह तीसरा ? क्या कहते हैं कि कुँवर आदित्य ? यह तो डूबने की भी परवाह नहीं करता। पानी और खून का अन्तर मिटाकर घर से चला है। वह गंगिया से कहा करती कि उसे कुँवर का चेहरा देखते ही अपना चेहरा कठोर होता-सा लगता है। जबड़े भी भिंच जाते हैं। वह जब कहता है कि–रज्जो, फागें अब नगड़िया पर नहीं, युद्ध के नगाड़ों की गर्जना के साथ गूँजेंगी तो डर भी लगता है और आगे बढ़कर डर से टकराने का मन भी करता है।

–ऐसा क्यों हो गया कुँवर आदित्य ? वह तो अपनी इच्छा से देशपत के पास आया था ?

देशपत ने ऐलान कर दिया था अपने दल में कि उसकी नीति छापामार युद्ध की है। झाँसी की रानी से वह पूरी हमदर्दी रखता है, मगर अपनी योजनाओं का इतनी जल्दी खात्मा नहीं चाहता, जितनी जल्दबाजी रानी कर रही है। यहाँ तो जीत हार तुरन्त होनी है। इसी मुद्दे को लेकर कुँवर आदित्य और रज्जो बात कर रहे थे। कुँवर कह रहा था–मैं देशपत की लम्बी लड़ाई का इन्तज़ार नहीं कर सकता। मुझे झाँसी की रानी का निर्णय सही लग रहा है। जब हजारों सिपाही मारे जा रहे हों, दसियों हजार लोगों को भूना जा रहा हो, तब आप कितने दिन और कहाँ-कहाँ छापे मारेंगे और आखिर कब तक ? क्या इन्हें पता नहीं कि झाँसी ही नहीं, तमाम रास्ते घिर गए हैं। गाँवों, जंगलों और बाग-बगीचों पर कड़ी नजर है, आखिर आपका छापा आसमान से तो नहीं टपकेगा।

रज्जो अपनी मुश्किलें बताने लगी–जबसे मालूम चला है कि रज्जो कुँवर आदित्य के करीब आ गई है, कुंझलशाह बनैले जिनावर की तरह पेश आता है। जब वह कुँवर के लिए अंगारों पर लोटे में दूध गरम कर रही थी तो उसने लात मारकर दूध लुढ़का दिया और मिसमिसाकर बोला–याद रखना, मर्द पालोगी तो हमारी मर्दानगी भी झेलनी पड़ेगी। हमारी क्रान्ति अपने दल से ही शुरू होती है। हमने सीखा है कि अपनी खेती पर कब्जा करनेवाले की छाती में कटार भोंक दो, और अपनी खेती को मनमाने तौर पर जोतो बोओ।

—बताओ, इस बात को देशपत से कैसे कहें हम ? इनकी गाँठ में तो हवस और नफरत के सिवा कुछ भी नहीं।—कहने की बाद रज्जो की आँखें भर आई थीं।

कुँवर बोला—रोओ मत। सामना करो, साहस करो, तभी बात बनेगी। वो तो गंगिया भी कह रही थी कि दल में लोगों की निगाह में मैलापन आ गया है। कुंझलशाह तो औरत के लिए भूखा बैठा है। गंगिया का हाथ पकड़ लिया और फिर भद्दी हरकतें...खैर, उसने चेतावनी देकर छोड़ दिया था कि आगे ऐसा कुछ होगा तो सीधे देशपत से कहेगी।

इसके बाद भी वह गंगिया को एक रात अरहर के खेत में खींच ले गया। गंगिया की बहादुरी ही थी कि पैंतरे दिखाने लगी, पर वह औरत...

रज्जो की निगाह झुक गई। उसने इतना ही कहा--ओह ! तभी गंगिया जिज्जी रास्ते पर खड़ी होकर गाँव की औरतों से दाई का पता पूछती हैं।

कुँवर सकते में आ गया—गजब ? गजब ही तो है। अब उसका पेट फूला देखेंगे, तुरन्त दल से भगा देंगे। बदनामी की पोटली हो जाएगी गंगिया, जिसने खुफियागीरी करके इन लोगों को कितनी ही बार जिन्दगी बख्शी है।

—कुँवर, वह नाचती गाती है, ये नीची निगाह से देखते हैं। यह नहीं समझते कि जो बेधड़क गाती हुई अँगरेजों की फौज के बीच से निकल गई है, वह बहादुरी से लड़ भी सकती है। पर इस दल में यह चाहना ही नहीं कि औरतों की फौज बने। ये तो मानते हैं कि बागी मर्द ही हो सकते हैं, वे ही लड़ते हैं और जीत सकते हैं। कुँवर, हम बागी न होते तो यहाँ तक आ जाते ? बगावत की बहादुरी से ही जिन्दा हैं। अब ये कहें कि पीछे लौटो, सो कैसे होगा ? घर के लोग मंजूर करेंगे हम जैसियों को ? बस इसी मजबूरी का फ़ायदा उठाकर मरदाना व्यवहार हथियार की तरह चला रहे हैं। और जो इनकी बात न मानें तो नफरत करने लगते हैं। तौहीन पर उतर आते हैं। अरे फिरंगियों के खिलाफ जंग छेड़ रहे हो कि जनियों का मखौल उड़ा रहे हो ? यही है इनकी मुहिम ?

रज्जो लगातार बोल रही थी—बोलो इन बातों को देशपत दद्दा से कह दें तो ? सच्ची, इनका दल टूट जाएगा। हम ऐसा नहीं चाहते। देशपत ने इस दल में अपनी जिन्दगी लगाई है, हम जानते हैं।

कुँवर रज्जो की पिछली बात सुनकर चिढ़-सा गया और बोला—तो बैठो सन्तोष करके। इनका दल तुम्हारी मुरादें पूरी कर देगा। हम शर्त लगा सकते हैं कि इनकी जीत कभी नहीं हो सकती। इनकी ताकत छीजती जा रही है। हमें बहकावे-बहलावे में नहीं रहना है। मुझे राज्य कब मिलेगा ? सच ये किसी को न्याय नहीं दिला सकते। चलाते रहें अपना छामामार युद्ध। करते रहें आपस में बहसें।

रज्जो कुँवर को शान्त करना चाहती थी। गुस्से में फैसला लेना ठीक नहीं। सो बोली—क्या किया जाए, जगह-जगह मात खा रहे हैं सो कुछ सूझ नहीं रहा देशपत दद्दा को। दल के लोग एक दूसरे की चुगली करके नीचा दिखाने पर लगे रहते हैं।

विराग सिंह को दद्दा से कितना पिटवाया है, तुमने देखा ? छह आदमी उसकी अकेले की गलती से ही तो नहीं मरे।

कुँवर ने अपना बेवाक मत दे दिया–अभी छह मरे हैं, और भी मरेंगे। कहाँ अँगरेजों की इतनी बड़ी ताकत और कहाँ इनके मुट्ठी भर आदमी। वे पूरी योजना के साथ सेना का संचालन करते हैं और ये जंगल की खाक छानते हुए गुरिल्ला युद्ध करते रहते हैं। इनसे तो लाख गुना ताकतवर झाँसी की रानी है। ऊपर से उसका फैसला दो टूक है–आमने सामने की लड़ाई–जीत या हार।

रज्जो ने सहमति जताई–सो तो है, कोई जन्म-जन्मातर लड़ाई चलाने की ठान ले तो नतीजा क्या हो ?

कुँवर की बातें।

रज्जो और आदित्य का आपसी सलाह–मशवरा।

देशपत ने अपने कानों सुना था। कैसे ?

वह नंगे पाँव आया था, रात के समय। संकट पड़ गया था ऐसा ही कि जूते छोड़कर भागना पड़ा और यहाँ संयोग देखो कि नन्हे दीवान की बात सही साबित हो रही थी। रज्जो और कुँवर आदित्य का आपसी संवाद...बदहवासी में ही सही, उसने सागौन के पेड़ से टिककर चुपचाप सुना। सुनते हुए अपनी साँस भी नियंत्रण में कर ली, जबकि वह बुरी तरह हाँफ रहा था। यह आश्चर्यजनक ही था कि दोनों की बातचीत में अपने दाँव-पेचों की झलक पा ली। कानों के रास्ते उस झाँकी में निर्जीव-सी तस्वीरों में उन किस्सों की झलक गिल गई कि कैसे क्रान्तिकारी अपने आपको अँगरेजों की बन्दूकों से बचाकर रखता है और बिना मरे ही ढेर होता जाता है। वाह री रज्जो और शबाश रे कुँवर आदित्य...अपनी उस्तरे जैसी जुबानों से मेरे दल के टुकड़े-टुकड़े कर रहे हो। तुम क्या जानो कि अँगरेजों के तमाम लाव-लश्कर, शोर मचाते टापों वाले घोड़ों और अँगरेजी में गालियाँ देते सैनिकों का जखीरा हम बागियों के घेरे में जल्दी ही आएगा तब इनकी और पिठ्ठू राजाओं की सारी ताकत निपट असहाय हो जाएगी।

अपने उद्गारों की भाषा में देशपत चिल्लाना चाहता था, क्योंकि बदहवास था। उसके छह आदमी अभी कुछ पहले लापरवाही के कारण मारे गए। मरे हुए आदमियों को वह अकेला ही खींचकर नदी में फेंक आया। हो सकता था उनमें से एकाध अधमरा भी हो, मगर क्या करता, अँगरेजी फौज के सिपाही गिद्ध की तरह घेरकर उसको चींथते और कोई भेद उगलवा लेते तो देशपत खत्म हो जाता। मुहिम ध्वस्त होने में फिर क्या देर थी ?

देशपत का सारा गुस्सा, अपनी पराजय की सारी हीनता उसके खून में बलबलाने लगी। कुछ कह नहीं सका क्योंकि जंगल का खुलापन आवाज की चुगली कर देता। उसने पूरी ताकत लगाकर कुँवर पर झपट्टा मारा और उसके कन्धे पकड़कर इस तरह झिंझोड़ा जैसे बाघ शिकार को झिंझोड़-झिंझोड़कर खाता है। भिंची हुई दाँती, खुले

होंठों में से निकलते-चिचियाते शब्द गालियों की राह छोड़ दिए–"साले, हरामी, मादरचोद तें यहाँ इस पट्ठी से नैन जोड़े बैठा है ? पिट्ठू सामन्त के मूत, ऐश आराम तेरा बदन से लिपटा है। मन करता है कि तेरा सिर धड़ से अलग कर दूँ।

कुँवर अपना सिर दोनों हथेलियों में साधकर झुका हुआ रह गया।

रज्जो घबराहट के कारण शीशम के पेड़ से टिक गई।

देशपत ने फिर से कुँवर की गर्दन पकड़ ली और कहा–ह्यूरोज, तेरी माँ का खसम मेन्सफील्ड के संग योजना बना रहा है, पता किया तूने ? नहीं, इस दल का काम तेरे बस का नहीं। तू तो इस हरजाई को लेकर सोजा। मजा मार।

दल के मुखिया देशपत की आवाज विकलांग हो गई, जिससे सरेआम कायरता झर रही थी। कमजोर आदमी इलजाम देकर अपने जलते सीने को ठंडा कर रहा हो जैसे। रज्जो चोट खाई हिरनी-सी देख रही थी। ऐसी चोट, जो नेजों द्वारा सूराख करके छाती में बनाई जाती है। जानलेवा दर्द से लौंकती है...आज देशपत ने क्या-क्या कह डाला ! रज्जो उसे लँगड़ाते हुए जाता देखती रही, जैसे यमराज से पीछा छुटा है।

कुँवर ने अपना हाथ रज्जो की ओर बढ़ाया और रज्जो ने उसे अपनी बाँहों में भर लिया। रात बाकी थी, पर सोना गँवारा न था। रज्जो घास और जंगली बेलों पर बैठी थी और उसकी जाँघ पर सिर टेककर कुँवर लेटा था।

लगा कि गंगिया आ गई, मगर रज्जो हिली तक नहीं। यातना ने झिझक खोल दी, वह बार-बार आदित्य के चेहरे को चूम रही थी। उसके बालों में उँगलियाँ फँसाए हुए प्यार करे जा रही थी। गंगिया आदित्य के पाँव अपनी गोद में रखकर बैठ गई। उनमें से कोई कुछ नहीं बोला, सिर्फ एक दूसरे का स्पर्श करके समझ रहे थे कि वे तीनों एक हैं। एक कुटुम्ब कबीले के सदस्य। गालियाँ खाकर, मार सहकर, अपमान झेलकर जैसे वे आजाद हो गए हों इस दल से, दल के नीति नियमों से, किसी मुखिया के हुक्मनामे से।

आगे क्या होगा ? वे सोच रहे थे।

कौन बोले कि क्या होगा ? जो आगे चलेगा वही बोलेगा। जो बोलेगा वही खड़ा होगा। रज्जो ने धीमी और शान्त आवाज में कहा–अब विश्वास नहीं। न उनको हमारा न हमें उनका। हो सकता है देशपत ही हमें पकड़वा दें। अँगरेजों के हवाले करके कोड़ों की मौत मरवा दे।

लगा कि गंगिया बोली–हाय मैं किसलिए लाई थी तुझे ? घर छुड़ा के आखिर यहाँ छोड़ा मैंने तुझे।–मगर वे दोनों बस एक दूसरे का स्वर सुन रहे थे।

आदित्य ने कहा–गुलाम जैसी मौत हमें हरगिज नहीं चाहिए।

–सारा जीवन ही उलट गया कुँवर। कायरता और बहादुरी का भेद मिट गया।

–धीरज रखो रज्जो।

–कब तक कुँवर ?–कहकर वह लड़के के होंठों पर झुक गई।–अब धीरज के लिए बचा ही क्या है ? पहले प्रताप गया, फगवारे के मिलने की आशा बाकी

नहीं...विराग ने सास मरने की खबर देकर मुझे अधमरी कर दिया कुँवर...अब मेरा इस दुनिया में कोई नहीं ! कोई नहीं...

इतना कहकर रज्जो फफक-फफककर रोने लगी। उसकी आँखों के आँसू कुँवर की आँखों पर टप-टप टपके। वह कोशिश करके उठा, क्योंकि बदन तो देशपत ने तोड़कर धर दिया था। रज्जो को सीने से लगा लिया। एक दूसरे को हौसला और दिलासा देने के लिए उनके पास शरीर के सिवा अपना कुछ भी नहीं था।

और दूसरे दिन जब सूरज निकला तो गाँव के लोगों ने देखा—कुँवर अपने घोड़े के पास है। रात को जो अधमरा हो गया था, अब खड़ा है। उसके सिर के बाल उखड़े हुए हैं। मगर थोड़ी ही देर में वह घोड़े पर सवार हुआ और अपने पीछे रज्जो को बिठा लिया। उसके बाद रास्ते पर निडर होकर चक्कर काटने लगा।

अँगरेजी फौज जो ललितपुर को आया जाया करती थी, उससे डरे हुए लोग गौर से देखने लगे कि घोड़े की चाल ऐसी है, जिसमें अलग तरह के ही इरादे भरे हों।

चकित लोगों ने तरह-तरह के अनुमान लगाए। सबसे बड़ी और ज्यादा लोगों की धारणा थी कि वीर छत्रसाल ने दूसरा जन्म लिया है। संग में रानी कमलापति घोड़े पर सवार हैं। आसपास गाँवों की लड़कियाँ, जो छत्रसाल के वीरगीत गाया करती थीं, फूल, अक्षत, रोली और बताशे लेकर पूजा के लिए पहुँचने लगीं। रज्जो उन्हें बड़ी प्यारी लगी।

वह तो लड़कियों के सामने नदी का पानी छूकर खुद ही बोला था—मेरे संग रजऊ है। ईसुरी की फागों की रजऊ। मैं तो इसका घोड़ेवाला हूँ, बस।—यह सुनकर लोगों का विश्वास पक्का हो गया था, जो आज तक चला आ रहा है कि रजऊ ने यहाँ तीर, तलवार और पिस्तौल चलाना सीखा था। घुड़सवारी करने वाली औरत रजऊ थी। बुन्देलखण्ड में पुराने जमाने की वीर स्त्रियों की कहानियाँ भरी पड़ी हैं, जो उस समय पुरुषों की तरह ही युद्ध क्षेत्र में जाया करती थीं और जब रजऊ के समय में इन कहानियों के अलावा ऐसी और भी कथाएँ थीं, जिनमें औरतों ने बघेलिन रानी के साथ मिलकर मुगलों से युद्ध किया था। क्या फिर से वही युग आ रहा है ?

एन.सी.सी. टीचर ने कहा—मैं इसी कारण इस प्रशिक्षण केन्द्र का नाम 'रजऊ प्रशिक्षण केन्द्र' रखना चाहता था, मगर कॉलेजों की प्रबन्ध समितियाँ रानी लक्ष्मीबाई के नाम पर सहमत हुईं।

जंगल में घूमते समय रज्जो आगे-आगे चलती और कुँवर उसकी बगल में मार्च करता हुआ-सा पेड़ों के नीचे से निकलता। कुँवर बार-बार उसकी ओर देखता, जैसे उसके संसार में सबसे अच्छी रज्जो ही हो। वे दोनों जान रहे थे कि घिरे हुए हैं, फिर भी मुस्कराते और पता नहीं चल सकता था कि अन्दर ही अन्दर वे क्या सोच रहे है ?

देशपत के दल के लोगों की निगाहें उनके आसपास बाड़ की तरह लगी रहतीं, मगर उस बाड़ में से वे कैसे निकल आते ? उनको देखकर लोग यह भी सोचने लगे

थे कि उनके पास किसी दैवी शक्ति का प्रताप है। हो सकता है वह उनकी एकजुटता ही हो, जो उन्हें अलग न होने देती और इस तरह दोनों को कोई तोड़ नहीं सका।

बस यही बात उनकी दुश्मन हो गई।

इसी दुश्मनी में पहरे और कड़े हो गए।

मगर जब दल के लोग उनसे लड़ने आए, तो क्या उन्होंने समर्पण किया ?

एकदम नहीं।

सूखे पत्तों में खड़बड़ाट हुई, किसी ने पुकारा—रज्जो ! रजऊ ! !

रज्जो ने कहा—गंगिया जिज्जी हैं।

नहीं वहाँ कोई नहीं था। हाँ, देशपत ने जब सुना कि रज्जो और कुँवर दोनों भाग गए हैं, तब अपने आदमियों को यहाँ-वहाँ दौड़ाया। जब कुछ भी सुराग नहीं मिला तो देशपत ने क्रान्तिकारी दल के लोगों को अपने पास बिठाकर समझाया था—कहाँ गलती हुई हमसे ? ऐसे गलतियाँ होती रहीं तो दल की गुप्त बातें छिपी रह पाएँगी ? हम बागी क्रान्तिकारी लोग यही मानकर चलते हैं कि अपनी मुहिम चलाने के लिए जिस कठोर अनुशासन की जरूरत है, उसे देशपत के दल में मिसाल के तौर पर देखा जा सकता है। हमारे यहाँ गंगिया बेड़िनी भी एक गुप्तचर से ज्यादा कुछ नहीं। हमारी प्रेमिका धरती के सिवा कोई नहीं। हमारा ध्यान नहीं बँटना चाहिए क्योंकि एकाग्रता और एकजुटता ही हमारी ताकत है। मगर एकाग्रता टूटी है, एकजुटता खंडित हुई है, क्योंकि दल के कुछ लोगों ने स्त्रियों को अच्छी खुफिया के रूप में नहीं, मादा के रूप में लिया और वे सिपाही मर्दानगी दिखाने लगे। नहीं तो क्या मजाल थी कि छोटी उम्र का नादान छोकरा रज्जो पर अपना विश्वास जमा लेता ?

उनमें से किसी ने कहा—कुँवर मतवाला हो गया था और रज्जो बैशाख मास में पेड़ों पर उतरते बौर के साथ बौरा गई थी।

कुंझलशाह इस बैठक में पवित्र बना बैठा रहा, क्योंकि लोगों ने मान लिया कि उसकी रगों में देशपत जैसा खून है।

गंगिया भी रज्जो को खोजने दौड़ी थी। यहाँ-वहाँ भटकती हुई सातार नदी तक चली गई। जब उसने पक्की विश्वासपात्र के रूप में यह खबर दी कि जंगल की सीमा में दूर-दूर तक रज्जो और कुँवर के निशान नहीं हैं तो देशपत छिपकली की तरह मुँह फाड़कर रह गए। कितना खौफनाक हो गया था बागी सरदार का चेहरा ! रानी के स्वामिभक्त ठाकुर गम्भीर सिंह बताते थे कि देशपत की चिंघाड़ जंगल में गूँजी और बाढ़ के गंदे पानी की तरह हवा में फैल गई, जो बाँसवन में रमते साधुओं ने सुनी—

"सारी पूँजी ले जाता नमकहराम, पर वह भेद लूटकर ले गया, जिससे हम जिन्दा रहते थे। अब वह जिन्दा नहीं बचना चाहिए। औरतबाज आदमी ! उस औरत को ले गया, जिसके पास अलग तरह के रहस्य थे।"

गुस्से में काँपती आवाज, अपने क्रोध से जलता देशपत काबू से बाहर हो गया। उसने आव देखा न ताव, लाठी उठा ली। अपने दल के आदमियों को बेहिसाब पीटने

लगा, जैसे यह कार्यवाही भी उसकी क्रान्ति का हिस्सा हो।

पहले तो दल के लोग पिटते रहे। उन्होंने शुरू से देशपत का अनुशासन आज्ञा की तरह माना था। उसकी आँखों के इशारे दल के लिए नियम और कानून थे। तन-मन-वचन-कर्म से देशपत की सेना के सिपाही अपनी प्रतिबद्धता को समर्पित थे। मगर देह पर पड़ती लाठियाँ, आघातों से उठती दर्द की लहरें, ऐंठते बदन...उन क्रान्तिकारियों के गुस्से ने पल्टा खाया तो दृश्य अकल्पनीय हो गया, खुद देशपत के लिए भी और दल के लोगों के लिए भी।

अँगरेजी सत्ता के ध्वंस की आकांक्षा लिए घर से निकले ये बागी लोग आपस में भिड़ पड़े क्योंकि दल में देशपत के रक्त सम्बन्धी भी कम न थे। अब वे गुरु लोग भी एक दूसरे को रौंद और दबोच रहे थे, जिन्होंने आदित्य और रज्जो को लड़ने, जूझने के दाँव सिखाए थे। गंगिया घायल ततैया की तरह इधर-उधर भाग रही थी, बीच बिचाव करती हुई। और चिल्ला रही थी–अरे अपनी मात लगने लगी तो अपनों को ही पछाड़ने लगे। अरे, हारने लगे तो एक दूसरे को पीटने-कूटने लगे ! ऐसे कैसे जीतोगे फिरंगियों से ?–गंगिया के स्वर में तड़प थी। तड़प में रुदन-सा मिला था। लड़ाई के बीच उसको कितनी चोट लगी, किसी ने गौर नहीं किया।

मारकाट ने दम लिया तब रात हो गई थी। चाँद निकल आया। दूर तक दिखने वाले जंगल के ऊपर चाँदनी फैल गई। सातार नदी का जल चाँदी की लहरों के रूप में चमक रहा था। ब्रह्म महूरत की गहन खामोशी में जब दो साधू नदी की ओर स्नान के लिए आए तब उन्हें एक घायल स्त्री रास्ते में पड़ी मिली। वे पहचान गए थे–अरे यह तो गंगिया जोगिन है। फागें गाने वाली, जंगल-जंगल घूमती हुई ! वे उसे अपने 'अस्थान' पर ले गए और तीमारदारी की।

गम्भीर सिंह और शंकर सिंह गंगिया के प्रति सम्मान जताते हुए उसका किस्सा कहते रहे और बताया कि उस साहसी औरत ने क्रान्ति का साथ नहीं छोड़ा। देशपत के दल को फिर से संगठित कर लिया है। देशपत उसी के बल पर जिन्दा है।

□□

मैं मानती हूँ कि जो कुछ जुटा, वह शोध की महत्त्वपूर्ण कड़ी है, जो कथा का विकास करती है। और चाहती थी कि जो कुछ मैंने खोजा है, उसके लिए कोई लिखित प्रमाण मिले। भोजपत्र या ताम्रपत्र ही पा जाऊँ या उस समय के अखबार की कोई कतरन ही हाथ लग जाए कि सबूत पेश कर के अपनी बात सिद्ध कर सकूँ। मगर ऐसा कुछ भी नहीं हो सका। प्रेस-फाइलों को कौन मुझे सौंपता ? पुरातत्त्व विभाग के लोग मेरे जैसे शोधकर्ताओं की शिनाख्त करने से कतराते हैं।

लौटना था, लौटने लगी। कम से कम माधव की सही जानकारी तो मिले। उसके कारण

उथल-पुथल के हवाले हूँ। विचलित बेचैन सहमी हुई आत्मा-सी। पासपोर्ट वाली बात से डरकर चौंक उठती हूँ, कहीं बात सही ही हुई तो ? जानना चाहती हूँ आखिर माध व पर कौन से हालात दबाव डाल रहे हैं ? वह अपना बनाया रास्ता छोड़कर क्यों भटक जाना चाहता है ? क्या जिन्दगी व्यवस्थित करने की इतनी जल्दी है ? माना कि गुजरात में जो नरसंहार और तबाही देखी है, उसने बदहवास कर डाला, मगर यह भी तो जानना होगा कि आदमी जीवन में कभी पूरी तरह व्यवस्थित नहीं होता, कोई अप्रत्याशित लम्हा ही उसे उखाड़ फेंकता है। अपने भीतर प्रेम की लौ जलाकर ले गया था, ऐसी नफरत देखी कि बाती बुझ गई ! नया साहित्य रचने का इरादा रखनेवाला, जिन्दगी से ऐसा घबराया कि धरती छोड़ने लगा !

घबरा गया है। माधव की तरुणाई सामना नहीं कर पा रही। कभी-कभी अपनी बेगम साहिबा अनवरी बेगम भी तो घबरा जाती हैं। अपनी कला के एवज में मिले इनाम, खिताबों के तमगों को दिखाकर उदासीन भाव से कहती हैं—देखो, जिन्दगी की कमाई बस सजावट बनकर रह गई। संगीत सूनापन बनकर उतरा है।

माधव ने फोन पर कहा था—देख लिए क्रान्ति की बातें करने वाले, कोरी बातें करते हैं। साथी मरता है, वे भाग लेते हैं। सभाओं में बोलना, भाषण देना और जिरह करना हथियार उठाना नहीं है ऋतु। हथियार उठाने का मतलब होता है जान हथेली पर रखकर आगे बढ़ना।

क्या माधव आगे बढ़ते हुए अकेला रह गया था ? अब वह और अकेला नहीं रहना चाहता। उसको भरी-पूरी जिन्दगी चाहिए। अंजुम तो यहाँ तक कह रहा था कि वह अपना आदर्श जिन्दगी की उस दिशा को मानने लगा है, जिसपर ऐश्वर्य और यश बिखरा हो। मामा जी ने बताया है कि सत्ता से जुड़कर ही आदमी बड़ा बनता है और सत्ता की ओर जाने के लिए किसी राजनीतिक पार्टी का दामन थामना जरूरी है, तुम तो दामन छोड़कर भागने लगे माधव ! कार सेवकों का साथ देते, मौज करते। इन्कलाब, क्रान्ति जैसे शब्द हमें भटकाने के लिए रह गए हैं।

नहीं।

अंजुम कुछ भी कहे, मैं नहीं मानती।

तो फिर राहुल ने जो कुछ कहा, सो ?

वह भी माधव से जलता है, जैसे सुभाषचन्द्र बोस से उनके साथी असहमत हो गए थे। माधव बेचारे का दोष यही है कि उसके मामा का नाम रामरथियों से जुड़ता है। यह भी एक ढर्रा बना लिया है। नवयुवा इस ढर्रे के शिकार हैं। माधव तो खुद कह रहा था कि ढर्रा तोड़ते समय लगता है। असल में सबसे ज्यादा नवयुवक बजरंग दल, महावीर सेना, रणवीर सेना और शिवसेना में हैं। अंजुम यही देखकर भ्रम का शिकार हुआ है और माधव के लिए उल्टी बातें सोच रहा है। उसको कट्टर हिन्दू मान रहा है तो खुद निखालिस मुसलमान बन रहा है। अब तक दोनों के धर्म कहाँ थे ? नहीं, यह गलतफहमी हाल की मारकाट के कारण हुई है। बात तो माधव से मिलने पर ही

साफ होगी। मैं उससे मिलकर रहूँगी, भले मुझे छतरपुर जाना पड़े। उसके मामा मुझे खा तो नहीं जाएँगे। ऐसा विचार आते ही दिमाग की तनी हुई नसें ढीली हो आईं, मन से बोझ-सा उतर गया।

अपने आपको समझाना या माधव को मनचाहा पाना, दोनों ही बातें अभीष्ट हैं मेरे लिए, मैंने सोचा। ऐसा न करे तो जिन्दगी मुहाल हो जाए आदमी की।

मुझे अनवरी बेगम के सुजान पुरा से अगली सुबह चल देना है। मैंने अपना बैग पैक कर लिया। नहा-धोकर पहली बस से ही निकल पड़ूँगी। पहले चिरगाँव माँ के पास जाऊँ, उसके बाद माधव से मिलने छतरपुर। क्या पता माधव ने माँ को ही कोई सन्देश दिया हो।

अपना शोधकार्य भूलकर मैंने माधव के प्रति अपनी तन्मयता अर्पण कर दी। उसके पास पहुँचने के लिए सफर मेरी आँखों में रहा। बस स्टेंड, बस और रास्ता, बाकी माधव, जैसे यही जिन्दगी हो अब।

देर रात तक जागती रही। कहने के लिए अनवरी बेगम के बराबर खटिया पर लेटी उनसे बातें कर रही थी, मगर शायद ही ऐसा कोई वाक्य था, जिसमें माधव का नाम न आए। भूल गई कि यह बूढ़ी औरत क्या सोचेगी, अजब दीवानी लड़की है ! मगर अनवरी बेगम ने ऐसा नहीं जताया। वे तो जिज्ञासा में रहीं, जैसे कह रही हों—मुझे एक-एक बात बताओ। सच में अनवरी बेगम मेरी सखी के सिवा इस समय कुछ नहीं थी। बिना सम्बन्धों को नाम दिए आदमी कितनी छूटें ले सकता हैं। माँ से ऐसा खुलापन कभी बरता नहीं, जबकि माँ अनवरी बेगम की आधी उम्र होंगी।

बातों में माधव, रातों में माधव, आँखों में माधव तो सपनों में माधव क्यों न हो ? सपना आया सफर का। बस स्टेंड दिख रहा था। बस स्टेंड वाले चौक में रानी लक्ष्मीबाई की धातु-मूर्ति है, अपने बच्चे को पीठ से बाँधे हुए रानी, घोड़े पर सवार भागती हुई। अभी तक कहाँ थी यह प्रतिमा ? रातों रात किसने खड़ी कर दी ? मैं आँखें फाड़-फाड़कर उसकी ओर देखती हूँ, मगर आँख खुलती नहीं।

उस मूर्ति के साथ सटकर खड़ा हुआ एक लम्बा दुबला-सा व्यक्ति ! कौन है ?

माधव है।

''माधव !'' मैं आवाज देती हूँ।

''हाँ, ऋतु हाँ !'' उसने अपना बैग कन्धे पर सँभालते हुए कहा।

''अरे तुम यहाँ ! मैं तो सोच रही थी, तुम्हारे पास आऊँ।'' कहकर मैंने उसकी ओर चलना शुरू कर दिया।

वह पास आ गया। और पास आ गया।

कहने लगा—''तुम्हारे आने में देर न हो जाए ऋतु, इसलिए मैं चला आया। मैं इससे ज्यादा इन्तजार नहीं कर सकता था।'' कहने के बाद उसने अपना बैग मेरे बैग से सटाकर रख दिया।

''अच्छा किया माधव। कितना अच्छा किया।''

लम्बे समय बाद यह प्रगाढ़ आलिंगन का समय था। चुम्बनों का क्षण था। उसके हाथों ने मेरे बालों को सहलाया और सूखे होंठों को अपने होंठों से गीला करता रहा। कितना लम्बा प्यार, आँखें अधखुली। मुझे उसके स्पर्श और गंध से भरोसा बँधा कि यह माधव मेरा है। जिन्दगी की कठोर वीरानी खत्म होने को है। यह सम्बन्ध तरल होकर फैलता चला जाएगा कि आसपास का मरुस्थल हरियाने लगे।

और पीछे गूँजती उदासी भरी निरगुन ध्वनि खत्म हो रही है। प्रेम-ध्वनि, अब मृत्यु की आराधना करना छोड़ दो। हम दोनों उस प्रकाश में आते गए, जो मूर्ति के ऊपर पड़ रहा था, मगर हम मूर्ति तो नहीं थे। धड़कती साँसों के साथ एकान्त में अकेले, यह क्षण हमने पैदा किया है। कब से चाहा था सजीव प्रेम को जीवित रखना। मारकाट के रास्ते से गुजरकर आगे चलते जाना। सच मुझे इतना प्यार आया कि उसकी लवों को चूमने लगी।

वह कुछ ऐसा कह रहा था—आखिर तुम इतिहास में से निकल आईं। मुर्दों की पूजा वाली परम्परा को तोड़ दिया। एक घातक रूढ़ि का खात्मा, ऋतु। हमारी अन्तरंगता ने कहाँ आकर आकार लिया, जहाँ बहादुरी की प्रतीक यह मूर्ति खड़ी है। जंग और प्रेम में जो टिका रहे, वह वीर कहलाता है, तुम वीरांगना हुईं ऋतु। साहसी रजऊ !

हाँ, मैं तुम जैसे बहादुर को छूकर हिम्मत कर गई माधव, जो नरसंहार के घमासान में अपने चिह्न बना आया है और जिन्दा लौटा है। तुम वीर पुरुष हो। बहादुर ही प्रेम के हकदार होते हैं। मेरी बातें सुनकर उसने मेरे सिर से अपना सिर जोड़ दिया।

सपना ! नहीं, मेरी आँखों में सचमुच के आँसू हैं। दिल इतनी खुशी सँभाल नहीं पाया, आँखें छलक आईं। आँसू राहत देने वाले लगे। रोकर मैंने रात और दिन के बीच फैले धुँधलके को सुनहरा बना लिया।

आँखें खोलकर देखा आँगन में खड़े पेड़ की पत्तियाँ ताजा हवा में धीरे-धीरे लहरा रही हैं। नजर पेड़ पर टँगे पिंजड़े पर गई, तोता महाराज फुदक रहे हैं। मैं जानती थी, बिल्ली मेरी खटिया के पास अपनी टाँगों में मुँह दिए ऊँघ रही होगी। मेरा मन हुआ, अपने इन साथियों को बताऊँ, मेरा माधव मेरे साथ है। मैं अभी सपने के बीच हूँ और ऐसे ही रहना चाहती हूँ। मैं अपनी छाती में धड़कन महसूस करती हुई अपने हाथ को सीने पर धरे रही, यहीं तो था माधव का मुलायम बालों वाला सिर। आँखों की मुस्कान होंठों पर उतर आई, इन्हीं होंठों पर तो थे उसके होठ !

अरे !

बेगम साहिबा उठ गईं ! इतनी जल्दी ! क्या उन्होंने भी मेरी तरह कोई सुहावना सपना देखा होगा ?

वे चाय के दो प्याले लिये चली आ रही हैं ! ओह !

मैं फुर्ती से उठकर बैठ गई। मैं क्यों भूल गई कि आज मुझे जाना है और बेगम साहिबा ने कहा था कि सुबह वे चाय बनाकर ऋतु को जगाएँगी।

सफेद साड़ी और पूरी आस्तीन का सफेद ब्लाउज पहने हुए बेगम साहिबा के हाथ

में चाय के प्याले...आज आखिरी दिन...मेरा दिल उमड़ने लगा। अपनी गलती पर शर्मिन्दा हुई कि मैं जागी हुई हूँ। मन किया दोबारा आँखें मींचकर सो जाऊँ और बेगम मुझे जगाएँ। उनकी इच्छा ऐसी ही थी।

मैं मुस्कराई। वे मुस्कराईं। मुस्कराहटें हिलोर उठीं।

मेरी आँखें छलकीं, उनकी आँखें गीली-सी थीं। शायद हम दोनों ही अपनी-अपनी भावनाओं पर काबू नहीं रख पा रहे। चाय का प्याला था कि मुहब्बत से लबरेज़ बर्तन।

"उठो ऋतु। उठो बिटिया।" ऐसा उन्होंने कहा या मैं ही सुन रही हूँ ? मैं बिलकुल ऐसी हालत में आ गई जैसे अभी नींद में हूँ।

चाय का प्याला हाथ में लेते ही मेरे आँसुओं की बूदें प्याले में ऐसे गिरीं जैसे बरसात की बूँदें भरे तालाब में गिरती हैं।

'ऋतु चाय पिओ' तोता बोलने लगा। कितनी जल्दी पहचान करता है पक्षी !

"क्यों रोती हो बिटिया ?" बेगम साहिबा ने गीले स्वर में कहा और अपनी आँखें पोंछने लगीं।

"क्या मालूम था कि संग साथ रहने का वक्त इतनी जल्दी..." इसके आगे कुछ न बोल पायीं बेगम साहिबा। मैं ही समझ गई कि उनका अकेलापन भीतर ही भीतर बिलख रहा है। कुत्ते, बिल्ली और गिलहरी, नेवली के साथ तोते से बनाई दुनिया किसी ऐसे व्यक्ति की चाहना करती है, जो मनुष्य के रूप में बेगम का सहभागी बने। मुझे पाकर कितने ही मनचाहे चित्र बना लिए होंगे उन्होंने। दिल में बसी छवियाँ चटकें-टूटें तो आदमी रोता ही है। मगर मैं ? मैं भीतर ही भीतर क्यों उमड़ रही हूँ ? पलकों से झर-सा लगा है खुद भींग रही हूँ। क्या मैं यहाँ से कभी नहीं जाना चाहती थी ? माधव से मिलने के महूरत बनते तो कितने उतावलेपन से यहाँ से भागने के मंसूबे बनाती रही हूँ।

मगर आज बेगम की खुली आँखें उस गुफाद्वार की तरह पनीली झिलमिलाहट से भर गई हैं, जिनमें रोशनी का प्रवेश तेजी से होता है। अपनी यादों के आलोक में खड़ी-खड़ी वे कह रही थीं—"लौटोगी ?" मगर कहते हुए उनका गोरा चेहरा पीड़ा से लाल-सा हो गया।

मुझे रोए हुए चेहरे ही हँसी आ गई। उठकर बेगम साहिबा के कन्धे से लग गई। हम दोनों अनबोले प्यार में डूबे रहे। वे बराबर मेरा कन्धा थपथपाती रहीं। यह आपसी मिलन कितना गुनगुना था। इस निष्ठा और विश्वसनीयता का जबाब नहीं था। इसके आसपास कोई सतही हादसा न था, जो मुझे विचलित कर दे। मैं मन ही मन कह रही थी—आप समझ रही हैं कि मैं माँ के पास चिरगाँव जाने का बहाना करके माधव से मिलने जा रही हूँ। अब मैं कैसे बताऊँ कि जिस रजऊ की खातिर मैं यहाँ आई हूँ, उसका अर्थ क्या है ? कि मुक्ति संघर्ष के रास्ते पर उसके भविष्य का रूप...बेगम साहिबा मुझे आगे ही आगे खींचे लिए जाती है।

हम दोनों अलग हुए, आँखों से आँखें मिलीं तो पनीली सतहों पर जुड़ा गईं।

आगे की यात्रा के लिए अपनी इच्छा से आई थी, यह बात माधव माने या न माने,

अनवरी बेगम मानती हैं। जबकि माँ भी इस बात से सहमत नहीं क्योंकि वह बार-बार कहती रही—ऋतु छतरपुर चली जा। राहुल माधव का सन्देश लेकर दो बार आ चुका है। माधव खुद फोन कर चुका है। तेरे लिए यह 'फोन' भिजवाया है—कहकर माँ ने 'नोकिया' का सेलफोन मेरे आगे कर दिया।

'फोन पीस' देखकर मैं हँस पड़ी थी। हँसी में मिली पीड़ा को माँ ने ताड़ लिया था। क्या माँ भी कभी ऐसी हँसी से गुजरी होंगी ? शायद। अब उन्हें समझाने की मुझे जरूरत नहीं थी कि कहूँ—माँ, माधव जानता है कि यदि मालिक की हैसियत में खड़ा व्यक्ति तुम्हें कीमती तोहफा दे तो इसका असर बेहतरीन आता है। लेनेवाला यंत्रणा से गुजरकर भी मुस्करा सकता है। देने वाले के प्रति सम्मान की भावना जाग ही जाती है। माधव ने सबके सामने मेरा सम्मान ही तो रखा है। यह दीगर बात है कि इसके पीछे कौन-सा रहस्य है, कोई जाने या न जाने। बहरहाल यह अपनेपन का दावा, सपनों और मंज़िलों के मंसूबे...माँ, नहीं मालूम कि हमारे बीच समय के किस विकट क्षण में धरती फटी और सम्बन्धों में दरार छोड़ गई। फासला यों मुँह फाड़कर खड़ा हो जाएगा, दूरियों की कल्पना तक नहीं की थी।

अनवरी बेगम मेरे चेहरे को देखती हैं, नामालूम-सी तड़प को पकड़ना चाहती हैं। क्या बूढ़े लोग युवाओं पर पड़ते संकट को अपनी आँखों के जरिए आत्मा पर झेलते हैं ? उनकी नजर में मैं एक सरल-सहज लड़की हूँ। वह लड़की, जिसने माधव को उसकी मनचाही दुनिया में जाने के लिए आजाद कर दिया। मलाल क्यों आता जाता है बेगम साहिबा के चेहरे पर ? उन्होंने ही तो कहा था—ऋतु, जो तुम्हें मुहब्बत करता है, उसका रास्ता कभी न रोकना, उसकी चाहत तुम्हारे लिए होगी तो खुद-ब-खुद लौट आएगा।

वे कह रही थीं—तुम तरोताजा होकर आई हो ऋतु। और मैंने उनकी बात पर उत्साहपूर्वक सहमति जताई—हाँ बेगम साहिबा।—फिर हम दोनों के बीच ऐसा मौन क्यों ठहर गया जैसे हम घर के आँगन में मूढ़ा कुर्सियों पर नहीं, श्मशान में बैठे हो। मैं कुछ भी बोलने की कोशिश कर रही थी। अनवरी बेगम भी बात करके भारी क्षणों को हल्का करना चाहती थीं, मगर उनकी बूढ़ी गर्दन किसी पखेरू के कंठ की तरह फूल-फूल कर रह जाती। कुल मिलाकर ऐसी बेचारगी का दृश्य बन गया कि मैं असहाय-सी सिर हिलाने लगी। आँसू मेरे काबू के बाहर हो गए और वे बेगम साहिबा के बदन पर किस-किस जगह गिरे, कह नहीं सकती। वे तिलमिलाहट के आलम में मेरा हाथ थामे बैठी रहीं और इसी तरह से हमने माधव के जाने के समय हो काटा।

मेरी पलकें मुँद-मुँद जातीं या मैं खुद ही आँखें ढाँप लेती क्योंकि बेगम को अपने साथ दुखी करना मुझे और भी ज्यादा तकलीफ दे रहा था। तब लगता कि मेरी आँखों से आँसू नहीं, खून की धाराएँ बह उठी हैं, नहीं तो सामने बैठी बूढ़ी बेगम की आँखें घायल-सी क्यों लगतीं ? आँसुओं के बहाव ने कटे हुए कलेजे के टुकड़ों को छिन्न-छिन्न करके दुख की धारा के किनारों पर पटक दिया है और पाट का फासला चौड़ा होता जाता है...यह भयानक विस्थापन !

बेगम क्या कह रही हैं ? क्या सुना रही हैं ? मैं सुनना चाहती थी सारा कुछ, एक-एक शब्द, मगर केवल इतना ही सुन पाई—ऋतु तुम और माधव तो इस बिछोह के लिए कम उम्र ही माने जाओगे। अपनी-अपनी मुरादों के पीछे चलने वाले नवयुवा। ईसुरी तो अच्छी-खासी उम्र में बच्चे की तरह बिलख-बिलखकर रोते थे। तुम्हें देखकर हमें उनकी मुहब्बत का अफसाना याद आता है, नानी की बातें ताजा हो जाती हैं। मुहब्बत का तौहफा ही हमारे ख्याल से तड़प होता है।

मैंने अनजाने ही पूछ लिया—कितनी उम्र के थे ईसुरी बेगम साहिबा ?

''रही होगी पैंतीस, चालीस वर्ष की उम्र।''

''आपको कैसे पता ? लोग तो उनकी उम्र का अन्दाज आज तक नहीं लगा पाए। मैंने जितनी जगह उम्र के बारे में पढ़ा, लोगों की अलग-अलग राय दर्ज है।''

''हमारी राय भी अलग ही समझ लो बिटिया। हम तो इतना जानते हैं कि वे तब नौजवानी में तो कतई नहीं थे। और फिर चाहे यह समझ लो कि शायर की जिस्मानी उम्र से उसके हुनर की उम्र नहीं नापी जाती।''

बेगम कहाँ की बात कहाँ ले गईं ? मुझे माधव प्रकरण की जानलेवा तकलीफ से खींचकर बाहर लाना चाहती हैं, मैं समझ रही थी, क्योंकि इसके सिवा उदासी से निकलने का कोई उपाय भी नहीं था अनवरी बेगम के पास। और मैं जब ईसुरी की जन्मपत्री उन्हें दिखाने लगी, जो मेरी डायरी में दर्ज थी, तो बेगम साहिबा मुझे तर्क के उस गहन जंगल में ले गईं, जहाँ विद्वानों ने उलझनों के अनेक जाल बिछा रखे हैं। अनेक उदाहरण दिए, कहन और लिखित रूप में दिखाया कि ईसुरी के बारे में कोई कुछ भी दावा करे, उनकी उम्र का दिन, महीना, साल मुकम्मल तौर पर कोई नहीं बता सकता। आवादी बेगम के हिसाब से मैं भी तुम्हें बता रही हूँ।

बेगम ! मुझे अपने शोध कार्य के नियम का ध्यान आया कि मुझे भी तो उनके जन्म-मरण का समय लिखना होगा, मगर क्या लिखूँगी उस खाली स्थान में ? यही कि बेगम कहती हैं—मुहब्बत का उम्र से ताल्लुक नहीं होता। बचपन से लेकर बुढ़ापे तक आदमी में जो रेशे आयु और समय का असर नहीं लेते, वे मुहब्बत के रेशे होते हैं। क्या तभी मेरा प्रेम रजऊ से एकाकार हुआ था ? और इसी एकाकारिता के साथ मैं अनवरी बेगम के साथ फिर उस सफर पर चल पड़ी, जिसके लिए घर से चली थी।

मैं अनवरी बेगम की सुनाई कथा के जरिए अब आवादी बेगम की हवेली के द्वार पर खड़ी हूँ।

कथा के सूत्रों से बँधकर हवेली के भीतर प्रवेश करती हूँ और अपने उदाहरणों, दृष्टांतों के अलावा दृश्यों का समायोजन करती हुई अनवरी बेगम मुझे वह कक्ष दिखाती हैं, जहाँ ईसुरी एक सुन्दर चित्रकारी वाली चौकी पर विराजे हैं। उनकी पलकें मुदी हुईं...कभी बिलकुल ऐसे ही माधव ध्यान लगाकर बैठ जाता था। कब ? जब मैं रूठ

जाती थी, जब उसे जबरन जाना पड़ता था यानी कि जब बिछोह सहा नहीं जाता था। कैसा सन्नाटा हो जाता था तब ! क्या उसी सन्नाटे की दास्तान सुना रही हैं अनवरी बेगम ? नहीं, यह ईसुरी की अपनी व्यथा है।

तब मेरे भीतर असहनीय...जानलेवा एकाकीपन क्यों फैलता जाता है ? लगता है, यह ईसुरी नहीं, माधव की उदास छाया है। उसके साथ बिताए लम्हों में गूँजते शब्द, आपसी क्रिया-प्रतिक्रियाएँ, मेरे अनुभवों से गुजरे क्षणों की भ्रमित स्थितियाँ चक्रवात की तरह उठती आ रही हैं। धूल के कड़ों ने धूप को छेंक लिया है। यह मेरा बीता हुआ कल मौका पाते ही वर्तमान में तब्दील हो उठता है, क्या यही यातना है, जो अतीत कहलाती है ?

काश मैं रजऊ और ईसुरी की विरहावस्था को एक प्रेम-कहानी की तरह पढ़ती और खुद तटस्थ रहती। माना भी तो यही जाता है कि इस तरह के विवरण कवि कथाकारों के मनगढ़ंत किस्से हैं, जिन्हें वे समय-समय पर नया कलेवर देकर चमकदार बनाते रहते हैं कि वे मन में जगमगा उठें। मगर मैंने ऐसा क्या नया जान लिया, जिसे पहले नहीं जानती थी ? और माधव मुझे कैसे इस तरह ले सका, जैसे कि वह ले चुका है। अनवरी बेगम समझती हैं कि मेरे आँसू माधव के लिए हैं, मगर हकीकत यह है कि वे इसलिए बहते हैं कि वह मुझको अस्वीकार कर रहा था, अपनी प्रेमिका को। अब क्षमा करने के लिए भी क्या बचा है ? उसने कोई अपराध तो नहीं किया। ऐसा अपराध न जाने देश के कितने लड़के कर रहे हैं, अब उनका रवइया सर्वसम्मति से मान्यता पा चुका है। क्या मैं इस प्रेम कहानी को कोरी कल्पना मानकर सपनों से निकल सकती हूँ ?

कैसे निकल सकती हूँ ? फागों के सम्पर्क में आकर प्रेम में पड़ जाना...संगीत की मर्मज्ञ अनवरी बेगम इस रहस्य को जानती हैं कि नहीं जानतीं, परन्तु मैं उन मानवीय मनोभावों के आलोड़न से गुजर रही हूँ, जिनमें संतरण करते हुए ईसुरी मौन साध बैठे हैं। बेगम साहिबा के बनाए शब्द-चित्रों में उनकी मूरत नीम पागल व्यक्ति जैसी है, जो खाली शून्य में निगाह गड़ाए अपना सर्वस्व खोजने में लगा रहता है। क्या उनको मारकाट भरा वह तांडव भी नजर आ रहा है, जो उमंग भरे सपनों और आकुल कामनाओं के बीच घटित हुआ था ? झिलमिलाते इन्द्रधनुषों का पर्दा फागों को वाणी देते समय फाड़ डाला गया था, मेरा जीवन चिन्दी चिन्दियों में बिखर गया...आप मुझे किस कक्ष में ले आईं, जहाँ ईसुरी नहीं, उनकी फटी चिंथी कामनाओं के नुचे टूटे पंख उड़ रहे है। फागों से जुड़ा ईसुरी का काम भाव, कला की प्रतिबद्धता भी कैसी खतरनाक होती है। और मैं यह सोचकर आगे बढ़ती चली आई कि खतरनाक स्थितियों में भी रजऊ का अस्तित्व बचा रहे नहीं तो हमारी जैविक गति जो जीवन की वास्तविकताओं के बरक्स एक कच्चे तने, शाखों और टहनियों वाले पेड़ को बचा लेने की होती है, किसी दूसरी ओर भटक जाती है जिससे किसी निश्छल निष्पाप आँखों वाले बच्चे का जन्म नहीं होता फिर हमारी संगीत भरी उत्तेजना और सह इच्छाओं का अर्थ क्या ? लेकिन अब तो हम जो बनना था, बन चुके।

□□

अनवरी बेगम अपनी संगीत सर्जना की तरह ही शब्द सर्जना में लीन हुई बताने लगीं–समझ सकती हो कि ईसुरी को इस कदर उदास-निराश बैठे देखकर धीरे पंडा उन पर एक और गाज कैसे गिराते ? वे उनको हवेली से बाहर ले जाते। अपने साथ टहलाते। उन्हें ऐसी हवा चाहिए थी, जिसमें जिन्दगी बहती हो, मगर यहाँ कोई ऐसी जगह नहीं थी, जहाँ बेफिक्र होकर घूमा जा सके। अँगरेजों ने जगह-जगह राजाओं जमींदारों से पहरे लगवा दिए। यों तो गाँव बाहर मन्दिर भी था और बगिया भी, मगर रजऊ की मौत की खबर से ईसुरी वहीं बिखर गए तो क्या होगा ? फिर वहाँ से उठने का ही नाम न लिया या वहीं जमे रहने की जिद पकड़ गए तो ? क्या पता कि बघौरा का मुसाहिब इसी फिराक में हो कि इनको एकान्त में घेरे और काम खत्म करा दे।

ताल-तलैयों की ओर भी गए धीरे पंडा और खेतों की तरफ भी। इन जगहों को देखकर उन्हें ईसुरी की कोई न कोई फाग याद आ जाती, जो उनके उमंग उल्लास भरे दिनों की निशानी सी सीने में कसकती रहती। धीरे पंडा का अपने दोस्त के साथ साझा जीवन उन्हें नदिया, पहाड़, खाई, झाड़ी तक भटकता फिरा और यह भी लगा कि कभी वे खुद ही न इन बीहड़ रास्तों में किसी जिनाउर के या अँगरेज की गोली के ही न शिकार हो जाएँ। मगर उन्हें यह भी पता था कि जिस मौत के पहाड़ को वे सीने पर लादे फिर रहे हैं, उसे उतारने की शर्तें ये ही हैं। अपने यार को फगवारे के रूप में पुनः प्रतिष्ठित करना होगा।

आवादी बेगम यह समझ चुकी थीं कि रजऊ की मौत को छिपाकर वे अपराध ही करेंगी। रियाया से अपनी बैठक में मिलने के बाद दोपहर को वे घर लौटीं तो ईसुरी घुटनों में सिर दिए अकेले बैठे थे। वे आईं तो फगवारे जू कुछ इस अन्दाज से उठकर खड़े हो गए। जैसे अभिवादन में झुके हों। इधर वे ऐसी मुद्राओं को भूल चुके थे।

"अरे, आप अभी तक सोए नहीं ? खाना खाया ?"

"हम सोच रहे थे, आपके संगै खावें।"

"और धीरे पंडा ?"

"आते ही होंगे।"

दोनों इन्तजार करने लगे। फर्श पर धूप के बावजूद ठंडक उतर चुकी थी। खिड़कियों के शीशे चमक रहे थे और चमक के कारण ही बाहर का कुछ नहीं दिख रहा था। एक कालिख-सी पैदा होती आँखों के लिए। उस कालिख को खिड़कियों के पल्ले खोलकर ही खत्म किया जा सकता था। आवादी बेगम रह-रहकर समय देख रही थीं, धूप ही उनका समय-माप जैसा पैमाना था।

खैर समय रहते ही धीरे पंडा आ गए। जबकि लग रहा था कि धीरे पंडा अपनी किसी बीमारी का बहाना बनाकर स्थिति से आज भर के लिए तो बाहर हो ही जाएँगे। शोक से सामना करना आसान नहीं होता, वह भी मित्र के शोक से, जिसे हम किसी

न किसी खुशी के लिए चुनते हैं और मिलकर खुश ही रहना चाहते हैं।

लेकिन आज धीरे पंडा मुस्काए और आवादी बेगम की ओर इस तरह देखा कि अब तक जिस स्थिति को फलाँगते आए हैं, अब फलाँगना चाहा तो वह भारी पत्थर बनकर हमारे ऊपर गिरेगी और कुचल डालेगी।

सम्मिलित खाने के बाद जब वे तीनों बैठे तो धीरे पंडा ने न बात घुमाई, न फिराई और न इधर-उधर के प्रसंग जोड़े। बेहद सरल सहज कंठ स्वर में कहा—यार तुम ऐसी हिम्मतवर औरत से जुड़ोगे, सो हम नहीं जानते थे। उसे देखकर तो अँगरेज अफसर तक हैरान रह गया। ह्यूरोज कह रहा था—अद्‌भुत है लक्ष्मीबाई का पौरूष। और पता है वह लक्ष्मीबाई कौन थी ? अपनी रजऊ। फिरंगी उसकी छवि से रानी का धोखा खा रहे थे।

ईसुरी ठहरी हुई आँखों देख रहे थे। जैसे आगे की कथा सुनना चाहते हों, क्या किया था ऐसा उनकी रजऊ ने ? उन्होंने छाती पर अपने हाथ बाँध लिए। कहते हैं कि आवादी बेगम ने ही धीरे पंडा को फिर इशारा किया था कि सारा कुछ एकदम न बताएँ। अभी तक तो ईसुरी रज्जो की बावत इतना ही मुश्किल से मान पाए थे कि वह देशपत के दल में शामिल हो गई है। उन्होंने रज्जो से ऐसी उम्मीदें तो नहीं बाँधी थीं। वे तो सोचते रहे थे कि अगर वह घर से निकलेगी तो फगवारे के पीछे-पीछे ही आएगी। जब सुना तो ऐसा जताया जैसे पूछ रहे हों—अरे उसे यह क्या हो गया ? वह क्या बात हुई, जिसने रज्जो को प्यार-प्रीति से विचलित कर दिया। जबकि वे उसके बिना प्यार की बातें सोच तक नहीं सकते।

बताया गया कि इन दिनों रज्जो के दिमाग में एक बागी ने प्रवेश किया है, बगावत के लिए उकसाने को बेड़िनी भेजी। सच में रज्जो में बागीपन रहा होगा, कोई मकसद भी बना होगा, जिसके आगे दूसरी चीजें गौण हो गईं। और उसने अपनी बागी प्रकृति की उपेक्षा कभी नहीं की। सो वह आन्दोलन से जुड़ गई। और जंग तक चली गई।

यों तो जब युद्ध छिड़ा तो अकेली झाँसी में ही नहीं हुआ। सड़कों पर, मैदानों में और खेत-खलिहानों में मारकाट मची थी। गोले घालने से जो गर्जना होती थी, वह शहर के मकानों और गाँवों की हवेलियों के साथ घर घरौंदों से आकर टकराती थी। पेड़ों पर बैठे पंछी-पखेरू अपनी कुदरती आवाज भूल गए। न जाने कैसा करुण स्वर निकालते थे कि ईसुरी पूछ बैठते—"बेगम साहिबा, बगौरा के तोता रोते काए हैं ? कोयल भी कराहती-सी है।"

क्या बतातीं आवादी बेगम ? साधारण आदमी होता तो समझा देतीं कि जंग में ऐसा ही होता है। मगर यह कहतीं कि प्रेम में भी ऐसा ही होता है, तो क्या ईसुरी मानते ?

मैं उनका भावपक्ष समझ सकती हूँ। बघौरा नाम के छोटे से गाँव में बन्द दरवाजे के पीछे अपने सपनों के साथ रहता हताश कवि...अब उसकी पहचान यही है। अनवरी बेगम का बूढ़ा माथा यह कहते हुए दमकने लगता है कि इस करुण स्थिति

में उनकी नानी आवादी बेगम ईसुरी के नजदीक आईं, जैसे अँगरेजों के विरुद्ध जेहाद का यह एक गोपन ढंग हो। अनकही घोषणा हो कि तुम जिसे खत्म करना चाहते हो, हम उसे बचाकर ही मानेंगे। धौर्रा के जमींदार आवादी बेगम की शिकायत करने से बाज नहीं आए, पर यह कहो कि उन दिनों झाँसी में फिरंग अपना नया राज्य जमा रहे थे, इनाम-खिताब बाँट रहे थे। सिंधिया परिवार को रानी की तोपें और किला सौंपने का काम पड़ा था। सो बस शिकायतें मिकायतें नहीं सुनी गईं।

उस दिन ईसुरी अपने समय से बहुत पहले ही नहा लिए। आवादी बेगम ने उनके लिए जो नया रेशमी कुर्ता सिलाया था, जो नई धोती मँगाई थी, महीनों से ज्यों की त्यों रखी थी। वही पोशाक आज पहन ली। रोली का तिलक जरा लम्बा करके लगाया। बालों में महकउआ तेल डाला।

उनकी सजनई देखकर आवादी बेगम की आँखें चमक उठीं। वे मुस्काए तो बेगम खिल गई। वे बोले—बेगम साहिबा, आज हम उधर ही जाएँगे, जिधर देशपत का दल काम करता है। झाँसी की रानी नहीं रही, पर देशपत है। उसने खुद को बचा लिया। उसने रजऊ को हिफाजत से रखा होगा। हम उससे मिलने जाएँगे। आपका गाड़ीवान कह रहा था—चारों ओर अँगरेजी सत्ता का बोलबाला है। अब तो मारकाट बन्द हो गई।

आवादी बेगम चुप रह गई। सारा हुलास मन्द पड़ गया। अब क्या कहें उनसे ? कैसे रोकें ? नहीं रुक सके तो जो समाचार पाएँगे, उसे सुनकर राजी खुशी लौट सकेंगे ? मुमकिन ही नहीं...

आवादी बेगम ने ईसुरी को उनकी चंदन चौकी पर बिठाया और खुद आसन डालकर नीचे बैठ गईं। सुनाने लगीं, युद्ध के बाद का युद्ध—म्हराज, पुराने सामन्त पदवीयाफ्ता होकर उन लोगों को कुचलने के लिए गंगाजली उठाकर सौगंध खा रहे हैं, जो जंग में फिरंगियों के खिलाफ उपद्रव करते रहे। वे उन लुटे-पिटों को घर-द्वार से निकाल रहे हैं, जिनके पास अब लूटने को कुछ नहीं बचा। बचा है तो बस स्वाभिमान, जो झाँसी की तोपों को ग्वालियर ले जाने पर एतराज उठा रहे हैं और बाहर निकल आए हैं।

ईसुरी ने गहरी साँस ली। सोगवार से बोले—तो क्या झाँसी की हार के संग सारा मुल्क हार गया ? और लोग कहाँ हैं, जो समर्थ माने जाते थे ? सब कायर, सब गद्दार !

वे उठे और भीतर चले गए। कपड़े उतारकर रोज वाले कुर्ता-पंचा पहन लिए। पता नहीं कितनी निराशा हुई कि माथे का तिलक भी मिटा डाला, जिसे रोज लगाए रहते थे। वे अपनी खटिया पर चादर मुँह तक ओढ़कर लेटे रहे। कोठे में हताश तनाव भरा था। आवादी बेगम उनके पास जाएँ, साहस जबाब दे गया। या बेगम के पास जो जानलेवा खबर थी, वही उनके कन्धे तोड़ती रहती थी। और दिन होता तो धीरे

पंडा को बुला भेजतीं कि फगवारे का मन बहल जाए। मगर इन दिनों धीरे पंडा खुद ईसुरी से कन्नी काटते हैं। रजऊ का शोक ईसुरी के हर मित्र के पाँव की बेड़ी बना हुआ है। आवादी बेगम को अपना घर अटपटा-सा लगता था।

अपने आपमें सिकुड़े रहने का दूसरा सप्ताह चल रहा था। इस बीच ईसुरी ने एक दिन आवादी बेगम को अपने पास बुलाया और नजदीक बैठने को कहा। उसके बाद बोले–कलम दवात मँगा लो। अपनी लेखन विद्या को हमारे लिए खर्च करो थोड़ा।

आवादी बेगम कागज लेकर तैयार हो गईं, लिखने के लिए, और वे फाग कहने लगे।

भाभी, भए मोह के मारे
पागल प्रान हमारे
हारन हद्द पहारन अंगरे, गिनें न नदिया नारे
नाँय माँय से फिर फिर आउत, झुम झुम ओई द्वारे
मर्जी मेहर करी ना ईसुर, गर्जी यार बिगारे...

आवादी बेगम फाग दर्ज करके ईसुरी का चेहरा देखती रह गईं। आगे बोलीं–म्हराज, सम्भालो अपने आपको। जानते हैं हम आपके पागल प्राणों को और रजऊ के मोह को। मुहब्बत नदिया नाले, पहाड़ और वनों की सीमा नहीं देखती। लौट-लौटकर अपने द्वार पर भटकती है। वहीं, जहाँ रजऊ का द्वार है। हर आदमी की हर मुराद पूरी नहीं होती म्हराज। आप मीत को दोष न दो। वह मतलबी होता तो मीत ही कैसे होता ?

ईसुरी बच्चे की तरह आवादी बेगम का कहना मानते और अपनी आस्था बनाए रखते। इसी कोशिश में बेगम से अर्ज करने लगे–हमारी फाग उस निरमोहिन तक पहुँचा दो आप, जिसके लिए हम कुछ नहीं कर सके। हमारी जिन्दगी मिट्टी के मोल...

आवादी बेगम ने हुनरमंद फगवारे को चौंककर देखा। चौंकने में डर का भाव मिला था। डर ने बुरी तरह दहला दिया। बेगम घबराकर उनके पास से उठ जाना चाहती थीं मगर नहीं उठीं। समझ गईं कि इस समय जो अपराध बोध है, वही निरर्थक आत्मरति बना हुआ है और इसी के कारण फागें कहना बन्द हो गईं। रज्जो के चलन की खासियतों को ये तो बहुत पहले जान गए होंगे, तभी तो उससे इस कदर जुड़े, वे भोले दिन आज भी इनसे बँधे हुए हैं।

अब क्या करतीं आवादी बेगम ? अपनी इस उलझन भरे सफर के सहयात्री धीरे पंडा को बुला भेजा। वे आखिर कितने दिन दूर रहेंगे ऐसे। जो रवइया धीरे पंडा अपनाए हुए हैं, दोस्ती के चलते एक वहशी ढंग ही है। उनकी रोजाना की जिन्दगी भी बदल गई है। उनके घर की ओर से आते-जाते लोग बताते हैं कि धीरे पंडा अब बासी पंडा से हो गए हैं।

धीरे पंडा से जरा कड़क स्वर में कहा था आवादी बेगम ने—आपका यह हाल है तो ईसुरी की क्या हालत होगी ? सोच लो खुद, कितने दिन छिपा पाएँगे हम ? अब फगवारे रोज बाहर निकलने की बात करते हैं। हम न कहेंगे, कोई और कह देगा।

धीरे पंडा ने अपना स्वर धीमा ही रखा और उस दिन की याद दिला दी जब बेगम ने ही असलियत खोलने से रोका था। शोक को जितना खींचो, उतना ही बढ़ता जाता है—कहना चाहते थे वह, मगर बेगम का लिहाज उन्हें मौन बनाए रहा।

और वे अपराधी की तरह बेगम के सामने चौकी पर बैठ गए। चेहरा ऐसा, जैसे खून का दौरा रुक गया हो। मौत ने चेतना और हिम्मत कील डाली हों। किसी अपने की मौत से भी ऐसा दुखदाई दहशत भरा सामना नहीं हुआ, जिसमें ईसुरी जैसे को दुखी न होने देने की आकांक्षा दम लिए लेती हो।

'पर ईसुरी के अपने बच्चे मरे हैं, यह क्या मौत का दुख नहीं था ?' खुद को समझा रही थी बेगम। और बात को काटकर दूसरी बात का मरम जोड़ रहे थे धीरे पंडा—मौत का दुख होता तो भी सब्र की बात बनती थी, मौहब्बत का खात्मा हुआ है, झेलना मुश्किल है उस आदमी के लिए, जिसने अपना जीवन प्रेम की कला के लिए रख छोड़ा है।

आवादी बेगम नामसझ की तरह देखती रह गई। फिर इतना ही बोलीं—अब जिम्मेदारी आपकी है। आपको फगवारे के संग रहना पड़ेगा।

आवादी बेगम के ताकतवर वजूद पर बेबसी बोलने लगी। 'आगे क्या होगा' जैसी बात सोचकर वह काँप जाती।

❑❑

'मौत का विश्वास करना मौत होता है' यह बात आवादी बेगम की तीसरी पीढ़ी में जन्मी स्त्री अनवरी बेगम ने मुझसे कही थी, जब मैं लगातार माधव के बारे में सोचकर परेशान हो रही थी कि कहीं वह... । कैसे कहती कि रजऊ की मौत के साथ ही मुझे भयानक ख्याल आने लगे हैं। कितना ही मन समझाऊँ, सब कुछ 'स्नेह पाप शंकी' के जरिए होता जाता है। यहाँ तक कि रजऊ का मारा जाना सुनकर माधव मुझे मृतक के रूप में पड़ा दिखने लगता है। विश्वास भी तो किसी अहसास की ही देन होता है।

❑❑

मगर ईसुरी ने विश्वास नहीं किया। धीरे पंडा ने अपने गमगीन स्वर में कहा था—ईसुरी !

—हाँ, क्या है ?

—एक बुरी बात है, हिम्मत से सुनियो।"

—तुमने क्या हमें कायर समझ लिया, सुनाओ। और फिर रजऊ देशपत के यहाँ

चली गई, इससे बुरी बात कौन-सी होगी ? हम जनम-जनम इस कोठे में बन्दी रहते पर रजऊ माधोंपुरा में होती। सच्ची, हमें अपनी वो ही आजादी लगती।

धीरे पंडा ने इतना गहरा साँस खींचा कि ईसुरी देखते रह गए और बोले—जल्दी बक्कारो, तुम्हारी साँस काए अटक रही है ?

—ईसुरी, रजऊ नहीं रहीं—कहकर धीरे पंडा की निगाह झुक गई, क्योंकि आँखें भींग आई थीं।

और ईसुरी मुस्कराकर देखने लगे। बोले—

—आज नई मजाक ले आए कि हम हँसें। सुस्त न रहें।

धीरे पंडा दूसरी ओर देखने लगे थे।

—चलो अब ज्यादा न बनो। तुम्हारी अदाकारी का लोहा तो हम पहले ही मान गए हैं। नाटककारी और क्या दिखा रहे हो ?—ईसुरी ने धीरे का कन्धा ठोका।

देर तक धीरे पंडा कुछ बोले नहीं तो ईसुरी ने अपनी आशंका जता दी—रजऊ के ऊपर कौआ बैठ गया था, अब तो बोल दो। तुम्हारा टोटका पूरा हुआ चलो। देशपत ने खबर भिजवाई होगी। चलो बागी होकर भी, जंगल में रहकर भी अपने घरों में चलते रिवाज निभा रहा है, यह बड़ी बात है।

अब धीरे पंडा क्या कहें ? ईसुरी उनके हाथ पर अपना हाथ रखे हुए थे, अपनी कृतज्ञता जताने का यही साधन उनके पास था, जिसका मतलब था—धीरे पंडा ने हमेशा उनके सुख-दुख में साथ दिया है और रीतिरिवाज उनके बदले के निभाए हैं। यह मित्रता आपसी साझेदारी की निशानी है। ईसुरी ने खुलकर कहा था—धीरे, हमें अपने भेद जब्त रखने की आज तक जरूरत नहीं पड़ी। काए की जरूरत ? गर्म ठंडा सब सामने है।

"रजऊ नहीं रही धीरे ?" ईसुरी ने भेद भरी निगाह डालकर तीन दिन बाद पूछा।

पता नहीं उनसे किस चिड़िया कागा ने कहा या उन्हें कोई सपना आया या कि वे अपनी शंका का समाधान करना चाहते थे ?

खुद ही बोले—पर ऐसा कैसे हो सकता है ? हम आज दोपहर सो रहे थे तो लगा कि उसने ही जगाया है। प्रेमानन्द की कोठरी में आकर हमें झकझोर कर नहीं जगाती थी, बिलकुल ऐसे ही। और हमें यह भी लगा कि वह बगल में सोई हुई है। प्रेमानन्द की कोठरी में आकर सो नहीं जाती थी हमारे पास ? सास भले ही हल्ला करती हुई गलियों में डोले। हम उसे उठाकर घर भेजना चाहते थे तो कहती थी—फगवारे, फिर वो फाग काए गाई ? कौन-सी ? वो ही...

तुमसें मिलन कौन विधि हौनें
परकें एक बिछौनें
बातन बातन कड़े जात हैं, जे दिन ऐसें नौंने

प्रानन के घर परी तलफना, नैनन के घर रौनें
फिर पाई ना पाई ईसुर मानुस की जे जौनें

आगे कहती–

फगवारे तुम्हारे प्राण तलफते रहें और हम सास से डरते रहें ? बातों-बातों में शुभ महूरत निकाल दे ? तुम्हारे नैन नहीं रोएँगे म्हराज, हम इसी मानुस जौन में तुम्हारे संग ऐसे ही एक बिछौने पर लेटकर मिलन करते रहेंगे, हाँ।

–बस आज ऐसे ही लेटी रही। तन-मन सब हमारे हवाले !

वे बड़ा मोहक-सा मुस्करा रहे थे, धीरे पंडा ने देखा तो धीरे का चेहरा रुआँसा हो आया। अपने आपको कब तक जब्त करे कोई...

ईसुरी अपनी रौ में थे–

कहने को तो हम कह आए धीरे कि रजऊ किसी के घर नहीं है। रजऊ किसी ने नहीं देखी। उसकी सूरत कोई नहीं जानता। उसके रहवास का किसी को पता नहीं, इस तरह तमाम दुनिया की बातें ! पर सब झूठी बातें निकली धीरे। सब मनगढ़ंत। सब उस दुनिया से बचने के लिए, जो हमारे मिलन पर एतराज करती थी। प्यार को नाजायज बताती थी और हम दोनों की प्रीति जिद्दी हो चली थी। मन की मुरादें बन्धन मंजूर नहीं करती थीं, सोई बस हमने रजऊ की छवि गड्डमड्ड कर दी।

कैसा फरेब दिया ! पर किसको फरेब दिया ? सबसे ज्यादा छला अपने आपको। छला न होता तो उसके वे अंग, जो आँखों में हरदम समाए रहते थे, जिन्दगी के पीछे कैसे पड़ जाते। रजऊ की छवि की फाग कैसे बनतीं। आज वे अपनी रंगत भरी फागों में हमें झकझोर कर जगा रही थीं धीरे। और हम फाग कह रहे थे–

आगई नगन नगन पियराई
रजऊ के मौं पै छाई
कै तौ तबक लगे सोने के, कैसे केसर सी खाई
कै घूँघट के रएँ छायरे, धूप गई बरकाई
कै ईसुर है छटा मोर की, उगत भान की छाईं।

रजऊ के मुख पर सोने की सी पियराई थी। जैसे केसर का असर हो। घूँघट में ढकी रहती है। धूप से बची रहती है। सो प्रभात की छटा जैसे सूरज उगने पर होती है, रजऊ के संग अपने कोठे में छिटक गई थी। साँची धीरे।

कह रही थी, देखो फगवारे, हम दुबले हो गए हैं। हो गए हैं न ? हमने कहा–पास आओ, छूकर देखेंगे। हमने उसे बाँहों में भरकर नापा, अपनी सों। नापा और कहा तुम दुबली कहाँ हुई हो, खूब सेहत पाई है। तभी तो देह दुहरी है। चलती हो तो हाथी के बच्चे की तरह झूमती हो। अंगिया बदन में समाती नहीं।

क्या-क्या याद करें ईसुरी ? कुछ तो भूले नहीं। बस इतने पर बस चलता है कि अपनी प्रिया से कह दें–

हम पै एक मुख जात न वरनी
रजऊ तुमारी करनी
जाँ ठाड़ी हो जातीं जाकें, दिपन लगत है धरनी
आई हो औतार माँग भव, तीन ताप की हरनी
धन्न तुमारें भाग ईसुरी, कैऊ तरीं बैतरनी

वह बोली थी–

अच्छा ! इतनी फागें कहते हो और हमारी करनी का बखान नहीं कर पाते ! क्या कहते हो फिर, हम जहाँ खड़े हो जाते उजाला हो जाता है ? अरे हम क्या आकास के चंदा हैं ?

हमने कहा–नहीं, तुम नक्षत्रों में पुष्य हो, भद्रा हो, भरणी हो, नहीं तुम्हारी जैसी कान्ति किसी में नहीं। मेरे भाग्य धन्य है, रजऊ को पाकर में वैतरणी तर जाऊँगा।

मैंने कहा था धीरे और उसने प्यार में आकर मुझे चूम लिया था। चूमा अब तक सुगबुगा रहा है, हमारे गाल पर। गीलेपन की गर्माहट लग रही है।

'क्या वह सचमुच नहीं रही धीरे ?' कहकर वे 'नहीं' में शीश हिलाने लगे।

'हाँ, नहीं रही। अब भूल जाओ उसे' धीरे ने एक साँस में कह दिया।

वे उसी तेजी से बोले–नहीं, नहीं भूलेंगे बिलकुल नहीं। वह हमारे बिना कहाँ जाएगी ? तुम्ही तो कह रहे थे कि रजऊ अपने फगवारे को जमींदारों–मुसाहिबों और छतरपुर के राजा के दबदबे से आजाद कराने गई है। हमने खुद ही छतरपुर जाना नामंजूर कर दिया, उसे यह बात पता है कि नहीं ? जिस पद प्रतिष्ठा के लिए मुसाहिब के पीछे भागे थे, उस पर ठोकर मार आए हम। तुम उससे कह देना धीरे।

ईसुरी की अपनी पुकार ! कि कातर अनुगूँज...कोठे में ही नहीं, पूरी हवेली में प्रतिध्वनित होती रही और विशाल आँगन पार करके गली तक गूँज गई।

फगवारे की फागें सुनी हैं लोगों ने, अचरज किया कि यह कैसा स्वर है ? विचित्र, दुख में भीगा हुआ, जिसमें शब्द नहीं, कराह है। म्हराज गा रहे हैं, या रो रहे हैं ?

लोग हवेली के सामने गली में रुकने लगे थे। धीरे पंडा ने बाहर आकर हाथ जोड़े। विनती की कि यहाँ मजमा न लगाएँ। हाथ जोड़े हुए गोरे चेहरे वाले धीरे पंडा की आँखों से आँसू झर रहे थे, जैसे मेह बरसता है। वे लौटे तो उदास खड़ी आवादी बेगम से भरे गले में बोले–फागें ऐसी फजिहत करेंगी, हम कहाँ जानते थे ? अच्छी मुसीबत हो गई, ईसुरी अपने होश खोते जा रहे हैं। वे ऐसे देखते हैं जैसे आँखों के आगे धुँधलका हो। रजऊ लुका-छिपी करती हो धुँधलके में।

धीरे पंडा अपने मित्र के पास फिर रेंग आए।

–बेगम साहिबा, "रजऊ खो गई ?" ईसुरी ने तड़पकर कहा।

फिर खुद ही बोले–नहीं नहीं, वह खो नहीं सकती। हम धीरे पंडा से रोज यही

बात करते हैं कि भइया, अपने विश्वास को झुठलाओ नहीं। अरे हमने तो अपना विश्वास बढ़ाकर दोगुना कर लिया है। हम जिन्दा रहें और सोच लें कि रजऊ नहीं रही, लानत है हमारे जीने पर। हम जिन्दा रहें और आसमान के तारों की झिलमिलाहट रजऊ की आँखों से न आए तो अकारथ हैं हमारी फागें। हम जिन्दा रहें और उड़ते हंसों को देखकर कोई प्रेम सन्देश न भिजवाएँ तो तौहीन है हमारे प्रीत-प्यार की।

आवादी बेगम ईसुरी के पास बैठकर उनके उद्‌गार सुनना अपना धर्म मानती थीं। सोचती थीं, यह भी वह कलाकार को जिन्दा रखने के लिए कर रही हैं। वह ईसुरी की कबूतर जैसी फड़फड़ाती करुण हालत पर रो लेती, पर आँसुओं को कंठ में उतारकर सहज बनी रहतीं।

—वैसे रजऊ हमारी थी ही कहाँ, बेगम साहिबा ? वह तो प्रताप की दुल्हन थी। वो तो हमने उसकी छवि अपनी मानी थी, बस मन चाहे तब मन में उतार लेते थे। है न ? विद्वान लोग कहते हैं, वह ईसुरी की कल्पना थी। हम कहते हैं कि वह अपने प्रताप की शहीद थीं।

इतना कहकर वे हँसे। जोर से हँसे फिर धरती की ओर नजर झुकाकर मुस्काते रहे। और फिर बुदबुदाने लगी।

—कैसा भरम करते हैं लोग भी। हमारा मन नहीं बहलता तो वे अपना मन समझाते हैं। धीरे पंडा और क्या कर रहे हैं ? यही न कि भूल जाओ ईसुरी कि रजऊ कोई थी।

फिर सिर उठाकर सामने देखा।

—पर अभी तक तो ऐसे नहीं कहते थे धीरे पंडा। आप क्या कहती हो बेगम साहिबा ? वही कहती हो कि रजऊ नहीं है ? नहीं, ऐसा कभी न कहना। हम जीते जी मर जाएँगे। लाश हो जाएँगे।

आवादी बेगम सोचा करतीं कि फगवारे को बोलने का रोग लग गया है। रोग जो हद पार करता जा रहा है। वे रात को उठकर कुछ-कुछ बोलते हैं, धीरे पंडा कह रहे थे। बेहद कम बोलने वाला आदमी बस फागों में अपनी बात कह पाता था। श्रोताओं के सामने फाग कहनी पड़े तो देर तक पहले शरमाता रहता था। अब ऐसा सदमा हुआ कि जुबान रुकती नहीं ! हर समय उनके तर्क-वितर्क रजऊ का होना न होना सुनने के लिए एक आदमी को हाजिर रहना पड़ता था।

आवादी बेगम की हवेली, जहाँ जाती फागों की गूँज-अनुगूँजों की कल्पना की थी, आज सोगवार घर से ज्यादा नहीं। शोक भी ऐसा जो पागलपन में तब्दील होता जा रहा था। शोक बेगम का दिन का चैन और रात की नींदें छीनने लगा।

आगे हालत में परिवर्तन आने लगा। वे उदास और अवसन्न से रहने लगे। और चेहरे

पर ऐसे भाव स्थाई हो गए, जैसे वीरान ज़ंगल में अकेले खड़े हों। अँधेरे में जहाँ कुछ नहीं दिखता, अपने दर्द की हिलोर को ज़ब्ब करने में आसानी होती थी।

कभी-कभी ऐसे चौंकते जैसे किसी ने बम का गोला उनके कन्धे पर फोड़ा हो। हाँफते कि धौंकनी बनी साँसों में भयानक अहसास बोलता हो। कभी-कभी पूछते-रजऊ जंग में मारी गई ? झाँसी की रानी के लिए प्राण तज दिए ? देखो जंग के नगाड़े बज रहे हैं न ? तोपें घल रही हैं।

और थोड़ी ही देर में वे हाथ उठाते कि पकड़े कोई, जैसे डूब रहे हों। गिरते जाने का अहसास होंठों पर फैल जाता। और वे आँखें बन्द कर लेते। अँधेरा और अँधेरा...उन्हें रास आ रहा था। रजऊ के चले जाने की तीखी कटन को तकलीफ कहें तो, हल्की पड़ेगी।

अब शरीर शिथिल होता जा रहा था।

धीरे पंडा उनकी शैया के पास बैठकर पहली फागें गाया करते। दो-चार दिन तो उन्हें सकून मिला, उसके बाद आँखों में दहशत के डोरे उठने लगे। और फिर धीरे का हाथ पकड़कर कहते-'बस करो। बस भी करो। अब और नहीं...' कहते हुए काँपने लगते।

मित्र चतुर्भुज ने ईसुरी की इस हालत को घातक बीमारी माना। तमाम वैद्य हकीम आवादी बेगम की हवेली में आने लगे। मगर वे किसी को अपना दर्द नहीं बताते थे। दवा के रूप में जो भस्म चूर्ण और गोली बटी दी जाती, उसे लेने के लिए तैयार नहीं होते। आँखें झपकाते रहते, जैसे पलकों के बीच उभरती छवियाँ अपनी सूरत बदल रही हों। कभी लगता कि उनकी आँखों के रेगिस्तान में अचानक कलियाँ खिल गई हैं। और कभी ऐसी दयनीय निगाहें, जैसे कोई भिखारी भीख माँग रहा हो। हालाँकि रजऊ का नाम लेना तक छोड़ दिया था, मगर लगता था रजऊ की छाया उनके गले लगी है और उनके भीतर की चहल-पहल सोखती चली जा रही है।

धीरे पंडा उनकी अवस्था को जाग्रत करने के यत्न करते थे-अपनी फागों पर भरोसा रखो। तुम्हारी रजऊ राधा बन जाएगी। काल से हारना कलाकारों के धर्म के विरुद्ध आचरण है। समझे ?

'राधा !' उन्होंने बड़े लगाव के साथ यह नाम बोला और चैतन्य से हो गए। आँखें आशाओं से भर गईं जिनमें अपने होने का स्वीकार भाव तरंगित हुआ। रजऊ को एक सेनानी के रूप में पहचान देने से यह उनकी इनकार का स्वर था।

धीरे पंडा की आशा कभी हरिया जाती तो कभी मुरझाने लगती। चतुर्भुज ने अपनी बड़ी-बड़ी मूँछों को ऐंठते हुए कह दिया-रजऊ का यह मकसद नहीं था कि तुम्हें दिवाना बना दे। सोचकर देखो, उसके संकल्प में कितनी ताकत थी। संग में अपनी ताकत को पहचानने की निगाह भी थी। तभी तो वह किसान औरत रजऊ झाँसी की रानी जैसी हिम्मत कर बैठी। तमाम लोग कह रहे हैं कि झाँसी की रानी ने जब झाँसी छोड़ी तो झलकारीबाई ने लक्ष्मीबाई का रूप धरकर फिरंगियों को बहकाया था कि रानी अपनी मंजिल तक पहुँच जाए। पर उसका नाटक ज्यादा देर

नहीं चल पाया। झलकारी मारी गई। तब रजऊ की चौकन्नी नजर काम कर गई। बुद्धि देखो उसकी, तुरन्त खुद रानी के भेस में आ गई और रानी की मूरत बनकर ढाई-तीन घंटा घोड़ा दौड़ाती रही। अँगरेज सिपाही घेरते रहे, वह एक कम उम्र लड़के के साथ उन्हें झाँसा देती रही।

–रानी अपनी मंजिल पर पहुँचे, इसके लिए पूरा समय रजऊ ने दिया। उसके बाद शहीद हो गई। यह बात कोई माने न माने, बात यही है।

'क्या कह रहे हैं चतुर्भुज ?' सुनकर ईसुरी अपनी खटिया से उठकर एकदम खड़े हो गये, जैसे दिल का रोगी दिल डूबने के पहले उठकर बैठ जाता है। उनकी आँखें फैल रही थीं और चेहरा निस्तेज होता जा रहा था। लग रहा था सुनी हुई बातें कलेजे में साँस की तरह अटक गई हैं। आवाज रुँध गई।

थोड़ी देर बाद खटिया पर बैठकर यकायक रोने लगे। आवादी बेगम ने उनके कन्धे छुए, बालों में हाथ फेरा तो वे बच्चे की तरह रोए हुए मुँह, रोए हुए स्वर में कहने लगे–"हमने क्या किया बेगम साहिबा ? राज-रजवाड़ों में खाया और सोते रहे। फागें कहीं, और धन्य हो गए। अपनी जिन्दगी का मकसद इससे ज्यादा कुछ न गिना। रज्जो ऐसा कमाल कर जाएगी, हम कहाँ जानते थे।"

अपराध-बोध ने उनकी चेतना और हिम्मत कील दी। नहीं तो अपने कमरे में सजे झींका, नगड़िया, झाँझ जैसे वाद्यों को उठा ले जाने की क्यों कहते ? क्यों कहते कि–बेगम साहिबा, हमारी जिन्दगी में अब कोई रस नहीं और मौत के लिए गाँठ में विष नहीं। सजाए-मौत के कैदी की जिन्दगी रह गई है, बस।

अब पक्का विश्वास हो गया कि रजऊ नहीं रही। देह बीमार बैल की तरह बिखरने लगी। मूँछें बेतरतीब बढ़ आईं, दाढ़ी झाड़ की तरह छाती पर फैलती गई। कौन कहता कि ये ईसुरी हैं ? वे एक पागल साधु...यही वेश रास आ रहा था।

धीरे बहुत घबराने लगे। चतुर्भुज और आवादी बेगम के पास अब कोई उपाय न बचा था। सलाह के लिए सलाह हुई कि गंगिया बेड़िनी को खोजा जाए। हो सकता है अपनी पुरानी गुइयाँ को देखकर ईसुरी अपने होश सँभालें।

मगर गंगिया बेड़िनी कहाँ थी, वह तो बागियों के साथ बागिन थी।

आवादी बेगम किससे कहें ईसुरी के चुप एकान्तवास की व्यथा, जिसे वे आँखों से नहीं, हृदय से देख रही थीं। एक थका-सा प्यार फगवारे की पलकों पर काँप जाता, जैसे अपने प्रति ही उन आँखों में तरल घृणा भरी हो। चितवन करुणा में भींग उठती। आँखें बन्द कर लेते तो लगता संसार को देखने की इच्छा बुझ गई।

बेगम मूढ़ा डाले पास बैठी रहती और गौर से देखतीं कि कब वे कुहासों से बाहर आएँ। और जब कभी ऐसा भी होता कि उनका चेहरा नम हरकत में आता, कोई नीली-सी लहर मुखड़े पर उतर जाती। ऐसे में वे बेगम को सलाम करते और हल्के से मुस्करा देते। उस मुस्कान से हवेली लरज उठती। आवादी बेगम बतातीं कि जब ईसुरी के खंजन नयन आजाद पखेरुओं की तरह कलरव करते से दिखाई देते

तो बघौरा गाँव की ऋतु सुहावनी हो उठती। जिन वाद्यों की संस्थापना की थी, उनकी लहराती समवेत गूँज से खुद बेगम क्या, तोता मैना तक विभोर हो उठते। जमींदारनी ऐसे ही अनेक क्षणों में निर्णय ले चुकी थी कि हथियार खाने में हथियारों के बजाय तरह-तरह के वाद्य रखे जाएँगे। और उन्हें बजानेवाले जगह-जगह खोजे जाएँगे, जो संगीत का राज जानते हों। एक दिन बघौरा गाँव संगीत का केन्द्र बन जाएगा और लोग जानेंगे कि इसे ईसुरी के लिए एक औरत ने सँवारा था।

सँवारने की बात पर बेगम को कुछ याद हो आया–ईसुरी की वेतन राशि, जिसे उन्होंने बेगम के पास रख छोड़ा था और हँसकर कहा था–ये रुपए हमारी प्यार-प्रीति को सँवारने के काम आएँगे। समय आएगा, तब हम खुद ही ले लेंगे। कैसा मीठा स्वर था, यह सब कहते हुए। आज उस माधुर्य को किसने लूट लिया ? फगवारे को मौन और एकाकी बना दिया ! आवादी बेगम का चेहरा विषाद में घिरने लगा।

मगर उसी दम देखा कि यकायक फगवारे की आँखों में वह गहन भाव लौटा है, जो पहले कभी दिख जाता था। क्या वे अपने अन्तर्मुखीपन से आजिज आ गए हैं ? हाँ, ऐसा पागलपन उनकी विरासत तो नहीं है। ऐसे सोच-विचारों में डूबी बेगम का ध्यान भंग हुआ क्योंकि धीरे पंडा ड्योढ़ी में नए जूतों की चर्रमर्र आवाज करते हुए आए और वहीं जूते उतारने लगे। बेगम आश्वस्त-सी हुईं कि जो कुछ वे सोच रही थीं, उस काम को धीरे पंडा को सौंपा जा सकता है।

भीतर जाकर जब तक वे रुपए उठाकर लाईं, जो एक अँगोछे में बँधे थे, तब तक धीरे पंडा ईसुरी की खटिया के पास रखी पीढी पर बैठ चुके थे। सफेद कुर्ता धोती पहने हुए गोरे रंग के धीरे पंडा का गोल चेहरा कुछ लम्बोतरा-सा लग रहा था, जैसे इन दिनों वे कमजोरी के हवाले होते जा रहे हों।

बेगम ने उन्हें वेतन के जमा रुपए देते हुए कहा–"पंडा जू, फगवारे की अमानत आप खुद उन्हें सौंप दें। हमसे लें, कि न लें।"

ईसुरी वहाँ ऐसे पात्र की तरह थे, जो कुछ नहीं सुन रहे, कुछ नहीं देख रहे और कुछ न कहकर जीवन के प्रति अपनी ऊब जाहिर कर रहे थे। तभी तो धीरे पंडा कुछ कहते उससे पहले ही लेटे ही लेटे अपना हाथ झटकते हुए वे बुदबुदाए–"धीरे, ये रुपइया ले लो और हमारी बिटिया गुरन को भेज दो।" आवाज में अनुनय भी थी और कोमलता भी, मगर लगाव नहीं था। मानो सारी निधि का परित्याग किसी रहस्यात्मक कारण से कर रहे हों, जिसकी कीमत उनके सर्वश्रेष्ठ समय का बलिदान हो।

धीरे पंडा भौंचक से रह गए। ईसुरी के वाक्य को ऐसे सुना जैसे अदृश्य में आकाशवाणी हुई हो। यही बात उन्हें कोई दूसरा बताता तो वे एकदम विश्वास नहीं करते। मगर अब आकाशवाणी मानते हुए भी शक-शुबह के लिए जगह नहीं बची थी। एक आवेग-सा अचानक उठा और दिल को डुबोने लगा। वे ईसुरी से अब तक कुछ नहीं कहना चाहते थे। घनिष्ठ और अन्तरंग बातचीत तो रजऊ के बाद इन दिनों खत्म-सी कर ली थी। ईसुरी से ही नहीं, चतुर्भुज जैसे करीबी मित्र से भी। बस ऐसा

आत्मीय लहजा बचा रखा था, जिससे उन्हें ईसुरी खुद से जुड़ा पाएँ। वे नई-नई बातें करते और करते ही जाते। खेती-किसानी, बंज-व्यवसायी वार्तालापों के साथ तेजी मन्दी की घरेलू किस्म की टिप्पणियाँ देते। धीरे पंडा युद्ध की बातें भूलकर भी न लाते। और जब युद्ध के बाद के हालात अधिक बर्बर होते गए तो वे ईसुरी के लिए असलियतों को चुप्पी में विलीन करने लगे। शब्द जोड़ते लेकिन अर्थ सारे तात्पर्य खो बैठते।

आज यह कैसा आभास...एक अजनबी दुनिया और मित्र का अनचीन्हा सा चेहरा...कोई तार जुड़ा नहीं लगता सामने पड़े फगवारे से, जिसके दिल से निकली फागें अपने कंठ में भरे रहे और सुरीली तान देकर गाँव-गाँव छोड़ते रहे।

"हम समझ गए ईसुरी" वे होंठों ही होंठों में कह बैठे।

"क्या ?" बेगम ने फुसफुसाहट पकड़ ली।

"फगवारे की जिन्दगानी खतम समझो।"

"हैं !" कहकर आवादी बेगम ने धीरे पंडा की ओर आश्चर्य भरे दुख से देखा। और बेगम की सुतवाँ नाक यकायक फड़की, जैसे उनके कोमल होंठ फड़फड़ाए।

"बेगम, ईसुरी का नाता टूट गया फागों से। उन फागों से, जो कभी जिन्दगानी का मकसद थी। जिन्दगी का बेलाग रवइया सिकुड़कर गृहस्थ तक रह गया। अब इसको वहीं शरण मिलेगी ? बेटी याद आ रही है। गुरन छोटी उमर की है तो क्या, अपने घरवार की हो गई। आदमी कैसा अजूबा होता है ! ब्याह-गृहस्थी और संसारी जिन्दगी के खिलाफ लड़ाई लड़ते जिन्दगी बिता देता है, मगर अन्त में बाल-बच्चे याद आने लगते हैं।" कहते-कहते धीरे पंडा की साँस उखड़ने लगी थी। हद है, जो हर शाम अपने दोस्त से मिलने आते थे और बिना एक शब्द भी बोले घंटों बिता देते थे, आज ऐसे मुखर हुए कि...

आवादी बेगम बताती थीं कि वे खुद अचम्भे में थीं। क्या धीरे को भी रजऊ से ऐसी मुहब्बत थी कि उसकी मौत के बाद भी लौ जलाए रखना चाहते थे ? नहीं तो क्यों कहते कि-"बेगम साहिबा, यह हमारा यार रजऊ के लानें मरता था। समझो कि उस सखी के आसपास से उड़कर जो पंछी परेवा आते थे, उनको दाना डालता था। जो हिरन खरा माधोंपुरा के खेतों में कुलाँचें भर आते थे, उनका चूमा लेता था। हवा बतास और जल बूँदें आपस में लहरें और मोतियों के रिश्ते में बँध जातीं तो यह रजऊ के गले का हार पिरोने लगता। साँची बता दें हम, समझ लो कि इसने रुपइया-पइसा रजऊ के लानें जोड़े थे। लगन की हद तो यह है कि एक बेर हमें फागें गाते बखत मुहर नजराने में मिली थी। हमने वहीं के वहीं ईसुरी को दे दी। बाद में जब दाता ने अपनी मुहर वापिस माँगी तो पता चला कि भइया जू ने मुहर तो रजऊ के हवाले कर दी। कहता था प्यार की निशानी है। सौगात है।"

धीरे पंडा का स्वर भरा हुआ था। वे अब भी अपने दोस्त के मंसूबों से अनभिज्ञ से बोल रहे थे-'घर की जिम्मेदारी कब निभाई ईसुरी ने ? कला के लानें जीता-मरता रहा। आज रजऊ को भूल रहा है, समझ लो कि कला की ओर से आँखें फेर गया।"

बेगम देख रही थी, ईसुरी अपनी आत्मा से उत्पीड़ित, उम्र और चेतना से बूढ़े से...कौन मानेगा कि रजऊ का प्रेमी यही है। और धीरे के लिए जैसे यही समय हो, जब मुहब्बत से यकीन उठने लगा। आँगन में लम्बा सन्नाटा खिंचा रहा। मगर अचानक ही धीरे पंडा की निष्ठुर आकांक्षा कठोर शब्दों में उछल पड़ी–

"आप कह रही हो, फगवारे जू को दोष न दो। सदमा लगा है। झटके से उबर नहीं पाए, पर बेगम साहिबा झटका तो हमें लगा है। हमारा मोह भंग हुआ कि बेहोशी-सी छाने लगी। अब सब कुछ धुँधलके के हवाले है। हम यहाँ आते और जब यह आँखें बन्द करे पड़ा मिलता, चुपचाप नगड़िया पर हाथ फेरते रहते। गले में गीत की लहर उठती, हम दबा जाते। अपनी लगन का क्या करें कि दिन-रात वे फागें याद आती हैं, जिनमें रजऊ जिन्दा है। उसने कभी हमें ठेस तक नहीं पहुँचाई, हम ही उसे ठुकराने लगे।" कहने के बाद धीरे पंडा ने ऐसे साँस भरी ज्यों साँस कुएँ में से आ रही हों। उनके लिए यह ऐसा ही क्षण था, जैसे एक सेनापति के लिए युद्ध में सबसे ज्यादा संकट का समय हो। आवादी बेगम साथ-साथ घिरी हों।

लगभग रुआँसा स्वर–"बेगम, हमें याद है और यह भी जानता है कि रजऊ की पुण्यतिथि आ रही है। उसे गए साल होने वाला है। रानी लक्ष्मीबाई से ठीक ढाई महीना पहले बलिदान भई थीं। बस उनके दिवस पर कुछ खर्चा-पानी करते अपन। ज्यादा क्या बनता, बस बेतवा नदी के किनारे पाँच बाह्मन जिंवा देते। पाँच जनियों को धुतिया-पोलका दे राखते। पर ईसुरी तो हमारे मंसूबों पर पानी फेर रहा है।"

धीरे पंडा अपने सोच-विचार पर बेगम की मुहर लगवाना चाहते थे, जिसके लिए उन्होंने तर्क दिया–"यह पाथर-सी कठोर नींद नहीं सो रहा, जिन्दगानी के पाथर पर सिर पटक रहा है। यह खुद जानता है कि इसका अशान्त मन चमगादड़ की तरह फड़फड़ाता है जिसमें जस और जीतों का खोखला अभिमान भरा है। अभिमान जिसमें रजऊ का जीता हुआ अंश, उस पर अपनी प्रीति की शासनदारी और फागों का अमला...पर वही रजऊ जो कुछ कर गई, भइया जू नहीं कर पाए, मलाल कम नहीं है। बेगम साहिबा जिन्दगी का अकारथ होना, कम सदमे की बात नहीं होती। बस इसलिए ही तो ईसुरी ने अपने इर्द-गिर्द लछमन रेखा खींच ली है, कि रजऊ की परछाईं तक आस-पास न आए।"

बेगम क्या बोलतीं और कितना बोलतीं ? धीरे पंडा का अपना मन लबालब था और छलकना बन्द न होता था। बस बेगम ने इतना ही कहा–"उन्हें तो यह भी पता नहीं कि वे क्यों वीरान हुए जा रहे हैं ? यह पागल कट्टरता क्यों पैदा हुई है ? और वे किस हुकूमत के अकेलेपन में भटक चले हैं। ऐसा न होता तो गाँवों से आए, अपनी जै-जैकार करनेवालों से चिढ़ते ?"

धीरे पंडा ने आँखें मींचकर सोए हुए ईसुरी को देखा–"हाँ, बिखर रहा है मेरा यार। यह भी इलम नहीं रहा कि अकेला है।" कहते हुए धीरे की आँखों से मुर्दनी गुजर गई। और नजर ठंडी पड़ गई।

धीरे पंडा ने बघौरा में उन पुरानी यादों की गर्माहट ढूढ़नी चाही थी, जब ईसुरी नए-नए फगवारे हुए थे। फागें कहते, चकित कर देते। औरत के हुस्न की जिन्दा फागें। फिर पता नहीं मन में कौन-सा भावोद्वेग उठा कि अचानक बोले-"बेगम साहिबा, हम इसे किसी वेश्या के यहाँ ले चलें तो? कलाकारी और कविताई भी काँटे की मिलती है वहाँ।"

उस कोठे में सफेद चादर से ठोड़ी तक ढँके हुए ईसुरी न जाने कितना चुपचाप सुनते रहे और कितना समझा-अनसमझा रहा उनका?

"दस्तूर के लिए यह भी सही" बेगम साहिबा ने कहा था।

'दस्तूर!' शब्द पर टप से आँखें खोल दीं ईसुरी ने और गर्दन मोड़कर ऐसे देखा, जैसे बदस्तूर जीना सबसे ज्यादा भयानक बात हो। वे योद्धा कभी नहीं रहे, मगर कंठ से एक हुंकार-सी उठी, जैसे अनन्त मुक्ति के लिए आह्वान किया हो। जैसे किसी अमूर्त लक्ष्य के लिए निष्ठा उमड़ी हो।

ईसुरी उठकर बैठ गए। बैठे रहे।

और धीरे-धीरे पद्मासन लगा लिया। आँखें मूँदी हुई थीं।

धीरे पंडा मुँह खोले देख रहे थे और बेगम साहिबा उन्हें साधने के लिए लपकीं। सावधानी से वे पीछे से कन्धे पकड़े खड़ी रहीं। ईसुरी के होंठों से बुदबुदाहट झरने लगी। नथुने फड़क रहे थे और आँखों से आँसुओं की टप-टप...। धीरे पंडा ने बेगम की ओर देखकर कहा था-"जब तक सराबोर है, समझ लो प्रेम जिन्दा है और फगवारे का वजूद कायम है। मेरा यार दृढ़ विश्वास और उमंग के संग जिन्दगी से लड़ लेगा।"

बेगम धीमे से बोलीं-"आदमी को सहज ही मार सकती है क्या नाउम्मीदी?"

ईसुरी ने आँखें तक नहीं खोलीं, हल्के से कंठ खोल दिया। चेहरे पर रहस्य-भरी निरापद अनश्वरता का आवरण-सा जैसे जोखिमों से निकलकर और पराजय को जीतकर जिन्दगी के दूसरे किनारे खड़े गा रहे हों। होंठों पर कठोरता भरा ठंडापन उतर आया, जो उस लगावभरी गर्माहट पर फैलता जाता था, जो उन्हें दुख में घेर लेती। साथ ही चेहरे के आसपास माथे और सिर के बीच का प्रभामंडल मुख को उद्दीप्त किए था। ऐसा अजनबीपन कि बेगम तक सिहर उठीं। आखिरी बार जैसे उन्होंने धीरे पंडा की ओर देखने के बाद आवादी बेगम के चेहरे पर नजरें टिकानी चाहीं, जिसके लिए हाथों की पूरी ताकत लगाकर बेगम को पीछे से आगे की ओर खींच लिया। आवादी बेगम, जिन्होंने जमींदारनी रहकर एक उम्र गुजारी थी, इस फागों के योद्धा के इशारे पर खिंचती चली आई। और इस तरह सामने बैठ गईं, जैसे अब ईसुरी के भीतर पहले से कहीं अधिक आवेग के साथ प्रेम की भावना पुनर्जीवित होगी। आखिरकार एक फगवारा पुनः हवेली में होगा।

और ईसुरी फाग गा रहे थे। स्वर में ऐसी विनय, जैसे प्रार्थना गा रहे हों-

"ऐसी बोलो कौनऊ बानी
न काऊ ने जानी

सगुन में होय नई, निरगुन में, नईं वेदन में घानी
ना आकासै, ना पातालै, नईं देवतन जानी
ना भूतन में, ना प्रेतन में, ना जल जीव बखानी
कएँ ईसुरी जोड़ मिला दो, जब जानें हम ज्ञानी।"

'ज्ञानी !'

इन दो अक्षरों के साथ धीरे पंडा के होंठों के बीच से गर्म भाप निकली। भाप नहीं, वह शंका थी, कि ईसुरी को अब सदा के लिए खो चुके हैं। विषाद भरे नेत्रों से ईसुरी के निर्भाव चेहरे को देखते रहे। बेगम की ओर धीरे पंडा से देखा न गया। अब भी आशा बची थी कि ईसुरी की सूखी रेतीली आँखों से पानी बहेगा, जो मूँछों को भिंगोता हुआ छाती पर लटकी सूखी बंजर दाढ़ी में धँस जाएगा। विगत ठाठ की फागों की बची खुची धरोहर, नगड़िया और झाँझों का संगम, वे एक बार फिर मित्र को पुकारेंगे।

मगर कलिकाल के बसन्त में न गोमुख से धाराएँ फुटीं, न सगुन निरगुन बह चला। ईसुरी...ऐसी निराकारिता कहाँ थी तुम में ? हाड़ माँस के जिन्दा पुतलों में से एक सजीव पुतला...धूल मिट्टी के संसार में हरियाली और रौशनी पैदा करने की ख्वाहिश लिए पाँखी पखेरुओं के संग मिलकर ऋतुओं को टेरता था। पर्व त्यौहारों के बहाने उन गलियों में आ खड़ा होता था, जहाँ उसकी भेंट के लिए किसान-मजदूर तरुणियाँ रंगोली सजाया करतीं, दीये उजियारती और जलकलशों की कतारों से सगुन बनातीं। उस सबके लिए कविता करता, फागें गाता। उल्लास की टोकरी में अबीर गुलाल भर-भरकर धरती पर इन्द्रधनुष उतारता।

आज निरगुन गा रहा है !

संन्यास की कठोर शरण में सिर रख दिया ! न न न, ऐसा न करना। संन्यास के जंगल में भटककर रास्ता नहीं मिलता। जिन्दगी भी नहीं कटती...यह अन्त !

'मगर अन्त किसके बस में है ?' धीरे पंडा की नजरों में यह प्रश्न अटका था।

❐❐

और मेरा शोध। मेरे शोध का ऐसा अन्त हो, मैंने कब चाहा था। आकांक्षा थी कि ईसुरी और रजऊ का मिलन होता, वे अपनी चाहत को आकार देते हुए जीवन-यात्रा तय करते और फागों का संसार सजाते।

मगर चाहने से क्या होता है ? अतीत से लेकर वर्तमान तक का सफर मेरे पाँवों से बँधा है। निकट से जानने की पीड़ा और दूर होते जाने की दर्दनाक मुक्ति के पीछे वह क्या है कि तन-मन मिलने के बाद भी भावनाओं का ऐसा बँटवारा...अपने-अपने रास्तों पर मैं और माधव...मैं कुछ भी तो नहीं कह पाई माधव से, चाहत का यह भी एक रूप है ? या कि मुक्ति का मार्ग ?

●●●